HANDBOOK OF
GAME-BASED LEARNING

게임기반 학습

Jan L. Plass , Richard E. Mayer, Bruce D. Homer 편집
이현정 외 공역

머리말

목적

컴퓨터 게임을 하면서 학문적 내용이나 기술을 배울 수 있습니까? 그렇다면 학습 효과를 최대화하기 위해 컴퓨터 게임을 디자인하는 방법은 무엇입니까? 게임기반 학습은 어떻게 작동합니까? 이것은 『게임기반 학습』 핸드북에서 다루고 있는 질문의 유형입니다. 이러한 질문에 대해 본 책에서 제시하는 게임기반 학습의 개념은 컴퓨터 게임(비디오 게임 또는 디지털 게임이라고도 함)을 플레이하면서 학문적 학습이 이루어지는 것을 의미합니다. 여러분이 게임기반 학습에 대한 연구 결과에 관심이 있다면 이 책이 도움이 될 것입니다.

이 핸드북의 목표는 컴퓨터 게임을 통한 학습 및 교육 연구에 대한 포괄적인 소개를 제공하는 것입니다. 학습과 관련하여 컴퓨터 게임이 학생들이 학문적 내용(예: 과학, 수학 또는 역사)과 학업 기술(예: 핵심 자료에 주의를 집중하는 방법)을 배우는 데 도움이 되는지 여부와 구체적인 방법에 대한 연구를 탐색합니다. 그리고 교육과 관련하여서는 어떤 게임 기능(예: 피드백, 코칭 또는 적응성)이 컴퓨터 게임의 교육 효과를 향상시킬 수 있는지에 대한 연구를 탐색합니다. 요컨대, 이 핸드북의 목표는 게임기반 학습에 대한 기존 연구를 종합하여 조직하고 향후 몇년 동안 연구 의제를 설정할 수 있도록 학문에 대한 견고한 경험적, 이론적 토대를 구축하는 데 도움을 주고자 합니다.

설명

『게임기반 학습』 핸드북은 게임기반 학습 분야의 연구와 이론을 포괄적으로 다루고 있습니다. 게임기반 학습의 경험적 및 이론적 토대를 이해하기 위한 이 책에서의 접근은 단일 관점만으로는 충분하지 않기 때문에 인지적, 동기적, 정서적, 사회문화적 관점을 포함하고 있습니다. 이러한 이유로 본 책은 사람들이 디지털 게임기반 환경에서 어떻게 학습하는지를 설명하는 종합적인 접근을 최초로 시도하고 있습니다. 각 장은 게임기반 학습의 개발과정과 모범 사례에 대한 설명보다는 심리학 이론에 기반을 둔 경험적 연구를 다루고 있습니다. 각 장의 저자는 게임기반 학습에 대한 연구 출판 업적을 가지고 있는 전 세계의 연구 리더입니다.

편집자로서, 각 장의 저자가 경험적 연구에 기반하여 내용을 작성할 수 있도록 세계 최고의 게임기반 학습 연구자를 모집했습니다. 편집진은 각 장의 저자에게 해당 주제별로 경험적 연구를 검토할 수 있도록 명확한 지침과 책임을 부여했습니다. 독자에게 일관성을 제공하기 위해 각 장의 저자에게 동일한 구조를 따르도록 요청했습니다: 주요 주제 요약, 주요 연구 문제 또는 질문 설명, 연구 문제 또는 질문에 대한 사례 제공, 광범위하게 측정된 학습결과를 중심으로 연구 요약, 연구 비판, 이론적 실용적 함의 논의.

게임기반 학습 환경을 설계하는 방법에 대한 조언을 제공하는 책이 많이 있지만, 이러한 책은 주로 저자의 실제 경험과 지혜에 기초하고 있습니다. 그리고 게임을 기반으로 한 교육 혁신을 강력하게 주장하지만 적절한 경험적 증거가 부족한 책이 많이 있습니다. 마지막으로 학습용 컴퓨터 게임의 개발을 설명하는 책이 있지만 이러한 책은 게임의 효과를 뒷받침하는 연구 증거가 부족할 수 있습니다. 최근까지는 많은 게임기반 학습 저서에서 과학적 연구 증거가 부족한 것은 견고한 연구 기반이 존재하지 않았다는 이유로 정당화될 수 있었습니다. 그러나 이제 전 세계의 연구원들이 수행한 과학적인 연구의 성과는 게임기반 학습에 대한 가장 포괄적인 연구 기반 핸드북을 편찬할 수 있는 수준에 도달했습니다.

구성

이 책은 서론, 심리학적 기초, 디자인 기초, 응용의 4개 영역으로 구성되어 있습니다. Ⅰ부 게임기반 학습 개요는 게임기반 놀이학습의 이론적 기초(1장), 놀이와 인지 발달(2장), 게임 참여(3장)로 이루어졌습니다. Ⅱ부의 게임기반 학습의 이론 영역에서는 게임기반 학습에 대한 4가지 측면에서 보완적인 접근을 취하고 있습니다: 인지(4장), 감정(5장), 동기(6장), 사회 문화(7장). Ⅲ부, 게임기반 학습의 설계 기초는 게임의 교육 효과를 높이기 위한 기능에 대한 연구 증거를 탐색합니다: 교육적 지원, 피드백, 코칭 (8장), 자기조절과 성찰(9장), 적응성(10장), 서사(11장), 멀티미디어 설계(12장), 협력과 경쟁(13장), 감성 디자인, 음악, 게임 역학 설계(14장), 인센티브, 사회적 실재감, 정체성 설계(15장). IV부, 게임기반 학습의 응용에서는 활용 영역별 게임기반 학습을 탐색합니다: STEM 분야 게임기반 학습(16장), 언어 학습용 게임(17장), 인지능력 향상을 위한 게임(18장), 직무역량 향상 게임(19장), 평가용 게임(20장), 및 게임에서의 학습 분석(21장). 이상의 4개의 영역에서는 해당 분야의 현재 상태를 다루고 있으며, 충분한 연구 결과를 포함하고 있습니다.

본 저서의 독자

본 저서가 대상으로 삼는 주된 독자는 디지털 게임을 통해 어떻게 학습하는가에 대한 증거 기반 접근에 관심이 있는 모든 사람이 해당됩니다. 본 저서는 게임기반 학습을 위한 연구 기반을 다루고 있지만, 일반 독자도 이용 가능합니다. 구체적으로는 학습을 촉진하는 게임기반 학습 환경을 설계하거나 선택하는 방법에 대한 실질적인 관심을 가진 독자를 지원하도록 설계되었습니다. 그리고 게임기반 학습에 대한 연구를 수행하거나 평가하는 데 학문적 관심이 있는 독자를 지원하기 위해 설계되었습니다.

이 책은 인지, 동기 부여, 정서, 교육활동 및 기술과 관련된 교육과정에 적합합니다. 또한 학교 환경, 직업 훈련 및 무형식 학습환경에서 게임기반 학습 모듈을 설계하거나 개선하는 데 관심이 있는 교수자에게도 유용할 것입니다. 즉, 디지털 게임을 활용한 학습과 교육활동, 교육 기술, 인간-컴퓨터 상호 작용, 교육 심리학, 응용 인지 심리학, 응용 사회 심리학, 응용 동기 과학에 대한 증거 기반 접근 방식에 관심이 있는 모든 사람의 책장에 적합한 저서입니다.

편찬의 변

게임기반 학습은 광범위한 이해 관계자로부터 많은 관심을 받고 있는 역동적인 분야이지만 포괄적인 연구 기반 핸드북은 존재하지 않습니다. 본 저서는 게임기반 학습이라는 새로운 분야에 대해 다양한 관점을 고려하고 연구를 통한 증거에 기반한 최초의 책입니다. 따라서, 이 분야를 정의하고 형성하는 데 도움이 되고 주요 참고 문헌으로 인정받는 것이 이 책을 편찬한 이유입니다.

목차

I

게임기반 학습 개요

01

게임기반 놀이학습의 이론적 기초

Jan L. Plass, Bruce D. Homer,
Richard E. Mayer, and Charles K. Kinzer(이현정 역)

교육자들은 오랫동안 어떻게 하면 놀이를 학습에 활용할 수 있을지에 대해서 관심을 가져왔다(Gee, 2007). 2019년 기준 미국 청소년의 95%가 온라인을 사용하고 있고, 45%는 주로 스마트폰을 사용하여 거의 항상 온라인 상태라고 보고하고 있다(Smith & Anderson, 2018). 8세 이하 어린이도 하루에 2시간 이상 화면 기반 미디어를 사용하며 42%는 자신의 태블릿 장치를 소유하고 있다고 한다(Common Sense Media Report, 2017). 이렇게 보내는 시간의 상당 부분이 소셜 미디어에 사용되지만 이전 보고서에 따르면 남학생의 99%와 여학생의 94%가 비디오 게임을 한다는 것을 알 수 있다(Lenhart et al., 2008). 뉴욕시의 중학교 청소년을 대상으로 한 연구에서 남학생은 42시간 이상, 여학생은 주당 30시간의 비디오 게임을 하는 것으로 나타났다(Homer et al., 2012). 디지털 기기 및 디지털 미디어에 대한 사용 증가로 인해 교육자와 연구자들은 학습을 위한 디지털 게임 사용에 관심을 갖게 되었다. 게임이 개인 및 사회 학습 활동에서 다양한 사람들의 참여를 유도할 수 있기 때문에, 지지자들은 게임이야말로 학습을 위한 이상적인 매체라고 주장한다(Gee, 2007; Prensky, 2003; Squire, 2011). 더불어 놀이 활동을 통해 학습을 향상시키기 위한 탐구는 현재의 디지털 환경에서도 계속되고 있다.

1 게임기반 학습은 무엇인가?

Salen과 Zimmerman(2004)은 게임을 "규칙이 있는 인위적 충돌에 참여하고, 그 결과 양적인 성과를 보여주는 시스템"(p. 5)으로 정의하였다. 게임의 범위를 확장하여 학습용 게임을 설명한다면 특정 학습 목표를 가진 게임으로 정의할 수 있다. 게임의 정의에 대해서는 이론가들 사이에 일반적인 동의는 없지만 많은 사람들이 게임의 특성에는 동의하고 있다(Mayer, 2014): 명확한 플레이 규칙을 따른다. 반응적이다. 플레이어는 활동할 수 있고 시스템 내에서 피드백과 반응을 제공한다. 기회를 제공하는 도전적 성향을 갖는다. 게임의 진행 상황은 누적되어 이전 활동을 반영한다. 따라서 게임은 플레이어에게 참여의 유인을 제공한다(Mayer, 2014). 이러한 특성은 설계를 통해 달성된다. 설계의 요소에는 게임 역학, 인센티브 구조, 시각적 미학, 청각 미학 및 내러티브 등이 있으며, 이러한 요소들이 집약되어 설계된다(Plass, Homer, & Kinzer, 2015).

학습을 위한 게임은 학습 촉진이라는 목표가 설계 프로세스에 긴장을 유발한다는 점이 독특하다. 학습 내용을 다루는 것과 게임플레이를 촉진하고자 하는 요구 사이의 세심한 균형이 요구된다(Plass, Perlin, & Nordlinger, 2010). 학습 목표를 달성하는 데 너무 많은 초점을 맞추면 게임의 중요한 요소인 놀이와 플레이어의 선택 등이 상실되어 게임처럼 느껴지지 않을 수 있다. 반대로 게임 플레이에 너무 집중하면 놀이를 지원하는 기능이 학습에 방해가 될 수 있다. 따라서 설계 프로세스는 이러한 두 가지 설계 목표(학습 성과와 놀이)가 설계를 결정하는데 얼마나 영향을 미치도록 할지 신중히 조정해야 한다.

[표 1.1]은 게임기반 학습과 유사한 두 가지 접근 방식인 게임화(gamification)와 놀이 학습을 대조하여 제시하고 있다. 게임화에는 주로 보상 시스템과 내러티브 구조와 같은 특정 게임 기능이 기존(게임이 아닌) 학습 환경에 추가되어 동기를 부여한다. 게임화에는 별, 점수, 성취 또는 순위와 같은 인센티브를 추가함으로써, 이러한 것들이 없었다면 참여하지 않을 지루한 작업에 학습자가 노력을 쏟도록 권장한다. 그러나 학습 과제 자체는 크게 변하지 않았다. 수십 년 동안 존재해온 항공사 보상 프로그램은 게임화의 초기 사례이다. 이 프로그램은 비행 경험 자체를 재 설계하는 대신 포인트와

엘리트 등급을 사용하여 비행을 게임화하고 고객을 항공사로 유치한다. 학습의 맥락에서 이것은 일반적으로 학습 과제를 재고하고 재설계할 기회를 놓친 것으로 간주된다. 그러나 Cole(2006)의 5차원 방과 후 프로그램과 같은 경우에서는 게임화가 학습 촉진에 성공할 수 있었다(Steinkuehler & Squire, 2014).

　게임화와는 달리, 게임기반 학습은 학습 과제가 더 흥미로워지고, 의미 있게 다시 설계되었다. 따라서, 게임을 전혀 사용하지 않고 학습하거나 '게임화된' 학습보다 궁극적으로 학습에 더 효과적이다. 즉, 우리는 게임 고유의 '행동유도성'을 활용하여 학습자가 게임을 하는 동안(Plass et al., 2012) 참여하게 되는 반복적인 활동을 효과적인 학습 메커니즘으로 설계한다. 이러한 재설계는 교육학, 교수법 및 학습 과학뿐만 아니라 학문 분야별 이론 및 연구에서 얻은 통찰에 기반한다(Plass & Homer, 2012; Plass, Homer, et al., 2013). 그 결과는 새로운 교수법과 새로운 학습 방법을 포함하며, 성공하게 되면 좋은 학습 과제가 되는 것과 동시에 좋은 게임으로 간주될 수 있다.

　놀이 학습은 학습 과제가 관련성, 의미 및 흥미 측면에서 더 효과적이 되도록 재설계할 때 학습의 전 과정이 게임일 필요가 없다는 생각에 기반을 두고 있기 때문에 조금 다른 접근 방식을 취한다. 놀이 학습 방식을 취한다는 것은 학습 활동을 재설계할 수 있지만, 게임 기능은 완전한 게임의 형태가 아니라 재미있는 경험을 제공하기 위한 용도로만 사용된다는 것을 의미한다. 예를 들어, 게임 요소 중 피드백을 애니메이션을 활용하여 제공할 수 있다. 이 접근 방식은 게임화의 반대이다. 학습 방식을 변경하지 않고 게임 기능을 추가하는 것보다 학습 방식이 일부 게임 기능을 포함하도록 변경되었기 때문이다.

표 1.1
게임기반 학습, 게임화, 놀이학습

	학습 활동	게임적 특징	예시
게임화	큰 변화 없음	주로 외재적 보상 사용	게임화된 연습문제지
놀이학습	학습과제와의 관련, 의미, 흥미를 높이기 위해 재설계	주로 내재적 보상 사용	놀이형태의 피드백을 포함한 시뮬레이션
게임기반 학습	학습과제와의 관련, 의미, 흥미를 높이기 위해 재설계	전 범위에서 게임의 특징 사용	학습용 게임

2 게임기반 학습 사례

학습용 게임은 인문학, 과학, 공학, 제2 외국어, 역사 등 광범위한 분야를 아우르는 학습 환경의 장르일 뿐만 아니라, 캐주얼(casual), 1인칭 슈터(shooter), 온라인상의 대규모 멀티 플레이어 게임, 역할 게임과 같은 게임의 장르이기도 하기 때문에 단일한 형태의 사례를 선택하기가 어렵다.

따라서 학습과 관련된 목적 혹은 기능에 따라 게임의 사례를 제공하고자 한다. 기능은 미래 학습을 위한 준비, 새로운 지식과 기술의 습득, 기존 지식과 기술의 연마, 21세기에 요구되는 기술이라고 불리는 혁신 기술 개발의 네 가지로 나누어 살펴보고자 한다(Pellegrino & Hilton, 2012; Plass et al., 2015).

미래 학습을 위한 준비

미래 학습 준비를 목표로 하는 게임은 반드시 특정 영역별 학습 성과가 필요하지 않다. 대신 학생들에게 게임 이후 수업에서의 토론이나 문제 해결 활동과 같은 학습활동에 사용할 수 있는 공유된 경험을 제공하고자 한다. 예를 들어 *Impulse*(TERC Edge, 2016)

게임은 [그림 1.1]과 같이 플레이어가 추동력을 사용하여 녹색 공을 파란색 골로 유도할 수 있는 메커니즘을 사용한다. 게임 자체는 추동력, 운동량 또는 관련 개념에 대해 직접 가르치지 않지만, 게임을 한 후 학생들은 각자가 경험한 게임 플레이를 기반으로 뉴턴 역학에서 이러한 주제에 대한 토론에 참여할 수 있다(Rowe et al., 2017).

그림 1.1
Impulse 게임(TERC Edge, 2016)

새로운 지식과 기술의 습득

이 유형의 게임에서는 학습자가 게임 플레이를 하는 동안 습득할 수 있는 새로운 지식과 기술을 소개한다. 새로운 학업적 지식을 가르치는 게임은 놀이와 흥미가 줄어드는 경향이 있기 때문에 보편적이지는 않지만, 이러한 유형의 게임의 사례로는 *Immune Attack* 게임(FAS, 2008)을 들 수 있다. 이 게임에서 플레이어는 인체의 세포와 환경에 대해 배우고 면역체계가 바이러스 및 박테리아 감염에 대해서 방어하는 방법에 대해서 알게 된다. [그림 1.2]와 같이 세포에게 감염과 싸우는 방법을 가르칠 수 있는 나노봇을 원격 제어함으로써 학습하게 된다. 이 게임은 플레이어에게 힌트를 제공하고 학습자에게 환경에서 정보를 수집하도록 요청한 다음 점점 더 정교해지는 박테리아와 바이러스를 방어하기 위해 특수 면역 세포를 훈련하도록 요청하여 플레이어에게 인간 면역 체계에 대해 가르친다(Stegman, 2014).

기존 지식과 기술의 연마 및 강화

이러한 유형의 게임은 학습자가 이미 기본 지식이나 기술을 가지고 있다고 가정하고, 보유한 지식을 다른 맥락과 특징을 가진 문제에 적용하여 심화하거나 반복적으로 적용하여 기술을 자동화할 수 있도록 기회를 제공한다. 이러한 유형의 게임 사례는 [그림 1.3]에서 볼 수 있듯이 억제 능력을 훈련하도록 설계된 게임인 *Gwakkamole*(CREATE, 2017)이다. 이 게임에서는 땅에서 다양한 아보카도가 튀어나오며, 플레이 규칙에 따라 플레이어가 공격해야 하는 경우와 공격해서는 안 되는 경우가 존재한다. 아보카도를 보자마자 공격하고 싶어하는 초기 반응을 억제해야 하는 상황은 공격해야 하는 것과 공격하지 말아야 하는 것을 구별하는 인지적 기술을 훈련하도록 고안되었다(Homer et al., 2019).

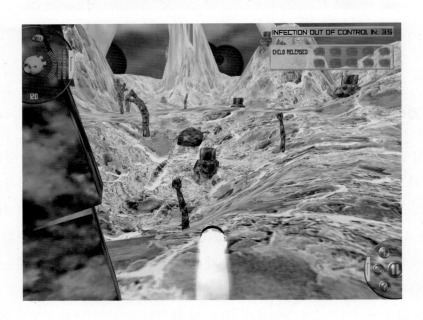

그림 1.2
Immune Attack 게임(Kelly et al., 2007)

혁신 기술의 개발

이러한 유형의 게임은 팀워크, 협업, 문제 해결, 창의성, 의사 소통 등과 관련된 보다 복잡한 사회 정서적 기술을 개발할 수 있는 기회를 제공한다. 이러한 종류의 학습을 위한 게임의 전형적 형태는 온라인상의 대규모 멀티 플레이어 게임(MMORG) 또는 온라인상의 협업을 허용하는 개방형 게임이다. 예를 들어, *World of Warcraft* 게임은 플레이어가 위에서 언급한 기술들을 개발하는데 도움이 되는 일련의 활동을 포함하는 것으로 알려졌다(Steinkuehler, 2008).

3 게임기반 학습에 대해서 우리는 무엇을 알고 있는가?

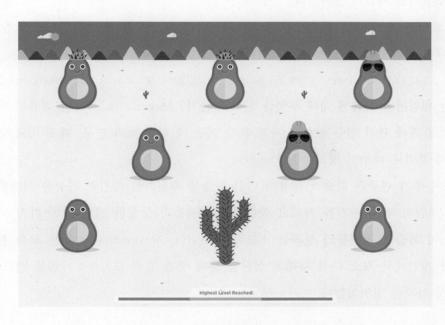

그림 1.3
Gwakkamole 게임(CREATE, 2017)

게임이 사용되는 영역, 다루는 주제, 표현하는 장르와 대상 연령이 광범위하기 때문에 학습환경으로서 게임에 대한 일반적인 결론을 내리는 것은 어렵다. 예를 들어, 게임은 금연활동을 지원하거나 운동 수준을 높이는 것과 같은 건강 관련 목표를 가질 수 있다. 또한, 인도주의적 재난, 평화 증진, 과학적 탐구 지원과 관련된 중요한 뉴스를 교육하기도 하고, 도시 계획이나 비상 상황에 대처하는 지식을 늘리고자 하는 목적을 가지고 있다. 이러한 광범위한 용도와 장르의 다양성으로 인해 학습용 게임의 효과를 한마디로 진술하기 어렵다. 그러나 분명한 것은 학습용 게임 연구는 증거에 기반한 접근법을 채택해야 한다.

게임기반 학습에 대한 증거기반 접근법의 필요성은 Loftus와 Loftus(1983)의 고전 저서 "놀이에 대한 마음: 비디오 게임의 심리학(Mind at Play: The Psychology of Video Games)"의 내용인 "젊은 사람들이 *Defender & Pac-Man*을 플레이 하면서 하염없이 시간을 보내면서도 무엇인가 유용한 것을 학습하고 있다고 위안(p. 121)"하는 비디오 게임 초창기로 거슬러 올라간다.

그로부터 거의 40년이 지난 오늘날, 점점 더 많은 연구를 통해 게임기반 학습의 효과에 대한 증거기반 접근을 취하고 있다(예를 들어, Blumberg, 2014; Honey & Hilton, 2011; Mayer, 2014; O'Neil & Perez, 2008; Tobias & Fletcher, 2011; Wouters & van Oostendorp, 2017). 하지만 게임기반 학습에 대해 무엇을 알고 있는가? Mayer(2014, 2019)는 컴퓨터 게임의 교육적 효과에 관한 연구 문헌을 가치 추가 연구, 인지적 성과 연구, 매체 비교 연구의 세 가지 분야로 나누어 정리하였다.

가치 추가 연구는 학술적 내용에 대한 학습을 촉진하는 게임의 기능을 식별하고자 한다. 게임의 기본 버전을 가지고 학습하는 학생들과 동일한 게임에 한 가지 기능을 추가하여 학습한 학생들의 성과를 비교하는 것이다. Mayer(2014, 2019)는 교육 분야의 컴퓨터 게임에서 최소 다섯 차례의 실험을 통해 중간 효과 크기(0.4 이상)를 만드는 특징 다섯 가지를 정의하였다.

양식 효과 – 인쇄된 텍스트 대신 음성 텍스트를 사용하였을 때, 높은 효과 크기를 보여주었다(9개 실험에서 효과 크기의 중앙값 = 1.4).

개인화 효과 – 문어체 대신 구어체 언어를 사용하였을 때, 높은 효과 크기를 보여주었다(8개 실험에서 효과 크기의 중앙값 = 1.5).

사전훈련 효과 – 사전에 게임에 관한 정보나 경험을 제공했을 때, 학습 향상을 가져왔다(7개 실험에서 효과 크기의 중앙값 = 0.8).

코칭 효과 – 게임 중에 조언과 피드백을 제공했을 때, 학습 향상을 가져왔다(15개 실험에서 효과 크기의 중앙값 = 0.7).

자기설명 효과 – 게임 하는 동안 플레이어에게 설명 혹은 반성적 사고를 하도록 촉진할 때, 학습 향상을 가져왔다(16개 실험에서 효과 크기의 중앙값 = 0.5).

이상의 다섯 가지 특징 외에도 경쟁(예: 다른 플레이어와 비교하여 플레이어의 점수 표시), 분할(복잡한 화면을 부분으로 나누기), 이미지(화면에 에이전트의 이미지 포함), 이야기의 주제(몰입할 수 있는 스토리라인 추가), 선택권(플레이가 게임의 형식이나 아바타 모양 등을 선택), 학습자 통제권(플레이어가 게임 수준이나 난이도 등을 제어)와 같은 기능의 교육 효과를 테스트하기 위한 연구가 진행 중이다. 전반적으로 가치를 추가하는 접근 방식은 게임 설계에 대한 일반적인 원칙을 제공하게 해준다. 게임 연구에 대한 가치 추가 접근 방식은 게임 디자인에서 중요하게 작동하는 것이 무엇인지에 대한 답을 제공하는 강력한 방법론이다. 구체적인 내용은 해당 장에 잘 기술되어 있다.

인지적 성과 연구는 플레이어가 기성 게임을 하면 학습과 관련된 인지 능력이 향상되는지를 탐색한다. 이러한 연구는 일정 기간 동안 게임을 하는 학생들과 동일한 기간 동안 게임과는 완전히 다른 종류의 활동을 하거나(능동적 통제집단), 그리고 전혀 게임을 하지 않은 학생들(수동적 통제집단)의 사전 사후 테스트 결과를 비교한다. 예를 들어 Mayer(2014, 2019)는 비디오 게임을 할 때 두 가지 의미 있는 인지적 성과가 나타남을 보여주었다.

Unreal Tournamen 또는 *Medal of Honor*와 같은 액션 비디오 게임(1인칭 슈팅 게임)은 지각 주의력을 향상시켰다(18개 실험에서 효과 크기의 중앙값 = 1.2). 그리고, Bediou 외(2018)는 액션 비디오 게임의 시간이 길어졌을 때, 지각 주의력이 통제 집단에 비해 더 크게 향상됨을 보여주었다.

Tetris 게임과 같은 공간 퍼즐 게임은 2차원의 모양을 심적 회전(mental rotation)으로만 동일한 모양 찾기 기술을 향상시키고 다른 공간 기술에서는 향상을 보이지 않았다(6개의 실험에서 효과 크기의 중앙값 = 0.8).

흥미롭게도 인지 능력 과제를 게임화 된 버전으로 만든 두뇌 훈련 게임은 게임 맥락을 벗어나서는 인지 능력을 개발시키는데 효과적이지 않았다. 이러한 사례로, Bainbridge와 Mayer(2018)는 두뇌 훈련 게임 *Lumosity*를 최대 80세션을 플레이했어도 통제 집단에 비해 인지 능력이 크게 향상되지 않았다는 사실을 보여주었다. 위의 결과와 대조적으로, Parong 외(2017)는 인지학습이론에 기초하여 특정한 인지 기술을 훈련하도록 설계된 특화된 컴퓨터 게임은 효과적이었음을 보여주었다. 이는 인지 기술 훈련을 위한 게임 설계가 플레이어에게 피드백을 통해 도전 수준을 높이면서 다양한 상황에서 목표 기술에 대해 반복적으로 연습하도록 장려해야 함을 시사하고 있다(Mayer, Parong, & Bainbridge, 2019). 이 책에서는 인지적 성과에 대한 내용과 더불어 Loftus와 Loftus(1983)가 제기했던 컴퓨터 게임을 통해 유용한 것을 배울 수 있는지 여부에 대한 문제를 다룬다. 인지적 성과 외의 정서적 이슈, 동기 부여 또는 사회 문화적 성과에 대한 연구를 수행할 수도 있다.

매체 비교 연구는 학생들이 전통적으로 사용하는 학습용 미디어보다 게임을 통해 학습 내용을 더 잘 배우는지 조사해 왔다. 기본적인 연구 방법은 게임을 통해 학습 자료를 학습한 결과와 동일한 자료를 다루는 기존 수업에서 얻은 학습 결과를 비교하는 방식이다. Mayer(2014, 2019)는 게임기반 학습이 기존 미디어(예: 슬라이드 쇼 사용)보다 더 나은 학습 결과를 제공하는 영역으로 과학, 수학 및 제2 언어 학습을 제안했다. 과학 학습의 경우 게임이 전통적 미디어보다 더 효과적이었다(16개 실험에서 효과 크기의 중앙값 = 0.7). 수학 학습의 경우에서도 게임이 전통적 미디어보다 더 효과적이었다(6개 실험에서 효과 크기의 중앙값 = 0.5). 제2 언어 학습에서는 게임이 기존 매체를 사용하는 것보다 훨씬 더 효과적이었다(5개 실험에서 효과 크기의 중앙값 = 1). 이러한 새로운 발견은 교육 매체를 다양화하면서 교육 내용과 방법을 적합하게 일치시키는 도전의 관점에서 신중하게 해석되어야 한다(Clark, 2001). 이 책에는 게임이 학습을 촉진하기 위해 실행 가능한 플랫폼인지 여부를 결정하기 위한 매체 비교 연구도 포함되어 있다.

전반적으로, 게임학습에 대한 연구 기반은 이 책에 제시된 것처럼 증가하고 있다. 이제 우리는 어떤 게임 기능이 학습을 촉진하는지, 어떤 종류의 기성 게임이 어떤 종류의 인지 능력을 향상시키고, 기존 미디어보다 게임을 통해 더 효과적으로 학습할 수 있는 교과 영역의 정보를 알게 되었다. 이번 작업은 Mayer(이 책의 4장)가 설명한대로 이론(즉, 사람들이 미디어를 통해 어떻게 학습하는지에 대한 이론의 개발)과 실제(학습을 위한 효과적인 디지털 게임의 설계)에 함의를 제공한다.

4 게임기반 학습의 설계 요소

재미 있고 동기를 부여하는 방식으로 학습 콘텐츠에 사용될 수 있는 게임용 디자인 요소가 많이 있다. 그러한 요소로는 게임 메커니즘, 시각적 심미적 설계, 사운드, 이야기 설계, 인센티브 시스템, 콘텐츠 및 기술이 포함된다. 먼저 이러한 요소들에 대해서 논의하고, 이러한 특징을 가진 설계에 대한 이론적 기반을 설명하고자 한다.

게임 메커니즘

게임 메커니즘은 게임 플레이에 있어서 필수적인 것을 의미한다. 즉, 플레이어가 게임 전체에서 반복하는 활동 또는 활동들의 집합을 뜻한다. 학습용 게임에서는 두 가지 유형의 역학을 구분한다. 학습 메커니즘은 주로 학습이론에 기반하여 학습 목표를 설정하고 있으며, 평가 메커니즘은 테스트 이론 접근 방식을 기반으로 하는 진단 목표를 설정한다(Plass & Homer, 2012). 많은 게임 메커니즘은 두 가지 목표를 모두 가질 수 있으며(Plass, Homer, et al., 2013), 연구에 따르면 메커니즘의 선택이 학습 결과에 영향을 미친다는 사실이 밝혀졌다(Plass et al., 2012; Plass, O'Keefe, Homer, Case, & Hayward, 2013). 게임 메커니즘과 학습 목표가 일치할 때 학습이 촉진된다(Plass et al., 2015). 게임 메커니즘이 학습에 미치는 영향에 대한 자세한 내용은 Pawar, Tam 및 Plass가(이 책의 14장)에서 설명하고 있다.

시각적 심미적 설계

시각적 심미적 설계에는 게임 환경, 게임 캐릭터 및 플레이어 자신의 아바타에 대한 시각적 디자인이 포함된다. 또한 게임 학습 내용에 있어서 정보를 어떻게 디자인하는가, 단서 및 피드백, 그리고 게임의 도구 및 컨트롤 요소들에 대한 디자인이 포함된다. 이러한 시각 디자인 특징들을 연구한 결과들이 충분히 있으며, 게임기반 학습을 위한 멀티미디어 디자인 원리에 대한 논의는 Nelson과 Kim이(이 책의 12장에서) 설명하고 있다.

사운드 설계

게임의 사운드 설계에는 사운드 트랙, 주변 소리 및 플레이어 또는 다른 캐릭터의 동작과 관련된 소리가 포함될 수 있다. 게임의 소리는 동기 부여 기능을 제공하지만 플레이어의 주의를 유도하는 신호 및 단서에도 사용된다. 소리는 또한 학습자에게 다양한 감정을 유발하는 디자인 요소 중 하나이므로 감정 디자인을 통해 학습에 영향을 미칠 가능성이 있다(Plass & Kaplan, 2016). Pawar, Tam 및 Plass는(이 책의 14장) 게임의 음질은 학습 결과에 영향을 미친다고 설명하고 있다.

이야기 설계

게임의 내러티브는 다른 플레이어, 게임 캐릭터 또는 에이전트와의 대화, 음성 해설, 컷 장면 및 게임 내 액션을 통해 진행되는 스토리 라인이다. 내러티브는 플레이에 동기 부여, 학습 콘텐츠에 대한 맥락 제공, 다양한 게임 요소를 연결해주는 것과 같은 여러 기능을 제공할 수 있다. 게임의 내러티브는 학습자의 행동에 따라 진행이 달라진다는 점에서 다른 많은 미디어와는 다르다. Dickey이(이 책의 11장에서) 논의하고 있는 것처럼, 내러티브는 학습 결과에 영향을 미치는 것으로 나타났다.

인센티브 시스템

게임의 인센티브 시스템에는 플레이어의 행동을 지시하고 피드백을 제공하는 것과 같은 일련의 보상 구조가 포함된다(Kinzer et al., 2012). 이러한 인센티브에는 점수, 경험치, 동전, 토큰, 별, 배지, 파워 업, 트로피, 전리품 등의 보상 형식을 취할 수 있다. 보상은 게임 플레이 및 학습 목표와 관련된 본질적인 성격을 가질 수 있다. 이 경우 보상은 탐색을 위한 새로운 도구, 게임에서 이전에 접근할 수 없었던 부분을 잠금 해제하는 새로운 지식 또는 학습 관련 문제를 해결할 수 있는 힌트 등으로 구성될 수 있다. 반대로, 외적 보상은 게임 플레이의 본질이나 해당 학습 목표와 관련이 없는 별점 부여, 포인트 또는 전리품 등으로 구성될 수 있다. 게임의 인센티브 시스템은 Tam과 Pawar(이 책의 15장)가 설명했듯이 학습 결과와 연결되어 있다.

학습 내용

학습 게임 디자인의 마지막 요소는 게임에서 다루는 학습 내용과 기술이다. 게임의 콘텐츠는 사용할 학습 메커니즘, 채택할 시각적 디자인, 내러티브 디자인, 인센티브 시스템 및 게임의 사운드 설계 요소를 포함하는 게임 디자인의 모든 측면을 결정하는 것이다(Plass & Homer, 2012).

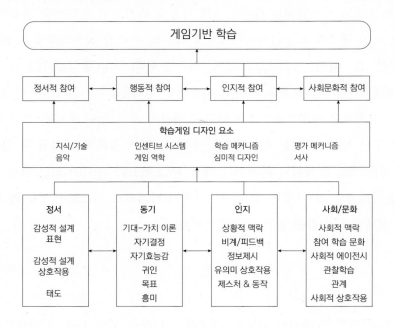

그림 1.4
놀이학습을 위한 통합적 설계 프레임워크

    이 장은 학습을 위한 디지털 게임 디자인이 인지, 동기 부여, 정서 및 사회 문화를 고려하여 결정해야 한다는 생각에 기반하고 있다. 디자인에 대한 결정은 이전 섹션에서 설명한 모든 게임 요소에 대한 것을 포함한다. [그림 1.4]에 요약된 통합 디자인 프레임 워크(Plass et al., 2015)는 인지, 동기, 정서, 사회문화의 관점들을 통합하고, 학습 게임의 디자인 요소들과 놀이 학습으로 이어질 수 있는 다양한 유형의 참여 등과도 연결하고 있다. 놀이 학습 혹은 게임기반 학습의 디자인 프레임 워크는 참여 유형, 디자인 요소, 이론적 관점이라는 세 가지 영역으로 구성된다. [그림 1.4]의 하단은 이러한 게임에 대한 이론적 기초가 도출되는 네 가지 영역을 제시하고 있다. 구체적인 내용에 대해서는 다시 자세히 설명하고자 한다. 중간 영역은 이전 섹션에서 논의했던 게임 디자인의 요소들을 다루고 있는데, 인지, 동기 부여, 정서, 사회문화 등의 이론이 구체적으로 구현되는 기능을 하게 된다. 마지막으로, 프레임워크의 상단 부분은 게임에서 플레이어가 학습의 일부에 정서적, 행동적, 인지적, 사회문화적 수준에서 참여할 수 있음을 보여주고 있다. 이제 이러한 참여의 유형에 대해 논의하고자 한다.

게임기반 학습에서 참여 유형

학습을 위한 디지털 게임의 잠재력을 지지하는 주요 주장 중 하나는 학습자를 참여시키는 능력이다(Gee, 2007; Prensky, 2003). 그러나 게임 참여가 실제로 의미하는 바에는 큰 차이가 있다. 예를 들어, 게임을 연마중인 플레이어를 생각해볼 수 있다. 이때 연마는 게임 플레이에서 우위를 점하기 위해 동일한 맥락에서 동일한 작업을 수백 번씩 반복 수행하는 경우이다. 이러한 행동은 자동화 능력을 형성하기 위해 필요할 수 있지만, 새로운 기술이나 지식을 습득하지 못한다. 그러나, 플레이어는 매우 몰입하는 것으로 보일 수 있다. 이러한 예시는 게임 활동에서 "참여"라는 용어가 사용되는 여러 사례들 중 하나일 뿐이다.

참여에 대한 이 책에서의 정의는 Domagk, Schwartz 및 Plass(2010)가 발전시킨 '멀티미디어 학습의 상호작용 모델'을 기반으로 한다. 이 모델은 Schwartz와 Plass가 이 책의 3장에서 자세하게 설명하고 있는 네 가지 유형의 참여를 구별한다: 행동, 인지, 정서, 사회 문화. 행동 참여는 터치 스크린에서 화면 밀기, 가상 현실(VR) 컨트롤러를 사용한 제스처 또는 버튼 누르기(Schwartz & Plass, 2014), 그리고 Microsoft의 Kinect와 같은 동작 기반 인터페이스와 상호작용할 때 전신 움직임과 같은 물리적 동작을 의미한다. 행동적 참여와 대조적으로, 인지적 참여는 의미를 만들고 정신 모델을 구성하기 위해 게임에서의 정보를 인지적으로 처리하는 과정을 의미한다(Mayer, 2014). 많은 경우에, 인지적 참여는 게임에서 의도하는 학습 결과와 가장 밀접하게 관련되어 있다(Mayer, 이 책의 4장). 정서적 참여는 학습자가 특정 게임의 요소에 대해 감정적 반응을 보이거나 감정적으로 연결되는 경우에 발생한다. 전형적인 예로는 게임 캐릭터와 상호작용할 때 경험하는 감정을 들 수 있다(Plass et al., 2019). 정서적 참여는 인지적 참여를 증가시키게 되므로, 학습 성과를 높이는 데 사용될 수 있다(Schwartz & Plass, 이 책의 3장; Loderer, Pekrun, & Plass, 이 책의 5장). 마지막 유형의 참여는 사회 문화적 참여인데, 게임 내에서의 사회적 상호작용뿐만 아니라 게임이 생성하는 새로운 문화 내에서의 상호작용을 강조한다. 이러한 유형의 참여는 학습을 지원하는 인지적 참여를 증가시킬 수 있다(Steinkuehler & Tsaasan, 이 책의 7장).

학습을 위한 게임의 이론적 기초

[표 1.2]에 요약된 바와 같이, 학습을 위한 게임을 상호 지원하는 이론적 토대를 동기 부여, 인지, 정서, 사회 문화의 측면에서 다루고자 한다.

표 1.2
게임기반 학습에 대한 네 가지 이론적 기초

명칭	설명
동기적 기초	자기결정이론과 같은 학습의 동기적 측면을 기술하는 이론들(Ryan & Rigby, 6장 참조)
인지적 기초	멀티미디어인지학습이론과 같은 학습의 인지적 측면을 다루는 이론들(Mayer, 4장 참조)
정서적 기초	통제-가치이론과 같은 학습의 감정적 측면을 다루는 이론들(Loderer, Pekrun, & Plass, 5장 참조)
사회문화적 기초	실천공동체와 같은 학습의 사회문화적 측면을 다루는 이론들(Steinkuehler & Tsaasan, 7장 참조)

동기적 기초 게임이 플레이어에게 동기를 부여하는 특징은 게임을 학습에 활용해야 한다고 주장할 때 가장 자주 인용되는 내용이다(Plass et al., 2015). 일반적으로 이러한 주장은 오락용 게임이 학습자들을 오랜 기간 동안 참여하도록 동기를 부여할 수 있다는 관찰에서 비롯된 것이다(Steinkuehler & Squire, 2014). 동기 부여를 높이는 게임 기능에는 인센티브 시스템과 학습자가 즐기거나 흥미를 느끼는 게임 메커니즘과 활동 등이 포함된다. 동기 부여 기능의 한 가지 특징은 게임이 우아한 실패를 허용한다는 것이다. 즉, 게임에서는 실패를 피해야 할 결과로 정의하는 것이 아니라, 작업을 해결하

려는 첫 번째 시도에서 의도적으로 실패를 만드는 경우가 많다. 이는 과제가 더욱 흥미로워질 수 있도록 도전을 장려하고, 실패는 학습 과정에서 꼭 필요한 단계라고 인식하는 것이다(Kapur, 2008; Kapur & Bielaczyc, 2012; Kapur & Kinzer, 2009; Plass et al., 2010). 게임에서는 실패를 심각하지 않은 것으로 여기기 때문에, 위험을 감수하여 탐구하고 새로운 것을 시도하도록 장려하게 된다(Hoffman & Nadelson, 2010). 우아한 실패는 자기 조절 학습의 기회를 제공하여 플레이어가 자신이 사용한 전략이 효과적이었는지, 목표가 달성되었는지 등을 점검할 수 있도록 한다(Barab, Warren, & Ingram-Goble, 2009; Kim, Park, & Baek, 2009). 자기결정이론 또한 게임기반 학습 응용 프로그램의 중요한 토대이다. 이 내용에 대해서는 이 책의 6장에서 Ryan과 Rigby가 자세히 설명하고 있다.

인지적 기초 게임에는 학습자의 참여를 높이고, 작업을 의미 있고 관련성 있게 만들고 학습자의 특정 요구와 조건에 적응적으로 대응할 수 있는 기능이 있다. Schwartz와 Plass가 이 책의 3장에서 설명하고 Domagk, Schwartz, Plass(2010)에서 언급된 것처럼, 게임이 정서적, 사회 문화적, 행동적 참여를 촉진하여 학습자의 인지적 참여를 촉진하는 데 사용할 수 있다는 것은 매우 흥미롭다. 예를 들어, 게임은 플레이어와 게임 캐릭터 사이에 정서적 관계를 구축하기 위해 강력한 내러티브를 사용할 수 있으며, 이 캐릭터와 관련된 문제를 해결해야 할 때 더 높은 인지 참여로 이어질 수 있다. 높은 수준의 인지적 참여는 학습자가 게임에서 관련 정보를 선택하고, 이를 의미있게 구조화하고, 관련된 사전 지식과 통합하는 생성적 인지처리 과정에 참여하는 것이다(Mayer, 2009, 2014).

마찬가지로 게임은 멀티 플레이어 옵션을 제공하여 사회적 참여를 촉진할 수 있으며 이러한 사회적 참여는 경쟁적 또는 협력 적 플레이를 통해 더 높은 인지적 참여로 이어질 수 있다(Plass, O'Keefe, et al., 2013). 사회 문화적 참여와 정서적 참여는 학습자에게 학습을 의미있고 관련성 있는 것으로 만들어 줄 수도 있고, 학습을 향상시키는 방식으로 과제를 변경할 수도 있다(Lave & Wenger, 1991; Wenger, 1998; Steinkuehler & Tsaasan의 7장 참조). 게임 수행 기록 및 전송 장치(예: 사용자 로그)를 통해 게임 활동의 다양한 내용을 분석함으로써, 게임은 학습자의 요구에 적응적으로 응답할 수 있고, 이러한 과정을 통해 학습을 향상시키는 개별화된 상호작용을 제공할 수 있다(Andersen, 2012; Azevedo, Cromley, Moos, Greene, & Winters, 2011; Koedinger, 2001; Plass, Chun, Mayer, & Leutner, 2003; Plass & Pawar의 10장; Steinkuehler & Duncan, 2008; Turkay & Kinzer, 2014). 게임 학습의 인지적 기초에 대한 자세한 설명은 이 책의 4장에 Mayer가 설명하고 있다.

정서적 기초 게임은 내러티브, 미적 디자인, 게임 메커니즘 또는 음악 등 다양한 방식으로 학습자의 감정에 영향을 미칠 수 있다. 학습 향상을 목표로 감정을 유도하기 위해 이러한 기능을 사용하는 것을 감성적 설계라고 설명한다(Plass & Kaplan, 2016). 많은 연구들은 긍정적인 감정이 폭 넓게 인지 자원을 활용할 뿐만 아니라(Fredrickson & Branigan, 2005) 학습자의 주의력을 향상시키고(Izard, 1993) 효과적인 회상 단서 역할을 하며(Isen et al., 1978, 1987), 의사결정능력을 향상시키고, 창의적인 문제 해결능력과 같은 고차원적 인지활동을 향상시킨다(Erez & Isen, 2002; Konradt, Filip, & Hoffmann, 2003)는 결과를 보여주고 있다. 다양한 방법으로 인지 처리를 강화하는 것 외에도 감정이 학습을 촉진하는 것으로 나타났다. 예를 들어, 학습 결과의 향상은 화면에 등장하는 캐릭터의 모양과 색상(Mayer & Estrella, 2014; Plass, Heidig, Hayward, Homer, & Um, 2014)과 같은 시각적 디자인 요소를 통해 긍정적인 감정을 유도하는 것과도 관련이 있지만, 학습자가 초기에 겪는 혼란과도 관계가 있다(Craig et al., 2014; D'Mello & Graesser, 2014; Graesser, D'Mello, & Strain, 2014). 다른 연구들은 플레이어의 감정 상태에 반응하는 공감 에이전트를 통해서도 학습이 향상될 수 있음을 보여주었다(Cooper, Brna, & Martins, 2000; D'Mello, Olney, Williams, & Hays, 2012; Lester, Towns, & Fitzgerald, 1998). 결론적으로, 상황에 대한 높은 흥미와 게임 메커니즘에 의해 유발된 긍정적인 감정을 통해 학습이 향상된다는 것을 알 수 있다(Isbister, Schwekendiek, & Frye, 2011; Plass et al., 2012; Plass, O'Keefe et al., 2013). 게임 학습의 정서적 기반에 대한 자세한 설명은 이 책의 5장에서 Loderer, Pekrun 및 Plass가 설명하고 있다.

사회문화적 기초

　게임은 사회적 상호작용의 기회를 풍부하게 제공하고, 학습 과정에서 문화적 변수를 활용할 수 있다. 실제로 일부 연구자들은 게임을 중심으로 만들어진 커뮤니티가 게임기반 학습의 가장 중요한 측면 중 하나일 수 있다고 주장한다(Gee, 2007; Pearce, Boellstorff, & Nardi, 2011). 게임의 사회적 측면에 대한 연구들은 싱글 플레이, 협동 플레이 및 경쟁 플레이 간의 차이가 있음을 밝혀주었다. 예를 들어, 계산 능력을 자동화하는 수학 게임은 플레이어들이 서로 경쟁할 때나 협업할 때나 상관없이 흥미로워한다는 것을 보여주었지만, 성과는 게임의 경쟁 버전에서 나타남을 보여주었다(Plass, O'Keefe, et al., 2013).

　사회 문화적 관점에서는 게임을 사람과 플레이어, 방식 등과 얽힌 시스템으로 바라본다(Steinkuehler & Tsaasan, 이 책의 7장). 사회 문화적 관점에서 학습은 참여자들 간의 상호작용, 집단적 지식의 구성, 문화적 규범의 맥락에서 지식을 적용하는 것으로 정의한다(Squire, 2006). 게임기반 학습의 사회 문화적 측면은 인지적, 정서적, 동기적 요인과 밀접하게 관련되어 있다. 예를 들어 인지 및 정서적 변수는 그것이 발생하는 사회적 및 문화적 맥락과 상호작용한다(Turkay, Hoffman, Kinzer, Chantes, & Vicari, 2014). 이러한 접근 방식의 힘과 가능성은 Foldit 및 EyeWire와 같은 시민 과학 프로젝트에서 볼 수 있다. 이 프로젝트는 게임기반 접근 방식을 사용하여 단백질 접힘 및 뉴런의 3D 구조도 작성과 같은 과학적 문제를 해결하는 데 있어 대규모 커뮤니티의 도움을 활용한다. 대리자의 사회적 측면, 관찰 학습 및 사회적 상호작용 설계와 같은 게임기반 학습의 사회 문화적 측면의 내용은 Plass et al.(2015)에서 논의하고 있으며, 중재 기능으로서 협력, 피해가 없는 활동 시스템으로서의 게임, 표준화된 권력관계 구성의 재편 등의 내용은 이 책의 7장에서 Steinkuehler와 Tsaasan이 설명하고 있다.

6　함의

　　게임기반 학습의 이론적 토대와 놀이 학습에 대한 관련 이론의 검토는 이론적 측면과 실제적 측면에서 함의를 가지고 있다. 이 장에서는 향후 학습용 게임 연구 의제에 대한 초석을 제시하는 것에 의의를 두고자 한다.

이론적 함의

　　학습용 게임은 다양한 교육 패러다임을 채택했기 때문에, 학습을 위한 게임 디자인을 설명하는 이론이 한 가지일 수는 없다. 대신 게임이 가진 장점을 활용하기 위해서는 게임기반 학습에 대한 종합적인 시각이 필요하다. 이 관점에는 인지적, 정서적, 동기적, 사회 문화적 측면이 포함된다. 여기에서는 이러한 관점들에 대해서 요약하여 제시하였지만, 이 책의 이론 섹션인 PART II의 해당장에서 더 자세히 설명하고 있다. 다양한 디자인 기능에는 광범위한 이론적 기반이 필요하기 때문에 효과적인 교육용 게임을 디자인하려면 단일 이론적 접근 방식이 아닌 여러 관점(Goldman, Black, Maxwell, Plass, & Keitges, 2012)을 취하는 것이 필수적이다.

실용적 함의

　　놀이학습 이론은 교육자와 학부모뿐만 아니라 학습용 게임 설계자에게도 영향을 미친다. 학습용 게임이 가진 잠재력을 최대한 발휘하려면 학습에 대한 여러 관점의 통합이 필요하다고 게임 디자이너에게 제안하고자 한다. 학습을 위한 게임의 디자인은 인지, 정서, 동기 및 사회 문화적 요인을 모두 포괄해야 한다. 이를 위해서는 각각의 영역에 대한 전문 지식이 있는 인력으로 팀을 구성하고 상호 협력할 수 있어야 한다.

　　또한 학습을 위한 게임 디자인은 학습 과정에서 제공되는 게임의 역할을 분명히 제시해야 한다. 이러한 역할에는 미래의 학습을 준비하는 것, 새로운 지식과 기술을 배는 것, 기존 지식과 기술을 연습하고 자동화하는 것, 혹은 학습 및 혁신 기술을 가르치는 것 등이 포함될 수 있다(Plass et al., 2015). 게임의 기능이 명확하게 정의되지 않으면, 학습 목표와 학습 메커니즘을 구체화하기가 어려워진다.

위에 제시한 접근들은 학습 효과를 위해 게임에 다양한 참여 방법을 디자인 단계에서 적용할 수 있음을 보여준다. 앞서 설명한 게임 디자인 요소의 행동 유도성때문에 학습자의 참여는 인지적, 정서적, 행동적 또는 사회 문화적 수준으로 분류될 수 있다. 설계자는 정서적 참여를 사용하여 인지적 참여와 같은 다른 유형의 참여를 촉진할 수 있다.

게임 설계자를 위한 마지막 시사점은 디자인 요소를 결정하기 위해서는 가치를 추가하는 실험 연구를 자주 수행해야 한다는 것이다. 학습용 게임 디자인을 설명하는 이론은 이미 많이 존재하지만, 어떤 요소의 결정은 이론에만 의지해서 결정하는 것이 불가능할 수 있기 때문이다. 이에 대한 자세한 내용은 학습을 위한 게임 연구 의제 부분에서 논의하고 있다.

현장 교육자와 부모들에게는 제공하는 함의는 다음과 같다. 교사와 부모들이 학습에 적합한 게임을 선택할 때 고려할 사항은 게임이 학습 내용을 가르칠 때 새로운 방식으로 가르치는지, 아니면 단순히 기존 방식에 게임적 특징만을 추가한 것인지를 검토하여 평가할 수 있다. 교사는 또한 게임의 특징이 학습을 지원하는지 또는 학습 목표 달성을 방해하는지 여부를 고려하여 게임 플레이와 상호작용을 통한 학습을 균형 있게 조율할 수 있다.

일반적으로 사람들은 특정 상황에서 특정 학습자에게 특정 주제의 학습을 지원하기 위해 게임이 선택되어야 하는지 물어볼 수 있다. 왜 게임이 다른 교육 매체보다 주어진 주제에 대해 더 나은 학습 방법이라고 생각하는가? 게임기반 접근 방식이 다른 접근 방식으로는 달성할 수 없는 것을 성취하게 하는가? 이러한 질문에 답할 수 없다면 학습용 게임 개발을 설계하기 위해 노력을 기울여야 하는 이유가 불분명하다.

학습용 게임에 관한 향후 연구 방향

문헌 검토에 기반해서 학습용 게임에 대한 향후 연구에 대해 제안하고자 한다. 일반적으로 게임과 관련하여 수행된 연구를 다섯 가지 유형으로 분류할 수 있다(Mayer, 2014; Plass, Homer, Pawar, & Tam, 2018):

- 사용편의성 연구는 학습자가 왜 게임을 잘 사용하지 못하는가라는 관점에서, 전체적인 디자인과 관련된 문제가 무엇인지, 그리고 콘텐츠와 관련된 문제는 무엇인지를 식별하는 것이다.
- 디자인 기반 연구는 다양한 특징을 하나씩 추가해가면서 효과를 검증하고, 게임 디자인을 개선하고자 한다(Hoadley, 2004).
- 가치 추가 연구는 특정 디자인 기능의 효과에 관심을 갖는 것이다.
- 인지적, 정서적, 동기적, 사회 문화적 성과에 대한 연구는 학습 과정과 결과에 있어서 게임이 효과가 있는지에 관심을 갖는다.
- 매체 비교 연구는 게임을 통한 학습과 다른 미디어와의 학습을 비교하는 데 관심이 있다.

위에 제시한 다섯 가지 유형의 연구들은 현재 진행되고 있다. 일반적으로 게임의 인지적, 정서적 또는 동기적 영향에 대한 연구를 수행하기 전에 사용자 조사나 디자인 기반 가치 추가 연구 등을 통하여 특정 디자인 기능의 효과를 조사하는 것이 유용하다. 즉, 학습용 게임의 효과에 대한 연구를 수행하기 전에 먼저 디자인 연구 결과를 바탕으로 게임 디자인을 최적화해야 한다. 매체 비교 연구는 학습용 게임 채택에 관한 정책 결정을 지원하고, 정치인, 학교 관리자 및 교사에게 학습용 게임의 사용을 더 큰 규모로 확대할 것인지를 정당화하는 경험적 증거를 제공하는 데 유용하다.

그러나 연구자와 설계자 모두에게 더 흥미로운 것은 학습을 위한 게임의 '행동유도성'효과에 대한 연구다. 이 연구는 게임이 교육을 위한 고유한 매체로서 어떻게 다른 매체가 할 수 없는 방식으로 학습 목표를 달성할 수 있는가를 설명한다. 추가 연구를 위한 마지막 영역은 게임을 사용하여 학습을 평가하는 것이다. 이에 대해서는

Shute와 Sun이 이 책의 20장에서 자세히 기술하고 있다.

　게임은 학습을 위한 흥미로운 매체이다. 게임의 복잡성은 설계에 대한 포괄적인 접근을 필요로 할 뿐만 아니라, 게임을 사용한 학습에 대한 연구를 필요로 한다. 이 장이 연구자와 설계자 모두에게 학습을 위한 게임의 잠재력을 깨닫도록 안내할 수 있는 통찰을 제공하기를 바란다.

참고문헌

Andersen, E.(2012, May). Optimizing adaptivity in educational games. In *Proceedings of the International Conference on the Foundations of Digital Games*(pp. 279-281). ACM.

Azevedo, R., Cromley, J. G., Moos, D. C., Greene, J. A., & Winters, F. I.(2011). Adaptive content and process scaffolding: A key to facilitating students' self-regulated learning with hypermedia. *Psychological Test and Assessment Modeling, 53*(1), 106-140.

Bainbridge, K., & Mayer, R. E.(2018). Shining the light of research on Lumosity. *Journal of Cognitive Enhancement, 2*, 43-62.

Barab, S., Warren, S., & Ingram-Goble, A.(2009). Conceptual play spaces. In R. E. Ferdig(Ed.), *Handbook of research on effective electronic gaming in education: Vol. III*(pp. 989-1009). Hershey, PA: IGI Global.

Bediou, B., Adams, D. M., Mayer, R. E., Tipton, E., Green, C. S., & Bavelier, D.(2018). Meta-analysis of action video game impact on perceptual, attentional, and cognitive skills. *Psychological Bulletin, 144*(1), 77-110.

Blumberg, F. C.(Ed.).(2014). *Learning by playing: Video gaming in education*. New York, NY: Oxford University Press.

Clark, R. E.(Ed.).(2001). *Learning from media*. Greenwich, CT: Information Age Publishing.

Cole, M.(2006). *The Fifth Dimension: An after school program built on diversity*. New York, NY: Sage.

Common Sense Media Report.(2017). The common sense census: *Media use by kids age zero to eight 2017*. Retrieved from https://www .commonsensemedia.org/research/the−common−sense−census−media−use−by−kids−age−zero−to−eight−2017

Consortium for Research and Evaluation of Advanced Technology in Education(CREATE).(2017). *Gwakkamole* [Computer game]. Available at create.nyu.edu/dream

Cooper, B., Brna, P., & Martins, A.(2000). Effective affective in intelligent systems-Building on evidence of empathy in teaching and learning. In *Affective interactions*(pp. 21-34). Berlin, Germany: Springer. http://dx.doi.org/10.1007/10720296_3

Craig, S., Graesser, A., Sullins, J., & Gholson, B.(2004). Affect and learning: An exploratory look into the role of affect in learning with AutoTutor. *Journal of educational media, 29*(3), 241-250.

D'Mello, S. K., Craig, S. D., Witherspoon, A., Mcdaniel, B., & Graesser, A.(2008). Automatic detection of learner's affect from conversational cues. *User Modeling and User-Adapted*

Interaction, 18(1-2), 45-80.

D'Mello, S., & Graesser, A.(2014). Confusion and its dynamics during device comprehension with breakdown scenarios. *Acta Psychologica, 151*, 106-116.

D'Mello, S., Olney, A., Williams, C., & Hays, P.(2012). Gaze tutor: A gaze-reactive intelligent tutoring system. *International Journal of Human-Computer Studies, 70(5), 377-398.*

Domagk, S., Schwartz, R., & Plass, J. L.(2010). Interactivity in multimedia learning: *An integrated model. Computers in Human Behavior, 26*(5), 1024-1033. doi: 10.1016/j.chb.2010.03.003

Erez, A., & Isen, A. M.(2002). The influence of positive affect on the components of expectancy motivation. *Journal of Applied Psychology, 87*(6), 1055.

FAS(2008). Immune Attack. Developed by Federation of American Scientists. Available https://fas.org/programs/ltp/games/Immune%20Attack%202 .html

Fredrickson, B. L., & Branigan, C.(2005). Positive emotions broaden the scope of attention and thought-action repertoires. *Cognition & Emotion, 19*(3), 313-332.

Gee, J. P.(2007). *What video games have to teach us about learning and literacy*(2nd ed.). New York, NY: Palgrave Macmillan.

Goldman, R., Black, J., Maxwell, J. W., Plass, J., & Keitges, M. J.(2012). Engaged learning with digital media: The points of viewing theory. In W. M. Reynolds, G. E. Miller, & I. B. Weiner(Eds.), *Handbook of psychology: Vol. 7. Educational psychology*(pp. 321-364). New York, NY: Wiley.

Graesser, A. C., D'Mello, S. K., & Strain, A. C.(2014). Emotions in advanced learning technologies. In R. Pekrun and L. Linnenbrink-Garcia(Eds.), *International handbook of emotions in education*(pp. 473-493). New York, NY: Taylor and Francis.

Hoadley, C.(2004). Methodological alignment in design-based research. *Educational Psychologist, 39*(4), 203-212. doi:10.1207/s15326985ep3904_2

Hoffman, B., & Nadelson, L.(2010). Motivational engagement and video gaming: A mixed methods study. *Educational Technology Research and Development, 58*(3), 245-270.

Homer, B. D., Hayward, E. O., Frye, J., & Plass, J. L.(2012). Gender and player characteristics in video game play of preadolescents. *Computers in Human Behavior, 25*(5), 1782-1789.

Homer, B. D., Ober, T., Rose, M., MacNamara, A., Mayer, R., & Plass, J. L.(2019). Speed versus accuracy: Implications of adolescents' neurocognitive developments in a digital game to train executive functions. *Mind, Brain, and Education, 13*(1), 41-52.

Honey, M. A., & Hilton, M. L.(2011). *Learning science through computer games and simulations.* Washington, DC: National Academies Press.

Isbister, K., Schwekendiek, U., & Frye, J.(2011, May). Wriggle: An exploration of emotional and social effects of movement. In *CHI'11 extended abstracts on human factors in computing systems*(pp. 1885-1890). ACM.

Isen, A. M., Shalker, T. E., Clark, M., & Karp, L.(1978). Affect, accessibility of material in memory, and behavior: A cognitive loop? *Journal of Personality and Social Psychology, 36*(1), 1-12.

Isen, A. M., Daubman, K. A., & Nowicki, G. P.(1987). Positive affect facilitates creative problem solving. *Journal of Personality and Social Psychology, 52*(6), 1122-1131.

Izard, C. E.(1993). Four systems for emotion activation: Cognitive and noncognitive processes. *Psychological Review, 100*, 68-90.

Kapur, M.(2008). Productive failure. *Cognition and Instruction, 26*(3), 379-424.

Kapur, M., & Bielaczyc, K.(2012). Designing for productive failure. *Journal of the Learning Sciences, 21*(1), 45-83.

Kapur, M., & Kinzer, C. K.(2009). Productive failure in CSCL groups. *International Journal of Computer-Supported Collaborative Learning, 4*(1), 21-46.

Kelly, H., Howell, K., Glinert, E., Holding, L., Swain, C., Burrowbridge, A., & Roper, M.(2007). How to build serious games. *Communications of the ACM, 50*(7), 44-49.

Kim, B., Park, H., & Baek, Y.(2009). Not just fun, but serious strategies: Using meta-cognitive strategies in game-based learning. *Computers & Education, 52*(4), 800-810.

Kinzer, C. K., Hoffman, D., Turkay, S., Chantes, P., Gunbas, N., Dvorkin, T., & Chaiwinij, A.(2012). The impact of choice and feedback on learning, motivation, and performance in an educational video game. In K. Squire, C. Martin, & A. Ochsner(Eds.), *Proceedings of the Games, Learning, and Society Conference(*Vol. 2, pp. 175-181). Pittsburgh, PA: ETC Press.

Koedinger, K. R.(2001, December). Cognitive tutors as modeling tools and instructional models. *In Smart machines in education*(pp. 145-167). Cambridge, MA: MIT Press.

Konradt, U., Filip, R., & Hoffmann, S.(2003). Flow experience and positive affect during hypermedia learning. *British Journal of Educational Technology, 34*(3), 309-327.

Lave, J. & Wenger, E.(1991). *Situated learning: Legitimate peripheral participation*. New York, NY: Cambridge University Press.

Lenhart, A., Kahne, J., Middaugh, E., Macgill, E. R., Evans, C., & Vitak, J.(2008, September 16). *Teens, video games, and civics*. Washington, DC: Pew Internet & American Life Project.

Lester, J. C., Towns, S. G., & Fitzgerald, P. J.(1998). Achieving affective impact: Visual emotive communication in lifelike pedagogical agents. *International Journal of Artificial Intelligence in Education(IJAIED), 10*, 278-291.

Loftus, G. R., & Loftus, E. F.(1983). *Mind at play: The psychology of video games*. New York, NY: Basic Books.

Mayer, R. E.(2009). *Multimedia learning*(2nd ed.). New York, NY: Cambridge University Press.

Mayer, R. E.(2014). *Computer games for learning: An evidence-based approach*. Cambridge, MA:

MIT Press.

Mayer, R. E.(2019). Computer games in education. *Annual Review of Psychology, 70*, 531-549.

Mayer, R. E., & Estrella, G.(2014). Benefits of emotional design in multimedia instruction. *Learning and Instruction, 33*, 12-18.

Mayer, R. E., Parong, J., & Bainbridge, K.(2019). Young adults learning executive function skills by playing focused video games. *Cognitive Development, 49*, 43-50.

O'Neil, H. F., & Perez, R. S.(Eds.).(2008). *Computer games and team and individual learning*. Amsterdam, Netherlands: Elsevier.

Parong, J., Mayer, R. E., Fiorella, L., MacNamara, A., Homer, B. D., & Plass, J. L.(2017). Learning executive function skills by playing focused video games. *Contemporary Educational Psychology, 51*, 141-151.

Pearce, C., Boellstorff, T., & Nardi, B. A.(2011). *Communities of play: Emergent cultures in multiplayer games and virtual worlds*. Cambridge, MA: MIT Press.

Pellegrino, J., & Hilton, M.(Eds.).(2012). *Education for life and work: Developing transferable knowledge and skills in the 21st century*. Washington, DC: National Academies Press.

Plass, J. L., Chun, D. M., Mayer, R. E., & Leutner, D.(2003). Cognitive load in reading a foreign language text with multimedia aids and the influence of verbal and spatial abilities. *Computers in Human Behavior, 19*, 221-243.

Plass, J. L., Heidig, S., Hayward, E. O., Homer, B. D., & Um, E. J.(2014). Emotional design in multimedia learning: Effects of shape and color on affect and learning. *Learning and Instruction, 29*, 128-140.

Plass, J. L., & Homer, B. D.(2012, March). *Popular game mechanics as inspirations for learning mechanics* and assessment mechanics. Paper presented at the Game Developers Conference, San Francisco, CA, March 5-9, 2012.

Plass, J. L., Homer, B. D., Hayward, E. O., Frye, J., Huang, T. T., Biles, M., ⋯ Perlin, K.(2012). The effect of learning mechanics design on learning outcomes in a computer-based geometry game. In S. Göbel, W. Müller, B. Urban, & J. Wiemeyer(Eds.), *Lecture Notes in Computer Science: Vol.7516. E-learning and games for training, education, health and sports*(pp. 65-71). Berlin, Germany: Springer. http://dx.doi.org/10.1007/978-3-642-33466-5_7

Plass, J. L., Homer, B. D., & Kinzer, C. K.(2015). Foundations of game-based learning. *Educational Psychologist, 50*(4), 258-283.

Plass, J. L., Homer, B. D., Kinzer, C. K., Chang, Y. K., Frye, J., Kaczetow, W., ⋯ Perlin, K.(2013). Metrics in simulations and games for learning. In A. Drachen, M. S. El-Nasr, & A. Canossa(Eds.), *Game analytics*(pp. 697-729). New York, NY: Springer.

Plass, J. L., Homer, B. D., MacNamara, A., Ober, T., Rose, M. C., Hovey, C. M., ⋯ Olsen, A.(2019).

Emotional design for digital games for learning: The affective quality of expression, color, shape, and dimensionality of game characters. *Learning and Instruction.*

Plass, J. L., Homer, B. D., Pawar, S., & Tam, F.(2018). Connecting theory and design through research: Cognitive skills training games. In S. Göbel, A. Garcia-Agundez, T. Tregel, M. Ma, J. Baalsrud Hauge, M. Oliveira, T. Marsh, & P. Caserman(Eds.), *Lecture Notes in Computer Science: Vol. 11243. Serious Games: Proceedings of the 4th Joint International Conference, JCSG 2018, Darmstadt, Germany, November 7-8, 2018(*pp. 145-158). Cham, Switzerland: Springer.

Plass, J. L., & Kaplan, U.(2016). Emotional design in digital media for learning. In S. Tettegah & M. Gartmeier(Eds.), *Emotions, technology, design, and learning(*pp. 131-161). New York, NY: Elsevier.

Plass, J. L., O'Keefe, P. A., Homer, B. D., Case, J., Hayward, E. O., Stein, M., & Perlin, K.(2013). The impact of individual, competitive, and collaborative mathematics game play on learning, performance, and motivation. *Journal of Educational Psychology, 105*(4), 1050-1066. doi:10.1037 /a0032688

Plass, J. L., Perlin, K., & Nordlinger, J.(2010). *The Games for Learning Institute: Research on design patterns for effective educational games.* Paper presented at the Game Developers Conference, San Francisco, CA, March 9-13.

Prensky, M.(2003). Digital game-based learning. *Computers in Entertainment(CIE), 1*(1), 21-24.

Rowe, E., Asbell-Clarke, J., Baker, R. S., Eagle, M., Hicks, A. G., Barnes, T. M., ··· Edwards, T.(2017). Assessing implicit science learning in digital games. *Computers in Human Behavior*, 76, 617-630.

Salen, K., & Zimmerman, E.(2004). *Rules of play: Game design fundamentals.* Cambridge, MA: MIT Press.

Schwartz, R., & Plass, J. L.(2014). Click versus drag: User-performed tasks and the enactment effect in an interactive multimedia environment. *Computers in Human Behavior, 33*, 242-255. doi: 10.1016/j.chb.2014.01.012

Squire, K.(2006). From content to context: Videogames as designed experience. *Educational Researcher, 35*(8), 19-29. http://dx.doi.org/10.3102/0013189&035008019

Squire, K.(2011). *Video games and learning: Teaching and participatory culture in the digital age.* Technology, Education-Connections(The TEC series). New York, NY: Teachers College Press.

Smith, A., & Anderson, M.(2018). Social media use in 2018. Pew Research Center, 1.

Stegman, M.(2014). Immune Attack players perform better on a test of cellular immunology and self-confidence than their classmates who play a control video game. *Faraday Discussions, 169*, 403-423.

Steinkuehler, C.(2008). Massively multiplayer online games as an educational technology: An outline for research. *Educational Technology, 48*(1), 10-21.

Steinkuehler, C., & Duncan, S.(2008). Scientific habits of mind in virtual worlds. *Journal of Science Education and Technology, 17*(6), 530-543.

Steinkuehler, C., & Squire, K.(2014). Videogames and learning. In R. Sawyer(Ed.), *The Cambridge handbook of the learning sciences*(pp. 377-394). New York, NY: Cambridge University Press. doi:10.1017/CBO9781139519526.023

TERC Edge.(2016). *Impulse*. Available: https://games.terc.edu/Impulse/

Tobias, S., & Fletcher, J. D.(Eds.).(2011). *Computer games and instruction*. Charlotte, NC: Information Age Publishing.

Turkay, S., Hoffman, D., Kinzer, C. K., Chantes, P., & Vicari, C.(2014). Toward understanding the potential of games for learning: Learning theory, game design characteristics, and situating video games in classrooms. *Computers in the Schools, 31*(1-2), 2-22.

Turkay, S., & Kinzer, C. K.(2014). The effects of avatar-based customization on player identification and empathy. *International Journal of Gaming and Computer-Mediated Simulations(IJGCMS), 6*(1), 1-25. http://dx.doi.org/10.4018/ijgcms.2014010101

Plass, J. L., Heidig, S., Hayward, E. O., Homer, B. D., & Um, E.(2014). Emotional design in multimedia learning: Effects of shape and color on affect and learning. *Learning and Instruction, 29*, 128-140.

Wenger, E.(1998). Communities of practice: Learning as a social system. *Systems Thinker, 9*(5), 2-3.

Wouters, P., & van Oostendorp, H.(2017). *Instructional techniques to facilitate learning and motivation of serious games*. New York, NY: Springer.

02

놀이 학습으로서의 게임: 게임기반 학습을 위한 발달 이론의 함의

Bruce D. Homer, Charles Raffaele, and Hamadi
Henderson(송혁순 역)

1 놀이 학습의 이론적 기초

알다시피 놀이를 정의하기는 매우 어렵다. Johan Huizinga(1949)는 자신의 저서 "Homo Ludens"에서 놀이를 단순히 행동적 또는 생물학적 관점에서 설명하려는 시도는 부적절하다고 지적했다. Huizinga에 따르면 놀이는 "삶의 일차적인 욕구"를 넘어서는 것이라고 주장한다(p. 1). 즉, 놀이는 의미 있고 감각적이며, 재미있어야 한다. 학습을 위한 게임의 맥락에서 Salen과 Zimmerman(2005)은 Huizinga의 주장을 기반으로 하여 "유의미한 놀이", 즉 게임 자체가 아니라 플레이어들과 게임, 그리고 주어진 상황 안에서의 상호작용을 가능케 하는 게임을 설계해야 한다고 주장한다.

발달 심리학 분야에서 놀이의 조작적 정의를 내리기 위한 많은 시도가 있었다. Krasnor와 Pepler(1980)는 놀이를 정의하는 기준으로 유연성, 긍정적 정서, 비문자성, 내재적 동기를 제시했다. 그들은 "순수한 놀이"란 이러한 네 가지 요소들과 관련되어 있으며, 모든 요소가 아닌 일부를 포함하는 놀이와 같은 행위들도 포함된다고 보았다. 다른 이들은 모든 형태의 놀이가 유연하지는 않으며 적어도 일부는 부정적인 영향을 수반한다고 지적한다(Smith, 2009). 놀이를 정의하는 것에 대해 Smith와 Vollstedt(1985)는 Krasnor와 Pepler의 네 가지 기준과 함께 "목적이 아닌 수단에 의해 지배된다"는 추가 기준을 포함하였다(Rubin, Fein, & Vanderberg, 1983). Smith와 Vollstedt에 따르면 보육원 아동들의 행동 비디오를 관찰하는 비전문가 평가자들이 어떤 행동이 놀이인지에 대해서는 쉽게 합의를 이루었지만, 그 행동이 다섯 가지 요인 중 어느 것에 속하는지에 대해서는 의견을 모으기가 어려웠다. Smith와 Vollstedt는 놀이를 한 마디로 정의할 수는 없지만, 요인이 행동에 더 많이 관련될수록 그것이 놀이일 경우가 더욱 확실하다고 결론지었다. 이것은 놀이와 놀이 교육의 이해에 대한 접근 방식이며, 이번 장에서 다루게 될 것이다.

오랫동안 발달 심리학은 놀이를 가장 자연스러운 학습 형태로 여겼다. 완전히 발달된 마음 이론(theory of mind; Flavell, Flavell, & Green, 1987)을 갖기 전에 아이들은 가상 놀이에 참여하게 되며, 수많은 연구자들은 놀이가 어린이의 인지적, 신체적, 사회적, 정서적 발달에 중요하다고 주장했다(Ginsburg, 2007; Hirsh-Pasek, Berk, & Singer, 2009-참조 Lillard et al., 2013). Jean Piaget와 Lev Semyonovich Vygotsky는 어린이 발달에 있어서 놀이의 중요성을 강조했다. 특정 세부 사항에 대해서는 동의하지 않았지만, 두 사람 모두 놀이가 어린이의 학습에 도움이 된다고 보았다(Piaget, 1962; Vygotsky, 1966).

Piaget의 인지 발달 이론

자신의 책 "Play, Dreams and Imitation in Childhood"에서 Piaget(1962)는 특히 상징적 능력과 관련하여 어린이의 인지 발달에서 놀이의 역할을 언급했다. 그는 놀이를 일반적인 인지 발달에 있어서 필수적인 것으로 보며, 인지 발달 단계에 따라 놀이가 변화하며, 아동이 다른 발달 단계를 거치면서 놀이가 더욱 추상적이고 상징적이며 사회적으로 변한다고 보았다. Piaget에 따르면, 놀이가 어린이의 인지 발달에 영향을 끼치는 한 가지 방법은 지금의 현실을 넘어서는 방식으로 스키마(즉, 지식과 행동을 구성하는 기본 단위)를 활성화하는 것이다. Piaget에게 놀이는 주로 동화(assimilation), 즉 환경 자극의 해석이며, 아이의 기존 스키마에 통합되도록 하는 것이다.

Piaget(1962)는 초기 형태의 놀이는 순전히 "기능적 쾌락"을 위한 것이라고 주장했다. 유아는 원래 스키마에 연결되어 있지 않은 상황에서 감각 운동 스키마를 활성화하여 "놀이"를 한다. 예를 들어, 유아는 감각을 즐기기 위해 보송보송한 담요 위에서 젖을 빨며 빨기 스키마를 활성화한다. 초기 단계에서 놀이는 반드시 새로운 인지 구조의 생성으로 이어지지는 않지만, 아이들이 기존의 기술과 지식을 연습하고 스키마를 강화시킨다는 점에서 학습과 발달에 중요한 기능을 담당한다(Pellegrini & Galda, 1993). 아이의 놀이가 복잡해질수록 스키마를 불러 일으키는 구조도 발달하게 된다. 또한, 아이들의 상징적 능력이 발달함에 따라 아이들은 놀이 중에 기존 스키마의 요소를 추출하고 결합하여 새로운 인지 구조를 만들 수 있다. Piaget에게 인지 발달에 있어서 놀이의 주된 역할은 기존 스키마를 연습하는 것이지만, 좀더 나이가 많은 아이들은 놀이를 통해 새로운 인지 구조를 만들 수 있다고 보았다.

Vygotsky의 사회 발달 이론

Piaget와 마찬가지로, Vygotsky(1978)도 놀이의 중요성을 강조했다. 사실, Vygotsky(1966)는 놀이가 "취학 전 발달의 주요 원천"(p. 6)이라고 제안했다. Piaget와 달리 Vygotsky는 종종 놀이가 그 자체로 "즐거운" 것은 아니지만 발달이라는 목적을 잘 충족시킨다고 보았다. Vygotsky는 놀이를 이해하려면 어린이의 필요, 욕구 및 동기를 고려해야 한다고 주장했다. 영아에게 동기를 부여하는 것들이 더 큰 유아에게는 동기 부여의 효과가 전혀 없는 경우처럼, 놀이에 대한 아이들의 동기는 발달 단계에 따라 달라진다. 놀이를 통해 아이들은 자신이 원하는 경험과 가능한 경험 사이의 간격을 메울 수 있다. 이런 방식으로 놀이는 아이들을 근접 발달 영역(ZPD)으로 데려가는 역할을 담당한다.

Vygotsky는 근접 발달 영역을 "독립적인 문제 해결능력에 의해 결정되는 실제 발달 수준과 성인 지도하에 또는 더 유능한 동료와의 협력을 통해 결정되는 잠재적 발달 수준 사이의 거리"로 정의했다(Vygotsky, 1978, p. 86). 근접 발달 영역에서 아이는 자신의 현재 능력을 넘어서는 결과를 탐색할 수 있는 기회가 주어진다. 경험이 풍부한 학습자와 아이가 문화적 도구를 교환하고 그런 교류가 학습자에 의해 내면화될 때 어린이의 현재 능력과 원하는 행동 사이의 격차가 줄어든다(Schunk, 2012). 이것은 학습자가 사전 지식을 가져 와서 방금 배운 것과 융합한다는 것을 뜻한다. 놀이는 현실에서는 불가능하지만 아이로 하여금 현실 세계의 제한을 넘어서게 한다는 점에서 근접 발달 영역을 만들어준다(Vygotsky, 1966). 놀이에서 아이들은 상상의 영역에서 실제 활동을 계획하고 연습할 수 있는 기회를 갖게 되어 실제 비용없이 자신의 행동의 잠재적인 결과를 경험할 수 있게 된다. 이것은 아이들로 하여금 당면한 상황의 제약에서 벗어날 수 있게 한다. 또한 그들이 할 수 있는 것보다 더 많은 것을 성취할 수 있도록 해준다. 즉, 놀이의 제약은 근접 발달 영역에 있는 아이를 돕는 비계(scaffolding)의 기능을 담당한다. Vygotsky(1966)는 "놀이에서 아이는 항상 평균 연령 이상, 일상의 행동 이상을 보인다. 놀이에서 아이들은 마치 자신보다 머리 하나가 더 큰 것처럼 보인다"라고 말하였다(p. 16).

발달 이론에서의 놀이와 학습에 대한 정리

지금까지 간략한 검토를 통해 분명히 알 수 있듯이, Piaget과 Vygotsky는 학습과 발달에 있어서 놀이가 중요하다고 생각했다. 두 명 모두 아이들이 "지금 여기"의 한계에서 벗어날 수 있게 하는 놀이의 능력을 강조했다. 그러나 두 이론은 구체적인 세부 사항에서는 다소 차이가 있다. 예를 들어, Piaget는 놀이가 주로 즐거움에 의해 동기 부여되는 것으로 특성화했지만, Vygotsky는 놀이에 참여하는 훨씬 더 광범위한 동기를 지적했다. 또한 Piaget에게 놀이는 이미 배운 것을 반영하고 강화할 수 있는 기회이지만(예를 들어, 새로운 상황에서 기존 스키마를 활성화함으로써) Vygotsky에게 놀이는 새로운 것을 배우는 데 필요한 중요한 도구로 여겨졌다. 놀이에 대한 Piaget와 Vygotsky의 생각은 다소 다르지만, 두 명 모두 학습 및 개발을 돕는 도구로써 게임이 가진 큰 잠재력을 가리킨다. 후대의 교육 이론가들, 특히 유아 교육에 초점을 맞춘 사람들은 아이의 인지적, 신체적, 사회적, 정서적 웰빙을 위한 놀이의 중요성을 인정하였다(Ginsburg, 2007; Hirsh-Pasek et al., 2009)-(Smith & Roopnarine, 2018 참조). 이제 우리는 게임과 학습의 간략한 역사부터 시작하여 특정 유형의 놀이, 게임을 통한 학습에 대한 의미를 찾아보고자 한다.

2 ｜ 게임과 놀이 교육의 역사

오래 전부터 게임은 학습을 돕는 도구로 사용되어 왔다. 최근 비디오 게임과 학습에 대한 관심을 갖기 이전에도 아날로그 방식의 게임을 통한 놀이 학습에 대한 상당한 연구와 이론들이 있었다. 이 문헌에 대한 전체적인 검토는 이 장의 범위를 넘어선다. 그러나 우리는 비 디지털 놀이 학습의 범위와 중요성을 보여줄 뿐만 아니라 비디오 게임을 통한 놀이 학습을 이해시켜 줄 수 있는 몇 가지 예들을 살펴본 다음, 학습을 위한 비디오 게임의 역사를 간략하게 검토하고자 한다.

비 디지털 게임과 학습

최근 다시 인기를 얻은 보드 게임(Graham, 2016)은 꽤 오랫동안 귀중한 교육 도구로 여겨져 왔다. Gobet, de Voogt 및 Retschitzki(2004)는 지난 100년간 보드 게임과 관련된 다양한 심리학적 주제에 대한 연구들과 보드 게임을 하는 컴퓨터 개발을 목표로 하는 인공 지능에 대한 현대 연구들을 정리하여 일반 심리학의 이해에 도움을 주었다. Zagal, Rick 및 Hsi(2006)는 대규모 멀티 플레이어 온라인 게임과 같은 비디오 게임에서 흔히 볼 수 있는 복잡한(때로는 불투명한) 협업을 포함하여 모든 게임에서 두드러지는 협업 메커니즘의 모형을 제시하기 위해 보드 게임의 상대적 단순성을 사용하였다.

Linderoth(2013)는 생태 심리학의 관점을 활용하여 게임 플레이를 이해하기 위한 틀을 제공하였다. 이러한 관점에서 게임 플레이는 행동 유도성을 인지하거나, 행동하거나, 변형시키는 것으로 간주된다. 즉, 게임의 환경과 잠재적인 행동을 알아차리거나, 이에 따라 행동하거나, 행동을 바꾸는 것으로 보여진다. 이러한 체계는 디지털 게임과 비 디지털 게임 간의 "구분을 넘어서는 것"으로, 비 디지털 놀이 학습에 관한 연구들이 비디오 게임에서의 놀이 학습에 개념적 기반을 제공할 수 있다는 예시를 보여준다.

비디오 게임과 학습

1970년대와 1980년대 초반 Pong의 전례없는 성공과 함께, 홈 콘솔 Atari VCS/2600과 다양한 아케이드 게임이 뒤따르자 비디오 게임은 심리학 연구의 초점이 되었다(Kent, 2010). 다른 신기술과 마찬가지로, 비디오 게임과 디지털 컴퓨터를 심리학 연구 도구로 사용하거나 비디오 게임 자체의 효과를 연구하는 데 관심이 있었다. 초기 연구는 컴퓨터 기반의 탁구 게임에서 탁구채를 조절할 때 뇌파(EEG) 판독 값을 사용하거나(Brickett, Davis, Gabert, & Modigliani, 1980), 비디오 게임을 할 때 어린 아이의 관용(generosity; Barnett, Matthews, & Corbin, 1979)이나, 테니스 비디오 게임에서 최면 암시(hypnotic suggestion)가 수행에 미치는 영향(Baer, 1980)과 같은 다양한 주제들을 다루었다.

시간이 지남에 따라, 연구는 비디오 게임 자체에 더 초점을 맞추기 시작했다. Malone(1981)은 무엇이 비디오 게임을 흥미있고 재미있게 만드는지를 설명하는 이전 연구를 바탕으로 게임을 이용하여 내재적 동기(자연스럽게 동기를 유발시키는)를 일으키는 학습에 대한 기초적인 이론을 개발했다. 이 이론은 세 가지 영역을 기초로 하였다: 도전(challenge; 목표가 불확실한 결과에 달려 있다는 것을 가정), 환상(fantasy; 학습 환경을 설계할 때 인지적 및 정서적 이점이 있다는 주장), 호기심(curiosity; 감각과 인지 구성 요소로 나눠지고, 학습자들이 자신의 현재 지식 구조가 여러 방식에 의해 제한되어 있다는 것을 믿게 함으로써 자극을 받을 수 있다는 제안). 또 다른 연구에서 Bowman(1982)은 아케이드 게임 Pac-Man에 적용된 동기 분석을 통하여 외재적인 수단-목표 동기 지원과 내재적 보상과 같은 동기 부여에 대해 설명하였다.

1980년대 초, Loftus와 Loftus(1983)는 심리 이론의 관점에서 비디오 게임에 대해 진지하고 포괄적으로 연구한 Mind at Play라는 책을 출판했다. 그들은 비디오 게임이 강화 계획을 조작하도록 설계되었다고 설명했다. 강화 계획(schedule of reinforcement)이란 플레이어의 행동이 "강화"되거나 보상을 받는 기간을 의미한다. 다양한 강화 계획(예: 변동 비율 또는 변동 간격)을 사용하여, 게임은 플레이어의 행동에 대해 간헐적으로 보상함으로 강화된 행동의 소멸을 막게 된다. Loftus와 Loftus는 또한 게임을 지속하기 위해 오락실에서 동전을 계속해서 집어 넣는 등 강화를 위해 비용을 지불해야 하는 플레이어에게 일어나는 인지 부조화의 해결을 분석하였다. 게임에 비용을 지불하는 것이 게임을 중단하게 만들기보다는 오히려 게임에 대한 욕구를 증가시켰을 수 있다. 이 원칙은 일회성 결제를 요구하는 가정용 콘솔 게임에서부터 인터넷에 연결된 "소액 결제" 게임에 이르기까지 그 이후로 출시된 많은 게임들에서 드러났다. 또한 Loftus와 Loftus는 정보 처리 이론의 관점에서 비디오 게임을 분석하여 비디오 게임이 학습을 지원할 수 있는 방법들을 자세히 설명했다.

이러한 맥락에서, 선구적인 교육용 게임이 1980년대 후반과 1990년대 초에 등장하여 미래 학습 게임의 기반을 형성하였다. 1980년대 초 개인용 컴퓨터의 가용성과 인기가 높아짐에 따라 *The Oregon Trail, Number Munchers, Where in the World Is Carmen Sandiego?, Reader Rabbit* 등 교육용 소프트웨어가 탄생하였다. 이 시기의 게임은 능동적인 참여, 개방형 학습 및 구성주의적 학습 원칙에 초점을 맞춘 당시의 교육 및 학습에 대한 새로운 모범 사례의 영향을 받았다. 새로운 영역으로 이끄는 발명이 기준이었으며, 훈련 및 연습 게임까지도 유머와 창의적인 에너지가 투입되었다(예를 들어, Math Blaster는 반복적인 연습 방식을 넘어 shooter 게임의 원형을 이용하였다). 교육용 게임의 초기 "황금 시대"의 몰락은 소규모 혁신적 노력에서 더 큰 주류 기업으로의 전환과 관련된 혁신 투자에 대한 감소를 포함하여 다음과 같은 요인들에서 비롯되었다. 즉, 비효율적인 마케팅과 유통 채널을 포함한 지속 불가능한 인프라, 그리고 새로운 기술에 대한 비현실적인 기대, 개발된 콘텐츠와 그것이 사용되는 맥락을 충분히 고려하지 않았다(Shuler, 2012).

1980년대 후반과 1990년대 초, *SimCity*는 다양한 형태로(예: SimCity 2000, SimCity 3000, SimCity 4) 폭넓은 교육 잠재력을 가진 인기있는 상업용 게임이었다(Kim & Shin , 2016; Minnery & Searle, 2014; Tanes & Cemalcilar, 2010). 시대의 정점에 있던 SimCity는 웹 2.0 이전 기능들을(e.g., pre-massively multiplayer online) 가질 만큼 오래되었지만, 이전에는 사용할 수 없었던 다양하고 정교한 게임 플레이와 그래픽을 제공하였다. 오리지널 *SimCity*는 획기적인 개방형 특성으로 인해 출판업계의 지원을 받는 데 어려움을 겪었다는 점도 흥미롭다. 게임개발자 Will Wright는 "게임을 만드는 방법"에 대해 자주 질문을 받는다(Keighley, 1999). Wright(2007)는 게임이 개방형 발견(open-ended discovery)을 위한 것이라는 점에서 자신의 게임을 장난감이라고 생각한다. Wright 게임의 개방형 디자인은 Minecraft와 같은 교육적 잠재력을 지닌 미래의 개방형 게임의 선구자가 되었다.

2005년경 초고속 광대역 인터넷의 가용성이 급증하면서 비디오 게임에 새로운 행동유도성을 가져다 주었다. 상당한 그래픽과 데이터 집약적인 콘텐츠가 포함된 비디오 게임을 전 세계의 다른 플레이어와 함께 할 수 있게 되었다. *World of Warcraft*가 이런 현상의 가장 유명한 예가 되는데 2006년 9월까지 700만 명의 이용자들이 있었다(Harper, 2006). 이러한 대규모 멀티 플레이어 온라인(MMO) 게임의 교육적 가능성에 대해 많은 교육자들이 인정하였으며, 이를 수업에 접목하기 시작했다(예: Delwiche, 2006). 예를 들어, Nardi와 Harris(2006)는 집약적 민족지학적(ethnographic) 접근 방식을 사용하여 다양한 협력 학습의 기회를 제공하는 사용자간의 상호작용을 발견하였다. 이후 다른 연구에서는 시민 교육을 위한 참여 문화(Curry, 2010) 및 제2 언어 학습(Kongmee, Strachan, Montgomery, & Pickard, 2011; Thorne, 2008)을 포함하여 다양한 교육 목표에서 MMO의 유용성을 입증하였다. 때때로 폭력적이거나 성적인 또는 부도덕한 콘텐츠로 인해 비디오 게임의 잠재적 부정적 결과에 대해 우려를 표명(계속해서 표현)했지만, 비디오 게임의 잠재적 긍정적 효과에 대한 관심은 계속 증가하고 있다.

비디오 게임이 "영혼에 좋다"고 말하는 James Paul Gee는 이 시대 최초이자 가장 영향력 있는 교육을 위한 비디오 게임의 지지자 중 한명이다(Gee, 2005). 그의 영향력 있는 저서 *Good Video Game + Good Learning*에서 Gee(2007)는 비디오 게임에서 발견되는 36개의 "학습 원리"를 나열하며 비디오 게임이 학습의 모범 사례를 구현한다고 주장한다. Gee의 연구는 학습을 위해 게임을 사용하는 것에 대한 의제를 정하는 데 도움을 주었다. 현재 수백 명의 연구자들이 게임과 학습의 다양한 측면을 연구하고 있으며, 이 성장하는 분야를 지원하기 위해 많은 다른 학회와 콘퍼런스가 있다. Apple의 App Store에는 '교육용'으로 자체 분류된 약 200,000개의 앱이 있으며(CNET, 2018), Google Play 스토어에서 찾을 수 있는 교육용 앱 수는 Apple Store보다 약간 더 많다(42matters, 2019). 주요 게임 소프트웨어 업체들은 *Assassin's Creed Origins-Discovery Mode, Minecraft.edu, SimCity.edu*와 같이 일부 인기 게임의 교육용 버전을 출시하기 시작했다. 기술의 발전은 가상 현실(VR)과 증강 현실(AR)의 교육적 사용에 대한 관심도 증가시켰다. 그러나 VR 및 AR의 행동유도성의 장점을 최대한 활용하려면 더 많은 연구가 필요하다(Akçayır & Akçayır, 2017; Freina & Ott, 2015; Tam & Pawar, 2019). 이제 놀이 학습 관점에서 다양한 영역에서 게임이 학습을 어떻게 지원할 수 있는지에 대한 몇 가지 예들을 살펴보려고 한다.

3 다양한 영역에서의 놀이 학습

게임기반 학습은 다양한 과목의 다양한 영역에서 성공적으로 사용되었다. 많은 게임과 교육 앱들이 과학 및 수학에 중점을 두고 있지만 인문학, 예술 및 언어를 가르치고 교육과 관련된 인지 기술을 훈련하는데도 사용되었다. 지금부터 놀이 학습 접근 방식이 다양한 맥락에서 어떻게 적용될 수 있는지 몇 가지 예들을 통해 살펴보도록 하겠다.

언어 학습

놀이는 모국어와 외국어를 배우는 데 중요한 역할을 한다. 모국어 학습에서 어린이의 상징적인 가상 놀이와 언어의 병행 발달은 이를테면 기호학적 기능의 발달과 관련되는 것으로 이론화되었다(McCune-Nicolich, 1981). 어린 나이부터 아이들은 환경을 조작하거나 사회적 관계를 형성하는 것과 같은 실용적인 목적보다는 즐거움을 위해서만 언어를 사용하는 언어 놀이에 참여한다(Cook, 1997). 제2 언어 학습자의 경우, 언어 놀이는 연습에서 사용되는 언어와 언어를 배우는 동안 실수를 하더라도 "안전한 공간"을 제공해줄 수 있는 즐거운 상황을 제공한다(Broner & Tarone, 2001).

제2 언어 학습을 돕는 몇 가지 비디오 게임들이 있다. 예를 들어, 플레이어는 배우고자 하는 언어를 위한 MMO 게임 서버에 참여하여 디지털 몰입을 경험하게 된다. 게임의 사전 프로그래밍된 내용들이 그 해당 언어로 되어 있으며 다른 플레이어들과의 실시간 채팅도 그 언어로 되어 있다(Kongmee et al., 2011; Thorne, 2008). Peterson(2010)

은 처음 의도와는 달리 제2 언어 학습을 위해 활용된 게임들을 조사한 여러 연구를 살펴보았다. 모의 헬리콥터를 조종하는 플레이어에게 제2 언어로 방향을 알려주거나, 생활 시뮬레이션 게임인 *The Sims*를 제2 언어로 플레이하거나 이라크에 파병하기 전에 이라크 아랍어로 군인들을 훈련시킨 미군이 사용한 게임을 예로 들 수 있다. 제2 언어 학습을 위한 게임 사용에 대한 자세한 내용은 Reinhardt와 Thorne(이 책의 17장)에서 살펴볼 수 있다.

수학과 과학

수학 및 과학은 일반 학교 커리큘럼이 과학, 기술, 공학 및 수학(STEM)에 중점을 두었기 때문에 많은 게임 개발 및 연구의 초점이 되어 왔다(Porter, McMaken, Hwang, & Yang, 2011). STEM 학습을 돕는 놀이의 잠재력은 가장 어린 학생들에게서도 발견된다. 예를 들어, 미취학 아동의 블록 놀이는 수학에서 이후의 학업 성취도를 예측하는 것으로 밝혀졌다(Wolfgang, Stannard, & Jones, 2001). 보다 일반적으로 블록, 퍼즐 및 모양 게임과 같은 공간형 장난감을 가지고 노는 것은 공간 능력 개발을 돕고 특히 STEM 영역에 대한 학업 준비를 돕는 것과 관련이 있다(Verdine, Golinkoff, Hirsh-Pasek, & Newcombe, 2014). 학습 교구는 일반적으로 유용하고 재미있을 수 있지만, 학생들의 주의를 분산시키지 않는 유용한 학습 도구가 되려면 교실 수업에 잘 어우러져야 하며, 그렇지 않으면 실제 학습에 도움을 주지 못한다(Moyer, 2001). 물리적인 학습 교구보다 훨씬 더 큰 행동유도성을 가질 수 있는 가상 학습 교구는 학습에 더 큰 도움이 될 잠재력을 가지고 있다(Steen, Brooks, & Lyon, 2006).

가상 학습 교구의 이점을 고려할 때, 비디오 게임이 수학 및 과학 학습에 어떻게 유용하게 사용될 수 있는지 확인하는 것은 어렵지 않다. Devlin(2011)은 책에서 수학을 배우는 것은 개념이 아닌 기술을 습득하는 것에 중점을 두기 때문에 수학적 사고를 개발하는 학습자의 능력을 저해한다고 보았다. 그는 비디오 게임이 수학 학습을 상황에 맞게 배치하여 학습자가 수학 개념과 그 개념이 적용되는 상황을 더 쉽게 이해할 수 있도록 하기 때문에 수학 학습에 이상적인 환경을 제공한다고 주장한다. 비디오 게임에서 사용할 수 있는 학습 환경은 교육 설계자가 수학적 원리를 환경에 포함하고 상황에 맞는 학습을 경험할 수 있게 한다는 점에서 유연하다. 비디오 게임은 숫자에 의미를 부여하여, 플레이어들이 게임에서 성공하기 위해 숙달하도록 하는 동기를 부여하게 된다.

놀이 학습의 접근 방식은 과학에도 유용하게 사용될 수 있다. 예를 들어, Plass 등 (2012)은 시골과 도시에 있는 고등학교들에서 일련의 화학 학습 시뮬레이션의 학습 효과를 조사했다. 그 결과, 효과적으로 구현된 시뮬레이션은 화학 학습에 도움이 되었음을 입증했다. 비디오 게임 자체를 연구하지는 않았지만 시뮬레이션도 비디오 게임과 같이 과학적 실험을 가능하게 하는 안전한 환경을 제공한다(Salen & Zimmerman, 2004). 비디오 게임 및 STEM 학습에 대한 연구들을 검토하면서, Mayo(2009)는 자료가 제한적이고 혼재되어 있지만, 일반적으로 잘 설계된 게임은 STEM 학습에 효과적인 도구가 될 수 있다는 주장을 뒷받침한다.

기술과 지식의 발달을 넘어, 놀이 학습은 수학과 과학에 대한 태도의 변화에 도움이 될 수 있다. Henniger(1987)는 유년기 시절의 놀이가 과학에 대한 긍정적인 태도를 개발할 수 있는 훌륭한 기회를 제공할 뿐만 아니라 기초적인 STEM 개념을 가르칠 수 있는 기회를 제공한다고 말하였다. 이에 대한 예는 여학생들에게 기본적인 프로그래밍 기술을 가르치는 온라인 게임을 개발하고 평가한 RAPUNZEL 프로젝트(Plass, Goldman, Flanagan, & Perlin, 2009)에서 볼 수 있다. Plass et al.(2009)는 6학년 학생들이 게임을 한 후, 자기 효능감, 자존감, 컴퓨터 사용에 대한 자기 효능감, 프로그래밍 자기 효능감을 포함한 여러 태도 측정에서 현저한 향상을 보였다. 과학, 수학, 공학 및 기술 학습을 위한 게임 활용에 대한 보다 자세한 논의는 Klopfer와 Thompson(이 책의 16장)에서 찾아 볼 수 있다.

사회과 학습과 역사

비디오 게임에는 강력한 내러티브 및 상호성을 포함하여 사회과 연구 및 역사 학습을 지원할 수 있는 여러 가지 행동유도성이 내포되어 있다. 강력한 내러티브와 상호성은 사회과와 역사를 가르치는 데 사용된 *Civilization* 시리즈 게임에서 분명히 나타난다(예: Pagnotti & Russell, 2012; Squire, 2004). 세계사 단원에서 *Civilization III*를 사용한 고등학생들을 연구한 Squire(2004)는 이 게임이 학생들을 독특한 방식으로 참여시켜 역사의 개념적 이해를 도울 수 있음을 발견했다. 마찬가지로 Civilization III를 사용한 고등학교 역사 수업에 대한 연구에서 Lee와 Probert(2010)는 게임 플레이가 복잡하다는 것을 발견했다. 그들은 교사들이 표준 미국 역사교육 커리큘럼의 한계 내에서 게임을 사용하기 위해서는 어느 정도의 창의성이 필요하다는 점에 주목하였다. 따라서 그들은 학습을 향상시키는 방법으로 학생들의 게임 경험을 활발한 교실 토론 및 비게임 활동들에 포함할 것을 제안하였다.

McCall(2013)은 역사를 지나치게 단순화하거나, 힘과 정보에 대한 너무 과도한 접근, 정량화 편향성(즉, 모호하고 추상적 요소조차 정확한 수치로 표현해야 할 필요성) 등 역사 게임들의 대한 우려를 표현하면서도, 역사를 가르치는 좋은 도구로써 *Civilization, East India Company, Total War*와 같은 역사적 시뮬레이션 게임의 여러 기능을 언급하였다. 여러 우려에도 불구하고, 이러한 유형의 게임은 플레이어에게 역사적으로 관련된 문제적 공간 또는 문제를 해결하기 위해 의미있는 결정을 내려야하는 시각적, 청각적 및 공간적 세계를 제공하고, 학생들이 역사와 관련된 복잡하고 상호연관된 체계를 이해하는 데 도움을 줄 수 있다.

인지 능력의 개발

지금까지 특정 인지 능력을 개발시키기 위해 비디오 게임을 사용하는 데 많은 관심이 있었다. 예를 들어, 일련의 연구들(Bavelier, Green, Pouget, & Schrater, 2012; Bediou et al., 2018; Green & Bavelier, 2006a, 2006b)에서 액션 비디오 게임(즉, 1인칭 및 3인칭 슈터 게임)이 학습과 관련된 능력을 포함하여 다양한 지각 및 인지 기능을 향상시킬 수 있음을 보여줬다. 예를 들어, Green과 Bavelier(2006a)는 정기적으로 액션 비디오 게임을 하는 참가자들이 시공간적 주의력 측정에서 훨씬 더 나은 성과를 보였음을 밝혔다. 그런 다음, 무작위 제어 실험을 통해 액션 비디오 게임을 평소에 하지 않은 참가자들이 8주 동안 30시간을 플레이 한 후 그렇지 않은 대조군들에 비해 시공간 주의력에서 훨씬 더 우수하다는 것을 입증하였다.

또한 집행 기능(Executive Functions; EFs)을 개발하기 위해 비디오 게임을 사용하는 것에 있어서도 상당한 관심을 갖게 되었다. 일반적으로 집행 기능은 과제를 수행하는 동안 인지 과정을 계획, 모니터링 및 제어하는 데 필요한 상호 관련된 인지 기술의 집합이다(Miyake et al., 2000). 집행 기능과 학업 성취도를 포함하여 여러 가지 중요한 결과 간의 관계에 대한 실증적인 연구들이 늘어남에 따라(Best, Miller, & Naglieri, 2011; Blair & Razza, 2007) 비디오 게임을 통해 집행 기능의 개발을 돕기 위한 방법들에도 관심을 갖게 되었다(Diamond & Lee, 2011).

일부 연구들은 비디오 게임 플레이가 집행 기능에 미치는 영향이 크지 않다고 했지만(Powers, Brooks, Aldrich, Palladino, & Alfieri, 2013), 다른 연구에서는 비디오 게임 플레이가 특정 집행 기능 능력을 향상시킬 수 있음을 발견했다(예: Parong et al., 2017). 이러한 불일치에 대한 한 가지 가능한 설명은 집행 기능 훈련에 대한 대부분의 연구가 기존 집행 기능 측정의 "게임화 된"버전이나 집행 기능 훈련을 목적으로 하지 않은 상용 게임을 사용했다는 것이다. Homer, Plass, Raffaele, Ober와 Ali(2018)는 두뇌 훈련 "게임"에는 참여 및 동기 부여와 같은 필수적인 게임 기능이 부족한 반면, 상업용 게임은 매력적일 수 있지만 훈련되어야 할 특정 기술을 충분히 사용하지 않았다고 주장한다. 집행 기능 개발의 효과를 발견한 연구들에서는 플레이어가 훈련해야 할 특정 기술을 사용하도록 하는 맞춤형 게임을 사용하는 경향이 있었다(예: Anguera et al., 2013; Homer, Plass, et al., 2018; Parong et al., 2017).

또한, 집행 기능 능력을 훈련하기 위한 목적으로 개발된 비디오 게임을 통해 유의미한 결과를 찾을 수 있었다. 예를 들어, 최근 연구(Homer, Plass, et al., 2018)에서 집행 기능 전환 능력(EF shifting; 즉, 변화하는 수요와 우선 순위에 유연하게 적응할 수 있는 능력)을 훈련시키기 위해 개발된 The Alien Game이라는 비디오 게임을 주당 20분씩 6주동안 플레이하도록 한 후 고등학생들의 집행 기능 전환 능력이 향상된 것으로 나타났다. The Alien Game에 대한 또 다른 연구에서 Parong et al.(2017)은 4회 세션에 걸쳐 2시간 동안 게임을 한 대학생들이 다른 통제 그룹에 비해 집행 기능 전환 능력이 크게 향상되었음을 발견했다. 이 연구에 이어서, 플레이어들을 위한 도전을 늘리기 위해 게임

적응성(game adaptive)을 사용하는 것(Plass, Homer, Pawar, Brenner, MacNamara, 2019), 게임 캐릭터의 정서적 참여를 높이는 것(Plass et al., 2019), 감성 디자인을 통해 게임 플레이의 참여를 높이는 등(Homer et al., 2019) 놀이 학습과 관련된 많은 게임 요소들이 집행 기능 게임의 효과를 크게 향상시킨다는 것을 알 수 있었다.

노인들의 기본 인지 능력을 향상시키는 연구에서도 비슷한 결과가 발견되었다. 70세 노인들을 대상으로 한 무작위 대조 연구에서 Basak, Boot, Voss와 Kramer(2008)는 실시간 전략 비디오 게임으로 24시간 미만의 훈련을 통해 게임 수행 및 일부 인지 과제(작업 전환, 작업 기억, 시각적 단기 기억, 심적 회전)에서 향상된 결과를 나타냈다. 최근에 Anguera et al.(2013)은 이러한 기능들을 훈련하도록 특별히 고안된 Neuroracer라는 게임을 한 후 60-85세의 노인들이 인지 제어와 관련된 능력과, 작업 기억력과 지속적인 주의력도 향상되었다. 실제로 훈련을 받은 노인 참여자들은 훈련을 받지 않은 20세 참여자들이 달성한 것 이상으로 멀티 태스킹을 감당할 수 있었으며, 그 결과는 6개월 동안 지속되었다. 따라서 비디오 게임은 노인의 인지 기능을 향상시키는 데도 유용한 것으로 나타났다.

특정 영역 학습을 위한 게임에 대한 디자인 기반(design-based) 연구의 이러한 예들은 게임의 놀이적 요소가 학습 이론과 관련 심리학 이론에 기반한 방법임을 보여준다. 이제 우리는 놀이 학습을 이해하는데 관련된 주요 학습 이론과 이론적 개념을 살펴보고자 한다.

4 학습 이론과 놀이 학습

게임기반 학습에 대한 리뷰에서 Plass, Homer 및 Kinzer(2015)는 모든 교육용 게임에 단일 학습 이론을 적용할 수 없다고 지적하였다. Gentile, Groves 및 Gentile(2014)이 제안한 "일반 학습 모델"을 기반으로 Plass et al.(2015)는 모든 게임에 공통적인 게임기반 학습의 "간단한 모델(simple model)"을 제안하며, 여기에 도전, 응답 및 피드백이 포함하였다. 학습을 위한 게임을 디자인하는 데 도움이 되는 학습 이론(또는 이론)은 특정 과제, 사용 가능한 응답의 종류, 학습자에게 제공되는 피드백 유형에서 분명히 드러나게 된다. 다음 섹션에서는 놀이 학습과 관련된 학습 이론 및 주요 개념과 어떻게 그 이론들이 교육용 게임에 적용되는지 살펴보려고 한다.

행동주의 이론

　　Loftus와 Loftus(1983)의 초기 분석에서 언급했듯이, 행동주의의 원리는 플레이어와 교육자들에게 비디오 게임의 매력을 설명하는 데 많은 도움이 된다. B. F. Skinner의 조작적 조건화는 행동이 보상과 처벌에 의해 일어나며 보상은 행동을 강화하고 처벌은 그들을 낙담시키는 것으로 본다(Skinner, 1971). 비디오 게임에서 플레이어는 자신의 행동을 강화할 충분한 기회를 얻게 된다. 게임에서 목표를 성공적으로 완료하면 플레이어에게 레벨 업, 스토리의 전개, 또는 게임 안에서 아이템을 받는 등 보상을 받게 된다. 플레이어는 또한 게임 네트워크에서 다른 모든 플레이어들이 볼 수 있는 트로피를 받을 수 있다. 게임 컨트롤을 마스터하지 못하거나 목표를 이루지 못하면 일반적으로 게임의 일부를 반복해야 하는 처벌을 받게 되며, 플레이어들은 그런 결과를 피하려고 한다. 플레이어의 행동(또는 비활동)의 결과는 종종 비디오 게임 환경에서 즉각적으로 나타난다. 플레이어는 자신의 게임 플레이와 그에 따르는 결과를 쉽게 연결지을 수 있다. 게임은 연속적이고 간헐적인 강화 계획을 모두 사용한다. 연속적인 강화 계획은 원하는 행동을 성공적으로 완료할 때마다 강화를 제공하는 반면, 간헐적 강화 계획은 특정 기간 또는 원하는 행동의 특정 횟수 후에만 강화를 제공한다. 이러한 강화 계획의 능숙한 통합은 플레이어가 게임이 제시한 도전을 계속하고 인내할 수 있도록 동기를 부여하며, 또한 시간이 지난 후 플레이어가 다시 게임으로 돌아올 수 있도록 한다. 비디오 게임에 내재된 행동주의 원칙을 감안할 때, 성공적인 학습을 위해 필요한 행동인 장기간에 걸쳐 일관된 참여를 유도한다는 점에서 게임이 학습 도구 역할을 할 수 있다는 것을 분명히 알게 해준다.

정보 처리 이론

전통적인 정보 처리 이론(예: Schunk, 2012)도 비디오 게임에서의 경험을 이해하는 데 적용될 수 있다. 정보 처리 이론 관점에 따르면, 비디오 게임은 적의 발사체부터 스크린상의 지도에 이르기까지 많은 양의 자극을 플레이어의 감각 등록기(sensory register)로 보낸다. 주의를 집중함으로써 플레이어는 단기 기억에서 정보 처리를 위해 가장 관련성 높은 자극을 선택하게 된다. 플레이어가 감각 등록기에서 받은 정보를 조정하고 게임의 목표를 달성하기 위해 기술을 동원하는 것은 단기 기억에서 일어난다. 이 과정을 반복하면 플레이어는 새로운 정보가 장기 기억으로 인코딩되는 인지적 변화를 겪게 된다. 그 결과, 플레이어가 게임의 목표를 탐색하는데 능숙해짐에 따라 학습이 이루어지게 된다.

Baddeley(1992)는 두 개의 저장 시스템, 시각 및 공간 콘텐츠를 위한 시공간 스케치 패드(visuospatial sketchpad)와 청각(주로 언어의) 콘텐츠를 위한 음운 고리(phonological loop), 그리고 하위 체계들(subsystems)의 제한된 용량을 제어하는 중앙 관리자(central executive)를 포함하는 작업 기억 모델을 제시한다. 하위 체계들을 연결하는 "임시 다차원 저장소"역할을 하는 에피소드 버퍼(episodic buffer)는 나중에 모델에 추가되었다 (Baddeley, Allen, & Hitch, 2011). 비디오 게임의 출력은 대부분 움직이는 이미지와 오디오 또는 언어 콘텐츠로 분할되기 때문에 정보는 이 작업 기억 모델에서 제안된 두 하위 체계로 전송되어 정보 처리를 하게 된다. 예를 들어, Ke(2009)는 비디오 게임에 제시된 다중 감각 정보가 학습자에게 복잡한 개념의 "준비된" 명시적 표상을 제공함으로써 스키마 구성을 용이하게 한다고 제안하였다. 이는 내부 심성 모형을 구성하기 위한 외부적 지원의 이상적인 형태라고 볼 수 있다.

Baddeley의 작업 기억 모델을 기반으로, Mayer(2002, 2009)는 멀티미디어 학습 인지 이론을 제안했다. 이 이론은 시각 채널과 청각 채널 간의 정보를 분할하면 양쪽 채널의 제한된 용량을 초과하지 않기 때문에 학습을 향상시킬 수 있다고 주장한다. 이를 통해 학습자는 정보를 적극적으로 거르고, 선택하고, 구성하며, 정보를 장기 기억에 통합하는데 인지 자원을 사용하게 된다. 비디오 게임은 청각 및 시각 채널의 장점을 활용할 뿐만 아니라 컨트롤러가 제공하는 촉각 피드백과 같은 정보를 전달하기 위해 또 다른 경로를 사용할 수도 있다(예: "Rumble" 기능). 터치는 전통적인 게임 컨트롤러의 조이스틱 및 버튼, Wiimote 컨트롤러 또는 Microsoft Kinect 카메라의 동작 추적, WiiU 게임 패드 또는 여러 스마트 폰이나 태블릿 게임에서 볼 수 있는 터치 스크린 컨트롤을 통해 입력이 되는 기본 양식이다. 정보의 입력과 출력을 여러 양식으로 분할함으로써 비디오 게임은 Mayer의 멀티미디어 학습 이론에서 제안한 원칙들에 부합한다. 게임을 통한 학습에서의 인지 과정에 대한 더 자세한 논의는 이 책의 4장에서 찾아볼 수 있다.

구성주의 이론

구성주의에 따르면, 지식은 자신의 마음에 그대로 복사되기보다는 학습자 스스로 구성한다고 가정한다(Duffy & Cunningham, 1996). Piaget와 Vygotsky의 이론은 각각 인지 구성주의와 사회적 구성주의의 마련에 중요한 역할을 했기 때문에(Powell & Kalina, 2009), 학습에서 놀이의 가치에 대한 그들의 아이디어를 이미 여기에서 다루었으며, 두 이론은 구성주의가 놀이 학습 이론에서 어떻게 작동하는지에 대한 기초를 제공하였다(예: 동화의 유용성 및 ZPD 생성). 또한 비디오 게임은 플레이어를 위한 학습을 가상세계안에 둠으로써 특별한 유용성을 갖는 것으로 확인되었다(Shaffer, Squire, Halverson, & Gee, 2005). 이것은 후에 적용될 동일한(또는 유사한) 맥락에서 지식을 구축하게 하는 구성주의 학습 방법의 성공적인 구현을 나타낸다. 따라서 비디오 게임을 포함한 놀이는 구성주의적 학습이 일어날 수 있게 하는 큰 잠재력을 가지고 있다.

사회인지이론의 렌즈를 통한 비디오 게임에 대한 연구는 텔레비전이나 영화와 같은 오래된 미디어와는 달리 비디오 게임에서 사회의 깊은 역학관계와 내러티브 구조가 얼마나 독특하게 작용하는지를 알려준다. Sherry, Lucas, Greenberg 및 Lachlan(2006)은 비디오 게임 사용 및 게임 선호도 분석에서 Bandura(1994)의 사회인지이론을 비디오 게임 플레이와 연결하였다. 그들은 텔레비전이 오랫동안 사회화를 통한 전통적인 스토리텔링 메커니즘을 이룬 것과 달리, 비디오 게임에서는 청중들이 게임을 통해 롤

모델을 찾지 못할 수 있다고 주장한다. 특히 2006년까지 많은 비디오 게임이 이미 발전된 스토리 텔링 기능들(예: 극적인 컷신 및 중요한 선택)을 가지고 있었으며, 고급 캐릭터 개발 및 내러티브(예: The Legend of Zelda : Ocarina of Time, Star Wars: Knights of the Old Republic, Final Fantasy VII)를 가지고 있었다는 점에서 놀라운 결과이다. Sherry et al.의 연구 결과는 비디오 게임이 완전히 새로운 수준의 학습을 지원할 수 있음을 보여준다.

사회적 구성주의는 타인과의 상호작용을 통해 사회적으로 놓여있고 구성되는 지식에 중점을 둔다. 대중적인 묘사와는 달리, 게임 플레이는 종종 사회적 활동이며, 게이머의 70% 이상이 협동적으로 또는 경쟁적으로 친구와 함께 플레이한다고 보고된다(Entertainment Software Association, 2012). 사회적 구성주의적 접근과 같이 비디오 게임은 지식을 구성하고 공유하여 사람들을 하나로 모으게 한다. 예를 들어 Gee(2007)는 함께 학습하는 방법으로 사람들이 서로 정보를 공유하는 특정 게임을 중심으로 온라인에서 형성된 "동호회"를 설명하였다. 또 다른 예로, Squire(2008)는 복잡한 과학 문제를 해결하는 과정에서 엔지니어, 생물학자 또는 법의학자 역할에 학습자를 배치하기 때문에 전문적인 롤 플레잉 게임이 학습에 얼마나 중요한지 논하였다. 사회 문화적 학습 관점에서 사회 문화적 학습 원리와 구성주의 학습 원리의 연합은 학습자가 그 역할을 수행하는 동안 발생하는 문제 해결, 게임 플레이 및 논쟁을 하게끔 한다. 게임에서 배우는 사회 문화적 문제에 대한 보다 자세한 논의는 Steinkuehler와 Tsaasan(이 책의 7장)에서 찾아 볼 수 있다.

5 놀이 학습의 주요 개념과 적용

여기에서 살펴본 모든 학습 이론은 효과적인 학습용 게임 설계를 위한 정보를 제공해주며, 동일한 게임에서 여러 가지 이론적 접근 방식들이 발견된다. 예를 들어, 어떠한 게임은 새로운 개념을 설명하기 위해 애니메이션(시각적)과 함께 제공되는 나래이션(오디오)이 포함된 컷신을 사용할 수 있다(예: 정보 처리 이론에서 시공간 스케치 패드와 음운 루프 사이의 정보 분할). 플레이어가 해당 정보를 사용하여 문제를 올바르게 해결하면 게임에서 점수를 주고 유쾌한 소리가 나온다(예: 행동주의의 수반적 강화 및 조작적 조건화). 그런 다음 플레이어는 게임에서 훨씬 더 복잡한 문제를 해결하기 위해 함께 작업하는 다른 플레이어들에게 솔루션을 설명하고 공유해야 할 수 있다(예: 인지 구성주의 및 사회적 구성주의의 정보 및 협업 학습의 통합). 이런 식으로 효과적인 교육용 게임의 디자인은 다이론적(polytheoretical)이어야 하며 학습과 재미를 향상시키기 위해 여러 이론의 개념을 수용해야 한다. 다음 섹션에서는 비디오 게임에서 놀이 학습과 관련된 학습 이론 및 게임 디자인의 몇 가지 주요 이론적 개념을 검토할 것이다.

참여

초기부터 연구자들은 비디오 게임 플레이어가 보여준 높은 수준의 참여에 관심을 가졌다(예: Loftus & Loftus, 1983; Malone, 1981). 게임이 학습을 위한 좋은 도구가 될 수 있다고 교육자들이 주장하게 된 것도 이러한 높은 수준의 참여 때문이다(예: Gee, 2007; Plass et al., 2015; Prensky, 2006). 우리는 이미 다양한 강화 계획, 매력적인 감각 입력(시각 및 청각), 인지적 도전 및 사회적 연결을 포함하여 게임을 흥미롭게 만드는 여러 기능을 설명했다. 좋은 비디오 게임을 할 때 플레이어는 종종 비디오 게임의 교육적 잠재력의 일부인 깊은 몰입 상태에 들어간다(Hamari et al., 2016).

Csikszentmihalyi와 동료들(Csikszentmihalyi, 1997; Nakamura & Csikszentmihalyi, 2014)은 몰입(flow) 상태에 있는 것으로 묘사되는 깊은 참여 상태에 대한 상당한 연구를 수행했다. 몰입 상태에 있을 때 개인은 일상 생활의 번거로움과 같은 다른 일에 대해 생각하지 않고 현재 활동에 깊게 참여하게 된다. 이 상태에서는 자신의 행동에 대한 통제감, 자기 인식의 감소, 종종 왜곡된 시간 감각을 겪게 된다. 몰입 상태는 일반적으로 누군가가 도전에 직면했을 때 나타나지만, 과부하되지 않고, 명확한 목표가 있으며, 진행 상황을 보여주는 즉각적인 피드백이 있다. 게임은 모든 필수적인 기준을 충족할 수 있기 때문에 Csikszentmihalyi(2014)가 주장하는 것처럼 몰입 상태를 유도하는 데 이상적인 매체로 확인되었다.

교육 환경에서 몰입 상태는 학습을 방해할 수 있는 자의식(self-conscious awareness)의 부담을 완화한다는 점에서 중요하다(Csikszentmihalyi, 2014). 자기 인식을 줄임으로써 학습자는 중요한 교육 정보를 처리하는 데 주의를 집중할 수 있다. 또한 몰입 상태 경험은 경험을 제공하는 그 과제를 반복하도록 하는 동기를 부여하게 된다(Csikszentmihalyi, 2014). 이를 염두에 두고, 매우 참여적인 교육용 게임에서 나타나는 놀이 학습을 통한 몰입의 경험은 학습에 사용할 수 있는 추가적인 인지 자원을 제공하며, 학습자가 도전적이거나 반복적인 작업을 인내하도록 동기를 부여할 수 있다.

참여라는 용어는 "적극적이고 집중적인 노력의 투자"를 뜻한다(Schwartz & Plass, 이 책의 3장). Schwartz와 Plass는 게임에서 네 가지 유형의 참여를 정의한다. 행동적 참여 – 플레이어의 행동, 제스처 및 게임 내 상호작용에서의 움직임; 인지적 참여 – 플레이어의 정보 처리, 계획 및 의사 결정; 정서적 참여 – 게임에 대한 플레이어의 정서적 반응; 그리고 사회 문화적 참여 – 플레이어와 다른 플레이어 간의 사회적 상호작용. 이러한 다양한 유형의 참여를 고려하면 게임의 효과를 보다 미묘하게 이해할 수 있다. 예를 들어, 플레이어가 행동적으로는 참여하지만 인지적으로 참여하지 않는 경우 학습 가능성이 낮아진다. 반대로 게임이 플레이어를 감정적으로 끌어 들여서 인지적 참여로 이어진다면 학습 가능성은 더 높아지게 된다(Schwartz & Plass, 이 책의 3장).

동기

학습자로 하여금 교육용 비디오 게임을 하도록 동기를 부여할 수 있는 많은 요소가 있다. 놀이 학습의 관점에서 게임은 플레이어의 "필요, 원함 및 욕구"(Vygotsky, 1978)를 충족하기 때문에 동기 유발을 하게 된다. 이는 단순히 "기능적 즐거움"(Piaget, 1962)일 수도 있지만 학습의 필요성, 인지적 도전에 대한 욕구 혹은 사회적 연결에 대한 욕구와 같이 보다 복잡한 동기들도 포함할 수 있다.

Abraham Maslow의 욕구 계층 구조(Maslow, 1943)는 동기 부여에 대해 생각해 볼 수 있는 좋은 출발점을 제공한다. Maslow는 동기를 유발하는 욕구의 피라미드를 이론화했으며, 더 기본적인 욕구(예: 생리학적 및 안전에 대한 요구)가 기초를 형성하고 더 발전되고 복잡한 욕구가 최상위를 형성한다고 보았다(예: 존중 및 자기 실현 요구). 기본적인 욕구가 충족됨에 따라(예: 물, 공기 또는 성에 대한 욕구) 고차원 욕구가 중요해지고 그것을 충족하고자 한다(예: 지역 사회 존중의 필요성, 개인적 성장 및 성취의 필요성). Siang과 Rao(2003)는 플레이어의 동기를 설명하기 위해 Maslow의 욕구 계층을 비디오 게임의 맥락에서 다시 작성했다. 이 모델은 가장 기본적인 것부터 가장 높은 순서로 정렬된 다음과 같은 "욕구"로 구성된다.

1. 규칙 – 게임의 기본 규칙을 알아야 할 욕구
2. 안전 – 플레이어가 이기고도 남을 만큼 게임을 이어나갈 수 있도록 필요한 정보를 알아야 할 욕구
3. 소속감 – 게임에서 편안하게 느낄 욕구와 게임을 이기는 것이 가능하다는 것을 아는 욕구
4. 자존감 – 게임을 완전히 통제하는 욕구
5. 지식과 이해 – 더 큰 도전을 찾고 게임에 대해 더 많이 배우고 싶은 욕구(예: 다른 전략들, 숨겨진 아이템들)
6. 심미성 – 좋은 그래픽, 시각 효과 및 기타 미학에 대한 욕구
7. 자아실현 – 가상 세계에서 절대자가 되고 싶은(play God) 욕구(즉, 게임이 허락하는 한도안에서 자기가 하고 싶은 모든 것을 할 수 있는 것)

교육용 게임을 고려할 때 학습과 관련된 동기에 대해 좀 더 고심해보아야 한다.

학습에 대한 내재적 동기와 외재적 동기 사이에는 중요한 차이가 있다. 스스로를 위해 학습하는 것은 내재적 동기가, 보상과 같은 외부적인 이유들로 학습을 수행하는 것은 외재적 동기가 작용하는 것으로 여긴다(Eccles, Wigfield, & Schiefele, 1998). 일반적으로 내재적 동기는 시간이 지남에 따라 더 나은 교육 결과로 이어진다(Eccles et al., 1998). 비디오 게임에서 플레이어는 때때로 트로피나 전리품과 같은 외부 보상을 받기 위해 플레이하지만(즉, 외부 동기를 보여주기 위해), 종종 게임을 하는 행위 자체를 즐기기도 한다(즉, 내재적 동기를 보여주는 것). Dondlinger(2007)는 효과적인 비디오 게임 디자인

은 플레이에 대한 내재적 동기와 외재적 동기 모두 고려한다는 것을 발견하였다. 학습용으로 설계된 게임에서는 게임 플레이에 대한 목표와 학습에 대한 목표가 다를 가능성이 있기 때문에 동기 부여가 훨씬 더 복잡해진다. 이에 비추어 Plass et al.(2015)는 게임메커니즘(즉, 게임 내에서 수행되는 활동)과 학습 메커니즘(즉, 게임에서 학습을 지원하는 활동)을 밀접하게 연결해야 하므로 의도된 교육 콘텐츠를 배우지 않고 게임을 잘 할 수 있는 방법을 찾아내어 학생들이 "게임을 조작"(gaming the game)하지 않도록 하는 것이 필요하다고 보았다.

기본적인 내재적/외재적 이분법을 넘어, 자기 결정 이론(Deci & Ryan, 1985)은 학습자를 이끄는 자연스럽고 내재적 욕구를 고려한다. 여기에는 능력, 자율성 및 관련성에 대한 욕구들이 포함되며, 이는 각각 숙달, 개인적인 대리인 및 타인과의 사회적 연결을 개발하는 것을 의미한다. Ryan, Rigby, 및 Przybylski(2006)는 비디오 게임 플레이에 대한 동기를 조사하기 위해 자기 결정 이론을 사용했으며 자율성, 능력 및 관련성이 각각 즐거움과 앞으로의 게임 플레이를 예측한다는 것을 발견하였다. 비디오 게임 환경에서 플레이어는 일반적으로 목표(예: 자율성)를 성취하기 위한 대리인을 제공받고, 목표(예: 능력)를 성취할 때까지 돕거나 다시 시도하게끔 하며, 종종 함께 작업하거나 다른 플레이어들과 성과(예: 관련성)를 공유하기도 한다. 자세한 내용은 Ryan과 Rigby(이 책의 6장)를 참조하길 바란다.

내적 및 외적 동기와 관련하여 학습 활동에 참여하기 위한 성취 목표라는 개념이 있다. 포괄적으로 말하자면, 학습자는 새로운 기술을 배우고, 자료를 습득하는 데 초점을 맞춘 숙달 목표 지향성(mastery goal orientation)이거나, 또는 능력에 대한 긍정적인 평가를 극대화하는데 초점을 맞춘 수행 지향성(performance orientation)으로 분류된다(Dweck & Leggett, 1988; Elliot, 2005). 숙달 목표 지향성은 일반적으로 동기와 학습에 대해 보다 적응적인 패턴을 예측하는 것으로 밝혀졌다(Midgley, Kaplan, & Middleton, 2001). 비디오 게임의 맥락에서 숙달 목표는 게임 내에서 새로운 기술 습득(즉, 새로운 것을 할 수 있음)과 관련이 있는 반면, 성과 목표는 포인트 획득, 레벨 완료 또는 "트로피"를 얻는 것과 관련이 있다.

Biles, Plass, 및 Homer(2018)는 중학생을 위한 기하학 게임에서 게임 디자인, 동기, 그리고 학습 결과를 연구했다. 그들은 수행 배지(performance badges), 숙달 배지

(mastery badges) 또는 배지 없음(no badges)의 세 가지 조건 중 하나를 사용하는 게임의 여러 버전을 비교했다. 수행 배지를 사용하는 게임의 조건에서 학생들은 동료의 수행과 관련하여 성취도를 표시하여 수행 목표를 장려하는 디지털 배지를 받았다(예: "축하합니다! 당신은 대부분의 다른 플레이어보다 빠릅니다"). 숙달 배지를 사용하는 조건에서 학생들은 숙달 목표를 장려하는 배지를 받았다(예: "축하합니다! 삼각형 규칙을 숙달하셨습니다!"). 전반적으로 수행 배지 조건의 학생의 학습 성과는 숙달 배지 조건의 학생보다 더 좋았지만, 이 효과는 배지와 학생의 상황적 관심(게임에서 학습의 동기에 해당되는) 사이의 유효한 상호작용에 의해 완화되었다. 상황에 대한 관심이 더 높은 학생들은 숙달 배지를 통해 더 나은 학습 결과를 얻었다. 이 결과는 게임 기능들이 학습자마다 다른 영향을 미칠 수 있다는 예시가 되며, 어떻게 하면 학습 경험을 가장 잘 개인화할 수 있는지를 이해하는 것이 필요하다는 것을 알려준다.

개인차 및 적응성

게임을 포함한 디지털 기술에 있어서 교육자들을 열광시킨 또 다른 측면은 개인화된 학습 경험을 만드는 능력에 있다. 이러한 잠재력에도 불구하고 대부분의 학습 시스템은 테스트 질문이 올바르게 답변되었는지 여부에만 초점을 맞추고 있어 개인화된 학습이 실제로 무엇을 의미하는지에 대해서는 동의가 이루어지지 않고 있다(Means, Bakia, & Murphy, 2014). 더 포괄적인 조건에서 개인화된 학습에 대해 생각하기 위해, Plass(2016, 10장)는 인지, 동기 부여, 정서 및 사회 문화적 영역을 고려하는 적응성 분류법(taxonomy of adaptivity)을 제안했다. 학습 결과에 영향을 미치는 이러한 영역 내에 많은 요인들이 있지만, 서로 다른 영역 내에서 개별적인 차이에 잘 적응하는 방법에 대한 연구는 아직 부족하다(이 책의 Plass & Pawar, 11장 참조).

비디오 게임 및 관련 디지털 환경의 적응성에 관한 연구에서 Kickmeier-Rust와 Albert(2010)는 재료 프레젠테이션(모양과 느낌), 커리큘럼 순서 지정(학습자의 선호도, 목표, 사전 지식과 다른 속성들의 맞춤) 및 문제 해결 지원(학습자가 어려움을 겪고 있는 경우 힌트, 팁, 전략 및 기타 지원 제공)의 세 가지 광범위한 범주로 구별하였다. 그들은 비디오 게임이 플레이어를 일관되고 직설적으로 평가할 수 있기 때문에, 교육용 비디오 게임은 참여와 동기를 유지하기 위해 학습자의 행동을 지능적으로 관찰하고, 해석하고, 응답하도록 설계되어야 한다고 주장하며, 이를 마이크로 적응성(micro-adaptivity)이라고 하였다. 이러한 유형의 마이크로 적응성이 성공하기 위해서는 여러 영역에서 교육과 연관된 평가와 이에 따른 피드백이 게임에 제공되어야 하지만 마이크로 적응성에 대한 연구는 아직까지 거의 이루어지지 않았다(Homer, Ober, & Plass, 2018 참조).

좀더 넓은 차원에서 볼 때, 개별화가 성공을 거둔 분야는 특별한 도움이 필요한 사람들을 지원하는 학습 게임을 만드는 것에서였다. 이에 대한 초기의 예로써 Masendorf(1995)는 학습 장애(LD) 진단을 받은 11~13세 어린이가 Tetris와 Block Out 게임을 하면서 2차원 및 3차원 공간 능력을 향상시킬 수 있음을 발견했다. 그러나 이 효과는 일반 지능 테스트로 전이되지 못했다. 최근 연구에서 Marino et al.(2014)는 학습 장애가 있는 학생들을 대상으로 보편적 학습 설계(Universal Design for Learning)의 지침에 따라 디자인한 교육용 비디오 게임과 대체 텍스트를 포함한 보충 자료의 효과를 연구하였다. 1년에 걸친 연구 결과, 학습 장애를 가진 학생들은 보편적 학습 설계에 따른 보충 자료를 포함하는 기존의 단위 시험에서 더 높은 점수를 얻지는 못했지만 높은 참여 수준을 보였다. 저자들은 교육용 게임을 포함한 보충 자료가 학생들에게 다양한 표현 및 표현 수단을 제공함으로써 학습에 도움이 되었지만, 학습 결과를 제대로 측정하기 위해서는 대안 평가가 필요하다고 결론지었다. 이러한 결과는 비디오 게임이 전통적인 평가 수단으로 측정되지 않는 다양한 학습 이점을 가질 수 있음을 시사하며 더 많은 평가 방법이 학습용 게임에 직접 구축되어야 한다는 것을 보여준다(Homer, Ober, & Plass, 2018; Shute, 2011; Shute & Chen , 2019).

정서와 감성 디자인

마지막 관심 분야로 정서와 감성 디자인을 살펴보고자 한다. 이 장의 시작 부분에서 언급했듯이, 놀이가 학습 및 개발을 돕는 방법 중 하나는 "실제 비용" 없이 활동을 위한 공간을 제공한다는 것이다(Vygotsky, 1966). 이는 비디오 게임에서의 실패 비용이 실제 환경에서의 실패 비용보다 훨씬 낮기 때문에 비디오 게임에서 플레이어가 위험을 좀더 감수하는 경향이 있다(Gee, 2003). 전통적인 학습 환경에서 학생들은 단 한 번의 기회만 주어지며, 실패하면 가혹한 처벌을 받게 된다(예: 낮은 성적, 학교 입학 거부). 대조적으로, 게임의 놀이 학습 환경에서의 실패는 이전 실패를 통해 얻은 통찰력으로 시퀀스를 다시 해볼 수 있다는 것을 의미한다. 이러한 의미에서 실패는 바람직하지 않은 결과가 아니라, 실패가 예상되며 학습 과정에 필요한 것으로 간주된다(Kapur, 2008; Plass et al., 2015). 게임에서의 우아한 실패(graceful failure)를 설계함으로써 실패와 관련된 부정적인 감정을 줄이고 지속성을 장려하게 된다. 성공할 때까지 여러 번 시도할 수 있는 기회는 플레이어가 목표를 설정하고, 목표 성취를 위해 모니터링하며, 목표를 달성하기 위해 사용된 전략의 효과를 평가할 수 있기 때문에 자신의 학습을 조절할 수 있는 기회로써 제공된다(Kim, Park, & Baek, 2009).

학습에 있어서 감정의 역할을 이해하는데 대한 관심이 늘어나고 있다. 성취정서 통제-가치 이론(control-value theory of achievement emotions)을 통해 Pekrun(2000)은 학습자가 경험하는 감정을 이해하고 이러한 감정이 학습 과정에 어떻게 영향을 미치는지 이해하기 위한 틀을 제시한다. 예를 들어, 즐거움과 같은 긍정적인 감정은 학습자에게 자율성을 부여하고 학습의 본질적 가치를 길러주는 것으로 여겨진다. 성취정서 통제-가치 이론은 Loderer, Pekrun 및 Plass(이 책의 5장)이 설명한 게임기반 학습의 정서적 기초 통합 모델의 기초 중 하나이다. Plass와 Kaplan(2016)은 미디어를 통한 통합된 인지-정서 학습 이론(integrated cognitive - affective theory of learning with media)에서 감정이 시각, 언어 및 청각 정보를 선택, 구성 및 통합하여 통합된 심성 모형을 생성하는 데 중요한 역할을 한다고 주장한다. 이를 바탕으로 Plass와 그의 동료들(Plass, Heidig, Hayward, Homer, & Um, 2014; Um, Plass, Hayward, & Homer, 2012)은 시뮬레이션 및 게임을 포함한 디지털 학습 환경을 만들기 위한 감성적 설계 방식, 즉 게임 자체의 디자인이 학습을 향상시키는 감정을 유도할 수 있다고 제안했다(이 책의 14장 Pawar, Tam, & Plass 참조). Plass et al.(2014)는 정보 자료가 표현되는 방식과 재미있는 게임 메커니즘의 사용을 통해 디지털 학습 자료로 감정을 유도할 수 있는 최소 두 가지 방법을 찾았다. Plass와 그의 동료들(Plass et al., 2014; Um et al., 2012)은 디지털 학습 환경이 긍정적인 감정을 유발하는 방식으로 정보를 표현했을때 긍정적인 학습 결과를 발견했다(예: 둥근 모양과 따뜻한 색상 사용). 그러나 학습에 대한 재미있는 게임 메커니즘의 효과를 조사하려면 더 많은 연구가 필요하다.

6 결론 및 함의

지금까지 놀이 학습 관점이 비디오 게임을 통한 학습에 대한 우리의 이해를 어떻게 증진시킬 수 있는가를 살펴보았다. 발달 심리학 분야는 놀이의 중요성을 오랫동안 인정해왔으며, 놀이를 가장 자연스러운 학습 방법이자 인지 발달의 중심 메커니즘으로 보고 있다. 놀이의 주요 특징은 내재적으로 동기-놀이를 위한 놀이-를 부여한다는 것이다. 또한 놀이에 의해 만들어진 안전한 공간도 필수적인 요소이다. 최소한의 결과로 위험을 감수할 수 있으며 우아한 실패가 허용된다. 게임의 맥락에서 Salen과 Zimmerman(2004)은 게임이 현실과 분리된 자체 규칙, 가치 및 논리를 가진 "마법의 원"(magic circle)으로 플레이되는 공간에 대해 이야기한다. 학습을 위한 효과적인 도구가 되기 위해서는 교육용 게임으로써의 "마법의 원"의 설계가 학습 이론으로 뒷받침되어야 한다. 교육자들은 종종 특정한 이론적 입장을 가지고 있지만, 놀이 학습은 여러 이론들에 부합되며, 게임기반 학습을 충분히 이해하려면 다이론적(polytheoretical) 접근이 필요하다. 교육용 비디오 게임을 검토한 바에 따르면, 어떤 게임에서든 학습에 대한 접근 방식은 해당 시대의 지배적인 학습 이론과 게임에 사용된 특정 플랫폼의 행동 유도성의 산물이라는 것이 분명하다. 마지막으로, 학습 이론의 핵심 개념을 요약해보면 학습 이론들이 놀이 학습의 관점과 잘 호환되며, 효과적인 학습을 위한 게임에 잘 통합될 수 있음을 분명히 알 수 있다.

지금까지의 검토를 기반으로 다음과 같은 놀이 학습의 핵심 원칙이 드러난다.

• 놀이 학습은 내재적으로 동기를 유발한다. 놀이에 대한 동기는 재미와 즐거움을 위한 것일 수 있지만 도전과 자아 실현을 포함한 다른 동기들 또한 필수적인 동

기이다.

- 놀이 학습은 현실에서 벗어나는 데 달려있다. 즐겁게 배우기 위해서는 "마법의 원"에서와 같이 실생활에서의 최소한의 결과와 비용으로 탐험과 우아한 실패를 할 수 있는 기회가 주어져야 한다.
- 놀이 학습은 다이론적 접근을 필요로 한다. 놀이 학습은 여러 학습 이론들과 호환될 뿐만 아니라 효과적인 교육용 게임은 학습과 즐거움을 향상시키기 위해 종종 여러 이론들로부터 개념들을 수용한다.
- 새로운 기술은 놀이 학습을 위한 새로운 기회를 제공한다. 놀이의 근간은 일관되지만 새로운 기술의 행동유도성은 게임기반 학습을 위한 새로운 기회를 제공한다.
- 놀이 학습은 놀이와 학습의 통합을 필요로 한다. 효과적인 학습용 게임은 게임 메커니즘과 학습 메커니즘이 일치하므로 게임 내 활동이 재미와 학습을 모두 가능케 한다.

놀이 학습의 개념을 적용함으로써 우리는 아이들의 인지 발달과 학습을 지원하기 위해 Vygotsky와 Piaget가 구상했던 것 이상으로 디지털 게임의 교육 경험을 실현해 볼 수 있다.

참고문헌

42Matters.(2019, January 12). *Store stats*. Retrieved from https://42matters.com/stats

Akçayır, M., & Akçayır, G.(2017). Advantages and challenges associated with augmented reality for education: A systematic review of the literature. *Educational Research Review, 20*, 1-11.

Anguera, J. A., Boccanfuso, J., Rintoul, J. L., Al-Hashimi, O., Faraji, F., Janowich, J., ⋯ Gazzaley, A.(2013). Video game training enhances cognitive control in older adults. *Nature, 501*(7465), 97-101.

Baddeley, A.(1992). *Working* memory. *Science, 255*(5044), 556-559.

Baddeley, A. D., Allen, R. J., & Hitch, G. J.(2011). Binding in visual working memory: The role of the episodic buffer. *Neuropsychologia, 49*(6), 1393-1400.

Baer, L.(1980). Effect of a time-slowing suggestion on performance accuracy on a perceptual motor task. *Perceptual and Motor Skills, 51*(1), 167-176.

Bandura, A.(1994). The social cognitive theory of mass communication. In J. Bryant & D. Zill mann(Eds.), *Media effects: Advances in theory and research*(pp. 61-90). Hillsdale, NJ: Erlbaum.

Barnett, M. A., Matthews, K. A., & Corbin, C. B.(1979). The effect of competitive and cooperative instructional sets on children's generosity. *Personality and Social Psychology Bulletin, 5*(1), 91-94.

Basak, C., Boot, W. R., Voss, M. W., & Kramer, A. F.(2008). Can training in a real-time strategy video game attenuate cognitive decline in older adults? *Psychology and Aging, 23*(4), 765-777.

Bavelier, D., Green, C. S., Pouget, A., & Schrater, P.(2012). Brain plasticity through the life span: Learning to learn and action video games. *Annual Review of Neuroscience, 35*(1), 391-416.

Bediou, B., Adams, D. M., Mayer, R. E., Tipton, E., Green, C. S., & Bavelier, D.(2018). Metaanalysis of action video game impact on perceptual, attentional, and cognitive skills. *Psychological Bulletin, 144*(1), 77-110.

Best, J. R., Miller, P. H., & Naglieri, J. A.(2011). Relations between executive function and academic achievement from ages 5 to 17 in a large, representative national sample. *Learning and Individual Differences, 21*(4), 327-336.

Biles, M. L., Plass, J. L., & Homer, B. D.(2018). Designing digital badges for educational games: The impact of badge type on student motivation and learning. *International Journal of Gaming and Computer-Mediated Simulations, 10*(4), 1-19.

Blair, C., & Razza, R. P.(2007). Relating effortful control, executive function, and false belief understanding to emerging math and literacy ability in kindergarten. *Child Development, 78*(2), 647-663.

Bowman, R. F.(1982). A "Pac-Man" theory of motivation: Tactical implications for classroom instruction. *Educational Technology, 22*(9), 14-16.

Brickett, P. A., Davis, C. M., Gabert, H. F., & Modigliani, V.(1980). Dual on-line computers for research in cognitive psychophysiology. *Behavior Research Methods and Instrumentation, 12*(2), 248-250.

Broner, M. A., & Tarone, E. E.(2001). Is it fun? Language play in a fifth-grade Spanish immersion classroom. *Modern Language Journal, 85*(3), 363-379.

CNET.(2018, March 27). Apps announced at Apple's Chicago education event. Retrieved from https://www.cnet.com/pictures/all−the−2018−education−apps−apple−announced/

Cook, G.(1997). Language play, language learning. *ELT Journal, 51*(3), 224-231.

Csikszentmihalyi, M.(1997). *Creativity: Flow and the psychology of discovery and invention*. New York, NY: HarperCollins.

Csikszentmihalyi, M.(2014). *Applications of flow in human development and education*. Dordrecht, Netherlands: Springer.

Curry, K.(2010). Warcraft and civic education: MMORPGs as participatory cultures and how teachers can use them to improve civic education. *The Social Studies, 101*(6), 250-253.

Deci, E. L., & Ryan, R. M.(1985). *Intrinsic motivation and self-determination in human behavior*. New York, NY: Plenum.

Delwiche, A.(2006). Massively multiplayer online games(MMOs) in the new media classroom. *Educational Technology & Society, 9*(3), 160-172.

Devlin, K.(2011). *Mathematics education for a new era: Video games as a medium for learning*. Boca Raton, FL: CRC Press.

Diamond, A., & Lee, K.(2011). Interventions shown to aid executive function development in children 4 to 12 years old. *Science, 333*(6045), 959-964.

Dondlinger, M. J.(2007). Educational video game design: A review of the literature. *Journal of Applied Educational Technology, 4*(1), 21-31.

Duffy, T. M., & Cunningham, D. J.(1996). Constructivism: Implications for the design and delivery of instruction. In D. H. Jonassen(Ed.), *Handbook of research for educational communications and technology*(pp. 170-198). New York, NY: Macmillan Library Reference USA.

Dweck, C. S., & Leggett, E. L.(1988). A social-cognitive approach to motivation and personality. *Psychological Review, 95*, 256-273. http://dx.doi.org/10.1037/0033−295X.95.2.256

Eccles, J. S., Wigfield, A., & Schiefele, U.(1998). Motivation to succeed. In W. Damon & N.

Eisenberg(Eds.), *Handbook of child psychology: Vol. 3. Social, emotional, and personality development*(5th ed., pp. 1017-1095). Hoboken, NJ: Wiley.

Elliot, A. J.(2005). A conceptual history of the achievement goal construct. In A. J. Elliot & C. S. Dweck(Eds.), *Handbook of competence and motivation*(pp. 52-72). New York, NY: Guilford Press.

Entertainment Software Association.(2012). *Essential facts about the computer and video game industry*. Retrieved from www.theesa.com/facts/pdfs/ESA_EF_2012.pdf

Flavell, J. H., Flavell, E. R., & Green, F. L.(1987). Young children's knowledge about the apparentreal and pretend-real distinctions. *Developmental Psychology, 23*(6), 816-822.

Freina, L., & Ott, M.(2015, April 23-24). A literature review on immersive virtual reality in education: State of the art and perspectives. In I. Roceanu, F. Moldoveanu, S. Trausan-Matu, D. Barbieru, D. Beligan, & A. Ionita(Eds.), *Rethinking education by leveraging the eLearning pillar of the Digital Agenda for Europe!* Paper presented at the 11th International Scientific Conference "eLearning and Software for Education"(eLSE), Bucharest, 1(pp. 133-141). Bucharest, Romania: "CAROL I" National Defence University Publishing House. doi:10.12753/2066-026X-15-020

Gee, J. P.(2003). *What video games have to teach us about learning and literacy*. New York, NY: Palgrave Macmillan.

Gee, J. P.(2005). *Why video games are good for your soul: Pleasure and learning*. Sydney, Australia: Common Ground.

Gee, J. P.(2007). *Good video games and good learning: Collected essays on video games, learning, and literacy*(Vol. 27). New York, NY: Peter Lang.

Gentile, D. A., Groves, C. L., & Gentile, J. R.(2014). The general learning model: Unveiling the teaching potential of video games. In F. Blumberg(Ed.), *Learning by playing: Video gaming in education*(pp. 121-144). Oxford, England: Oxford University Press.

Ginsburg, K. R.(2007). The importance of play in promoting healthy child development and maintaining strong parent-child bonds. *Pediatrics, 119*(1), 182-191.

Gobet, F., de Voogt, A., & Retschitzki, J.(2004). *Moves in mind: The psychology of board games*. New York, NY: Psychology Press.

Graham, L.(2016, December 22). Millennials are driving the board games revival. CNBC.

Green, C. S., & Bavelier, D.(2006a). Effect of action video games on the spatial distribution of visuospatial attention. *Journal of Experimental Psychology: Human Perception and Performance, 32*(6), 1465-1478.

Green, C. S., & Bavelier, D.(2006b). Enumeration versus multiple object tracking: The case of action video game players. *Cognition, 101*(1), 217-245.

Hamari, J., Shernoff, D. J., Rowe, E., Coller, B., Asbell-Clarke, J., & Edwards, T.(2016). Challenging games help students learn: An empirical study on engagement, flow and immersion in gamebased learning. *Computers in Human Behavior, 54*, 170-179.

Harper, E.(2006, September 7). World of Warcraft hits 7 million subscribers. Retrieved from https://www.engadget.com/2006/09/07/world−of−warcraft−hits−7−million−subscribers/

Henniger, M. L.(1987). Learning mathematics and science through play. *Childhood Education, 63*(3), 167-171.

Hirsh−Pasek, K., Berk, L. E., & Singer, D.(2009). *A mandate for playful learning in preschool: Applying the scientific evidence.* Oxford, England: Oxford University Press.

Homer, B., Ober, T., & Plass, J.(2018). Digital games as tools for embedded assessment. In A. Lipnevich & J. Smith(Eds.), *The Cambridge handbook of instructional feedback*(Cambridge Handbooks in Psychology, pp. 357-375). Cambridge, England: Cambridge University Press. doi:10.1017/9781316832134.018

Homer, B. D., Plass, J. L., Raffaele, C., Ober, T. M., & Ali, A.(2018). Improving high school students' executive functions through digital game play. *Computers & Education, 117*, 50-58.

Homer, B. D., Plass, J. L., Rose, M. C., MacNamara, A. P., Pawar, S., & Ober, T. M.(2019). Activating adolescents' "hot" executive functions in a digital game to train cognitive skills: The effects of age and prior abilities. *Cognitive Development, 49*, 20-32.

Huizinga, J.(1949). *Homo Ludens: A study of the play-element in our culture.* Boston, MA: Routledge and Kegan Paul.

Kapur, M.(2008). Productive failure. *Cognition and Instruction, 26*, 379-424. http://dx.doi.org/10.1080/07370000802212669

Ke, F.(2009). A qualitative meta−analysis of computer games as learning tools. In *Handbook of research on effective electronic gaming in education*(Vol. 1, pp. 1-32). Hershey, PA: IGI Global.

Keighley, G.(1999). SIMply divine: The story of Maxis Software. Retrieved from http://www.gamespot.com/features/maxis/

Kent, S. L.(2010). *The ultimate history of video games: From Pong to Pokemon and beyond ··· the story behind the craze that touched our lives and changed the world.* Roseville, CA: Three Rivers Press.

Kickmeier−Rust, M. D., & Albert, D.(2010). Micro-adaptivity: Protecting immersion in didactically adaptive digital educational games. *Journal of Computer Assisted Learning, 26*(2), 95-105.

Kim, B., Park, H., & Baek, Y.(2009). Not just fun, but serious strategies: Using meta−cognitive strategies in game-based learning. *Computers & Education, 52*, 800-810. http://dx.doi.org/10.1016/j.compedu.2008.12.004

Kim, M., & Shin, J.(2016). The pedagogical benefits of SimCity in urban geography education. *Journal of Geography, 115*(2), 39-50.

Kongmee, I., Strachan, R., Montgomery, C., & Pickard, A.(2011, June 27-28). Using massively multiplayer online role playing games(MMORPGs) to support second language learning: Action research in the real and virtual world. In S. Martin(Ed.), *iVERG 2011 Proceedings-International Conference on Immersive Technologies for Learning: Virtual Implementation, Real Outcomes*. Paper presented at 2nd Annual International Virtual Environments Research Group(iVERG) Conference, Middlesbrough, UK(pp. 87-99). iVERG.

Krasnor, L. R., & Pepler, D. J.(1980). The study of children's play: Some suggested future directions. *New Directions for Child and Adolescent Development, 1980*(9), 85-95.

Lee, J. K., & Probert, J.(2010). Civilization III and whole-class play in high school social studies. *Journal of Social Studies Research, 34*(1), 1-28.

Lillard, A. S., Lerner, M. D., Hopkins, E. J., Dore, R. A., Smith, E. D., & Palmquist, C. M.(2013). The impact of pretend play on children's development: A review of the evidence. *Psychological Bulletin, 139*(1), 1-34.

Linderoth, J.(2013). Beyond the digital divide: An ecological approach to gameplay. *Transactions of the Digital Games Research Association, 1*(1), 85-113.

Loftus, G. R., & Loftus, E. F.(1983). *Mind at play: The psychology of video games*. New York, NY: Basic Books.

Malone, T. W.(1981). Toward a theory of intrinsically motivating instruction. *Cognitive Science, 5*(4), 333-369.

Marino, M. T., Gotch, C. M., Israel, M., Vasquez III, E., Basham, J. D., & Becht, K.(2014). UDL in the middle school science classroom: Can video games and alternative text heighten engagement and learning for students with learning disabilities? *Learning Disability Quarterly, 37*(2), 87-99.

Masendorf, F.(1995). Training learning-disabled children's spatial ability by computer games. *European Education, 27*(2), 49-58.

Maslow, A.(1943). A theory of human motivation. *Psychological Review, 50*(4), 370-396.

Mayer, R. E.(2002). Multimedia learning. In B. H. Ross(Ed.), *Psychology of learning and motivation*(Vol. 41, pp. 85-139). New York, NY: Academic Press.

Mayer, R. E.(2009). *Multimedia learning*(2nd ed.). New York, NY: Cambridge University Press.

Mayo, M. J.(2009). Video games: A route to large-scale STEM education? *Science, 323*(5910), 79-82.

McCall, J.(2013). *Gaming the past: Using video games to teach secondary history*. New York, NY: Routledge.

McCune-Nicolich, L.(1981). Toward symbolic functioning: Structure of early pretend games and potential parallels with language. *Child Development, 52*(3), 785-797.

Means, B., Bakia, M., & Murphy, R.(2014). *Learning online: What research tells us about whether, when and how*. New York, NY: Routledge.

Midgley, C., Kaplan, A., & Middleton, M.(2001). Performance-approach goals: Good for what, for whom, under what circumstances, and at what cost? *Journal of Educational Psychology, 93*, 77-86.

Minnery, J., & Searle, G.(2014). Toying with the city? Using the computer game SimCity™ 4 in planning education. *Planning Practice and Research, 29*(1), 41-55.

Miyake, A., Friedman, N. P., Emerson, M. J., Witzki, A. H., Howerter, A., & Wager, T. D.(2000). The unity and diversity of executive functions and their contributions to complex "frontal lobe" tasks: A latent variable analysis. *Cognitive Psychology, 41*(1), 49-100.

Moyer, P. S.(2001). Are we having fun yet? How teachers use manipulatives to teach mathematics. *Educational Studies in Mathematics, 47*(2), 175-197.

Nakamura, J., & Csikszentmihalyi, M.(2014). The concept of flow. In M. Csikszentmihalyi(Ed.), *Flow and the foundations of positive psychology*(pp. 239-263). Dordrecht, Netherlands: Springer.

Nardi, B., & Harris, J.(2006, November). Strangers and friends: Collaborative play in World of Warcraft. In P. Hinds & D. Martin(Eds.), *Proceedings of the 2006 20th Anniversary Conference on Computer Supported Cooperative Work*(pp. 149-158). New York, NY: ACM.

Pagnotti, J., & Russell III, W. B.(2012). Using Civilization IV to engage students in world history content. *The Social Studies, 103*(1), 39-48.

Parong, J., Mayer, R. E., Fiorella, L., MacNamara, A., Homer, B. D., & Plass, J. L.(2017). Learning executive function skills by playing focused video games. *Contemporary Educational Psychology, 51*, 141-151.

Pekrun, R.(2000). A social-cognitive, control-value theory of achievement emotions. In J. Heckhausen(Ed.), *Motivational psychology of human development*(pp. 143-163). Oxford, England: Elsevier.

Pellegrini, A. D., & Galda, L.(1993). Ten years after: A reexamination of symbolic play and literacy research. *Reading Research Quarterly, 28*, 163-175.

Peterson, M.(2010). Computerized games and simulations in computer-assisted language learning: A meta-analysis of research. *Simulation & Gaming, 41*(1), 72-93.

Piaget, J.(1962). *Play, dreams, and imitation in childhood*. New York, NY: W. W. Norton.

Plass, J. L.(2016, September). *A taxonomy of adaptivity in learning*. Invited Panel discussion on Personalized and Adaptive Learning Systems, CRESSTCON '16, Los Angeles, CA, September 20, 2016.

Plass, J. L., Goldman, R., Flanagan, M., & Perlin, K.(2009). RAPUNSEL: Improving self-efficacy and self-esteem with an educational computer game. In H. K. Edlin & C. P. Koeling(Eds.), *Proceedings of the 17th International Conference on Computers in Education*(pp. 682-689). Tarrytown, NY: Pergamon Press.

Plass, J. L., Heidig, S., Hayward, E. O., Homer, B. D., & Um, E.(2014). Emotional design in multimedia learning: Effects of shape and color on affect and learning. *Learning and Instruction, 29*, 128-140.

Plass, J. L., Homer, B. D., & Kinzer, C. K.(2015). Foundations of game-based learning. *Educational Psychologist, 50*(4), 258-283.

Plass, J. L., Homer, B. D., MacNamara, A., Ober, T., Rose, M. C., Pawar, S., ··· & Olsen, A.(2019). Emotional design for digital games for learning: The affective quality of expression, color, shape, and dimensionality of game characters. *Learning and Instruction*. https://doi.org/10.1016/j.learninstruc.2019.01.005

Plass, J. L., Homer, B. D., Pawar, S., Brenner, C., & MacNamara, A. P.(2019). The effect of adaptive difficulty adjustment on the effectiveness of a game to develop executive function skills for learners of different ages. *Cognitive Development, 49*, 56-67.

Plass, J. L., & Kaplan, U.(2016). Emotional design in digital media for learning. In S. Tettegah & M. Gartmeier(Eds.), *Emotions, technology, design & learning*(pp. 131-161). New York, NY: Elsevier.

Plass, J. L., Milne, C., Homer, B. D., Schwartz, R. N., Hayward, E. O., Jordan, T., ··· Barrientos, J.(2012). Investigating the effectiveness of computer simulations for chemistry learning. *Journal of Research in Science Teaching, 49*(3), 394-419.

Porter, A., McMaken, J., Hwang, J., & Yang, R.(2011). Common core standards: The new US intended curriculum. *Educational Researcher, 40*(3), 103-116.

Powell, K. C., & Kalina, C. J.(2009). Cognitive and social constructivism: Developing tools for an effective classroom. *Education, 130*(2), 241-250.

Powers, K. L., Brooks, P. J., Aldrich, N. J., Palladino, M. A., & Alfieri, L.(2013). Effects of video game play on information processing: A meta-analytic investigation. *Psychonomic Bulletin & Review, 20*(6), 1055-1079.

Prensky, M.(2006). *Don't bother me, Mom, I'm learning! How computer and video games are preparing your kids for 21st century success and how you can help!* St. Paul, MN: Paragon House.

Rubin, K. H., Fein, G. G., & Vandenberg, B.(1983). Play. In P. Mussen & E. M. Hetherington(Eds.), *Handbook of child psychology*(Vol. 4, 693-774). New York, NY: Wiley.

Ryan, R. M., Rigby, C. S., & Przybylski, A.(2006). The motivational pull of video games: A selfdetermination theory approach. *Motivation and Emotion, 30*(4), 344-360.

Salen, K., & Zimmerman, E.(2004). *Rules of play: Game design fundamentals*. Cambridge, MA: MIT Press.

Salen, K., & Zimmerman, E.(2005). Game design and meaningful play. In J. Raessens & J. Goldstein(Eds.), *Handbook of computer game studies*(pp. 59-80). Cambridge, MA: MIT Press.

Schunk, D. H.(2012). *Learning theories: An educational perspective*(6th ed.). Boston, MA: Pearson Education.

Shaffer, D. W., Squire, K. R., Halverson, R., & Gee, J. P.(2005). Video games and the future of learning. *Phi Delta Kappan, 87*(2), 105-111.

Sherry, J. L., Lucas, K., Greenberg, B. S., & Lachlan, K.(2006). Video game uses and gratifications as predictors of use and game preference. *Playing Video Games: Motives, Responses, and Consequences, 24*(1), 213-224.

Shuler, C.(2012). *What in the world happened to Carmen Sandiego? The edutainment era: Debunking myths and sharing lessons learned*. A white paper from the Joan Ganz Cooney Center.

Shute, V. J.(2011). Stealth assessment in computer-based games to support learning. In S. Tobias & J. D. Fletcher(Eds.), *Computer games and instruction*(pp. 503-524). Charlotte, NC: Information Age Publishers.

Siang, A. C., & Rao, R. K.(2003). Theories of learning: A computer game perspective. In B. Werner(Ed.) *Proceedings of the Fifth International Symposium on Multimedia Software Engineering*(pp. 239-245). Taichung, Taiwan: The Institute of Electrical and Electronics Engineers, Inc.

Skinner, B. F.(1971). *Beyond freedom and dignity*. New York, NY: Knopf.

Smith, P., & Vollstedt, R.(1985). On defining play: An empirical study of the relationship between play and various play criteria. *Child Development, 56*(4), 1042-1050. doi:10.2307/1130114

Smith, P. K.(2009). *Children and play: Understanding children's worlds*(Vol. 12). West Sussex, UK: Wiley.

Smith, P. K., & Roopnarine, J. L.(2018). *The Cambridge handbook of play: Developmental and disciplinary perspectives*. Cambridge, England: Cambridge University Press.

Squire, K.(2008). Open-ended video games: A model for developing learning for the interactive age. In K. Salen(Ed.), *The ecology of games: Connecting youth, games, and learning*(pp. 167-198). Cambridge, MA: MIT Press.

Squire, K. D.(2004). *Replaying history: Learning world history through playing "Civilization III"*(Doctoral dissertation). Indiana University. Retrieved from https://www.learntechlib.org/

p/125618/.

Steen, K., Brooks, D., & Lyon, T.(2006). The impact of virtual manipulatives on first grade geometry instruction and learning. *Journal of Computers in Mathematics and Science Teaching, 25*(4), 373-391.

Tanes, Z., & Cemalcilar, Z.(2010). Learning from SimCity: An empirical study of Turkish adolescents. *Journal of Adolescence, 33*(5), 731-739.

Thorne, S. L.(2008). Transcultural communication in open internet environments and massively multiplayer online games. In S. Magnan(Ed.), *Mediating discourse online*(pp. 305-327). Amsterdam, Netherlands: John Benjamins.

Um, E., Plass, J. L., Hayward, E. O., & Homer, B. D.(2012). Emotional design in multimedia learning. *Journal of Educational Psychology, 104*(2), 485-498.

Verdine, B. N., Golinkoff, R. M., Hirsh-Pasek, K., & Newcombe, N. S.(2014). Finding the missing piece: Blocks, puzzles, and shapes fuel school readiness. *Trends in Neuroscience and Education, 3*(1), 7-13.

Vygotsky, L. S.(1978). Interaction between learning and development. *Readings on the Development of Children, 23*(3), 34-41.

Vygotsky, L. S.(1966). Play and its role in the mental development of the child. *Soviet Psychology, 5*(3), 6-18.

Wolfgang, C. H., Stannard, L. L., & Jones, I.(2001). Block play performance among preschoolers as a predictor of later school achievement in mathematics. *Journal of Research in Childhood Education, 15*(2), 173-180.

Wright, W.(2007, March). *Spore: The birth of a game*. [video file]. Retrieved from https://www.ted.com/talks/will_wright_makes_toys_that_make_worlds

Zagal, J. P., Rick, J., & Hsi, I.(2006). Collaborative games: Lessons learned from board games. *Simulation & Gaming, 37*(1), 24-40.

03

게임을 이용한 학습에서 참여의 유형

Ruth N. Schwartz and Jan L. Plass(송혁순 역)

1 서론

교육용 게임의 영향력은 사용자를 참여시켜 학습을 향상시킬 수 있는 잠재력으로 설명된다. 이 장에서 우리는 학습을 위한 게임의 맥락에서 참여의 개념을 살펴보려고 한다. 참여를 어떻게 정의하는가? 학습에서 참여는 왜 중요한가? 게임에서의 참여는 일반적으로 어떻게 관찰되고 측정되는가? 그런 다음, 다양한 유형의 참여에 대한 아이디어를 검토하고 이러한 유형들을 설명하고 실행하기 위한 접근 방식을 제안하고자 한다. 마지막으로 최근 연구의 실용적, 이론적 시사점을 논의하고 향후 연구 방향을 제시하고자 한다.

2 게임에서의 참여

앵그리버드를 신중하게 돼지 성(城)에 조준하기, 새로운 게임의 초현실적인 이야기가 컷신(cutscene)에서 펼쳐지는 것을 주의깊게 관찰하기, 다른 무리들과 팀을 이루어 가상의 마을을 습격하기, 위험한 땅을 여행하다가 사랑하는 사람을 잃어버리고 울기. 이것들은 한 개인이 어떻게 게임에 몰두할 수 있는지를 보여주는 참여의 예들이다. 그러나 이러한 예들은 관찰 및 처리, 계획과 목표 설정, 논의와 전략 수립, 감정적 투자 등과 같은 사용자의 활동에 따라 다양하게 나타난다. 이는 참여가 다양한 활동을 포함할 수 있다는 것을 분명하게 보여준다. 참여가 학습에 어떻게 기여할 수 있는지, 그리고 특정 디자인 요소가 참여에 어떻게 기여할 수 있는지 연구하기 위해서는 먼저 참여에 대한 정의를 살펴보아야 한다. 그런 다음, 어떻게 다양한 종류의 참여가 분류되고 실행되는지를 탐색할 수 있다.

3 참여의 정의

참여라는 용어는 학습 경험을 설명하는 데 자주 사용된다. 그러나 참여에 관한 문헌을 검토하면 중복되는 정의와 개념의 복잡함이 드러난다. 참여는 교실(예: Axelson & Flick, 2010; Macklem, 2015), 직장(예: Billett, 2001; Maslach & Leiter, 2008), 그리고 게임 및 놀이의 맥락(예: Boyle, Connolly, Hainey, & Boyle, 2012; O'Brien & Toms, 2008; Prensky, 2005)에서 연구되었다. 학습을 돕는 것은 단순한 참여가 아니라 특정한 참여 활동이라는 주의점이 있지만(Kinzer, Littlefield, Delclos, & Bransford, 2008; Moreno & Mayer, 2005), 참여는 학습에 긍정적인 영향을 미치거나 학습에 필수적인 것으로 간주된다(예: Bouvier, Lavoue, & Sahaba, 2014; Garris & Ahlers, 2002; National Research Council, 2000; Plass, Homer, & Kinzer, 2015). 참여는 때때로 흥미(interest; Axelson & Flick, 2010), 상호작용(interactivity; Salen & Zimmerman, 2004) 또는 동기(motivation; Christenson, Reschly, & Wylie, 2012)와 동의어로 설명된다. 그러나 또 다른 논의에서는 관심, 상호작용 및 동기는 참여의 동의어가 아니라 참여에 의해 영향을 받는 요인들(Abdul Jabbar & Felicia, 2015; Ciampa, 2015; Wouters, van Nimwegen, van Oostendorp, & van der Spek, 2013) 또는 참여에 기여하는(Aldrich, Rogers, & Scaife, 1998; Garris & Ahlers, 2002) 요인들로 인용된다. 참여에 영향을 미치는 것으로 알려진 다른 요소 중에는 주의력(Bouvier et al., 2014), 자기 조절(Wolters & Taylor, 2012), 자기 효능감(Klimmt & Hartmann, 2009) 등을 포함한 개인의 행동이나 특성뿐만 아니라, 적응성(Plass et al., 2015), 피드백 및 도전(O'Brien & Toms, 2008) 또는 게임 세계 내에서 사회적 상호작용 기회(Sellers, 2009)와 같은 시스템

적인 특성들도 있다. 참여의 구성은 몰입 또는 몰입감을 포함하는 척도(Brockmyer et al., 2009; Brown & Cairns, 2004; Sharafi, Hedman, & Montgomery, 2006)로 개념화되었으며, 분리(Fredricks, Blumenfeld, & Paris, 2004; Mosher & MacGowan, 1985), 번 아웃(Bakker & Demerouti, 2008; Maslach & Leiter, 2008) 또는 지루함(Macklem, 2015)과는 정반대인 것으로 개념화되었다. 다수의 논의에서 참여는 정서적, 행동적, 인지적, 동기적, 또는 심리적 등 다양한 유형 또는 측면으로 세분화되었으며, 각각 다양한 방식으로 정의되었다(예: Axelson & Flick, 2010; Macklem, 2015; Plass et al., 2015; Whitton & Moseley, 2014).

이러한 관점을 종합하고 조정하려는 시도에서 게임 내 참여에 대한 여러 모습들이 그려진다. 참여는 게임 규칙과 플레이어들의 참가로 만들어지는(Salen & Zimmerman, 2004) "놀이 학습을 위한 마법의 원(Magic Circle of Playful Learning)"(Plass et al., 2015, p. 262)이라는 게임 환경의 맥락에서 발생한다. 참여는 게임에 대한 반응으로, 개인으로부터 시작되고, 흥미로 촉발되고, 동기에 의해 추진되고, 게임 자체의 기능들에 의해 영향을 받는다. 이러한 기능에는 매력적인 비주얼, 상호작용 기회 또는 설득력 있는 내러티브가 포함될 수 있으며, 보다 광범위하게는 게임이 자리잡은 사회적 또는 문화적 맥락이 포함될 수 있다. 그리고 참여는 활동에 의해 정의된다. 참여자는 적극적으로 의미를 만드는 과정(active process of meaning-making)에 참여한다(G4LI, n.d.). 이러한 활동은 쉽게 드러나지 않을 수 있다. 예를 들어 인지 활동은 직접 관찰할 수 없지만 참여한 개인은 적극적으로 어떠한 형태로든 노력을 하게 된다. 따라서 우리는 다음과 같은 간단한 정의를 제안한다.

"게임에 참여한다는 것은 게임 환경에서의 적극적이고 집중적인 노력의 투자다."

이러한 정의는 게임의 속성이 아니라 학습자의 행동 측면에서 참여를 설명한다. 이 정의는 개별적인 활동의 중요성을 명확하게 강조하지만, 이러한 활동의 형태나 참여에 영향을 미칠 수 있는 요소들, 또는 그러한 활동이 학습을 촉진하는가에 대한 고려를 포함하고 있지 않다. 여기에 대해서는 추후에 좀 더 세부적으로 살펴볼 것이다. 집중이라는 용어의 사용은 참여를 건성으로 훑어보는 것과는 구별된다. 노력은 개인이 일련의 에너지를 소비하고 있음을 보여주며(Dewey, 1913), 마지막으로 게임 환경이라는 용어는 재미있는 요소들이(Plass, Homer, Mayer, & Kinzer, 이 책의 1장) 포함된 학습 자료를 나타낸다.

참여에 관한 수많은 정의 또는 모델이 다양한 맥락에서 제안되었다. 예를 들어, 학교 환경에서의 학생 참여에 대해 Shernoff(2013)는 참여가 "당면한 과제에 대한 집중력, 흥미, 즐거움이 동시에 고조되는 경험"이라고 말했다(p. 12). 이러한 정의는 집중력과 관심과 같은 개별 요소의 중요성을 포착한 반면, 참여의 필수적인 구성 요소는 아닌 즐거움의 요소를 포함하였다. 예를 들어, 이미 여러 번 패배한 게임 레벨에서 다시 이기려고 한다고 가정해보자. 플레이어는 레벨을 다시 시도할 만큼 충분히 참여했지만 즐기지 않았을 수 있다. 대신 당신은 레벨을 한 번에 이기겠다고 단호하게 결심할 수 있다. 또한 Shernoff의 정의는 "당면한 과제"라는 표현으로 활동의 개념을 넌지시 나타내지만, 활동이 참여의 중심이므로 우리는 활동이 모든 정의에 명시적으로 포함되어야 한다고 생각한다.

O'Brien과 Toms(2008)는 웹 검색, 웹 캐스팅, 온라인 쇼핑 및 게임을 포함하여 테크놀로지에 대한 사용자 참여를 자세히 연구하였다. 몰입감, 놀이 및 정보 상호작용과 같은 이론적 기반에 대한 연구를 토대로 다음과 같은 정의를 발전시켰다. "참여는 도전, 미적 및 감각적 매력, 피드백, 참신함, 상호작용, 지각된 통제와 시간, 인식, 동기, 흥미 및 감정으로 특징되는 테크놀로지에 대한 사용자 경험의 질이다"(p. 949). 다시 말하지만, 이 정의에는 도전, 피드백 및 통제와 같이 참여를 향상시킬 수 있는 여러 중요한 요소가 포함되지만 활동의 핵심적 중요성은 빠져 있다. 또한 이 정의에 언급된 많은 요소가 참여에 확실히 기여할 수 있지만 반드시 필요한 것은 아니다. 예를 들어, 고유한 미적 감각이나 감각적 매력을 거의 제공하지 않지만 매우 매력적인 게임들이 많이 있다. 예를 들어 Zork(1981/2017)와 같은 초기 텍스트 기반 게임을 생각해보면 Zork는 사용자가 텍스트의 장식되지 않은 건조한 단락에 풍부한 상상력을 불어 넣는다.

Bouvier, Lavoue 및 Sahaba(2014)는 여러 분야들을 걸쳐서 참여를 설명하는 데 사용되는 참여 행동 유형과 용어를 조사하여 주의, 몰입, 연관, 존재 및 몰입감에 대한 유용한 토론을 제공했다. 그들은 참여를 "특정 목표를 달성하기 위해 매개된 활동을 향하고 그것으로 인해 자극되는 감정, 정서 및 생각을 가질 의지"로 정의할 것을 제안했다(p. 496). 이 정의는 개인과 게임 환경을 모두 적절하게 고려하지만 사용자의 활동보다는 사용자의 의지에 초점을 맞추고 있다. 다시 말하지만, 사용자의 활동은 참여에 관한 정의를 내림에 있어서 중요한 요소이다. Renninger와 Hidi(2016)는 "무언가를 하고자 하는 의지"가 실제 활동 참여와는 다르다는 점을 지적하였다(p. 71).

이러한 정의의 차이에도 불구하고, 각각의 정의는 참여에 대한 논의에서 고려해야 할 중요한 요소를 강조한다. 이러한 요소에는 주의와 동기 부여와 같이 참여를 유발시킬 수 있는 개인적 차이; 즐거움, 정서적 투자 또는 인식된 통제와 같은 사용자의 반응; 피드백 및 미적 매력과 같은 게임 환경의 특징들이 있다.

참여와 상호작용

참여를 말할 때 때로는 함께 다뤄지는 상호작용이 참여와 어떻게 다른지를 살펴보는 것은 유용하다(예: Salen & Zimmerman, 2004). 두 개념은 겹치는 부분이 있지만 동의어는 아니다. 상호작용은 참여와 같이 여러 방식으로 정의되었지만(예를 들어, Bétrancourt, 2005; Kennedy, 2004; Quiring & Schweiger, 2008), 이 모든 정의는 두 주체 사이의 상호 관계를 주목한다. 예를 들어, Domagk, Schwartz 및 Plass(2010)는 컴퓨터 기반 환경의 상호작용이 "학습자의 반응이 멀티미디어 학습 시스템의 반응에 달려 있으며 그 반대의 경우도 존재하는 학습자와 시스템의 상호 활동"이라고 보았다(p. 1025). 이러한 정의의 초점은 우리가 참여를 논의할 때 제안한 것과 마찬가지로 활동에 있다. 그러나 상호작용은 참여를 포함할 수도 있고 포함하지 않을 수도 있다. 예를 들어, Clash of Clans에서 전투에 진 게임 플레이어도 명확한 목표 없이도 군대를 배치하고 마법을 걸 수 있다. 이것은 상호작용이지만 참여라고는 볼 수 없다. 마찬가지로, 참여는 반드시 상호작용을 포함하지는 않는다. 플레이어는 *Uncharted Territory*의 게임에서 도전을 완료한 후에 컷씬에 집중할 수 있지만, 그 활동은 컷씬이 어떻게 재생되는지에 영향을 미치지 않는다. 여기엔 상호 관계가 없다. 이것은 참여이지만 상호작용은 아니다. 우리가 게임에서 참여를 논의할 때, 우리는 게임 환경의 반응을 고려하지만, 모든 관심은 학습자에 있다. 우리의 초점은 게임 환경에서 개인이 어떻게 의미를 부여할 수 있는지-배울 수 있는지-에 있다.

참여가 중요한 이유

　참여가 학습에 기여한다는 직감 이외에 그 기여 메커니즘에 대해 무엇을 알고 있는가? 이 질문은 항상 명확하게 해결되지는 않는다. 예를 들어, 학생 참여에 대한 논의에서 "인지적 참여의 질이 증가함에 따라 학습이 향상되고 인지적 참여의 질이 감소함에 따라 학습이 감소한다"고 말한다(Hannafin & Hooper, 1993, p. 213). 여기에 그 저자들은 참여가 콘텐츠 지식과 개념적 이해를 촉진할 수 있다는 것을 덧붙인다. 이것은 참여가 학습을 지원한다는 것을 시사하지만 이유 또는 방법을 알려주지는 않는다. 다른 논의에서는 참여의 가치가 사람들이 원하지 않는 일을 하도록 유도하여 작업 시간을 효과적으로 늘리고 결과적으로 학습으로 이어질 수 있다고 제안한다(예: Byun & Loh, 2015; Sherry 2004). 이와 관련된 것으로, 참여한 게임 플레이어는 게임 환경에서 제시된 문제에 몰두함으로써, 억지로 노력하지 않고 오히려 극복한 도전에 대한 만족에 집중할 것이라고 제안한다(Ke, Xie, & Xie, 2015). 즉, 참여는 학습자가 학습하고 있다는 사실에서 주의를 분산시키기 때문에 유용할 수 있다. 이와 유사하게, 게임 참여에 대한 최근의 메타 분석은 참여의 효과성에 대해 관심을 갖기 보다 참여의 잠재적 효과에 초점을 맞추었다(Girard, Ecalle, & Magnan, 2013). 이 연구의 저자들은 참여하는 피험자가 작업에 더 많은 시간을 할애하여 비게임 학습 자료보다 게임에서 더 큰 진전을 보이며, 게임 플레이와 관련된 내재적 동기가 높을수록 학습에 더 많은 참여를 할 수 있으며, 결과적으로 플레이어가 "더 많이 배울" 수 있다고 봤다(Girard et al., 2013, p. 216).

　이러한 접근 방식들에는 분명히 장점이 있지만, 기본적으로 참여의 중요성은 능동적 학습의 개념이라는 핵심 명제로 축약될 수 있다. 한동안 교육자와 교육 이론가들은 학습을 위해 특정 활동의 수행의 중요성에 대해 강조해왔다. 예를 들어, 19세기 후반에 현대 유치원의 개념을 발전시킨 Fröbel은 "행하고, 경험하고, 생각하는 것" 사이의 중요한 연결을 개념화하는 데 앞장섰다(Fröbel, 1894/1904, p. 24). 이와 마찬가지로, Dewey(1916/1959)와 Montessori(1914/1964)는 모두 활동과 지식 구축 사이에 연결 고리를 그렸다. 몇 년 후, 행동주의적 접근에서 교육의 인지주의 운동으로의 전환을 설명하는 Wittrock(1978)은 학습이 단지 교육 환경의 산물이 아니라 "학습자의 능동적이고 건설적인 역할"(p. 15)에 달려있다고 생각했다. Wittrock은 이 개념을 생성적 학습(generative learning)이라고 부르며 "이해력은 학생들이 수업 중에 생성하는 것에 직접적으로 달려있다"는 것을 강조했다(Wittrock, 1991, p. 169). 최근 들어, Mayer(예: 2009, 2011, 2014a)는 멀티미디어 자료에서 학습하는 모델을 개념화하면서 활동 측면에서 학습자의 역할을 설명했다. 학습자는 단순히 정보를 받거나 제시된 내용에 반응하지 않으며, 오히려 의미있는 학습이 이루어지기 위해서는, 학습자는 제공되는 정보를 적극적으로 처리하고, 관련 자극들을 선택하고, 구성하고, 사전 지식과 연관시켜야 한다(Mayer, 2009). 학습자는 "제시된 자료를 논리 정연하게 심적 표상으로 통합을 시도하는… 능동적 이해자(active sense maker)"이다(Mayer, 2014a, p.19).

많은 실증적 연구들은 특정한 학습자 활동이 학습 결과에 영향을 미친다는 주장을 뒷받침해준다. 예를 들어, Glenberg, Gutierrez, Levin, Japuntich 및 Kaschak(2004)은 아이들이 읽은 텍스트에 따라 조작하도록 하는 작은 장난감 세트를 제공하는 일련의 실험을 수행했다. 장난감을 조작하거나 심지어 장난감을 조작하는 것을 상상하는 것만으로도 자료를 읽고 또 다시 읽도록 요청받은 대조군의 점수에 비해 훨씬 더 높은 회상 및 이해도 점수를 얻었다. 또 다른 연구들은 실행 효과(enactment effect)를 조사했다. 즉, 개인이 소리내어 읽은 행동 문구들(예: "팔을 올리십시오")을 들을 때, 듣는 동안 그 문구를 행동에 옮기도록 지시받은 사람들이 어떤 행동도 취하지 않고 그냥 듣기만 한 사람들보다 더 잘 기억하였다(Engelkamp & Dehn, 2000; Engelkamp & Zimmer, 1994, 1997). 그러나 참가자가 스스로 행동을 취하고 수행하기보다 다른 사람의 행동을 모방할 때는 이 효과가 그다지 강하지 않았으며(Zimmer & Engelkamp, 1996), 이런 결과는 활동에 있어서 자신이 얼마나 의도적으로 투자를 하느냐가 중요한 요소임을 시사한다. Schwartz와 Plass(2014)는 참가자가 그래픽과 함께 컴퓨터에서 소리내어 읽어주는 일련의 액션 문구와 상호작용하도록 요청받은 게임과 같은 가상 환경에서 실행 효과를 연구했다. 각 항목은 듣기만 하거나, 그래픽을 보거나, 클릭하여 에니메이션을 보거나, 또는 클릭 및 드래그 동작 수행하는 조건 중 하나가 무작위로 제시되었다. 결과에 따르면 듣기, 보기 또는 클릭만 하는 조건에서 제시된 항목보다 클릭 및 드래그를 요청한 항목에서 참가자가 더 잘 기억하는 것으로 나타났다. 생성적 학습을 용이하게 하기위해 고안된 학습 전략의 요약과 경계 조건은 Fiorella and Mayer(2016)를 참조하길 바란다.

이러한 연구들은 학습에서의 활동의 역할을 잘 보여준다. 참여를 적극적이고 집중적인 노력의 투자로 정의한 게임 환경의 맥락에서, 우리는 활동이 참여의 중요성에 있어서 중심이 된다고 본다. 적극적으로 참여하는 사용자는 학습 과정의 본질인 의미 만들기의 적극적인 과정(active process of meaning-making; G4LI, n.d.)에 참여할 준비가 되어 있다. 참여의 중요성에 비추어 볼 때, 참여가 어떻게 이루어지며, 무엇을 하는지, 게임 환경에서 어떻게 조성될 수 있는지 알기 위해 연구자들이 상당한 노력을 기울였다는 것을 알 수 있다.

4 게임에서 참여 연구에 대한 최근 방식

앞서 언급했듯이, 참여라는 주제를 여러 이론적 관점에서 살펴보았다. 이처럼 광범위한 접근 방식과 정의를 감안할 때, 게임 참여에 대한 연구에 있어서 사용된 질문들이나 참여의 개념을 찾아내기 위한 측정 방법들이 지금까지 큰 폭으로 변하였다는 것은 그리 놀라운 일이 아니다. 게임에서의 참여를 조사하기 위한 어떠한 연구들은 참여의 또 다른 속성이나 구성들을 다루고 있을 수도 있다. 반면에 참여의 개념을 명시적으로 다루지 않는 연구들에서 실제로 해당 주제를 다루기도 한다. 이 섹션에서는 게임에서 참여에 대한 실증적인 연구들의 샘플을 살펴보고자 한다. 그런 다음, 현재 연구들을 구성하고 미래 연구에 발판을 마련할 체계적인 구조를 제공할 수 있도록 참여를 분류하고 실행하는 접근 방식을 기술하고자 한다.

최근 몇 년 동안 게임 참여에 관한 여러 메타 분석이 수행되었다(예: Abdul Jabbar & Felicia, 2015; Boyle et al., 2012; Girard et al., 2013; Vogel et al., 2006; Wouters et al., 2013). 이러한 검토와 분석된 몇 가지 연구를 살펴보면, 참여의 요소를 파악하기 위해 사용된

다양한 측정들을 확인할 수 있다.

Girard, Ecalle와 Magnan(2013)은 비디오 게임, 특히 기능성 게임(serious games)이 학습과 참여에 긍정적인 영향을 미치는가에 대한 2007년과 2011년 사이의 연구들을 살펴보았다. 최종적으로 평가된 연구는 9건이며 그 중 2건은 참여도를 조사했다. 이 두 가지 연구 중 한 연구는 "학생이 주어진 작업에 적극적으로 수행하는지", "학생이 추론을 하는지, 문제를 해결하는지"와 같은 교실에서의 참여 행동의 체크리스트를 사용하여 참여를 평가했다(Annetta, Minogue, Holmes, & Cheng, 2009). 연구자들은 실험 그룹(컴퓨터 게임)과 통제 그룹(전통적인 교육)의 관찰 결과를 비교하여 실험 그룹의 참여도가 상당히 증가한 것을 발견했다. 두 번째 연구(Wrzesien & Alcañiz Raya, 2010)는 "가상 세계"그룹과 전통적인 수업에 속한 학생들의 참여를 평가했다. 결과는 가상 세계 그룹의 학생들이 전통적인 수업의 학생들보다 더 높은 수준의 참여를 보인 것으로 나타났다. 참여도를 측정하기 위해, 이 연구는 참가자들이 시간의 흐름을 잊었는지, 주변 환경을 인지하지 못했는지, 일상의 걱정을 잊었는지 묻는 세 가지 설문 항목을 사용하였다. 이러한 항목은 일반적으로 몰입(immersion) 또는 몰입감(flow)을 평가하는 데 사용되며(예: Brown & Cairns, 2004), 이는 참여와 관련은 있지만 반드시 같지는 않다. Annetta, Minogue, Holmes 및 Cheng(2009)과 Wrzesien와 Raya(2010)의 연구는 모두 전통적인 정보제공 방식과 비교하여 게임 환경의 효과를 연구하는 미디어 비교(media comparison) 연구의 범주에 속한다(Mayer, 2011). Girard et al.(2013)는 이러한 연구와 메타 분석에 포함된 다른 연구들을 요약하면서 사용자를 참여시키고 동기를 부여하는 게임이 학습에 도움이 될 수 있다는 생각에 대해 폭 넓게 동의하지만 추가 연구가 필요하다고 결론지었다.

Boyle et al.(2012)은 2001년과 2011년 사이에 수행된 게임 참여에 대한 연구를 검토하면서 좀더 폭넓은 메타 분석을 실시하였다. 학습용 게임들보다 엔터테인먼트 게임들을 구체적으로 살펴보면서, 이들은 참여 개념을 몰입감 이론에서의 "게임의 주관적 경험과 즐거움"과 자기 결정 이론에서의 "게임을 하는 동기"와 같은 이론들을(Boyle et al., 2012, p. 772) 함께 다루었다. 다시 한번, 연구들은 참여와 관련 요소들을 연구하기 위해 일련의 도구와 방법론을 적용했다. 리뷰에 포함된 연구들은 컴퓨터 게임 및 신체 활동과 관련된 치료를 받은 참가자의 긍정적 또는 부정적 기분을 평가하기 위한 Positive and Negative Affect Schedule(PANAS; Russell & Newton, 2008)과, 사람을 상대하거나 컴퓨터와 상대하는 참가자들의 즐거움, 존재 및 몰입감을 측정하기 위한 자기 보고(Weibel, Wissmath, Habegger, Steiner, & Groner, 2008), 또는 다양한 수준의 폭력과 다양한 수준의 그래픽 및 청각적 현실감을 가진 비디오 게임에 노출된 사용자의 존재와 참여, 각성 및 공격성을 정량화하기 위한 설문 조사, 생리학적 측정 및 단어 연관 과제(Ivory & Kalyanaraman, 2007)를 함께 사용하였다. 이러한 다양한 연구를 논의하면서 Boyle et al.(2012)는 통계적 접근보다는 서술적 접근을 취했다. 그들은 메타분석에 포함된 논문들을 주요 중점(예: 게임을 하는 동안의 주관적인 즐거움, 게임을 할 때 생리적 반응 또는 게임을 하는 동기)에 따라 분류하고, 선행 조건 및 결과물과 같은 다양한 단계를 가진 프로세스 모델 관점에서 참여를 생각하는 것이 유용할 수 있다고 제안했다(Boyle et al., 2012, p. 778).

세 번째 메타 분석으로, Wouters, van Nimwegen, van Oostendorp 및 van der Spek(2013)은 기능성 게임이 학습 및 동기 부여에 미치는 영향에 초점을 맞추었으며, 동기 부여 관점에서 참여를 고려했다. 참여에 대한 고려와 관련하여 특히 흥미로운 점은 이 저자들이 능동적 인지 처리의 중요성을 구체적으로 언급했으며, 실제로 통제 그룹이 능동적이기보다 수동적으로 학습할 때, 비 게임 환경에 비해 게임 환경에 대한 학습 결과에 대한 긍정적인 효과가 두드러질 수 있다는 가설을 세웠다. 이 메타 분석은 학습 결과와 관련하여 효과 크기는 작지만($d = .29$), 기능성 게임이 기존 방법들보다 더 효과적이라는 결론을 내렸다. 그러나 저자들은 동기 부여와 관련하여 게임과 기존 학습 환경 간의 중요한 차이를 찾지는 못했다. 놀랍게도, 통제 그룹이 능동적 교육보다는 수동적 교육을 받았을 때 학습에 대한 상대적 이익이 더 크다는 가설을 확인하지 못했다. 저자들은 이런 결과가 대부분의 "수동적 교육"의 사례가 짧은 한 세션 개입에 의한 것일 수 있다고 지적했다. "능동적" 또는 "혼합"교육을 받은 통제 그룹을 살펴보면 세션 수가 늘어날수록 게임의 이점이 증가했다. 또 다른 설명은 일부 "수동적" 교육이 실제로 인지적 참여를 도울 수 있다는 것이다. 참가자에게 관찰 가능한 과제가 주어지지 않았다고 해서 그들의 관심이 적극적으로 관여되지 않았다는 것을 의미하지는 않는다. 실제로, 나중에 논의하겠지만, 특정 작업의 수행이 때로는 인지적 참여를 방해할 수도 있다. 이 메타 분석에서 고려된 연구 중 단 3개의 연구만이 참여를 구체적으로 다루었다. 이전에 이미 다뤘던 Annetta et al.(2009)와 Wrzesien and Raya(2010)의 연구와 함께 Barab, Pettyjohn, Gresalfi, Volk 및 Solomou(2012)는 10개의 항목 설문지, 교사 질책 횟수 평가, 다른 교실 상호작용에 대한 질적 분석을 사용하여 게임기반 교육 단위와 스토리 기반 교육에서의 참여를 평가했다. 다시 말하지만, 이것은 참여도 측정에 대한 다양한 접근 방식을 보여준다.

게임 참여의 효과에 대한 포괄적 결론에 도달하기 위해 이처럼 서로 다른 연구를 모으는 것이 어렵다는 것은 이에 대한 새로운 전략이 필요하다는 것을 역설적으로 말해준다. 다음 섹션에서는 보다 세밀한 연구를 도울 수 있도록 참여 유형을 분류하는 방식을 설명하고, 이러한 유형을 실행할 수 있는 방법들을 제안하고자 한다.

5 참여의 유형

참여에 대한 수많은 논의에서 인지적, 행동적, 정서/감정적 참여와 같은 범주들을 제안했다(예: Deater-Deckard, Chang, & Evans, 2013; Reschly & Christenson, 2012; Whitton & Moseley, 2014; Wu & Huang, 2007). 종종 이러한 분류는 학교 환경 내 참여에 적용된다(예: Fredricks et al., 2004; Reschly & Christenson, 2012). 이러한 맥락에서 행동적 참여는 좋은 품행과 정기적인 수업 출석을 포함하는 것으로 정의되며, 인지적 참여는 학생이 교과 내용을 이해하기 위해 열심히 노력할 것인지에 관한 질문들을 다루며, 정서적 참여는 교사나 급우들에 대한 개인의 반응이 포함된다(Reschly & Christenson, 2012).

이러한 동일한 분류가 게임의 맥락에서 참여 연구에 적용되었지만 학교 교실 맥락과는 상당히 다르게 정의되었다(예: Deater-Deckard et al., 2013; Hamari et al., 2016; Plass et al., 2015). 예를 들어, 게임 환경에서의 참여 개념이 상호작용과 밀접하게 관련되어 있기 때문에 Plass, Homer 및 Kinzer(2015)는 INTERACT, 멀티미디어 상호작용의 통합 모델(the Integrated Model of Multimedia Interactivity; Domagk, Schwartz, & Plass, 2010)을 제

안하며 참여에 대한 접근 방식을 소개하였다. INTERACT는 상호작용을 행동 활동, 인지/메타인지 활동, 정서적 요인, 학습 환경, 학습자의 개별 특성 및 학습자의 심성 모형을 포함한 6개의 상호 관련된 구성 요소를 포함하는 역동적 프로세스로 설명한다. INTERACT에 따르면 상호성(interactivity)을 고려할 때 중요한 것은 이러한 구성 요소들 간의 미묘한 상호작용(interplay)이다. 이 모델과 일관되게, Plass et al.(2015)는 게임에 있어서 참여를 지적 처리 및 메타인지를 포함한 인지적 참여(cognitive engagement), 몸 짓이나 움직임과 같은 신체적 행동을 포함하는 행동적 참여(behavioral engagement), 게임 플레이 내에서 정서적 반응을 포함하는 정서적 참여(affective engagement), 그리고 INTERACT에서 특별히 언급되지 않은 문화적 맥락에서의 사회적 행동을 포함한 사회 문화적 참여(sociocultural engagement, p. 260)로 나눌 수 있다고 제안했다. 이러한 각각 유형들에 대해 더 자세히 살펴볼 것이다.

참여 유형 설명 및 실행

참여한 학습자는 정확히 무엇을 경험하는가? 다음 시나리오에서 우리는 행동적, 인지적, 정서적, 사회 문화적 참여의 네 가지 유형을 제시한다. 이러한 유형의 참여와 게임기반 학습의 다른 측면과의 관계는 이 책의 1장(Plass et al.)에 설명되어 있다. 게임을 통한 학습에서 이러한 참여 유형들의 의미를 탐색하고 어떤 종류의 디자인 기능이 다양한 참여 유형을 지원할 수 있는지 연구하려면 각 참여 범주를 실행하는 법을 알아야 한다. 우리는 몇 가지 가능한 접근 방식과 최근 연구의 예들을 제공하고자 한다. 학습 과정을 더 잘 설명하기 위해 다양한 참여 유형을 구분하는 것은 중요하다. 실제로 예시들이 보여 주듯이, 참여 유형들은 종종 서로 밀접하게 상호 연결되어 있다.

행동적 참여

Noobs v. Leets 게임에서 기하학적 각도에 대해 배우는 플레이어는 각도 측정 규칙을 선택하고 이러한 규칙을 적용할 각도를 정함으로 문제를 해결한다. 올바른 해결

책은 갇혀있는 Noob 캐릭터 중 하나를 자유롭게 만들 수 있는 경로를 열어 주게 된다 [그림 3.1]. 규칙을 클릭하든, 해당 각도를 클릭하든, 해방된 Noob을 위한 탈출 경로를 클릭하든, 플레이어의 집중된 물리적 수행은 행동적 참여를 이룬다. 게임에서의 행동적 참여로는 마우스 클릭 이외의 동작과 제스처도 포함될 수 있다. 예를 들어, 터치스크린을 넘기거나 Kinect와 같은 움직임에 민감한 인터페이스에서 온몸을 움직이는 것도 여기에 해당된다.

Noobs v. Leets 시나리오에서 규칙, 각도 또는 경로를 선택하는 동작은 행동적 요소이지만, 이것은 문제를 분석하고 해결책을 찾도록 학습자의 인지적 참여를 촉진하기 위한 것이다. 무엇을 클릭할 것인가에 대한 결정은 게임에서 기하학적 내용에 대한 적극적이고 집중적인 노력의 투자로 이어지도록 설계되었다.

행동적 참여를 촉진하는 게임 기능 게임에서 행동적 참여를 촉진하는 주된 방법은 게임 기법(game mechanics), 입력 장치를 통해서이다. 게임 기법들은 "플레이어가 계속해서 수행하는 필수적인 플레이 활동"을 뜻하며(Salen & Zimmerman, 2004, p. 316), 잘 개발된 학습용 게임에서 이러한 활동은 학습 목표를 달성하기 위해 돕도록(Plass, Homer, Kinzer et al., 2013) 설계된 학습 기법을 기반으로 한다. Microsoft Kinect 또는 Sony PlayStation Move와 같은 입력 장치는 마우스, 키보드 또는 컨트롤러 사용으로는 쉽지 않은 활동을 용이하게 하고, 제스처 및 구현된 동작을 허용하게 한다. 예를 들어, 연구자들은 초보 독자를 위한 읽기 게임을 수정하여 6세와 7세 참가자가 내러티브에서 특정 어휘를 표현하도록 하였다. 결과에 따르면, 이러한 활동은 통제 그룹에 비해 빈도가 높은 단어 및 시각 단어의 인식, 능동적 해독 및 총 읽기 점수에서 더 높은 점수를 얻었다(Homer et al., 2014).

그림 3.1
Noobs v. Leets 게임의 레벨 (CREATE, 2011)

행동적 참여의 실행 행동적 참여를 측정하는 접근 방식에는 클릭 수 또는 마우스 좌표를 기록하고 평가하고, 사용자 로그를 분석하거나, 숙련된 관찰자 및/또는 Microsoft Kinect와 같은 특수 카메라를 사용하여 신체 움직임 및 기타 행동을 관찰하고 기록하는 것 등이 있다. 그런 다음, 이러한 데이터를 활용하여 참여의 경험이나 효과를 살펴볼 수 있다. 예를 들어, Bianchi−Berthouze(2013)는 기타 모양의 컨트롤러를 사용하는 플레이스테이션 게임인 *Guitar Hero*를 연주하는 참가자들에 대한 연구를 수행하였다. 한 그룹은 손으로만 작동하는 기본 컨트롤러 기능만 주어졌고, 두 번째 그룹은 기타의 목 부분에서 활성화 할 수 있는 틸트 기능에 대해 배웠다. 참가자의 움직임은 인간 관찰자뿐만 아니라 PlayStation 모션 캡처 시스템의 데이터로 평가되었다. 10분 동안 플레이한 후 참가자들은 참여에 대한 질문을 작성했다. 그런 다음 데이터를 분석하여 더 많은 움직임이 GEQ의 점수와 상관 관계가 있는지 확인하였다. 결과는 두 그룹에서 다른 패턴이 있음을 보여주었다. 연구자들은 서로 다른 컨트롤러 기능의 가용성이 플레이어의 참여 "수준 및 유형"을 "승리하려는 욕구"에 기반한 참여와 "기타 연주자가 되는 느낌"에 기반한 참여(Bianchi-Berthouze, 2013, p.55)로 다르게 유도했다고 추측하였다.

인지적 참여

Physics Playground(Shute, Ventura, & Kim, 2013) 온라인 게임에서는 플레이어가 빨간색 풍선으로 표시된 특정 영역으로 공을 옮겨야 한다. 공을 움직이려면 플레이어는 지렛대, 쐐기 또는 경사면 역할을 할 수 있는 선을 그려야 하며, [그림 3.2]에 예시된 것처럼 실생활의 물리를 모방하고 환경의 특정 매개 변수를 설정해야 한다.

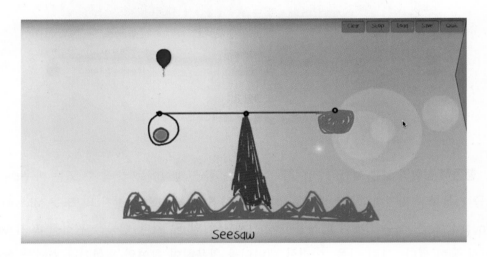

그림 3.2
Physics Playground (Shute, Ventura, & Kim, 2013)

게임의 목표를 달성하기 위해 플레이어는 사용 가능한 도구를 가지고 실험하고 그들이 수행한 작업의 결과를 관찰해야 한다. 이러한 종류의 능동적 사고는 플레이어가 정보를 처리하고, 접근 방식을 계획하고, 결정을 내림으로써 인지적 참여를 보이게 된다. 이러한 인지 활동은 멀티미디어 학습의 인지 이론과 같은 과정 이론(process theories)과 인지 부하 이론과 같은 수용력 이론(capacity theories)에 의해 설명된다. Mayer는 이 책 4권에서 이 부분에 대해 설명한다. 이러한 이론들은 선택(관련 자료에 주의 집중), 조직화(일관된 구조로 인지적으로 배열) 및 통합(관련 사전 지식과 연결)으로 학습과 관련된 인지 과정을 설명한다. 또한 이것은 학습자의 작업 기억에 학습 자료를 표상시키는 것과 관련된 필수 처리(essential processing), 의미 만들기를 포함하는 생성적 처리(generative processing), 게임의 학습 목표를 돕는 것과는 무관한 처리를 포함하는 외생적 처리(extraneous processing; Mayer, 2014a)를 구분한다. 예를 들어, 제2 언어 습득을 위한 게임 사용에 대한 연구에 따르면, 원하는 학습 결과와 일치하지 않는 게임 기법은 인지된 인지 부하 수준을 높이고 어휘 습득을 감소시킬 수 있다(deHaan, Reed, & Kuwanda, 2010).

*Physics Playground*의 예를 다시 살펴보면, 다른 유형의 참여도 확인할 수 있다. 예를 들어, 전략을 수정할 것인지에 대한 여부와 방법에 대한 플레이어의 결정은 메타 인지적 참여를 나타낸다. 이 시나리오에서의 참여는 또한 일부 행동 요소들(예: 선 그리기)을 포함하고, 일부 정서적 반응을 불러 일으킨다. 다른 사람들과 함께 게임을 하는 경우 고려해야 할 사회 문화적 메커니즘도 있다.

인지적 참여를 촉진하는 게임 기능 게임의 핵심은 이 장에서 논의된 다른 형태의 참여, 즉 행동적, 정서적 및 사회 문화적 참여가 모두 인지적 참여로 이어질 수 있다는 것이다. 예를 들어, *Physics Playground*와 같은 학습 게임의 게임 기법은 처음에 어떤 형태의 행동적 참여를 불러 일으킬 수 있다. 이 게임 기법에 의해 예시화된 학습 기법이 이론과 학습에 대한 실증적으로 검증된 방식을 기반으로 잘 설계된 경우, 이러한 행동적 참여는 해결해야 할 과제에 대한 인지적 참여로 이어질 수 있다. 예를 들어, 연구자들은 *Noobs v. Leets*(CREATE, 2011) 기하학 게임에 대해 두 가지 다른 게임 기법을 비교했다. 결과에 따르면, 플레이어가 각도 값(예: 55도)을 제공하여 누락된 각도를 해결해야 하는 기법은, 상황적으로 더 흥미롭게 들리지만, 어떤 각도가 주어져야 하고, 어떤 각도가 누락되었으며, 어떤 규칙이 문제를 풀기 위해 적용되어야 하는지를(예: 보완 각도 규칙) 학생들로 하여금 정하도록 요구하는 기법을 통한 학습에 비해서는 동일한 수준의 학습이 이루어지지 않았다(Plass, Homer, et al., 2012).

마찬가지로, 정서적 참여를 촉진하도록 설계된 인센티브 시스템 또한 (종종 행동적 참여와 합쳐지는) 인지적 참여를 촉진할 수 있다. 그러나 외적 보상(예: 포인트, 별, 스티커)

은 게임 내에서 새로운 학습관련 도구들과 게임 내 새로운 영역들을 풀어버리는 파워업과 같은 특정한 게임 기법과 연결된 내재적 보상에 비해 인지적 참여를 유발할 가능성이 적다(Ryan & Rigby, 이 책의 6장).

멀티미디어 학습에 대한 연구에서도 볼 수 있듯이, 인지 처리의 핵심인 정보를 선택하고, 구성하며, 통합하기 위해 다른 게임 요소들이 사용될 수 있다(Mayer, 2014b). 이러한 프로세스를 돕는 것은 인지적 참여로 이어질 수 있다. 예를 들어, Plass, Homer, Schwartz et al.(2013)은 중요한 요소들을 알리고 정보의 여러 형태들을 신속하게 통합하기 위해 게임과 유사한 시뮬레이션에서 시각적 단서를 사용하는 방법을 연구했다. 그 결과에 따르면, 중요한 정보를 선택하고 통합하기 위한 이러한 지원들이 콘텐츠 사후 검사에서 전이 점수를 향상시키는 것으로 나타났다.

인지적 참여의 실행 인지적 참여는 시도한 문제의 수, 생성된 해결책의 수, 과제에 소요된 시간, 또는 장시간 게임 환경에 머무르기로 한 개인의 선택을 사용하여 측정될 수 있다. 로그 파일을 검사하면 플레이어의 학습 또는 진행 방법에 대한 생각을 엿볼 수 있는 의도적인 행동 패턴이 드러날 수 있다(Shute & Sun, 이 책의 20장). 예를 들어 사용자 로그를 사용하여 시스템을 조작하는 학생을 식별하거나(Baker et al., 2006), 학습자의 메타인지, 동기 부여 및 자기 조절 학습에 대해 추론해 볼 수 있다(Winne & Baker, 2013). 과제 중이나 완료 후 사용자에게 인지적 노력에 대해 보고하도록 요청하는 설문조사도 사용할 수 있다(Sharek & Wiebe, 2014). 시선 패턴 분석(시선 추적)을 통해 사용자가 주의를 기울인 게임 또는 시뮬레이션 부분에 대한 구체적인 통찰력을 얻을 수 있어 게임의 다양한 측면에서의 인지적 참여를 확인할 수 있다(예: O'Keefe et al., 2014). EEG와 같은 신경 과학 측정은 게임기반 학습과 여러 형태의 학습에서 인지적 참여의 지표로 뇌 활동을 모니터링하는 데 사용되었다(Anderson et al., 2011). 운동 분자 이론에 대한 학생들의 컴퓨터 시뮬레이션 사용을 조사한 연구에서, 낮은 수준의 교실 대화가 높은 학습 결과와 상관 관계가 있는 것으로 나타났으며(Plass, Milne, et al., 2012), 저자들은 이러한 결과에 대해 활동이 없는 것처럼 보였지만 실제로는 인지적 참여로 나타났다고 제안했다. 즉, 학생들은 "생각할 수 있는 공간"을 즐기고 있었다(Plass, Milne, et al., 2012, p. 410).

정서적 참여

All You Can E.T.(CREATE, 2016)을 플레이하는 이들은 주황색과 녹색 외계인 무리에게 음식과 음료를 제공하는 일을 맡게 된다[그림 3.3]. 이 게임은 인지 능력, 특히 집행 기능(EF)을 훈련하도록 설계 되었기 때문에 외계인이 어떤 종류의 음식과 음료를 선호하는지에 대한 규칙은 자주 변경된다(Homer, Plass, Raffaele, Ober, Ali, 2018; Parong et al., 2017).

외계인 캐릭터의 모습은 외계인에 대한 어떤 시각적 디자인이 플레이어에게 가장 높은 감정적 흥분을 유발했는지 살펴본 이전 연구를 기반으로 플레이어들의 감정적 반응을 불러 일으키도록 설계되었다(Plass et al., in press). 연구에 따르면 Hot EF라고 불리는 높은 각성은 캐릭터가 낮은 각성 수준을 유도하는 게임에 비해 더 높은 인지 능력을 보였다(Homer, Plass, Rose et al., 2019; Ober et al., 2017). 게임 캐릭터에 대한 학습자의 정서적 반응은 정서적 참여의 한 예가 되며, 태도와 신념을 기반으로 하는 게임 환경도 정서적 참여를 불러 일으킬 수 있다.

그림 3.3
*All You Can E.T.*의 게임 캐릭터들 (CREATE, 2016)

이 시나리오에서 정서적 참여를 촉진하는 데는 두 가지 목적이 있다. 첫째, 이러한 게임에서는 인지적 요구가 크고 플레이어가 장기간에 걸쳐 그렇게 높은 수준의 정신적 노력을 투자하고 싶어 하지 않을 수 있기 때문에, 외계인 캐릭터에 대한 플레이어의 정서적 참여는 플레이어로 하여금 더 오랫동안 플레이하도록 하게끔 한다. 또한 정서적 참여는 변연계(limbic system)와 연관시켜 게임의 훈련 효과를 높일 수 있다(Plass & Kaplan, 2016). 그러나 인지적 참여를 향상시키는 것이 게임에서 정서적 참여의 유일한 기능은 아니다. 일부 게임은 인지적 목표보다는 정서적 목표를 가지고 있다. 예를 들어, PeaceMaker(Burak, 2004)와 Darfur Is Dying(Ruis, 2006)은 공감을 촉진하고 플레이어의 태도를 바꾸는 것을 목표로 한다. 또 다른 게임들은 사회적 참여를 촉진하기 위해 정서적 참여를 사용하기도 한다.

정서적 참여를 촉진하는 게임 기능 많은 게임 디자인 기능들이 정서적 참여를 촉진하는데 사용될 수 있다. 여기에는 미적 디자인, 인센티브 시스템, 게임 캐릭터, 내러티브, 소리 및 악보 및 감성 디자인의 맥락에서의 여러 요소들이 포함된다. 감성 디자인은 학습 향상을 목표로 특정 감정을 유도하기 위해 게임 디자인 요소를 의도적으로 사용하는 것이다(Plass & Kaplan, 2016; Loderer, Pekrun, & Plass, 이 책의 5장 참조). 그러나 다른 유형의 참여를 촉진하기 위해 설계된 피드백이나 안내와 같은 기능도 감정에 영향을 미칠 수 있다. 예를 들어, 지능형 과외 시스템(intelligent tutoring systems)이 포함된 게임에서 생성된 피드백은 때때로 좌절감과 혼란을 불러 일으켰고, 이로 인해 결국 인지적 참여와 학습을 지원하였다(D'Mello & Graesser, 2012).

정서적 참여의 실행 정서적 참여를 조사하기 위한 접근 방식에는 주로 감정 측정이 포함된다. 감정 측정을 위해 감정에 대한 자기 보고(Um, Plass, Hayward, & Homer, 2012), 사용자 로그 분석(Pardos, Baker, San Pedro, Gowda, & Gowda, 2014), 시선 패턴 분석(Jaques, Conati, Harley, & Azevedo, 2014) 또는 피부 전도도 또는 호흡 패턴과 같은 생리학적 표지(Conati, Chabbal, & Maclaren, 2003; Woolf et al., 2009)를 사용한다. 최근 기술 발전으로 EEG 또는 fMRI와 같은 기술을 사용하여 정서 상태를 평가할 수 있게 되었다 (예: Mathiak & Weber, 2006; McMahan, Parberry, & Parsons, 2015; Salminen & Ravaja, 2008). 정서적 참여는 태도나 신념의 변화를 평가하기 위해 고안된 설문 조사를 통해 측정될

수도 있다(Alhabash & Wise, 2012).

사회 문화적 참여

Civilization III 게임에서 학습자는 자신의 목표를 설정하고, 이러한 목표를 달성하기 위해 전략을 세우고, 같은 목표를 추구하는 다른 플레이어에게 각각의 역할을 부여하며 협력한다(Squire, 2008). 이러한 의미 만들기 활동의 과정과 결과에 대한 통찰력은 포럼, 팬 픽션(fan fiction) 및 공략(walkthroughs)을 통해 다른 사람들과 공유된다. 이것은 학습에 있어서 사회적 상호작용이 필수적이라고 보는 사회 문화적 참여이다(Steinkuehler & Tsaasan,이 책의 7장). 자기 결정 이론에서 관계성(relatedness)이라고 부르는 타인과의 관계를 향한 인간의 욕구는 사람들이 게임을 하려는 동기의 한 요인으로 여겨진다(Boyle et al., 2012).

그림 3.4
Never Alone (2015)

또 다른 게임은 문화와 관련된 목표를 추구한다. 예를 들어, *Never Alone*(2015)은 알래스카 앵커리지에 있는 Cook Inlet Tribal Council의 구성원이 개념화하고 이들의 감독하에 개발된 분위기 몰입형(atmospheric) 퍼즐 플랫폼 게임이다(Byrd, 2014; [그림 3.4] 참조). 게임 내러티브는 전통적인 Iñupiaq 이야기를 기반으로 한다. 플레이어는 작은 소녀, Nuna 혹은 그녀의 친구인 북극 여우의 역할을 맡는다. 사용자는 혼자서 또는 협동 모드로 플레이 할 수 있다. 게임이 진행되면서 Nuna와 여우는 마을을 구하기 위해 눈보라와 다른 위험에 직면한다. 이러한 도전에 맞서고 극복하면서 플레이어들은 Iñupiaq 문화에 대한 독특한 사실뿐만 아니라 풍부한 문화적 관점을 이해하고 가치를 두게 된다.

이것은 "사회 문화적 참여"의 여러 측면들을 보여준다. 즉, 게임 환경에서 학습에 동기를 부여하기 위해 문화적 영향을 사용하고 게임 목표를 달성하기 위해 협력적으로 플레이 할 수 있는 기회를 제공한다(Steinkuehler & Tsaasan, 이 책의 7장). 이 경우, 게임 디자인은 학습자로 하여금 Iñupiaq 문화와 연결되고 그 문화를 존중하게끔 하는 직접적인 학습 결과를 얻기 위해 사회 문화적 참여를 높이는 것을 목표로 한다. 사회 문화적 참여는 게임이 그룹 활동이나 미션을 통해 학습을 위한 사회적 지원을 제공하거나(Plass et al., 2015), 새로운 이해를 위해 문화적으로 친숙한 경험이나 이야기를 발판으로 활용할 때도 작동한다.

사회 문화적 참여를 촉진하는 게임 기능 사회 문화적 참여는 게임에서 사회적 특징을 가진 디자인과 게임이 만들어내는 새로운 문화를 통해 촉진될 수 있다. 게임 내에서 채팅 기능 및 기타 실시간 커뮤니케이션 방법, 멀티 플레이어 옵션 및 롤 플레잉을 허용하는 기술, 협업 및 커뮤니케이션을 용이하게 하는 게임 캐릭터, 이러한 활동에 대한 보상을 제공하는 인센티브가 이러한 기능에 포함된다. 동호회와 팬덤 등을 포함한 새로운 문화는 플레이어 자신에 의해 형성되지만 포럼이나 기타 게임 관련 소셜 미디어를 주관하는 사이트를 통해서도 지원된다(Steinkuehler & Tsaasan, 이 책의 7장). Apostolellis, Bowman 및 Chmiel(2018)은 박물관 환경의 게임과 상호작용하는 어린이들을 살펴보면서 사회적 참여를 지원하는 또 다른 중요한 요소로써 적절한 지침들을 밝혀냈다.

사회 문화적 참여의 실행. 사회 문화적 참여를 측정하는 접근 방식으로는 설문 조사, 소셜 네트워크 분석, 학습자에게 협업 행동에 대해 묻는 인터뷰, 담론 분석(Steinkuehler, 2006) 등 광범위한 연구 방법이 있다(Steinkuehler & Tsaasan, 이 책의 7장).

요약

참여 유형 사이에 명확한 선을 그리는 것은 불가능하다. 앞선 예시들이 보여주듯이, 사용자는 한 번에 여러 가지 방법으로 참여할 수 있다. 마찬가지로 참여도를 정량화하는 것도 복잡하다. 소요 시간과 같은 특정한 측정은 하나 이상의 참여 유형을 반영할 수 있다. 그러나 다양한 활동을 포함하는 참여 구조를 구축하는 것은 학습이 배타적인 인지 과정이 아니라 구체화된 행동, 감정 및 동기, 그리고 사회 문화적 맥락에서 우리가 처한 방식에서 의해 이루어진다는 것을 상기시켜준다.

6 실제적 그리고 이론적 함의

게임기반 학습 참여에 대한 우리의 논의는 중요한 이론적 및 실제적 함의를 가지고 있다. 이론적 측면에서 참여의 구성을 행동, 인지, 정서, 사회 문화와 같은 다양한 경험으로 개념화하는 것은 참여에 대한 보다 정교한 담론을 가능하게 하고, 실제로는 비교할 수 없는 결과들이 누적되고 있는 참여에 대한 현재 연구들을 재평가 할 수 있다. 이를 테면, 앞서 언급했듯이, 학습자가 시간의 흐름을 잊었는지 여부를 평가하는 참여도 측정(예: Wrzesien & Raya, 2010)은 학습자가 특정 과제에 적극적으로 참여하였는지를 기록하는 참여도의 측정(예: Annetta et al., 2009)과 반드시 동일한 구성을 다루지는 않는다. 참여에 대한 이해가 확대됨에 따라 기존에 참여 연구의 틀에 포함되지는 않았던 요소들을 살펴보는 기회 또한 제공되었다. 예를 들어, Böckler, Hömke 및 Sebanz(2014)는 인간 참여자가 가상의 게임 파트너로부터 직접적으로 시선을 받거나 받지 않은 디지털 "보기 게임"(looking game; p. 141)의 맥락에서 사회적 배제를 알아보기 위한 연구를 수행했다. 참가자의 반응은 시선 추적 기술을 사용하여 기록되었다. 실험이 끝난 후 참가자들은 게임 중에 소속감을 느꼈는지에 대한 질문들을 포함한 설문 조사를 작성하였다. 특별한 틀이 마련되어 있지는 않지만, 이 연구는 우리가 사회 문화적 참여로 분류한 것들을 면밀히 검토한다. 기존 문헌에 대한 이러한 재평가의 결과로, 더 많은 이론적 통찰을 뒷받침할 개념적으로 더 명확한 참여 모델이 설명될 수 있다. 행동적, 인지적, 정서적, 사회 문화적 참여의 범주 내에서 참여를 논의할 때 Ivory와 Kalyanamaran(2007)이 제안한 것과 같은 연구를 위한 구조를 만들 수 있다. 그들은 "관여의 개념화"(conceptualization[s] of involvement)가 동기 또는 사전 지식과 같은 사용자 경험의 선행 요소(antecedents)와 사용된 전략 또는 학습 결과와 같은 다양한 수준의 개입의 결과(consequences)를 고려함으로써 사용자의 경험에 초점을 맞출 수 있다고 제안하였다(Andrews, Durvasula, & Akhter, 1990; Boyle et al., 2012 참조). 마찬가지로 O'Brien과 Toms(2008)는 참여 시점(point of engagement)에서 시작하여 참여(period of engagement), 참여 해제(disengagement) 및 잠재적 재참여(reengagement)기간을 통해 진행되는 참여 프로세스 모델을 제안하였다(p. 945).

실용적인 측면에서 게임 학습에 대한 다양한 유형의 참여를 보다 명확하게 개념적으로 분리하면 실무자, 게임 디자이너 및 게임 연구자들에게 매우 필요한 지침들이 제공될 수 있다. 학습을 위한 게임에 사용되는 전략을 설명하는 변화 이론(theory of change)은 특정 유형의 참여를 유도하도록 설계된 특정 게임 기능을 참조할 수 있으며, 이러한 유형의 참여가 가깝거나 멀리 의도된 학습 결과에 어떻게 기여하는지를 알 수 있다. 이러한 주장은 교육적 효과에 영향을 미칠 수 있는 특정 디자인 기능에 초점을 맞춘 게임 연구에 대한 부가 가치(value-added) 접근 방식(Mayer, 2011, 2014b)에 의해 검증될 수 있다.

7 앞으로의 연구 방향

문헌을 검토한 결과, 참여와 관련된 연구를 위한 중요한 영역들이 밝혀졌으며 이 섹션에서는 가장 중요한 영역 몇가지를 개괄적으로 설명하고자 한다.

참여의 선행 요소를 조사해야 한다. 다양한 유형의 참여를 이끄는 디자인 요소들을 연구하기 시작했지만, 참여의 선행 요소들은 아직 완전히 이해되지 않았다. 동기 부여, 사전 지식 또는 기타 학습자 변수가 어느 정도까지 참여로 이어질 수 있는가? 이러한 관계를 매개하거나 조절하는 변수들은 무엇인가? 이러한 질문은 모든 학습 환경에 적용되지만 학습을 위한 게임에서의 참여를 고려할 때 특별한 의미를 갖게 된다.

특정 유형의 참여를 촉진하는 특정 게임 디자인 기능을 찾아내고 검증해야 한다. 인지적, 정서적, 행동적 또는 사회 문화적 참여를 유도하는 디자인 특징을 식별하는 연구들이 존재하지만, 학습을 위한 게임 디자인을 더 잘 안내하기 위해서는 이러한 특징들에 대한 체계적인 연구가 필요하다. 문헌에 대한 지금까지의 검토에서 살펴보았듯이, 개념적 명확성의 부족은 이러한 종류의 연구를 제한하였다.

유효하고 신뢰할 수 있으며 실시간으로 작동할 수 있는 게임에 대한 참여도 측정 방법을 개선해야 한다. 지금까지 검토한 연구에서 사용된 참여도 측정은 참여가 어떻게 실행되고 측정될 수 있는지에 대해 연구자들 사이에 동의가 이루어지지 않고 있음을 보여준다. 인간-컴퓨터 상호작용에서의 참여에 관한 연구들의 한 종합적인 검토는 설문지 관리에서 다양한 생리적 표지 모니터링에 이르기까지(Doherty & Doherty, 2019) 데이터 수집에 대한 25가지 다른 접근 방식을 나열한다. 게임은 프로세스 데이터를 수집할 수 있는 기회가 많기 때문에, 삼각 측량을 위한 생리적 측정을 사용하여 정보의 분석을 기반으로 한 측정 개발에 특히 적합하다. 연구자들은 또한 연구 설계의 중요성을 강조한다. 예를 들어, Wouters et al.의 메타 분석(2013)은 여러 세션과 짧은 단일 세션 실행에서의 연구 결과의 차이점에 주목한다. Adams, Mayer, MacNamara, Koenig 및 Wainess(2012)도 내러티브 테마 게임의 이점에 대한 연구 결과의 제한점을 논할 때 플레이 시간과 관련하여 이와 비슷한 점을 지적하였다.

참여 패턴과 참여 패턴이 학습에 미치는 영향. 우리는 게임에서 학습자 경험에 여러 유형의 참여가 포함되어 있으며 참여의 패턴과 결과를 조사하기 위해 더 많은 연구가 필요하다고 주장하였다. 즉, 한 유형의 참여가 다른 참여로 이어질 수 있는 정도와 참여 유형이 학습 결과의 유형에 연결되는 것에 대한 더 많은 연구가 필요하다. 예를 들어, 우리는 수학 게임 *Noobs v. Leets*(CREATE, 2011)에서 다양한 종류의 참여를 살펴보았다. 참여 유형과 마찬가지로 해당 게임에서 추구하는 학습 결과도 다양하다. 게임 내에서 문제를 해결하거나 문제 해결 기술이 게임 외부의 콘텐츠(인지적 결과)로 전이되거나, 수학에 대한 태도가 개선되거나(정서적 결과), 또는 다른 학생들과의 성공적인 협력하는(사회 문화적 결과) 것을 기대해볼 수 있다. 초보 학습자의 경우, 게임의 초기 단계에서의 행동 참여는 단순히 마우스를 움직이고 클릭하는 것을 연습할 수 있는 기회를 제공할 수 있다(행동적 결과).

참여의 조건. 마지막으로, 앞으로의 연구는 어떤 조건에서 참여가 학습에 유익한지 조사해야 한다. 예를 들어, 참여를 촉진하도록 설계된 일부 요소가 학습자에게 과도하게 불필요한 정보를 처리하도록 요구하여 인지 과부하를 유발하고 원하는 학습 결과에 오히려 부정적인 영향을 미칠 수 있다(Adams, Mayer, MacNamara, Koenig, & Wainess, 2012).

8 결론

이 장에서 우리는 게임에서 참여의 정의와 학습에 있어서 참여의 중요성을 살펴보았다. 우리는 개별적인 활동의 중요성을 강조함으로 다양한 다른 요소를 고려할 수 있다는 점에서, "게임 환경에서 적극적이고 집중적인 노력의 투자"라는 게임에서의 참여에 대한 새로운 정의를 제안하였다. 참여에 대한 일반화의 어려움을 감안하여, 우리는 행동, 인지, 정서 및 사회 문화와 같은 다양한 유형의 참여를 분류하고 실행하는 접근 방식을 제안했다. 이러한 방식으로 참여를 연구하면 게임 환경에서 참여가 어떻게 촉진될 수 있는지에 대한 미묘한 차이를 이해할 수 있게 된다. 각 형태의 참여를 유도하는데 사용할 수 있는 게임 디자인 요소가 무엇인지 그리고 이것이 어떻게 운영되고 측정될 수 있는 지를 이해할 수 있다. 마지막으로, 우리는 학습자의 차이를 고려한 디자인 요소 및 메커니즘을 찾아냄으로써 참여를 유도하는 방법과, 참여 유형과 과정을 찾아냄으로써 다른 유형의 참여를 아는 것, 그리고 특정 유형의 참여가 특정한 학습 결과와 어떻게 관련이 있는지 찾아냄으로써 참여의 결과를 살펴보는 것에 대한 많은 실증적 증거들이 필요하다는 연구 의제들의 윤곽을 보여주었다.

　게임은 화학 화합물이 아니기 때문에 이상적인 게임을 생성하는 정확한 공식에 도달할 수 있을 것 같지 않다. 특정한 수의 비계와 시각적 사실성 또는 깊은 내러티브를 결합하는 단순한 문제가 아니다. 오히려 참여에 대한 실증적 연구는 학습을 위한 게임 설계에서 고려해야 할 여러 요소, 즉 실제적으로 도움이 될 수 있는 도구들, 전략들, 디자인 기능들에 대한 이해를 도운다는 점에서 잠재력을 가지고 있다. 행동적, 인지적, 정서적, 사회 문화적 관점을 통해 참여를 살펴보면 더 완전한 스펙트럼을 인식할 수 있다. 다시 말해, 학습자가 게임 환경에 더 적극적으로 노력하게끔 하는 방법은 무엇인가? 이를 통해 학습 과정을 보다 완벽하게 표현하고 게임을 통해 학습자를 가장 효과적으로 도울 수 있는 방법을 더 잘 이해할 수 있게 된다.

참고문헌

Abdul Jabbar, A. I., & Felicia, P.(2015). Gameplay engagement and learning in game-based learning: A systematic review. *Review of Educational Research, 85*(4), 740-779. http://doi.org/10.3102/0034654315577210

Adams, D. M., Mayer, R. E., MacNamara, A., Koenig, A., & Wainess, R.(2012). Narrative games for learning: Testing the discovery and narrative hypotheses. *Journal of Educational Psychology, 104*(1), 235-249. http://doi.org/10.1037/a0025595

Aldrich, A. F., Rogers, Y., & Scaife, M.(1998). Getting to grips with "interactivity": Helping teach-ers to assess the educational value of CD-ROMs. *British Journal of Educational Technology, 29*(4), 321-332.

Alhabash, S., & Wise, K.(2012). Peacemaker: Changing students' attitudes toward Palestinians and Israelis through video game play. *International Journal of Communication, 6*(1), 356-380. http://doi.org/http://ijoc.org

Anderson, E. W., Potter, K. C., Matzen, L. E., Shepherd, J. F., Preston, G. A., & Silva, C. T.(2011). A user study of visualization effectiveness using EEG and cognitive load. *Computer Graphics Forum, 30*(3), 791-800.

Andrews, J. C., Durvasula, S., & Akhter, S. H.(1990). A framework for conceptualizing and measuring the involvement construct in advertising research. *Journal of Advertising, 19*(4), 27-40. http://dx.doi.org/10.1080/00913367.1990.10673198

Annetta, L. A., Minogue, J., Holmes, S. Y., & Cheng, M. T.(2009). Investigating the impact of video games on high school students' engagement and learning about genetics. *Computers & Education, 53*(1), 74-85. http://doi.org/10.1016/j.compedu.2008.12.020

Apostolellis, P., Bowman, D. A., & Chmiel, M.(2018). Supporting social engagement for young audiences with serious games and virtual environments in museums. In A. Vermeeren, L. Calvi, & A. Sabiescu(Eds.), *Museum experience design: Crowds, ecosystems, and novel technologies*(pp. 19-44). Cham, Switzerland: Springer International Publishing. https://doi.org/10.1007/978-3-319-58550-5

Axelson, R. D., & Flick, A.(2010). Defining student engagement. *Change: The Magazine of Higher Learning, 43*(1), 38–43. http://doi.org/10.1080/00091383.2011.533096

Baker, R. S., Corbett, A. T., Koedinger, K. R., Evenson, S., Roll, I., Wagner, A. Z., & Beck, J. E. (2006). Adapting to when students game an intelligent tutoring system. In M. Ikeda, K. D. Ashley, & T. W. Chan(Eds.), *Proceedings of the 8th International Conference on Intelligent Tutoring Systems(*pp. 392–401). Berlin, Germany: Springer.

Bakker, A. B., & Demerouti, E.(2008). Towards a model of work engagement. *Career Development International, 13*(3), 209–223. http://doi.org/10.1108/13620430810870476

Barab, S., Pettyjohn, P., Gresalfi, M., Volk, C., & Solomou, M.(2012). Game-based curriculum and transformational play: Designing to meaningfully positioning person, content, and context. *Computers & Education, 58*(1), 518–533. http://doi.org/10.1016/j.compedu.2011.08.001

Bétrancourt, M. (2005). The animation and interactivity principles in multimedia learning. In R. E. Mayer(Ed.), *The Cambridge handbook of multimedia learning(*pp. 287–296). Cambridge, England: Cambridge University Press.

Bianchi-Berthouze, N.(2013). Understanding the role of body movement in player engagement. *Human-Computer Interaction*, *28*(1), 40–75. https://doi.org/10.1080/07370024.2012.688468

Billett, S.(2001). Learning through work: Workplace affordances and individual engagement. *Journal of Workplace Learning, 13*(5), 209–214. doi:10.1108/eum0000000005548

Böckler, A., Hömke, P., & Sebanz, N.(2014). Invisible man: Exclusion from shared attention affects gaze behavior and self-reports. *Social Psychology and Personality Science 5*, 140–148. doi: 10.1177/1948550613488951

Bouvier, P., Lavoue, E., & Sehaba, K.(2014). Defining engagement and characterizing engaged behaviors in digital gaming. *Simulation & Gaming, 45*(4–5), 491–507. http://doi.org/10.1177/1046878114553571

Boyle, E. A., Connolly, T. M., Hainey, T., & Boyle, J. M.(2012). Engagement in digital entertainment games: A systematic review. *Computers in Human Behavior, 28*(3), 771–780. http://doi.org/10.1016/j.chb.2011.11.020

Brockmyer, J. H., Fox, C. M., Curtiss, K. A., Mcbroom, E., Burkhart, K. M., & Pidruzny, J. N.(2009). The development of the Game Engagement Questionnaire: A measure of engagement in video game-playing. *Journal of Experimental Social Psychology, 45*(4), 624-634. http://doi.org/10.1016/j.jesp.2009.02.016

Brown, E., & Cairns, P.(2004). A grounded investigation of game immersion. In *CHI '04 extended abstracts on human factors in computing systems, Vienna, Austria*(pp. 1297-1300). New York, NY: ACM. http://doi.org/10.1145/985921.986048

Burak, A.(2004). PeaceMaker [Computer game]. Available at http://www.peacemaker game. com

Byrd, C.(2014, December 29). In "Never Alone" Native Alaskans explore the future of oral tradi-tion. *The Washington Post.* Retrieved from https://www.washingtonpost.com/news/comic−riffs0p/w14 /2/12/29/never−alone−review−native−alaskans−explore−the−future−of−oral−tradition/?utm_term=.6793e87416c4

Byun, J., & Loh, C. S.(2015). Audial engagement: Effects of game sound on learner engagement in digital game-based learning environments. *Computers in Human Behavior, 46*, 129-138. http:// doi.org/10.1016/j.chb.2014.12.052

Christenson, S., Reschly, A., & Wylie, C.(2012). *Handbook of research on student engagement.* New York, NY: Springer. http://doi.org/10.1007/978−1−4614−2018−7

Ciampa, K.(2014). Learning in a mobile age: An investigation of student motivation. *Journal of Computer Assisted Learning, 30*(1), 82-96. http://doi.org/10.1111/jcal.12036

Conati, C., Chabbal, R., & Maclaren, H.(2003, June). *A study on using biometric sensors for monitoring user emotions in educational games.* Paper presented at the Workshop on Assessing and Adapting to User Attitudes and Affect: Why, When and How? User Modelling(UM-03), Johnstown, PA.

Consortium for Research and Evaluation of Advanced Technology in Education(CREATE). (2011). Noobs v. Leets [Computer game]. New York, NY: NYU Consortium for Research and Evaluation of Advanced Technology in Education. Available at http://create.nyu. edu/dream

Consortium for Research and Evaluation of Advanced Technology in Education(CREATE). (2016). All You Can E.T. [Computer game]. New York, NY: NYU Consortium for Research and Evaluation of Advanced Technology in Education. Available at http:// create.nyu.edu/dream

Deater-Deckard, K., Chang, M., & Evans, M.(2013). Engagement states and learning from educational games. *New Directions for Child and Adolescent Development, 139*, 21-30. http://doi.org/10.1002/cad

deHaan, J., Reed, W. M., & Kuwanda, K.(2010). The effect of interactivity with a music video game on second language vocabulary recall. *Language Learning & Technology, 14*(2), 74-94.

Dewey, J.(1913). *Interest and effort in education*. New York, NY: Houghton Mifflin. Retrieved from http://hdl.handle.net/2027/loc.ark:/13960/t5bc4gd0r

Dewey, J.(1959). *Democracy and education*. New York, NY: Macmillan.(Original work published 1916)

D'Mello, S., & Graesser, A.(2012). Dynamics of affective states during complex learning. *Learning and Instruction, 22*(2), 145-157.

Doherty, K., & Doherty, G.(2019). Engagement in HCI: Conception, theory and measurement. *ACM Computing Surveys(CSUR), 51*(5), 99:1-99:39. https://doi.org/10.1145/3234149

Domagk, S., Schwartz, R. N., & Plass, J. L.(2010). Interactivity in multimedia learning: An inte-grated model. *Computers in Human Behavior, 26*(5), 10

Engelkamp, J., & Dehn, D.(2000). Item and order information in subject-performed tasks and experimenter-performed tasks. *Journal of Experimental Psychology: Learning, Memory and Cognition, 26*(3), 671-682. doi:10.1037/0278-7393.26.3.671

Engelkamp, J., & Zimmer, H. D.(1994). *The human memory: A multi-modal approach*. Seattle, WA: Hogrefe & Huber.

Engelkamp, J., & Zimmer, H. D.(1997). Sensory factors in memory for subject-performed tasks. *Acta Psychologica, 96*, 43-60. doi:10.1016/S0001-6918(97)00005-X

Fiorella, L., & Mayer, R. E.(2016). *Learning as a generative activity: Eight learning strategies that promote understanding*. New York, NY: Cambridge University Press.

Fredricks, J., Blumenfeld, P., & Paris, A.(2004). School engagement: Potential of the concept, state of the evidence. *Review of Educational Research, 74*(1), 59-109.

Fröbel, F.(1904). *Friedrich Froebel's pedagogics of the kindergarten: Or, his ideas concerning the play and playthings of the child*(J. Jarvis, Trans.). New York, NY: D. Appleton. (Original work published 1894)

Games for Learning Institute(G4LI).(n.d.). *G4LI Research: Defining and measuring engagement, a research agenda.*

Garris, R., & Ahlers, R.(2002). Games, motivation, and learning: A research and practice model.

Simulation & Gaming, 33(4), 441-467. http://doi.org/10.1177/1046878102238607

Girard, C., Écalle, J., & Magnan, A.(2013). Serious games as new educational tools: How effective are they? A meta-analysis of recent studies. *Journal of Computer Assisted Learning, 29*, 207-219.

Glenberg, A. M., Gutierrez, T., Levin, J. R., Japuntich, S., & Kaschak, M. P.(2004). Activity and imagined activity can enhance young children's reading comprehension. *Journal of Educational Psychology, 96*(3), 424-436. http://doi.org/10.1037/0022 − 0663.96.3.424

Hamari, J., Shernoff, D. J., Rowe, E., Coller, B., Asbell-Clarke, J., & Edwards, T.(2016). Challenging games help students learn: An empirical study on engagement, flow and immersion in game-based learning. *Computers in Human Behavior, 54*, 170-179. http://doi.org/10.1016/j.chb.2015.07.045

Hannafin, M., & Hooper, S.(1993). Learning principles. In M. Fleming & W. H. Levie(Eds.), *Instructional message design: Principles from the behavioral and cognitive sciences(*2nd ed., pp. 191-231). Englewood Cliffs, NJ: Educational Technology Publications.

Homer, B. D., Kinzer, C. K., Plass, J. L., Letourneau, S. M., Hoffman, D., Bromley, M., ⋯ & Kornak, Y.(2014). Moved to learn: The effects of interactivity in a Kinect-based literacy game for beginning readers. *Computers & Education, 74*, 37-49.

Homer, B. D., Plass, J. L., Raffaele, C., Ober, T. M., & Ali, A.(2018). Improving high school students' executive functions through digital game play. *Computers & Education, 117*, 50-58. doi:10.1016/j.compedu.2017.09.011

Homer, B. D., Plass, J. L., Rose, M. C., MacNamara, A., Pawar, S., & Ober, T. M.(2019). Activating adolescents' "hot" executive functions in a digital game to train cognitive skills: The effects of age and prior abilities. *Cognitive Development, 49*, 20-32.

Ivory, J. D., & Kalyanaraman, S.(2007). The effects of technological advancement and violent content in video games on players' feelings of presence, involvement, physiological arousal, and aggression. *Journal of Communication, 57*, 532-555.

Jaques, N., Conati, C., Harley, J., & Azevedo, R.(2014). Predicting affect from gaze data during interaction with an intelligent tutoring system. In S. Trausan-Matu, K. E. Boyer,

M. Crosby, & K. Panourgia(Eds.), *Proceedings of the 12th international conference on intelligent tutoring systems-lecture notes in computer science 8474*(pp. 29-38). Amsterdam, The Netherlands: Springer.

Ke, F., Xie, K., & Xie, Y.(2015). Game-based learning engagement: A theory-and data-driven exploration. *British Journal of Educational Technology, 47*, 1183-1201. http://doi.org/10.1111/bjet.12314

Kennedy, G. E.(2004). Promoting cognition in multimedia interactivity research. *Journal of Interactive Learning Research, 15*, 43-61.

Kinzer, C., Littlefield, J., Delclos, V., & Bransford, J.(2008). Different Logo learning environments and mastery. *Computers in the Schools, 2*(2-3), 33-43.

Klimmt, C., & Hartmann, T.(2009). Effectance, self-efficacy, and the motivation to play video games. In P. Vorderer & J. Bryant(Eds.), *Playing video games: Motives, responses, and consequences*(pp. 153-169). New York, NY: Routledge [Kindle edition].

Macklem, G. L.(2015). *Boredom in the classroom: Addressing student motivation, self-regulation, and engagement in learning.* New York, NY: Springer. http://doi.org/10.1007/978-3-319-13120-7

Maslach, C., & Leiter, M.(2008). Early predictors of job burnout and engagement. *Journal of Applied Psychology, 93*(3), 498-512. http://doi.org/10.1037/0021-9010.93.3.498

Mathiak, K., & Weber, R.(2006). Toward brain correlates of natural behavior: fMRI during violent video games. *Human Brain Mapping, 27*(12), 948-956. http://doi.org/10.1002/hbm.20234

Mayer, R. E.(2009). *Multimedia learning*(2nd ed.). New York, NY: Cambridge University Press.

Mayer, R. E.(2011). Multimedia learning and games. In S. Tobias & J. D. Fletcher(Eds.), *Computer games and instruction*(pp. 281-305). Charlotte, NC: Information Age Publishing.

Mayer, R. E.(2014a). Introduction to multimedia learning. In R. E. Mayer(Ed.), *The Cambridge handbook of multimedia learning*(2nd ed., pp. 1-26). New York, NY: Cambridge University Press.

Mayer, R. E.(2014b). *Computer games for learning: An evidence-based approach.* Cambridge, MA: MIT Press.

McMahan, T., Parberry, I., & Parsons, T. D.(2015). Evaluating player task engagement and arousal using electroencephalography. *Procedia Manufacturing, 3*, 2303-2310. http://doi. org/10.1016/j.promfg.2015.07.376

Montessori, M.(1964). *Dr. Montessori's own handbook*. Cambridge, MA: Robert Bentley. (Original work published 1914)

Moreno, R., & Mayer, R. E.(2005). Role of guidance, reflection, and interactivity in an agent-based multimedia game. *Journal of Educational Psychology, 97*(1), 117-128. http://doi. org/10.1037/0022-0663.97.1.117

Mosher, R., & MacGowan, B.(1985). *Assessing student engagement in secondary schools: Alternative conceptions, strategies of assessing, and instruments.* Retrieved from http:// ezproxy.deakin.edu.au/login?url=http://search.ebscohost.com/login.aspx?direct=true& db=eric&AN=ED272812&site=eh ost-live&scope=site

National Research Council.(2000). *How people learn: Brain, mind, experience, and school*(expanded edition). Washington, DC: National Academies Press. doi:10.17226/9853

Never Alone.(2015). [Computer game]. Available at http://neveralonegame.com/

Ober, T. M., Rose, M. C., MacNamara, A. P., Olsen, A., Homer, B. D., & Plass, J. L.(2017, October). *Emotional design and the training of executive functions in adolescents: Influence of "hot" vs. "cool" game characters.* Poster presented at the 10th Biennial Meeting of the Cognitive Development Society, Portland, OR.

O'Brien, H. L., & Toms, E. G.(2008). What is user engagement? A conceptual framework for defining user engagement with technology. *Journal of the American Society for Inrmation Science and Technology, 59*(6), 938-955.

O'Keefe, P., Letourneau, S. M., Milne, C., Homer, B. D., Schwartz, R. N., & Plass, J. L.(2014). Learning from multiple representations: An examination of fixation patterns in a science simula-tion. *Computers in Human Behavior, 35*, 234-242. doi: 10.1016/j.chb.2014.02.040

Pardos, Z. A., Baker, R. S., San Pedro, M., Gowda, S. M., & Gowda, S. M.(2014). Affective states and state tests: Investigating how affect and engagement during the school year predict end-of-year learning outcomes. *Journal of Learning Analytics, 1*(1), 107-128.

Parong, J., Mayer, R. E., Fiorella, L., MacNamara, A., Homer, B. D., & Plass, J. L.(2017). Learning executive function skills by playing focused video games. *Contemporary Educational Psychology, 51*, 141-151. doi:10.1016/j.cedpsych.2017.07.002

Plass, J. L., Homer, B. D., Hayward, E. O., Frye, J., Huang, T. T., Biles, M., ⋯ Perlin, K.(2012).

The effect of learning mechanics design on learning outcomes in a computer-based geometry game. In S. Göbel, W. Müller, B. Urban, & J. Wiemeyer(Eds.), *Lecture Notes in Computer Science: Vol. 7516. E-learning and games for training, education, health and sports*(pp. 65-71). Berlin, Germany: Springer.

Plass, J. L., Homer, B. D., & Kinzer, C. K.(2015). Foundations of game-based learning. *Educational Psychologist, 50*(4), 258-283. http://doi.org/http://dx.doi.org/10.1080/00461 520.2015.1122533

Plass, J. L., Homer, B. D., Kinzer, C. K., Chang, Y. K., Frye, J., Kaczetow, W., & Perlin, K.(2013). Metrics in simulations and games for learning. In M. Seif El-Nasr, A. Drachen, & A. Canossa(Eds), *Game analytics*(pp. 697-729). London, England: Springer.

Plass, J. L., Homer, B. D., MacNamara, A., Ober, T., Rose, M. C., Hovey, C. M., ⋯ Olsen, A.(in press). Emotional design for digital games for learning: The effect of expression, color, shape, and dimensionality affective quality of game characters. *Learning and Instruction*. https://doi.org/10.1016/j.learninstruc.2019.01.005

Plass, J. L., Homer, B. D., Schwartz, R. N., Milne, C., Jordan, T., & Yavner, S.(2013). *What you see is what you get: Using visual scaffolds in multimedia simulations*. Paper presented at the annual meet-ing of the American Educational Research Association(AERA), San Francisco, CA.

Plass, J. L., & Kaplan, U.(2016). Emotional design in digital media for learning. In S. Tettegah & M. Gartmeier(Eds.), *Emotions, technology, design, and learning*(pp. 131-161). New York, NY: Elsevier.

Plass, J. L., Milne, C., Homer, B. D., Schwartz, R. N., Hayward, E. O., Jordan, T., ⋯ Barrientos, J.(2012). Investigating the effectiveness of computer simulations for chemistry learning. *Journal of Research in Science Teaching, 49*(3), 394-419.

Prensky, M.(2005). Engage me or enrage me. *EDUCASE Review, 40(*5, September/October), 61-64.

Quiring, O., & Schweiger, W.(2008). Interactivity: A review of the concept and a framework for analysis. *Communications, 33*, 147-167.

Renninger, K. A., & Hidi, S. E.(2016). *The power of interest for motivation and engagement*. New York, NY: Routledge.

Reschly, A., & Christenson, S.(2012). Jingle, jangle, and conceptual haziness: Evolution and future directions of the engagement construct. In S. Christenson, A. Reschly, & C. Wylie(Eds.), *Handbook of research on student engagement*(pp. 3-20). New York, NY: Springer. http://doi.org/10.1007/978−1−4614−2018−7

Ruis, S.(2006). Darfur Is Dying [Computer game]. Available at www.darfurisdying.com

Russell, W. D., & Newton, M.(2008). Short-term psychological effects of interactive video game technology exercise on mood and attention. *Educational Technology & Society*, *11*(2), 294-308.

Salen, K., & Zimmerman, E.(2004). *Rules of play: Game design fundamentals*. Cambridge, MA: MIT Press.

Salminen, M., & Ravaja, N.(2008). Increased oscillatory theta activation evoked by violent digital game events. *Neuroscience Letters, 435*(1), 69-72. http://doi.org/10.1016/j.neulet.2008.02.009

Schwartz, R. N., & Plass, J. L.(2014). Click versus drag: User-performed tasks and the enactment effect in an interactive multimedia environment. *Computers in Human Behavior, 33*, 242-255. http://doi.org/10.1016/j.chb.2014.01.012

Sellers, M.(2009). Designing the experience of interactive play. In P. Vorderer & J. Bryant(Eds.), *Playing video games: Motives, responses, and consequences*(pp. 10-26). New York, NY: Routledge [Kindle edition].

Sharafi, P., Hedman, L., & Montgomery, H.(2006). Using information technology: Engagement modes, flow experience, and personality orientations. *Computers in Human Behavior, 22*, 899-916. http://doi.org/10.1016/j.chb.2004.03.022

Sharek, D., & Wiebe, E.(2014). Measuring video game engagement through the cognitive and affec-tive dimensions. *Simulation & Gaming, 45*(4-5), 569-592. http://doi.org/10.1177/1046878114554176

Shernoff, D. J.(2013). *Optimal learning environments to promote student engagement*. New York, NY: Springer.

Sherry, J. J. L.(2004). Flow and media enjoyment. *Communication Theory, 14*(4), 328-347. http:// doi.org/10.1111/j.1468−2885.2004.tb00318.x

Shute, V. J., Ventura, M., & Kim, Y. J.(2013). Assessment and learning of qualitative physics in Newton's Playground. *Journal of Educational Research, 106*(6), 423-430.

Squire, K.(2008). Open-ended video games: A model for developing learning for the interactive age. In K. Salen(Ed.), *The ecology of games: Connecting youth, games, and learning*(pp. 167-198). Cambridge, MA: MIT Press. doi:10.1162/dmal.9780262693646.167

Steinkuehler, C. A.(2006). Massively multiplayer online video gaming as participation in a discourse. *Mind, Culture, and Activity, 13*(1), 38-52.

Um, E., Plass, J. L., Hayward, E. O., & Homer, B. D.(2012). Emotional design in multimedia learn-ing. *Journal of Educational Psychology, 104*(2), 485-498.

Vogel, J. J., Vogel, D. S., Cannon-Bowers, J., Bowers, C. A., Muse, K., & Wright, M.(2006). Com-puter gaming and interactive simulations for learning: A meta-analysis. *Journal of Educational Computing Research, 34*(3), 229-243. http://doi.org/10.2190/FLHV−K4WA−WPVQ−H0YM

Weibel, D., Wissmath, B., Habegger, S., Steiner, Y., & Groner, R.(2008). Playing online games against computer-vs. human-controlled opponents: Effects on presence, flow, and enjoyment. *Computers in Human Behavior, 24*(5), 2274-2291. https://doi.org/10.1016/j.chb.2007.11.002

Whitton, N., & Moseley, A.(2014). Deconstructing engagement: Rethinking involvement in learning. *Simulation & Gaming, 45*(4-5), 433-449. http://doi.org/10.1177/1046878114554755

Winne, P. H., & Baker, R. S.(2013). The potentials of educational data mining for researching meta-cognition, motivation and self-regulated learning. *JEDM-Journal of Educational Data Mining, 5*(1), 1-8.

Wittrock, M. C.(1978). The cognitive movement in instruction. *Educational Psychologist, 13*(1), 15-29.

Wittrock, M. C.(1991). Generative teaching of comprehension. *The Elementary School Journal, 92*(2), 169-184.

Wolters, C., & Taylor, D.(2012). A self-regulated learning perspective on student engagement. In S. Christenson, A. Reschly, & C. Wylie(Eds.), *Handbook of research on student engagement*(pp. 635-651). New York, NY: Springer. http://doi.org/10.1007/978−1−4614−2018−7

Woolf, B., Burleson, W., Arroyo, I., Dragon, T., Cooper, D., & Picard, R. (2009). Affect-aware tutors: Recognising and responding to student affect. *International Journal of Learning Technology, 4*(3-4), 129-164.

Wouters, P., van Nimwegen, C., van Oostendorp, H., & van der Spek, E. D.(2013). A meta-analysis of the cognitive and motivational effects of serious games. *Journal of Educational Psychol-ogy, 105*(2), 249-265. http://doi.org/10.1037/a0031311

Wrzesien, M., & Alcañiz Raya, M.(2010). Learning in serious virtual worlds: Evaluation of learning effectiveness and appeal to students in the E-Junior project. *Computers & Education, 55*(1), 178-187. https://doi.org/10.1016/j.compedu.2010.01.003

Wu, H., & Huang, Y. L.(2007). Ninth-grade student engagement in teacher-centered and student-centered technology-enhanced learning environments. *Science Education, 91*(5), 727-749. http:// doi.org/10.1002/sce

Zimmer, H., & Engelkamp, J.(1996). Routes to actions and their efficacy for remembering. *Memory, 4*(1), 59-78. doi:10.1080/741940663

Zork.(2017). [Computer game]. Retrieved from http://zorkonline.net/(Original game copyright 1981)

II

___

게임기반 학습의
이론적 기초

04

게임기반 학습의 인지적 기초

Richard E. Mayer(이현정 역)

게임기반 학습의 발생은 학습자가 게임을 통해 학업 지식(인지 기술 포함)이 변경되는 것을 의미한다. 이 장에서는 사람들이 어떻게 학습하는지에 관한 인지이론과 과학적 실험 연구에 기반하여 컴퓨터 게임과 시뮬레이션 학습을 촉진하는 설계 방법을 살펴고자 한다. 게임기반 학습에 대한 인지이론에 따르면, 게임 플레이는 생성적 처리 (즉, 자료 이해와 동기와 관련된 인지 처리)를 촉진할 수 있지만, 게임의 현란한 기능으로 인해 발생하는 외재적 처리를 야기시킬 수도 있다(예: 교육적 목표와 관련 없는 인지 처리). 플레이어의 정보 처리 시스템의 제한된 용량을 감안할 때 플레이어가 사용 가능한 인지 능력의 너무 많은 양을 외재적 처리에 사용하면 필수적 처리(예: 학습하게 될 내용을 작업 기억 내에서 표상하는 것)와 생성적 처리에 사용할 수 있는 인지용량이 충분하지 않을 수 있다. 효과적인 교육용 게임을 설계하기 위해서는 불필요한 외재적 인지 처리를 최소화하고 필수적 인지 처리를 수행하는 교수적 특징과 생성적 처리를 촉진하는 게임적 특징 사이의 균형이 필요하다. 게임기반 학습과 관련된 실험 연구의 세 가지 분야는 가치 추가 실험, 인지적 성과 실험, 매체 비교 실험으로 정리할 수 있다. 가치 추가 연구는 컴퓨터 게임을 통해 학습을 향상시키는 개인화, 양식, 사전 교육, 코칭 및 자기 설명의 다섯 가지 기능에 대한 것이다. 인지적 성과 연구는 *Unreal Tournament*와 같은 1인용 슈팅 게임을 하면 지각 주의력이 향상되고 공간 퍼즐 게임인 *Tetris*를 하면 2차원 공간 회전 인식 기술이 향상됨을 보여준다. 매체 비교 연구는 과학 분야에서 특히 게임을 통한 학습이 전통적 미디어를 통한 학습보다 더 효과적임(또는 그만큼 효과적일 수 있음)을 보여준다. 향후 연구 방향은 복제 연구의 수행, 경계 조건 찾기, 연구 맥락의 범위 확대, 학습 성과 혹은 학습 과정에 대한 관심 등을 포함한다.

1 게임기반 학습의 인지적 기초는 무엇인가?

게임기반 학습의 사례

플레이어의 학업 성취를 촉진하기 위해서, 컴퓨터 게임이나 시뮬레이션의 설계는 어떻게 해야 하는가? 이 질문은 게임기반 학습에 대한 인지적 기초를 다루고 있는 이 장의 필요성에 대한 것이다. 빈번한 비와 바람과 같은 특정 기후를 가진 새로운 행성으로 여행하는 컴퓨터 게임을 생각해보자. 여러분은 여덟 가지 뿌리 종류 중에서 하나, 여덟 가지 줄기 종류 중에서 하나, 여덟 가지 잎의 종류 중에서 하나를 선택하여 그 행성에서 생존할 수 있는 식물을 구성하라는 요청을 받았다. 그런 다음 당신이 설계한 식물이 얼마나 잘 생존하는지 확인할 수 있으며, 곤충 *Herman*은 식물의 특징이 해당 행성의 기후에서 성장하는데 어떻게 영향을 미치는지를 설명한다. 이 게임의 목표는 플레이어가 다양한 환경 조건에서 식물의 구조적 특징이 성장에 영향을 미치는지와 관련된 환경 과학의 기본 원리를 배우도록 돕는 것이다. *Design-a-Plant*라고 불리는 이 게임의 장면은 [그림 4.1]에서 확인할 수 있다(Moreno, Mayer, Spires, & Lester, 2001).

그림 4.1
Design-a-Plant 게임

게임기반 학습에 대한 인지적 접근 방식의 세 가지 구성 요소

이 장에서는 *Design-a-Plant*와 같은 컴퓨터 게임에 포함된 학습 과정과 결과에 초점을 맞추어 게임 디자인에 대한 인지적 접근 방식을 취하고자 한다. 게임기반 학습에 대한 인지적 접근 방식의 세 가지 주요 구성 요소인 학습, 교수활동, 평가에 대해 살펴보고자 한다. 구성 요소의 관계는 [그림 4.2]에 요약 제시하였다.

그림 4.2
게임기반 학습에 대한 인지적 접근 방식의 주요 구성 요소

학습은 경험을 통해 발생하는 지식의 변화로 정의할 수 있다(Mayer, 2011). 이러한 정의는 세 가지 요소를 포함한다: (1) 학습자의 변화, (2) 학습자 지식의 변화, (3) 학습자의 경험에 의해서 발생하는 변화. 게임기반 학습의 경우 특정 유형의 경험, 즉 컴퓨터 게임을 통해 변화가 발생한다. 따라서 게임기반 학습은 게임 플레이의 결과로서 변화된 지식으로 정의할 수 있다. *Design-a-Plant* 게임의 경우, 전반적인 식물 성장(예를 들어, 물과 햇빛이 어떻게 관련되는지에 대해 개념을 형성)에 대해서 학습자의 지식 변화를 추구한다.

교수활동은 학습을 발생시키기 위해 환경을 조작하는 것으로 정의할 수 있다(Mayer, 2011). 게임기반 학습의 경우, 게임을 하라고 요청하는 것은 학습자의 지식을 변화시키기 위해 제공하는 경험 중, 최고를 제공하기 위한 환경의 조작으로 볼 수 있다. 게임에서 교수활동은 거의 어떠한 지침도 제공하지 않는 것부터 상세한 지침과 피드백을 제공하는 것까지 다양할 수 있다. 하지만, 게임이 학업적 내용을 배우는 데 도움이 된다면, 그러한 지침들을 교수활동의 한 형태로 이해할 수 있다. 따라서 학습용 게임은 게임을 하면서 배우게 되는 지식에 대한 목표를 명확히 진술해야 하고, 변화된 지식을 평가하는 방법을 가지고 있어야 한다. 예를 들어, *Design-a-Plant* 게임에서 학습목표 중 한 가지는 특정 식물에 대한 최상의 환경 조건을 설명하는 것이다.

평가는 학습자가 알고 있는 것을 판단하는 것이다(Mayer, 2011; Pellegrino, Chudowsky, & Glaser, 2001). 게임에 기반한 학습이 실제로 발생했는지 확인하려면 학습자의 지식을 평가하는 방법이 필요하다. 평가는 몰래 하는 평가의 형태로 게임에 포함될 수도 있고(Shute & Ventura, 2013) 공식적인 사후 테스트의 형태로 게임과는 별도로 존재할 수 있다. 일반적으로 기억 테스트와 전이 테스트, 두 가지 유형이 있다. 기억 테스트는 학습자가 기억할 수 있는 것을 측정하는 것이고, 전이 테스트는 학습자가 학습한 것을 새로운 상황에 얼마나 잘 적용할 수 있는지를 측정하는 것이다. 예를 들어 *Design-a-Plant* 게임에서 교육 목표를 평가하는 전이 테스트 항목은 학습자에게 특정 뿌리, 줄기 및 잎이 있는 식물을 보여주고 학습자에게 식물이 성장하는 데 가장 적합한 환경(예: 길고 얕은 뿌리를 가진 식물은 건조한 기후에서 번성)을 설명하도록 요청하는 것일 수 있다.

[그림 4.2]에서 볼 수 있듯이 지식은 게임기반 학습의 인지적 기초의 핵심에 해당한다. 게임기반 학습, 게임기반 교수활동 및 게임기반 평가에 공통으로 해당하는 요소는 학습의 결과라고 불리는 지식이다. 학습은 지식의 변화를 포함하고, 교수활동은 지식의 변화를 촉진하며, 평가는 지식의 변화를 판단한다. 게임기반 학습에서 학습 결과로서 지식이 중요하다는 시각에 기반하여 본 장에서는 게임기반 학습의 인지적 기초를 분석함으로써 인지적 접근을 취하고자 한다.

게임기반 학습의 지식 유형

학습용 컴퓨터 게임의 또 다른 예로 [그림 4.3](Johnson & Mayer, 2010; Mayer & Johnson, 2010)에 제시된 *Circuit* 게임을 생각해 보자. 이 게임은 난이도가 점점 더 까다로워지는 10단계로 구성되어 있다. 플레이어는 화면 오른쪽에 있는 회로와 동일한 왼쪽 회로에서 전류 흐름을 생성하기 위하여 배터리 및/또는 저항을 끌어다 놓는 방식 등으로 전기 회로 문제를 해결해야 한다. *Circuit* 게임의 목표는 학생들이 옴의 법칙에 따라 전기 회로가 작동하는 방식을 배우도록 돕는 것이다.

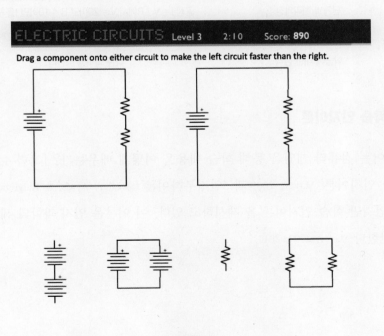

그림 4.3
Circuit 게임

[표 4.1]은 *Circuit* 게임과 같은 교육용 컴퓨터 게임에서 목표로 하는 다섯 가지 종류의 지식을 요약한 것이다(Anderson et al., 2001; Mayer, 2011). 첫째, 저항이 옴 단위로 측정된다는 사실적인 지식을 개발할 수 있다. 둘째, 저항이 수도관의 수축과 같다는 것을 아는 것과 같은 개념적 지식을 개발할 수 있다. 셋째, V = 20이고 R = 10인 경우 I의 값을 계산하기 위해 옴의 법칙에 대한 공식을 사용하는 방법을 아는 것과 같은 절차적 지식을 개발할 수 있다. 넷째, 자신의 언어로 문제를 다시 진술하거나 문제의 해결에 얼마나 자신감이 있는지를 판단할 수 있는 전략적 지식을 개발할 수 있다. 다섯째, "나는 과학에 능하다"와 같은 신념을 발전시킬 수 있다. 학습용 컴퓨터 게임은 이러한 지식들의 조합을 구축하는 것을 추구할 수 있다.

표 4. 1
지식의 다섯 가지 유형

유형	설명	사례
사실	세계에 대한 기본 진술	저항은 옴 단위로 측정된다.
개념	카테고리, 스키마, 원칙, 모형	저항이 증가하면 회로에서 전류가 감소한다.
절차	단계별 처리과정	공식 I = V / R에서 V = 20이고 R = 10이면 I를 구한다.
전략	일반적인 방법	옴의 법칙을 포함하는 방정식을 풀 때 다이어그램을 그려서 사용한다.
신념	학습에 대한 생각	"나는 과학을 잘한다."

게임기반 학습 인지이론

플레이어는 컴퓨터 게임을 통해 학습 내용을 어떻게 배우는가? [그림 4.4]는 '멀티미디어학습 인지이론'(Mayer, 2009)과 '인지부하이론'(Sweller, Ayres, & Kalyuga, 2011)에서 채택된 '게임기반 학습 인지이론'을 제시하고 있다. 이 이론은 인지 과학의 세 가지 기본 원리에 기반한다(Mayer, 2009, 2011):

이중 채널 원리

사람들은 시각과 언어 정보를 처리하는 각각의(그러나 상호작용하는) 채널을 가지고 있다.

제한된 용량 원리

사람들은 각 채널에서 소량의 자료만 동시에 처리할 수 있다.

생성적 처리 원리

사람들은 들어오는 관련 정보에 주의를 기울이고 이를 일관된 구조로 조직하며, 장기 기억에서 활성화된 사전 지식과 통합함으로써 학습한다.

이중 채널 원칙은 [그림 4.4]에서 볼 수 있듯이 두 줄로 표시되어 있으며 상단에 언어 채널이 있고 하단에 시각적 채널이 있다. 제한된 용량은 '작업기억'이라는 상자로 표시되어 있다. 생성적 처리는 선택, 조직화 및 통합의 과정으로 표시되었다.

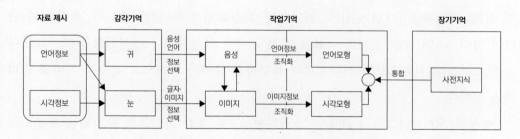

그림 4.4
게임기반 학습 인지이론

게임을 하려면 시각 및 언어 정보를 처리해야 한다. [그림 4.4]에서 볼 수 있듯이, 게임을 하는 동안 말소리는 플레이어의 귀를 통해 들어오고 감각 기억에 잠깐 유지되어 1초보다 적은 시간 내에 사라진다. 플레이어가 잠깐동안 단어에 주의를 기울이면 작업 기억('단어를 선택하기' 화살표로 지시됨)으로 전송되며, 이때 플레이어는 언어 모델('단어를 조직화하기' 화살표로 지시됨)이라는 일련의 표상으로 조직한다. 이와 동시에 게임 플레이 중에 이미지와 인쇄된 단어가 플레이어의 눈을 통해 들어와 감각 기억에 잠간 유지되다 사라진다. 플레이어가 잠깐동안 이미지에 주의를 기울이면 작업 기억('이미지 선택하기' 화살표로 지시됨)으로 전송되며, 여기서 플레이어는 이미지 모델('이미지 조직화' 화살표로 지시됨)이라는 일련의 표상으로 조직화할 수 있다. 또한 인쇄된 단어의 이미지는 언어 채널에서 처리하기 위해 소리로 변환된다. 마지막으로, 언어 모델과 이미지 모델은 서로 통합되고 장기 기억에서 인출되는 사전 지식(통합 화살표에 연결됨)과 통합된다. 작업 기억에서 생성된 학습 결과는 최종적으로 장기 기억에 저장된다.

게임을 플레이하는 동안 플레이어는 시각과 청각 채널에 대해 제한된 처리 용량만 가질 수 있으며, 이는 선택, 조직화, 통합의 세 가지 활동에 적절히 할당되어야 한다:

외재적 처리는 플레이어가 게임의 본질과 관련이 없는 것에 주의를 뺏기는 경우 등과 같이 학습에 있어서도 교수 목표를 지원하지 않는 인지 처리에 해당한다. 이때 교수설계 목표 중 하나는 화면에서 관련 없는 자료를 제거하거나 중요한 자료를 강조함으로써 외재적 처리를 최소화하는 것이다.

필수 처리는 작업 기억에서 시각 및 언어 자료를 지적으로 표상하는 데 필요한 인지 처리이며, 주로 [그림 4.4]의 '선택하기' 화살표와 일부 낮은 수준의 '조직화'와 관련이 있다. 이때 교수 설계적 목표는 사전 교육을 제공하거나 언어정보를 텍스트보다는 말소리로 제시함으로써 시각채널의 과부하를 줄이는 방식으로 필수적 처리를 관리하는 것이다.

생성적 처리는 [그림 4.4]에서 '조직화하기' 및 통합 화살표로 표시되는 부분으로 학습자료를 궁극적으로 이해하기 위한 인지 처리이다. 이때 교수목표는 문어체보다는 구어체 스타일의 언어를 사용하거나 인간과 유사한 몸동작을 표현하는 화면 속 캐릭터를 통해 생성적 처리를 촉진시키는 것이다.

플레이어가 자신의 인지 자원 대부분을 외재적 처리에 사용하는 경우 정작 의미 있는 학습에 필요한 필수 및 생성적 처리에 필요한 인지 자원이 충분하지 않을 수 있다.

동기 부여 기능으로 인해 게임은 생성적 처리를 촉진할 것으로 기대되지만, 화면에 제시된 산만한 이미지들로 인해 외재적 처리를 발생시키고 필수적 처리를 줄일 수도 있다. 반면에, 기존의 교수매체가 단순히 정보만을 제공하거나 인지 능력 훈련을 위해 생성적 처리를 강화하지 못한 경우에는 비판을 받았지만, 외재적 처리를 줄이고 필수적 처리를 관리하는 멀티미디어 디자인 원리를 채택할 경우 좋은 평을 받았다. 교육용 게임 설계에 필요한 균형점은 학습자의 불필요한 인지 처리가 발생하지 않도록 너무 산만하게 설계하지 말고, 대신 필수적인 교육 내용을 잘 발견할 수 있도록 충분한 교육 기능을 포함하면서 생성적 처리를 위한 동기적 요소를 게임 기능에 포함하는 것이다.

학습자가 학습 동기가 없으면 자료에 충분히 몰입하지 않게 되고, 결국 원하는 학습 결과를 얻지 못할 수 있다는 점에 유의해야 한다. 컴퓨터 게임은 학습자의 동기 부여를 촉진할 수 있는 잠재력을 가지고 있으며 이는 학습자가 자료에 몰입하여 생성적 처리로 이어질 수 있다. 동시에 컴퓨터 게임은 학습자가 높은 수준의 동기를 유지하는 데 도움을 주더라도, 학습자를 교육 목표에 부합하지 않는 인지 처리에 참여하게 함으로써 외재적 처리를 생성시킬 수 있다.

컴퓨터 게임이 효율적인 학습 방법일까? 자료를 제시하면서 지도하는 것은 보다 직접적인 교육 형태를 포함하기 때문에, 일부 교육자는 "아니오"라고 대답할 수 있다. 그러나 학생들이 수업에 참여할 동기가 없다면 직접적인 방법으로는 원하는 학습 결과를 얻지 못한다. 학생들이 얼마나 오래 버틸 것인지, 얼마나 강력하게 몰입할 것인지를 선택할 수 있다는 면에서 컴퓨터 게임을 선호할 수 있다. 예를 들어, 대부분의 학생들은 자유 시간에 지루한 슬라이드 쇼 프레젠테이션 보는 것을 선택하지 않지만, 슬라이드 쇼만큼 효율적이지는 않더라도 동일한 학습 내용을 전달하는 컴퓨터 게임을 선택할 수도 있다. 요컨대, 어떤 상황에서는 학생들이 보다 효율적인 수업(예: 슬라이드 쇼 튜토리얼)에 참여하지 않고, 덜 효율적인 수업(예: 컴퓨터 게임)에 참여하는 것이 좋을 수 있다.

2 게임기반 학습의 인지적 기초에 대해 무엇을 알고 있는가?

게임기반 학습 실험을 검토하면서 본 저자는(Mayer, 2014a, 2016)는 게임기반 연구를 세 가지 분야로 정리하였다. (1) 가치 추가 연구, (2) 인지적 성과 연구, (3) 매체 비교 연구다. [표 4.2]는 이러한 세 가지 게임 연구 분야 각각의 특성을 요약한 것이다.

표 4.2

게임기반 학습에 대한 세 가지 분야의 실험 연구

게임 연구 분야	연구 문제	연구 설계
가치 추가	게임의 어떤 기능이 학습을 촉진하는가?	하나의 기능을 추가한 버전과 기본 버전의 학습 결과를 비교한다.
인지적 성과	기성 게임이 학습을 촉진하는가?	기성 게임에 참여했을 때와 참여하지 않았을 때의 성과를 비교한다.
미디어 비교	게임이 전통적 교육 매체보다 학습을 더 잘 촉진하는가?	동일한 학습 내용에 대해서 게임 학습과 전통적 매체 활용 교육을 비교한다.

가치 추가 실험에서 연구자들은 게임의 기본 버전을 플레이하는 그룹의 학습 결과와 동일한 게임에 오직 하나의 기능이 추가된 게임을 플레이하는 그룹의 학습 결과를 비교한다. 예를 들어, 통제 그룹은 내레이터가 문어체 스타일로 말하는 *Design-a-Plant* 게임을 하는 반면, 실험 그룹은 내레이터가 구어체 스타일로 말하게 한 후, 사후 테스트를 실시한다. 이러한 실험 설계는 연구자에게 문어체 스타일에서 구어체 스타일로 변경하는 것이 학습 결과를 향상시키는지 여부를 결정할 수 있도록 해준다.

인지적 성과 실험에서 연구자들은 실험 그룹에는 게임하는 그룹(예: 상업용 회사가 제작한 기성 게임)을 할당하고, 통제 그룹에는 전혀 다른 종류의 게임을 하도록 하거나 전혀 게임을 하지 않도록 통제한 후, 학습 결과를 비교한다. 예를 들어 실험 그룹이 공간지각 기술(예: *Tetris*)을 목표로 하는 게임을 하는 반면, 통제집단은 공간지각 기술을 목표로 하지 않는 게임(예: 단어 검색 게임)을 하는 실험을 생각해보자. 두 그룹 모두 공간지각능력(예: 머리로만 사물의 공간 회전에 대해 생각하기)에 대한 사후 테스트를 실시한다. 이 실험설계를 통해 연구자는 실험집단이 목표로 했던 인지 능력을 향상시켰는지 여부를 결정할 수 있다.

미디어 비교 실험에서 연구자는 게임을 통해 자료를 학습하는 실험집단의 학습 결과와 전통적 매체(예: 비디오, 설명 슬라이드 쇼 또는 그림 텍스트)를 통해 동일한 자료를 학습하는 통제집단의 학습 결과를 비교한다. 예를 들어, 한 집단은 *Design-a-Plant* 게임을 통해 식물 성장에 대해 배우는 반면, 다른 집단은 설명이 나오는 온라인 애니메이션을 통해 동일한 내용을 학습하고 사후 테스트를 실시한다. 이러한 실험 설계를 통해 연구자는 게임이 전통적 매체를 활용한 교육에 비해 더 좋은 성과가 나타나는지에 대해 판단할 수 있다.

표 4.3
게임기반 학습 실험 연구의 세 가지 특징

특징	정의	위반 사례
실험적 통제	실험집단과 통제집단은 독립 변수를 제외한 모든 면에서 동일하다.	게임 집단은 모두 소녀로 구성하고 통제집단은 모두 소년으로 구성한다.
무작위 할당	참가자는 우연에 따라 실험 또는 통제집단에 배치된다.	참가자는 본인이 게임을 할 것인지 혹은 통제 활동에 참여할 것인지를 선택한다.
측정의 타당성	종속 변수의 측정은 학습 성과에 대한 검사를 포함한다.	테스트는 참가자들에게 수행한 활동을 얼마나 좋아하는지를 평가한다.

관찰 연구도 게임기반 학습에 대한 유용한 정보를 제공할 수 있지만, 실험은 컴퓨터 게임이 학습에 미치는 영향에 대한 인과적 주장을 검사하는 가장 적절한 방법론이기 때문에 이 장에서는 실험 연구에 중점을 둔다(Phye, Robinson, & Levin, 2005; Shavelson & Towne, 2002). [표 4.3]은 게임기반 학습과 관련된 실험 연구 검토에 포함시킬 연구를 선택하는 기초로서, 실험 연구의 세 가지 특성인 실험 통제, 무작위 할당 및 타당한 측정을 설명하고 있다.

실험적 통제는 한 번에 하나씩 변경하라는 고전에 기초하여, 변화되는 변수(즉, 독립 변수)를 제외한 모든 관련 변수에 대해 실험 및 통제집단이 동일해야 한다는 요구 사항을 의미한다. 예를 들어, 실험집단과 통제집단의 참가자가 실험 시작 전에 기본 특성(예: 연령 차이, 남성과 여성의 비율 또는 사전 지식 수준)이 다른 경우 실험적 통제는 위반된다.

무작위 배정은 실험 참가자가 우연하게 실험 또는 통제집단에 배치되어야 한다는 것이다. 예를 들어, 참가자가 속하고 싶은 집단을 선택할 수 있는 경우 무작위 배정에 위반된다.

측정의 타당성은 종속변수에 학습 성과에 대한 평가가 포함되어야 함을 의미한다. 즉, 게임에서 가르치려는 지식이나 기술에 대한 평가가 포함되어야 한다. 예를 들어, 참가자가 게임에서 목표로 하는 지식이나 기술을 사용하여 얼마나 잘 수행할 수 있는지를 평가하는 대신, 참가자에게 감정을 평가하도록 요청하면 타당한 측정을 위반하는 것이다.

다음의 하위 영역에서는 학습용 게임의 세 연구 장르에 대해서 과학적으로 올바른 실험 연구의 기준을 충족하는 연구 내용을 설명하고자 한다. 분량의 제한으로 인해, 저자의 실험실에서 또는 공동 연구한 사례 위주로 제시하였다.

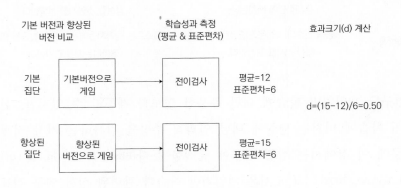

그림 4.5
가치 추가 실험

3 게임기반 학습에 대한 가치 추가 연구

[그림 4.5](Mayer, 2014a에서 각색됨)에서 묘사하듯이, 가치 추가 실험에서 참가자는 게임의 기본 버전(통제집단) 또는 동일 게임의 향상된 버전(실험집단)을 체험한 후에 게임 학습 내용에 대한 테스트를 받는다. 테스트는 배운 내용을 활용하는 전이능력을 검사한다.

이러한 설계는 어떤 게임 기능이 학습을 향상시키는지 혹은, 향상시키지 않는지에 관한 예비적 결과를 보여준다. [표 4.4]는 Mayer(2014a)의 리뷰를 기반으로 학습에 도움이 되는 다섯 가지 게임 기능과 학습에 도움이 되지 않는 두 가지 특징을 설명하고, 각 원리에 대해 간략하게 기술하며, Cohen의 *d*를 기반으로 한 효과 크기의 중간 값과 긍정적 결과를 보여준 실험 결과의 비율이(전체 실험 결과에 비해서) 얼마나 되는지를 제공한다.

표 4.4
학습에 영향을 미치는 게임 특징

특징	기술	효과 크기	실험
유망한 특징			
감각 양식	음성 언어로 제시	1.41	9/9
인격화	구어체 사용	1.54	8/8
사전 훈련	게임 전에 사전 게임을 제공	0.77	7/7
코칭	조언이나 설명 제공	0.68	6/7
자기 설명	설명을 위한 자극이나 조언 제공	0.81	5/6
유망하지 못한 특징			
몰입	가상현실 사용	−0.14	2/6
중복	텍스트와 음성 언어를 함께 제공	−0.23	0/2

게임 디자인의 감각양식 원리 [그림 4.1]에 기술된 *Design-a-Plant* 게임에 대해 생각해 보자. 이 게임은 플레이어들이 방문하게 될 행성의 환경 조건, 즉 비가 오거나 바람이 부는 것에 적합한 식물의 뿌리, 줄기 및 잎을 선택하도록 요청한다. 지역 주민인 곤충 *Herman*은 식물에게 어떤 일이 일어나는지를 관찰하고 식물이 어떻게 자라는지에 대해서 설명한다. 게임의 기본 버전에서는 *Herman*의 단어가 화면에 텍스트로 제시되는 반면, 발전된 게임 버전에서는 *Herman*의 단어가 음성으로 제공된다. 다양한 맥락을(*Herman*의 이미지를 제공하거나 제공하지 않은 경우 혹은 데스크 탑 컴퓨터를 사용하거나 가상현실 환경을 사용한 경우에 상관없이) 사용한 9개의 실험 전체에서 학생들은 텍스트보다는 음성을 제공했을 때 더 잘 배웠다. 효과크기의 중앙값은 1.41이다(Moreno & Mayer, 2002a, Moreno et al., 2001). 이러한 양상은 게임 디자인에 대한 감각양식 원리를 지지한

다: 사람들은 게임 환경에서 텍스트보다 음성을 사용했을 때 더 잘 학습한다. 그러나 [표 4.4]에 제시된 감각양식 원리의 결과는 동일한 실험실 상황에서 동일한 게임을 사용하여 테스트했을 때에만 보장될 수 있음을 유의해야 한다.

게임 디자인의 인격화 원리 다시 한번, [그림 4.1]에 묘사된 *Design-a-Plant* 게임에 대해서 생각해보자. 기본 버전에서는 곤충 *Herman*이 문어체를 사용하여 소통하지만 (예: "이 프로그램은 서로 다른 행성들에서 어떤 유형의 식물들이 잘 살아남는지에 대한 것입니다."), 향상된 버전에서 *Herman*은 1인칭과 2인칭 대명사를 사용하여 구어체로 소통한다(예: "당신은 다른 행성을 방문하는 여행을 시작하려고 합니다."). *Design-a-Plant* 게임 속 문어체와 구어체를 비교하는 다섯 개의 실험 모두에서(Moreno & Mayer, 2000, 2004) 학생들은 구어체를 사용하는 버전에서 더 많은 것을 배웠고, 효과 크기의 중앙값은 1.58이다. [표 4.4]의 두 번째 줄에는 지금 설명한 다섯 실험 외에도 수학 및 공학과 관련된 세 게임에서도 구어체 스타일을 더 선호한다는 것이 제시되었다. 이들 세 연구의 효과크기는 1.54이다. 이러한 양상은 게임 디자인의 인격화원리를 지지한다: 사람들은 문어체보다는 구어체를 사용하는 소통에서 더 잘 학습한다.

게임 디자인의 사전훈련 원리 [그림 4.3]에 제시되었던 *Circuit* 게임을 생각해보자. 기본 버전에서 플레이어는 게임의 10단계를 거치는 동안 회로 문제를 해결한다. 향상된 버전에서 플레이어는 똑같은 게임 디자인을 경험하지만, 게임을 시작하기 전에 전기 회로의 원리와 회로 기호에 대한 간략한 튜토리얼을 받는다. Fiorella와 Mayer(2012)의 실험에서 사전훈련을 받은 학생은 사후 검사에서 기본 버전의 게임(사전훈련 없이)을 사용한 학생보다 훨씬 더 높은 점수를 받아 0.77의 효과 크기를 보여주었다. [표 4.4]의 세 번째 줄은 농업 시뮬레이션, 물리학 및 지질학 게임 등을 포함한 여섯 개의 연구와 함께 이 연구를 포함하고 있다. 각각의 연구는 모두 사전훈련을 선호하고 효과크기의 중앙값은 0.77이다. 이러한 경향성은 '사람들은 게임의 주요 구성 요소에 대한 사전교육을 받을 때 게임을 활용하여 더 잘 학습한다'는 게임 디자인의 사전훈련 원리를 지지해준다.

게임 디자인의 코칭 원리 *Circuit* 게임을 다시 한번 생각해보자. 기본 버전에서는 플레이어가 게임의 다양한 수준을 거치는 과정에서 회로 문제를 해결하는 반면, 향상된 버전에서는 플레이어가 문제를 해결할 때마다 설명적인 피드백을 받는다. 예를 들어, Mayer와 Johnson(2010)의 실험에서 설명적인 피드백은 '옴의 법칙'에 기반한 기본 원리를 설명하는 문장을 화면에 표시해준다. 설명을 추가할 경우 전이 검사에서 수행 능력이 향상되었으며, 효과 크기는 0.68이었다. [표 4.4]의 네 번째 줄에는 농업 시뮬레이션, 수학 및 건강 퀴즈 게임을 포함한 여섯 편의 다른 연구와 함께 이 연구가 포함되었으며, 전체 일곱 개의 실험 중에서 여섯 가지는 코칭(예: 설명 및 조언)을 추가하는 것이 효과가 있었으며, 효과 크기의 중앙값은 0.68이었다. 이러한 결과는 사람들은 게임을 하면서 설명이나 조언을 받을 때, 더 잘 학습하게 된다는 게임 디자인의 코칭 원리를 지지해준다.

　　게임 디자인의 자기 설명원리를 위해 *Circuit* 게임에 대해서 마지막으로 한 번 더 생각해 보자. 기본 버전에서는 플레이어가 게임의 다양한 수준을 거치는 과정에서 회로 문제를 해결하는 반면, 향상된 버전에서는 플레이어가 각 문제에 대한 해결책을 설명하라는 메시지를 받게 된다. 예를 들어, Johnson과 Mayer(Johnson & Mayer, 2010; Mayer & Johnson, 2010)의 일련의 실험에서 다음의 결과를 발견했다: 향상된 버전을 사용했던 집단이 그들의 해결책을 설명하는 원리를 메뉴 탭에서 선택했을 때에는 테스트에서 학습 역량이 향상되었지만(세 번의 실험에서 효과 크기의 중앙값은 0.91), 그들의 설명을 텍스트 상자에 입력하도록 요청했을 때는 기본 그룹에 비해 학습 역량이 향상되지 않았다(한 번의 실험에 대한 효과 크기가 -0.06). 따라서, 자기 설명에서의 반응 행위는 최소화해주는 것이 가장 효과적임을 알 수 있다. [표 4.4]의 다섯 번째 줄은 두 가지 다른 실험을 포함하여 네 가지 실험에서 나온 긍정적인 효과의 결과이다. 효과크기의 중앙값은 0.81이다. 그러나 한 가지 실험에서는 효과가 없었다. 이러한 결과는 사람들은 게임 중에 자신의 수행에 대해서 설명해야 할 경우, 더 잘 학습하게 된다는 게임 디자인의 자기 설명 원리가 타당함을 보여준다.

　　유망하지 못한 특징: 몰입 및 중복 앞서 언급한 다섯 가지 유망한 원리 외에도 가치 추가 연구에서는 학습을 지원하지 않는 것으로 보이는 두 가지 게임 디자인 원리를 잠정적으로 정의하였다. 먼저, *Design-a-Plant* 게임을 할 때, 플레이어가 헤드 마운트 디스플레이를 착용하고 데스크 탑 컴퓨터 공간에서 지구상의 3차원 공간에 식물을 키우

는 몰입형 가상 현실로 전환하면 어떤 일이 발생하는지 생각해보자. 여섯 가지 실험 중에서 두 가지에서만 몰입형 가상 현실을 추가하는 것이 긍정적인 학습 성과를 보여주었으며, 나머지 네 가지에서는 부정적인 결과를 보여주었다. [표 4.4]의 여섯 번째 줄에 표시된 것처럼 효과 크기의 중앙값이 −0.14로 부정적인 효과를 보여주었다. 이러한 결과는 사람들이 몰입형 가상 현실을 통해 지각적 현실감을 극대화하는 게임에서 더잘 배운다는 게임디자인의 몰입 원리와 일치하지 않다. 그러나, 이 결론은 단일 실험실에서 연구된 단일 게임을 기반으로 수행된 연구이다. 만약 학습 목표가 우주를 탐색하는 것과 같은 게임 학습에서는 효과가 다르게 나타나는 지에 대해서 추가적으로 조사할 필요가 있다.

다음은 우리가 말로만 표현하는 것이 아니라 인쇄된 단어와 말한 단어를 모두 제시할 때 *Design-a-Plant* 게임에서 어떤 일이 발생하는지 생각해보자. 두 번의 실험에서 곤충 *Herman*의 음성 텍스트와 일치하는 화면 텍스트를 추가했을 때, 학습 성과가더 나빠졌으며 [표 4.4]의 일곱 번째 줄에 표시된 것처럼 효과크기 중앙값이 −0.23이었다(Moreno & Mayer, 2002b). 이러한 결과는 사람들이 음성이 동일한 화면 텍스트로 보완될 때 게임에서 더 잘 학습한다는 게임디자인의 중복원리와 불일치한다. 다시 말하지만, 이 결론은 단일 실험실에서 연구된 단일 게임을 기반으로 한다는 제한점을 가진다. 이후 특정 조건에서는 중복이 학습을 향상시키는지에 대해 조사하는 추가 연구가필요하다.

언급하기에는 아직 이른 특징들 Mayer(2014a)의 검토에서는 4회 이하의 실험을 기반으로 하고 효과 크기가 작기 때문에 아직은 충분하게 검증되지 않은 여섯 가지 게임 디자인 원리를 제시하였다. 경쟁(즉, 경쟁을 위해 점수를 표시하거나 점수에 대한 보상을 제공), 학습자 제어(즉, 플레이어가 게임의 수준을 결정할 수 있도록 허용), 이미지(예: 화면에 움직이지 않는 게임 캐릭터 포함), 분할(예: 화면의 자료를 부분 또는 창으로 분할), 선택(즉, 플레이어가 화면의 형식을 선택할 수 있음) 및 내러티브 테마(즉, 매력적인 스토리 라인 통합). 가치 추가연구 기반이 발전함에 따라 이러한 특징의 효과를 검증하기가 점점 유리해지지만, 현재로서 그 효과는 아직 확실하지 않아 보인다. 전반적으로 게임 연구에 대한 가치 추가 접근 방식은 게임 디자이너가 게임에 어떤 특징을 포함해야 할 지, 혹은 포함하면

안 되는지에 대해서 결정하는 데 유용한 정보를 제공한다. 그러나, 아직은 이 분야가 초창기이기 때문에, 가장 설득력 있는 결론은 연구에 기반한 증거를 바탕으로 게임 디자인에 대한 결정을 일부 내릴 수 있게 되고 있다는 것이다(Mayer, 2016).

게임기반 학습에 대한 인지적 성과 연구

[그림 4.6](Mayer, 2014a에서 채택)에 설명한 것처럼 인지적 성과에 대한 실험에서 참가자는 장기간 기성 게임을 하거나(실험집단), 실험집단과 동일한 기간 동안 게임과는 완전히 다른 종류의 활동을 하거나(능동적 통제집단) 어떤 게임도 하지 않는다(수동적 통제집단). 이후 실험집단에서 목표로 하는 인지적 기능에 대한 테스트를 치른다. 모든 참가자가 사전 테스트와 사후 테스트를 수행한 경우, 종속 변수는 사전 검사와 사후 검사의 차이이다. 이러한 실험 설계는 어떤 종류의 게임이 어떤 종류의 인지 능력을 향상시키는지에 대한 예비 결과를 생성하기 시작한다. [표 4.5]에는 두 가지 예상 가능한 인지적 성과 효과와 일곱 가지 예상하지 못한 결과를 제시하였다. 각각은 다섯 가지 이상의 실험을 기반으로 하고 있다(Mayer, 2014a에서 채택). 표에서는 게임의 유형, 테스트 유형, 효과 크기 중앙값 및 총 실험 수 중에서 긍정적 효과의 실험 수를 보여주고 있다.

유망한 효과 [표 4.5]의 상위 두 줄에서 볼 수 있듯이 게임 플레이의 인지적 성과에 대한 연구 문헌은 두 가지 성과를 보여주고 있다. 첫째, *Unreal Tournament* 또는 *Medal of Honor*와 같은 1인칭 슈팅 게임을 하는 것이 유용한 시야 또는 다중 물체 추적과 같은 지각 주의 기술에 긍정적인 영향을 미친다(Green & Bavelier, 2003, 2006; Mayer, 2014a). 18가지 실험 중 17가지에서 긍정적인 효과를 얻었으며, 효과 크기의 중앙값이 1보다 크다. 지각 주의력 향상에 대한 1인칭 슈팅 게임의 효과는 인지적 성과 문헌에서 가장 강력하게 검증된 효과이다.

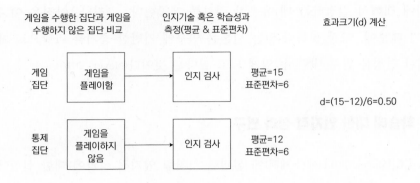

그림 4.6
인지적 성과 실험

표 4.5
기성 게임 플레이의 인지적 성과

게임 유형	테스트 유형	효과 크기	효과 실험 수/총 실험 수
유망한 효과			
1인칭 슈팅(shooting)게임	지각 주의	1.18	17/18
공간 퍼즐	2차원 심상 회전	0.68	11/11
유망하지 못한 효과			
공간 퍼즐	공간 인지	0.04	9/15
실시간 전략	집행 기능	0.18	8/11
실시간 전략	지각 주의	−0.10	4/9
두뇌 훈련	공간 인지	0.03	6/8
공간 활동	지각 주의	0.25	5/6
두뇌 훈련	지각 주의	0.31	4/5
공간 퍼즐	지각 주의	0.15	3/5

둘째, 공간 퍼즐 게임인 *Tetris* 게임을 하면 *Tetris*와 같은 모양을 포함하여 2D 모양에 대해 머릿속으로만 회전하는 작업 능력이 향상된다는 일관된 결과가 있다. 11가지 실험 모두에서 긍정적인 효과를 얻었으며, 효과 크기의 중앙값은 0.68이다. 흥미롭게도, *Tetris* 게임을 하면 3차원에서 머릿속으로만 회전하는 능력이나, 다른 종류의 공

간 인지 능력, 지각 주의 능력 또는 기타 다른 인지 능력에도 정적인 영향을 미친다는 증거는 없다. 예를 들어 Sims와 Mayer(2002)는 학생들에게 10회 세션 동안 *Tetris*([그림 4.7]의 예시대로)를 하도록 요청했지만 사후 검사에서 *Tetris*를 플레이한 그룹은 추론, 공간 인지 또는 *Tetris*와 다른 모양을 머릿속에서 회전해야 하는 경우에는 통제집단을 능가하지 못했다.

이 두 가지 효과는 게임 영역에서 배운 인지 기술을 동일한 인지 기술이 필요한 게임 외부의 작업에만 적용할 수 있다는 '특수 전이 이론'(Sims and Mayer, 2002; Singley & Anderson, 1989)과 일치한다. Anderson과 Bavelier(2011)는 특정 비디오 게임이 상황과 수준을 바꿔가며 목표로 하는 인지 능력을 발휘하도록 훈련함으로써, 게임 환경 밖에서도 사용 가능한 인지 능력의 학습이 촉진된다고 설명한다. 따라서, 우리는 게임 플레이가 일반적인 인지 능력을 향상시킬 것으로는 기대하지 않는다. 하지만, 우리는 다양한 상황 안에서 수준을 높여 가며 반복적으로 목표로 하는 인지 능력을 발휘하도록 요구하는 게임과 게임에서 요구되는 기술과 일치하는 테스트를 유심히 살피고 있다. [표 4.5]에 요약된 연구 결과는 게임 플레이의 인지적 성과가 일반 전이가 아니라 특수 전이임에 유의해야 한다.

그림 4.7
Tetris 게임

유망하지 못한 효과 [표 4.5] 하단 부분에는 적어도 다섯 번의 실험을 통해 0.40보다 큰 효과 크기를 생성할 수 없었기 때문에 연구로서 검증이 되기 어려운 일곱 가지 효과가 제시되었다. 이러한 성과는 교육적으로 중요한 계기가 될 수 있다(Hattie, 2009). 앞에서도 언급했듯이, 공간 퍼즐 게임인 *Tetris*는 공간 인지 능력 또는 지각 주의 능력 테스트에서 성과를 보이지 않았는데, *Tetris*가 주로 도형을 머릿속으로 회전시키는 연습을 주로 하기 때문인 것으로 보인다. 그리고, *Rise of Nations*와 같은 실시간 전략 게임은 지각 주의 능력 또는 실행 기능에 영향을 미치지 않는 것으로 보이는데, 아마도 이러한 게임은 인지 작업과 관련하여 반복되거나 다양한 연습을 요구하지 않기 때문일 것이다. *Super Breakout* 또는 *New Super Mario Brothers*와 같은 공간 액션 게임도 지각 주의력에 큰 영향을 미치지 않는 것으로 보인다. 이는 지각 주의력이 이 게임들의 주 관심사가 아니기 때문인 것으로 해석된다. 마지막으로, *Brain Age*와 같은 두뇌 훈련 게임 또한 지각 주의 또는 공간 인지 능력에 별로 영향을 미치지 않은 것으로 나타났다. 이러한 결과는 두뇌 훈련 게임이 다양한 맥락에서의 연습 없이 광범위한 활동을 포괄하고 있기 때문일 수 있다.

전반적으로 유망하지 못한 결과를 보여준 인지적 성과에 대한 연구도 유망한 효과를 보여준 연구 결과와 일치한다: 기성 제품의 게임은 그 게임이 목표로 삼은 인지 기술에 대해 다양한 맥락에서 반복적인 연습을 필요로 한 경우에만 게임 외부에서 적용 가능한 인지 능력을 개발하는 데 도움이 될 수 있다. 인지적 성과 연구의 함의는 특정 인지 기술에 대해서 게임을 하는 동안 집중적으로 연습할 수 있는 기회를 제공할 수 있도록 컴퓨터 게임을 설계하는 것이다. 따라서, 차세대 인지적 성과에 대한 연구는 표적 인지 능력을 가르치도록 특별히 설계된 게임이 필요하다.

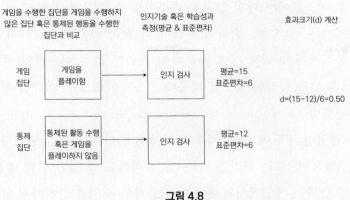

그림 4.8
매체 비교 연구

게임기반 학습 매체 비교 연구

Mayer(2014a)에서 인용한 [그림 4.8]에서 볼 수 있듯이 미디어 비교 실험에서 참가자는 게임(실험집단)을 하거나 해설이 포함된 슬라이드, 비디오 또는 그림이 포함된 텍스트 자료 등(통제집단)과 같은 전통적 미디어를 통해 학습 내용을 배우게 된다. 이후 학습 내용을 적용하는 능력인 전이 검사를 통해 성과를 측정한다.

미디어 비교 설계는 게임이 기존 매체보다 더 효과적일 수 있는가에 대한 예비 결과를 생성하기 시작했다. [표 4.6]은 Mayer(2014a)의 검토를 기반으로 다섯 가지의 학습 영역에 대해서 게임이 학습에 유리하다는 효과 크기를 보여주고 있다. 이 표는 각 학습 영역의 이름, 게임이 학습에 더 유리하다는 효과 크기의 중앙값, 긍정적 결과를 보여준 연구 수(총 실험 수 중)를 제공하고 있다.

[표 4.6]에서 볼 수 있듯이 게임기반 학습의 가장 유망한 학습 영역은 과학이다. 16가지 실험 중 12가지에서 기존 미디어에 비해 게임을 통한 학습이 긍정적인 효과를 보였으며, 효과 크기의 중앙값은 0.69이다. [표 4.6]의 첫 번째 줄에 표시된 대부분의 연구와 달리 Adams, Mayer, MacNamara, Koenig 및 Wainess(2012)는 대학생들이 '잃어버린 예술 작품을 찾기 위해 문을 열 때 필요한 액체 전지를 만드는 방법'을 학습하게 되는 액션 어드벤처 게임 *Cache 17*과 동일한 학습 정보를 전달하는 슬라이드 쇼를

비교하였다. 사후 테스트에서 게임 그룹은 슬라이드 쇼 그룹보다 훨씬 더 나쁜 성과를 보였으며 효과 크기는 −0.57로, 슬라이드 쇼가 더 효과적인 것으로 나타났다. 대학생들이 전염병을 종식시키기 위해 전염병에 대해 배워야 하는 어드벤처 게임인 *Crystal Island*([그림 4.10] 참조)와 동일한 정보를 제공하는 슬라이드 쇼를 비교한 연구에서도 비슷한 결과를 발견했다(Adams, Mayer, MacNamara, Koenig, & Wainess, 2012). 이 경우, 게임을 한 집단은 감염성 질환에 대한 사후 검사에서 슬라이드 쇼 집단보다 훨씬 더 낮은 성취를 보여주었으며, 효과 크기는 −0.31로 슬라이드 쇼 집단이 더 좋은 성과를 보여주었다. 이러한 결과는 게임에서의 활동이 학습자의 주의를 산만하게 함으로써 학습을 방해하는 것으로 보인다.

표 4.6
게임과 전통적 미디어가 학습에 미치는 영향 비교

학습 영역	효과 크기	효과 실험 수/총 실험 수
과학	0.69	12/16
제2 언어	0.96	4/5
수학	0.03	3/5
언어	0.32	3/3
사회과학	0.62	2/3

그림 4.9
Cache 17 게임

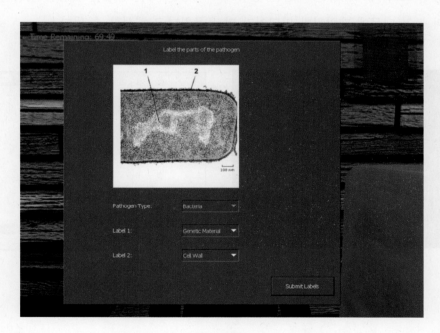

그림 4.10
Crystal Island 게임

제2 언어 학습은 두 번째로 유망한 콘텐츠 영역이다. 다섯 가지 실험 중 네 가지는 기존 미디어보다 게임을 선호하는 긍정적인 효과를 보였으며 효과 크기의 중앙값은 0.96으로 큰 효과를 보여주었다. 따라서 학습 내용이 과학 및 제2 언어의 내용을 포함할 때, 기존의 교육 매체로 학습하는 것보다 게임을 통해 학습하는 것이 더 효과적일 수 있음을 알 수 있다. 보다 최근의 연구에서 James와 Mayer(출판중)는 대학생들에게 [그림 4.11]에 표시된 것처럼 온라인 언어 학습 게임인 *Duolingo*를 사용하여 일곱 세션 동안 게임을 하는 집단과 동일한 내용의 슬라이드 쇼 프레젠테이션을 통해 이탈리아어를 배우는 집단을 비교하였다. *Duolingo*를 사용한 학습은 슬라이드 쇼(효과 크기 0.25)를 통한 학습보다 조금 더 나은 결과를 보였지만, 즐거움에 있어서(효과 크기 0.77) 더 큰 성과를 얻었다. 이 두 경우 모두 학생들은 시작하기 전에 이탈리아어를 전혀 몰랐는데, 학습 이후 상당한 향상을 보여주었다. 그런데, 게임이 기존 교육 매체보다 약간 더 효과적이거나 심지어 기존 교육 매체와 동일한 효과를 보여주었더라도, 학생들은 전통적 교육 매체보다는 게임을 선택하고 게임을 하는 동안은 학습을 지속할 가능성이 더 높기 때문에 게임기반 미디어가 더 유용하다고 해석할 수 있다.

그림 4.11
슬라이드쇼(왼쪽)와 언어학습 게임 *Duolingo*(오른쪽)

다섯 가지 실험을 기반으로 수학 영역의 매체 비교 연구는 게임이 기존 미디어만큼 효과적일 수 있음을 보여준다. 상대적으로 적은 연구 숫자를 고려할 때 확고한 결론을 내리는 것은 시기상조이다. 예를 들어, [표 4.6]에 포함되지 않은 McLaren, Adams, Mayer와 Forilizzi(2017)의 최근 연구에서 놀이공원을 배경으로 '소수' 개념이 적용된 놀이기구를 통해 해당 개념을 배울 수 있는 *Decimal Point*([그림 4.12] 참조)라는 컴퓨터 게임을 소개했다. 그들의 중학생 실험 참여자들은 게임을 통해 '소수'에 대해 배우거나 컴퓨터 기반 튜터링 시스템에서 동일한 문제를 학습했다. 두 그룹은 즉각적인 테스트를 실시하였는데, 게임 집단의 효과 크기 0.43으로 컴퓨터 기반 튜터링 시스템을 활용한 경우보다 더 잘 학습하였다. 이후 시간이 조금 지난 뒤 수행한 지연 테스트에서는 효과 크기가 0.37로 나타났다. 이 연구는 실험집단과 통제집단의 학생들이 정확히 동일한 문제를 해결하고 정확히 동일한 피드백을 받았으며 동일한 컴퓨터를 사용했다는 점에서 특히 의의가 있다. 종합적으로, 후속 연구에서 수학 게임이 기존 교육보다 더 효과적인지 혹은 효과면에서 동등한지를 결정해 줄 것이다. 두 집단의 결과가 동등하다고 판명되더라도, 그것은 게임기반 학습에 긍정적인 결과가 될 수 있다. 왜냐하면 학생들은 튜토리얼 수업을 듣는 것보다 여가 시간에 게임을 할 가능성이 더 높고 전통적 수업 보다는 게임을 통해서 학습할 가능성이 더 높기 때문이다. 예를 들어 *Decimal Point* 연구에서 게임 집단의 학생들은 0.95의 큰 효과 크기로 튜토리얼 집단의 학생들보다 자신의 경험이 더 즐겁다고 평가했다.

마지막으로 [표 4.6]의 하단 두 줄은 언어나 사회 과학에서는 게임의 효과에 대한 확고한 결론을 도출할 충분한 증거가 없음을 보여주고 있다. 그러나 게임이 기존 미디어보다 열등하다는 결론을 내릴 증거 역시 없다. [표 4.6]의 전체적인 결론은 게임을 통한 학습이 전통적 미디어를 통해 학습하는 것보다 종종 더 효과적이라는 것이다.

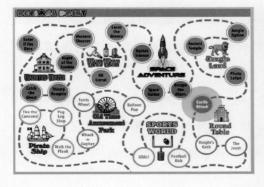
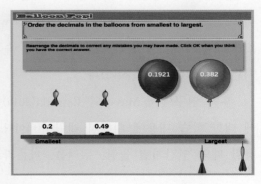

그림 4.12
Deicimal Point 게임

매체 비교 연구는 방법론과 개념 측면에서 도전 받는다(Clark, 2001). 방법론적으로는 연구자들이 게임집단과 통제집단의 학습 내용과 교육 방법이 동일하다는 것을 확인하기가 어렵다. 요컨대, 매체 비교 연구는 실험적 통제의 요구 사항을 충족해야 하는 문제에 직면해 있다. 즉, 전달 매체를 제외한 모든 기능이 동일한 게임을 만들고 동일한 특징의 통제집단 요건을 충족하는 것이다. 개념적 도전과 관련해서, 매체 비교 연구의 결과는 교육 미디어가 학습을 유발하는 것이 아니라 교육 방법이 학습을 유발한다는 Clark(2001)의 권고에 비추어 해석되어야 한다. 간단히 말해, 전통적 미디어가 쉽게 행동을 유발하지 못하는 교육방법을 포함하는 반면, 게임은 학습을 유발하는 교육방법을 포함한다는 것이다.

4 인지적 기반이 정서, 동기, 사회문화적 기반과는 어떻게 관련되는가?

이 장은 게임기반 학습의 인지적 기초를 다루고 있지만, 게임기반 학습에 대한 완전한 이해를 위해서는 정서적 요인, 동기 및 사회 문화적 요인 등을 고려해야 한다.

첫째, 정서적 요인과 관련하여 멀티미디어 학습 환경 디자인에 대한 연구에 따르면, 학생들은 일러스트레이션 속 캐릭터가 표정을 보여주거나 날카롭지 않으며, 매력적인 색상으로 표현되는 등 감성적 디자인 요소를 포함하는 멀티미디어 수업에서 더 잘 배우는 것으로 나타났다. 예를 들어, 삽화의 주인공(예: T 세포 및 B 세포)이 회색 조의 기하학적 모양에서 표현력 있는 눈을 가진 작은 얼굴로 변경되고 매력적인 색깔을 사용했을 때 학생들은 면역체계에 대한 멀티미디어 강의를 본 후 이해력 테스트에서 더 나은 성적을 거두었다(Plass, Heidig, Hayward, Homer, & Um, 2014; Um, Plass, Hayward, & Homer, 2012). 세 번의 실험에서 삽화 속 캐릭터의 감성 디자인을 선호하는 효과 크기는 0.43, 0.61, 0.77이었다.

후속 연구에서 Mayer와 Estrella(2014)는 바이러스가 어떻게 감기를 유발하는지에 대한 학습 내용에 대해서 캐릭터(바이러스 및 숙주 세포)를 흑백의 도형 모양으로 사용할 때와 인간처럼 놀람, 두려움, 아픔과 같은 표현을 하는 얼굴로 제시될 때를 동일한 멀티미디어 슬라이드 쇼에서 비교하였다. 감성적으로 디자인된 환경에서 학습한 실험집단이 전이 검사에서 통제집단을 능가하였고, 효과 크기는 각각 0.69와 0.65였다. 이러한 일련의 연구는 학습자의 긍정적 정서 반응 생성을 목표로 하는 기능이 Mayer(2009)가 제시한 순수하게 인지적 원리를 중시한 멀티미디어 디자인 원리의 응집원리[1](coherence principle)만큼 학습 결과를 촉진하는데 효과적임을 보여주었다. 멀티미디어 교육 메시지에 사용된 감성 디자인 연구는 게임에서 캐릭터를 디자인하는데 직접적인 함의를 제공하고, 학습에 근본적으로 영향을 미치는 사례를 보여주었다.

둘째, 동기 요인과 관련하여 멀티미디어 교수 설계 연구는 동기 부여 기능이 추가될 때 도움이 된다는 것을 보여준다. 예를 들어, Huang과 Mayer(2016)의 연구에서 학생들은 컴퓨터 기반 교육 프로그램에서 '해결된 예제'를 사용하여 통계 개념을 배웠다. 수업은 스크린 상의 교육 에이전트를 포함하는데, 이 캐릭터는 학생들에게 학습 내용을 배우는 능력에 대한 자신의 감정을 다스리는 방법에 관한 대처 메시지와 학습에 대한 자신의 생각과 느낌을 입력하도록 요구하는 쓰기 프롬프트를 제공하기도, 제공하지 않기도 했다. 이러한 동기 부여 기능이 포함된 수업을 받은 학생은 수업 중에 문제 해결(효과 크기 0.71)과 수업 후에 실시한 사후 검사(효과 크기 0.63)에서 동일한 수업에서 동기 부여 기능이 없었던 통제집단에 비해 더 잘 수행했다. 이러한 일련의 연구는 Mayer(2009)가 제시한 순수하게 인지적 접근의 멀티미디어 디자인원리만큼 동기부여를 위해 추가된 기능이 효과적임을 보여주고 있다. 온라인 수업에서 동기 부여 기능을 추가하는 연구는 게임 디자인에 유용한 의미를 가지며 학습에서 동기 부여가 가지는 근본적인 역할이 있음을 보여준다.

셋째, 사회 문화적 요인과 관련하여 멀티미디어 교육에 대한 연구는 실험실 환경에서 확립된 원리가 실제 교실 환경에 통합될 때 어떻게 작동할 것인지 결정하는 것이 중요하다. 예를 들어 Mayer와 동료들이(Mayer 2009, 2014b; Mayer & Fiorella, 2014; Mayer & Pilegard, 2014) 멀티미디어 교육 설계의 12가지 증거기반 원리를 만들었지만 대부분의 증거는 사회 문화적 환경과 거리가 먼 단기간의 실험실 연구이다. 그러나 연구자들

---

1 Mayer(2009)의 'Multimedia Learning'에서 응집원리란 학습내용과 직접적으로 관련이 없으면서 단순히 흥미를 유발하기 위해 사용되는 이미지, 소리, 설명 등은 제거하는 것이 학습에 더 도움이 된다는 개념이다.

이 멀티미디어 디자인 원리를 기반으로 의과 대학 과정에서 사용된 파워포인트 슬라이드를 다시 디자인했을 때, 해당 과정의 학생들이 학습 자료에 대한 즉시 테스트(효과 크기 0.76)와 지연 테스트(효과 크기 1.17)에서 원본 슬라이드를 사용한 학생들에 비해 더 잘 수행하였다. 이러한 일련의 연구는 게임 연구의 일반화 가능성에 유용한 함의를 제공하고, 게임기반 학습이 사회적, 문화적 맥락의 중요성을 고려해야 함을 보여준다. 이와 관련된 연구 주제로는 어떻게 게임을 학교 학습 활동에 통합할 것인지, 어떻게 집에서 게임 플레이를 통해 학습 시간을 늘릴 수 있는지, 어떻게 게임기반 학습에 그룹 또는 팀을 참여시킬 것인지 등이 있다.

정서적, 동기부여, 사회 문화적 요인에 대한 연구가 계속 발전함에 따라 [그림 4.4]에 요약된 게임기반 학습 모델은 이러한 요인들을 포함할 수 있도록 확장되어야 한다. 예를 들어, Moreno와 Mayer(2007)의 미디어 학습에 대한 인지-정서 모델은 [그림 4.4]에 요약된 학습의 인지 이론에 동기와 메타인지를 통합하려는 초기 시도였다. 최근에는 Plass와 Kaplan(2016)이 인지 및 정서적 요소를 통합하는 디지털 미디어 학습 모델을 개발하였다. 정서적, 동기 부여, 사회 문화적 요인의 발전된 역할은 본 저서의 해당 장에서 다루고 있다.

5 게임기반 학습 설계가 갖는 함의는 무엇인가?

게임 디자인의 목표가 학습 향상인 경우 증거기반 접근 방식을 취하는 것이 합리적이다. 학습을 촉진하는 게임을 디자인할 때 근본적으로 제기되는 질문 세 가지는 다음과 같다:

1. 게임의 어떤 기능이 학습을 촉진하고 또, 어떤 기능은 촉진하지 않는가(혹은 어떤 조건에서)? 이러한 질문에 대한 답은 가치 추가 연구를 통해 제공된다. 이 장에서 검토한 연구에 의하면 학습을 촉진하기 위해서는 게임에 양식 원리, 인격화 원리, 사전 훈련, 코칭 및 자기 설명을 통합하는 것이 도움이 된다는 예비적 답변을 제공하고 있다.

2. 게임의 특성에 따라 인지 능력의 다른 측면을 개발하는가? 요컨대, 기성 게임을 하는 것이 게임을 하는 데 필요한 인지 능력을 향상시킬 수 있는가? 표적 인지 능력을 가르치는 게임을 만드는 것이 가능한가? 이러한 질문에 대한 답은 인지적 성과 연구를 통해 제공하였다. 이 장에서 검토된 연구는 기성 게임을 하는 것이 게임을 하는 데 필요한 인지 능력을 향상시킬 수 있고, 다양한 상황에서 반복적으로 연습할 수 있으며 수준을 높여가며 도전할 수 있음을 제안한다. 지금까지 연구 결과에 따르면 *Unreal Tournament* 또는 *Call of Duty*와 같은 1인칭 슈팅 게임을 하면 지각 주의력이 향상되고 공간 퍼즐 게임인 *Tetris*를 즐기면 *Tetris* 게임에 나오는 도형을 비롯하여 2차원 도형에 대해서 머릿속으로 회전하여 동일한 모형을 찾는 기술을 향상시킬 수 있다. 게임이 다른 인지적 성과에 미치는 효과에 대한 증거가 부족한 것은 대부분의 기성 게임이 교육보다는 오락을 목적으로 하기 때문이다. 따라서 후속 연구에서는 특정 인지 기술을 집중적 목표로 하는 컴퓨터 게임을 설계하고 플레이어에게 다양한 상황에서 점점 더 도전 수준을 높여 가면서 해당 기술을 반복적으로 연습할 수 있는 기회를 제공해야 한다.

3. 전통적 미디어보다 게임으로 가장 잘 달성되는 학습 목표는 무엇인가? 컴퓨터 기반 자습서, 멀티미디어 프레젠테이션 또는 교과서와 같은 일부 전통적인 교육 형식을 게임기반 교육 형식으로 변환하는 것이 타당한가? 이러한 질문에 대한 답변은 매체 비교 연구를 통해 제시된다. 이 장에서 검토한 연구에서는 게임을 통한 학습이 특히 과학 콘텐츠 영역에서 기존의 교육 매체를 사용한 학습만큼 효과적이거나 혹은 더 효과적일 수 있음을 시사한다. 이제 다음 단계는 게임이 기존 미디어보다 더 효과적인 조건을 더 면밀히 조사하고 게임기반 학습을 학교 학습 환경 및 무형식 학습 환경[2]에 통합하는 것이다.

---

2 강사의 지도 없이 학습자가 자기주도적으로 하는 학습을 의미함.

6 현재 연구의 한계와 향후 연구 방향은 무엇인가?

종합적으로 이 장은 게임기반 학습에 대한 세 가지 근본적인 질문에 답을 하는 데 있어서 어느 정도 진전이 이루어졌음을 보여주었고 향후 연구를 위해 다음의 의제를 제시한다.

1. 복제 연구 수행. 현재의 연구 성과는 몇 가지 예비 결론을 도출하는 데는 유용하지만 아직 그 수가 너무 작아 단정적인 결론을 내리기가 어렵다. 가치 추가 연구, 인지적 성과 연구 및 매체 비교 연구에서 다룬 세 가지 핵심 질문에 대한 답변의 일반화 가능성을 조사하기 위해 복제 연구가 필요하다. 이 권장 사항은 Shavelson과 Towne의 교육 과학 연구에 대한 여섯 가지 원칙 중 하나인 "연구 전반에 걸친 복제 및 일반화"(Shavelson & Towne, 2002, p. 4)의 내용과 일치한다. 일부 저널 편집자는 복제 연구의 출판을 허용하지 않지만, 복제 연구는 이 분야의 핵심 질문에 대한 답변을 진전시키는 데 매우 중요한 역할을 했다. 메타 분석의 역할이 점점 중요해지고 있음을 고려할 때 (예: Hattie, 2009) 복제 연구는 필요하다.

2. 경계 조건의 명시화. 현재 연구들은 어떤 디자인 기능이 게임기반 학습을 향상시키는지, 어떤 종류의 게임이 특정 인지능력 개발을 촉진하는지 또는 어떤 종류의 게임이 기존 미디어보다 더 도움이 되는지와 같은 기본적인 문제를 해결하였다. 다음 단계는 학습자, 학습 목표 및 학습 맥락의 유형에 따라 어떤 조건에서 효과가 강한지 혹은 약한지를 결정해야 한다. 예를 들어 멀티미디어 교수 설계 연구는 사전 지식이 낮은 학습자에게는 적용되지만 사전 지식이 높은 학습자에게는 잘 적용되지 않는 여러 설계 원리에 대해서 사전 지식이 중요한 경계 조건임을 보여주었다(Kalyuga, 2014). 게임기반 학습을 설계하는 원칙에 대해서도 이와 유사한 경계 조건을 정확히 찾아내는 것이 좋다. 유용한 경계 조건 중 하나는 사용량과 관련이 있다. 즉, 학습 성과를 위해 게임에 얼마나 많은 노출이 필요한가? 또 다른 유용한 경계 조건은 학습자의 연령과 관련이 있다. 즉, 게임의 영향이 초등학생, 중학생, 고등학생, 대학생 및 노인에게 똑같은가?

3. 연구의 맥락 확대. 이 장에서 검토한 대부분의 게임 연구는 즉각적 테스트가 포함된 단기 실험실 연구이다. 교실 혹은 **비제도권 학습** 상황과 같이 실제와 유사한 학습 환경을 포함하도록 실험의 맥락을 넓히는 미래 연구가 필요하다. 요컨대, 게임기반 연구가 보다 실제적이고 장기적인 환경에서 수행될 때에도 동일한 결론을 도출할 수 있는지가 중요하다. 또한 미래의 연구는 상황, 체화된 인지, 비계 등과 같은 게임의 미개발 영역에서의 효과를 탐색하기 위해 기존의 디자인 원리가 다루지 않는 영역으로 연구를 확장해야 한다(Plass, Homer, & Kinzer, 2015).

4. 학습 성과에 집중. 이 장에서 검토한 일부 연구는 다른 연구들과 일치하지 않는 교육 목표를 가지고 있다. 예를 들어, 게임 활동이 다양한 인지 능력에 영향을 미칠 것이라고 기대하는 일은 아마도 비현실적이다. 대신 특정 인지 능력을 향상시키거나 학생들이 개념적, 절차적 또는 전략적 지식의 특정 부분을 배우도록 돕는 게임의 효과를 조사하는 연구가 필요하다. 요컨대, 목표가 되는 지식이나 기술 측면에서 명확하고 측정 가능한 학습 목표를 가지도록 설계된 게임 연구가 필요하다.

5. 학습 과정에 집중. 일부 현재 연구에서는 학습 중 인지 처리를 평가하기 위해 자기보고식 설문 조사를 사용하지만 내성 보고서는 문제가 될 수 있다. 대신 향후 연구에서는 게임 행동, 시선 추적, EEG 뇌파 모니터링 및 생리적 모니터링을 포함하여 보다 객관적인 측정 도구를 사용하여 게임하는 도중에 나타나는 인지적 처리(예: 생성적 인지 부하 및 외재적 인지 부하 또는 정서나 동기 부여)를 조사할 필요가 있다. 게임 활동 중간의 인지적 처리에 대한 측정은 이론을 검증하는 데 유용하다.

아직은 게임기반 학습에 대한 과학적 연구가 초기 단계에 있지만 현재까지의 발전은 유망하다. 공상가들은 약한 증거를 바탕으로 강력한 주장을 계속하겠지만, 과학 커뮤니티에서는 가치 추가, 인지적 성과 및 미디어 비교 접근을 사용하여 게임기반 학습에서의 세 가지 핵심 문제를 해결하는 엄격한 과학적인 연구를 계속 수행해야 한다. 요컨대, 교육 목적으로 게임을 사용하려는 탐구는 사람들이 어떻게 학습하는지에 대한 인지 이론에 기반하는 양만큼 성공적일 것이다.

참고문헌

Adams, D. M., Mayer, R. E., MacNamara, A., Koenig, A., & Wainess, R.(2012). Narrative games for learning: Testing the discovery and narrative hypotheses. Journal of Educational Psychology, 104(1), 235-249.

Anderson, A. F., & Bavelier, D.(2011). Action game play as a tool to enhance perception, attention, and cognition. In S. Tobias & J. D. Fletcher(Eds.), Computer games and instruction(pp. 307-330). Charlotte, NC: Information Age Publishing.

Anderson, L. W., Krathwohl, D. R., Airasian, P. W., Cruikshank, K. A., Mayer, R. E., Pintrich, P. R., Wittrock, M. C.(2001). A taxonomy of learning for teaching: A revision of Bloom's taxonomy of educational objectives. New York, NY: Longman.

Clark, R. E.(Ed.).(2001). Learning from media. Greenwich, CT: Information Age Publishing.

Fiorella, L., & Mayer, R. E.(2012). Paper-based aids for learning with a computer-based game. Journal of Educational Psychology, 104, 1074-1082.

Green, C. S., & Bavelier, D.(2003). Action video game modifies visual selective attention. Nature, 423(6939), 534-537.

Green, C. S., & Bavelier, D.(2006). Effects of action video game playing on the spatial distribution of visuospatial attention. Journal of Experimental Psychology: Human Perception and Performance, 32(6), 1465-1478.

Hattie, J.(2009). Visible learning. New York, NY: Routledge.

Huang, X., & Mayer, R. E.(2016). Benefits of adding anxiety-reducing features to a computer-based multimedia lesson. Computers in Human Behavior, 63, 293-303.

James, K., & Mayer, R. E.(in press). Learning a language by playing a game. Applied Cognitive Psychology.

Johnson, C. I., & Mayer, R. E.(2010). Adding the self-explanation principle to multimedia learning in a computer-based game-like environment. Computers in Human Behavior, 26, 1246-1252.

Kalyuga, S.(2014). The expertise reversal principle in multimedia learning. In R. E. Mayer(Ed.), The Cambridge handbook of multimedia learning(2nd ed., pp. 576-597). New York, NY: Cambridge University Press.

Mayer, R. E.(2009). Multimedia learning(2nd ed.). New York, NY: Cambridge University Press.

Mayer, R. E.(2011). Applying the science of learning. Upper Saddle River, NJ: Pearson.

Mayer, R. E.(2014a). Computer games for learning: An evidence-based approach. Cambridge, MA:

MIT Press.

Mayer, R. E.(2014b). Principles based on social cues in multimedia learning: Personalization, voice, embodiment, and image principles. In R. E. Mayer(Ed.), The Cambridge handbook of multi-media learning(2nd ed., pp. 345-368). New York, NY: Cambridge University Press.

Mayer, R. E.(2016). What should be the role of computer games in education? Policy Insights from Behavioral and Brain Sciences, 3(1), 20-26.

Mayer, R. E., & Estrella, G.(2014). Benefits of emotional design in multimedia instruction. Learning and Instruction, 33, 12-18.

Mayer, R. E. & Fiorella, L.(2014). Principles for reducing extraneous processing in multimedia learning: Coherence, signaling, redundancy, spatial contiguity, and spatial contiguity principles. In R. E. Mayer(Ed.), The Cambridge handbook of multimedia learning(2nd ed., pp. 279-315). New York, NY: Cambridge University Press.

Mayer, R. E., & Johnson, C. I.(2010). Adding instructional features that promote learning in a game-like environment. Journal of Educational Computing Research, 42, 241-265.

Mayer, R. E., & Pilegard, C.(2014). Principles for managing essential processing in multimedia learning: Segmenting, pre-training, and modality principles. In R. E. Mayer(Ed.), The Cambridge handbook of multimedia learning(2nd ed., pp. 316-344). New York, NY: Cambridge University Press.

McLaren, B. M., Adams, D., Mayer, R., & Forlizzi, J.(2017). Decimal Point: An educational game that benefits mathematics learning more than a conventional approach. International Journal of Game-Based Learning, 7(1), 36-56.

Moreno, R., & Mayer, R. E.(2000). Engaging students in active learning: The case for personalized multimedia messages. Journal of Educational Psychology, 93, 724-733.

Moreno, R., & Mayer, R. E.(2002a). Learning science in virtual reality multimedia environments: Role of methods and media. Journal of Educational Psychology, 94, 598-610.

Moreno, R., & Mayer, R. E.(2002b). Verbal redundancy in multimedia learning: When reading helps listening. Journal of Educational Psychology, 94, 156-163.

Moreno, R., & Mayer, R. E.(2004). Personalized messages that promote science learning in virtual environments. Journal of Educational Psychology, 96, 165-173.

Moreno, R., & Mayer, R. E.(2007). Interactive multimodal learning environments. Educational Psychology Review, 19, 309-326.

Moreno, R., Mayer, R. E., Spires, H. A., & Lester, J. C.(2001). The case for social agency in computer-based multimedia learning: Do students learn more deeply when they interact with animated pedagogical agents? Cognition and Instruction, 19, 177-214.

Pellegrino, J. W., Chudowski, N., & Glaser, R.(2001). Knowing what students know: The science and design of educational assessment. Washington, DC: National Academies Press.

Phye, G. D., Robinson, D. H., & Levin, J. R.(Eds.).(2005). Empirical methods for evaluating educational interventions. San Diego, CA: Elsevier Academic Press.

Plass, J. L., Heidig, S., Hayward, E. O., Homer, B. D., & Um, E.(2014). Emotional design in multimedia learning: Effects of shape and color on affect and learning. Learning and Instruction, 29, 128-140.

Plass, J. L., Homer, B. D., & Kinzer, C. K.(2015). Foundations of game-based learning. Educational Psychologist, 50(4), 258-283.

Plass, J. L., & Kaplan, U.(2016). Emotional design in digital media for learning. In S. Tettegah & M. Gartmeier(Eds.), Emotions, technology, design, and learning(pp. 131-161). New York, NY: Elsevier.

Shavelson, R. J., & Towne, L.(2002). Scientific research in education. Washington, DC: National Academies Press.

Shute, V., & Ventura, M.(2013). Stealth assessment: Measuring and supporting learning in video games. Cambridge, MA: MIT Press.

Sims, V. K., & Mayer, R. E.(2002). Domain specificity of spatial expertise: The case of video game players. Applied Cognitive Psychology, 16(1), 97-115.

Singley, M. K., & Anderson, J. R.(1989). The transfer of cognitive skill. Cambridge, MA: Harvard University Press.

Sweller, J., Ayres, P., & Kalyuga, S.(2011). Cognitive load theory. New York, NY: Springer.

Um, E., Plass, J. L., Hayward, E. O., & Homer, B. D.(2012). Emotional design in multimedia learning. Journal of Educational Psychology, 104(2), 485-498.

05

게임기반 학습의 감정적 기초[1]

Kristina Loderer, Reinhard Pekrun, and Jan L. Plass(조은별 역)

1 게임기반 학습의 감정을 이해하는 기본 질문: '무엇을', '왜'

일부 통계 자료에 따르면 평균적인 학생들은 21세까지 컴퓨터 기반의 게임에 10,000시간을 소비할 수 있는데, 이는 학생들이 학교에서 보내는 시간에 상응하는 수준이다(McGonigal, 2010). 따라서 학생들의 게임에 대한 동기를 이용하여 지식을 습득하도록 돕는 것은 특히 21세기 학습을 발전시키는 유망한 방법일 것이다. 그러나 성공적인 게임기반 학습(game-based learning, 이하 GBL)을 가능하게 만드는 기초적인 메커니즘에 대한 이해는 여전히 부족하다. 이 장에서는 디지털 GBL을 형성하는 요인들 중 하나로서 학습자의 감정에 집중하고자 한다.

학습자의 즐거움은 키우고 지루함은 완화할 수 있다는 점은 종종 GBL을 선택하는 핵심 요인으로서 홍보된다. 예를 들어, 국립교육연구재단(National Foundation for Educational Research)은 GBL의 구성 요인이 지니는 특징 중 하나로 "강렬한 즐거움을 통한 학습"을 제시한다(Perrotta, Featherstone, Aston, & Houghton, 2013, p. 9). 그러나 연구

---

1 교육심리학 연구에서 affect(정서)는 특질적 정서(affective trait)와 상태적 정서(affective state)로 구분된다. 특질적 정서는 개인차가 있으나 대체로 시간이 경과해도 안정적인 반응을 일컬으며, 상태적 정서에는 상황에 따라 달라지며 시간의 경과에 따라 변동되기 쉬운 감정(emotion)과 기분(mood)이 포함된다. 감정은 기분보다 짧은 지속시간, 강한 강도를 가지며 촉발 사건이 뚜렷하게 기억난다는 점에서 구분된다. 국내 정서 연구에서 affect, emotion을 모두 '정서'로 번역하는 경우가 있으나, 게임기반 학습이 유발하는 학습자의 정의적 반응은 상태적 정서에 해당하므로, 본 장에서는 '정서'(affect), '정서적'(affective), '감정'(emotion), '감정적'(emotional)을 각각 구분하여 번역하였다.

에 의하면 GBL은 즐거움뿐만 아니라 좌절감, 지루함, 또는 혼란을 경험하는 시간이다(예: Conati & Gutica, 2016). 더욱이 GBL을 다른 학습 환경과 비교하면, 즐거움을 촉진하고 부정적 감정을 감소시키는 상대적인 효과에 대하여 혼재된 결과가 존재한다(Rodrigo & Baker, 2011). 동시에 감정이 학습자의 정보처리뿐만 아니라 학습 동기, 그리고 나아가 전반적인 학습 결과에 강한 영향을 미칠 수 있다는 연구가 확인된다(Pekrun & Linnenbrink-Garcia, 2014a). 결과적으로 GBL이 보유한 교육적 행동유도성을 이해하고 이를 이용하려는 포괄적인 시도들 모두에는 감정적 기초가 포함되어야 할 것이다. 특히 이러한 감정들이 학습에 미치는 *효과*는 물론, GBL 환경(GBL environments, 이하 GBLEs)의 특성, 학습자의 개인차, 관련 변인 간의 상호작용을 포함하여 다양한 감정들을 유발하는 *선행 요인*들에 대한 고려가 필요하다.

이 장에서는 디지털 GBL의 감정적 기초를 살펴보는 기회를 제공하고자 한다. 우선 체계적으로 연구가 이루어진 지능형 게임인 *Crystal Island*(Rowe, Shores, Mott, & Lester, 2011) 사례를 활용하여 감정과 관련된 GBL 요소의 예시를 소개할 것이다. 다음으로 감정이 무엇인지 정의하고, GBL과 관련된 감정의 유형을 확인할 것이다. 이어서 GBL의 감정적 기초에 대한 통합적 모형을 제시하고 이를 활용하여 기존의 문헌들을 검토할 것이다. 마지막으로 감정적으로 바람직한 GBLEs을 설계하기 위한 시사점을 도출하고 향후 연구의 방향을 제안하고자 한다.

2 GBL에 감정 접목하기 : *Crystal Island* 사례

Crystal Island(Lester, McQuiggan, & Sabourin, 2011)는 게임을 통해 유발되는 감정의 몇 가지 요소를 중학교 생물 학습에 활용한 지능형 학습 환경이다. 이 게임에서는 사용자를 게임 속으로 유도하고 학습 경험 내내 감정적으로 참여하도록 설계된 하나의 내러티브가 주축을 이룬다. 사용자들은 한 섬에 주둔 중인 연구팀에 발병한 기이한 전염병을 확인하고 치료해야 하는 의료담당자의 역할을 맡게 된다. 화산섬의 풍경을 시각적으로 구현한 3D 화면, 그리고 의학적 미스터리를 해결하고 감염된 환자들을 구하

는 과정에서 살아있는 듯한 캐릭터들과 상호작용을 하는 장면을 통해 감정적 몰입이 가능해진다([그림 5.1] 참조).

*Crystal Island*는 학생들이 가상 실험실의 장비를 사용하여 각자의 속도로 오염물질을 확인하면서 섬을 탐험하고, 단서를 수집하며, 가설을 검증하도록 만드는데, 이를 통해 학생들의 자율적이고 탐구에 기반한 학습을 촉진하고자 한다. 이러한 자기주도적 학습 기회는 학습자가 정보, 가설, 진단 내용을 기록하도록 설계된 워크시트뿐만 아니라 가상 인물을 통해 제공되는 직접적 지시를 통해 제공될 수 있다([그림 5.2]). 게임은 의사결정과 네트워크에 기반한 역동적인 구조를 가지고 있어 가상 세계 속의 교육적 캐릭터 및 행동에 반응한 여러 변화들을 활용하여 정보적 피드백을 제공하며, 이를 통해 학생들의 진도를 추적하고 학습에 적용하도록 돕는다. 이러한 설계는 충분한 도전 기회를 제공하고 숙달이 이루어지도록 촉진하여 지루함이나 좌절감을 방지함으로써 호기심과 즐거움을 유지하는 것을 목표로 한다는 특성이 있다.

*Crystal Island*에 대한 최근 연구는 정서의 자동 인식 및 정서적 지원 기능을 다루고 있는데, 여기에 GBLE의 변화(예: 메타인지적 유도장치 제공하기)나 감정적 반응, 공감하는 캐릭터가 해당될 수 있다(Lester et al., 2011). 이러한 캐릭터들은 학습자의 감정과 신호 이해를 모방하거나, 학습자의 감정 상태를 증진시키기 위해 학습자와는 다른 감정 상태를 드러내기도 한다. 이와 같이 *Crystal Island*는 학습과 학생들의 웰빙에 적응적인 감정을 촉진하는 다양한 전략을 전개한다. 이와 비슷한 원리들은 게임기반으로 동기 요소를 강화한 독해 튜터 *iSTART-ME*(Jackson & McNamara, 2013), 내러티브 기반의 수학 게임 *Heroes of Math Island*(e.g., Conati & Gutica, 2016), 대화형 퍼즐을 활용함으로써 다양한 물리학 원리를 가르치는 시뮬레이션 게임 *Incredible Machine*(Sierra Online Inc., 2001)과 같은 다양한 GBLEs 사례들에 적용되었다.

그림 5.1
*Crystal Island*의 화산 풍경과 가상의 의무실에서 감염 환자와 있는 캠프 간호사
(Lester, Ha, Lee, Mott, Rowe, & Sabourin, 2013)

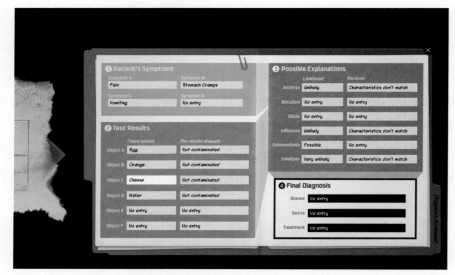

그림 5.2
*Crystal Island*의 데이터 수집과 평가를 위한 진단 워크시트
(Lester, Ha, Lee, Mott, Rowe, & Sabourin, 2013)

3 감정의 구조

감정의 정의

감정은 외부 환경(예: 시험 상황)이나 개인의 내적 사건(예: 과거의 시험 경험을 회상)에 대한 반응으로 구성된다. 이들 요소에는 여러 조정된 프로세스가 포함되는데, (1) 주관적 기분(feeling)(예: 즐거움과 관련된 긍정적인 흥분)을 포함한 *정서적 구성 요소*, (2) 각 감정에 따라 달라지는 사고(예: 현재의 과제를 해결하는 능력에 대한 자신감)로 구성된 *인지적 구성 요소*, (3) 감정에 수반되는 행동을 뒷받침하는 *생리적 구성 요소*(예: 즐거움에 대한 생리적 활성화), (4) 행동적 경향성을 포괄하는 *동기적 구성 요소*(예: 즐거움에 접근하고 노력을 투입하려는 경향성), (5) 표정, 자세, 음성 등의 *표현적 구성 요소*(예: 굳은 목소리로 말하기; Shuman & Scherer, 2014)가 이에 해당한다.

감정의 분류

감정을 다양한 구성 요소로 이해하는 접근은 서로 다른 감정들을 각각의 구성 요소 프로파일(즉, 불연속적 감정 접근)에 근거하여 구별하는 것이다. 이러한 관점에 따르면, 기쁨, 자부심, 희망, 불안, 분노, 수치심과 같은 감정들은 특정한 인지적, 행동적, 사회적 기능을 담당하는 별도의 경험적 상태를 포함하고 있다. 이와 비교하여, 차원 중심의 접근은 몇 개의 정서적 차원에 근거하여 감정적 경험을 설명한다. 인간 정서의 변화를 설명하는 가장 중요한 두 가지 차원으로는 정서가(valence, 情緒價)(유쾌/긍정적, 불쾌/부정적)와 활성 수준(activation)(활성화, 비활성화)이 제안되고 있다(Russell, 1978). 이러한 차원들은 감정을 긍정적 활성화, 긍정적 비활성화, 부정적 활성화, 부정적 비활성화로 각각 분류하는 상위 수준의 요소라고 볼 수 있다([표 5.1]). 또한 감정은 감정이 유발되는 사건의 유형을 의미하는 대상 초점(object focus)에 따라 분류될 수도 있다(Pekrun, 2006). 대상 초점은 감정이 당면한 학습 과제와 관련이 있는지 여부를 결정함으로써 학습을 위한 감정의 기능들에 영향을 미친다는 점에서 중요하다. GBL을 포함한 학습과 관련하여, 다음의 감정들은 가장 중요할 수 있다.

표 5.1

학습과 관련된 정서의 정서가 × 활성수준 분류

활성수준	정서가	
	긍정적(기분 좋은)	부정적(기분 나쁜)
활성화 (Activating)	즐거움(Enjoyment) 희망(Hope) 자존심(Pride) 감사(Gratitude) 감탄(Admiration) 놀람(Surprise)[b] 호기심(Curiosity)	불안(Anxiety) 분노(Anger) 좌절감(Frustration)[a] 수치심(Shame) 부러움(Envy) 놀람(Surprise)[b] 혼란(Confusion)
비활성화 (Deactivating)	안도(Relief) 만족(Contentment) 안심(Relaxation)	좌절감(Frustration)[a] 지루함(Boredom) 슬픔(Sadness) 무기력(Hopelessness) 실망감(Disappointment)

Note: 위 분류는 성취 정서(Pekrun & Perry, 2014)와 인식론적 정서(Pekrun et al., 2017)의 분류법을 참고함
[a] 좌절감은(활성화) 분노와(비활성화) 실망감으로 구성된 요소일 수 있다.
[b] 정서가는 감정을 자극하는 사건(긍정적, 부정적)에 따라 달라질 수 있다.

성취 감정(achievement emotions)은 역량 기반으로 수행의 질이 판단되는 활동이나 결과와 관련이 있다. 학습 중 즐거움이나 지루함과 같이 성취 활동과 관련된 감정은 **활동 감정**(activity emotions)이라고 한다. 성공과 실패의 결과와 관련된 감정은 **결과 감정**(outcome emotions)이다. 여기에는 앞으로의 실패와 성공에 초점을 맞춘 불안이나 희망 등 미래의 감정뿐만 아니라 자부심, 안도, 수치심, 실망감과 같이 과거의 성취와 관련된 회고적 감정들이 포함된다.

인식론적 감정(epistemic emotions)은 놀라움, 호기심, 혼란처럼 과업 정보의 인지적 특성과 이 정보를 처리하는 과정에 의해 유발된다. 이러한 감정들은 지식 습득을 포함한 인지적 활동의 인식론적 측면과 관련이 있으므로 인식론적이라고 명명되었다(Brun & Kuenzle, 2008; Pekrun, Vogl, Muis, & Sinatra, 2017).

사회적 감정(social emotions)은 타인의 성공과 실패와 관련이 있는 존경이나 질투와 같은 사회적 성취 감정과 함께, 공감이나 증오처럼 대인관계의 특성과 관련된 사회적 감정들을 포함한다. GBL에서 이러한 감정은 동료로서 학습자-플레이어(Brom, Šisler, Slussareff, Selmbacherová, & Hlávka, 2016)나 게임 캐릭터(Kim & Baylor, 2006)와 상호작용할 때 유발될 수 있다. 두 가지 감정은 모두 학습자의 참여에 영향을 미칠 수 있다(Linnenbrink-Garcia, Rogat, & Koskey, 2011).

주제 감정(topic emotions)은 학습할 자료를 포함한 내용에 의해 유발된다. 이러한 감정들은 공감적 속성을 가질 수 있는데, 예를 들면 가상 캐릭터의 운명에 따라서 유발될 수도 있다. 다른 예시로는 교육용 게임인 *미션 그린*(Mission Green)(Ghafi, Karunungan de Ramos, Klein, Lombana Diaz, & Songtao, 2011)에서 기후 변화에 대해 학습할 때 논란이 되는 과학적 사건들과 관련하여 유발되는 분노와 좌절감을 포함한 감정들이 이에 해당된다.

심미적 감정(aesthetic emotions)은 시각 및 공연 예술의 속성에 대한 정서적 반응이다(Scherer, 2005). 예를 들면, 편곡된 특정 음악으로 느껴지는 경외감, 감탄, 혐오, 기쁨, 슬픔이 해당된다(Silvia, 2009). 이러한 감정들의 적응적 기능으로는 즐거움을 통해 경험, 각성 수준을 조절하거나 사회적 유대감을 형성하는 것이 있다(Scherer & Coutinho, 2013). 심미적 감정은 주변의 환경 요소들과 연관된 것이지만 학습이 이루어지도록 만들 수 있다.

테크놀로지 감정(technology emotions)은 특정한 테크놀로지에 대한 반응이다. 이러한 감정들에 대한 학문적 관심의 시작은 1990년대와 교육이나 조직·개인 영역으로 정보 기술의 확산이 이루어진 시기로 거슬러 올라갈 수 있다. 초기 관점은 컴퓨터 불안에 대한 것이었고(Powell, 2013), 그 결과 미디어 포화 사회인 오늘날 역시 여전히 테크놀로지의 사용과 수용에 대하여 정서 기반의 모형들이 개발되고 있다(예를 들면, 인터넷 속도 제한으로 인한 좌절감을 생각해보자; Butz, Stupnisky, & Pekrun, 2015 참조). 이처럼 기술적 진보가 이루어지고 기능적 복잡성이 증가하는 것은 학습 환경에 대한 긍정적 정서와 부정적 정서 모두를 유발하며, 나아가 과제와 관련된 참여에 영향을 미칠 수 있다.

또한 학습자는 학습 환경 밖의 사건들(예: 형제들과의 다툼)로 촉발되는 *부수적 감정*

(incidental emotions)도 경험 중일 수 있다. 이러한 감정들은 학습과 직접적으로 연관되지는 않지만, 학습자의 과제 참여를 결정할 수 있다. 예를 들어, 부정적인 감정을 경험한 개인은 주어진 과제에 집중하기 어려울 것이다.

감정의 대부분은 대상의 초점이 다를 수 있다. 예를 들어, 좌절감은 개인의 역량 부족(성취 초점), 해결하지 못한 과제에 대한 인지적 부조화(인식론적 초점), 인간에 의한 환경오염과 같은 내용(주제 감정), 또는 학습 게임과 상호작용하기 위한 디지털 인터페이스의 사용 중 지속적인 방해(테크놀로지 초점)로 촉발될 수 있다. 이처럼 감정의 대상 초점에 주목하는 것 역시 다양한 GBLEs의 감정적 영향을 더 깊이 이해하는 데에 핵심적인 역할을 한다.

4 GBL의 감정적 기초: 통합적 프레임워크

제시된 그림과 같이, GBL은 학습 상황의 다양한 측면과 관련이 있는 다수의 감정을 포괄한다. 이 세션에서는 감정적으로 바람직한 GBLEs의 설계 방향을 제시할 수 있는 감정들의 공통적인 메커니즘을 강조하는 동시에, 감정이 가진 다양성을 GBL에서 고려한 감정 기반 통합 모형을 제안하고자 한다([그림 5.3] 참조). 본 모형의 기본 구조는 성취 감정에 대한 통제-가치 이론(control-value theory, CVT)(Pekrun, 2006; Pekrun & Perry, 2014)에 근거를 두는데, 다양한 연구 패러다임과 교육 환경에 걸친 감정 및 학습 연구를 포괄한 플랫폼이다. 우리는 이 프레임워크를 인지부조화(Graesser, D'Mello, & Strain, 2014; Muis, Pekrun, et al., 2015), Plass와 Kaplan(2016)이 제안한 멀티미디어 학습의 통합된 인지적 정서적 모형(integrated cognitive affective model of multimedia learning, ICALM), 지능형 튜터링과 게임 프레임워크(intelligent tutoring and games framework, ITaG)(McNamara, Jackson, & Graesser, 2010)의 감정적 영향을 고려하여 학습과 관련된 감정들의 집단으로 확장할 것인데, 이들은 GBLE의 정서적 기능을 체계화한 것이다. 먼저 GBL에서 감정의 선행 요소가 무엇인지 살펴보고, 이어서 학습을 위한 기능에 대해 논의한 후, 마지막으로 감정적 반응으로부터 도출된 GBLEs 설계의 원리를 정리하여 제시할 것이다.

GBLEs에서 감정의 선행 요소

감정은 여러 다른 요소들로 인해 자극될 수 있다. 본 모형은 학습자 감정에 밀접한 영향을 미쳐 GBLEs에서 특히 중요할 수 있는 요소들을 두 집단으로 나누어 (1) 자아와 우발적 상황에 대한 평가([그림 5.3]의 화살표 1), (2) (실제 또는 가상의) 동료나 교수자의 감정 전달 및 GBLE의 다른 속성들(예: 음악 점수, [그림 5.3]의 화살표 2)을 고려한다. 학습자의 특성 및 GBLE의 속성과 같은 주변적 요인들이 미치는 영향은 이러한 요소들에 의해 매개되는 것이라 여겨진다.

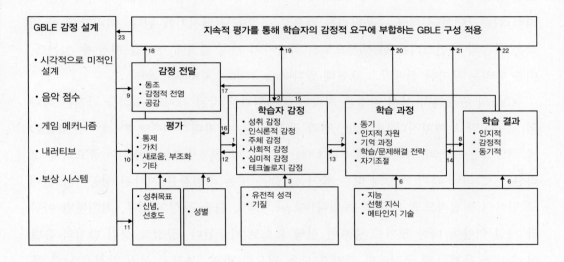

그림 5.3
GBL의 감정적 기초에 대한 통합적 모형

학습자 감정에 근접한 선행 요소들: 평가 과정 평가 이론(Appraisal theory)은 "대체로 사람들의 감정은 상황에 대한 인식으로 인해 생긴다"고 가정한다(Ellsworth & Scherer, 2003, p. 572). 평가는 문화적 진화로 형성된 환경에서 유발되는 감정으로서 적응적 사고와 행동을 준비하는 데 결정적인 중요성을 가지므로, 학습 및 성취 상황처럼 상황적 요구가 무엇인지에 대한 신중한 해석이 필요하다. 평가는 감정의 유형에 따라서 한 사건의 다른 측면들과 연관될 수 있다.

성취 감정(achievement emotions) CVT에 따르면, 성취 감정은 성취 행동 및 결과에 대한 통제 가능성과 가치를 어떻게 지각하느냐에 따라 결정된다. *지각된 통제력*은 앞으로 주어질 과제의 결과에 대한 기대(자기효능감 및 결과에 대한 기대), 성공과 실패의 원인이 가진 속성, 역량에 대한 평가(예: 능력에 대한 자기개념; Pekrun, 2006 참조)가 영향력을 가지듯이, 주어진 성취 상황에서 자신이 통제할 수 있는 범위와 관련이 있다. *지각된 가치*는 방향성(긍정적 vs. 부정적; 즉, 목표 달성을 지지하거나 방해하는 사건을 기준으로 목표가 일치하는 정도)뿐만 아니라 주관적 중요성(예: 흥미나 도구적 유용성으로 형성되는 것)을 포함한다. 보상이나 처벌은 성취 가치 및 관련된 감정을 형성하는 게임의 핵심 요소이다. 교실 중심의 성취 상황에 비해 GBLE에서 실패를 강조하는 정도가 약화되면 실패를 회피하려는 것에서 실패를 수용하려는 것으로 초점을 전환시키게 된다. 이러한 관점 변화는 학습의 자연스러운 한 부분으로서 학습자의 가치 인식에 영향을 미칠 수 있는데, 이를 우리는 우아한 실패라고 표현해 왔다(Plass, Homer, & Kinzer, 2015).

CVT의 관점에서 성취 감정은 지각된 통제력과 지각된 가치가 접점을 가지는 하나의 기능이라고 여겨진다([표 5.2]). 결과 감정의 경우, 기대감(미래의 결과에 대한 감정들; 예: 희망 또는 불안)과 귀인(과거의 결과에 대한 감정들; 예: 자부심 또는 수치심)이 중요하게 고려된다. 그러나 과거 회상에 따른 즐거움, 슬픔 또는 좌절감은 지각된 성공이나 실패로 인하여 직접적으로 유발될 수 있다(Weiner, 1985). 활동 감정의 경우, 가치뿐만 아니라 개인 역량에 대한 평가도 중요한 선행 요소로 간주된다. 긍정적 성취 감정의 유발에 충분한 통제력과 긍정적인 가치가 모두 필요한 반면, 부정적 성취 감정은 낮은 통제력 및 매우 부정적인 가치에 대한 평가와 관련되어 있다. 반대로, 지루함은 긍정적이거나 부정적인 가치가 부족한 것과 관련된다(Pekrun & Perry, 2014 연구에서 지지하는 증거들의 개관 참조; 최근의 경험적 근거는 Putwain et al., 2018 참조).

표 5.2
주요 성취 감정에 대한 대표적인 평가 조합

감정		전형적 시나리오	평가	
			통제	가치
미래의 결과에 대한 감정	즐거움(Joy)	성공에 대한 높은 기대	높음	긍정
	희망(Hope)	성공에 대한 불확실한 기대	중간	긍정
	분노(Anxiety)	실패에 대한 불확실한 기대	중간	부정
	무기력 (Hopelessness)	성공에 대한 낮은 기대, 또는 실패에 대한 높은 기대	낮음	긍정/부정
과거의 결과에 대한 감정	즐거움(Joy)	성공	관련 없음	긍정
	슬픔(Sadness)	실패	관련 없음	부정
	안도(Relief)	예상 밖의 성공	낮음	긍정
	실망(Disappointment)	예상 밖의 실패	낮음	부정
	자부심(Pride)	내부 요인에 의한 성공	내부	긍정
	수치심(Shame)	내부 요인에 의한 실패	내부	부정
	감사(Gratitude)	타인의 행동에 의한 성공	외부	긍정
	분노(Anger)	타인의 행동에 의한 실패, 또는 자신의 노력 부족	외부/내부	부정
활동 감정	즐거움(Joy)	최근 과제의 긍정적 평가	높음	긍정
	분노(Anger)	최근 과제의 부정적 평가 (예: 혐오스러워서 피하고 싶은 노력을 요구함)	높음	부정
	좌절(Frustration)	최근 과제에 장애물이 있음	낮음	부정
	지루함 (Boredom)	최근 과제의 도전 수준이 불충분하거나 과도함	높거나 낮음	없음

Note: 위 표에서 '가치'는 긍정적=유쾌한 활동/긍정적 결과(성공), 부정적=불쾌한 활동/부정적 결과(실패)와 같이 감정을 유발하는 사건에 대한 정서가를 나타낸다. 무기력함의 경우, 도달할 수 없는 성공(긍정적 결과)이나 회피할 수 없는 실패(부정적 결과)에 모두 초점이 있을 수 있다.

Pekrun(2006)에서 인용함.

인식론적 감정(epistemic emotions) 인식론적 감정은 과제가 인지부조화를 일으킬 때 발생하는데, 예를 들면 예상 밖의, 모순된, 또는 복잡한 정보를 제시함으로써 유발된다(예: Vogl, Pekrun, Murayama, & Loderer, 2019). 과학 영역의 비판적 사고를 가르치기 위해 설계된 게임 *Operation ARIES!*(Millis et al., 2011)에서는 학습자들이 경험적 연구의 방법론적 속성을 논의하기 위해 전문가 캐릭터, 동료 학습자로 보이는 캐릭터와 삼자 대화에 참여한다. 캐릭터들은 인지부조화를 유발하기 위해서 연구 설계에 대한 평가에 반대 입장에 서도록 설정된다. 이러한 맥락에서 경험하는 인식론적 감정의 전형적인 장면에는 (1) 캐릭터의 반대에 직면하면 놀라움, (2) 놀라움이 완전히 해소되지 않으면 호기심, (3) 캐릭터 둘이 모두 설득력 있는 주장을 하여 부조화가 증가하면 혼란, (4) 심각한 부조화 및 기존 신념과 충돌하는 정보가 있다면 불안, (5) 문제가 해결되면 즐거움, (6) 인지적 평형이 회복될 수 없을 때는 좌절감이나 지루함이 포함될 수 있다(Graesser et al., 2014).

인지부조화 외에도 인식론적 감정은 학습자의 통제-가치 평가(control-value appraisals)의 변화와 관련성을 가질 수 있다. 인식론적 통제에 대한 지각은 복잡성에 대처하고 불확실성을 극복하는 자신의 지각된 능력뿐 아니라, 학습 게임에 포함된 인지적 과제를 통해 제시되는 복잡성과 불확실성의 정도로 유발될 수 있다. 활동이 중요하다는 판단, 자극적(긍정적)이거나 혐오스럽고 흥미가 없는(부정적) 것이라는 판단의 정도는 게임 내 활동의 인식론적 가치를 결정한다.

사회적 감정(social emotions) 통제-가치 평가 역시 사회적 감정의 유발에 영향을 미칠 수 있다. Weiner(1985, 1995)는 사람들이 누군가의 성공을 당사자의 (통제 가능한) 노력보다 (통제 불가능한) 능력 탓이라고 귀인한다면 타인의 성공에 부러움을 경험할 것이라고 설명하였다. 이러한 접근은 통제에 대한 개인의 자기주도적 평가를 고려할 때 확장될 수 있다. 특히 사람들은 자신의 성공에 대한 통제력이 낮다고 인식하면 타인의 성공을 부러워할 수 있다. 이러한 맥락에서, 타인의 성공이나 자신의 개인적 실패는 종종 부당한 것으로 여겨진다. 반대로 타인의 성공이 당연한 것으로 인식된다면 감탄이 유발될 것이다.

타인이 실패했을 때, 그 사람이 가진 통제력은 부족하다고 인식하는 반면 자신은 성취를 통제할 수 있다고 느낀다면 동정심이나 연민이 유발될 수 있다. 그러나 다른 사람의 실패를 당연한 것으로 지각한다면 쌤통(schadenfreude)(즉, 타인의 불행에 대한 즐거움)이라는 정서를 느낄 수 있다. 구체적으로, 이러한 감정은 학생이 다른 학습자나 가상의 캐릭터와 경쟁하는 환경과 관련되는데, 예를 들어 중학생의 연산 유창성 훈련을 목적으로 각 학생들의 진도와 게임 점수를 인식할 수 있도록 경쟁 요소가 설계된 게임인 *Factor Reactor*와 같은 GBLEs에서 나타날 수 있다(Plass et al., 2013).

학습은 또한 성취 이상의 사회적 감정을 포함할 수 있다. 관계에 초점을 둔 감정의 기본이 되는 사회지향적 평가 역시 통제 및 가치와 연관성을 가질 수 있다. 사회지향적 평가는 내재적으로 주도되는 평가 상황에서는 상태의 지각(예: 수용 vs. 거부)과 관련이 있고, 외재적 통제 상황에서는 책임감이나 의도와 관련되며, 타인에 대한 일반적인 선호−비선호 및 특정 대인관계에 대한 중요성의 지각과도 관련성을 가지는 경향이 있다(Hareli & Parkinson, 2008). 이러한 친화적 정서는 서로 이미 알고 있는 학습자 사이의 실제 삶이나 가상의 상호작용을 통해 GBL 맥락으로 유입될 수 있다. 예를 들면, 공동의 정교화를 통해 개념 학습을 증진하거나(Meluso, Zheng, Spires, & Lester, 2012) 사회·정서적 기술을 훈련(Nikolayev, Clark, & Reich, 2016)하기 위해 보다 광범위한 사회적 상호작용을 포함시킨 GBLEs에서도 가능하다.

주제감정(topic emotions)과 **심미적 감정**(aesthetic emotions) 주제 감정과 심미적 감정의 선행 요소를 다룬 연구는 드물다. 과학 학습에서의 감정에 대한 최근 연구들은 지각된 가치의 형성에 있어서 주제에 대한 학습자의 개인적 흥미(Hidi & Renninger, 2006)가 가진 역할을 강조하고 있다. 하나의 주제가 가진 긍정적 가치는 즐거움과 같은 긍정적 감정을 촉진하는 반면, 부정적 가치가 부여된 주제는 내용과 관련된 불안(예: 사회정치적 갈등의 잠재적인 결과를 학습할 때)이나 분노(예: 확고한 창조론자가 진화적 관점과 마주할 때)를 유발할 수 있다. 이처럼 사건의 통제 가능성(통제 불가능성)에 대한 개인의 신념은 하이퍼미디어 조건에서 환경 문제를 학습한 학생들을 다룬 연구에서 제안한 바와 같이(예: Zumbach, Reimann, & Koch, 2001), 주제와 관련된 감정 유발에도 영향을 미친다.

심미적인 감정 경험 역시 개인적 지각의 문제로 개념화된 바 있다. 평가의 중요한 차원은 내재적 즐거움(예: 감각적 조화, 또는 융화 vs. 불협), 디자인의 통제 가능성(예: 자신의 선호에 맞게 색상 톤을 조정하는 기능), 참신성이다. 쾌적하고, 자극적이며, 통제할 수 있다고 평가되는 GBLE 디자인은 긍정적 감정의 증진과 관련이 있는 반면, 그 반대 경향성은 부정적인 심미적 감정을 유발하는 특성이다(Silvia, 2005).

테크놀로지 감정(technology emotions) 디지털 도구에 대한 개인적인 통제와 가치 또한 학습자에게 정서적으로 영향을 미친다. 탐색 용이성을 촉진하거나 방해하는 디자인 요소를 포함한 여러 요인들이 테크놀로지 도구의 통제 가능성에 대한 지각에 영향을 미칠 수 있다. 테크놀로지에 대한 지각된 유용성 및 이에 대비되는 부적절성과 함께, 통제는 성취 감정에 영향을 미치며 유사한 방식으로 다른 감정들도 촉진할 것으로 예상된다([표 5.2]). 예를 들어, 테크놀로지와 관련된 즐거움은 높은 수준의 통제와 긍정적 가치(예: 유용성)와 관련이 있는 반면, 낮은 통제 수준과 테크놀로지에 부여된 낮은 가치는 불안이나 좌절감과 같은 부정적 감정의 선행 요인일 가능성이 크다(Butz et al., 2015).

경험적 증거(empirical evidence) 우리는 평가에 대한 특정 문헌에서의 차별적인 논의는 차치하고, 여러 다양한 감정 집단들을 포괄하여 통제-가치 평가에 대한 하나의 패턴을 제안한다. 즉, 통제력이 있다는 주관적 인식은 부정적 감정을 완화하고 긍정적 감정을 강화하는 반면, 일반적으로 중요성에 대한 개인의 의미 부여는 감정적 경험을 강화한다. 지루함은 예외적인 경우로 보이는데, 지루함은 통제에 대한 개인의 지각이 과도한 것과 관련이 있을 수 있고 일반적으로 가치를 낮게 인식하는 상태로 이어지기 때문이다(Pekrun, 2006).

교실기반의 연구는 학습에 대한 지각된 통제력이 학생들의 즐거움, 희망, 자부심과 정적 상관이 있고, 분노, 불안, 수치심, 무기력, 지루함과는 부적 상관이 있음을 확인한 바 있다(Pekrun & Perry, 2014의 정리 참조; Pekrun, 2018). 가상현실 환경(Noteborn, Bohle Carbonell, Dailey-Hebert, & Gijselaers, 2012)뿐만 아니라, 온라인 수업에 등록하거나(Artino, 2009; Marchand & Gutierrez, 2012) 멀티미디어와 상호작용하는(Stark, Malkmus, Stark, Brünken, & Park, 2018) 학생들에게도 유사한 관련성이 확인되고 있다. 학습에 대하여 지각된 가치는 지루함(예: Artino & Jones, 2012) 이외의 긍정적이거나 부정적인 감정들 모두와 정적 관련성을 가지며, 성공과 실패의 중요성은 지루함을 제외한 감정들을 증폭시킨다는 사실이 확인되었다. 연구 초기의 증거들은 통제 및 가치에 대한 평가의 관련성이 GBLEs에서의 감정을 확장시킨다고 보았다(Sabourin & Lester, 2014).

마찬가지로 학습 중 인식론적 감정에 대한 연구들은 지각된 인식론적 통제가 호기심 및 즐거움과는 정적 관련성을 가지고, 혼란, 좌절감, 지루함과는 부적 연관성을 가진다고 보고해왔다(Muis et al., 2015). 과제 가치는 호기심 및 즐거움과 정적으로, 지루함과는 부적으로 상관관계를 가진다(Muis et al., 2015; Pekrun et al., 2017). 지각된 역량과 가치가 호기심이나 혼란과 가지는 이러한 관계는 *Crystal Island* 내에서도 관찰되었다(Sabourin & Lester, 2014). 더욱이 몇몇 연구는 사회적 성취 감정의 발현에 있어 통제와 가치의 역할을 지지한다(예: Rudolph & Tscharaktschiew, 2014). 마지막으로 Butz 등(2015, 2016)은 테크놀로지 감정의 평가 프로파일에 대한 증거를 수집했다. 테크놀로지의 통제력과 유용성에 대한 지각은 테크놀로지 사용의 즐거움과 정적으로 관련이 있고, 불안, 분노, 지루함과는 부적으로 관련이 있다.

종합하면, 연구 결과들은 여러 감정 집단에 대한 통제-가치 평가의 관련성을 확인해준다. 활용 가능한 증거의 대부분은 게임기반이 아니라 학습과 관련된 연구에 근거한다. 그러나 평가 구조를 포함하여 기본적인 감정의 기능적 메커니즘은 여러 학습 상황을 포괄하여 일반화할 수 있다고 가정된다(감정의 맥락적 특수성 vs. 상대적 보편성에 대한 세션 참조). 테크놀로지 기반 학습 환경에서의 감정에 대한 최근의 메타연구는 이러한 주장을 뒷받침한다(Loderer, Pekrun, & Lester, 2018). 통제와 가치에 대한 평가와 감정의 상관 값 평균은 이론적으로 예상했던 패턴과 같았고, 여러 유형의 환경에서 상당히 안정적으로 적용되었다.

학습자 감정에 근접한 선행 요소들: 감정 전달 감정의 경로에는 타인이 보여주는 감정은 물론 감각적 입력(예: 그림, 음악)에 대한 정서적 조율(affective attunement)이 포함된다. Scherer와 Coutinho(2013)는 감정 전달을 동조, 전염, 공감의 세 가지 유형으로 구분하였다([그림 5.3]의 화살표 2).

동조(Entrainment)는 "두 가지의 물리적 또는 생물학적 시스템이 서로 상호작용하여 동기화되는 과정"으로 정의되어 왔다(Trost, Labbé, & Grandjean, 2017, p. 96). 연구는 자율생리학적 과정, 감각운동 과정(즉, 동작) 및 음악 작품에 드러나는 반복적인 청각적 변화(예: 박자, 속도)가 동기화되는 것에 주목해 왔다. 동조는 생리적, 운동-표현적 구성 요소에 영향을 줌으로써 잠재의식적으로 감정의 변화를 유도하는데, 이는 특히 심미적 감정의 활성화에 적절할 수 있는 메커니즘이다(Scherer & Coutinho, 2013). 중요한 것은 이 메커니즘이 이전에 확인된 바 있는 비디오게임의 사용자(예: Hébert, Béland, Dionne-Fournelle, Crête, & Lupien, 2005; Lipscomb & Zehnder, 2004; Eich, Ng, Macaulay, Percy, & Grebneva, 2007 참조)와 학습자(Dickey, 2015)의 감정에 미치는 음악 구성의 영향을 설명하는 데에 도움이 될 수 있다는 것이다.

감정은 또한 *감정적 전염*(emotional contagion)에 인해 외부 자극으로부터 직접 "유입(caught)"될 수 있다. 감정적 전염은 대체로 타인의 표현 단서(예: 얼굴 표정; Hatfield, Cacioppo, & Rapson, 1994 참조)를 관찰하고 자동적으로 모방하여 유발되는 무의식적 과정으로 이루어진다. 감정적 전염은 교실에서 교사와 학생의 감정간 융합이 이루어지는 중요한 동인이 될 가능성이 크다(Frenzel, Becker-Kurz, Pekrun, Goetz, & Lüdtke, 2018). 이러한 전염 역시 GBLE에서 발생할 수 있다. 비디오나 음성 대화를 통해 동료 학습자간 상호작용이 가능한 협업 학습 게임이 그 사례이다(Admiraal, Huizenga, Akkerman, & ten Dam, 2011). 이와 유사하게 디지털 캐릭터에 의해 표현된 감정이 학습자에게 전달될 수 있다(Gratch & Marsella, 2005). 예를 들어, Krämer 등(2013)의 연구에서는 미소를 보이는 캐릭터와 상호작용하는 사용자가 미소를 짓지 않는 캐릭터와 상호작용하는 사용자보다 더 오래 미소를 보인다는 사실을 확인하였다.

디지털 및 게임기반 학습에서 공감은 캐릭터의 감정적 표현에 따라서 자동적으로 학습자의 감정을 추론하고 반응하는 공감적 환경에서 확인되었다(D'Mello & Graesser, 2012; McQuiggan & Lester, 2007). 반면, 학습자는 타인이 표현하는 감정을 이해하려는 시도를 할 수 있다. 예를 들어, 지루함을 느끼는 학습자는 과제를 즐기는 모습이 확연한 캐릭터에게 호기심을 느낄 수 있고, 과제에 대한 기본적인 평가를 이해하고 재실행함으로써 이러한 긍정적 감정을 느낄 수 있다. 마찬가지로 협력적 GBL에서 학습자는 과제 해결이 불가능하다고 표현하는 동료의 좌절감을 공유할 수 있다(Järvenoja & Järvelä, 2005).

학습자 감정과 먼 선행 요소들: 학습자 특성 학습자의 개인 특성은 GBL 도중의 감정적 경험에 영향을 미칠 수 있다. 여기에는 생리적으로 관련성을 가진 기질이 포함된다([그림 5.3]의 화살표 3; Stemler & Wacker, 2010 참조). 다른 핵심 요인들은 학습자의 성취목표, 지능에 대한 암묵적 이론, 인식론적 신념, 심미적 선호도, 성별, 인지적 능력이다([그림 5.3]의 화살표 4-6).

과제의 숙달과 개인적 성장에 초점을 두는 *숙달접근 목표*(mastery-approach goals)는 학습자의 주의를 학습 활동의 통제 가능성과 긍정적 가치에 집중시켜 학습의 즐거움을 증진시키고 지루함을 감소시킨다. 반면, 타인보다 우수한 수행을 보이는 데에 초점을 두는 *수행접근 목표*(performance-approach goals)는 학습자가 긍정적인 결과 평가에 주의 집중하도록 하고, 타인보다 낮은 수행을 보이는 것을 회피하는 데에 초점을 두는 *수행회피 목표*(performance-avoidance goals)는 학습자가 부정적인 결과 평가에 주의 집중하도록 만든다. 이는 각각 긍정적이거나 부정적인 결과 감정을 유발한다. 이러한 관계는 전통적인 교실 상황(Pekrun, Elliot, & Maier, 2006)과 온라인 수업(Yang & Taylor, 2013)에서 관찰되어 왔다. GBLE에서 학습자의 감정에 대한 성취목표의 역할을 검증한 연구는 거의 없다(예외적으로, McQuiggan, Robison, & Lester, 2010 참조).

학습자가 지닌 *지능에 대한 암묵적 이론*(implicit theories of intelligence)(Dweck & Leggett, 1988)은 학습에 대한 통제력을 주관적으로 인식하는 수준과 나아가 감정 활성화에 영향을 미친다고 여겨진다. 개인의 능력이 변화 가능하다고 믿는 학습자(성장 이론가)는 능력이 고정된 것이고 타고난 특성으로 보는 학습자(고정 이론가; King, McInerney, & Watkins, 2012)보다 통제력에 대한 주관적 인식 수준이 높다. 초기 연구는 디지털 학습과 GBL에서의 긍정적 감정은 성장 신념과 관련이 있고, 불안과 같은 부정적 감정은 고정 신념과 관련이 있다고 보았다(Arroyo, Burleson, Tai, Muldner, & Woolf, 2013; Tempelaar, Niculescu, Rienties, Gijselaers, & Giesbers, 2012).

성별(gender)은 여러 학습 영역에서 요구하는 역량에 대한 성 고정관념에 근거하여 이루어지는 평가 및 감정에 영향을 미칠 것으로 예상된다. 예를 들면, 여성은 전형적으로 남성보다 수학에 즐거움을 덜 느끼고 불안, 수치심, 무기력은 더 느낀다고 보고된다(Chang & Beilock, 2016; Frenzel, Pekrun, & Goetz, 2007). 이러한 성차는 여성들이 수

학에 대하여 가지는 유능감에 대한 신념은 낮고 내재적 가치는 적다고 보고한다는 연구에 근거하여(Frenzel, Pekrun, & Goetz, 2007), 통제-가치 평가에서의 차이로 이해될 수 있다. 성별간 차이의 패턴은 온라인으로 수학이나 통계 수업을 수강하거나(Tempelaar et al., 2012) 게임화된 지능형 수학 튜터링 시스템과의 상호작용(Arroyo et al., 2013)하는 상황에서도 확인된 바 있다.

테크놀로지가 여전히 남성의 영역으로 여겨진다는 사실을 고려하면, 성 고정관념은 테크놀로지 감정의 차이도 설명해줄 수 있다. 여학생들은 여전히 컴퓨터와 GBL에 대한 즐거움은 물론 관련 경험 자체가 낮다고 보고된다(Admiraal et al., 2014). 성별은 게임 디자인의 선호와도 연관될 수 있다. 여학생들은 내러티브의 전개와 협력적 게임을 선호하는 반면, 남학생들은 경쟁 요소가 포함된 게임을 선호하는 것으로 확인되었다(Admiraal et al., 2014). 그러나 사춘기 이전의 남학생들이 여학생들보다 게임 시간이 훨씬 많기는 하지만 다수의 여학생들 역시 1인칭 슈팅 게임을 포함하여 고정관념상 남성들의 비디오게임으로 간주되는 장르를 좋아하는데, 이는 전통적인 성차가 사라질 수 있음을 암시하는 것이다(Homer, Hayward, Frye, & Plass, 2012).

지식과 앎의 본질을 고려하는 *인식론적 신념*(Epistemic beliefs)은 인식론적 감정의 활성화에 영향을 미친다(Muis et al., 2015). 개인의 신념과 특정 학습 과제의 속성이 서로 불일치하여 유발되는 인지부조화는 새로움을 느끼도록 하여 가치에 대한 인식을 증진시킬 수 있으나 지각된 통제력을 감소시킬 수 있는데, 이는 다른 감정을 유발시키게 된다(Trevors, Muis, Pekrun, Sinatra, & Muijselaar, 2017). 즉, 하나의 주제에 서로 다른 관점을 제시하는 학습 자료를 마주한다면, 지식이란 단 하나의 권위가 결정하는 명확한 정보로 구성된다고 바라보는 개인은 놀라움, 혼란, 불안, 좌절감을 경험하기 쉽다. 반대로 구성주의 신념을 지지하여 지식은 복잡한 것이고 세심한 평가를 요구한다고 여기는 사람들은 호기심과 즐거움을 경험할 수 있다(Muis et al., 2015). 이처럼 GBLEs가 개인에게 인식론적으로 호소하는 정도가 다를 수 있다.

또한 개인은 GBLE 설계에 어떻게 감정적으로 반응하는지에 영향을 미치는 색상 톤이나 음악적 구성(Plass & Kaplan, 2016; Street, Forsythe, Reilly, Taylor, & Helmy, 2016)에 대한 *심미적 선호도*(aesthetic preferences) 역시 다를 수 있다. 최근 연구들 역시 심미적 감정과 성격 특성 간의 연관성을 규명하려는 노력을 해 왔다. Fayn, MacCann, Tiliopoulos와 Silvia(2015)의 연구에서는 성격 5요인 중 "경험에 대한 개방성"이 높은 개인들이 새롭거나 특이한 디자인 요소를 볼 때 흥미를 경험할 가능성이 보다 높다는 사실을 보여주었다.

인지 능력(cognitive ability)과 *선행 지식*(prior knowledge)은 성취에 영향을 미치는 것과 유사한 방식으로 긍정적 성취 감정을 촉진하고 부정적 성취 감정은 낮춘다. 이들 관계에는 성공/실패가 통제력 및 가치에 대한 평가에 미치는 영향에 따라서 성취감정이 달라지는 매개효과가 포함될 수 있다(Reeve, Bonaccio, & Winford, 2014). 이와 유사하게, 테크놀로지에 대한 이전의 경험은 즐거움처럼 테크놀로지에 긍정적으로 초점을 맞춘 감정과 정적인 관련성을 나타내고, 부정적으로 초점을 둔 감정과는 부적인 관련성을 전형적으로 보인다(예: Cheung & Sachs, 2006).

학습자 감정과 먼 선행 요소들: GBLEs의 감정적 설계 우리의 모형은 GBL의 특성이 학습자의 평가, 감정 전달, 신념 형성에 영향을 미침으로써 학습자의 감정에 영향을 미칠 수 있다고 가정한다([그림 5.3]의 화살표 9-11). 이는 감정적으로 바람직한 GBLEs를 창조할 수 있는 가능성을 높여줄 수 있다는 점에서 이에 대해 논의할 것이다. GBL의 감정에 대한 적응적이고 부적응적인 기능을 다룬 지식에 따라 설계가 결정되어야 하므로, 먼저 다른 감정들이 어떻게 게임의 활용을 촉진하거나 방해할 수 있는지 검토되어야 한다.

GBL을 위한 감정의 기능

CVT(Pekrun, 2006)와 ICALM(Plass & Kaplan, 2016)의 일부로서 감정 효과에 대한 인지적-동기적 모형은 모두 감정이 인지적이며 동기적인 메커니즘([그림 5.3]의 화살표 7과 8)을 통해 학습 결과에 영향을 미친다고 주장한다. 이 아이디어는 정서 상태가 동기의 경향성 및 행동뿐만 아니라, 주의력 분산, 기억 용량, 정보의 인출과 문제해결처럼 학습과 관련된 인지 과정에 영향을 미친다는 연구에 근거를 두고 있다(Barrett, Lewis, & Haviland-Jones, 2016). 우리는 특히 중요한 네 가지 메커니즘을 살펴보고자 한다.

동기적 처리 과정 긍정적 활성화 감정([표 5.1])은 동기 에너지를 동원하고 학습을 촉진할 수 있다. 특히 게임 참여 중의 즐거움과 호기심은 학습 과제에 대한 노력 투입을 강화할 수 있다(예: Vogl et al., 2019). 어려운 과제를 완수했다는 자부심을 느끼고 게임의 다음 단계에 도전하면서 희망을 느끼는 것과 같은 긍정적인 결과 감정 또한 학습 동기의 강력한 원천을 제공할 수 있다. 이는 다른 사람들을 동경하는 것처럼 긍정적인 사회적 성취 감정에도 적용될 수 있다.

동기의 부정적 효과는 GBLEs가 가진 단조로운 내러티브 구조로 유발되는 지루함, 또는 과제를 완수하고 게임을 진행하는 과정의 반복적인 실패로 발생하는 무기력 같은 부정적 비활성화 감정으로 나타날 것이라 예상된다. 특히 지루함은 자신의 게임 아바타에 설정된 개인화 기능으로 게임을 즐기거나(Snow, Jackson, Varner, & McNamara, 2013) 시스템을 활용해 게임을 하는 것과 같이 과제 이외의 행동에 참여하려는 경향성을 증가시킬 수 있다. 즉, "자료를 학습하려는 시도보다는 시스템의 도움과 피드백 기능을 활용하여 교육 환경에서 성공"하려는 것이다(Baker et al., 2008, p. 186). 학습 활동에서 벗어나서 시스템을 활용해 게임을 하는 모습은 지능형 튜터링 시스템이나 온라인 수업 양식뿐만 아니라, 재미있는 활동과 심미적으로 매력적인 설계로 학생을 참여하도록 만드는 학습 게임에서도 흔히 관찰된다(Baker, D'Mello, Rodrigo, & Graesser, 2010; Loderer et al., 2018). 긍정적인 비활성화 감정과 부정적인 활성화 감정은 종종 여러 동기적 효과를 가진다. 예상 밖의 성공에 대한 안도감과 같은 긍정적인 비활성화 감정은 노력을 투입하려는 즉각적인 동기는 약화시킬 수 있지만, 개인이 성취 목표에 집중하는 수준을 강화하고 장기적으로 학습 과제에 다시 전념하도록 만들 수 있다. 불안과 수치심처럼 부정적인 활성화 감정은 학습에 대한 내재적 동기를 약화시킬 수 있는 반면, 노력을 증진하고 실패를 회피하려는 외재적 동기를 유발할 수 있다. 이러한 현상은 교실(Turner & Schallert, 2001)과 다양한 디지털 학습 환경(Loderer et al., 2018) 모두에서 관찰된 바 있다. 타인의 성취에 대한 반응으로서 분노나 부러움 역시 학생들이 학습하고 또래들보다 우수한 성취를 보이려는 동기를 보다 형성시킬 수 있다.

인지적 자원 인지부하이론(cognitive load theory)(Sweller, 1994)은 물론 감정의 자원 분배 모형(resource allocation models of emotion)(Ellis & Ashbrook, 1988)은 감정이 외부의 인

지적 부하를 일으킨다고 제시한다. 즉, 감정은 작업기억 자원을 필요로 하는데, 이러한 자원은 복잡한 과제를 수행하는 데에 사용할 수 없다. CVT와 ICALM은 감정의 대상 초점을 고려하여 좀 더 미묘한 관점을 제안한다. 주말 계획을 떠올렸을 때 유발되는 즐거움이나 제대로 작동하지 않는 테크놀로지에 대한 좌절감처럼 과제 외부에서 기인한 감정은 주의집중을 방해한다. 이와 대조적으로, 학습 활동을 대상으로 하는 즐거움이나 호기심은 과제 완수에 주의를 집중시키도록 만든다. 시선 추적을 활용하여 주의력을 측정한 멀티미디어 학습에 대한 연구는 학습에 앞서 자전적 기억을 회상시켜 유도된 긍정적 감정은 주의를 분산시키고 학습을 방해할 수 있음을 보여주었다(Knörzer, Brünken, & Park, 2016). 그러나 멀티미디어 환경의 시각적 요소로 유도되는 긍정적 감정 상태는 자기보고식으로 측정된 인지부하를 줄일 수 있고(Plass, Heidig, Hayward, Homer, 2014; Um, Plass, Hayward, & Homer, 2012), 관련된 정보에 주의 집중을 유지시킬 수 있다(Park, Knörzer, Plass, & Brünken, 2015). 또한 최근 연구는 멀티미디어 학습 환경에서 교수용 텍스트와 함께 장식용 그림들을 제시함으로써 긍정적인 정서적 변화를 만들고 학습해야 할 자료의 내용과 밀접하게 연결시킨다면, 학습에 유익할 수 있음을 확인하였다(Schneider, Dyrna, Meier, Beege, & Rey, 2018).

이러한 긍정적 효과는 *매력적인 세부 요소*(seductive details)들이 학습에 미치는 부정적 효과와는 대조적이다(예: Lehman, Schraw, McCrudden, & Hartley, 2007). 심미적 설계를 구성하는 속성들 중 일부가 어떻게 긍정적 효과를 가지는지 설명하는 한 가지 방식은 이들 속성이 낮은 강도의 긍정적 분위기를 촉진하여 학습 자료로부터 주의를 분산시키지 않고 집중을 유지하도록 학습자의 동기를 증진시킬 수 있다는 것이다(Park, Flowerday, & Brünken, 2015).

기억 과정과 학습 전략 감정은 GBLEs에서 다루는 다양한 콘텐츠 처리 방식을 촉진한다. 기분에 대한 실험 연구에 따르면 긍정적 상태는 하향식이고, 관계적이며, 유연한 처리를 촉진하는 반면, 부정적 상태는 상향식이고, 분석적이며, 보다 엄격한 사고를 유도한다(Fiedler & Beier, 2014). 하나의 시사점은 감정이 학습 자료의 기억과 회상에 영향을 미친다는 것이다. 긍정적 감정은 기억에 포함된 정보의 통합을 강화시킬 수 있는 반면, 부정적 상태는 한 단위의 정보를 처리하는 정밀도를 높일 수 있다(Spachtholz,

Kuhbandner, & Pekrun, 2014; 또한 회상하려는 정보의 망각에 미치는 정서적 영향에 대해서는 Kuhbandner & Pekrun, 2013 참고). 이는 GBL의 사례에서도 마찬가지일 것이다.

이러한 이유로 긍정적 활성화 감정은 정교화, 자료의 조직화, 또는 비판적 사고와 같이 유연하고 심층적인 학습 전략의 사용을 촉진할 것이다. 그러나 혼란과 같은 부정적인 활성화 감정은 게임을 하는 도중 인지부조화를 경감시키기 위한 수단이 되어 비판적 사고와 정교화 과정을 촉진할 수도 있다. 불안이나 수치심과 같은 부정적인 활성화 감정은 자료를 엄격하게 시연하는 행동을 주로 촉진할 수 있다. 이와 대조적으로, 비활성화 감정은 어떤 전략적 노력이라도 방해하여 피상적 처리가 이루어지도록 만들 수 있다. 특히 지루함이나 무기력처럼 부정적인 비활성화 감정이 이런 경우에 해당될 수 있다.

전통적인 학습 환경(Pekrun & Linnenbrink-Garcia, 2014a)뿐만 아니라 디지털 학습 환경(Artino & Jones, 2012; Loderer et al., 2018; Plass et al., 2014; Um et al., 2012)에서도 이를 뒷받침하는 증거를 찾을 수 있다. GBL과 관련하여, Sabourin과 Lester(2014)는 학생들의 감정이 *Crystal Island*의 미스터리를 해결하는 전략 탐색에 어떻게 관련되어 있는지 보여주었다. 즐거움과 호기심을 보고하는 학생들은 혼란이나 지루함을 경험한 학습자들에 비해 목표와 관련된 정보를 수집하고 의미 있는 가설을 검증하면서 보다 효과적으로 문제해결에 참여하였다. 문제해결의 효율성(즉, 실험에서 테스트를 시도한 횟수, 해결책을 추론하는데 소요된 시간)과 호기심은 정적으로, 지루함과는 부적으로 관련성을 나타냈다.

학습의 자기조절 자기조절에는 과제의 요구와 개인적 목표에 부합하도록 사고와 행동을 적응시키는 유연성이 필요하다(Azevedo, Johnson, Chauncey, & Burkett, 2010). 이는 개방형 환경을 제공하는 사례처럼 학습자가 자신의 학습을 관리하도록 이끄는 GBLEs에서 특히 중요하다. 긍정적인 활성화 감정은 유연한 전략 사용을 촉진하므로, 학습의 자기조절을 촉진할 것으로 예상된다. 불안이나 수치심과 같은 부정적 감정은 외부의 안내에 의존하도록 만든다. 반면, 부정적인 비활성화 감정은 학습에 대한 전반적인 참여를 감소시킬 가능성이 있다. 이처럼 즐거움과 호기심은 학습자의 자기조절에 정적으로, 지루함은 부적으로 관련된 것으로 확인되었다(Artino & Jones, 2012; Muis, Psaradellis, et al., 2015; Pekrun et al., 2002).

학습 결과 학습에 대한 다양한 기능적 메커니즘에서 감정의 다면적 영향을 고려하면, 학습 결과 전반에 미치는 감정의 영향은 복잡하게 나타날 수밖에 없다. 순수 효과는 감정에 의해 촉발되는 과제 요구, 학습자 특성(예: 작업기억 용량, 자기조절이 이루어지는 GBL에 필요한 전략들), 여러 인지적이고 동기적인 절차들 사이의 상호작용에 따라 달라질 수 있다. 긍정적인 활성화 감정은 대부분의 조건에서 학습을 강화시킬 수 있다. 이에, 우리의 메타분석 결과를 살펴보면 GBLEs를 포함한 다양한 테크놀로지 기반 환경에서 즐거움과 호기심은 성취와 정적으로 유의한 관계를 보여주었다(Loderer et al., 2018). 반면, 지루함과 같이 부정적인 비활성화 감정은 일반적으로 학습에 방해가 된다(Tze, Daniels, & Klassen, 2016).

긍정적인 비활성화 감정과 부정적인 활성화 감정이 성취에 미치는 효과를 예측하기는 보다 어렵다. 긍정적인 비활성화 감정은 과제에 대한 주의력과 전략적 노력 수준을 감소시킬 수 있지만, 학습에 대한 장기적인 동기는 증가시킬 수 있다. 이러한 메커니즘의 상호작용이 전반적인 성취를 촉진하는지 또는 감소시키는지에 대한 연구문제는 아직 해결되지 않았다. 부정적인 활성화 감정은 과제와 관련된 사고를 자극하고 학습에 대한 내재적 동기를 약화시킨다. 반면 외재적 동기를 증진시키고 내용의 시연을 촉진할 수 있는데, 이는 규칙 암기와 같이 특정한 GBLE 과제에 도움이 될 수 있다. 그러나 인지적 결과에 대한 감정의 영향은 부정적일 가능성이 높다(Goetz & Hall, 2013).

요약하면, 감정은 학습의 단순한 부산물이 아니라 중요한 원동력이다. 그러나 학습에서 즐거운 감정과 긍정적인 효과, 그리고 불쾌한 감정과 부정적인 효과를 각각 단순히 동일시한다면 감정이 GBL에 영향을 미칠 수 있는 복잡한 방법들을 적절하게 포착하기 어렵다.

5 이론적 결과들

감정, 선행 요인 및 결과 간의 피드백 고리 우리의 모형은 감정, 감정의 선행 요인, 그리고 감정의 결과가 상호 인과관계로 연결된다고 제안한다([그림 5.3]의 화살표 12-17; Pekrun, 2006 참조). GBLEs와 학습자의 특성은 개인의 평가와 감정 전달을 통해 감정을 형성하고, 이로써 이들 감정은 학습에 영향을 미친다. 하지만, 감정은 학습자의 평가에도 피드백이 되어 영향을 미칠 수 있다. 예를 들어, 게임 콘텐츠에 호기심을 느끼면 이러한 콘텐츠의 내재적 가치에 대한 평가가 향상될 수 있다. 더욱이, 학습 활동과 그 결과는 감정과 그 선행요인에 상호 영향을 미친다(Pekrun, Lichtenfeld, Marsh, Murayama, & Goetz, 2017). 학습에서의 성공과 실패는 학습자의 유능성에 대한 믿음과 이러한 믿음으로 유발되는 감정의 결정적인 원천이다.

교실 맥락에서 학습자가 표현한 감정과 학습자의 성취는 도구적 행동(예: 적절한 학습 과제의 설계)뿐만 아니라 감정적 반응(예: 연민)을 포함한 교사나 동료의 반응을 만들 수 있다. 이와 유사하게, GBL이 이루어지는 동안의 게임 사용자들이 느끼는 감정은 감정적으로 표현된 가상의 교수자나 동료, 또는 실제의 교수자나 동료들과 상호 영향을 주고받을 수 있다. 정서-인식(affect-aware) GBLEs은 학습자의 인지적, 동기적, 또는 정서적 상태에 대한 실시간 진단을 근거로 비효율적인 학습에 대처하거나 적응적인 감정을 유지시키기 위한 교정을 제공한다(Calvo & D'Mello, 2012). 따라서 학습자의 감정은 동시에 반응하는 GBLEs의 환경 설정에 서로 영향을 미치고, 이어서 감정 변화의 궤적을 만들어 낼 수 있다([그림 5.3]의 화살표 18-23).

학습 중 감정의 맥락적 구체성과 상대적 보편성 감정 평가의 선행 요소와 학습 결과 사이의 관련성을 포함하는 감정의 기능적 메커니즘은 개인, 성별, 주제 영역, 문화 및 다양한 학습 환경에 걸쳐 보편적이라 여겨지므로, 우리는 일반적인 감정 연구로부터 GBLEs에 적용할 수 있는 통찰을 확장하였다. 감정의 기본적인 기능은 인류의 심리적 기관이 가진 종-특수적 속성의 범위에서 벗어날 수 없다는 점에서, 감정 경험의 기본 과정은 인간의 순수하고 보편적인 특성이다(Pekrun, 2018).

그러나 개인마다 감정 전달에 대한 평가 및 감수성이 다를 수 있으므로 객관적으로 유사한 사건이라도 다르게 반응할 수 있다. 감정적 기능의 이러한 특성 역시 CVT에 의해 설명되는데, 개인차, 학습 환경 및 문화의 기능에 따라 감정의 발생률, 강도, 감쇠율이 달라질 수 있음을 강조한다. GBLEs에서 경험된 감정과 비교하여 다른 환경에서 경험된 감정에 차이가 나타나는 것이 대표적 사례이다. 종종 즐거운 학습은 효과적으로 적응한 상태로 묘사되는데, 이는 게임으로 학습하는 학생이 표준적인 훈련을 받은 학생보다 더 많은 즐거움을 보고한다는 연구 결과로 뒷받침된다(예: Jackson & McNamara, 2013). 즐거움을 유발하는 변인들은 보다 호의적인 평가를 유도하므로, 이러한 차이는 두 환경에 대한 서로 다른 인식과 관련이 있을 수 있다.

상대적 보편성을 다룬 연구들은 감정의 수준이 학문 영역, 성별, 환경(예: 숙제 vs. 교실 학습) 및 문화에 따라 다를 수 있음을 확인하였다. 그러나 통제력과 가치의 평가 및 성취에 대한 감정의 연관성은 이러한 차원에서 크게 달라지지 않는다(Pekrun, 2018의 개관 참조). 마찬가지로 Loderer 등(2018)의 메타분석에 따르면, 학습 결과뿐만 아니라 감정과 평가 간의 관계는 테크놀로지기반 학습 환경, 성별, 문화적 맥락의 유형에 따라 크게 달라지지 않았다. 정리하면, 이전 세션에서 정리된 감정의 인과관계 메커니즘은 정서적으로 바람직한 학습 환경을 설계하는 데에 일련의 기본 지침들을 제공한다. 다음으로 우리는 게임기반 환경에서 이러한 기능을 실현할 수 있는 방법에 대해 논의할 것이다.

6 GBLEs의 감정적 설계를 위한 시사점

학습 게임은 재미를 추구하는 플랫폼으로 콘텐츠와의 즐거운 상호작용을 제공함으로써 학습 결과를 향상시키는 것을 목표로 한다. 이러한 상호작용은 기대하는 효과를 얻도록 신중하게 설계되어야 한다(Plass et al., 2015). 보상 시스템과 같은 게임 요소를 지루한 활동이나 엉성하게 구성된 과제에 추가하는 것만으로는 실질적으로 혼란과 지루함을 일으키고, "초콜릿이 덮인 브로콜리"로 종종 묘사되는 애매한 환경을 만들 뿐이다(Laurel, 2001). GBLE 설계가 학습자의 감정에 미치는 영향에 대한 연구는 여전히 희소하지만, 메타분석 결과에 따르면 일반적으로 학습 게임 참여 중의 동기와 게임을 활용하지 않는 교육 중의 동기 간의 차이는 작지만 유의한 수준으로 나타난다(Clark, Tanner-Smith, & Killingworth, 2016: $\bar{g}$ = 0.35; Wouters, van Nimwegen, van Oostendorp, & van Spek 2013: $\bar{d}$ = 0.26).

학습자들의 신념, 디자인 선호도, 선행 지식은 다양하므로 다른 감정적 반응을 나타낸다. 또한 학습은 특히 복잡한 학습 중에 기쁨, 불안, 혼란, 좌절을 느끼는 자연스러운 단계를 포함한다. 그러나 연구에 의하면 감정적 설계 원리를 적용하면 모든 개인의 학습을 향상시킬 수 있다(Plass & Kaplan, 2016). 이 세션에서는 GBLE 설계가 학습자의 감정에 어떻게 영향을 미치는 논의하고([그림 5.3]의 화살표 9-11과 18-23) 감정의 관점에서 게임을 설계하는 일반적인 원칙을 도출하고자 한다. Plass 등(2015)의 접근에 대한 소개에 이어서, 시각적으로 심미적인 설계, 음악 구성, 게임 메커니즘, 내러티브, 인센티브 시스템의 효과에 대해 설명할 것이다.

시각적으로 심미적인 설계

학습자들이 교육용 게임에서 주목하는 최우선 특징 중 하나는 "외관(look)"이다. Egenfeldt-Nielsen, Smith와 Tosca(2008, p. 129) 연구에 따르면, 시각자료는 "분위기를 더하고, 현실감을 제공하며, 일반적으로 세상을 살아있는 것처럼 보이도록 만든다". 우리의 메타연구 결과, 학습자의 호기심은 학습 환경의 심미적 설계에 따라 달라졌다(Loderer et al., 2018). 시각적인 GBLE 설계는 피상적 속성을 다루는 것으로 보일 수 있으나, 학습자들은 전반적인 외관과 느낌이 매력적이지 않다면 특정 게임을 중단하거나 아예 선택하지 않을 수 있다(McNamara et al., 2010).

감정과 관련된 시각 디자인의 기본적인 속성에는 모양과 색상이 포함된다. 색상은 기분(mood)에 영향을 미친다. Wolfson과 Case(2000)는 따뜻한 빨간색은 시원한 푸른색보다 강한 느낌을 유발한다는 증거를 제시한다. Um 등(2012)은 밝고 채도가 높은 따뜻한 색상(노랑, 분홍, 주황)을 멀티미디어 학습 환경에 반영하면 무채색을 사용하는 중립적 환경에 비해 학습자의 긍정적 감정을 증진시키고 지식의 전이뿐만 아니라 이해도를 높여준다는 사실을 발견하였는데, 이 결과는 Mayer와 Estrella(2014)의 반복실험 연구를 통해 재검증되었다. 반면 다른 연구 결과들은 빨간색이 성취 맥락에서는 "위험"이나 "실패"(Elliot, Maier, Moller, Friedman, & Meinhardt, 2007; Gil & Le Bigot, 2016)의 신호가 될 수 있어 부정적인 감정을 유도하는 반면, 녹색은 희망, 성장, 성공과 같은 긍정적인 관련성을 유발할 수 있다고 제안한다(Lichtenfeld, Elliot, Maier, & Pekrun, 2012). 더욱이, 아동들은 밝은 색상을 긍정적인 감정과, 어두운 색상을 부정적인 감정과 연결시키는 경향이 있다(Boyatzis & Varghese, 1994). 그러나 여기에는 색상 선호에 대한 문화적, 개인적 차이가 있을 수 있으므로 개인의 취향에 맞게 색상 체계를 적용하는 것이 유용할 것이다(Taylor, Clifford, & Franklin, 2013). 이러한 경향은 아이콘이 사용자의 자율성을 매개로 지각된 통제력과 내재적 가치를 향상시켜서 학습의 즐거움을 증진시키는 것과 같은 방식으로 학습자가 설계 요소들을 수정할 수 있는 시각적 설계 요소로 확장될 수 있다(Cordova & Lepper, 1996).

형태의 설계 역시 학습자의 감정에 영향을 미칠 수 있다. Plass 등(2014)은 멀티미디어 학습 환경에서 둥글고 얼굴처럼 생긴 형태가 긍정적인 감정을 유발한다는 사실을 보여주었다. 둥근 형태는 인간의 얼굴 생김새와 유사하고 순수함, 안전함, 정직함 등 아기와 같은 긍정적 속성과 닮아 있기 때문일 것이다(아기얼굴편향, baby-face bias; lass & Kaplan, 2016 참고). 또한 형태와 색상은 대비를 강조하며, 학습자가 숙달과 개인적 통제를 경험하도록 도와서 긍정적인 감정은 증가시키고 부정적 감정은 감소시키도록 주의를 유도하는 역할을 할 수 있다. 이는 과학 현상을 역동적인 시뮬레이션으로 학습하는 고차원적 시각 효과에도 적용된다(Plass, Homer, & Hayward, 2009).

비슷한 맥락에서, 일부 환경에서 사용되는 캐릭터의 시각적 외관은 학습자의 감정을 조절할 수 있다. 이는 일반적인 심미적 규칙을 단순히 준수하는 것뿐만 아니라 학습자와 캐릭터 사이의 지각된 유사성을 조작하여 이루어질 수 있다(Domagk, 2010). 신체적 매력은 물론, 현실적이고 실물처럼 보이는 디자인과 동작은 가상 캐릭터에 대한 학습자의 정서적 반응에 긍정적인 영향을 미칠 수 있다(Shiban et al., 2015). 학습자에게 자신과 성별, 전문성이 유사한 캐릭터(즉, 동료 vs. 전문가 캐릭터)는 보다 긍정적인 평가를 받으며, 학습자의 긍정적 감정을 증진시키는 데에 보다 효과적이다(Arroyo et al., 2013; Baylor, 2011). 학습자가 가상의 자아(예: 아바타)를 창조할 수 있는 GBLEs에서 개인 취향에 맞게 아바타의 설정을 바꾸는 능력은 사용자가 아바타들을 식별하는 데에 긍정적인 영향을 미치고(Turkay & Kinzer, 2014), 시각적 표현의 충실도는 게임에 대한 일반적인 학습자의 정서적 몰입도의 강도에 영향을 미칠 수 있다(Yee & Bailenson, 2007). 그러나 판타지 세계나 허구적 세계에 기반을 둔 게임에서는 사용자의 사실성이 정서적으로 그다지 도움이 되지 않을 수 있다.

음악 구성

GBLEs는 종종 내러티브에 활기를 불어넣기 위해 소리와 음악에 의존한다. 청각 자극은 감각 경험을 확장하여 학습자의 즐거움을 증가시킬 수 있다. 더욱이 음악은 직접적으로 리드미컬한 동조(entrainment)를 통해 감정에 영향을 미치거나, 감정적 어조로 유발되는 현실의 사건들과 연계됨으로써 감정에 영향을 미칠 수 있다. 청각적 피드백을 추가하면 특정한 오디오 속성과 상관없이 게임에서의 지각된 유쾌함을 높일 수 있다(Nacke, Grimshaw, & Lindley, 2010). Husain, Thompson과 Schellenberg(2002)는 참가자들을 모차르트 소나타의 몇 가지 변주곡에 노출시켰는데, 이로써 빠른 박자는 지각된 각성 수준을 증가시키는 반면, 선법(mode)(장조 vs. 단조)은 감정가(emotional valence)에 영향을 미친다는 사실을 발견하였다. 긍정적인 활성화 감정(상태)은 특히 인지적 수행에 도움이 된다는 점에서, 빠른 장조 음악을 들을 때 공간능력 과제에 대한 즐거움 등급과 이어지는 수행 수준이 가장 우수했다.

긴밀하게 연계된 설계의 특징 중 하나로 논플레이어 캐릭터(nonplayer characters, NPCs)[2]의 목소리를 꼽을 수 있다. Baylor는 "연구 결과, 사회적 존재감을 향상시키는 데에는(컴퓨터로 생성한 것이 아닌) 인간의 음성을 사용하는 것이 바람직"하며, 보다 매력적으로 지각된다는 점에서 사용자가 조정할 수 없는 캐릭터 설계 시 "인간의 음성을 사용하는 것이 흥미를 향상시킬 수 있다"고 주장한다(Baylor, 2011, p. 295). Nass와 Brave(2005)의 연구에 따르면, 실제적이고 유쾌한 음성을 구현하기 위해 주목해야 할

---

2 게임에서 사용자가 직접 조작하지 않는 캐릭터

주요 속성은 (1) 음량, (2) 음높이와 운율, (3) 발화의 속도이다. 더욱이, 목소리는 감정적 전염을 일으켜 학습자에게 감정을 옮길 수 있다. 예를 들면, 게임 안에서 탐색 활동 착수에 흥분하는 목소리를 내는 캐릭터는 학습자들이 이러한 긍정적인 감정 활동에 동참하도록 유도할 수 있다.

GBLEs의 음향적 특성은 게임 안에서 상대편이 접근하는 것처럼(Collins, 2009; Pawar, Hovey, & Plass, 2017) 중요한 내용과 감정적 사건에 주의를 유도하는 효과에도 영향을 미칠 수 있다. 시각적으로 제시된 정보와 통합하여 설명해야 한다면(예: 다이어그램), 일반적으로 시각 양식보다 청각 양식으로 제시하는 것이 더 기억이 잘 되는데, 특히 시각적·청각적 정보 자원을 모두 이해해야 하고 상호보완적 관계를 가진 경우 그렇다(예: Fiorella, Vogel-Walcutt, & Schatz, 2012). 또한 소리는 과제 수행에 대한 피드백을 제공하고 학습자가 실수를 인식하도록 만드는 데에 사용될 수 있다. 이러한 소리 피드백은 실패를 너무 심각하게 여기지 않도록 만들거나 성공을 축하하는 표시를 추가하는 데 사용될 수 있으므로, 긍정적 감정을 유도할 수 있다.

게임 메커니즘

게임 메커니즘은 게임 전반에 걸쳐 학습자에게 제공되는 일련의 규칙과 활동을 의미한다(Ke, 2016; Plass et al., 2015). 명시적으로 드러난 게임 메커니즘과 기본 학습 목표(예: 연습할 기술) 사이의 전반적인 일치, 과제 명료성, 과제 요구, 스캐폴딩, 사회적 상호작용이 핵심적인 차원을 구성한다. 이러한 과제 속성은 실제 완수와 지각된 유능감 모두에 강한 영향을 끼친다는 점에서 게임이 진행되는 동안 학습자의 감정에 영향을 미칠 수 있다.

게임 메커니즘과 학습 내용 잘 개발된 학습 게임은 지향하는 학습 메커니즘을 포함하고 있어야 하는데, 학습 메커니즘은 학습 이론에 근거하여 정보를 활용하고 이에 상응하는 게임 메커니즘을 예로 들어 설명되어야 한다(예: 게임 속 캐릭터의 집을 짓는 구성과 연계하여 각도 계산하기, Plass et al., 2012). 학습 게임 설계자들은 학습자에게 학습 자료와 효과적으로 연계될 수 있는 기회를 제공하는 활동을 개발할 필요가 있다. 목표한 학습 결과와 게임 메커니즘이 제공하는 실제 학습자의 활동 사이에 나타나는 불일치는 인지적 효과성을 제한하고 자기효능감을 경감시키며 좌절과 같은 부정적인 감정을 유발하는 위험을 초래한다.

과제 명료성과 과제 요구 이미 알려진 제약 조건들(예: 한정된 작업기억 용량)을 고려하고 외재적 인지부하를 줄여 정보처리를 촉진한다면 이해 수준이 향상될 수 있다(Plass et al., 2009). 이해를 쉽게 한다는 것은 높은 자기효능감을 가진 것으로 해석되므로, 과제의 명료성을 높이면 정서적으로 이점을 얻게 된다. 예를 들어, 게임 설계자들은 심적 노력을 덜 요구하도록 상징적 정보보다는 아이콘으로 표현된 정보를 활용하여 핵심 정보를 나타낼 것이다(Plass et al., 2009).

과제의 상대적 난이도 역시 학습에 대한 지각된 통제력에 영향을 미칠 수 있으며, 과제의 요구와 학습자의 역량을 서로 일치시키는 것은 학습자의 학습 게임에 대한 평가에 영향을 미치므로 결과적으로 감정에 영향을 미칠 수 있다. 너무 높거나 낮은 수준의 요구는 지루함을 유발하므로 과제의 내재적 가치를 감소시킬 수 있다(Pekrun, 2006). 그러나 높은 요구 수준으로 유발된 인지적 교착상태는 학습 이득을 증가시킬 수 있다. D'Mello, Lehman, Pekrun과 Graesser(2014)는 *Operation ARIES!*의 수정 버전을 이용하여 과학적 추론 훈련 시 가상의 캐릭터들 간 의견 불일치를 단계적으로 일으켜서 혼란을 유도하였고, 이로써 기억과 지식 전이를 증진시켰다. 혼란은 예상 밖의, 사실과 대치되거나 모순적인 정보와 잘못된 피드백, 그리고 학습자의 현재 기술 수준을 넘어서는 과제를 제공할 때 유발될 수 있다. 반면, 혼란은 해결 활동으로 이어져서 생산성을 높여야 하며, 이때 학습자는 혼란을 해결할 수 있는 능력을 갖추고 필요시 GBLE의 적절한 스캐폴딩을 제공받을 수 있어야 한다(D'Mello, Blanchard, Baker, Ocumpaugh, & Brawner, 2014, p. 41).

스캐폴딩 인지적 스캐폴딩(cognitive scaffolding)에는 과제 난이도의 조정, 내용의 반복, 보충 설명의 제공, 게임 공간에서 정보를 구조화하고 탐색을 촉진하기 위한 선행조직자(advance organizer)의 사용, 게임 캐릭터가 제공하는 도움 메시지의 활용이 포함된다(Arroyo, Muldner, Burleson, & Woolf, 2014). 메타인지 스캐폴딩(metacognitive scaffolding)은 학습자에게 효과적인 문제해결(예: 힌트 제공, 문제 진술문을 바꿔서 다시 안내하기)을 안내하고, 학습자가 비효율적인 전략은 수정하며(예: "다시 생각해보자: 이 문제를 해결하기 위해 우리가 다음 단계로 수행해야 할 것은 무엇인가?" Arroyo et al., 2014, p. 82) 목표 설정 및 자기 점검을 하도록 유도하는 것이다. Loderer 등(2018)의 메타분석에 따르면, 스캐폴딩은 학습에 대한 지각된 통제력에 긍정적인 영향을 미치므로 더 높은 수준의 즐거움을 유발하였다.

　　하지만 이러한 개입 정도는 숙달 인식에 미치는 효과를 조정할 수 있다. 학습에 접근하는 방식을 자주 변경하라고 주의를 주거나 요청하는 것이 자기조절을 촉진하기보다 방해할 수 있으며, 지각된 자율성과 지각된 통제력을 잃도록 만들 수 있다. 따라서, 학습자의 인지적 상태를 추측해내는 지능형 게임에서는 학습 속도뿐 아니라 선행지식에서의 개인차가 드러나며, 필요한 경우에만 제한적으로 학습자를 "간섭한다"(Janning, Schatten, & Schmidt-Thieme, 2016). 학습자가 통제할 수 있는 문제를 선택하도록 허용하는 알고리즘의 개발은 게임화된 지능형 튜터링 시스템이 기대하는 방향이며, 여기에는 개방형 학습자 모형(open learner models)(예: 학습 진도에 대한 시스템의 분석 내용을 시각화; Long & Aleven, 2017 참고)이나 맞춤형 단서의 제공(예: "당신에게는 너무 쉽습니다. 다음에는 보다 어려운 문제에 도전하세요. 더욱 흥미롭고 학습 증진에 도움이 될 것입니다!" Arroyo et al., 2014, p. 81)이 포함된다. 이러한 스캐폴딩은 학생들이 너무 많은 자율성을 가져서 부담을 느낌으로써(예: 계획과 모니터링 능력의 부족으로 발생) 통제력을 잃는 상황을 방지하는 데에 도움이 될 수 있다.

　　사회적 상호작용 게임에는 동료 사용자들이나 가상의 캐릭터들과의 사회적 상호작용이 포함될 수 있다. 사회적 상호작용은 두 가지 방식으로 학습자의 감정에 영향을 미칠 수 있다. 첫째, 대화 상대 사이의 전염과 공감을 통해 서로에게 영향을 미친다. 이는 모델링(예: "이거 재미있어 보인다!"와 같은 열광적 표현과 감탄사), 동시에 나타나는 공감(즉, 학습자의 상태를 복제하기), 반응적 공감(즉, 학습자의 상태를 변화시키기 위해 학습자와 다른 감정을 보여주기)을 통해 학습자의 감정 조절이 가능하도록 만든다. 앞서 묘사한 캐릭터 설계의 특징들은 이러한 개입의 효과에 중요한 조정 역할을 할 수 있다. 예를 들면, 현실적인 캐릭터는 보다 설득력을 가진 역할모델을 제공함으로써 더욱 강력한 개입이 이루어지도록 할 수 있다.

둘째, 사회적 교류 기회는 학생들의 소속감에 대한 욕구를 충족시켜 게임을 보다 즐겁게 만들 수 있다(Sheldon & Filak, 2008). 그러나 긍정적인 감정을 형성하는 데에 사회적 접촉 자체만으로는 충분하지 않을 수 있는데, 지각된 상호작용의 질이 핵심적인 관건이 된다(Heidig & Clarebout, 2011). 지지적이고 공감을 동반하는 상호작용이 가장 유익할 것이다. 예를 들어, 지시문(예: "당신은 x를 해결할 필요가 있어요."; Lane, 2016, p. 51) 대신 집단을 대상으로 한 설명(예: "우리가 x를 해결하는 것은 어때요?")을 활용하여 힌트를 전달하는 것처럼 정중한 "체면 세우기(face-saving)" 방법을 적용하는 것이 학습자의 정서적 반응에 긍정적으로 영향을 미칠 수 있다.

더욱이, 협동적이거나 경쟁적인 상호작용 구조는 학습 중 학생들의 목표에 영향을 미침으로써 감정에도 영향을 미칠 수 있다. 협동 방식과 경쟁 방식 모두는 개인 참여 방식에 비해 상황적 흥미와 즐거움을 향상시킬 수 있는데, 절차적 기술을 습득하는 상황이 아니라면 협력 방식이 가장 효과적이라고 여겨진다(Ke & Grabowski, 2007). 절차적 기술 습득의 경우에는 다른 사람들과의 협력과 협상이 수행과 경쟁을 감소시킬 수 있으므로 개인별 학습이 보다 강하게 효율적일 수 있기 때문이다(Plass et al., 2013). 경쟁은 수행-회피 목표(Murayama & Elliot, 2012)를 촉진할 수 있는데, 이 수행-회피 목표는 학습자가 발생 가능한 실패와 통제력 부족 상황으로 주의를 돌리도록 만들어 부정적 감정을 보다 강하게 이끌어낸다. 게다가 경쟁적 목표 구조에서는 일부 개인들이 실패를 경험해야 하고, 이로써 부정적인 감정을 경험할 "운명에 처해 있다"는 의미가 깔려 있다. 따라서 적절하게 스캐폴딩이 구성된 경쟁 활동이 마련된 협동 게임 방식은 학습자의 긍정적 감정을 유발하는 데에 가장 도움이 될 수 있다.

내러티브

잘 구조화된 내러티브(narrative)는 긴장감을 구축하여 주의집중을 유지시키는 동시에, 통상적인 에피소드 도식(episodic schemas)을 섬세하면서도 균형적으로 고수하여 다가오는 사건에 대한 기대감을 만든다는 점에서 사람들의 눈길을 사로잡는다(McNamara et al., 2010). 내러티브는 GBL에서의 즐거움을 증진시킬 수 있다(Cordova & Lepper,

1996). 효과적인 게임에는 학습이 맥락에 맞도록 관련성을 부여하고 게임의 규칙, 게임 속 캐릭터의 역할, 사건 및 인센티브를 연결하는 핵심적인 틀을 제공하는 매력적인 줄거리가 포함된다.

게임 줄거리의 성공 여부는 가르쳐야 할 지식이나 기술과의 연계성으로 판가름 날 수 있다. 이러한 연계 수준이 내러티브가 지니는 가치의 핵심이다(Ke, 2016). 그러나 메타분석 연구 결과에 의하면, 관련성이 부족하거나 제대로 개발되지 않은 줄거리를 사용한 게임이 관련성이 높고 잘 개발된 플롯을 가진 게임보다 더 우수한 학습 결과를 보여주는데, 이는 "구성이 빈약한 내러티브가 엄청나게 매력적인 반면, 구성이 단단한 내러티브는 지루할 수 있고"(Clark et al., 2016, p. 113) 학생들에게 너무 복잡하게 인식될 수 있기 때문이다. 따라서 내러티브의 접근성 및 오락성의 진정한 가치(예: 긴장감 조성, 유머 요소 포함)가 호기심과 즐거움을 유발하는 데에 보다 핵심 요인일 수 있다. 설득력을 가진 캐릭터의 인격을 만든다는 것은 의사소통 스타일(즉, 형식적인 vs. 구어체의)을 결정하는 작업과 관련되며, 이는 캐릭터의 특정한 기능적 역할(예: 전문가 vs. 동료 캐릭터나 주인공 vs. 상대 경쟁자; Johnson & Lester, 2016 참조)에 따라 달라져야 한다.

게임은 학습자가 게임 환경에 영향을 미치는 자신의 행동을 확인하도록 만드는 비선형적 내러티브 구조를 허용하는데, 이를 통해 지각된 통제력이 향상될 수 있다. 내러티브는 단순히 줄거리가 전개될 때가 아니라, 내러티브와 참여자의 선택 사이의 상호작용이 실제로 이루어질 때 가장 매력적일 수 있다(Dickey, 2015). 학습자를 내러티브 창조에 참여시키는 학생 중심 내러티브 설계는 지각된 자율성 및 지각된 통제력뿐만 아니라 게임에 대한 평가를 향상시킬 수 있다(Whitton & Hollins, 2016). 과제의 성공적인 완수 여부에 따라서 플롯 개발이 결정되는 만큼, 실패를 과도하게 강조하지 않고 피드백을 제공함으로써 잠재적인 실수가 학습자의 역량에 대한 인식에 미치는 유해한 효과를 줄일 수 있다.

인센티브 시스템과 피드백

학습 게임에는 학습자의 동기를 유지시키려는 특정한 인센티브(즉, 보상과 처벌)가 포함되어 있다. 인센티브 시스템에는 진도 표시줄, 점수 시스템, 배지(badge), 환경을 바꿀 수 있는 기회(예: 아바타의 등장), 또는 게임 단계와 가상의 상품에 접근하는 기회가 포함된다. 인센티브는 활동의 가치에 대한 학습자의 인식에 영향을 미친다. 통상적으로 인센티브는 게임 속 학습자의 수행에 따라서 좌우되므로, 인센티브에는 학습자의 지각된 통제력에 영향을 미치는 학습 진도에 대한 피드백 역시 포함된다.

게임 속 인센티브의 도구적 가치는 다양할 수 있다. 재미있는 추가 활동에 접근하거나 다음 단계로 새로운 내용이 열리는 보상은 본질적으로 의미 있는 내용을 통해 가치를 형성하는 데에 초점을 둔 것이다. 이러한 인센티브는 특히 흥미를 증진시켜 즐거움이나 호기심을 높이는 데에 도움이 될 수 있다(McNamara et al., 2010). 외재적 인센티브에는 획득한 포인트로 학습자가 아바타의 디자인이나 색상 톤을 바꾸거나 실시간 순위표(leaderboard)를 통해 다른 참여자와 점수를 비교·집계할 수 있는 보상이 있다. 이러한 인센티브 시스템은 외재적 보상으로 학습의 가치를 향상시킬 수 있다. 이 시스템은 내용에 대해 정서적으로 매력을 거의 느끼지 못하는 학습자들에게 중요한 방법을 제공하고, 흥미 가치를 형성하는 수단으로 활용될 수 있다.

인센티브가 강조하는 특정한 목표지향성에도 차이가 있을 수 있다. 성취를 정의하는 여러 다른 기준들은 개인주의적(숙달), 협력적, 또는 경쟁적(규범적, 상대적) 목표 구조를 암시할 수 있다. 이러한 구조는 점수 부여 규칙(예: 개인적 향상 vs. 다른 참여자보다 우수한 성과) 및 피드백 메시지(예: 올바른 해결책으로 개선하기 위해 참조하기 vs. 다른 참여자보다 우수한 성과 만들기)를 통해 공유될 수 있다. 숙달접근목표 또는 수행접근목표를 반영하는 인센티브와 피드백은 긍정적인 감정을 촉진할 수 있다(Pekrun, Cusack, Murayama, Elliot, & Thomas, 2014). 절대적인 숙달 기준 및 숙달접근목표는 학습자가 게임 활동의 내재적 가치에 집중하도록 이끌 수 있으므로 가장 바람직하다고 여겨진다. 그렇더라도 상대적인 규범적 기준(normative standards) 및 수행접근목표는 학습자가 학습 게임에 참여하는 도전을 하고 열광적으로 반응하도록 만들 수 있다.

Plass와 동료들이 수집한 증거에 의하면(Biles & Plass, 2016 참조), 사회적 비교에 초점을 둔 배지(예: "당신은 다른 참여자 대부분 보다 직각 규칙을 빨리 이해했습니다!")를 적용하는 것은 숙달목표 배지(예: "당신은 삼각형 규칙을 숙달했습니다!")의 적용보다 더 우수한 학습 결과를 가져올 수 있다. 숙달목표 조건에서는 게임 내용에 대한 상황적 흥미가 크다고 보고한 학습자들이 상황적 흥미가 적은 학습자들보다 우수한 성취를 보였다. 상황적 흥미는 수행목표 배지가 있거나 배지가 없는 조건에서의 수행에는 영향을 미치지 않았다. 이러한 연구 결과가 목표-점화(goal-priming) 인센티브와 흥미 사이의 상호작용을 보여주지만, 이러한 관계를 명료하게 정의하기 위해 보다 많은 연구가 필요하다.

숙달지향 피드백의 효과는 귀인 재교육에서 안내되는 통제력 증진 지시문으로 강화될 수 있다(Perry, Chipperfield, Hladkyj, Pekrun, & Hamm, 2014). Arroyo 등(2014)은 학습에 대한 통제 가능성과 노력의 중요성(예: "잘했어요! 시간을 가지고 이러한 질문에 올바른 답을 할 수 있을지 살펴볼까요?" Arroyo et al., 2014, p. 81)과 관련하여, 캐릭터가 전달하는 피드백에 집중하면 좌절이나 불안과 같은 부정적 감정을 경감시킬 수 있음을 보여주었다. 이러한 메시지는 통제에 대해 적응적인 평가를 하도록 이끌어서 학습자의 감정을 조절하려는 것이다. 지루함을 감소시키기 위해서 피드백의 초점을 학습 내용의 효용성 가치에 대한 평가에 맞출 수 있다(Harackiewicz & Priniski, 2018 참조).

추가로 두 가지 요소를 고려한다면, 학습자의 선택과 보상의 특징에 집중해야 할 것이다. 여러 보상들 중 특정 보상을 선택하면 지각된 자율성과 학습에 대한 통제를 증가시킬 수 있지만, 아바타를 수정하는 정도의 부수적인 요소에 대한 보상이 제공되는 경우 오히려 학습자의 이탈을 감수해야 할지 모른다(McNamara et al., 2010). 시각적으로 정교하거나 음향적 지원을 포함한 외재적 보상이 제시되면 정서적 매력이 향상되지만, 보상이 매우 빈번하게 제시된다면 학습 게임의 핵심 효과인 내재적 가치 형성을 방해할 수 있다(Abramovich, Schunn, & Higashi, 2013). 지속적으로 배지를 확보하여 전시하면서 학습자는 게임의 즐거움을 놓치고 성취 여부에 과도하게 가치를 둘 수 있는데, 이는 특히 고군분투하며 실패를 경험하는 학습자에게 부정적일 수 있다. Arroyo 등(2014)이 정리한 바와 같이, 단편적인 성취보다는 개별 학습자의 진도에 근거하여 피드백을 구성하고 인센티브를 부여하는 것이 이러한 쟁점을 완화하는 데에 도움이 될 수 있다.

정리하면, 정서적으로 효과적인 학습 게임을 만들기 위해서는 게임 설계에 여러 수준의 다양한 의사결정이 요구된다. 설계 전략은 감정의 여러 단계들에 배치된다. 이들 전략은 감정적 전염이나 공감을 가능하게 만드는 설계 요소를 활용하여 감정 그 자체뿐 아니라, 게임 메커니즘 및 과제, 내러티브 구조, 시각적·음향적 요소, 인센티브 구조의 적절한 구성을 실현한다. 이로써 학습자 감정의 선행요인을 집중적으로 공략하여 영향을 미칠 수 있다.

7 향후 연구의 방향

감정은 모든 학습 환경의 유형을 망라하여 학습을 가능케 하는 강력한 원동력이다. 그러나 학습 게임 및 게임 설계의 인지적 측면에 집중한 연구가 다수인 것에 비해 감정에 대한 연구는 뒤처져 있다. 우리는 GBL에서의 감정에 대한 연구의 향후 방향을 다섯 가지로 개관하고자 한다. 이러한 논의는 교육적 관점으로 바라본 감정 연구 분야 전반을 고려한 질문을 담고 있으며, 이 분야의 발전을 위해 협력적인 노력이 필요함을 시사한다(Pekrun & Linnenbrink-Garcia, 2014b; Plass & Kaplan, 2016).

감정 구성 영역의 명확화

향후 연구는 감정들의 내적 구조는 물론, 감정을 유사한 영역들과 차별화하는 경계에 대해 다룰 필요가 있다. 기쁨, 분노, 불안과 같은 감정은 감정 영역의 핵심적인 구인이지만, 메타인지적 감정처럼 불분명한 성격의 구인들도 있다는 사실에 대체로 합의가 이루어져 있다. 학습자 정서의 내적 구조를 이해할 때, 차원으로 구분하여 기술할지, 각각 별개의 감정으로 정의할지는 여전히 명료하게 결정되지 않았다. 이러한 구분에 따라 고려하는 감정의 세부요인들은 게임 설계에서 결정적인 차이를 만든다. D'Mello, Blanchard, Baker, Ocumpaugh와 Brawner(2014)는 정서에 민감한 교수 전략을 고안하려면 감정의 차원을 기준으로 접근하는 것보다 각각의 개별적인 감정을 다루는 것이 좋다고 제안하였다. 하나의 차원으로 분류되는 감정(예: 부정적 활성화 감정인 불안과 분노)은 각기 다른 조절 전략을 필요로 하는 선행 요소를 가지고 있을 수 있기 때문이다. 더욱이 감정을 정의하는 변인(예: 강도, 표현적 행동)은 개인과 문화마다 다를 수 있다는 점에서, 감정의 정의 및 감정 설계에 대한 어떠한 접근이라도 다양한 학습자 집단을 포괄하여 검증될 필요가 있다.

역동적이고 다양한 양식을 가진 감정의 측정

교육학 및 컴퓨터과학 연구자들은 생리학, 얼굴 표정, 주관적 느낌과 같은 다양한 "채널(channel)"을 고려하고, 학습 환경에 내재된 테크놀로지가 보다 총체적인 방식으로 다양한 감정 측정 방법을 검증하면서 온라인 평가의 실현에 상당한 진전을 이루어 냈다(D'Mello, Dieterle, & Duckworth, 2017). 이러한 방법들의 정확성에는 개선의 여지가 있지만, 향후 방향성은 바람직하다. 첫째, 자동화된 다중 채널 방법은 감정의 다중적인 구성 요소를 고려한다. 모든 감정 요소들에 의식적 접근이 가능한 것은 아니므로, 얼굴 표정이나 생리적 변화 과정을 측정하여 자기보고식으로 도출한 결과를 보완하는 것은 측정의 타당성을 향상시킬 수 있다. 둘째, 이러한 접근은 지속적인 실시간 평가로 학습자의 감정 추이를 보다 풍부하게 분석하여 감정의 역동적 특성을 고려하는데, 감정에 민감한 게임을 개발하는 데 핵심이 된다. 자동화된 방법은 학습의 자연스러운 흐름을 방해하지 않고 지속적인 감정의 평가를 제공하며, 사회적 바람직성과 같은 편향된 반응 가능성도 제거해준다.

GBLEs의 감정적 설계에 대한 평가

연구자들은 교실과 테크놀로지 모두에 기반을 두고 학습 환경이 감정적으로 바람직하게 형성되는 방법을 고려하기 시작하였다(Lester et al., 2014; Plass & Kaplan, 2016). 그러나 학습 게임의 설계 특성이 학습에 도움이 되는 감정에 미치는 영향을 이해하기 위해서는 보다 체계적이고 엄격한 평가가 필요하다. 어떤 설계를 선택하는지가 감정적으로 미치는 영향에 대해서는 게임 설계의 모든 수준(즉, 시각·음향 설계, 게임 메커니즘, 내러티브, 인센티브 구조; [그림 5.3] 참조)에서 보다 면밀한 검토가 요구된다. 이러한 작업을 통해 서로 다른 감정들 간의 전환과 영향이 검증되어야 하는 것이다. 예를 들면, GBLEs는 긍정적인 심미적 감정을 유발하는 큰 잠재력을 가지고 있으므로, 이러한 감정들이 학습 및 학습 지향적인 감정에 대한 학습자들의 내재적 가치도 증진시키는지 이해하는 것이 유용할 것이다. 또한 이러한 질문들에 대한 답변은 GBLE의 장식적 요소로 유발된 감정이 학습의 즐거움, 노력 투입에 대한 동기, 그리고 궁극적인 학습 결과를 촉진할 수 있는지 밝힘으로써, 매력적인 세부 요소들의 효과에 대하여 진행 중인 논쟁을 정리할 수 있을 것이다(Park, Flowerday, & Brünken, 2015).

GBLEs의 감정적 설계를 위한 개인간-개인내 요소의 고려

교육심리학 연구의 다수는 개인간(between-person) 분석에 치중해 왔는데, 감정 연구도 예외는 아니다. 개인간 공분산(covariation)에 근거한 분석은 개인차 검증에는 매우 적합하지만, 시간 경과에 따라 한 개인 안에서 발생하는 변화를 이해하는 데에는 기여하기 어려우며 개인 내 변인들의 변화를 예측하거나 서로의 인과관계를 적절하게 설명하지도 않는다(Murayama et al., 2017). 감정, 그리고 개인간-개인내에서 작동하는 감정의 선행요소가 가지는 차이를 고려하는 것은 특히 맞춤형 학습 환경을 제공하는 지능형 게임 개발과 관련이 있다. 설계 연구는 연령, 성별, 문화적 배경, 목표지향성, 선행 지식에 차이가 있는 학습자에게 게임의 속성에 따라 정서에 미치는 영향이 어떻게 달라질 수 있는지, 게임이 진행되면서 개인 내에서 정서의 영향이 어떻게 달라지고 발달할 수 있는지 평가할 필요가 있다. 예를 들어, 학습자간 선행 지식의 기준치가 다를 수 있는데, 이는 최적의 도전 수준을 유지하기 위해서 각기 다른 수준의 과제 난이도와 스캐폴딩이 필요하다는 사실을 의미하는 것이다. 학습자가 게임 속 활동을 완료하여 지식을 얻으면, 자율성이 향상되면서 인지적·정서적으로 모두 이익을 얻을 수 있다. 따라서 학습자가 보다 숙련될수록 시스템이 통제하는 개인화(적응성)를 학습자 기반의 맞춤화(adaptivity, 적응성가능성)[3]로 전환시키는 게임을 개발하는 것이 향후 연구의 중요한 방향이 될 것이다.

통합적 이론의 틀 구축하기

흥미롭게도 감정적 과정을 포착하면 다양한 학습 환경의 유형에 따라서 또 다른 이론적 모형이 필요할 것이라고 가정하게 된다. 이러한 과정이 학습의 본질임을 고려한다면, 현존하는 이론들은 보다 전통적인 형식을 갖춘 이론들처럼 GBL과도 관련성을 가져야 한다(Plass et al., 2015). 그러나 연구자와 게임 설계자들은 이 분야에 산재한 다양한 이론과 구조들 중 무엇을 선택할지에 대한 문제에 직면하고 있다. 특히 교육심리학과 정서적 컴퓨팅 영역에서 각각 정서를 탐구하는 것처럼, 이제까지 이론적·경험적으로 분리되었던 학제들 간의 상호교류를 촉진하기 위해 이론적 통합이 필요하다. 우리는 이 장에서 제시된 GBLE의 감정적 기초에 대한 통합적 모형이 이러한 방향에 유용한 첫 걸음이기를 기대한다.

---

3 10장 참고

참고문헌

Abramovich, S., Schunn, C., & Higashi, R. M.(2013). Are badges useful in education? It depends upon the type of badge and expertise of learner. *Educational Technology Research and Development, 61*(2), 217-232. doi:10.1007/s11423-013-9289-2

Admiraal, W., Huizenga, J., Akkerman, S., & ten Dam, G.(2011). The concept of flow in collaborative game-based learning. *Computers in Human Behavior, 27*, 1185-1194. doi:10.1016/j.chb.2010.12.013

Admiraal, W., Huizenga, J., Heemskerk, I., Kuiper, E., Volman, M., & ten Dam, G.(2014). Gender-inclusive game-based learning in secondary education. *International Journal of Inclusive Education, 18*, 1208-1218. doi:10.1080/13603116.2014.885592

Arroyo, I., Burleson, W., Tai, M., Muldner, K., & Woolf, B. P.(2013). Gender differences in the use and benefit of advanced learning technologies for mathematics. *Journal of Educational Psychology, 105*, 957-969. doi:10.1037/a0032748

Arroyo, I., Muldner, K., Burleson, W., & Woolf, B. P.(2014). Adaptive interventions to address students' negative activating and deactivating emotions during learning activities. In R. A. Sottilaire,

A. C. Graesser, X. Hu, & B. Goldberg(Eds.), *Design recommendations for adaptive intelligent tutoring systems: Vol. 2. Instructional management*(pp. 79-91). Orlando, FL: US Army Research Laboratory.

Artino, A. R.(2009). Think, feel, act: Motivational and emotional influences on military students' online academic success. *Journal of Computing in Higher Education, 21*, 170-175. doi:10.1007/s12528-009-9020-9

Artino, A. R., & Jones, K. D.(2012). Exploring the complex relations between achievement emotions and self-regulated learning behaviors in online learning. *The Internet and Higher Education, 15*, 170-175. doi:10.1016/j.iheduc.2012.01.006

Azevedo, R., Johnson, A., Chauncey, A., & Burkett, C.(2010). Self-regulated learning with MetaTutor: Advancing the science of learning with metacognitive tools. In M. S. Khine & I. M. Saleh(Eds.), *New science of learning: Cognition, computers and collaboration in education*(pp. 225-247). New York, NY: Springer.

Baker, R. S. J. d., D'Mello, S. K., Rodrigo, M.M. T., & Graesser, A. C.(2010). Better to be frustrated than bored: The incidence, persistence, and impact of learners' cognitive-affective states during interactions with three different computer-based learning environments. *International*

Journal of Human-Computer Studies, 68, 223-241. doi:10.1016/j.ijhcs.2009.12.003

Baker, R. S. J. d., Walonoski, J., Heffernan, N., Roll, I., Corbett, A., & Koedinger, K.(2008). Why students engage in "gaming the system" behavior in interactive learning environments. *Journal of Interactive Learning Research, 19*, 185-224.

Barrett, L. F., Lewis, M., & Haviland-Jones, J. M.(Eds.).(2016). *Handbook of emotions(*4th ed.). New York, NY: Guilford Press.

Baylor, A. L.(2011). The design of motivational agents and avatars. *Educational Technology Research and Development, 59*, 291-300. doi:10.1007/s11423-011-9196-3

Biles, M. L., & Plass, J. L.(2016). Good badges, evil badges: Impact of badge design on learning from games. In L. Y. Muilenburg & Z. L. Berge(Eds.), *Digital badges in education: Trends, issues, and cases(*pp. 39-52). New York, NY: Routledge, Taylor & Francis.

Boyatzis, C. J., & Varghese, R.(1994). Children's emotional associations with colors. *Journal of Genetic Psychology, 155*, 77-85. doi:10.1080/00221325.1994.9914760

Brom, C., Šisler, V., Slussareff, M., Selmbacherová, T., & Hlávka, Z.(2016). You like it, you learn it: Affectivity and learning in competitive social role play gaming. *International Journal of Computer-Supported Collaborative Learning, 11*, 313-348. doi: 10.1007/s11412-016-9237-3

Brun, G., & Kuenzle, D.(2008). A new role for emotions in epistemology? In G. Brun, U. Doğuoğlu, & D. Kuenzle(Eds.), *Epistemology and emotions(*pp. 1-32). Aldershot, England: Ashgate.

Butz, N. T., Stupnisky, R. H., & Pekrun, R.(2015). Students' emotions for achievement and technology use in synchronous hybrid graduate programmes: A control-value approach. *Research in Learning Technology, 23*. doi:10.3402/rlt.v23.26097

Butz, N. T., Stupnisky, R. H., Pekrun, R., Jensen, J. L., & Harsell, D. M.(2016). The impact of emotions on student achievement in synchronous hybrid business and public administration programs: A longitudinal test of control-value theory. *Decision Sciences Journal of Innovative Educa-tion, 14*, 441-474. doi:10.1111/dsji.12110

Calvo, R. A., & D'Mello, S.(2012). Frontiers of affect-aware learning technologies. *IEEE Intelligent Systems, 27*, 86-89. doi:10.1109/MIS.2012.110

Chang, H., & Beilock, S. L.(2016). The math anxiety-math performance link and its relation to individual and environmental factors: A review of current behavioral and psychophysiological research. *Current Opinion in Behavioral Science, 10*, 33-38. doi:10.1016/j.cobeha.2016.04.011

Cheung, E. Y. M., & Sachs, J.(2006). Student teachers' acceptance of a web-based information system. *Psychologia, 49*, 132-141.

Clark, D. B., Tanner-Smith, E. E., & Killingsworth, S. S.(2016). Digital games, design, and learning: A systematic review and meta-analysis. *Review of Educational Research, 86*(1),

79-122. doi:10.3102/0034654315582065

Collins, K.(2009). An introduction to procedural music in video games. *Contemporary Music Review, 28*(1), 5-15. doi:10.1080/07494460802663983

Conati, C., & Gutica, M.(2016). Interaction with an edu-game: A detailed analysis of student emotions and judges' perceptions. *International Journal of Artificial Intelligence in Education, 26*, 975-1010. doi:10.1007/s40593-015-0081-9

Cordova, D. I., & Lepper, M. R.(1996). Intrinsic motivation and the process of learning: Beneficial effects of contextualization, personalization, and choice. *Journal of Educational Psychology, 88*(4), 715-730. doi:10.1037/0022-0663.88.4.715

Davis, F. D.(1989). Perceived usefulness, perceived ease of use, and user acceptance of information technology. *MIS Quarterly, 13*, 319-340. doi:10.2307/249008

Dickey, M. D.(2015). *Aesthetics and design for game-based learning.* New York, NY: Routledge.

D'Mello, S., Dieterle, E., & Duckworth, A.(2017). Advanced, analytic, automated(AAA) measurement of engagement during learning. *Educational Psychologist, 52*, 104-123. doi:10.1080/004615 20.2017.1281747

D'Mello, S., Lehman, B., Pekrun, R., & Graesser, A.(2014). Confusion can be beneficial for learning. *Learning and Instruction, 29*, 153-170. doi:10.1016/j.learninstruc.2012.05.003

D'Mello, S. K., Blanchard, N., Baker, R., Ocumpaugh, J., & Brawner, K.(2014). I feel your pain: A selective review of affect-sensitive instructional strategies. In R. A. Sottilaire, A. C. Graesser, X. Hu, & B. Goldberg(Eds.), *Design recommendations for adaptive intelligent tutoring systems: Vol. 2. Instructional management*(pp. 35-48). Orlando, FL: US Army Research Laboratory.

D'Mello, S. K., & Graesser, A. C.(2012). AutoTutor and Affective AutoTutor: Learning by talk-ing with cognitively and emotionally intelligent computers that talk back. *ACM Transactions on Interactive Intelligent Systems, 2*, 22-39.

Domagk, S.(2010). Do pedagogical agents facilitate learner motivation and learning outcomes? *Journal of Media Psychology, 22*, 84-97. doi:10.1027/1864-1105/a000011

Dweck, C. S., & Leggett, E. L.(1988). A social-cognitive approach to motivation and personality. *Psychological Review, 95*, 256-273. doi:10.1037/0033-295X.95.2.256

Egenfeldt-Nielsen, S., Smith, J. H., & Tosca, S. P.(2008). *Understanding video games: The essential introduction.* New York, NY: Routledge.

Eich, E., Ng, J. T. W., Macaulay, D., Percy, A. D., & Grebneva, I.(2007). Combining music with thought to change mood. In J. A. Coan & J. J. B. Allen(Eds.), *Handbook of emotion elicitation and assessment*(pp. 124-136). New York, NY: Oxford University Press.

Elliot, A. J., Maier, M. A., Moller, A. C., Friedman, R., & Meinhardt, J.(2007). Color and psychological functioning: The effect of red on performance attainment. *Journal of Experimental*

Psychology: General, 136, 154-168. doi:10.1037/0096-3445.136.1.154

Ellis, H. C., & Ashbrook, P. W.(1988). Resource allocation model of the effects of depressed mood states on memory. In K. Fielder & J. Forgas(Eds.), *Affect, cognition and social behaviour*(pp. 25-43). Toronto, Canada: Hogrefe.

Ellsworth, P. C., & Scherer, K. R.(2003). Appraisal processes in emotion. In R. J. Davidson, K. R. Scherer, & H. H. Goldmsith(Eds.), *Handbook of affective sciences*(pp. 572-595). Oxford, England: Oxford University Press.

Fayn, K., MacCann, C., Tiliopoulos, N., & Silvia, P. J.(2015). Aesthetic emotions and aesthetic people: Openness predicts sensitivity to novelty in the experiences of interest and pleasure. *Fron-tiers in Psychology, 6.* doi:10.3389/fpsyg.2015.01877

Feather, N. T.(2006). Deservingness and emotions: Applying the structural model of deserving-ness to the analysis of affective reactions to outcomes. *European Review of Social Psychology, 17*, 38-73. doi:10.1080/10463280600662321

Fiedler, K., & Beier, S.(2014). Affect and cognitive processes in educational contexts. In R. Pekrun & L. Linnenbrink-Garcia(Eds.), *International handbook of emotions in education*(pp. 36-55). New York, NY: Taylor & Francis.

Fiorella, L., Vogel-Walcutt, J. J., & Schatz, S.(2012). Applying the modality principle to real-time feedback and the acquisition of higher-order cognitive skills. *Educational Technology Research and Development, 60*, 223-238. doi:10.1007/s11423-011-9218-1

Frenzel, A. C., Becker-Kurz, B., Pekrun, R., Goetz, T., & Lüdtke, O.(2018). Emotion transmission in the classroom revisited: A reciprocal effects model of teacher and student enjoyment. *Journal of Educational Psychology, 110*(5), 628-639. doi: 10.1037/edu0000228

Frenzel, A. C., Pekrun, R., & Goetz, T.(2007). Girls and mathematics-a "hopeless" issue? A control-value approach to gender differences in emotions towards mathematics. *European Journal of Psychology of Education, 22*, 497-514. doi:10.1007/BF03173468

Frenzel, A. C., Thrash, T. M., Pekrun, R., & Goetz, T.(2007). Achievement emotions in Germany and China. *Journal of Cross-Cultural Psychology, 38*, 302-309. doi:10.1177/0022022107300276

Ghafi, N., Karunungan de Ramos, H. D., Klein, L., Lombana Diaz, M. C., & Songtao, J.(2011). *Mission Green.* Bremerhaven, Germany: University of Applied Sciences.

Gil, S., & Le Bigot, L.(2016). Colour and emotion: Children also associate red with negative valence. *Developmental Science, 19*, 1087-1094. doi:10.1111/desc.12382

Goetz, T., & Hall, N. C.(2013). Emotion and achievement in the classroom. In J. Hattie & E. M. Anderman(Eds.), *International guide to student achievement*(pp. 192-195). New York, NY: Routledge.

Graesser, A. C., D'Mello, S. K., & Strain, A. C.(2014). Emotions in advanced learning technologies. In R. Pekrun & L. Linnenbrink-Garcia(Eds.), *International handbook of emotions in education*(pp. 473-493). New York, NY: Taylor & Francis.

Gratch, J., & Marsella, S.(2005). Lessons from emotion psychology for the design of lifelike characters. *Applied Artificial Intelligence, 19*, 215-233.

Harackiewicz, J. M., & Priniski, S. J.(2018). Improving student outcomes in higher education: The science of targeted intervention. *Annual Review of Psychology, 69*, 409-435. doi: 10.1146/annurev-psych-122216-011725

Hareli, S., & Parkinson, B.(2008). What's social about social emotions? *Journal for the Theory of Social Behaviour, 38*, 131-156. doi:10.1111/j.1468-5914.2008.00363.x

Hatfield, E., Cacioppo, J., & Rapson, R. L.(1994). *Emotional contagion*. New York, NY: Cambridge University Press.

Hébert, S., Béland, R., Dionne-Fournelle, O., Crête, M., & Lupien, S. J.(2005). Physiological stress response to video-game playing: The contribution of built-in music. *Life Science, 76*(20), 2371-2380. doi:10.1016/j.lfs.2004.11.011

Heidig, S., & Clarebout, G.(2011). Do pedagogical agents make a difference to student motivation and learning? *Educational Research Review, 6*, 27-54. doi:10.1016/j.edurev.2010.07.004

Hidi, S., & Renninger, K. A.(2006). The four-phase model of interest development. *Educational Psychologist, 41*, 111-127. doi:10.1207/s15326985ep4102_4

Homer, B. D., Hayward, E. O., Frye, J., & Plass, J. L.(2012). Gender and player characteristics in video game play of preadolescents. *Computers in Human Behavior, 28*, 1782-1789. doi:10.1016/j.chb.2012.04.018

Husain, G., Thompson, W. F., & Schellenberg, E. G.(2002). Effects of musical tempo and mode on arousal, mood, and spatial abilities. *Music Perception, 20*(2), 151-171. doi:10.1525/mp.2002.20.2.151

Jackson, G. T., & McNamara, D. S.(2013). Motivation and performance in a game-based intelligent tutoring system. *Journal of Educational Psychology, 105*, 1036-1049. doi:10.1037/a0032580

Janning, R., Schatten, C., & Schmidt-Thieme, L.(2016). Perceived task-difficulty recognition from log-file information for the use in adaptive intelligent tutoring systems. *International Journal of Artificial Intelligence in Education, 26*, 855-876. doi: 10.1007/s40593-016-0097-9

Järvenoja, H., & Järvelä, S.(2005). How students describe the sources of their emotional and moti-vational experiences during the learning process: A qualitative approach. *Learning and Instruction, 15*, 465-480. doi:10.1016/j.learninstruc.2005.07.012

Johnson, W. L., & Lester, J. C.(2016). Face-to-face interaction with pedagogical agents, twenty years later. *International Journal of Artificial Intelligence in Education, 26*(1), 25-36.

doi:10.1007/s40593-015-0065-9

Ke, F.(2016). Designing and integrating purposeful learning in game play: A systematic review. *Educational Technology Research and Development, 64*(2), 219-244. doi:10.1007/s11423-015-9418-1

Ke, F., & Grabowski, B.(2007). Gameplaying for maths learning: Cooperative or not? *British Journal of Educational Technology, 38*(2), 249-259. doi:10.1111/j.1467-8535.2006.00593.x

Kim, Y., & Baylor, A. L. (2006). A social-cognitive framework for pedagogical agents as learning companions. *Educational Technology Research and Development, 54*(6), 569-596. doi:10.1007/s11423-006-0637-3

King, R. B., McInerney, D. M., & Watkins, D. A.(2012). How you think about your intelligence determines how you feel in school: The role of theories of intelligence on academic emotions. *Learning and Individual Differences, 22*, 814-819. doi:10.1016/j.lindif.2012.04.005

Knörzer, L., Brünken, R., & Park, B.(2016). Facilitators or suppressors: Effects of experimentally induced emotions on multimedia learning. *Learning and Instruction, 44*, 97-107. doi:10.1016/j.learninstruc.2016.04.002

Krämer, N., Kopp, S., Becker-Asano, C., & Sommer, N.(2013). Smile and the world will smile with you-the effects of a virtual agent's smile on users' evaluation and behavior. *International Journal of Human-Computer Studies, 71*, 335-349. doi:10.1016/j.ijhcs.2012.09.006

Kuhbandner, C., & Pekrun, R.(2013). Affective state influences retrieval-induced forgetting for integrated knowledge. *PloS One, 8*. doi:10.1371/journal.pone.0056617

Lane, H. C.(2016). Pedagogical agents and affect: Molding positive learning interactions. In S. Y. Tettegah & M. Gartmeier(Eds.), *Emotions, technology, design, and learning*(pp. 47-62). London, England: Elsevier Academic Press.

Laurel, B.(2001). *Utopian entrepreneur: Mediawork.* Cambridge, MA: MIT Press.

Lehman, S., Schraw, G., McCrudden, M. T., & Hartley, K.(2007). Processing and recall of seductive details in scientific text. *Contemporary Educational Psychology, 32*, 569-587. doi:10.1016/j.cedpsych.2006.07.002

Lester, J. C., Ha, E. Y., Lee, S. Y., Mott, B. W., Rowe, J. P., & Sabourin, J. L.(2013). Serious games get smart: Intelligent game-based learning environments. *AI Magazine, 34*(4), 31-45.

Lester, J. C., McQuiggan, S. W., & Sabourin, J. L.(2011). Affect recognition and expression in narrative-centered learning environments. In R. A. Calvo & S. K. D'Mello(Eds.), *New perspectives on affect and learning technologies*(pp. 85-96). New York, NY: Springer.

Lester, J. C., Spires, H. A., Nietfeld, J. L., Minogue, J., Mott, B. W., & Lobene, E. V.(2014). Designing game-based learning environments for elementary science education: A narrative-centered learning perspective. *Information Sciences, 264*, 4-18. doi:10.1016/j.ins.2013.09.005

Lichtenfeld, S., Elliot, A. J., Maier, M. A., & Pekrun, R.(2012). Fertile green: Green facilitates creative performance. *Personality and Social Psychology Bulletin, 38*, 784-797. doi:10.1177/0146167212436611

Linnenbrink-Garcia, L., Rogat, T. K., & Koskey, K. L. K.(2011). Affect and engagement during small group instruction. *Contemporary Educational Psychology, 36*, 13-24. doi:10.1016/j.cedpsych.2010.09.001

Lipscomb, Z. D., & Zehnder, S. M.(2004). Immersion in the virtual environment: The effect of a musical score on the video gaming experience. *Journal of Physiological Anthropology and Applied Human Science, 23*, 337-343.

Loderer, K., Pekrun, R., & Lester, J. C.(2018). Beyond cold technology: A systematic review and meta-analysis on emotions in technology-based learning environments. *Learning and Instruction*. doi: 10.1016/j.learninstruc.2018.08.002

Long, Y., & Aleven, V.(2017). Enhancing learning outcomes through self-regulated learning support with an Open Learner Model. *User Modeling and User-Adapted Interaction, 27*, 55-88. doi:10.1007/s11257-016-9186-6

Marchand, G. C., & Gutierrez, A. P.(2012). The role of emotion in the learning process: Comparisons between online and face-to-face learning settings. *The Internet and Higher Education, 15*, 150-160. doi:10.1016/j.iheduc.2011.10.001

Mayer, R. E., & Estrella, G.(2014). Benefits of emotional design in multimedia instruction. *Learning and Instruction, 33*, 12-18. doi:10.1016/j.learninstruc.2014.02.004

McGonigal, J.(2010). *Gaming can make a better world.* Ted 2010. Retrieved from http://www.iftf.org/our-work/people-technology/games/jane-mcgonigal-at-ted/

McNamara, D. S., Jackson, G. T., & Graesser, A. C.(2010). Intelligent tutoring and games(ITaG). In Y. K. Baek(Ed.), *Gaming for classroom-based learning: Digital role-playing as a motivator of study(*pp. 44-65). Hershey, PA: IGI Global.

McQuiggan, S. W., & Lester, J. C.(2007). Modeling and evaluating empathy in embodied companion agents. *International Journal of Human-Computer Studies, 65*, 348-360. doi:10.1016/j.ijhcs.2006.11.015

McQuiggan, S. W., Robison, J. L., & Lester, J. C.(2010). Affective transitions in narrative-centered learn-ing environments. *Educational Technology & Society, 13*, 40-53. doi:10.1007/978-3-540-69132-7_52

Meluso, A., Zheng, M., Spires, H. A., & Lester, J.(2012). Enhancing 5th graders' science content knowledge and self-efficacy through game-based learning. *Computers & Education, 59*(2), 497-504. doi:10.1016/j.compedu.2011.12.019

Millis, K., Forsyth, C., Butler, H., Wallace, P., Graesser, A., & Halpern, D.(2011). Operation ARIES!

A serious game for teaching scientific inquiry. In M. Ma, A. Oikonomou, & L. C. Jain(Eds.), *Serious games and edutainment applications(*pp. 169-195). London, England: Springer.

Muis, K. R., Pekrun, R., Sinatra, G. M., Azevedo, R., Trevors, G., Meier, E., & Heddy, B. C.(2015). The curious case of climate change: Testing a theoretical model of epistemic beliefs, epistemic emotions, and complex learning. *Learning and Instruction, 39*, 168-183. doi:10.1016/j.learninstruc.2015.06.003

Muis, K. R., Psaradellis, C., Lajoie, S. P., Di Leo, I., & Chevrier, M.(2015). The role of epistemic emotions in mathematics problem solving. *Contemporary Educational Psychology, 42*, 172-185. doi:10.1016/j.cedpsych.2015.06.003

Murayama, K., & Elliot, A. J.(2012). The competition-performance relation: A meta-analytic review and test of the opposing processes model of competition and performance. *Psychological Bulletin, 138*, 1035-1070. doi:10.1037/a0028324

Murayama, K., Goetz, T., Malmberg, L.-E., Pekrun, R., Tanaka, A., & Martin, A. J.(2017). Within-person analysis in educational psychology: Importance and illustrations. In D. W. Putwain & K. Smart(Eds.), *British Journal of Educational Psychology Monograph Series II: Psychological Aspects of Education-Current Trends: The role of competence beliefs in teaching and learning(*pp. 71-87). Oxford, England: Wiley.

Nacke, L. E., Grimshaw, M. N., & Lindley, C. A.(2010). More than a feeling: Measurement of sonic user experience and psychophysiology in a first-person shooter game. *Interacting with Computers, 22*, 336-343. doi:10.1016/j.intcom.2010.04.005

Nass, C. I., & Brave, S.(2005). *Wired for speech: How voice activates and advances the human-computer relationship.* Cambridge, MA: MIT Press.

Nikolayev, M., Clark, K., & Reich, S. M.(2016). Social-emotional learning opportunities in online games for preschoolers. In S. Y. Tettegah & W. D. Huang(Eds.), *Emotions, technology, and digital games(*pp. 211-229). London, England: Academic Press.

Noteborn, G., Bohle Carbonell, K., Dailey-Hebert, A., & Gijselaers, W.(2012). The role of emotions and task significance in virtual education. *The Internet and Higher Education, 15*, 176-183. doi:10.1016/j.iheduc.2012.03.002

Park, B., Flowerday, T., & Brünken, R.(2015). Cognitive and affective effects of seductive details in multimedia learning. *Computers in Human Behavior, 44*, 267-278. doi:10.1016/j.chb.2014.10.061

Park, B., Knörzer, L., Plass, J. L., & Brünken, R.(2015). Emotional design and positive emotions in multimedia learning: An eyetracking study on the use of anthropomorphisms. *Computers & Education, 86*, 30-42. doi:10.1016/j.compedu.2015.02.016

Pawar, S., Hovey, C., & Plass, J. L.(2017). *The impact of 2D vs. 3D audio on experienced emotions in a game-based cognitive skills training*. Manuscript submitted for publication.

Pekrun, R.(2006). The control-value theory of achievement emotions: Assumptions, corollaries, and implications for educational research and practice. *Educational Psychology Review, 18*(4), 315-341. doi:10.1007/s10648-006-9029-9

Pekrun, R. (2018). Control-value theory: A social-cognitive approach to achievement emotions. In G. A. D. Liem & D. M. McInerney(Eds.), *Big theories revisited 2: A volume of research on sociocultural influences on motivation and learning(*pp. 165-190). Charlotte, NC: Information Age Publishing.

Pekrun, R., Cusack, A., Murayama, K., Elliot, A. J., & Thomas, K.(2014). The power of anticipated feedback: Effects on students' achievement goals and achievement emotions. *Learning and Instruction, 29*, 115-124. doi:0.1016/j.learninstruc.2013.09.002

Pekrun, R., Elliot, A. J., & Maier, M. A.(2006). Achievement goals and discrete achievement emotions: A theoretical model and prospective test. *Journal of Educational Psychology, 98*, 583-597. doi:10.1037/0022-0663.98.3.583

Pekrun, R., Goetz, T., Titz, W., & Perry, R. P.(2002). Academic emotions in students' self-regulated learning and achievement: A program of qualitative and quantitative research. *Educational Psy-chologist, 37*, 91-105. doi:10.1207/S15326985EP3702_4

Pekrun, R., Lichtenfeld, S., Marsh, H. W., Murayama, K., & Goetz, T.(2017). Achievement emotions and academic performance: Longitudinal models of reciprocal effects. *Child Development, 88*, 1653-1670. doi:10.1111/cdev.12704

Pekrun, R., & Linnenbrink-Garcia, L.(Eds.).(2014a). *International handbook of emotions in educa-tion*. New York, NY: Routledge.

Pekrun, R., & Linnenbrink-Garcia, L.(2014b). Conclusions and future directions. In R. Pekrun & L. Linnenbrink-Garcia(Eds.), *International handbook of emotions in education(*pp. 659-675). New York, NY: Routledge.

Pekrun, R., & Perry, R. P.(2014). Control-value theory of achievement emotions. In R. Pekrun & L. Linnenbrink-Garcia(Eds.), *International handbook of emotions in education(*pp. 120-141). New York, NY: Routledge.

Pekrun, R., Vogl, E., Muis, K. R., & Sinatra, G. M.(2017). Measuring emotions during epistemic activities: The epistemically-related emotion scales. *Cognition & Emotion, 31*, 1268-1276. doi:10. 1080/02699931.2016.1204989

Perrotta, C., Featherstone, G., Aston, H., & Houghton, E.(2013). Game-based learning: Latest evidence and future directions(NFER Research Programme: Innovation in Education). Slough: NFER.

Perry, R. R., Chipperfield, J. G., Hladkyj, S., Pekrun, R., & Hamm, J. M.(2014). Attributionbased treatment interventions in some achievement settings. In S. A. Karabenick & T. C. Urdan(Eds.), *Motivational interventions*(pp. 1-35). New York, NY: Emerald.

Plass, J. L., Heidig, S., Hayward, E. O., Homer, B. D., & Um, E.(2014). Emotional design in multimedia learning: Effects of shape and color on affect and learning. *Learning and Instruction, 29*, 128-140. doi:10.1016/j.learninstruc.2013.02.006

Plass, J. L., Homer, B. D., & Hayward, E. O.(2009). Design factors for educationally effective animations and simulations. *Journal of Computing in Higher Education, 21*, 31-61. doi:10.1007/s12528-009-9011-x

Plass, J. L., Homer, B. D., Hayward, E. O., Frye, J., Huang, T.-T., Biles, M., ⋯ Perlin, K.(2012). The effect of learning mechanics design on learning outcomes in a computer-based geometry game. In S. Göbel, W. Müller, B. Urban, & J. Wiemeyer(Eds.), *Lecture Notes in Computer Science: Vol. 7516. E-learning and games for training, education, health and sports*(pp. 65-71). Berlin, Germany: Springer.

Plass, J. L., Homer, B. D., & Kinzer, C. K.(2015). Foundations of game-based learning. *Educational Psychologist, 50*(4), 258-283. doi:10.1080/00461520.2015.1122533

Plass, J. L., Homer, B. D., Milne, C., Jordan, T., Kalyuga, S., Kim, M., & Lee, H.(2009). Design factors for effective science simulations: Representation of information. *International Journal of Gaming and Computer-Mediated Simulations, 1*, 16-35. doi:10.4018/jgcms.2009010102

Plass, J. L., & Kaplan, U.(2016). Emotional design in digital media for learning. In S. Y. Tettegah & M. Gartmeier(Eds.), *Emotions, technology, design, and learning*(pp. 131-161). Amsterdam, Netherlands: Elsevier.

Plass, J. L., O'Keefe, P. A., Homer, B. D., Case, J., Hayward, E. O., Stein, M., & Perlin, K.(2013). The impact of individual, competitive, and collaborative mathematics game play on learning, performance, and motivation. *Journal of Educational Psychology, 105*, 1050-1066. doi:10.1037/a0032688

Powell, A. L.(2013). Computer anxiety: Comparison of research from the 1990s and 2000s. *Computers in Human Behavior, 29*, 2337-2381. doi:10.1016/j.chb.2013.05.012

Putwain, D. W., Pekrun, R., Nicholson, L. J., Symes, W., Becker, S., & Marsh, H. W.(2018). Control-value appraisals, enjoyment, and boredom in mathematics: A longitudinal latent interaction analysis. *American Educational Research Journal*, *55*(6), 1339-1368. doi:10.3102/0002831218786689

Reeve, C. L., Bonaccio, S., & Winford, E. C.(2014). Cognitive ability, exam-related emotions and exam performance: A field study in a college setting. *Contemporary Educational Psychology, 39*, 124-133. doi:/10.1016/j.cedpsych.2014.03.001

Rodrigo, M. M. T., & Baker, R. S. J. d.(2011). Comparing the incidence and persistence of learners' affect during interactions with different educational software packages. In R. A. Calvo & S. K. D'Mello(Eds.), *New perspectives on affect and learning technologies*(pp. 183-200). New York, NY: Springer.

Rowe, J. P., Shores, L. R., Mott, B. W., & Lester, J. C.(2011). Integrating learning, problem solving, and engagement in narrative-centered learning environments. *International Journal of Artificial Intelligence in Education, 21,* 115-133.

Rudolph, U., & Tscharaktschiew, N.(2014). An attributional analysis of moral emotions: Naïve scientists and everyday judges. *Emotion Review, 6,* 344-352. doi:10.1177/1754073914534507

Russell, J. A.(1978). Evidence of convergent validity on the dimensions of affect. *Journal of Person-ality and Social Psychology, 36,* 1152-1168. doi:10.1037/0022-3514.36.10.1152

Sabourin, J. L., & Lester, J. C.(2014). Affect and engagement in game-based learning environ-ments. *IEEE Transactions on Affective Computing, 5,* 45-56. doi:10.1109/T-AFFC.2013.27

Scherer, K. R.(2005). What are emotions? And how can they be measured? *Social Science Informa-tion, 44*(4), 695-729. doi: 10.1177/0539018405058216

Scherer, K. R., & Coutinho, E.(2013). How music creates emotion: A multifactorial process approach. In T. Cochrane, B. Fantini, & K. R. Scherer(Eds.), *The emotional power of music: Mul-tidisciplinary perspectives on musical arousal, expression, and social control*(pp. 121-145). Oxford, England: Oxford University Press.

Schneider, S., Dyrna, J., Meier, L., Beege, M., & Rey, G. D.(2018). How affective charge and text-picture connectedness moderate the impact of decorative pictures on multimedia learning. *Journal of Educational Psychology, 110*(2), 233-249. doi: 10.1037/edu0000209

Sheldon, K. M., & Filak, V.(2008). Manipulating autonomy, competence and relatedness support in a game-learning context: New evidence that all three needs matter. *British Journal of Social Psy-chology, 47,* 267-283. doi:10.1348/014466607X238797

Shiban, Y., Schelhorn, I., Jobst, V., Hörnlein, A., Puppe, F., Pauli, P., & Mühlberger, A.(2015). The appearance effect: Influences of virtual agent features on performance and motivation. *Computers Bine Human havior, 49,* 5-11. doi:10.1016/j.chb.2015.01.077

Shuman, V., & Scherer, K. R.(2014). Concepts and structures of emotions. In R. Pekrun & L. Linnenbrink-Garcia(Eds.), *International Handbook of Emotions in Education*(pp. 13-35). New York, NY: Routledge.

Sierra Online Inc.(2001). The Incredible Machine: Even More Contraptions. [Computer software].

Silvia, P. J.(2005). Emotional responses to art: From collation and arousal to cognition and emo-tion. *Review of General Psychology, 9,* 342-357. doi:10.1037/1089-2680.9.4.342

Silvia, P. J.(2009). Looking past pleasure: Anger, confusion, disgust, pride, surprise, and other unusual aesthetic emotions. *Psychology of Aesthetics, Creativity, and the Arts, 3*(1), 48-51.

doi:10.1037/a0014632

Snow, E. L., Jackson, G. T., Varner, L. K., & McNamara, D. S.(2013). The impact of system interac-tions on motivation and performance in a game-based learning environment. In C. Stephanidis(Ed.), *HCI international proceedings*(pp. 103-107). Berlin, Germany: Springer.

Spachtholz, P., Kuhbandner, C., & Pekrun, R.(2014). Negative affect improves the quality of memories: Trading capacity for precision in sensory and working memory. *Journal of Experimental Psychology: General, 143*, 1450-1456. doi:10.1037/xge0000012

Stark, L., Malkmus, E., Stark, R., Brünken, R., & Park, B.(2018). Learning-related emotions in multimedia learning: An application of control-value theory. *Learning and Instruction*, *58*, 42-52. doi: 10.1016/j.learninstruc.2018.05.003

Stemmler, G., & Wacker, J.(2010). Personality, emotion, and individual differences in physiologi-cal responses. *Biological Psychology, 84*, 541-551. doi: 10.1016/j.biopsycho.2009.09.012

Street, N., Forsythe, A. M., Reilly, R., Taylor, R., & Helmy, M. S.(2016). A complex story: Univer-sal preference vs. individual differences shaping aesthetic response to fractals patterns. *Frontiers in Human Neuroscience, 10,*. doi:10.3389/fnhum.2016.00213

Sweller, J.(1994). Cognitive load theory, learning difficulty, and instructional design. *Learning and Instruction, 4*, 295-312. doi:10.1016/0959-4752(94)90003-5

Taylor, C., Clifford, A., & Franklin, A.(2013). Color preferences are not universal. *Journal of Experimental Psychology: General, 142*, 1015-1027. doi:10.1037/a0030273

Tempelaar, D. T., Niculescu, A., Rienties, B., Gijselaers, W. H., & Giesbers, B.(2012). How achieve-ment emotions impact students' decisions for online learning, and what precedes those emo-tions. *The Internet and Higher Education, 15*, 161-169. doi:10.1016/j.iheduc.2011.10.003

Trevors, G. J., Muis, K. R., Pekrun, R., Sinatra, G. M., & Muijselaar, M. M. L.(2017). Exploring the relations between epistemic beliefs, emotions, and learning from texts. *Contemporary Educational Psychology*, *48*, 116-132. doi: 10.1016/j.cedpsych.2016.10.001

Trost, J. W., Labbé, C., & Grandjean, D.(2017). Rhythmic entrainment as a musical affect induc-tion mechanism. *Neuropsychologia, 96,* 96-110. doi:10.1016/j.neuropsychologia.2017.01.004

Turkay, S., & Kinzer, C. K.(2014). The effects of avatar-based customization on player identifi-cation. *International Journal of Gaming and Computer-Mediated Simulations(IJGCMS), 6*(1), 1-25. doi:10.4018/ijgcms.2014010101

Turner, J. E., & Schallert, D. L.(2001). Expectancy-value relationships of shame reactions and shame resiliency. *Journal of Educational Psychology, 93*, 320-329. doi:10.1037//0022-0663.93.2.320

Tze, V. M. C., Daniels, L. M., & Klassen, R. M.(2016). Evaluating the relationship between boredom and academic outcomes: A meta-analysis. *Educational Psychology Review, 28*, 119-144. doi:10.1007/s10648-015-9301-y

Um, E., Plass, J. L., Hayward, E. O., & Homer, B. D.(2012). Emotional design in multimedia learning. *Journal of Educational Psychology, 104*(2), 485-498. doi:10.1037/a0026609

Vogl, E., Pekrun, R., Murayama, K., & Loderer, K.(2019). Surprised-curious-confused: Epistemic emotions and knowledge exploration. *Emotion*. doi: 10.1037/emo0000578

Weiner, B.(1985). An attributional theory of achievement motivation and emotion. *Psychological Review, 92*, 548-573.

Weiner, B.(1995). *Judgments of responsibility: A foundation for a theory of social conduct*. New York, NY: Guilford Press.

Whitton, N., & Hollins, P.(2016). Collaborative virtual gaming worlds in higher education. *ALT-J Research in Learning Technology, 16*, 221-229. doi:10.1080/09687760802526756

Wolfson, S., & Case, G.(2000). The effects of sound and colour on responses to a computer game. *Interacting with Computers, 13*, 183-192. doi:10.1016/S0953-5438(00)00037-0

Wouters, P., van Nimwegen, C., van Oostendorp, H., & van der Spek, E. D. (2013). A meta-analysis of the cognitive and motivational effects of serious games. *Journal of Educational Psychology, 105*(2), 249-265. doi:10.1037/a0031311

Yang, Y., & Taylor, J.(2013). The role of achievement goals in online test anxiety and help-seeking. *Educational Research and Evaluation, 19*, 651-664. doi:10.1080/13803611.2013.811086

Yee, N., & Bailenson, J.(2007). The Proteus Effect: The effect of transformed self-representation on behavior. *Human Communication Research, 33*, 271-290. doi:10.1111/j.1468-2958.2007.00299.x

Zumbach, J., Reimann, P., & Koch, S.(2001). Influence of passive versus active information access to hypertextual information resources on cognitive and emotional parameters. *Journal of Educational Computing Research, 25*, 301-318. doi:10.2190/G385-9XR8-6661-RC43

06

게임기반 학습의 동기적 기초

Richard M. Ryan and C. Scott Rigby(김명숙 역)

1 서론: 게임기반 학습에서 핵심요소로서의 동기

게임기반 학습과 교육에서의 게임화는 뜨거운 주제이며 이 핸드북의 핵심 초점을 이룬다. 학습을 향상시키기 위해 게임을 사용하든, 게임 메커니즘을 학습 경험에 직접 통합하든(게임화), 이러한 접근 방식의 목적은 중요하거나 진지한 것에 대한 관심과 참여를 향상시키기 위해 게임 요소를 사용하여 학습자에게 동기를 부여하는 것이다. 모든 다양한 종류의 교육 및 조직 환경에 있는 사람들은 훈련, 교육, 마케팅 및 설문 조사 노력을 향상시키기 위해 이러한 접근 방식으로 전환하고 있다. 어디에서나 우리는 우리가 사용하는 단말기 장치, 미디어 및 e-러닝 도구의 특징, 그래픽 스타일, 피드백 시스템, 그리고 콘텐츠에서 이러한 움직임의 효과가 나타나는 것을 본다.

그런데 왜 게임 사용에 대해 아우성인가? 대답은 분명하다. 비즈니스 조직과 교육 기관은 모두 가장 가치있지만 얻기 어려운 자원 중 하나가 사람들의 주의집중(관심)이라는 사실을 점점 더 깊이 인식하고 있다. 그러나 현대 사회에서는 주의집중을 얻기 위한 경쟁이 치열하다. 이러한 경쟁 환경에서 게임(특히 비디오 게임)은 사람들의 주의를 사로잡는 것뿐만 아니라 이를 유지하고, 종종 높은 장기적인 충성도를 함양하는 데 있어 성공 사례로 떠오르고 있다. 이것은 비디오 게임을 학습자와 소비자의 참여를 유도하는 역할 모델로 만들었다(Rigby, 2014). 따라서 우리의 희망은 게임 접근 방식과 과제를 더 재미있게 만드는 것을 통해 직원, 학생 및 소비자가 중요한 정보, 실행 또는 기술이 동화될 수 있을 만큼 충분히 오랫동안 활동을 지속하도록 유도될 수 있는 것이다. 그러므로 게임과 게임화의 사용은 가장 본질적으로 동기를 부여하는 개입(motivational intervention), 즉 지속적인 참여를 촉진하기 위한 전략이다.

이에 따른 부가적인 희망은 게임이 때때로 개인의 관여와 집중이 강한 높은 수준의 참여를 생성할 수 있기 때문에, 게임화는 더 깊은 정보 처리로 이어지고 나아가 더 효과적인 학습으로 이어질 수 있다는 것이다. 실제로 성공적인 비디오 게임은 종종 상호작용이 높고, 선택 중심이며, 유능성 욕구를 만족시키는 기능이 포함되어 있어, 게임화가 끈기뿐만 아니라 교육 또는 훈련 노력의 효과성도 높일 수 있다는 믿음으로 이어진다. 따라서 게임화는 학습 향상(learning advancement)을 위한 전략이기도 하다.

불행히도 게임을 사용하려는 많은 노력은 이 두 가지 목표 모두에서 실패한다(van Roy & Zamen, 2017). 게임을 학습 프로세스에 통합하거나 게임 메커니즘을 통해 학습을 게임화한다고 해서 참여도 또는 인지적 결과가 마술처럼 향상되지는 않는다. 사실, 게임 기능은 종종 의식하지 못한채 정반대를 수행하는데, 사람들이 지름길을 찾거나 원해지는 답변이나 강화되고 있는 답변을 하도록 게임을 하게 하는 경향이 있다. 일부 전략은 또한 사람들이 게임을 통해 장려하려고 의도된 유의미 학습 및 흥미 발달로부터 주의가 분산되거나, 조작되고, 통제당하고 있다고 느끼게 한다.

간단히 말해서, 게임은 순전히 엔터테인먼트용으로 설계된 게임이라 하더라도 항상 참여하게 하는 것이 아니며, 그 메커니즘이 더 성공적인 학습 경험을 보장하지도 않는다. 이러한 목표를 성공적으로 달성하는 것은 학습 및 작업 과제에 단순히 게임 역학을 주입하는 것 이상이 필요하다. 내재 동기 및 자율적 참여에 대한 풍부한 경험적 선행연구 문헌이 보여주듯이, 보상, 사회적 비교, 경쟁 구조 및 인센티브와 같은 요소들(모두 게임기반 학습 및 게임화의 빈번한 요소임)은 이들이 어떻게 도입되는가와 무엇에 따라 이들이 사용되는가에 따라 내재 동기와 학습결과를 강화시킬 수도 있고 손상시킬 수도 있다(Deci, Koestner, & Ryan, 1999; Ryan & Deci, 2017). 그러나 이러한 정립된 동기부여 원리들이 직장 및 학습 맥락(예: Deci & Ryan, 2014; Ryan & Deci, 2016)에서 잘 검증되었을 뿐만 아니라, 비디오 게임 및 미디어 맥락에서 강력하게 재확인되었음에도(예:

Deterding, 2015; Przybylski, Ryan, & Rigby, 2009; Rigby, 2014; Tamborini, Bowman, Eden, Grizzard, & Organ, 2010) 불구하고, 게임화에 대한 많은 노력은 이러한 경험적 선행 연구 문헌을 숙지해서 반영하지 않고 있다.

이 장에서 우리는 게임 및 게임 메커니즘이 더 깊은 참여와 더 긍정적인 학습 결과를 가져올 가능성이 있는지 여부를 결정하기 위한 경험적으로 검증된 동기 부여 이론의 기반을 제시한다. 이 프레임워크 내에서 우리는 학습, 훈련 및 보다 일반적인 행동변화를 위한 최적의 환경과 함께 성공적인 게임 경험을 결정하는 핵심적인 동기 요인을 살펴본다. 실제로 효과적인 게임 접근 방식의 핵심에 있는 동기 부여 원칙은 학습 결과뿐만 아니라 설문 조사 및 적성 평가와 같은 훈련 및 교육 프로그램에 사용되는 많은 도구 사용에 의미있게 참여하는 것에도 중요하다. 우리가 보기에 개인이 학습 활동과 목표를 수용하여 최적으로 참여하게 하는 것을 이해하는 것은 게임의 특정 디자인과 기능이 학습자의 내재 동기와 의지에 영향을 미치는 방식과 이유를 이해하고, 나아가 학습을 향상시키기 위해 이러한 디자인 기능과 경험을 활용하는 방법을 이해할 것을 필요로 한다. 그렇게 하는 것은 성공적인 게임이 활용하는 유능성, 자율성 및 관계성의 심리적 만족, 즉 고품질의 참여와 동기의 원동력인 심리적 만족을 이해하는 것을 의미한다.

우리는 학습에 대한 의지적 동기와 보다 일반적으로 지속적인 참여의 중요성을 강조하는 것으로 시작한다. 자기결정이론(self-determination theory: SDT)에 관한 풍부한 연구(Ryan & Deci, 2000b, 2017)는 학습 및 업무 성과에서 내재 동기와 자율성의 중요한 역할은 물론 학교와 직장에서 이러한 형태의 자기 동기(self-motivation)를 손상시키는 실질적인 요인을 확인했다. 이 작업은 보상, 선택, 유능성 피드백의 유형, 경쟁, 그리고 게임화에서 종종 두드러지는 기타 요소들과 같은 기능들이 내적으로 동기화된 끈기 및 그에 전형적으로 수반되는 흥미와 즐거움의 경험에 기능적으로 영향을 미치는 방식에 대한 원칙을 제공했다(Ryan & Deci, 2013, 2016).

게임과 학습에 대한 이 장과 더 관련이 있는 것은 이러한 SDT 공식을 비디오 게임 연구(Rigby & Ryan, 2011), 기술 설계(예: Calvo & Peters, 2014) 및 e-러닝(예: Sørebø, Halvari, Gulli, & Kristiansen, 2009)에 관한 연구에 확장시키는 것이다. 게임기반 학습은 대화형(상호작용형) 게임에만 국한되지 않지만, 비디오 게임은 가장 대표적인 현대 게임 및 게임 학습 이니셔티브를 나타낸다. 실제로 게임기반 학습 및 게임화에 대한 우리의 관심은 비디오 게임의 동기 부여 속성에 대한 SDT 내의 체계적인 연구에서 비롯되었다. Ryan, Rigby 및 Przybylski(2006)를 시작으로, 게임의 기능이 어떻게 자율성과 유능성 및 관계성에 대한 심리적 만족을 효과적으로 불러 일으키거나 약화시키고 그에 따라 게임자의 내적 동기, 즐거움 및 지속적인 참여에 영향을 주는지를 예측하는 PENS(Player Experience of Need Satisfaction: 게임자 욕구만족 경험) 모델을 사용하는 많은 연구가 있다(예: Przybylski, Deci, Rigby, & Ryan, 2014; Rigby, 2014; Rigby & Ryan, 2011).

비디오 게임 및 기술 사용에 적용되는 PENS 모델을 제시한 후, 게임기반 학습 공간에서 이러한 아이디어를 적용하는 방법에 대해 자세히 논의한다. 특히, 주의집중을 요하는 세계에서 게임화 전략이 심리적 욕구 만족도에 미치는 영향 또는 자발적인 참여에 매우 중요한 내적 보상에 따라 어떻게 성공하거나 실패하는지 살펴본다.

2 자기결정이론: 학습에서 내재 동기와 자율성

내재 동기는 흥미나 즐거움을 위해 활동하는 것을 말한다(Ryan & Deci, 2000a). 따라서 이것은 내적으로 보상받는 활동의 경험으로 정의되며 외부 보상이 없더라도 유지되는 사람들의 행동 지속성에서 관찰될 수 있다(Deci et al., 1999). 내재적으로 동기화된다는 것은 주변 환경에 관심을 갖고 동화하며 자신의 능력을 발휘하려는 진화된 성향이다. 실제로 이 개념은 영장류의 탐색적 경향과 호기심에 대한 연구에서 처음 시작됐으며 나중에 인간에 대한 연구로 확장되었다(Deci & Ryan, 1985 참조). 내재 동기는 놀이와 흥미 주도 탐구의 동인일 뿐만 아니라 더 일반적으로 초기 인간 발달에서 학습 전반의 기초가 된다(Ryan & Deci, 2013). 어린 시절 이후에도 교실이나 조직과 같은 환경에서 내재적으로 동기화된 호기심과 흥미를 통해 보다 중요한 학습이 계속 일어난다. 연구에 따르면, 내재 동기는 인간 두뇌에서 쾌락과 연관된 도파민 경로의 상당한 활성화와 긍정적 및 오류와 관련된 피드백에 대한 더 큰 민감성과 관련이 있다(Di Domenico

& Ryan, 2017; Miura, Tanabe, Sasaki, Harada , & Sadato, 2017). 대조적으로, 외부 보상은 내재 동기의 필수 요소인 활동 참여에 대한 자율성의 느낌을 감소시킴으로써 내재 동기와 이와 관련된 선조체 및 중뇌 활성화를 실제로 약화시킬 수 있다(Deci et al., 1999; Ryan & Deci, 2017). 이러한 연구는 내재 동기가 여러 상황에서 학습 및 성과뿐만 아니라 향상된 참여를 예측하는 이유와 방법에 관한 수십 년의 행동과학적 증거 위에 축적된 것이다.

내재 동기는 여러 가지로 표출될 수 있지만, 자신의 환경에 대한 놀이 같은 참여를 통해 습득한 경험, 기술 및 지식은 적응 및 발달을 위한 기능적 가치가 있음이 분명해 보인다. 내재 동기는 상호작용적이고 자기주도적인 활동 기회에 의해 촉진되기 때문에, 자료에 대한 더 깊은 처리와 더 잘 유지되고 전이되는 학습 경험으로 이어지는 경향이 있다(예: Grolnick & Ryan, 1987; Yamauchi & Tanaka, 1998). 유사하게, 조직 내에서 내재동기 및 보다 일반적으로 자율적 형태의 동기는 여러 변수 중에서도 직업 만족도, 성과 및 조직의 시민성을 설명하는 핵심 변수였다(예: Clayton, 2014; Deci, Olafsen, & Ryan, 2017; Fernet, Austin, & Vallerand, 2012; Guntert, 2015).

앞서 언급했듯이, 게임기반 학습의 목표는 적극적이고 동기화된 동화와 지식의 더 큰 통합과 관계된 참여 유형을 함양하는 것이다. 이와 관련하여 현장 연구와 메타 분석 검토 모두 내재 동기가 학교 성취를 함양하는 데 가장 중요한 유형의 동기라고 지적한다. 예를 들어, Taylor 외(2014)는 특정 유형의 동기와 학업 성취도를 조사했다. 횡단 연구에 대한 그들의 분석은 성취를 예측하는 데 있어 내재 동기의 중요한 역할을 강조했다. 그들은 캐나다와 스웨덴의 고등학생과 대학생에 관한 세 가지 추가적인 실증 연구를 제시했으며, 이는 내재 동기가 성취 향상과 가장 일관되게 연관된 동기 유형임을 시사하고 있다. 유사하게, 민족적 및 인종적으로 다양한 학생들에 초점을 맞춘 Froiland와 Worrell(2016)은 내재 동기가 학교 참여를 예측하고 결과적으로 더 높은 성취도를 예측한다고 보고했다. 반대로 학습에 대한 내재 동기가 낮으면, 종단 데이터가 확인하는 것처럼, 학습 성과와 학생의 웰빙이 위험에 처한다(예: Gottfried, Gottfried, Morris, & Cook, 2008). 따라서 많은 연구가 내재 동기에서 비롯된 긍정적인 학습과 경험적 결과를 잘 보여주고 있다(Ryan & Deci, 2016).

자기결정이론(Ryan & Deci, 2000b, 2017)은 내재 동기에 대한 현대의 가장 저명한 이론적 및 경험적 접근 방식이다. 과거의 행동 접근 방식은 주로 외부 보상과 처벌의 함수로 동기와 학습에 초점을 맞추었지만, SDT에서는 내재 동기가 인간의 기본 심리 욕구(basic psychological needs)와 관련된 내재적 만족의 함수인 것으로 가정된다(Ryan & Deci, 2000b, 2017). 이 이론은 내재 동기를 촉발하고 지원하는 세 가지 기본 심리적 만족에 특히 초점을 맞추고 있다. 첫 번째는 유능성(competence) 만족의 경험, 또는 과제의 숙달 또는 효과성에 대한 느낌이다. 내재 동기는 효과성-관련 피드백, 특히 평가나 압박보다는 즉각적이고 정보를 제공하는 피드백이 풍부한 설정을 통해 향상된다. 또한 간신히 감당할 수 있는 도전적 과제, 명확한 근접 목표 및 즉각적인 피드백을 제공하는 활동은 내재 동기를 향상시키는데, 이는 유능성 욕구 만족의 매개를 통한 결과이다(Ryan & Deci, 2017; Nakamura & Csikszentmihalyi, 2014). 사회인지적 접근법과 같은 다른 이론들(예: Bandura, 1989)도 유사하게 효능 기대를 강조하지만, SDT에서는 유능성 또는 효능감만으로는 충분하지 않다. 효능감에는 자율성(autonomy), 즉 자신의 행동에 자신의 의지와 자기조절의 기회가 주어졌다는 느낌이 수반되어야 한다. 내재 동기는 지각된 압력, 외적 통제, 또는 사소한 일까지 통제당하는 것과 같이 자율성이 손상될 때 훼손된다. 마지막으로, 많은 상황에서 내재 동기는 관계성(relatedness)의 만족, 또는 내가 다른 사람과 연결되어 있거나 다른 사람에게 중요하다는 느낌에 의해 향상될 수 있다. 관계성은 사람들이 서로 경쟁하거나 사회적 비교를 당할 때보다는, 작업에서 협력하고, 서로를 돕거나, 공통목표를 추구할 때 내재 동기를 높이는 데 특히 효과적이다.

SDT의 실험 및 응용 문헌은 유능성, 자율성 및 관계성의 세 가지 심리적 욕구에 영향을 미치는 특정 요인이 내재 동기뿐만 아니라 학습, 지식의 유지 및 전이와 같은 고품질 동기의 결과를 어떻게 직접 예측하는지 보여준다. 실험 연구는 조건적 보상, 시간 압박, 피드백 스타일, 경쟁 구조 및 기타 요인과 같은 다양한 외부 이벤트가 이러한 만족에 의해 매개되는 방식으로 내재 동기에 어떻게 영향을 미치는지 특히 자세하게 설명했다. 그들의 결과는 종종 놀랍다. 예를 들어, 많은 사람들이 외부 보상이 내재 동기를 항상 향상시킬 것이라고 예상하고 실제로 틀리게 확신하지만(Deci et al., 2016), 결과는 일반적으로 그렇지 않다는 것을 보여준다(Deci et al., 1999). 외부에서 시행하는 보상은 특히 행동이나 학습의 동기를 부여하는 데 명시적으로 사용되는 경우, 내재 동기를 강화하기보다는 종종 약화시킨다(Ryan & Deci, 2016). 사실, 광범위한 경험적 연구 문헌에 따르면, 보상, 등급, 배지 또는 기타 인센티브를 포함한 외부 요인이 통제하는 방식으로 사용되면, 내재 동기를 손상시키고 사람들의 초점을 좁히고 자료에 대한 적극적인 참여를 낮추는 경향이 있다. 그러나 예를 들어, 선택권 제공, 보상 및 평가 최소화, 소유권 허용 또는 행동에 대한 의미있는 근거 제공과 같이 자율성을 지원하는 상황에서는 내재 동기가 향상될 수 있다.

3 비디오 게임에서의 동기: PENS 모델

앞서 언급했듯이, 게임화에 대한 관심은 성공적인 비디오 게임이 높은 동기를 부여하고 깊고 장기적인 참여를 촉진할 수 있다는 관찰에서 비롯된다. SDT 내에서, 우리는 디지털 게임이 유능성, 자율성 및 관계성을 얼마나 잘 지원하는지에 의해 게임의 참여시키는 속성이 어떻게 설명될 수 있는지를 직접 조사했다. 즉, 우리는 매우 성공적인 비디오 게임에 수반되는 긍정적인 동기 부여 기능뿐 아니라 게임을 실패하게 만드는 요인에도 초점을 맞추었다. 비디오 게임의 강력한 동기 부여 속성에 대한 우리의 초점은 주로 컴퓨터 게임의 부정적인 결과와 상관 관계에 초점을 맞춘 문헌과 대조된다. 게임에 대한 일부 연구는 게임이 어떻게 폭력에서 비만에 이르기까지 문제를 일으킬 수 있는지에 관한 것이지만, 종종 간과되는 것은 사람들이 게임을 해야 하는 부정할 수 없는 강력한 욕망의 뒤에 있는 것에 관한 조사이다.

많은 사람들에게 사람들이 게임에 강하게 끌리는 이유에 대한 답은 의심할 여지없이 분명해 보인다: 사람들은 재미있기 때문에 비디오 게임을 한다. 그러나 이 대답은 정확하지도 실용적이지 않기 때문에 만족스럽지 않다. 새로운 게임과 게임 학습 이니셔티브의 생성에 동기 부여 프레임워크를 의도적으로 적용하려면 게임을 재미있게 만드는 메커니즘을 이해해야 한다. 더욱이 재미는 그 자체로 재미있다기 보다는 지루하고 반복적인 게임 활동에 자발적으로 투자하는 상당한 시간, 노력 및 관심에 대한 부정확한 설명으로 보인다. 게임은 기분이 좋아지고자 하는 단순한 쾌락적 추구보다 분명히 더 복잡한 동기를 불러 일으킨다(Rigby & Ryan, 2011).

SDT이론을 게임에 적용한 우리의 초기 경험적 연구 작업에서 성공적인 게임은 자율성, 유능성 및 관계성에 대한 기본 심리 욕구를 상당히 만족시키는, 내재적으로 동기를 부여하는 것이라고 가정했다(Ryan, Rigby, & Przybylski, 2006). 다양한 유형의 게임을 포함하는 4건의 연구에 따르면, 게임 선호도와 게임을 하는 내재 동기의 행동적 및 심리적 측정은 플레이 하는 중의 세 가지 기본 심리 욕구 만족도에 의해 예측되었다. 간단히 말해서, 기본 심리 욕구의 만족은 즐겁고 참여하게 만드는 게임 경험을 위한 통로이며 이를 지속하려는 사람들의 동기를 위한 통로로 밝혀졌다. 중요한 점은 이러한 연구 결과가 성공적인 비디오 게임의 특정 요인이 이 세 가지 욕구 만족을 어떻게 촉진했는지를 밝혔다는 것이다. 쉽게 마스터할 수 있는 통제, 명확하고 일관된 피드백, 목표 및 전략에 대한 선택, 협동적인 사회적 상호작용 기회와 같은 요인은 이러한 욕구 만족을 향상시켰으며, 이는 그에 따라 내재 동기와 참여의 증가를 예측했다.

이 개념화의 중요한 측면은 무엇이 경험을 '보상 받는 것(rewarding)'으로 만드는가에 대한 초점이다. 고전적인 강화 관점에서 비롯된 과거 연구는 주로·어떻게 외부 조건부 보상과 결과가 행동과 상태 지속성을 형성하는가에 초점을 맞추었다. 그 대신 SDT의 초점은 다양한 유형의 경험에 의해 생성된 내부 보상과 그 보상이 지속적인 참여를 활성화하는 역할에 있다. 자율성, 유능성 및 관계성과 관련된 이러한 내부 보상은 기존의 고전적 강화 시스템과 동일한 뇌 시스템(예: 선조핵)을 활성화한다는 사실은 왜 그들이 외부에서 시행되는 보상이 없는 경우에도 지속적인 행동을 쉽게 생성할 수 있는지를 설명한다(Reeve & Lee , 2019; Ryan & Di Dominico, 2017).

이러한 결과는 게임기반 학습의 중요한 동기 구성 요소는 학습 목표에 도달하기 위해 활용된 게임 시스템의 일부로서 학습 목표를 깊고 근본적으로 통합하는 것임을 시사한다. 게임 메커니즘에는 내적으로 플레이어를 더 깊은 참여로 끌어들이는 내부 보상에 대한 강력한 메커니즘이 있다. 그러나 플레이어는 이러한 보상을 추구하는 데 있어 잔인할 정도로 효율적이며 보상을 제공하는 콘텐츠와 경험만 추구하는 것을 최적화한다. 예를 들어, 우리는 플레이어가 마지막에 구체적인 과제가 자세히 설명되어 있다는 것을 알고 있기 때문에 어떻게 *World of Warcraft*와 같은 게임을 할 때 퀘스트 내러티브에서 배경 스토리를 건너 뛰는지를 관찰했다. 심지어 교묘하게 제시된 경우에서도 플레이어가 곧바로 게임 과제에 들어가면서 내러티브는 처리되지 않을 수 있다. 학습 자료가 만족도 고리에 속하지 않으면, 게임 콘텐츠 근처에 느슨하게 나란히 배치되어도 도움이 되지 않는다. 이러한 상황에서는 게임 콘텐츠가 심층 학습을 위한 통로가 아니라 주의와 참여에 대한 경쟁자가 된다.

　이러한 동기 부여 효율성의 예는 게임 플레이 중 자율성, 유능성, 관계성 및 통제 가능성을 수반하는 우리의 PENS(Player Experience of Need Satisfaction: 플레이어 욕구만족 경험) 모델(Rigby & Ryan, 2011)을 사용한 플레이어의 경험 테스트에서 쉽게 볼 수 있다. 게임 디자이너는 특정 콘텐츠 세트를 촉진하기를 원하며, 이를 위해 플레이어가 게임 챌린지를 통과해 나아가면서 더 큰 힘과 기회(유능성과 자율성 만족)를 얻을 수 있는 *레벨 업*의 일반적인 게임 기능과 같이 욕구를 충족하는 경험을 이용하여 그 콘텐츠와 참여를 연결한다. 잘 실행되면, 콘텐츠 자체가 더 높은 성장을 달성하는 데 도움이 된다(예: 참여할 때 더 효과적인 성장을 가능하게 하는 단서를 드러내는 스토리 라인). 그러나 플레이어 앞에 놓여 있는 콘텐츠에 명시적 또는 암시적 가치가 없는 경우에, 그들은 단순히 가장 빠른 방법을 찾거나 그들에게 더 많은 욕구 충족 경험을 주는 것을 찾는다. 더 간단히 말해, 플레이어는 성공을 위한 게임 규칙의 맥락 내에서 학습 콘텐츠에 참여하는 이유를 파악할 필요가 있다. 이는 자율성, 유능성 및 관계성에 대한 기본 욕구를 충족하는 데 있어 해당 콘텐츠를 플레이어의 동맹으로 만드는 것이다. 이것은 학습을 게임을 즐기기 위해 지불하는 대가로 보는 것보다 학습 경험에 대한 보다 큰 내재적 흥미로 이어진다.

　게임기반 학습을 위한 동기 기반의 탐구에서 주목할 만한 것은 우리가 더 깊은 학습과 게임에 대한 더 깊은 참여가 기초하는 공통적인 동기 부여 기반, 즉 유능성, 자율성 및 관계성에 대한 기본 심리 욕구의 만족이 중심이 되는 공통 동기 기반을 가지고 있다는 것이다(Rigby & Przybylski, 2009). 따라서 더 큰 욕구 만족(그리고 더 큰 즐거움)에 이르는 비디오 게임의 핵심 메커니즘, 콘텐츠 및 경험을 이해하는 것은 성공적인 게임기반 학습의 기초가 되는 동기 역학에 대해 상당히 알려준다. 따라서 다음에서 우리는 이러한 특정 내적 만족이 성공적인 비디오 게임에서 어떻게 발생하는지, 그리고 이러한 욕구 만족을 촉진하거나 방해하는 요소를 살펴보고, 게임기반 접근의 즐거움과 학습 모두를 향상시킬 수 있을 것으로 기대되는 게임기반 학습의 동기 부여 모범 사례를 제시한다.

4 비디오 게임의 기본 심리 욕구 만족: 원리 및 예

비디오 게임에서의 유능성 만족 *Space Invaders* 및 *Pac-Man*과 같은 초기 아케이드 게임에서 *Minecraft* 및 *Angry Birds*와 같은 최신 게임에 이르기까지 게임에 스며있는 가장 보편적인 만족은 풍부한 유능성 피드백일 것이다. 유능성의 경험은 사람들이 효율성과 성공을 경험하고 따라서 숙달과 유능성의 느낌을 이끌어낼 기회가 있을 때 생긴다. 거의 모든 성공한 비디오 게임에는 유능성을 지원하는 강력한 요소가 있다. 앞서 언급했듯이 레벨 업 경험(플레이어가 근접 목표에 도달하여 자신의 능력에서 성장과 효능성을 경험하는 것)은 유능성 욕구에 대한 만족을 기반으로 플레이어에게 동기를 부여하는 기본 메커니즘이다. SDT 관점에서 중요한 점은 이러한 순위 상승이 단순한 외형 이상이라는 것이다. 진정으로 플레이어를 만족시키기 위해서는 순위 상승과 같은 발전에 더 많은 능력(예: 게임에서 더 많은 힘을 발휘할 수 있는 능력, 더 빠른 수송 능력)이 수반되어야 한다. 이러한 발전은 또한 더 많은 만족에 대한 기능적 의미를 가져야 한다. 새로 생긴 능력은 더 큰 도전에서 성공을 가능하게 하고 그로 인해 발전의 느낌과 더 많은 성장과 레벨 업의 기회를 주는 정도까지만 동기를 부여할 것이다. 요컨대, 활동 및 도전과 그러한 활동에 참여하고 성공함으로써 발생하는 성장(및 유능성 만족) 사이에 선순환이 구축된다.

또한 유능성 만족을 지원하는 것은 성공적인 게임 디자인에 포함된 *목표의 명확성(clarity of goals)*이다. 성공적인 게임에서 플레이어가 추구하는 목표와 퀘스트는 게임의 구조와 기대치에서 매우 분명하다. 플레이어가 목표를 향해 나아감에 따라 진행 상황에 대한 피드백이 즉각적이고 빈번하게 제공되므로 유능성을 지원하는 촘촘한 메시지와 지속적인 숙달의 느낌을 제공한다. SDT에 명시된 바와 같이, 이러한 긍정적인 피드백은 내재 동기를 증폭시킨다(Ryan & Deci, 2000a; Vallerand, 1997). Rigby와 Ryan(2011)은 어떻게 가장 성공적인 게임이 강력한 유능성 피드백과 지원을 달성하기 위해 전형적으로 여러 소스와 층으로 이루어진 피드백을 제공하는지를 기술한다. 게임 플레이 도중에는 일반적으로 효과적인 플레이어의 동작에 대한 반응으로 즉각적으로 나타나는 화면 효과 또는 가시적 승점 포인트와 같은 세분화된 피드백(*granular feedback*)이 충분히 있다. 이러한 순간순간의 피드백을 보완하는 것은 누적 피드백(*cumulative feedback*)으로 게임의 진행 과정에서 보다 일반적인 진척 상황을 보여준다. 이 누적 피드백은 플레이어가 멀리 있는 목표를 추구할 때, 목적과 발전의 센스를 제공하고 더 어려운 도전을 거치면서 플레이를 지속하도록 도우면서 플레이어를 지원한다. 누적 피드백은 또한 지속적인 방식으로 성장과 유능성의 느낌을 지원하는 시각화에서도 이용될 수 있다. 더욱이 성공적인 디자인에서는 플레이어가 매 순간 수행하는 도전의 수준을 선택할 수 있도록 허용되는데, 이는 게임 경험에 대한 자율성을 지원하고 나아가 더 큰 유능성 만족을 위해 경험을 최적화할 수 있는 능력을 지원하기 위한 것이다.

비디오 게임에서의 자율성 만족 대부분의 초기 디지털 게임은 주로 유능성 만족을 강조했다(예: *Tetris*, *Space Invaders*). 특히 모바일 게임(예: *Angry Birds*, *Candy Crush*)에서 여전히 강조되고 있지만, 비디오 게임 산업이 발전함에 따라 자율성 만족을 제공하는 기능이 점점 더 게임 디자인에 도입되어 더욱 매력적이고 몰입도가 높은 게임이 탄생했다. 실제로 가상 환경의 본질은 실재 분자 세계에 자주 존재하는 제약과 장벽을 제거하여 참신함과 선택을 위한 무수한 기회를 제공한다(Rigby & Ryan, 2011). 가상 세계에서는 거의 모든 것을 할 수 있다. 선택 기회의 기하 급수적인 확장은 게임이 자율성 만족의 원천이 될 수 있음을 의미한다. 실제로, 게임기반 학습 분야에서 지난 10년 동안 가장 성공적인 구현 중 일부는 *Civilization* 및 *Minecraft*와 같은 성공적인 게임을 사용하는 데 있었다. 우리의 연구에 따르면, 이 게임은 가능성과 조밀한 목표 구조의 가상 세계에서 자유롭게 풀어 놓아진 데서 오는 자율성에 대한 깊은 만족을 통해 몰입하게 된다.

선택의 기회는 이러한 많은 비디오 게임에서 처음부터 두드러지게 나타난다. 종종 플레이가 시작되기도 전에, 플레이어는 성별, 종족, 캐릭터 유형, 힘, 플레이 스타일 및 발달 궤적을 포함하여 그들을 개인적으로 반영하는 아바타를 디자인하여 플레이를 개인화 할 수 있다. 이러한 모든 선택은 더 큰 권한 부여와 자율성의 느낌을 촉진한다.

좋은 게임은 또한 플레이어가 다양한 옵션 메뉴에서 활동을 선택할 수 있도록 허용한다. 근접 목표, 전략 및 도구에 대한 선택은 사람들이 플레이를 진행하면서 개인적인 성취감을 느끼도록 도와준다. 더욱이 기술의 발전은 움직임, 퀘스트 및 활동에 대한 선택이 확대되고 심화되는 점점 더 복잡한 오픈 월드 디자인을 가능하게 하여, 성공, 성장 및 자신의 선택이 자신이 거주하는 세계에 미치는 의미있는 영향을 미치는 것으로 특징짓는 자기 내러티브를 자유롭게 창조해낼 수 있다는 진정한 느낌을 자아낸다(Rigby & Przybylski, 2009).

오픈 월드 멀티 플레이어 어드벤처 게임인 *World of Warcraft*와 같이 매우 성공적인 게임은 각각 고유한 도전과 함께 탐험하게 될 방대한 환경을 만들어낸다. 이러한 세계의 즐거움 중 일부는 탐구와 발견을 위한 기회인데, 이것은 우리의 진화된 내재 동기 경향성의 핵심 요소이다(Ryan & Deci, 2017). 이것에 대한 또 다른 대표적인 예는 종종 악마화된 *GTA(Grand Theft Auto)* 시리즈로, 플레이어는 범죄 활동을 포함하여 다양한 임무와 목표를 추구할 수 있다. McCarthy, Curran 및 Byron(2005)이 설명했듯이 이 게임의 두드러진 반사회적 주제와 콘텐츠로 인해 리뷰어들은 종종 이 게임이 왜 그렇게 성공적인 게임인지에 대한 요점을 놓치게 되었다. 이들 저자들이 기술하듯이: "사람들은 폭력을 위해 그것을 플레이하지 않는다; 그들은 그 게임이 그들이 원하는 것을 뭐든지 다 할 수 있는 기회를 제공하기 때문에 플레이한다"(McCarthy, Curran, & Byron, 2005, p. 24). 오픈 월드 게임은 플레이어가 과제와 미션을 선택하여 풍부하게 묘사된 환경을 통해 어떤 방향으로든 모험을 할 수 있기 때문에 매력적이다. 따라서 오픈 월드 요소는 행동의 기회(*opportunities for action*)를 제공하여 참여를 촉진하고, 그로 인해 옵션과 선택을 확장하고, 탐색과 조작을 장려하며, 그에 따라 우리의 진화된 본성에 이미 깊이 깔려있는 내재 동기 성향을 불러 일으킨다(Ryan & Hawley, 2016). 따라서 왜 사람들이 이러한 가상 세계에 참여하는 것을 좋아하는지 별로 놀라울 것이 없지 않은가?

특히 주목할 점은 성공적인 게임의 추세는 플레이어가 자신의 고유한 개인 내러티브를 만들었다고 느낄 수 있도록 콘텐츠와 게임 메커니즘의 매트릭스를 제공한다는 것이다. 오픈 월드 장르의 게임이 샌드 박스 게임으로 분류되어 있음에도 불구하고, 이러한 세계는 단순히 콘텐츠를 그라운드에 촘촘히 흩뿌리고 로드맵없이 플레이어를 한가운데로 떨어뜨리는 것만으로는 성공하지 못한다. 반대로 오늘날 가장 성공적인 게임은 정교한 구조와 선택의 기회를 결합한다. 선택은 플레이어와 게임 세계(그리고 그 안의 캐릭터 모두)를 변화시키는 결과를 가져온다; 목표 구조는 정교하고 순서가 있으며, 근접 및 원거리 목표를 가지고 있다; 그리고 선택의 결과는 게임의 스토리와 제시된 후속 기회 모두에서 플레이어에게 상세하고 다양한 경험을 제공한다. 결과적으로 플레이어는 자신이 플레이하면서 쓰고 있는 스토리를 자신의 것으로 느끼고, 이 스토리는 그들에게 자신을 자랑스럽게 느끼게 하고 같은 게임 세계에서조차 상당히 다른 내러티브를 창조할 수 있는 다른 사람들과 나눌 수 있는 독특한 무엇인가를 제공한다. 아래에서 곧 설명하겠지만, 이것은 게임과 게임을 둘러싼 소셜 네트워킹이 유능성 및 자율성과 함께 관계성 만족도를 높이는 한 가지 방법이다.

게임기반 학습과 관련하여 이 매우 효과적인 게임 구조는 더 깊은 학습을 용이하게 하는 교실 조건에 대한 SDT 연구 결과와 유사하다. 예를 들어 Vansteenkiste 외(2010)는 교사가 높은 구조를 가진 교실 환경에서(의미있는 선택과 같은 메커니즘을 통해) 자율성을 지지할 때 학습에 대한 학생의 자율성이 가장 강력하다는 것을 발견했다. Patal과 Hooper(2017)는 학습 맥락에서의 선택이 직접적이든 부수적이든 어떻게 학습을 향상시키는지에 대한 증거를 검토했다. 여기에서 다시 우리는 학습과 게임의 즐거움 사이에 행운의 동기 부여 시너지를 본다. 학습을 촉진하는 상황과 환경은 다행히 자율성과 유능성 만족을 통해 즐거움을 더 심화시켜 지속적인 참여로 이어지는 것이다.

비디오 게임에서의 관계성 만족 관계성 욕구는 플레이어가 게임에서 다른 플레이어에게 중요하다고 느낄 수 있는 방식으로 다른 플레이어와 연결될 때 충족된다. 한 사람이 다른 사람의 지원을 받거나, 인정받거나, 다른 사람을 도울 수 있는 사건은 모두 관계성의 느낌을 높이는 경험이다(Martela & Ryan, 2016; Weinstein & Ryan, 2010). 초기 비디오 게임은 대부분 혼자 하는 경험이었지만, 오늘날 가장 인기있는 게임은 특히 커뮤니케이션, 협력, 팀 플레이 및 기타 관계성 향상 경험을 장려하는 멀티 플레이어 활동을 위해 설계되었기 때문에 성공한다. 이러한 경험은 플레이어들이 함께 플레이 할 때 각 플레이어가 팀원과 게임의 전반적인 성공에 의미있는 무언가를 공헌하도록 각자의 역할을 차별화하도록 장려하는 게임 디자인을 통해 직접적으로 심화된다. 이 글을 쓰는 시점에서 가장 성공적인 장르 중 하나인 멀티 플레이어 온라인 배틀 아레나(MOBA) 게임은 경쟁이 매우 치열한 팀 대 팀 플레이를 플레이어가 서로 지원하고 고유한 역할과 전략을 채택할 수 있는 풍부한(동시에 의미있는 선택을 통해서 자율성 만족을 제공하는) 메커니즘을 통합한다.

멀티 플레이어 디자인을 통한 강력한 만족도를 넘어서, 더 작은 규모에서는, 컴퓨터 생성 인물이나 NPC(nonplayer character)조차도 관계성의 느낌을 줄 수 있다. 게임 개발자가 의뢰한 수많은 연구 프로젝트에서, 우리는 플레이어가 NPC를 직접 구하거나 지원하는 것을 포함하고, 플레이어가 하는 것에 따라 달라지는 대화와 행동을 통해 플레이어의 선택이 의미있음을 보여주는 NPC와의 상호작용을 포함하는 퀘스트로부터 관계성 만족을 경험하는 것을 발견했다. 예를 들어, 일부 현존 게임의 NPC는 플레이어에게 특정 성취를 달성한 것에 대해 박수를 보내거나 플레이어가 작업을 수행할 때 상호작용을 통해 플레이어를 도와주어 지원과 감사의 감정을 불러 일으킨다. 일부 연구에서(Rigby & Ryan, 2011 참조) 게임에 실제 사람(멀티 플레이어)과 NPC가 함께 플레이하는 것이 포함되어 있을 때, 사람들은 특히 NPC가 항상 반응하도록 프로그래밍되지 않은 동료 플레이어보다 더 도움이 될 때, 동료 플레이어보다 NPC에게 더 많은 관계성을 느낀다고 보고한다는 사실을 발견하기도 했다.

마지막으로, 관계성 만족도에 대한 강력한 투입 요인은 사람들에게 다른 사람들한테 도움이 되거나 친절할 기회를 주는 것이다. SDT에 따르면, 실제로 사람들에게 기여할 수 있는 기회를 제공하면 관계성 욕구 만족도가 높아진다. Martela와 Ryan(2016)은 실제로 비디오 게임 맥락에서 자신의 성과가 도움이 필요한 사람들에게 기부로 이어지는 기능을 추가하는 것이 플레이어의 흥미와 즐거움을 높이고 게임 후 정신 고갈의 행동을 측정하는 수치를 낮춰주는 것을 보여주었다.

실험은 점점 더 유능성과 자율성 및 관계성의 내재적 만족도를 향상시키는 게임의 기능이 어떻게 더 큰 즐거움 및 참여와 연결되는지를 보여주고 있다. 예를 들어,

Sheldon과 Filak(2008)은 게임 맥락에서 자율성, 유능성 및 관계성 기능을 조작하여 세 가지 요인 모두 내재적 동기를 예측했으며, 특히 유능성 및 관계성은 긍정적 정서와 같은 긍정적 성과에 영향을 주고 부정적 정서를 낮춰준다는 것을 보여주었다. 그들은 자율성 조작은 약한 효과를 낳기는 했지만 특별히 유의미하지는 않다고 말했다.

또 다른 훌륭한 예는 Peng, Lin, Pfeiffer 및 Winn(2012)의 작업이다. 그들은 자율성 또는 유능성 만족도와 관련된 특성의 효과를 조사하기 위해 *exergame*(운동 비디오 게임)을 사용하여 연구했다. 한 세트의 실험 조건에서, 그들은 자신의 아바타를 커스터마이징하는 것에 관한 선택을 허용하는 기능에 집중하고, 이 기능을 켜거나 끄는 조건에서 게임 플레이를 비교하였는데, 이는 자율성에 영향을 미칠 것으로 예상되는 조작이었다. 다른 조건에서는 최적의 도전을 만들기 위해 이전 플레이에 따라 난이도를 자동으로 조정하는 유능성 향상 기능을 켜거나 끌 수 있었다. 이러한 기능의 조작은 게임의 즐거움 등급, 향후 플레이에 대한 동기 및 게임 선호도를 포함한 다양한 결과에 큰 영향을 미쳤다. 현재 논의에서 더 중요한 것은 이러한 효과가 자율성과 유능성 만족에 의해 예상되는 방식으로 매개되었다는 점이다. 개인화 및 선택 옵션은 자율성 만족도에 영향을 주었고, 도전성 조절 기능은 유능성 만족도에 영향을 미쳤는데, Peng 등은 SDT에 의해 예측되는 것처럼 이들 만족도가 조건과 결과 사이의 관계를 통계적으로 매개했음을 보여주었다.

소셜 네트워킹 기술의 확산은 또한 게임이 욕구 만족을 제공하는 방식을 크게 향상시켰다. 지난 10년 동안 가장 성공적인 상용 게임 중 하나인 Minecraft는 게임기반 학습에서 자주 사용되는 게임이다. 흥미롭게도, 그 성공은 단순히 게임 내의 욕구 지원 기능의 결과가 아니라 소셜 네트워킹이 이러한 기능과 상호작용하여 욕구 만족의 잠재력을 크게 향상시킨 데 있다. 수십만 명의 플레이어가 소셜 미디어에서 자신의 창작물, 기술 및 세계 창조 기량에 대한 비디오를 공유하고, 이를 통해 플레이어가 자신의 능력을 높이고(유능성 만족), 새로운 세계와 새로운 기회를 발견하기 위해 노력하고(자율성 만족), 비슷한 생각을 가진 다른 플레이어와 연결될 때(관련성 만족), 수백만 명이 이를 시청한다. 사실, 현재 인기 있는 사이트인 YouTube에서 텔레비전 쇼 및 기타 아동 프로그램을 포함하여 아동이 가장 많이 본 콘텐츠는 Minecraft 비디오이다

(TubularInsights, 2014). 따라서 게임기반 학습 접근 방식이 참여와 학습을 구축하고 유지하는 방법을 고려할 때, 게임기반접근 방식이 처한 소셜 네트워킹 환경을 강력하게 고려해야 한다. 게임기반 학습은 커뮤니케이션 및 협업 도구를 재발명하거나 재창조하려고 노력할 필요는 없다. 단순히 학생들이 이미 매일 사용하는 채널을 통해 의사소통을 선택하도록 플레이어를 유인하기에 충분한 욕구 만족을 제공할 필요가 있는 것이다.

비디오 게임은 만족할 수 있도록 제작된다... 지금

직장 및 학교와 같은 대부분의 실제 영역과 달리 가상 환경은 즉시성(*immediacy*), 일관성(*consistency*) 및 밀도(*density*)로 내재적인 욕구 만족을 제공할 수 있다(Rigby & Ryan, 2011 참조). 즉시성은 자신의 선택이나 행동에서 촉발된 피드백이나 결과가 거의 지연되지 않음을 의미한다. 일관성이란 게임이 규칙 세트 내에 명확하게 정의된 방식으로 피드백과 기회를 안정적으로 전달할 수 있다는 것을 의미한다. 다르게 말하면, 게임은 예측 가능하고 공정한 세상을 제공할 수 있는데, 그 안에서는 행동과 결과 사이의 유관성을 신뢰할 수 있다. 마지막으로, 밀도는 분자적 실제 교육이나 작업 상황에서 종종 느끼는 희박한 만족과는 달리, 성공적인 가상 세계는 매우 높은 비율의 욕구 만족의 빈도를 생성하도록 설계되었다는 사실을 의미한다.

만족의 즉시성, 일관성 및 밀도는 실제로 게임이 매력적이고 내재적으로 동기를 부여하는 것으로 간주되는 주요 이유이다. 또한 게임기반 학습의 동기 부여 약속의 일부이기도 하다. 전통적인 학습은 종종 더 모호한 성공 기준을 가지고 있으며 성장에 도움이 되는 정보를 주지도 않고 시의 적절하지도 않은 피드백(예: 보고서를 제출한 후 2주 후에 받은 숫자 등급)을 학생들에게 제공하는 경우가 많지만, 게임 메커니즘은 보다 효과적으로 참여하게 하고 심층학습을 지원하기 위해 만족의 즉시성, 일관성 및 밀도를 촉진한다. 실제로 자율성, 유능성 및 관계성은 자발적 학습 및 협력과 같은 많은 적응 기능을 산출하는 내적 보상 또는 만족이 된다.

우리의 요점은 게임을 그렇게 강렬하게 매력적으로 만드는 강력한 참여 속성이 정확하게 기본 심리 욕구의 만족을 안정적이고 빈번하며 풍부한 방식으로 제공하는 능력이라는 것이다. 이러한 요소는 게임기반 학습 및 게임화에 의해 잘 활용되어 학습 참여, 긍정적인 행동 변화 및 교육 활동을 촉진할 수 있다.

몰입과 욕구 만족 좋은 게임이 동기 부여와 관련된 것은 몰입할 수 있는 특성이다. 좋은 비디오 게임에서 플레이어는 너무 몰입하여 게임에 참여하고 있다는 사실을 일시적으로 잊어버린다. 소설에 사로잡힌 독자가 사건의 내러티브 공간으로 들어가 외부 세계에 대한 의식을 잃는 것과 마찬가지로, 좋은 비디오 게임은 가상 공간에 플레이어의 의식을 끌어들인다. 여기에서 우리는 존재(*presence*)를 비매개의 환상(*illusion of nonmediation*)으로 기술한 Lombard와 Ditton(1997)을 참고했는데, 이는 사람은 특정 매체를 마치 매체가 존재하지 않는 것처럼 인식한다는 것을 의미한다. 존재의 개념은 모든 형태의 미디어 매체에 적용되지만, 비디오 게임에는 이를 향상시키는 무수한 방법이 있다.

PENS는 사람들이 몰입형 게임 경험으로 이동할 수 있게 하는 가상 환경의 특정 속성을 가리킨다. PENS 모델에서 우리는 이러한 존재를 몰입이라고 부르는데, 이는 게임 세계 안에 있다고 느끼는 감각을 의미한다(Ryan et al., 2006). 구체적으로, 우리의 PENS 접근 방식은 몰입의 세 가지 주요 차원을 지정하는데, 이는 내러티브 몰입(이야기에 몰입), 감정적 몰입(사건과 맥락에 따라 적절하거나 진정한 느낌을 가짐), 그리고 물리적 몰입(가상 세계가 행동의 장으로서 매력적으로 느껴짐)이다(Rigby and Ryan, 2011; Ryan et al., 2006). PENS 분석에 따르면, 이러한 형태의 몰입이 거론되는 것들에 의해 항상 생성되는 것은 아니다. 예를 들어, 게임 디자이너는 종종 가상 세계의 경험을 그래픽으로 사실적으로 만들어 몰입감을 제공하려고 한다. 그래픽 리얼리즘에 대한 이러한 투자는 미학적으로 만족스럽더라도 비용이 많이 들고 큰 예산을 사용하는 상업용 게임의 자원이 없는 게임기반 학습 이니셔티브에서는 자주 도전적인 과제가 된다. 고무적인 것은 그러한 그래픽은 플레이어가 게임에 몰입하게 만드는 가장 강력한 예측 변수가 아니라는 것이다. PENS 기반 연구에서 우리는 존재와 몰입이 그래픽 리얼리즘에 관한 것보다는 반응적이거나 유관한 욕구 만족의 제공에 관한 것임을 발견했다(Ryan et al., 2006). 플레이어가 무대 위에서 쇼에 몰입하기보다 몰입을 깨어버리고 게임 개발자가 통제하고자 끌어당기는 전선과 줄을 생각하기 쉬운 때는 정확히 기본 심리 욕구가 손상되는 바로 그 때이다. 대조적으로, 게임 내에서 자율성과 유능성을 쉽게 계속 느낄 수 있다면 플레이어는 실제로 게임에 몰입할 수 있다. 실제로 Ryan 외(2006)는 만족도가 높은 게임, 특히 자율성과 유능성 만족을 지원하는 게임에서는 게임 안에 내 존재가 들어가 있는 것 같이 몰입이 향상된다는 것을 보여주었다.

PENS의 간략한 요약 SDT에서 도출된 PENS 모델은 비디오 게임이 갖는 동기 부여의 힘을 이해하는 데 기여할 수 있는 것이 많다. 분명히, 비디오 게임 그리고 더 일반적으로 가상 환경은 매력적일 수 있으며 자율성, 유능성 및 관련성에 대한 심리적 욕구를 충족시키도록 설계된 만큼 지속적인 플레이로 이어질 수 있다. 따라서 PENS는 모든 유형의 게임기반 학습 이니셔티브 또는 디자인에 쉽게 적용할 수 있는 일반적인 프레임워크이다. 우리가 언급했듯이, 그것의 핵심 구성 요소(자율성, 유능성 및 관련성 만족도)는 SDT 연구자들이 또한 전통적인 교육 맥락에서도 고품질 학습을 촉진하는 것으로 밝혀진 구성 요소를 반영한다.

5 | 기능성 게임(serious game)과 가상 교육 및 훈련 상황에 PENS 적용

PENS 모델은 사람들을 진정으로 참여시키는 게임 속성의 기초가 되는 기본 욕구 만족을 확인하고, 이러한 기본 욕구가 교실(예: Ryan & Deci, 2016; Tsai, Kunter, Ludtke, Trautwein, & Ryan, 2008), 건강 관리(예: Ng et al., 2012) 및 조직 환경(예: Baard, Deci, & Ryan, 2004)을 포함하여 게임 밖에서 더 큰 흥미, 참여 및 수행에 어떻게 기여하는지 보여주는 방대한 SDT 연구를 기반으로 한다. 정보, 미디어 및 주문형 엔터테인먼트의 현대 세계에서 사람들의 관심을 끄는 것은 쉬운 일이 아니다. 이 복잡한 선택의 세계에서 게임은 특히 우리의 관심을 끄는 데 능숙한 것으로 나타났다. 우리는 왜 그런지 살펴보았다: 게임은 지속적인 동기 부여에 매우 결정적인 기본 심리 욕구를 충족시키는 데 능숙하다.

우리는 또한 흥미로운 합류점에 주목했다: 동일한 욕구 만족이 게임기반 학습, 게임화, 그리고 순수 오락성 게임이 아닌 기능성 게임(serious game)의 추구에서 중요한 요소이다(Calvo, Vella-Brodrick, Desmet, & Ryan, 2016). PENS는 학습 및 일과 같은 비 엔터테인먼트 활동에 사람들을 효과적으로 참여시키는 애플리케이션을 구축하기 위한 유망한 템플릿을 제공한다. 그러나 게임에서 참여와 자발적 학습을 달성하는 것은 쉽지 않다. 베테랑 GBL 개발자가 알다시피, 그것은 단순히 기존의 교육과정 주위에 욕구 충족 게임의 특징들을 포장함으로써 달성될 수는 없다(예: Ronimus, Kujala, Tolvanen, & Lyytinen, 2014). 대신 이 모델은 각 기능이 각 잠재적인 욕구 만족과 어떤 관련이 있는지 생각하고 학습할 내용이 만족 순환 사이클(satisfaction cycle)의 의미있는 부분이 되도록 보장해야 한다.

표 6.1
기본 심리 욕구를 지원하는 일부 선정된 게임 기능

자율성 지원	유능성 지원	관계성 지원
의미있는 선택(과제, 전략, 타이밍에 대한 옵션)	온보딩(onboarding)을 위한 쉬운 학습 곡선	연결성-쉬운 커뮤니케이션(예 : 상호작용을 용이하게 하는 접근이 가능한 채팅 기능)
진정한 성취에 대한 정보적 비통제적 보상	명확한 근접 목표: 적정수준의 도전 (준비된 숙달을 위해 비계설정된 과제)	협력하고 다른 사람들을 도울 수 있는 기회
활동의 근거 (참여에 대한 명확한 근거)	효과성 및 성장을 측정하기 위한 치밀하고 즉각적인 세분화된 피드백	준비된 팀 구축 및 "그룹화" 구조 및 팀 중심 작업
개인화 (예 : 스스로 고안한 페르소나 및 개인 내러티브)	긍정적이고 또는 효과성과 관련된 피드백	의미있는 게임 내 상호작용을 가능하게 하는 사회적 네트워킹
작업 유틸리티의 투명성	누적 향상에 대한 피드백 (예: 레벨링, 진행 표시줄)	지식 공유 및 새로운 기회와 전략의 크라우드 소싱을 위한 풍부한 기회
피드백의 안전성/익명성	실패 후 재시도에 대한 낮은 비용과 격려	존중과 지원의 일반적인 분위기

[표 6.1]에는 SDT 및 PENS 연구 모두가 성공적인 게임화에 중요하다고 강조하는 몇 가지 고려 사항이 나열되어 있다. 이러한 기능에 대해서 가장 흥미로운 점은 게임 요소의 동기 부여 효과가 "게임은 재미 있어야 한다" 또는 "사람들은 보상을 좋아한다"와 같은 순진한 아이디어에 기반하지 않는다는 이해에서 비롯된 것이다. 오히려 PENS는 학습에 적용되는 모든 게임과 같은 기능이 기본 심리 욕구의 만족 또는 좌절과의 기능적 관계 때문에 일반적으로 효과적이거나 효과적이지 않을 것이라고 제안한다. 따라서 게임의 보상 메커니즘은 게임에 참여하게 하지만, 그들이 플레이어를 통제하거나 인센티브를 제공한다고 느끼지 않을 때만 가능하다. 그들은 진정한 유능성 피드백처럼 느껴질 때 효과적일 수 있지만, 플레이를 유지하기 위한 외부 보상처럼 느껴질 때는 효과적일 수 없다. 마찬가지로, 명시적인 목표를 설정하는 것은 자율적으로 받아들일 수 있는 근거가 있을 때 동기를 부여할 수 있지만, 외부에서 부과되거나 도달하기가 너무 어렵다고 느낄 때 동기가 훼손될 수 있다. 경쟁적인 구조는 게임에 참여하게는 하지만, 승리에 대한 외부 압력이 있을 때는 그렇지 않다. 실제로 게임 디자인의 거의 모든 요소가 미치는 영향은 그들의 기본적인 심리 욕구에 대한 관계의 함수, 따라서 내재적 동기 및 자율성에 대한 효과의 함수로 볼 수 있다.

초점이 아닌 목표로서의 학습

[표 6.1]의 요소는 고품질 참여를 유도하는 PENS에 명시된 기본 심리 욕구의 렌즈를 통해 게임을 생각할 때 고려하는 기능 유형의 샘플일 뿐이다. 이는 원하는 목표나 성과(예: 수학 학습)를 가져와 게임에 삽입하는 게임기반 학습 및 게임화의 빈번한 관행에서 잘 볼 수 없는 고려 사항이다.

사람들은 매력적이지 않은 목표와 과제를 게임에 혼합하여 누군가가 자신을 조종하려고 할 때 쉽게 알아차릴 수 있다. Flanagan이 주장했듯이 "놀이에서 목표는 일상생활에서의 성공이나 상호작용이 아니라 놀이 그 자체이다"(Flanagan, 2009, p. 5). 기능성 게임에서 평범한 삶의 목표는 종종 너무 두드러진다. 이것이 교육용 게임이 동기를 부여하는 동시에 심층 학습을 장려하는 이중 작업에서 실패하게 되는 이유이다. 우리가 논의한 많은 이유 때문에 배움의 덩어리를 재미로 감싸는 것을 성공적으로 하기 어렵다는 것이 밝혀졌다.

GBL 이니셔티브의 더 나은 전략은 기본 욕구를 초점으로 유지하는 것이다. 좋은 교육용 게임에서 사람들은 더 큰 숙달이나 수행 성과를 성취하기 위해 자율적으로 자료를 학습하는 것을 선택한다. 대수 문제를 해결하거나 인간의 심장 부위에 명칭을 적은 라벨을 붙이면 얻을 수 있는 배지와 상이 담겨있는 보물 상자를 제공하는 일반적인 교육용 게임과 대조된다. 이런 종류의 유관적 보상 구조는 단지 게임이 사람들로 하여금 배우게 만들려고 노력한다는 것을 강조하는 역할을 할 뿐이다. 그것은 사람이 조종되고 있음을 강조하고 통제받고 있다는 느낌을 만들어 자율적인 참여를 약화시킨다.

이것은 SDT를 적용하여 동일한 교육용 게임의 두 가지 버전을 분석한 McKerman와 (2015)가 보여주었다. 한 버전에서는 게임에 유관적 보상이 포함되었지만, 다른 버전에서는 이러한 보상이 포함되지 않았다. 결과에 따르면, 외적 보상의 존재는 학습자의 게임 참여에 아무런 도움이 되지 않았다: 참여는 보상을 받는 것이 아니라 보상을 주는 경험을 갖는 것의 함수이다.

많은 기능성 게임이 과녁을 벗어나는 부분은 학습이나 작업이 목표이기 때문에 그것이 초점이 되어야 한다고 가정하는 것이다. 반대로 게임에 초점을 맞추고 학습을 통해 그 경험을 의미있는 방식으로 향상시키면, 높은 동기부여 경험의 기회가 많아진다. 밝혀진 바와 같이, 사람들이 훌륭한 엔터테인먼트 게임에 계속 참여하도록 하는 것은 또한 그들의 관심, 학습 및 수행 성과를 심화시키는 요인이기도 하다.

예를 들어, 기능성 게임인 *Darfur Is Dying*을 생각해보라. 이 게임은 전통적인 게임의 많은 요소를 가지고 있다. 플레이어는 자신의 캐릭터와 가족을 선택하고, 민병대를 피하면서 물을 구하는 것과 같은 퀘스트를 수행해야 한다. 초점이 되는 목표와 도전이 있어, 끝없는 도전과 지속적인 투쟁과 고통이 있는데, 여기서 중요한 부수적 학습은 이것이 수단의 삶에 대한 관점을 제공한다는 것이다. 사실, 그 어려움은 게임을 오랫동안 지속하는 사람이 거의 없을 정도로 어려운 게임으로 만들지만, 수단의 삶에 대한 인식을 높이는 임무는 성공한다.

게임기반 학습 및 더 일반적으로 기능성 게임의 핵심은 복잡한 기술(또는 많은 지식)을 탐색, 조작, 분석 및 궁극적으로 동화될 수 있는 제한된 환경으로 가져오는 것이다. 게임 맥락에서 학습과 욕구만족을 연결시키는 학습 정보에 기능적 중요성을 부여함으로써 학습은 흥미롭고 심지어 재미있어진다. 이것은 재미가 대부분의 좋은 비디오 게임, 심지어 순전히 오락을 위한 게임조차도 적절하게 설명하지 않는다는 생각으로 돌아가게 한다. 엔터테인먼트 게임의 목표는 즐기는 것이지만, 가장 성공적인 게임은 자율성, 유능성 및 관계성을 경험할 수 있는 촘촘한 기회의 매트릭스를 제공하는 것에 의해 참여에 집중하게 함으로써 이를 달성한다. 이러한 기회는 정보가 풍부하고, 깊이 탐구하고 조사할 수 있게 한다. 왜냐하면 이 모든 것들이 내재적 동기의 측면이기 때문이다. 게임이 학습 성과의 질을 향상시킬 수 있는 것은 선택의 경험과 자율성을 제공하는 능력 때문이다. 평가, 외적 보상, 사회적 비교, 그리고 순위표와 같은 통제 요소를 포함하는 경우, 학습 자체가 실제로 그다지 흥미롭지 않고 내재 동기를 약화시킨다는 것을 학습자에게 무의식적으로 전달할 수 있다(van Roy & Zaman, 2017). 잘 설계된 게임에서는 학습 자체가 보상이 된다.

　　보상을 넘어서, 게임 외에서 동기에 관한 또다른 아주 유사한 연구 결과를 생각해 보라. 수행 목표(performance goals, 예: 다른 사람보다 더 잘하려고 노력하는 것)보다는 숙달 목표(mastery goals, 예: 자신의 기술을 향상시키는 것)에 초점을 맞추는 것이 일반적으로 학생들을 참여시키고 성과를 얻는 데 더 효과적이라는 교육 분야의 선행연구 문헌이 많이 있다(예: Krijgsman et al., 2017). 많은 교육 환경에서는 종종 피드백이 수행 성과에 중점을 두어 동기를 떨어뜨리는 반면, 좋은 비디오 게임에는 이미 적정 수준의 학습과 일치하는 템플릿이 있다: 게임 구조는 기술, 성취 또는 역량에서 자신의 발전을 시각화할 수 있도록 설계되었다.

　　우리가 주목한 게임의 한 가지 공통적인 예는 점진적인 성장, 능력 및 기회 범위를 위한 비계발판을 제공하는 레벨링 메커니즘이 게임에 포함된다는 것이다. 이러한 시스템은 성공적인 작업에 대해 받는 즉각적인 피드백과 함께 명확한 먼 목표를 제공함으로써 작동한다. 또한 레벨링은 일반적으로 내재적 동기를 약화시키는 외재적 및 유관적 인센티브가 아니라 게임 내에서 작동하는 경험적 보상을 제공하는 것이다. 이러한 기술은 또한 수행 지향적이 아닌 숙달 지향적인 방식으로 학습 경험을 사용자에 맞추어 준다. 이 메커니즘은 전통적인 학습 환경에서 일반적인 수행 성과 기반 평가(즉, 규준지향적이고 상대적으로 비교하는 평가)에 비해 분명한 이점이 있으며, 성공적인 게임과 잘 연구된 학습 전략 사이의 자연스러운 연계성을 강조한다.

First Things First(Connell & Klem, 2006)라는 매우 성공적인 학교 개혁 접근 방식 내에서 9학년 수학을 수강하는 학생들을 위한 레벨링 접근 방식이 개발되는데, 이는 미국 도시 학교의 중퇴 또는 지속성 측면에서 중추적인 순간이다. 한 해 동안 배우게 될 모든 수학 기술은 각각이 일종의 탐구(퀘스트) 또는 근접 과제를 나타내는 100개가 넘는 "나는 할 수 있다(I can)"라는 문장으로 쪼개어 기술된다. 각 기술은 다른 기술을 마스터할 수 있는 능력을 키울 수 있도록 쉬운 것에서 어려운 것까지 순서가 정해져 있다. 따라서 수학은 각 기술을 순서대로 습득하는 것으로 구성되며 "할 수 있다"는 것을 보여주면 레벨이 올라간다. 성가신 테스트는 필요 없다. 과제에 실패하면 튜터링 지원이 있는 '수학 카페'에 갈 수 있다. 그런 다음 비디오 게임에서와 마찬가지로 퀘스트를 다시 시도한다. 이것은 순전히 숙달 시스템이며, 당연히 학생들은 자신의 진도를 보는 것을 좋아하고, 단순히 시험에 점수를 매기고 합격 여부를 알아낼 때보다 훨씬 더 높은 유능성 만족의 성장을 경험할 수 있다. 여기에서 게임 기능이 시도되었지만 진실이 아닌 규준 지향 성적 매기기의 동기 부여 전략을 대체한다(Ryan & Deci, 2016, 2017). 사실, 게임 디자인은 너무 많은 학습 환경이 그렇게 하지 않는 방식으로 관대하다. 실패에 대한 처벌은 게임에서는 일반적으로 사소하고 일시적이지만 학교와 조직에서는 부담이 크고 대가가 클 수 있다. 게임은 반복되는 노력을 처벌하는 대신 재시도와 끈기를 보상한다. 교육자들은 통제가 덜한 게임의 프레임워크에서 배울 것이 많다.

6 연구 요약 및 향후 방향

우리가 설명한 동기 모델은 게임기반 학습 전략의 설계 및 구현에 중요한 도구로 사용될 수 있다. 그럼에도 불구하고 우리는 게임기반 학습을 적용하는 모든 학습 또는 훈련 프로그램에서 해결해야 할 복잡한 문제가 많다는 것을 알고 있다. 마찬가지로, 아직 밝혀지지 않은 게임기반 학습의 동기 토대에 관한 연구 질문들이 있다. 이 마지막 발언에서는 게임기반 학습 및 그 응용에 대한 연구의 향후 방향과 관련된 몇 가지 주제를 고려한다.

첫째, 최적의 학습을 위한 내재적 동기의 중요성에 대해 논의했지만, 학습 환경의 많은 실질적 측면은 이러한 유형의 고품질 동기를 육성하는 데 위협이 될 수 있다. 한 가지 예로서, 학습 환경에서 할당된 목표에 도달하기 위해 종종 학생 또는 훈련생에게 책임을 부여하는 것이 중요하다고 간주된다. 이러한 동기 부여의 바다를 항해하는 것은 어려울 수 있다. 특히 인센티브 및 성적과 같은 개념이 교육 성취도와 너무 당연하게 연관되어 지고, 너무 빈번하게 교육성취도를 추진할 것으로 가정되는 경우에는 더욱 그렇다. PENS와 같은 게임의 동기 부여 모델을 적용하면 이러한 문제를 더 잘 해결하는 데 도움이 될 수 있다. 예를 들어, 우리는 유능성과 숙달의 느낌을 향상시키는, 진척 상황에 대한 접근성이 높은 정보 피드백을 제공함으로써 게임이 유능성 경험을 심화시킬 수 있는 방법을 탐구했다. 편리하게도 이러한 메커니즘은 내용과 자료를 습득하는 과정에서 진척을 나타내는 지표이기도 하다. 정교하게 적용된 이러한 게임 메커니즘은 어떻게 학습에 대한 평가가 내재 동기를 손상시키지 않으면서 학습 과제에 통합될 수 있는지에 대해 알려 줄 수 있다. 유사한 방식으로, 게임기반 학습 설계는 세분화된 피드백, 선택 제공 및 다중 학습자 상호작용을 위한 혁신적인 전략을 통해 참여를 높일 수 있는 잠재력을 포함하여 오늘날의 전통적인 교실 및 조직 환경에서 학습자가 직면하는 다른 복잡한 문제를 연구하는 데 활용될 수 있다.

둘째, 게임기반 학습 및 관련된 접근 방식(예: 게임화)은 게임의 강력한 동기 부여 속성, 특히 고품질 학습으로 특징짓는 내재적 욕구 만족을 활용하여 학습 및 건강한 발달을 향상시키려고 한다. 증거는 가상 경험이 내재적 동기와 자율적 자기 조절을 촉진할 때 가장 효과적으로 우리를 참여시키고, 가르치고, 지원을 제공할 수 있음을 구체적으로 제시한다. 그러나 이러한 향상이 이루어지는 특정 메커니즘의 과정은 대체로 탐구되지 못한 채로 남아 있다. 다행히 내재 동기와 자율성 및 그 메커니즘 사이의 연관성에 대한 조사는 현재 특히 활발한 연구분야이다(예: Miura et al., 2017; Ryan & Di

Domenico, 2017 참조). 특히 내재 동기와 관련된 특정 신경 메커니즘에 대한 지속적인 연구는 발달 및 학습에 대한 연구에 계속해서 정보를 제공할 것이다. 게임기반 학습은 게임 요소가 실험적으로 쉽게 조작되고 그들이 생성하는 신경학적 변화에 대해 평가할 수 있기 때문에 그러한 탐구에 특히 적합한 영역을 제공한다.

이와 관련하여, 응용 환경에서 광범위한 학습 성과와 관련하여 동기 요소를 뒷받침하는 많은 문헌이 있지만, 이러한 학습 이점의 미시적 인지 토대와 특정 동기 요인과의 관계에 대한 실험 연구는 매우 적다. 따라서 이러한 동기 요인과 만족에 의해 강화되는 학습 과정 및 결과의 측면에 대한 더 많은 연구는 또 다른 미래 의제이다. 또한 동기 부여 과정이 개별 감정 그리고 현상학적 및 귀인적 상관관계와 어떻게 관련되는지에 대한 더 많은 연구는 교육 및 훈련에 대한 과정 접근 방식을 풍부하게 할 것이다.

잘 짜여진 학교나 훈련 프로그램에서 우리는 또한 인지적 유능성의 경험을 향상시키는 것만으로는 지속적인 참여나 성과를 유지하기에 충분하지 않다고 제안한다. 실제로, 게임 이외의 교육 환경에 대한 연구는 학습자가 학습 과정에서 유능성이나 숙달뿐만 아니라 자율성과 연결되어 있음을 느낄 수 있을 때 학습이 더 잘 유지되고 성과가 향상된다는 것을 일관되게 보여준다(Ryan & Moller, 2017). 이는 PENS 모델이 성공적인 비디오 게임의 핵심이라고 밝혀낸 것과 잘 일치한다. 따라서 지속적인 탐구를 위한 세 번째 일반적인 영역은 자율성, 관계성 및 유능성이 어떻게 게임기반 학습 맥락에서 동기 부여 및 인지적 결과에 독립적으로 그리고 상호작용적으로 기여하는가이다. 여기에서도 게임 형식은 이러한 복잡한 관계에 대한 통제 실험을 위한 독특한 기회를 제공한다.

마지막으로, 교실에 스마트 폰이 10년 전에 존재하지 않았던 것처럼, 학습자에 의해 게임기반 학습에 대한 접근 방식을 기이하거나 구식으로 빠르게 만들 수 있는 새로운 기술이 지속적으로 등장하고 있다. 그러나 여기에 설명된 동기 모델은 새로운 기술(예: 모바일 장치 및 소셜 네트워킹)이 등장하고 심화되었음에도 불구하고 15년 이상 비디오 게임 분야에서 유효하고 예측가능했다는 점은 주목할 만하다. 이 글을 쓰는 시점에서 가상 및 증강 현실 장치 및 플랫폼과 같이 게임기반 학습에 큰 가능성을 지닌 더 새로운 기술이 주류로 이동하고 있다. 이러한 기술을 게임기반 학습을 위한 차세대 도구로 활용하는 우리의 능력은 PENS(Peters, Calvo, & Ryan, 2018)와 같은 도구와 내재 동기의 원칙을 적용함으로써 분명히 촉진될 것이다. 이 프레임워크는 특정 기술이나 디자인에 구애받지 않기 때문에 참여와 학습을 모두 향상시키기 위해 이러한 새롭게 부상하는 기술에 쉽게 적용될 수 있다.

교육자들은 더 큰 지속성과 심층적인 학습을 촉진하기 위해 적극적으로 학습자를 참여시켜야 할 필요성을 항상 이해해 왔다. 게임기반 학습은 주도적 및 상호작용적 학습 모두에 많은 기회를 제공하여 잠재적으로 교육 노력에 많은 가치를 더한다. 이 장에 요약된 바와 같이, 내재 동기와 이를 지원하는 기본 심리 욕구 만족에 초점을 맞추는 것은 디자이너가 지속적인 참여를 향상시키는 기능을 구축하는 데 도움을 주고 동기 부여의 모범 사례를 최신 게임 기술에 적용할 수 있도록 힘을 실어줌으로써 이러한 움직임에 크게 기여할 수 있다.

참고문헌

Baard, P. P., Deci, E. L., & Ryan, R. M.(2004). Intrinsic need satisfaction: A motivational basis of performance and well-being in two work settings. *Journal of Applied Social Psychology, 34,* 2045-2068.

Bandura, A.(1989). Human agency in social cognitive theory. *American psychologist, 44*(9), 1175-1184.

Calvo, R. A., & Peters, D.(2014). *Positive computing: Technology for wellbeing and human potential.* Cambridge, MA: MIT Press.

Calvo, R. A., Vella-Brodrick, D., Desmet, P., & Ryan, R. M.(2016). Editorial for "positive computing: A new partnership between psychology, social sciences and technologists." *Psychology of Well-Being, 6*(10). doi: 10.1186/s13612-016-0047-1

Clayton, B. C.(2014). Shared vision and autonomous motivation vs. financial incentives driving success in corporate acquisitions. *Frontiers in Psychology, 5,* 77-96.

Connell, J. P., & Klem, A. M.(2006). First Things First: A framework for successful secondary school reform. *New Direction for Youth Development, 111,* 53-66.

Deci, E. L., Koestner, R., & Ryan, R. M.(1999). A meta-analytic review of experiments examining the effects of extrinsic rewards on intrinsic motivation. *Psychological Bulletin, 125*(6), 627-668.

Deci, E. L., Olafsen, A. H., & Ryan, R. M.(2017). Self-determination theory in work organizations: The state of a science. *Annual Review of Organizational Psychology and Organizational Behavior, 4,* 19-43. doi:10.1146/annurev-orgpsych-032516-113108

Deci, E. L., & Ryan, R. M.(1985). *Intrinsic motivation and self-determination in human behavior.* New York, NY: Plenum.

Deci, E. L., & Ryan, R. M.(2014). The importance of universal psychological needs for understanding motivation in the workplace. In M. Gagne(Ed.), *The Oxford handbook of work engagement, motivation, and self-determination theory*(pp.13-32). New York, NY: Oxford University Press.

Deterding, S.(2015). The lens of intrinsic skill atoms: A method for gameful design. *Human-Computer Interaction, 30(3-4),* 294-335. doi:10.1080/07370024.2014.993471

Di Domenico, S. I., & Ryan, R. M.(2017). The emerging neuroscience of intrinsic motivation: A new frontier in self-determination research. *Frontiers in Human Neuroscience, 11,* 145. doi:10.3389/fnhum.2017.00145

Fernet, C., Austin, S., & Vallerand, R. J.(2012). The effects of work motivation on employee exhaustion and commitment: An extension of the JD-R model. *Work and Stress: An International Journal of Work, Health, and Organizations, 26*(3), 213-229. doi:10.1080/02678373.2012.713202

Flanagan, M.(2009). *Critical play: Radical game design*. Cambridge, MA: MIT Press.

Froiland, J. M., & Worrell, F. C.(2016). Intrinsic motivation, learning goals, engagement, and achievement in a diverse high school. *Psychology in the Schools, 53*(3), 321-336.

Gottfried, A. E., Gottfried, A. W., Morris, P., & Cook, C.(2008). Low academic intrinsic motivation as a risk factor for adverse educational outcomes: A longitudinal study from early childhood through early adulthood. In C. Hudley & A. E. Gottfried(Eds.), *Academic motivation and the culture of school in childhood and adolescence*(pp. 36-69). New York, NY: Oxford University Press.

Grolnick, W. S., & Ryan, R. M.(1987). Autonomy in children's learning: An experimental and individual difference investigation. *Journal of Personality and Social Psychology, 52*(5), 890-898. doi:10.1037/0022-3514.52.5.890

Guntert, S.(2015). The impact of work design, autonomy support, and strategy on employee outcomes: A differentiated perspective on self-determination at work. *Motivation and Emotion, 39*, 99-103. doi:10.1007/s11031-014-9412-7

Krijgsman, C., Vansteenkiste, M., van Tartwijk, J., Maes, J., Borghouts, L., ⋯& Haerens, L.(2017). Performance grading and motivational functioning and fear in physical education: A self-determination theory perspective. *Learning and Individual Differences, 55*, 202-211. doi:10.1016/j.lindif.2017.03.017

Lombard, M., & Ditton, T.(1997). At the heart of it all: The concept of presence. *Journal of Computer-Mediated Communication, 3*(2). September 1, 1997, JCMC321, doi:10.1111/j.1083-6101.1997.tb00072.x

Martela, F., & Ryan, R. M.(2016). The benefits of benevolence: Basic psychological needs, benefi-cence, and the enhancement of well-being. *Journal of Personality, 84*(6), 750-764. doi:10.1111/jopy.12215

McCarthy, D., Curran, S., & Byron, S.(2005). *The art of producing games*. Boston, MA: Thomson.

McKernan, B., Martey, R. M., Stromer-Galley, J., Kenski, K., Clegg, B. A., Folkestad, J. E., ⋯ & Strzalkowski, T.(2015). We don't need no stinkin' badges: The impact of reward features and feeling rewarded in educational games. *Computers in Human Behavior, 45*, 299-306.

Miura, N., Tanabe, H. C., Sasaki, A., Harada, T., & Sadato, N.(2017). Neural evidence for the intrinsic value of action as motivation for behavior. *Neuroscience, 352*(2), 190-203. doi:10.1016/j. neuroscience.2017.03.064

Murayama, K., Kitagami, S., Tanaka, A., & Raw, J. A.(2016). People's naiveté about how extrinsic rewards influence intrinsic motivation. *Motivation Science, 2*(3), 138-142.

Nakamura J., & Csikszentmihalyi, M.(2014). The concept of flow. In M. Csikszentmihalyi (Ed.), *Flow and the foundations of positive psychology*(pp. 239-263). Dordrecht, Netherlands: Springer.

Ng, J. Y. Y., Ntoumanis, N., Thogersen-Ntoumani, C., Deci, E. L., Ryan, R. M., Duda, J. L., & Williams, G. C.(2012). Self-determination theory applied to health contexts: A meta-analysis. *Perspectives on Psychological Science, 7*, 325-340. doi:10.1177/1745691612447309

Patall, E. A., & Hooper, S. Y.(2017). The role of choice in understanding adolescent autonomy and academic functioning. In B. Soenens, M. Vansteenkiste, S. Van Petegem(Eds.), *Autonomy in Adolescent Development*(pp. 161-183). Psychology Press.

Peng, W., Lin, J.-H., Pfeiffer, K. A., & Winn, B.(2012). Need satisfaction supportive game features as motivational determinants: An experimental study of a self-determination-theory-guided exer-game. *Media Psychology, 15*(2), 175-196. doi:10.1080/15213269.2012.673850

Peters, D., Calvo, R. A., & Ryan, R. M.(2018). Designing for motivation, engagement and wellbeing in digital experience. *Frontiers in Psychology, 9*, 797. doi: 10.3389/fpsyg.2018.00797

Przybylski, A. K., Deci, E. L., Rigby, C. S., & Ryan, R. M.(2014). Competence-impeding electronic games and players' aggressive feelings, thoughts, and behaviors. *Journal of Personality and Social Psychology, 106*, 441-457. doi:10.1037/a0034820

Przybylski, A. K., Ryan, R. M., & Rigby, C. S.(2009). The motivating role of violence in video games. *Personality and Social Psychology Bulletin, 35*, 243-259. doi:10.1177/0146167208327216

Reeve, J., & Lee, W.(2019). A neuroscientific perspective on basic psychological needs. *Journal of Personality, 87*(1), 102-114.

Rigby, C. S.(2014). Gamification and motivation. In S. P. Walz & S. Deterding(Eds.), *The gameful world*(pp. 113-138). Cambridge, MA: MIT Press.

Rigby, C. S., & Przybylski, A. K.(2009). Virtual worlds and the learner hero: How today's video games can inform tomorrow's digital learning environments. *Theory and Research in Education, 7*, 214-223.

Rigby, C. S., & Ryan, R. M.(2011). *Glued to games: How video games draw us in and hold us spell-bound*. Santa Barbara, CA: Praeger.

Ronimus, M., Kujala, J., Tolvanen, A., & Lyytinen, H.(2014). Children's engagement during digital game-based learning of reading: The effects of time, rewards and challenge. *Computers & Education, 71*, 237-246. doi:10.1016/j.compedu.2013.10.008

Ryan, R. M., & Deci, E. L.(2000a). Intrinsic and extrinsic motivations: Classic definitions and new directions. *Contemporary Educational Psychology, 25*(1), 54-67.

Ryan, R. M., & Deci, E. L.(2000b). Self-determination theory and the facilitation of intrinsic motivation, social development and well-being. *American Psychologist, 55*, 68-78.

Ryan, R. M., & Deci, E. L.(2013). Toward a social psychology of assimilation: Self-determination theory in cognitive development and education. In B. W. Sokol, F. M. E. Grouzet, & U. Muller(Eds.), *Self-regulation and autonomy: Social and developmental dimensions of human conduct(*pp. 191-207). New York, NY: Cambridge University Press.

Ryan, R. M., & Deci, E. L.(2016). Facilitating and hindering motivation, learning, and well-being in schools: Research and observations from self-determination theory. In K. R. Wentzel & D. B. Miele(Eds.), *Handbook on motivation at schools(*2nd ed., pp. 96-119). New York, NY: Routledge.

Ryan, R. M., & Deci, E. L.(2017). *Self-determination theory: Basic psychological needs in motivation, development, and wellness.* New York, NY: Guilford Press.

Ryan, R. M., & Di Domenico, S. I.(2017). Distinct motivations and their differentiated mechanisms: Reflections on the emerging neuroscience of human motivation. In S. Kim, J. Reeve, & M. Bong(Eds.), *Advances in motivation and achievement: Vol. 19. Recent developments in neuroscience research on human motivation(*pp. 349-370). Bingley, United Kingdom: Emerald Group.

Ryan, R. M., & Hawley, P.(2016). Naturally good? Basic psychological needs and the proximal and evolutionary bases of human benevolence. In K. W. Brown & M. Leary(Eds.), *The Oxford handbook of hypo-egoic phenomena(*pp. 205-222). New York, NY: Oxford University Press.

Ryan, R. M., & Moller, A. C.(2017). Competence as a necessary but not sufficient condition for high quality motivation: A self-determination theory perspective. In A. Elliot, C. Dweck, & D. Yeager(Eds.), *Handbook of competence and motivation: Theory and application(*2nd ed., pp. 214-231). New York, NY: Guilford Press.

Ryan, R. M., Rigby, C. S., & Przybylski, A.(2006). The motivational pull of video games: A self-determination theory approach. *Motivation and Emotion, 30*(4), 344-360. doi:10.1007/s11031-006-9051-8

Sheldon, K. M., & Filak, V.(2008). Manipulating autonomy, competence and relatedness support in a game-learning context: New evidence that all three needs matter. *British Journal of Social Psychology, 47*, 267-283.

Sørebø, Ø., Halvari, H., Gulli, V. F., & Kristiansen, R.(2009). The role of self-determination theory in explaining teachers' motivation to continue to use e-learning technology. *Computers & Education, 53*, 1177-1187. doi:10.1016/j.compedu.2009.06.001

Tamborini, R., Bowman, N. D., Eden, A., Grizzard, M., & Organ, A.(2010). Defining media enjoyment as the satisfaction of intrinsic needs. *Journal of Communication, 60*(4), 758-777.

doi:10.1111/j.1460-2466.2010.01513.x

Taylor, G., Jungert, T., Mageau, G. A., Schattke, K., Dedic, H., Rosenfield, S., & Koestner, R.(2014). A self-determination theory approach to predicting school achievement over time: The unique role of intrinsic motivation. *Contemporary Educational Psychology, 39*, 342-358. doi:10.1016/j.cedpsych.2014.08.002

Tsai, Y.-M., Kunter, M., Lüdtke, O., Trautwein, U., & Ryan, R. M.(2008). What makes lessons interesting? The role of situational and individual factors in three school subjects. *Journal of Edu-cational Psychology, 100*(2), 460-472.

TubularInsights.(2014). The video marketer's guide to watch time: YouTube's most important ranking factor. Retrieved from http://tubularinsights.com/resources

Vallerand, R. J.(1997). Toward a hierarchical model of intrinsic and extrinsic motivation. In M. P. Zanna(Ed.), *Advances in experimental social psychology*(Vol. 29, pp. 271-360). San Diego, CA: Aca-demic Press.

van Roy, R., & Zaman, B.(2017). Why gamification fails in education and how to make it success-ful: Introducing nine gamification heuristics based on self-determination theory. *Serious Games and Edutainment Applications, 2*, 485-509.

Vansteenkiste, M., Sierens, E., Goossens, L., Soenens, B., Dochy, F., Mouratidis, A.,··· & Beyers, W.(2012). Identifying configurations of perceived teacher autonomy support and structure: Asso-ciations with self-regulated learning, motivation and problem behavior. *Learning and Instruction, 22*(6), 431-439.

Weinstein, N., & Ryan, R. M.(2010). When helping helps: Autonomous motivation for prosocial behavior and its influence on well-being for the helper and recipient. *Journal of Personality and Social Psychology, 98*(2), 222-244. doi:10.1037/a0016984

Yamauchi, H., & Tanaka, K.(1998). Relations of autonomy, self-referenced beliefs, and self-regulated learning among Japanese children. *Psychological Reports, 82*(3), 803-816.

07

게임기반 학습의 사회문화적 기초

Constance Steinkuehler and A. M. Tsaasan(황지원 역)

1 게임기반 학습을 위한 사회문화적 기초의 개념화

사회문화적인 관점에서 학습의 기본적인 수단은 사회적 상호작용이다. 인지는 내부에서만 일어나는 일이 아니라 문화적인 것에서 인지적으로 내면화되는 과정을 의미하는 것이다. 사회적으로 공유되는 과정은 현실적 교류와 담론적 상호작용으로 실현되며, 이는 내적 인지과정으로 내면화된다. "아동의 문화적 발달에서 모든 기능은 먼저 개인 간 정신기능(interpsychological)인 사회적 수준이 나타나고, 그 다음에 개인 내 정신기능(intrapsychological)인 개인적 수준이 나타난다. 고등정신기능은 개인 간의 실제적 관계에서 비롯된다"(Vygotsky, 1978, p.57). 따라서 학습은 지속적인 사회화 과정이다. 브루너에 따르면 "문화는 구성원에 의해 해석되고 재조정되면서 지속적으로 다시 만들어가는 것"(Bruner, 1987, p.123)이며, 따라서 학습은 우리가 예측할 수 없는 미래형태를 가진 사회 속에서 일어난다(p.121). 공동체의 구성은 항상 유동적이며 그 당시의 구성원들에 의해 결정되기 때문에, 사회화는 관계를 변화시키는 끊임없는 진화의 과정이다.

이런 관점에서, 학습은 오직 실천공동체(Lave & Wenger, 1991; Wenger, 1998), 문화 또는 "담론"(Gee, 1990) 내에서만 의미가 있다. 담론이란 "의미 있는 집단이나 '소셜 네트워크'의 구성원으로서 자신을 드러내기 위해 사용되는 사회적으로 널리 받아들여지는 언어, 사고 및 행동 방식 등의 연합체다"(Gee, 1990, p. 154). 주어진 담론 내에서 사회화는 기호나 다른 수단을 통해 사회적/현실적으로 진행되는 것으로 경험 없는 초보자를 전문가로 변화시키는 정체성의 느린 변화를 의미한다. 정체성에 대한 강조는 중요한 의미를 갖는다. 홀랜드(Holland)에 따르면, 정체성이란 사적·개인적 세계를 자신이 살아가는 문화적 형태나 사회적 관계의 집합적 공간과 상징적으로 연결시키는 것을 의미하며, 이러한 과정은 활동을 통해서 이루어진다."(Holland, 2001, p. 5). 학습은 "참여의 궤적"(Greeno, 1997)을 따르는 개인의 발전과 변화이며, 해당 실천공동체 내에서의 정체성 성장이다(Steinkuehler, 2006a).

따라서 우리 연구의 범위는 게임 자체를 넘어서 게임 세계 또는 메타게임으로 확장된다. "게임의 근본적 속성에 대한 초점을 게임을 둘러싼 게이머들의 행동으로 전환시킨 브루너의 접근법은 게임을 도구로 보는 더욱 명시적인 설명방법으로 사용된다."(Duncan, 2010, p. 23, 원문의 강조 표시를 따름). 연구 범위를 메타게임으로 확장해 보면 사용자에게 있어서 게임 세계와 학습의 과정은 통합적이라는 것을 알 수 있다. 이런 관점에서 커뮤니티는 게임을 중심으로 발달하게 되는데, 빈 공간에서 시작되는 것이 아니라 게이머 지망생들이 있는 기존의 공간에서 발생하는 것이다. 그들은 자신의 관심사에 따라 게임 커뮤니티에 들어가고, 시간이 지남에 따라 게임 수행과 관련한 별도의 사회 모델인 디지털과 현실적 요소가 혼재된 독특한 문화가 나타난다. 가치 있는 학습목표는 이러한 커뮤니티에 기반한 것이어야 하고, 진정한 학습 기회의 발달을 추구하는 것이어야 한다. 디자이너들이 메타게임에 긴밀히 참여해야만 자연 상태에서 게이머 커뮤니티의 학습에 대한 통찰을 얻을 수 있다.

메타게임을 포함할 때 명확히 드러나는 세 가지의 학습 메커니즘은 매개, 모델링, 도제이다. 매개는 특정한 공동체의 기호, 도구, 관행 등이 개인에게 내면화되는 변화 과정으로 행동의 변화를 통해서 입증된다. "매개는 인간의 정신기능이 어떻게 문화적, 제도적, 역사적 환경과 연결되어 있는지를 이해하기 위한 비고츠키 접근의 핵심이다. 왜냐하면 이러한 환경이 각 기능 형성을 위해 개인이 숙달해야 하는 문화적 도구들을 형성하고 제공하는 역할을 수행하기 때문이다. 이러한 접근에 따르면, 매개는 사회문화적 유형과 지식의 '전달자'라고 할 수 있다"(Wertsch, 1994, p. 204). 모델링은 의도적 혹은 비의도적으로 전문가에 의해 학습자가 모방해야 할 목표 행동으로 제시되는 인지적이거나 물질적인(여기서는 디지털적인) 실천 및 태도를 말한다. "대부분의 인간 행동은 모델링을 통한 관찰학습으로 이루어진다. 사람은 타인을 관찰함으로써 새로운 행동의 수행 방식을 이해하게 되며, 나중에는 이 코드화된 정보가 행동의 지침으로 작용한다"(Bandura, 1977, p. 22). 끝으로, 도제는 숙련의 궤적을 따라 전문가의 명료한 지원과 함께 초보자의 기술을 개발시키는 전문가와 초보자 간 공동의 스캐폴딩(scaffolding) 활동이다. "관찰, 스캐폴딩(scaffolding), 그리고 점점 늘어나는 독립적인 수행 간 상호작용은 견습생의 자기 모니터링과 교정 기술 개발에 도움을 줄뿐만 아니라 전문가가 되기 위한 기술과 개념적 지식의 통합에 도움을 준다"(Collins, Brown, & Newman, 1987, p. 3). 매개, 모델링, 도제의 세 가지 메커니즘은 학습자가 공동체의 지식, 기술, 성향의 채택을 통해 커뮤니티 내에서 지위를 얻게 하는 수단이 된다. 또한 이 세 가지는 게임을 통한 학습과 관련된 연구에 특히 적합한 개념이기도 하다.

사회문화적 관점은 원주민 공동체를 필요로 하기 때문에 게임기반 학습을 위한 사회문화적 기초에는 커뮤니티에서 선택된 게임이 필요하다. 게임은 비강제적이어야 하며, "게임이 아니면 교과서나 읽으라는" 식의 양극단의 논법을 넘어서, 그 흥미가 진심에서 우러난 것이어야 한다. 예를 들어 학습자는 친구를 초대할 때와 같은 진정한 흥미를 보임으로써 선택을 주도해야만 한다. 자발적이냐, 의무적이냐의 구분은 "학습을 위한 게임"과 "기능성 게임(serious game)"에 사회문화적 관점을 적용하는 데 있어서 가장 중요한 구분점이 된다. 이 장에서는 사회문화적인 관점에서, 소통 공간(affinity space)과 밀접하게 연관되어 있는 자발적이고 흥미로운 게임들에 초점을 맞추도록 한다.

2 게임기반 학습에 대한 사회문화적 접근 배경

게임들은 그저 단순하게 고안된 것이 아니라 "놀이의 복합체(mangle of play)"(Steinkuehler, 2006a)로서, 계획된 소프트웨어와 새로운 문화의 조합이라고 할 수 있다. 의식적이든 무의식적이든 디자이너의 규범, 가치, 기본적인 신념 체계들은 해당 게임의 규칙, 이미지, 허용되는 입력값, 재정 구조(예를 들어, 일회성 비용, 계속되는 구독료, 게임 내 구매 등), 그리고 비디오 게임이 청중에게 제공하는 다양한 기타 필수 요소들의 형태로 내재되어 있다. 그렇지만 소프트웨어 코드에 나타나는 이런 가치 이외에도, 게임 수행은 팬덤에 내재된 문화적 규범, 즉 게임이 지속되면서 나타나는 "메타게임"에 결정적 영향을 받는다. 다중 참여자 게임은 이런 동료 간 사회성과 공동 플레이에 대한 공공연한 의존이 가장 잘 드러나는 사례이지만, 어떤 게임이든지 간에 실제 팬들 사이에서는 동일한 속성이 유지된다. 게임은 동호회를 만들어내는데(Gee, 2005), 이들은 게임 속에서 규칙을 만들고 반영하며, 이러한 규칙들을 게임 내의 다양한 공간(종종 디지털로 매개되는)에서 주고 받는다. 그러므로 게임을 이해하기 위해서는 그들의 지적인 게임 문화 및 그 특정 문화가 갖는 교류적 속성을 이해해야 한다.

방법론적으로 볼 때, 게임은 사회문화적 학습 연구의 핵심인 개인과 사회에 대한 양방향적 영향에 대해 탐색하고 이해할 수 있는 분명한 수단을 제공한다. 첫째, 게임은 본질적으로 하나의 시스템이기 때문에 "특히 의사소통적 관계를 잘 드러낸다. 예를 들어 디지털 게임은 게이머의 행동이나 선택 및 그 결과가 보여주는 직접적 관계를 매우 즉각적으로 보여준다"(Anthropy, 2012, p. 20). 둘째, "게임은 개인과 집단 활동의 대표적인 경로 및 그 변화 양상을 제공함으로써, 교육자나 연구자들로 하여금 그런 양방향적 영향에 대해서 분석할 수 있게 해준다"(Steinkuehler, 2006b, p. 97). 이것은 의미 있는 평가도구 개발의 많은 가능성을 보여주는데, 평가도구의 개발은 단지 개인의 문화적 지식, 기술, 성향의 소유(전통적인 형성평가나 총괄평가)뿐만 아니라, 개인이 자신이 속한 문화를 형성하고 영향을 미치는 방법(예를 들어, 참평가와 공동체기반 평가)에까지 관련되어 있다는 것을 보여준다. 결국 게임기반 학습의 전망은 사회적 지식 구성의 한 형태로서 학습을 연구하는 것에 있으며, 이를 통해 게임 커뮤니티는 디지털 미디어의 맥락에서 새로운 지식을 개발하고, 그 새로운 지식은 참여자 개인의 숙련도 향상에 대한 명시적이고 지속적이며 상황에 맞는 평가 및 피드백을 제공해 주게 된다. 초보자에서 출발해 커뮤니티에 기여하는 구성원으로의 정체성의 발달은 성공을 측정하는 기초가 된다.

하나의 예시

　　게임을 통한 학습에 대한 사회문화적 분석은 아마도 앞에서 정의된 학습 메커니즘의 관점에서 가장 잘 설명될 것이다. 여기에서는 세 가지 개별 게임 타이틀에 대한 3개의 사례 연구를 통해 매개, 모델링, 도제를 설명할 것이다. 각각의 설명은 해당 게임의 독특한 문화적 맥락에서 이루어진다. 매개는 대규모 다중사용자 온라인 판타지 게임인 *World of Warcraft*(Blizzard, 2018)를 통해서, 모델링은(지금은 없어진) 디즈니 공개 서버인 *Disney Infinity 3.0*(Disney Interactive Studios, 2016)을 통해서, 도제는 한국의 대규모 다중 사용자 공성전 게임인 *Lineage 2*(NCSOFT, 2018)를 통해서 설명할 것이다.

　　매개 춘타놈(Choontanom)과 나르디(Nardi)(2006)는 *World of Warcraft* 연구 사례를 통해 공동체의 시어리크래프팅(theorycrafting)에 대해 조사하였다. 시어리크래프팅이란 문화적으로 공유된 "가설 생성, 시험, 수치 분석, 논증, 수사, 글쓰기를 포함하는 집단적인 지적 활동을 말한다. 그것은 집단적 활동이다. 시어리크래프터들은 함께 일하면서 자료를 모아 분석하고, 그 결과를 공론의 장에 게시하여 다른 시어리크래프터 및 일반 이용자들에게 공유하는데, 이 논쟁은 가끔 게임 관련 포럼이나 블로그 등에서 열띤 논쟁으로 이어진다(Choontanom & Nardi, 2006, p. 187). *World of Warcraft*는 복잡한 대규모 다중사용자 온라인(MMO) 게임으로 2014년에 출시된 이래 계속 진화를 거듭해 왔다. 게임의 소프트웨어가 변경되면 사용자 커뮤니티 또한 변화하게 된다. 이때 사용자들은 게임을 잘 이해하기 위해서 업데이트된 컨텐츠의 증가하는 요구를 따라잡아야 하며, 이러한 이해를 통해 자신을 커뮤니티에 기여하는 더 유능한 사용자로 바꿔가야만 한다. 시어리크래프팅은 게임의 복잡성에 대한 공유지식을 발달시키고, 자신의 이해를 다른 사용자와 최대한 공유하는 도구가 된다. 이것은 게시물, 그래프, 이미지, 방정식, 토론 등을 통해 명백히 오랜 시간 동안 집단적으로 이루어지는 사회문화적 지식의 형성이다. 또한 시어리크래프팅은 고급 게임 수행 전략과 이해를 생성하는 중요한 장치이기 때문에, 보통 이를 수행하는 사람들은 게임 커뮤니티에서 "엘리트"의 지위를 부여받게 된다. 가장 유명한 시어리크래프팅 웹사이트 중 하나가 "엘리트주의자들(Elitist Jerks)"이라고 불리는 것은 결코 우연이 아니다. 이 사이트가 춘타놈(Choontanom)

과 나르디(Nardi)가 조사한 커뮤니티였다.

　사례 연구에서 춘타놈(Choontanom)과 나르디(Nardi)(2006)는 시어리크래프팅이 온라인 텍스트, 다이어그램, 수학적 논증 등을 게임 수행 및 토론에 사용하는 개인(저자와 독자 모두)에게 문화적 도구를 제공함으로써, 실천과 그 결과로 만들어진 지식들이 어떻게 사용자의 게임 참여를 '매개'하는지 보여주고 있다. 개인들은 공동 활동의 맥락에 맞는 언어 사용을 통해, 게임 내부와 외부 공론의 장에서 게임에 대한 다른 사람의 이해와 해석을 "평가(calibrate)"한다. 그러므로, 매개 수단으로서의 시어리크래프팅은 게이머들 사이에 게임의 공유된 개념, 실행, 가치 등에 대한 상호주관성(Tomasello, 2003)을 형성시킨다.

Theorycrafting
Proc = Chance of SoL proc
C = Crit Percentage (where 1.0 = 100%)
n = number of chances to proc (n = 2 for Binding Heal, n = 5 for CoH, n = 6 for glyphed COH, PoH with a group that has 2 hunters n = 7!)

Example #4: Manipulating the formula to figure out what crit percentage you would need for the desired chance of getting a Surge of Light proc.
Proc = 0.75 or 75%, meaning you want your CoH to give you a 75% chance to generate a SoL proc.
C = ??? - unknown
n = 6
Proc = 1 - (1 - C/2)^n. (isolate C, gets ugly)
C = -2*[(-P+1)^1/n - 1]
C = -2*[(-0.75+1)^1/6 -1]
C = -2*[(0.25)^1/6 - 1]
C = -2*[0.7937 - 1]
C = -2 * -0.20629
C = 0.41259 or 41.3% crit needed.

(from ElitistJerks.com)

그림 7.1
ElitistJerks.com의 시어리크래프팅(이미지 출처: Bonnie Nardi)

모델링 지금은 서비스 종료된 *Disney Infinity 3.0*의 사례에서, 브라운(2017)은 사용자들이 타인을 위해 게임을 배우고, 리믹스하고, 재창조하는 새로운 문해능력(New Literacies)(Knobel & Lankshear, 2007)을 통해 2차적인 담론의 발달을 생각했다. 미국의 많은 아이들에게 디즈니의 내러티브와 캐릭터들은 전통적인 이야기를 대체해 왔고, 가정에서부터 그들의 최초의 문학 담론에 영향을 주었다. 그러나 한스 크리스챤 안데르센(Hans Christian Andersen)(Andersen, 1890)과 그림형제(Brothers Grimm)(Worthy & Bloodgood, 1992)의 이야기와는 달리, 디즈니 버전에서 인어공주는 생존했고 신데렐라의 자매들은 발을 온전히 유지할 수 있었다. 디즈니는 역사적으로 등록상표 캐릭터들을 보호해왔지만, *Disney Infinity 3.0*(D13)은 명백하게 사용자 생성 콘텐츠를 염두에 두고 설계되었기 때문에, 사용자들은 다른 사람이 플레이할 수 있는 새로운 레벨을 만들어 내는 재료로서 다양한 저작권이 있는 디즈니의 캐릭터, 내러티브, 설정 등을 사용하여 게임을 할 수 있었다. *DI3*에서 루디야드 키플링의 '발루'는 디즈니 캐릭터의 '발루'인데, 엘리스와 매드해터(Alice and Mad Hatter)의 퀘스트 달성을 위해 버즈 라이트이어의 제트팩을 아주 잘 입기도 한다. 이런 종류의 매시업은 자주 일어나는 일이다. 사용자들은 그들이 만든 창작물을 디즈니 커뮤니티 서버나 친구들과의 P2P(peer to peer) 직접공유를 통해 업로드한다. 다른 사용자들과 디즈니 인피니티 개발자들은 해당 콘텐츠에 참여하여 검토 및 평가에 기반한 피드백을 제공하고 "좋아요"를 누른다. 학습자는 시간이 지남에 따라 게임 사용자(컨텐츠 소비자)에서 게임 창작자(컨텐츠 제공자)로 발전하게 되고, *DI3*는 동료 및 권위자들과 함께 리뷰, 평가, 피드백, 수용 등의 새로운 게임 콘텐츠 공유를 통해 커뮤니티 차원의 검증을 수행하게 된다. 게임 내의 동료 리뷰는 토이 박스 허브(Toy Box Hub)와 마법 지팡이(Magic Wand)를 통해 가능하게 된다.

그림 7.2
마법 지팡이 도구는 세부사항을 보여주고 다른 사람들이 디자인한 게임 레벨과
상호작용할 수 있게 한다.(이미지 출처: Jamie K. Brown)

브라운(2017)은 일련의 텍스트에 대한 사회문화적 접근을 통해 "디지털 기술이 근본적으로 다른 텍스트를 만들어내는 영역에서 의미 창출이란 무엇인가"하는 문제를 연구하였고(Brown, 2017, p. 79), 사용자들이 리믹스된 창조물의 공유를 통해서 좋은 게임 만들기에 대한 자신의 해석을 어떻게 모델링하는지 자세히 보여주었다. 마법 지팡이 도구만 있다면 어떤 사람들은 자신의 페이스에 맞춰 그 좋은 게임을 해체할 수도 있다. 여기서, 모델링은 비동시적으로 일어난다. 한 사용자가 게임을 만들고 공유하면, 다른 사용자는 그 게임을 선택하여 작동 원리를 보기 위해 분해한다. 이런 극도의 세분화는 모델링 과정에서 거의 사용될 수 없는데, 이것은 마치 주변을 더럽히지 않고 자동차 오일을 잘 교체하는 방법과 같다고 할 수 있다. 미국의 초등학교에서,

아이들은 미리 구성된 단락의 빈칸들을 단어로 채우면서 이야기를 구성한다. 이 때 미리 구성된 단락은 발전 중인 작가로서의 어린이를 도와주고 안내하는 스캐폴딩(scaffolding) 역할을 수행한다. [D13]에서 제시된 이야기 속의 요소들이 바로 그런 도구라고 할 수 있다. 디즈니 인피니티는 두 단계에서 새로운 문해력을 진작시킨다. .... 사용자들은 게임이나, 게임을

전용하는 과정, 매체를 탐색하는 과정 등에 참여하면서 그것들을 더 잘 이해하게 되고, 흔히 토이 박스로 잘 알려진 사용자 생성 수준을 만들어내는 데 점점 익숙해진다. 더 높은 수준으로 가면, 토이 박스의 실제적 구성에 이와 같은 문해력이 더 필요하게 된다(Brown, 2017, p. 70).

도제 게임 내 대화에 대한 담론 분석에서, 슈타인큘러(Steinkuehler)와 오(Oh)(2012)는 게임을 잘 하기 위해서 강력한 사용자에 대한 의존성이 높아지는 MMORPG—*Lineage I, Lineage II, World of Warcraft*의 세 가지 대규모 다중사용자 온라인 롤플레잉 게임 분석을 통해 개인간 도제적 수행에 대해 조사했다. 게임 메커니즘의 특성을 감안할 때, 사용자(특히 길드원)들은 다른 사람들의 게임 내 스킬을 증가시킬수록 인센티브를 얻는다. 그 결과, 도제적 수행은 세 가지 게임 모두에서 게임 수행의 자연스럽고 자발적인 부분으로 발생하게 되었다. 이런 관계는 MMO에서 중추적으로 일어나는 커뮤니티 학습 과정인데, 게임의 기능 수행을 위해서는 사용자 집단과 새로운 실천커뮤니티가 반드시 필요하다. 새로운 사용자는 게임의 목표 및 그 달성 방법을 동료 사용자로부터 배워야만 단순 참가자에서 기여도 높은 멤버로 전환할 수 있게 된다.

슈타인큘러와 오(2012)는 채팅창 메시지 담론 분석과 3D 세상의 캐릭터 행동 분석을 통해 세 가지 게임에서의 도제 과정이 어떻게 구조적 공통성을 갖는지 보여주었는데, 그 공통성이란 공동의 활동, 상황에 맞는 피드백, 즉시적 정보 제공, 전문가 모델링 및 스캐폴딩(scaffolding), 주의사항 안내 등 대면으로 이루어지는 전통의 도제관계를 그대로 반영하고 있는 것으로 나타났다. 저자들은 게임 내에서의 상호작용을 주의 깊게 관찰함으로써 어떻게 도제관계가 일반화되고 게임의 활동에 가치를 부여하는지, 그리고 실제로 무엇이 가치 있는 것이며 어떻게 다른 사람의 것에 가치를 매기는지를 잘 보여주었으며, 결국 앞에서 논의했던 사회화의 비중립적인 역할을 강조하였다.

3 사회문화적 관점에서의 학습 성과

사회문화적 관점에서의 학습 성과는 커뮤니티에 의해 좌우된다. 여기서 우리는 학습의 목표가 근본적으로 자연적 범주가 아니라 문화적으로 결정된다는 것과 한 사람이 속하는 다양한 담론이 있을 수 있고 그리고 그에 따라 다양한 정체성이 존재할 수 있다는 것을 전제하고 있다(Cazden et al., 1996). 이런 의미에서 모든 학습은 근본적으로 사회적이고 문화적이며 정치적이다. 모든 커뮤니티는 언어, 기호, 상징뿐만 아니라 상징, 도구, 다른 구성원과 상호작용하는 방법과 가치를 평가하는 방법(성향)을 포함한 고유한 의미체계를 가지고 있다. 따라서 전문가란 입자물리학자, 사이언톨로지스트, 아마추어 편물공(뜨개질하는 사람), 프로레슬러, 기업 변호사, 트럼프 지지자, e-스포츠 애호가 등 해당 커뮤니티에서 가치 있다고 여겨지는 지식, 기술, 기질 등에 능숙한 사람이다. 어떤 담론 내에서 능숙하다는 것은(Gee, 1990) 스스로 숙달되는 것을 의미하기보다는 공동체 내에서 먼저 숙달한 다른 사람에게 인정받는 것을 의미한다. 이것은 해당 커뮤니티 내에서의 지위이며, 실제 세계가 아니라 소속 커뮤니티에 문화적으로 결속되어 있는 것이고, 접근성이나 재화와 같은 자원의 분배와 관련된다는 측면에서 본질적으로 정치적인 것이다. 즉, 학습이란 '적절한' 시기에 '적절한' 방식으로 '적절한' 지식을 활용하는 것만큼이나 맥락, 인정 그리고 정치의 문제라고 할 수 있고(cf. Apple, 2004), 따라서 게임기반 학습에서 성과들은 해당 커뮤니티 내에서의 정체성 변화로 드러나며, 게임에 대한 숙달 정도와 커뮤니티 내에서의 상호작용을 반영하는 것이다.

문헌연구 종합

이 문헌 검토에는 33명 학자들의 다양한 연구들이 포함되어 있다. 게임기반 학습 연구는 연구자의 학문 분야, 참여자 집단의 다양성, 자료 및 연구방법의 다양성 등 여러 축에서 다양하게 구성되고 있으며, 대부분의 연구들이 자료가 많은 대규모의 연구이거나 종단적 연구로 수행되었다. 인류학, 비교 문학, 컴퓨터 과학, 교육학, 정보학, 심리학, 사회학 분야에서 연구자들은 서로의 연구설계, 자료수집 및 분석 기법, 결과를 이해하기 위한 논리적 주장을 조사하고 때로는 채택하고 있다. 이 분야의 학제적 성격은 충분히 중요하지만, 그 영향은 너무 복잡한 것이어서 이 장의 범위를 벗어난다. 두 번째 축인 연구 참여자의 이질성과 그것이 갖는 게임기반 연구에서의 함의에 대해서는 분량을 할애하였다. 하지만 이 장에서 참여자 집단 구성은 연구 설계나 자료 수집, 분석 등에 영향을 미치거나 결과에 영향을 미치는 것이 확인된 경우에 한해서만 다루어질 것이다.

　　게임 사용자들은 여러 가지 커뮤니티를 갖고 있다. 모든 인간(어떤 이들은 모든 포유류의 특징이라고 말하기도 함)은 모종의 게임을 하면서 성장한다(Burghardt, 2005; Caillois, 1958/2006). 이 장에서 다루는 연구들에는 구성원들의 나이, 성별, 국적, 사회경제적 지위, 지역, 숙련도 등에서 매우 다양한 학습 공동체가 포함되어 있다. 여기에서 우리는 디지털로 매개된 게임에 집중하려고 하는데, 이러한 게임들은 매체의 특성상 연구자가 물질적/비물질적 자원에 대한 접근성 문제를 명시할 것을 요구함으로써 참여자 모집의 장벽을 높인다. 세 번째 축인 놀랄만큼 많은 자료 유형과 연구방법의 이질성은 남아 있는 주제에 대한 문헌 검토 이후에 연구의 제한점 및 함의에서 다루어질 것이다. 다양한 게임 수행의 결과물은 활용 가능한 자료의 광대한 리스트를 제공해 준다. 개인 차원의 키 입력에서 채팅 로그 기록에 이르기까지, 디지털 게임 자료는 폭넓은 자료 수집 기회를 제공하고 있다. 수초에서 수백시간에 이르는 자료 규모의 다양성은 빅데이터 분석 방법 활용을 가능하게 해 주었고, 바로 그 점에서 하드웨어 및 알고리즘의 제한은 곧 가시적인 제약이 되기도 한다. 게임 연구자들은 개발자가 제공하는 데이터의 수집뿐만 아니라 제삼자에 의해 생성되는 다양한 자료 및 분석 도구를 사용하며, 최근 빠르게 변화하는 데이터 환경에서 자신의 분석 도구나 기술들을 계속 발전시켜나가고 있다.

표 7.1

세 가지 주요 가정에 따라 구성한 문헌 공통 주제

	협력은 개입이다	게임은 온전한 활동체계다	권력과 지위의 표준적 관계가 재편된다
역할	정체성 변화로서의 학습	사회적 상호작용(언어 등)에 대한 지속적인 집중	유동적인 교사-학습자 역할
	학습자의 관심이 상호작용을 이끌어냄	학습은 활동적이고 실천적이며, "전통적 교실"처럼 수동적이 아님	지식/효용에 기반한 위계
위치/ 범위	학습은 사회적 상호작용을 통해 성취된다.	종합 과정에서 디지털 그리고 물질적인 특성들이 나타남. 게임은 소통과 활동이 일어나는 플랫폼(맥락성)	메타게임과 그 재검토에 대한 인정
	학습자의 커뮤니티에 대한 기여가 학습목표이며, 학습의 정당화임.	장소/공간으로서의 게임 실천의 구심점으로서의 게임	다른 주변부 학습자가 게임 커뮤니티에서 성공한 것으로 간주됨.

이 리뷰에 포함된 33명의 학자들의 연구를 통해, 우리는 세 가지 기본 가정으로 정리될 수 있는 13가지 주제를 찾아냈다.(1) 협력은 그 자체로 게임을 통해 학습에 개입하는 것이다.(2) 게임은 사람, 장소, 방식, 텍스트 등에 분포되어 있는 온전한 활동 체계다.(3) 권력과 지위에 대한 표준적인 관계들이 재편된다. 게임기반 학습의 연구 성과를 통해서, 우리는 게임 수행과 커뮤니티의 상호작용 내에서 권력, 행위주체성, 권위 등이 절충 가능해지는 사례 연구의 유형들을 발견하게 되었다. [표 7.1]에는 문헌 연구에서 중요하게 다루어지는 주제(세로줄)와 사회문화적 관심사의 측면, 즉 커뮤니티 내에서 개인의 역할과 연구를 통해 밝혀진 상호작용의 범위와 위치 등이 제시되어 있다. 단, 여기서의 제시 순서는 중요도나 관심의 정도를 나타내는 것은 아니다.

협력은 개입이다 게임기반 학습에 대한 사회문화적 연구들은 인지를 개인과 문화의 교차점으로 생각하고 있다. 한 게임의 문화 혹은 게임 세계는 메타게임 활동들을 포함하는 "협력적인 프로젝트(Collaboratories)"로 보인다. "이동하는 목표...여기서의 핵심요소는 정보의 흐름에 대한 안내인데, 통합된 정보 구조 안에 내재된 도구, 사람, 문서 사이에서 일어나는 정보의 흐름을 안내하는 것이다(Bowker & Star, 2001, p. 33). 학습자는 게임 커뮤니티 내에서 지식 습득을 추구할 때, 정보의 흐름을 공동구성한다. 이 지점에서, 협력은 곧 개입이 되며, 게임 세계는 커뮤니티 구성원들 간의 소통을 위한 플랫폼이 된다. 토마셀로(Tomasello), 크루거(Kruger), 라트너(Ratner)(1993)는 그런 문화 학습은 크게 모방, 설명, 협력의 세 가지 광범위한 형태로 구성된다고 주장하였으며, 특히 모방과 설명은 협력을 가능케 하는 유능성 개발의 필수 단계라고 보았다. 모방과 설명은 그 자체로만은 구성원의 기여도를 충분히 나타내주지 못하며, 오히려 게임 세계에서의 완전한 기여도는 협력을 통해서 드러나게 된다. 시간이 지나면서 게임연구자들은 다양한 유형의 이론적, 경험적 연구 결과를 제시해 왔고, 세 가지 요소가 하나의 게임 세계에서 나타나는 경우를 다루기도 했는데, 이것은 사용자들이 특정 세계의 모델이나 학습 생태계 내에서 매끄럽게 게임을 진행시킬 수 있도록 해주었다.

해당 문화 속에서 개인의 역할은 다른 사람들의 관계 속에서 그 위치를 드러내며, 역할의 변화는 그 저변에서 일어나는 학습의 진행을 보여주는 것이다(Black, 2006; DeVane, 2014; Gee & Lee, 2016). 이런 방식의 학습은 정체성 변화에 반영되는데, "예를 들어, 강력한 아이템들을 장착한 아바타는 사용자의 정체성 구축에 필수적이다. 그것은 타인들에게 해당 사용자의 지위를 공표하는 기능을 한다"(Ducheneaut, Yee, Nickell, & Moore, 2006, p. 414). 레베카 블랙(Rebecca Black)은 팬픽션 사이트에서 제2 언어의 습득 및 새로운 언어 학습자들이 숙달해 가는 과정을 연구하면서, 지식 습득의 유형 및 사회적 지위 변화의 반영은 마치 젊은 중국어 사용자가 영어를 숙달하여 성공적인 정체성을 습득해서 영어권의 유명한 작가가 되는 것과 같은 일이라고 지적했다.

게임 내에서의 협력은 자발적이며 주도적인 상호작용으로, 흥미에 기반한 학습이다. 다양한 게임 커뮤니티에 대한 문화기술지적 설명에서는 참여자의 흥미를 지식 획득의 가장 주요한 동기로 기술하고 있다(Holmes, 2015; Jenkins, Purusho tma, Weigel, Clinton, & Robison, 2009; King, 2013; Nardi, 2010; Stevens, Satwicz, & McCarthy, 2008). 마치 커트 스콰이어(Kurt Squire)와 사샤 바랍(Sasha Barab)의 천문학 시뮬레이션 게임 사례 연구에 참여했던 학생들처럼, 학생들은 "학습 과정에 있어서 자신 만의 학습목표를 설정하고, 경험을 통해 의미 있는 관계를 형성하는 적극적인 참여자로 간주된다."(Barab et al, 2000, p. 723). 협력과 사회화, "그런 세계 속에서의 게임 수행"을 위해 컨벤션 센터로 모여드는 참여자들에서부터, "파워 플레이"를 위해 설정 전략을 공유하거나 다중 컴퓨팅 시스템을 동시에 운영하는 사용자에 이르기까지, 학습자들은 맥락을 찾아내고, 필요하다면 만들어내면서 게임 세계 내에서 자신이 원하는 만큼 참여하여 숙달의 수준을 높여 간다(Taylor, 2009/2012).

이렇게 게임기반 학습은 타인들과의 협력에서 발생한다. "어린이들은 비디오 게임을 하는 동안 함께 배우고 가르친다"(Stevens, Satwicz, & McCarthy, 2008, p. 45). 팀 게임에서, 개인은 "게임 메커니즘이나 특정한 큰 전투, 그룹의 규범 등에 의해 결정되는 특정 역할을 수행하며,"(Chen, 2009, p. 47), 그 성공과 실패는 집단의 상호의존적 성취가 된다. 매개, 모델링, 도제의 실행은 일상적인 게임에서 아주 규칙적이고 규범적으로 나타난다. 스포츠 초보자들이 프로 선수들을 모방하는 것처럼, 게임을 하는 동안 우리는 커뮤니티 내 유명인을 따라 실력을 높이고자 한다. 예를 들어, *마인크래프트*에서 "유명 사용자를 모델링하는 것은 커뮤니티 내에서 다양한 사용자들이 마인크래프트 커뮤니티의 핵심 멤버로 보이는 사람을 찾아서 그의 플레이를 찾아서 따라하도록 하는 힌트를 제공한다"(Pellicone & Ahn, 2014, p. 191). "학습을 위한 게임"에서 협력을 위한 공간을 제공하는 다른 예시로는 워싱턴대학 게임과학센터에서 나온 *Foldit*(University of Washington Center for Game Science et al., 2018), *Mozak*(University of Washington Center for Game Science, 2018)과 *Crayon Physics Deluxe*(Kloonigames, 2018), 그룹 학습 게임인 *Atlantis Remixed*(Center for Games and Impact, 2018), 그리고 *Algodoo*(Algoryx Simulation AB, 2018) 등을 들 수 있다. 다시 말하지만, 커뮤니티에 대한 학습자의 기여가 곧 학습의 목표다. 이러한 기여가 *Sims 2*(Electronic Arts Inc., 2018) 게임에서 인벤토리 옵션에 추가된 보라색 변기와 같은 내용물이건, 혹은 *World of Warcraft* 포럼의 수많은 옵션 분석이건, 혹은 *Disney Infinity 3* 서버에 생긴 새로운 게임 레벨에 대한 분석이건 간에, 게임 세계에 대한 사용자의 기여도는 학습의 중요한 부분이라고 할 수 있다.

협력은 전문성의 척도다. 숙달된 학습자는 그들의 기여 형태를 통해 드러나게 된다. 앞에서 예로 들었던 보라색 변기는 *Sims 2* 게임에서 사용하도록 학습자의 손자를 위한 선물로 디자인된 것이었다. 일반 인벤토리에 게임 퀄리티 향상에 필수적인 보라색 변기가 존재한다는 것은 그 멤버가 커뮤니티 내에서 전문가라는 상징이 된다. 조부

모와 손주 간의 협력은 게임에서 학습 개입에 해당하며, 상호작용을 위한 플랫폼의 역할을 수행한다. 그 보라색 변기는 게임의 메커니즘과 커뮤니티의 규범에 부합하는 것이며, 그 창작자를 커뮤니티에 기여하는 구성원으로 드러내주는 존재가 된다.

온전한 활동체계로서의 게임 게임, 텍스트, 커뮤니티를 포함하는 온전한 활동체계로서의 게임은 사람들이 정기적으로 머무르는 가상/실제의 경계지역에서 학습을 위한 도구로 기능하는 것으로 나타났다. 사례 연구에서는 게임 참가자, 게임 세계, 그리고 사회적 상호작용(주로 언어)에 지속적 관심을 가진 사람들, 이 세 가지로부터 생성된 자료들을 삼각 측량한다. 참여자의 직장, 집, 학교에서와는 달리 게임 수행에 관련한 주요 문해력, 게임에서의 태도 및 진행 상황에 대한 참여자의 지식과 이해도를 반복 측정함으로써, 우리는 커뮤니티 내에서 참여자의 학습 궤적(Greeno, 1998)을 추적할 수 있으며, 그런 문해력이 게이머의 일상 생활과 오프라인 삶 속에 어떻게 자리하는지를 확인할 수 있다."(Steinkuehler & King, 2009, p. 51).

게임기반 학습은 능동적이고 실제적이며, 학습자 주도의 상호작용에 의해 학습자가 스스로 결정한 학습목표의 달성을 향해 나아가는 것이다(Gee, 2005; Martin, 2012; Oblinger, Oblinger, & Lippincott, 2005; Squire & Jenkins, 2003; Steinkuehler & Duncan, 2008; Turkay & Adinolf, 2012). "반복된 시험 준비 기술 중심의 전통적인 수동적 교실학습 맥락과 달리"(Hayes & Gee, 2010, p. 185), 경험학습과 게임 수행의 과정에서 실패는 일반적이다(Juul, 2013). 실패는 시행착오를 둘러싼 커뮤니티 규범의 한 구성요소이며, 다른 사용자에 의해 명백하게 지지되고 공감을 받는다. 게임과 그 소통 공간은 학습자들이 콘텐츠를 나누고 피드백을 주고받는 공간이며, "단지 [온라인] 소통 공간에서의 문해력 제고를 위한 통찰력을 주는 것뿐만 아니라, 젊은 사람들이 프로젝트 기반의 자기주도적인 기회에 가치를 부여하고, 그들의 창의적인 작업을 다른 진실한 청중들과 공유할 수 있다는 것을 보여준다"(Lammers, Curwood, & Magnifico, 2012, p. 55).

게임 세계에서 디지털 및 실제적인 것들은 종합적으로 나타나며, 동일한 학습과정이자 동일한 활동의 일부라고 할 수 있다. 사회문화적 연구들은 다양한 상호작용 유형의 언어를 포함하는 사회적 공유 과정에 지속적으로 초점을 맞춰 왔으며, 그들 대부분은 디지털 방식으로 매개되고, 물질적이며 담론적인 상호작용으로 현실화되었다. 최근에는 Human-Computer Interaction(HCI)로 용어가 재정렬되었지만 여전히 명망있는 학회 CHI를 유지하고 있는 초기의 "컴퓨터-인간 상호작용(Computers-Human Interaction)" 연구 학회에서 확인할 수 있듯이, 세부적인 특징들을 개발하는 것이 중심이었던 초기의 인간-컴퓨터 상호작용 연구에서는 디지털 방식과 실제적 방식을 구분하는 것이 일반적이었다. 해당 도구 및 그 도구를 활용한 상호작용에 대한 인위적인 설명은 디지털로 매개되는 학습 체계를 사회문화적으로 이해하는 것을 방해할 뿐만 아니라, 교육학적 진보를 크게 지연시켜 왔다. 게임기반 학습에서, 인간, 하드웨어, 소프트웨어는 놀이 복합체의 일부이고, 총체적인 관계 체계로 간주되는데, 총체적인 관계 체계는 마치 존 듀이가 예술적 재료나 집단 활동에 능동적이며 참여적인 관계로 연결되는 미학적 경험으로 재개념화한 것처럼 디지털과 실제적인 모습이 종합적으로 나타난다(Nardi, 2010, p. 41). 추가로 설명하자면, 미학적 경험의 이해를 위해서는 텍스트, 내러티브, 요소 구성 기능 등과 같은 인공생성물에 대한 분석을 멈출 수 없으며, 그런 인공물들이 존재하는 실제 활동에 대해서도 반드시 조사해야 한다(p. 43). 미학적 경험은 단순히 게임을 넘어서 게임이라는 행위의 의미 속에서 사람, 공간, 방식, 텍스트 등을 포함하는 것이다.

게임은 맥락에 따른 소통과 활동이 일어나는 플랫폼이다. 슈타인큘러(Steinkuehler)와 던컨(Duncan)은 *World of Warcraft* 온라인 포럼에 대한 연구를 통해 다음과 같이 밝혔다. "포럼 논의들의 86%가 사교적인 말들보다는 '사회적 지식 형성'에 관련된 포스트였다. 그 중 절반 이상은 시스템 기반 추론을 다루었고, 10%정도는 모델 기반 추론이었으며, 65%는 지식이 평가와 논쟁의 개방된 과정으로 다루어지는 평가적 인식론을 보여주고 있었다"(Steinkuehler & Duncan, 2008, p. 530). 이것은 강압적이지 않은 학습 활동으로, 사용자가 참여 궤적에 따라 발전을 추구하고자 할 때 찾게 되는 사회적 경험이라고 할 수 있다. 이런 포럼들은 사용자 커뮤니티의 관심사에 대해 흥미로운 게임 디자인 피드백을 제공하는 공간이 된다.

사회문화적 관점에서 게임들은 흔히 제3지대로 간주되는 수행의 구심점이 되는데(Ducheneaut, Moore, & Nickell, 2007; Steinkuehler & Williams, 2006), 이 공간은 누구나 참여할 수 있으며, 만약 관심만 있다면 사회규범을 배우고 자신이 공동체에 속해 있다는 것을 드러내고 정규멤버로 남아있을 수도 있는 그런 민주적인 공간이다. 지(Gee) 와 헤이즈(Hayes)(2010)는 손주와 함께 *Sims 2*를 플레이하는 과정에서 주변부 멤버에 서부터 인정받는 마스터로 변화한 어떤 은퇴한 컴퓨터 강사를 소개하고 있다. 이러한 역할 전환은 처음에는 그녀의 손녀가 게임을 할 수 있도록 보라색 변기를 만드는 단 순한 욕망에서 시작되었지만, 자기주도적이며 자기조직적인 참여 궤적을 따라 발전 하는 과정에서 가족과 함께 게임을 할 때 자신이 원하는 역할을 충분히 수행할 수 있 는 마스터가 되었다. 광범위한 커뮤니티 상호작용 지원 기능에 초점을 맞춘 학습용 게 임으로는 *Minecraft: Education Edition*(Mojang, 2018), *Aucraft*(Duncan, 2018), *Atlantis Remixed*(Center for Games and Impact, 2018) 등을 들 수 있다.

조금 넓게 보자면, 게임기반 학습을 온전한 활동체계로 이야기할 때, 우리는 말하 는 체계란 게임 그 자체의 활동뿐만 아니라 게임 경험의 중요한 부분을 이루는 텍스트 와 커뮤니티를 모두 포괄하는 체계를 말하는 것이다. 사회문화적 접근에서 학습을 위 한 게임을 디자인할 때, 그 디자인 과정은 커뮤니티 한복판에 놓여져야 한다. 디자이 너는 게임의 목표를 구성원들이 반드시 배워야 할 커뮤니티의 가치와 일치시켜야 한 다. 성공 지표는 반드시 커뮤니티에서 정의되어야 하고, 피드백 자료의 포인트들은 게 임, 텍스트, 커뮤니티의 상호작용을 포함하여 세 가지 측면에서 측정되어야만 한다. 그래야만 특정한 게임기반 학습 체계의 기회와 행동 유도성을 이해할 수 있게 된다.

권력과 지위 관계의 재편 특정한 커뮤니티는 다양한 유무형의 자원과 그 이동 패턴 에 따라 다양한 순간, 다양한 학습자들에게 적절한 목표와 그렇지 않은 것을 결정하게 된다. 새로운 가치는 사회적, 문화적, 정치적 체계에 내재되어 있으며, 가치 있는 학습 내용, 방법론, 기회 등을 안내하고 함께 결정한다. 초보자와 전문가의 차이는 커뮤니 티 내에서 가장 가치 있게 여겨지는 지식, 기술, 성향을 얼마나 갖고 있는지로 설명될 수 있다. 그런 유능함을 입증하기 위해서는 숙달되는 것 그 자체보다는 커뮤니티의 인 정이 필요하며, 그것은 정치적인 자원 배분(접근성, 재료 등)을 반영한다. 커뮤니티의 가 치를 인정하는 과정은 중립적이지 않다. 영국과 미국의 개발 산업들은 자신들의 기술 을 위한, 그리고 타인의 문제에 대한 솔루션 제공을 위한 시장 창출의 역사를 갖고 있 다. "가부장제는 헤게모니와 균질화를 통해 작동하는데, 지배적인 위치를 잡고 그것을 보편적인 것으로 여기게 하며, 대안들을 주변화하고 차이를 지우며, 보편적으로 받아들여지는 특수성을 모호하게 만든다"(Dourish & Mainwaring, 2012, p. 137). 하지만 "다양한 관점들이 동시에 존재할 수 있는데… 우리가 모든 구조적 요소를 설정의 문제가 아니라 설명의 문제로 만들 수 있는 가능성을 열어줌으로써, 그것을 다른 관점들과 동일한 수준에 놓게 되고… 어떤 효과적인 기술적 객체를 만들기 위한 근본적 노력은 우리에게 일반적으로 익숙한 기존 시스템의 대표적인 절대성을 요구하지 않는다는 것을 보여준다."(p. 140).

모든 연구자들은 이 책에서 우리가 신중하게 고려한 것처럼, 언어와 이미 드러난 학문적 담론의 숙달을 통해 자신과 그들의 연구, 그리고 그 연구의 가치를 자리매김한다. 게임기반 학습 연구자들 역시 일반적으로 게임을 하는데 이들은 게임 시간이나 기간, 아바타의 랭킹, 레벨, 시리즈 완료 정도, 끝판왕 경험 등의 용어들로 자신의 작업과 관련한 그들의 게임 전문성을 주장한다. 이 장의 저자들 역시 게이머들이다. 우리는 각자의 게임 세계를 알게 되었고, 그 안에서 인정도 받았다. 우리는 우리의 위치 때문에 나타날 수 있는 편견과 한계점들을 분명히 인식하면서, 게임문화 전문가들의 익숙한 지식과 비판적인 관점을 우리 연구에 활용한다. 우리는 이런 종류의 제한점들은 오히려 연구 및 디자인에 대한 상호주관성의 부족에서 발생하는 제한점이나 약점에 비해 훨씬 문제되지 않는 것이라고 생각한다. 그런 점에서 연구자나 게임개발자들은 알려지지 않은 영역을 찾아내고 게임을 만들어내기를 원하는데, 그 이유는 그런 게임들이 해당 커뮤니티나 동호회 등에 알려지지 않았기 때문이다.

새천년이 시작될 즈음, 게임계에서 제스퍼 줄(Jesper Juul)과 커트 스퀘어(Kurt Squire)는 게임기반 학습에 대해 게이머별로 다룬 최초의 경험적 연구 2편을 학계에 보고했다. 이런 주목할 만한 연구 주제는 자연발생적인 민속지학 연구와 유사실험 맥락 연구 등 다양한 사례 연구로 재탄생되었고, 이 연구들은 교사-학생 역할의 유동적 변화, 전문성에 근거한 사회적 위계(성별이나 사회경제적 지위가 아니라), 새로운 교육적 권위의 공간을 포함한 메타게임과 그 적극적인 재검토 과정에 대한 재인식, 그 이외에 다른 주변부 학습자가 게임 커뮤니티에서 성공적으로 인정받는 경우 등에 대한 다양한 연구로 이어졌다.

교사-학생 역할의 유동성은 게임의 맥락에 따라 다르게 나타나지만 규칙성

(Anthropy, 2012; Okita, Turkay, Kim, & Murai, 2013; Steinkuehler & King, 2009; Taylor, 2009)
은 매우 두드러지는 것으로 보고되었으며, 새로운 상보적 교수방법의 형태가 되풀이되는 주제라는 것을 보여준다. 던컨은 이 차이점을 다음과 같이 강조하고 있다. "많은 현대 학교에서 학생들은 학습 재료를 변경하고 구조를 조정할 만한 여지가 많지 않고(예를 들어, 낮은 수준의 놀이 행동 유도성), 강의 자료에 대한 자신만의 내러티브 이해를 형성할 것을 요구받지도 않는다(예를 들어, 낮은 수준의 내러티브 행동 유도성). 온라인 커뮤니티와 관련하여 수행되는 활동들과 현대 교육과정의 제약 사이에는 분명한 차이가 있다"(Duncan, 2010, p. 32).

게임은 새로운 상호작용과 결합되어 설계된 체계이며, 가끔은 예상하지 못한 경쟁적인 변화를 상호작용 가능 공간에 가져오기도 하는데, 그것은 곧 "치팅(Cheating)"을 의미한다. 미아 콘살보(Mia Consalvo), 데보라 필드스(Deborah Fields), 야스민 카파이(Yasmin Kafai) 같은 학자들은 메타게임을 확장하여 적극적인 재검토 과정을 포함시켰다. 필즈(Fields)와 카파이(Kafai)는 *와이빌*(Whyville) 게임 세계에는 "치트(Cheat) 사이트들"이 있어서 제공되는 지원의 분량이나 복잡성과 관련하여 품질을 떨어트린다고 지적한다.

*와이빌*은 기초 과학 도전 과제의 성공적 완료를 화폐로 사용하는 가상 세계다. 사례 연구에서는 치트 사이트에서 제공하는 고전적인 속임수인 정답지부터 개념 보충 자료, 변형 문제 설명 등을 평가하고, 이런 관행에 대한 커뮤니티의 평가를 조사하였다. "시행착오 방식을 보다 체계적이고 시간이 덜 걸리는 게임전략으로 바꿔주는(Fields & Kafai, 2009, p. 77) 개념 보충 자료에 대해서" 게임의 윤리적 기준에 부합하는 것이라고 보았다. 게임 개발자들이 이런 기여에 대해 어떤 입장을 가지는지는 명료하지 않다. 많은 개발자들은(공적 언급이나 법적 조치들을 통해) 연구자들이 강조하는 이러한 일종의 적극적인 재검토를 막고 있다. 하지만 어떤 개발자들은 승인받지 못한 커뮤니티의 기여를 통합하여 활용하는 것으로 알려져 있으며, 만약 수정안이 공식적으로 채택되어 추가되는 경우라도 어떤 보상이나 공헌에 대한 인정을 제공하지는 않는다(인정이 보상보다는 더 일반적이다).

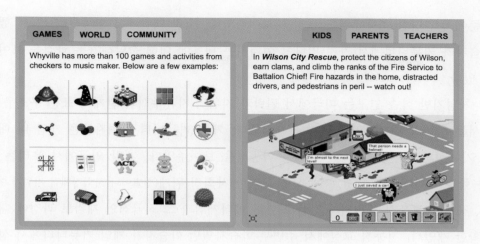

그림 7.3
와이빌 사이트(Whyville.net.)에서 *Wilson City Rescue* 미니게임에 대한 화면 캡처

교육적 효과에 대한 연구에 참여자를 모집하는 과정에서, 연구자들은 일반적으로 국가, 주, 학교 등에서 보고한 지표를 통해 이전에 성과가 저조했거나 실패 위험이 확인된 개인을 포함하려고 하는 경향을 보였다. 하지만 게임 연구에서 이런 개인의 학습 궤적을 측정해보면, 그들은 종종 향상된 학습 성과를 보여주게 된다(Hayes & Gee, 2010; King, 2013; Steinkuehler & King, 2009). 우리는 비디오 게임을 잘 하는 17세 친구들에 대한 엘리자베스 킹의 3년 연구에서 일반적인 설명을 찾아볼 수 있다. 킹은 이 연구에서 컴퓨터기반 협동학습의 렌즈를 가지고 해당 그룹을 관찰하였다. 특히 한 참가자의 활동은 다음과 같이 기술되어 있다. "9학년인 브론슨(Bronson)은 … 학교 환경에서 위험 그룹에 속하는 것으로 나타났고 관찰기간 내내 낮은 성적을 받았다. 그는 고등학교 1학년 때 이미 심각하게 학점이 낮은 학생으로 낙인 찍혀 있었다"(King, 2013, p. 212). "그는 이른바 공식적인 학습 환경에서의 시험이나 보고서 등으로는 지식 습득의 효과를 보여주지 못했다. 대신에 그는 자신의 능력보다는 팀 내에서 자신의 협력적 노력을 포함하는 참평가를 통해서 자신의 기술과 능력을 입증했다. 전문적 영역의 컴퓨터지원 협력학습(CSCL)에서 측정된 유능성에 더하여, 참가자는 자신이 선호하는 방식으로 게임을 수행하기 위해서 직장내 비기술 분야 전문가가 보여줄 수 있는 수준보다 더 높은

수준에서 간단한 소프트웨어 수정을 보여주었다. 이런 맥락에서 열등생이 될 뻔 했던 학습자가 커뮤니티에서 가치 있다고 여겨지는 내용에 대해 숙달해가는 과정을 보여주고 있다.

　　게임기반 학습 연구는 미국에서 권력과 지위의 자본주의적 관계의 표준 구조를 넘어서는 사회적 패러다임을 전면에 제시했다. 게임 커뮤니티 참여자들은 게임 내 대안적 가능성의 공간을 당연시 여기는 역동성을 보여주었다. 게임 연구에서 우리는 교사−학습자 관계의 유동성, 전문성에 근거한 사회적 위계(성별이나 사회경제적 지위가 아니라), 새로운 교육적 권위의 공간을 포함한 메타게임과 그 적극적인 재검토 과정에 대한 명확한 재인식, 전통적 교실에서 주변부 학습자였던 학습자가 게임 커뮤니티에서 성공적으로 인정받는 경우 등의 사례를 볼 수 있다. 우리는 이런 경험 연구를 통해서 참여자들에 의해 재편되는 권력과 지위의 표준적인 관계를 볼 수 있게 된다.

4 　학습을 위한 게임 디자인에서 성공의 사회문화적 지표

　　사회문화적 관점에서 학습은 진정한 사회적 상호작용에 내재해 있다. 이러한 사회문화적 관점에서의 학습의 내재성은 디자이너들에게 실제 커뮤니티와 떨어진 실험실에서 학습 경험을 만들어야 하는 도전을 하게 한다. 교육자의 관점에서 설계된 대부분의 게임들처럼 학습용 게임 역시 명목상 수업시간에 사용되거나 과제의 도구로 사용되는 등 사용 범위가 제한적이다. 대략 9세 이하 어린이들을 위한 학습목표, 예를 들어 10까지 세거나, 60을 가지고 시간을 말하는 것과 같은 구조적 개념에 대한 수리적 목표들은 이 장에서의 관심을 벗어난다. 성공적인 성취라는 것은 학습자에게 진정성이 있고, 자발성이 있고 학습자에 의해 수행되었다는 것을 의미한다. 성공적 학습결과라는 것은 커뮤니티에 기여하는 사회적 상호작용을 통해 학습자의 관심에 의해 진행되는 정체성의 변화를 의미한다. 그리고 성공적인 학습용 게임 설계의 척도는 단지 디자이너가 주도하는 것이 아니라 사용자들이 만들어내는(디지털적이고 실제적인) 게임 및 그 커뮤니티의 생산물을 통해 의미 있고 혁신적인 사용자 협업을 위한 공유 문화공간이 형성된다는 것을 의미한다. 즉, 게임은 비록 일시적이고 순간적일지 모르지만 커뮤니티 집단경험 의미화(sense making)의 씨앗이 되는 것이다. 우리는 이러한 측면들을 개별적으로 다루어 볼 것이다.

첫째, 성공적인 게임은 의미 있고 혁신적인 사용자 협업을 위한 공유 문화공간의 역할을 수행한다. 혁신적인 게임에는 몇가지 필수 요소가 있고, 우리는 몇 가지 기본적인 측면을 강조하지만 그것이 완전한 목록은 아니며, 그 자체로 충분한 것도 아니다. 공유 문화공간은 근본적인 커뮤니티의 속성이고 진정한 평가 자료의 원천이다. 디지털 게임에서 이러한 공간들은 가상이며, 이 장에서 논의되는 대부분의 게임의 경우에는 실제적인 공간이기도 하다. 게임 수행의 상호작용(예를 들어, 전리품 인벤토리, 파트너 공격 히스토리, 채팅 로그)과 포럼 자료(예를 들어, 코멘트나 좋아요 투표) 등은 이런 공유공간에서 추출될 수 있는 데이터의 예가 된다. 그것들은 커뮤니티 내에서 사용자들의 위치를 상징한다. 이런 자료의 가변성은 게임 내에서 정체성 변화의 분명한 자유도를 나타낸다. 디자이너들에게 있어서 커뮤니티 내 초보자에서부터 전문가로의 정체성 변화가 어떤 의미인지 선험적으로 이해하는 것은 단지 의미 있는 측정 지표를 제공하는 것일 뿐만 아니라 공유공간 내에서 이런 지표들이 드러나거나 숨겨지는 방법과 장소를 알려주는 역할을 한다. 바랍(Barab), 그레살피(Gresalfi), 인그람 고블(Ingram-Goble)(2010)은 다음과 같이 설명한다.

변혁적인 게임 디자인은 학문적으로 유용해야 하며, 여러 상황에 의미 있게 연결되어 있어야 한다. 그 상황에서 학습자는 목표를 선택하고, 정당한 역할을 맡고, 학문적 개념에 대해 정교한 관계를 발전시키게 된다. 변혁적인 게임 디자인은(예를 들어, 가상의 공원에서 수질 문제의 원인을 해석하기 위해 부영양화에 대한 이해를 사용하는 것처럼) 하나의 해석 도구로서 개념과 관련된 스토리라인을 이해하고 변경하기 위해 해당 개념의 유용성을 경험하고 반추하는 방식으로 작업들을 수행한다. 그런 맥락에서, 사실을 전달하고 특정 내용을 전달하는 것에서 벗어나 학생을 지원하는 방향으로의 변화가 나타나며, 이때 학생들은 열정을 발달시키고 콘텐츠에 대한 이해도를 높이는 개념적으로 명료한 상황에 접어들게 된다.(Barab, Gresalfi, & Ingram-Goble, 2010, p. 534)

지난 10년 동안, *Atlantis Remixed*의 개발자들은 공식 학습 환경에서 변혁적 게임의 행동 유도성을 더 잘 이해하기 위한 연구를 적어도 13개 이상의 국가의 교실에서 연구와 설계를 반복해왔다(이른바 디자인 기반 연구). 그 게임은 "교사가 아니라 하나의 커리큘럼"(Center for Games and Impact, 2012, p. 3)이고, 교사와 함께하는 집단에서만 실행될 수 있다. 해당 교사는 먼저 최적화된 전문성 개발을 통해 게임을 마스터하는 방법을 배워야 한다. 전문성의 개발이란 퀘스트 아틀란티스(QA)의 한 수업에서 경험을 쌓아가는 것인데, 이것은 특정 교실의 요구를 이해하는 교사의 우선순위에 따라 매우 다르게 보일 수도 있다(같은 책). 변혁적 게임에 대한 연구는 여전히 진행중이며, 브레인 수톤 스미스(Brian SuttonSmith), 사샤 바랍(Sasha Barab), 커트 스퀴어(Kurt Squire), 죠슈아 타넨바움(Joshua Tanenbaum)과 같은 학자들에 의해 더 충분히 탐구될 것이다.

둘째, 성공적인 게임이란 디지털에서나 실제에서나 다른 인공물, 자원, 그리고 문화적 창조물을 만들어내는 것이다. *SETI@home*은 1991년에 UC버클리에서 시작되었다. 게임은 간단하다. 소프트웨어를 다운로드하고 상호작용의 파라미터를 정한 다음에, 데이터 패킷에 외부접촉의 흔적이 있는지 찾는 동안 사용자는 다양한 시각화 자료를 선택할 수 있고, 시간이 지남에 따라 통계량이 증가하는 것을 볼 수 있다. 2001년에 해당 게임 제작자들은 관련 과학 커뮤니티에서 참가자들이 받게 될 게임 외적 영향을 참가자들에게 명시적으로 알려주는 것을 설계과정에서 우선시한다고 적어두었다. 이런 우선 순위에는, 참여자들이 감지한 잠재적 신호와 그들이 스캔한 하늘의 영역에 대한 정보를 통해서 개별적으로 프로젝트에 공헌한 과정이 포함되어 있다(Korpela, Werthimer, Anderson, Cobb, & Lebofsky, 2001, p. 83). 2002년, *SETI@home*는 업데이트되었고 *BOINC*(네트워크 컴퓨팅을 위한 버클리 공개 인프라)(Berkeley SETI Research Center, 2018) 플랫폼이 공개되었다. *BOINC* 플랫폼은, 원래는 *SETI@home*를 위해 디자인되었지만, 대규모 분산 컴퓨팅 게임들의 다른 버전들도 지원받을 수 있게 되었다. 새로운 게임 중 하나는 2005년 워싱턴 대학의 생화학자 데이비드 베커(David Baker)와 그의 동료들에 의해 출시된 '단백질 접힘' 게임인 *Rosetta@home*(후에 Foldit이 됨)이었다. 사용자는 통계값의 변화를 보는 것뿐만 아니라, 단백질 접힘 모형의 알고리즘을 시각화한 자료를 볼 수 있었다. 디자이너에게 보내는 사용자의 피드백에는 단순히 게임을 켜거나 끄기 위해서 사용자에게 요구되는 제한적인 동작에 대한 좌절감이 포함되어 있었다. 그 사용자들은 더욱 상호작용이 강화된 기능을 요구했고, 2008년에 *Foldit*이 출시되었다. 한드(Hand)에 따르면, *Foldit*은 "단지 사용자들의 계산을 보조할 뿐만 아니라 그에 대한 인센티브를 제공한다.... *Foldit 사용자*들은 다양한 수준에서 경쟁하고, 협력하고, 전략을 발전시키고, 게임포인트를 쌓는다."(Hand, 2010, p. 685) *Foldit* 홈페이지에 따르면, 게임이나 포럼에서 과학자 및 게임 개발자들의 피드백 루프를 통해 이루어진 참여자의 기여는 바이러스 단백질 구조에 대한 정교한 예측, 단백질 모델링 알고리즘의 개발, 더 활성화된 단백질 효소의 재설계 등을 통한 단백질 과학의 발전이라는 게임 외적 결과를 가져왔다."(University of Washington Center for Game Science et al., 2018).

　　*Foldit*에서 출현한 성공적인 공동체 문화는 미국국립보건원(National Institutes of Health)에 의해 "빅데이터에서 지식으로(Big Data to Knowledge)" 계획 및 2014년 겨울 워크숍의 "의과학 연구자와 게임 개발자 간 협력체제 구축 방안의 필요성"에 대한 동기 요인으로 인용되기도 하였다. 여러 면에서 *Foldit*은 성공적인 학습용 게임 설계의 사례다. 이 게임은 여러 커뮤니티가 상호작용할 수 있는 플랫폼이 되었다. 이러한 상호작용들은 연구실, 의료 시스템, 교실 등 다양한 장소의 학습공동체에서 인공물, 자원, 문화적 창조물을 만들어냈다. 그리고 이런 모든 상호의존적인 관계는 최초에는 다소 소극적이었던 *SETI@home* 게임 수행과정과 그들이 봉사하고자 했던 커뮤니티와 디자이너들의 관계에서부터 발전하기 시작하여 20년 동안 발전을 거듭해 왔다. 이런 초기적인 게임 커뮤니티에서부터 다양한 게임들이 출현했고, 그 게임과 함께 성장하는 디자이너와 사용자 커뮤니티 간의 활발하고 지속적인 관계가 형성되었다. 게임 내외부에서 허용되는 입력과 출력의 측면에서 변화하는 커뮤니티 요구에 대한 게임 디자이너의 반응은 이 게임의 지속적인 성공에 크게 기여하고 있다.

　　마지막으로, 성공적인 게임은 사용자에게 제어권을 양도하여 디자이너 주도의 탑다운(top-down) 방식에서 사용자가 생성하는 의미로의 전환을 허용한다. 전통적인 교실 환경과 게임기반 학습 환경의 사회적 위계 간의 긴장은 게임 산업과 팬덤 간의 유사한 긴장을 반영하고 있다. 비디오 게임 세계에서의 권위는 다소 복잡한 것이어서, 게임 연구자들은 재정적·법적 권리나 책임감의 측면에서 연구를 진행하고, 다양한 방법으로 게임 세계에 기여하는 사용자나 무보수 개발자들에 의한 정기적인 논쟁을 검토하고 있다. 교실에서 교육을 제공하는 권위자는 교실 앞에 있는 나이든 사람이다. 그러나 게임의 맥락에서는 게임 세계와 참여자 커뮤니티에 대한 기여도 등의 전문성이 참여자에게 전문가로서의 자격을 부여한다. 게임 *Dota 2*(Valve Corporation, 2018)는 개발자의 직접 설계를 벗어나서도 여전히 교수학습을 위해 중요한 통로로 활용되는 유튜브나 시어리크래프팅 웹사이트처럼 많은 새로운 교육 공간들을 양산하고 있다... 다른 사이트들은 매우 다른 교육방법(일부는 매우 교훈적이고, 일부는 시범적이며, 일부는 상호적이거나 대화/토론에 기반하기도 하는)을 사용하기도 하며, *여기에서* 학습자는 자신이 선택한 학습 *방법*에 깊은 영향을 미칠 수 있다(Holmes, 2015, p. 94, 강조는 원문을 따랐다). 게임 세계의 흥미기반 전략이기도 한 이런 무질서함은 교육적 헤게모니에서 용납되는 표준적 규범에 도전장을 던지고 있으며, 우리는 학습자가 종종 교실에서는 충족되기 어려운 자신의 요구를 충족시키기 위해 지식을 탐구하는 방법에 대해 더 많은 관심을 기울여야 한다는 것을 다시금 깨닫게 된다. 어떤 교사들은 *Atlantis Remixed*와 같이 최적화된 반응형 교육과정뿐만 아니라 학생 공동체의 특정한 요구를 만족시키는 게임을 만드는 방법을 학습함으로써 표준화에 정면으로 도전하기 시작했다.

　　게임연구소에서는 학습자 커뮤니티를 위한 게임을 설계하는 법을 배우려는 교사의 사례를 강조한다. 게임기반 학습 사례 연구에서 그들은 *게임 및 학습을 위한 Q 디자인팩*을 "학습 게임 개발을 위한 프레임워크를 제공하는 것으로 설명하고 있는데, 게임의 목표와 학습의 목표를 일치시키게 도와주고, 역행설계에 기반하여 학생들의 학습 목표를 알게 해준다"(Weitze, 2014, p. 236). 특정 커뮤니티와 별도로 설계된 학습용 게임의 성공적인 사례들도 있다. 학습을 위해 교육자들에 의해 개발된 아마도 가장 세계적으로 인정받는 게임의 사례는 워싱턴대학교 게임과학센터 "슈타인큘러 & 커트 스퀴어 '게임+학습+사회'연구소"에서 수행한 케이티 샐런(Katie Salen)의 연구일 것이다. 게임스타 메카닉(Gamestar Mechanic)과 같은 비디오 게임 개발 엔진들은 게임을 디자인함으로써 시스템적 사고와 모델링을 가르친다. 여기서 실제 게임을 수행한 아이는 혁신적 디자인과 같은 다른 중요한 기술들과 함께 시스템적 사고 기술을 함께 발달시키게 된다.

5 게임기반 학습의 세 가지 다른 기초와의 관계

다양한 관점들은 학습의 상이한 측면들을 보이거나 혹은 보이지 않게 만든다. 이 책에서, 인지, 동기, 감정의 영역에서의 게임기반 학습은 데이터 유형, 수집 전략, 분석 방법 등을 포함한 실증적 연구를 통해 다양한 온톨로지를 보여준다. 사회문화적 접근에서의 인지는 온전히 사회적이고 실제적인 활동에 해당하는 다면적 시스템이며, 현실에서 추상되었다기보다는 오히려 내재된 시나리오다. 요점은 머릿속에서 정돈된 지식이 외부 사회환경과 복잡하게 일치하는 것이 아니라 오히려 그들이 구분될 수 없도록 사회적으로 조직되어 있다는 것이다. 일상 속에서 관찰되는 "인지"는 마음, 몸, 활동, 그리고(다른 행위자를 포함하여) 문화적으로 조직된 환경에 분포되어 있으며 구분되지 않는다(Lave, 1988, p. 1). 학습이란 지식, 기술, 기질 등 사회적 상호작용을 통해 습득된 커뮤니티에서 가치를 부여한 것들에 대한 사회화로 정의된다. 여기에서 진정한 학습평가는 커뮤니티에 대한 기여를 통해 설명된다.

사회문화적 관점에서 학습 시스템의 목표는 커뮤니티에 의해 결정되며, 당시의 문화 발달과 밀접한 관련을 맺는다. 게임 세계를 탐구하면서, 우리는 커뮤니티 내에서 자신의 역할을 변화시키려는 학습자의 흥미가 지식 습득의 원동력이라는 것을 알 수 있었다. 동기와 설득의 문제는 학생들의 진정한 흥미가 없는 곳으로 교사가 학습자들을 끌어당기거나 밀어넣는 것이라기보다는 학습자들이 게임이 지원하는 흥미라는 목표를 향해 자신을 밀어붙이는 과정을 전제하는 것이다. 학습자의 유능함, 자율성, 연관성과 같은 개념들은 커뮤니티 내 학습자의 위치와 분리할 수 없다. 초보자가 숙달에 이르렀다면, 그것은 단순한 느낌이 아니라 해당 학습자의 커뮤니티에 가치 있는 기여를 했다는 것을 의미한다. 자율성은 분명 "의미 있는 선택"이 아니라 그들을 숙달의 길로 이끄는 학습자의 흥미를 의미한다. 라이언(Ryan)과 리그비(Rigby)에 따르면(이 책의 6장), "학습을 촉진하는 상황이나 환경은 기쁘게도 자율성과 유능함에 대한 만족을 통해 즐거움을 심화시키고 지속적인 참여를 이끈다." 여기에는 게임을 둘러싼 상황이나 환경이 포함되는 것이다.

게임 디자인 접근

　질적 연구와 양적 연구를 혼합한 방법은 "실용주의 아이디어를 기반으로 하는 '제3의 물결'에 해당한다.... 혼합 연구 방법의 자료들은 현상에 대한 더 포괄적인 설명을 제공함으로써 분석을 더 완전하게 만들어준다"(Steinkuehler et al., 2011, p. 222). 게임기반 학습 연구는 혼합 연구 방법을 사회문화적 인식과 결합하고, 교육학적 책무성과 명시적인 시민적 참여를 포함하도록 연구자의 위치를 재조정함으로써, 제4의 물결을 시작하는 것일 수 있다. 이런 흐름은 집단적 지식 형성의 과정에서 커뮤니티의 관심을 동등한 파트너로 간주하면서 강화된다. 인간-컴퓨터 상호작용(HCI)의 연구 과정에서, 질리언 헤이즈(Gillian Hayes)는 성공을 위한 공통의 목표와 지표가 관계자들과 함께 정의되는 실행연구 방법을 다음과 같이 설명하고 있다. "이런 유형의 연구가 갖는 핵심은 커뮤니티 참여자를 전체적으로 공동연구자로 포함하고, 그런 개입의 결과가 가능한 한 유용하고 지속가능하게 한다는 점에 있다"(Hayes, 2014, abstract). 이런 실용적인 접근 방식은 자원 집약적이고 일반적으로 비용도 많이 들지만, 이렇게 명시적으로 커뮤니티들을 참여시키는 윤리적 기반은 종종 게임기반연구의 프레임이 된다.

　예를 들어, 최근 캐서린 링랜드(Kathryn Ringland)는 다양한 플랫폼에서 3년 이상 아우트크래프트(Autcraft) 커뮤니티를 연구해왔으며, 아우트크래프트를 다음과 같이 설명한다. "아우트크래프트는 자폐아동과 그 친구들을 위해 만들어졌다. 이 커뮤니티는 유튜브, 트위치, 트위터, 페이스북, 커뮤니티 관리 웹사이트(관리자 블로그, 커뮤니티 포럼, 회원 프로필, 브라우저 내 웹메신저 등)를 포함한 소셜미디어 플랫폼을 운영함과 동시에 마인크래프트 가상 세계를 유지하고 있다"(Ringland, Wolf, Boyd, Baldwin, & Hayes, 2016). 링랜드는 어린이 및 부모에 대한 인터뷰, 참여 관찰, 직간접적인 포럼 토론, 채팅 로그, 디지털 생성물을 통해 자료를 수집했다. 서버 개설자에게 종단연구 승인을 받은 이후, 링랜드는 실험복을 입은 "연구자" 아바타로 게임 세계에 참여했고, 연구자의 존재와 목적은 아우트크래프트 웹기반 포럼과 인월드 채팅을 통해 커뮤니티에 분명히 밝혀졌다. 커뮤니티 구성원들은 포럼을 통해 또는 인월드 '홈 오피스'로 연구자를 방문하여 관련 질문을 할 수도 있었다. 학부모들은 메시지보드와 커뮤니티 페이스북 페이지를 통해 책임연구자의 존재를 안내받았다. 책임연구자는 출판물을 포함하여 연구를 통해 업데이트된 내용들을 공식 웹사이트에 게시했다(Ringland et al., 2016, p. 36). 이런 연구가 시사하는 바는 확실한 장학금이 연구참여자들과의 다양한 형태의 지식 공유에 더 큰 가치를 부여한다는 것과, 연구가 '대상 모집단 설계 연구'에서 '커뮤니티 내 인정받는 권위자와 공동 설계하는 연구'로 변화하고 있다는 것이다.

아우트크래프트는 자폐를 가진 학습자들의 친사회적 행동을 발달시키기 위해 설계된 게임 수정의 예시다. 이 커뮤니티는 사회성에 가치를 둔다. 게임 수행의 목표는 참가자가 친사회적 행동을 개발하도록 지원하는 것이다. 시간이 지나면서 참여자 상호작용 데이터, 대화 데이터, 참여자 보호자의 피드백 등이 규칙적으로 수집되면서, 그 게임에는 여러 플랫폼 간의 일관된 규칙이 설정되었다. 학습 성과는 참가자의 수행 방식(기술에 대한 탐색, 가상 환경으로의 변경, 미니 게임 완료 등)이나 게임 내 채팅 및 플랫폼 간 대화에 참여하는 방식 등 참가자의 게임 세계에 대한 기여를 통해 입증된다. 커뮤니티에서 학습자를 위해 추구되는 학습 성과는 계속 진화하고 있으며, 게임 운영자들은 그 안에서 장기적으로 커뮤니티의 변화에 대응하여 콘텐츠를 추가하고 있다. 사회문화적 관점에서 볼 때, 이상적인 게임 디자인의 과정에는 지속적인 피드백 루프와 진화하는 게임 및 진화하는 커뮤니티의 학습 목표 간의 관계가 포함된다.

6 커뮤니티 연구자로서 디자이너의 한계점과 함의

비고츠키(Lev Semyonovich Vygotsky)의 저작 '사회 속의 정신(Mind in Society)'이 1978년 영어로 번역되었을 때, 미국과 영국의 새로운 세대 학자들은 학습에 대해 더 넓고 더 사회적이며 더 문화적인 맥락으로 보아야 한다는 영감을 얻었다. 활동 이론, 담론 분석, 뉴 리터러시 등에서 모두 학습자의 개인 발달과 학습자가 속한 실천공동체의 공동체적 발달 사이에 더 깊은 연관이 있다는 것을 발견하게 되었다. 이렇게 관련된 연구가 진행되면서, 연구의 맥락과 분석 단위가 확장되었을 뿐 아니라, 분석도구와 그 활용의 측면 역시 확장되었다. 지난 40년 동안 게임 세계에서의 사회적 상호작용을 연구하기에 적합한 방법론들이 등장했다. 게임 세계는 실제의 세계와 상상의 세계의 경계 지역에, 게임과 그 문화적 맥락의 경계 지역에, 그리고 사용자와 커뮤니티의 경계 지역에 존재한다. 다시 말해서 게임기반 소통 공간의 경계가 모호하기 때문에, 의미 있는 연구는 반드시 하나 이상의 소스에서 자료를 얻어야 한다는 것이다. 이런 다양한 데이터와 연구 방법을 활용하는 측정 연구는 비용 없이 이루어질 수 없다. 이런 연구들은 종종 여러 명의 연구자가 장기간에 걸쳐 자료를 수집, 정리, 조직하고 이해해야 한다. 복잡한 연구 방법과 대규모 프로젝트의 관리는 드문 일이 아니다. 예를 들어 이토(Ito)가 수행한 5년의 연구를 예로 들어보면 다음과 같다.

> 설문지, 조사자료, 반구조화 인터뷰, 일지 연구, 관찰 및 미디어 사이트, 프로파일, 비디오, 기타 재료에 대한 내용 분석 등 다양한 지역정보 및 연구 방법. 종합적으로 연구진은 659개의 반구조화 인터뷰, 28개의 일지 연구, 67명의 참여자에 대한 초점 그룹 인터뷰를 수행했고, ... [여기에 더하여] 최소 78명에 대한 비공식적 인터뷰 그리고 각종 대회, 여름캠프, 시상식, 지역 행사와 같은 연구 관련 행사 참여 최소 50회. 인터뷰 전략을 보완하면서 5,194시간 이상의 관찰시간이 연구 노트에 기록되었고, 마이스페이스, 페이스북, 네오펫츠와 같은 사이트에서 10,468개의 프로파일을 수집했으며, 15개의 온라인 토론 그룹 포럼, 적어도 389개 이상의 비디오와 어마어마한 수업 및 방과후 자료들을 분석했다. 게다가 디지털 아동 설문에는 402명이 참여했으며, 25세 미만자 363명의 응답을 받아냈다(Ito, 2008, p. 7).

이 프로젝트는 분명히 대규모 조사를 잘 보여주는 사례이지만, 전반적인 다양성과 자료의 범위는 통상적인 것이라고 할 수 있다. 디지털 게임기반 학습에 대한 사회문화적 연구는 데이터 집약적이고, 분석 역시 집약적이며, 따라서 자원에 대해서도 종종 집약적인 특성을 보인다.

유능성의 발달 패턴을 확인하는 일은 학습공동체에서 일어나는 변화를 이해함으로써 가능한데, 관심의 범위는 단기적 관점(예를 들어, 블랙(Black)의 1년 연구)과 장기적 관점(예를 들어, 스티븐스(Stevens)의 10년 연구)의 두 가지로 구분된다. 드베인(DeVane)은 오랜 시간에 걸친 정체성과 관계의 변화를 이해하는 데 내재된 복잡성을 다음과 같이 기술한다. "신뢰할 수 있는 방법론은 시간의 변화에 의해 생성된 자기사회적인 관계를 식별할 수 있어야 한다. 사회과학에서 정체성 모형에 대한 더 큰 논쟁은 자기사회화 과정을 더 짧거나 더 긴 규모에서 측정해야 하는가 하는 암묵적 논쟁이었다"(DeVane, 2014, p. 234). 그의 연구가 대표적인 사례다. 방과 후 프로그램에서 *문명3*(Take-Two, 2018)를 플레이하는 어린 학습자에 대한 다년간의 연구를 통해, 그리고 특히 변화를 잘 드러내는 단일 학습자의 활동을 통해서, 드베인(DeVane)은 "이러한 행동들이 성, 문화 등 역사적 담론 규범에 어떤 뿌리를 두고 있는지, 사회적 맥락의 역동적인 사건에 의해서 어떻게 유발되는지, 협조적이거나 혹은 경쟁적인 게임 수행의 메커니즘 변화에 어떻게 매개되는지, 참여자의 개인적 목표, 관심, 참여 유형에 따라 어떻게 유지되는지 등을 설명할 수 있었다. 동시에, 참여자의 행동은 외견상 이질적인 사회적 행동과 연결되고, 정체성의 서로 다른 시간적, 분석적 수준을 포함한다. 결과적으로 정체성 확인 작업은 사회적 프로세스의 다양한 시간 층위에 포함되어 있는 사회적 관행,(게임기반 혹은 그 이외의) 매개체, 개인의 궤적 등이 얽혀 있는 실타래라고 할 수 있다."(DeVane, 2014, p. 233).

　종단적 연구가 "필수적"(King, 2010)이고 확실한 연구방법이라고 생각하는 사람들은 다음과 같은 사실들을 공통적으로 발견해 냈다. "학습 궤적이 점점 발달할수록, 학습자는 새로운 관심사를 찾게 되고, 새로운 소프트웨어에 노출되면서, 그런 도구들이 창의적으로 쓰인 모델을 관찰하고, 자신의 IT 학습에 대한 경로를 선택하게 된다"(Hayes, King, & Lammers, 2008, p. 6). 레베카 블랙(Rebecca Black)은 텍스트 간의 연결에 대한 감각이 있는 영어 학습자들을 대상으로 1년간 수행한 민속지적 연구에서 "일상의 상호작용과 참여자의 문해 관련 활동을 조사"하여, "언어와 담화가 어떻게 사회적 행동과 커뮤니티의 맥락을 만들고 또 다시 언어와 담화로 형성되는지에 대한 미묘한 이해를 얻고자 하였다"(Black, 2005, p. 120). 학습자의 발전 과정에서 의미 있는 변화를 인식하기 위해서는 다양한 데이터 못지 않게 많은 시간이 필요하다.

　마지막으로, 기술적 진보가 빠른 속도로 이루어지고 있다는 것을 인정하고, 사회문화적 게임기반 학습 연구자 커뮤니티의 대응도 그에 맞추어 발전해야 한다. 변화하는 기술은 사회적 상호작용 형태의 변화를 촉진한다. 연구자들은 "핵심적인 도전은 게임수행뿐만 아니라 집합적 혹은 병렬적인 게임으로부터의 자료 수집과 관련된 복잡성도 지속적인 진화의 속성을 갖는다는 것이다. 이 모두는 다양한 방법들을 통한 자료 분석의 필요를 불러 일으킨다. 그리고 이 두 가지 도전은 다양한 방법에 기반한 자료 분석의 필요성을 촉발하게 될 것임을" 알게 되었다. 라머스(Lammers)와 그의 동료들은, "지(Gee)(2004)가 처음 소통 공간을 개념화했을 때, 페이스북, 트위터, 유튜브, 그리고 텀블러와 같은 소셜미디어는 존재하지도 않았다. 우리의 연구는 이제 소셜미디어가 소통 공간 참여의 본질적인 부분임을 드러내 주고 있다. 게다가 소통 공간을 향한 포털은 항상 생겨나고, 변화하고, 닫힌다. 새로운 도구와 공간이 개발되고 주목을 받게 되면, 소통 공간의 규모, 범위, 활동 등도 변화하게 될 것이다"(Lammers et al., 2012, p. 55). 그러므로, 게임기반 학습에서 사회문화적 연구자들은 연구 설계에서 반드시 시간 척도를 고려해야 하며, 빠르게 바뀌는 기술 환경에서 이질적인 데이터와 방법을 사용할 수 있어야 한다. 사회문화적 접근에서의 게임기반 학습 연구는 도전적인 사람들에게만 가능하다.

사회문화적 기반을 고려할 때, 우리는 커뮤니티 상호작용이 연결되는 지점에서 일련의 질문을 시작할 수 있으며, 그 지점은 장소, 특권, 자원 사용 등이 정체성 안에 내재되어 있는 공간이다. 미국의 후기 자본주의 정책은 교육기관을 비즈니스 모델로 설명하고 있다(Buras, 2011; Hursh, 2007; Olssen & Peters, 2005). 자본주의와 교육학은 희소 자원에 대한 경쟁의 측면에서 학습목표를 설정하는 이상한 동반자적 관계를 지니고 있다. 자동화 생산에서 음성 응답 고객 서비스에 이르기까지 인간의 활동을 대체하는 기술들은 수익중심 의사결정 과정에서 인력 부족 문제를 해결하기 위한 마법의 도구로 종종 여겨졌으며, 이러한 속성은 학습의 맥락에도 확장되었다. 의무교육제도는 확장성을 우선시하며, 교사당 학생수를 늘리기 위한 전략을 구사해 왔다. 그러나 사회문화적 관점에서의 연구들은 의미 있는 인간 관계를 구성하는 과정에서 학습 체계에 대한 통찰을 제공해 줄 수 있다.

교육은 정치적인 활동이다. 아동이나 성인의 변화를 이끌어내기 위한 명백한 목적을 가지고 교육과정을 설계하거나 게임을 개발하는 것은 본질적으로 정치적인 일이다. 이 책에서, 게임기반 학습은 디지털 방식으로 증강되어, 컴퓨터, 주변 장치, 그리고 종종 인터넷 연결과 같은 리소스를 필요로 한다. 디지털 게임 디자이너들은 이상적으로는 개입 대상 커뮤니티에 대한 명확한 이해를 기반으로 이러한 필요를 먼저 생각하고 고민할 필요가 있다. 연구에 필요한 자원에 접근하기 위해서 연구 설계자들은 연구 참여자들의 위치를 명확히 설명해야만 한다. 예를 들어, 스퀴어(Squire)와 드베인(DeVane)은 하드웨어, 소프트웨어, 인터넷 접근, 그리고 고등학교 참여자들이 방과후 프로그램에서 *문명3*에 참여할 수 있는 협력 공간을 제공했다. 다른 연구에서, 데커(Decker)와 로우리(Lawley)는 *프레스 플레이*(Press Play) 연구에 참여한 대학생들에게 RFID 열쇠고리를 나누어주기도 했다. *프레스 플레이*의 설계, 개발, 배포, 그리고 궁극적인 소멸에 대한 다년간 연구를 통해서, 학생들이 게임에 대한 참여를 높이기 위한 열망에서 돈을 받지 않고 다른 학생들을 가르치고자 대학 캠퍼스의 컴퓨터 실험실 사용을 요청했으며, 그것이 승인되었다는 것을 알게 되었다. 이 연구는 컴퓨터과학부 학부생의 학업 성공 및 학업지속률에 관심이 집중되었지만, 여기에 더하여 학생 커뮤니티에서 다른 학생들을 지원해주고자 나타나는 '교사들'이 있다는 것을 알게 되었다. 학생 커뮤니티에서 교사가 나타났다? 그렇다면 이러한 유형의 학습 성과를 어떻게 측정할 것인가? 양적으로? 질적으로? 그런 질문들은 이 분야 연구의 선도적인 질문들이며, 모종의 학습적 개입을 설계하는 데 있어서도 중요한 작업으로 다루어져야만 한다. 가르치기 위해서 게임을 설계하는 일에는 개입 대상 커뮤니티의 사회문화적 함의에 대한 엄격한 연구가 반드시 포함되어야 한다.

참고문헌

Algoryx Simulation AB.(2018). *Algodoo*. Umeå, Sweden: Algobox. Andersen, H. C.(1890). *Fairy tales*. London, England: F. Warne.

Anthropy, A.(2012). *Rise of the videogame zinesters: How freaks, normals, amateurs, artists, dreamers, drop-outs, queers, housewives, and people like you are taking back an art form*. New York, NY: Seven Stories Press.

Apple, M.(2004). *Ideology and curriculum*(3rd ed.). New York, NY: Routledge. Bandura, A.(1977). *Social learning theory*. New York, NY: General Learning Press.

Barab, S. A., Gresalfi, M., & Ingram-Goble, A.(2010). Transformational play: Using games to position person, content, and context. *Educational Researcher, 39*(7), 525-536.

Barab, S. A., Hay, K. E., Barnett, M., & Keating, T.(2000). Virtual solar system project: Building understanding through model building. *Journal of Research in Science Teaching: The Official Journal of the National Association for Research in Science Teaching, 37*(7), 719-756.

Berkeley SETI Research Center.(2018). SETI@home(Version 8) [Software]. Berkeley, CA: UC Berkeley.

Black, R. W.(2005). Access and affiliation: The literacy and composition practices of English-language learners in an online fanfiction community. *Journal of Adolescent & Adult Literacy, 49*(2), 118-128.

Black, R. W.(2006). Language, culture, and identity in online fanfiction. *E-learning and Digital Media, 3*(2), 170-184.

Blizzard.(2018). World of Warcraft [PC game]. Irvine, CA: Author.

Bowker, G. C., & Star, S. L.(2001). Social theoretical issues in the design of collaboratories: Customized software for community support versus large-scale infrastructure. In G. M. Olson, T. W. Malone, & J. B. Smith(Eds.), *Coordination theory and collaboration technology*(pp. 713-738). Mahwah, NJ: Erlbaum.

Brown, J. K.(2017). *To literacy and beyond: The poetics of Disney Infinity 3.0 as facilitators of New Literacy practices*(Master's thesis). University of California, Irvine.

Bruner, J. S.(1987). *Actual minds, possible worlds*. Cambridge, MA: Harvard University Press.

Buras, K.(2011). Race, charter schools, and conscious capitalism: On the spatial politics of whiteness as property(and the unconscionable assault on black New Orleans). *Harvard Educational Review, 81*(2), 296-331.

Burghardt, G. M.(2005). *The genesis of animal play: Testing the limits*. Cambridge, MA: MIT Press.

Caillois, R.(2006). The definition of play and the classification of games. In K. Salen & E. Zimmerman(Eds.), *The game design reader: A rules of play anthology*(pp. 122-155). Cambridge, MA: MIT Press.(Original article published 1958)

Cazden, C., Cope, B., Fairclough, N., Gee, J., ··· Nakata, N. M.(1996). A pedagogy of multiliteracies: Designing social futures. *Harvard Educational Review, 66*(1), 60-92.

Center for Games and Impact.(2012). *Atlantis Remixed* overview letter.

Center for Games and Impact.(2018). *Atlantis Remixed*. Tempe: Arizona State University.

Chen, M. G.(2009). Communication, coordination, and camaraderie in World of Warcraft. *Games and Culture, 4*(1), 47-73.

Choontanom, T., & Nardi, B.(2012). Theorycrafting: The art and science of using numbers to interpret the world. In C. Steinkuehler, K. Squire, & S. Barab(Eds.), *Games, learning, and society: Learning and meaning in the digital age*(pp. 185-209). Cambridge, England: Cambridge University Press.

Collins, A., Brown, J. S., & Newman, S.(1987). *Cognitive apprenticeship: Teaching the craft of reading, writing and mathematics*. Technical Report No. 403. Palo Alto, CA: Xerox Palo Alto Research Center.

Decker, A., & Lawley, E. L.(2013). Life's a game and the game of life: How making a game out of it can change student behavior. In R. McCauley, T. Camp, P. Tymon, J. Dougherty, & K. Nagel (Eds.), *Proceedings of the 44th ACM technical symposium on computer science education*(pp. 233-238). New York, NY: ACM.

DeVane, B.(2014). Beyond the screen: Game-based learning as nexus of identification. *Mind, Culture, and Activity, 21*(3), 221-237.

Disney Interactive Studios.(2016). *Disney Infinity 3.0*. Glendale, CA: Avalanche Software.

Dourish, P., & Mainwaring, S. D.(2012). Ubicomp's colonial impulse. In A. K. Dey, H. Chu, & G. R. Hayes(Eds.), *Proceedings of the 2012 ACM Conference on Ubiquitous Computing*(pp. 133-142). New York, NY: ACM.

Ducheneaut, N., Moore, R. J., & Nickell, E.(2007). Virtual "third places": A case study of sociability in massively multiplayer games. *Computer Supported Cooperative Work(CSCW), 16*(1-2), 129-166.

Ducheneaut, N., Yee, N., Nickell, E., & Moore, R. J.(2006). Alone together? Exploring the social dynamics of massively multiplayer online games. In R. Grinter, T. Rodden, P. Aoki, E. Cutrell, R. Jeffries, & G. Olson(Eds.), *Proceedings of the SIGCHI conference on Human Factors in Computing Systems*(pp. 407-416). ACM.

Duncan, S.(2018). Autcraft. [Community Server]. Timmins, Canada: S. Duncan.

Duncan, S. C.(2010). Gamers as designers: A framework for investigating design in gaming affinity spaces. *E-Learning and Digital Media, 7*(1), 21-34.

Electronic Arts Inc.(2018). *The Sims 2*. Redwood Shores, CA: Maxis; Amaze Entertainment.

Fields, D. A., & Kafai, Y. B.(2010). "Stealing from grandma" or generating cultural knowledge? Contestations and effects of cheating in a tween virtual world. *Games and Culture, 5*(1), 64-87.

Gee, E. R. H., & Lee, Y. N.(2016). From age and gender to identity in technology-mediated language learning. In F. Farr & L. Murray(Eds.), *The Routledge handbook of language learning and technology*(pp. 160-172). Milton Park, Abingdon, Oxan; New York, NY: Routledge.

Gee, J. P.(1990). *Social linguistics and literacies: Ideology in discourses*. London, England: Falmer Press.

Gee, J. P.(2004). *Situated language and learning: A critique of traditional schooling*. Milton Park, Abingdon, Oxan; New York, NY: Routledge.

Gee, J. P.(2005). Semiotic social spaces and affinity spaces: From the Age of Mythology to today's schools. In D. Barton & K. Tusting(Eds.), *Beyond communities of practice: Language, power and social context*(pp. 214-232). Cambridge, England: Cambridge University Press.

Gee, J. P., & Hayes, E. R.(2010). *Women and gaming: The Sims and 21st century learning*. New York, NY: Palgrave Macmillan.

Greeno, J. G.(1997). On claims that answer the wrong questions. *Educational Researcher, 26*(1), 5-17.

Greeno, J. G.(1998). The situativity of knowing, learning, and research. *American Psychologist, 53*(1), 5-26.

Hand, E.(2010). People power. *Nature, 466*(7307), 685-687.

Hayes, E. R., & Gee, J. P.(2010). Public pedagogy through video games. In J. A. Sandlin, B. D. Schultz, & J. Burdick(Eds.), *Handbook of public pedagogy: Education and learning beyond schooling*. Milton Park, Abingdon, Oxan; New York, NY: Routledge.

Hayes, E. R., King, E., & Lammers, J. C.(2008). *The Sims2 and women's IT learning*. Paper presented at Adult Education Research Conference, St. Louis, MO, June 5-7, 2008. Available at https:// newprairiepress.org/aerc/2008/papers/30

Hayes, G. R.(2014). Knowing by doing: Action research as an approach to HCI [abstract]. In J. S. Olson & W. A. Kellogg,(Eds.), *Ways of knowing in HCI*(pp. 49-68). New York, NY: Springer. Retrieved from https://link.springer.com/chapter/10.1007/978-1-4939-0378-8_3

Holland, D. C., Lachicotte, W. S., Jr., Skinner, D., & Cain, C.(2001). *Identity and agency in cultural worlds*. Cambridge, MA: Harvard University Press.

Holmes, J.(2015). Distributed teaching and learning systems in Dota 2. *Well Played, 4*(2), 92-111.

Hursh, D.(2007). Assessing No Child Left Behind and the rise of neoliberal education policies. *American Educational Research Journal, 44*(3), 493-518.

Ito, M., Baumer, S., Bittanti, M., Cody, R., Stephenson, B. H., Horst, H. A., ⋯ Perkel, D.(2009). *Hanging out, messing around, and geeking out: Kids living and learning with new media.* Cambridge, MA: MIT Press.

Jenkins, H., Purushotma, R., Weigel, M., Clinton, K., & Robison, A. J.(2009). *Confronting the challenges of participatory culture: Media education for the 21st century.* Cambridge, MA: MIT Press.

Juul, J.(2013). *The art of failure: An essay on the pain of playing video games.* Cambridge, MA: MIT Press.

King, E. M.(2010). Exploring intersections between online and offline affinity space participa-tion. In K. Gomez, L. Lyons, & J. Radinsky(Eds.), *Proceedings of the 9th International Conference of the Learning Sciences*(Vol. 2, pp. 486-487). Chicago, IL: International Society of the Learning Sciences.

King, E. M.(2013). Massively multiplayer online role-playing games: A potential model of CSCL @ work. In S. P. Goggins, I. Jahnke, & V. Wulf(Eds.), *Computer-supported collaborative learning at the workplace*(pp. 205-224). New York, NY: Springer.

Kloonigames.(2018). *Crayon Physics Deluxe.* Helsinki, Finland: P. Purho.

Knobel, M., & Lankshear, C.(Eds.).(2007). *A new literacies sampler*(Vol. 29). New York, NY: Peter Lang.

Korpela, E., Werthimer, D., Anderson, D., Cobb, J., & Lebofsky, M.(2001). SETI@ HOME-massively distributed computing for SETI. *Computing in Science & Engineering, 3*(1), 78-83.

Lammers, J. C., Curwood, J. S., & Magnifico, A. M.(2012). Toward an affinity space methodology: Considerations for literacy research. *English Teaching, 11*(2), 44-58.

Landhuis, E.(2016). Science and culture: Putting a game face on biomedical research. *Proceedings of the National Academy of Sciences, 113*(24), 6577-6578.

Lave, J.(1988). *Cognition in practice: Mind, mathematics and culture in everyday life.* Cambridge, England: Cambridge University Press.

Lave, J., & Wenger, E.(1991). *Situated learning: Legitimate peripheral participation.* Cambridge, England: Cambridge University Press.

Martin, C.(2012). Video games, identity, and the constellation of information. *Bulletin of Science, Technology & Society, 32*(5), 384-392.

Mojang.(2018). *Minecraft: Education Edition.* Stockholm, Sweden: Mojang AB; Xbox Game Studios.

Nardi, B.(2010). *My life as a night elf priest: An anthropological account of World of Warcraft.* Ann Arbor, MI: University of Michigan Press.

NCSOFT.(2018). *Lineage II.* Pangyo, South Korea: NCSOFT E&G Studios.

Oblinger, D., Oblinger, J. L., & Lippincott, J. K.(2005). *Educating the net generation*. Boulder, CO: EDUCAUSE.

Okita, S. Y., Turkay, S., Kim, M., & Murai, Y.(2013). Learning by teaching with virtual peers and the effects of technological design choices on learning. *Computers & Education, 63*, 176-196.

Olssen, M., & Peters, M. A.(2005). Neoliberalism, higher education and the knowledge economy: From the free market to knowledge capitalism. *Journal of Education Policy, 20*(3), 313-345.

Palinscar, A. S., & Brown, A. L.(1984). Reciprocal teaching of comprehension-fostering and comprehension-monitoring activities. *Cognition and Instruction, 1*(2), 117-175.

Pellicone, A., & Ahn, J.(2014). Construction and community: Investigating interaction in a Minecraft affinity space. In A. Ochsner, J. Dietmeier, C. Williams, & C. Steinkuehler(Eds.), *10th GLS Conference Proceedings* [online]. Available at http://ahnjune. com/wp−content/ uploads/2014/05/ Pellicone−Ahn−GLS−Final. pdf

Ringland, K. E., Wolf, C. T., Boyd, L. E., Baldwin, M. S., & Hayes, G. R.(2016). Would you be mine: Appropriating Minecraft as an assistive technology for youth with autism. In M. Huenerfauth(Ed.), *Proceedings of the 18th International ACM SIGACCESS Conference on Computers and Accessibility*(pp. 33-41). New York, NY: ACM.

Shute, V., and Ke, F.(2012). Games, learning, and assessment. In D. Ifenthaler, D. Eseryel, & X. Ge(Eds.), *Assessment in game-based learning: Foundations, innovations, and perspectives*(pp. 43-58). New York, NY: Springer.

Squire, K., & Jenkins, H.(2003). Harnessing the power of games in education. *Insight, 3*(1), 5-33. Steinkuehler, C.(2006a). The mangle of play. *Games and Culture, 1*(3), 1-14.

Steinkuehler, C., & Duncan, S.(2008). Scientific habits of mind in virtual worlds. *Journal of Science Education and Technology, 17*(6), 530-543.

Steinkuehler, C., & King, E.(2009). Digital literacies for the disengaged: Creating after school contexts to support boys' game-based literacy skills. *On the Horizon, 17*(1), 47-59.

Steinkuehler, C., King, E., Martin, C., Oh, Y., Chu, S., Williams, C., ··· Elmergreen, J.(2011). Mixed methods to study games and learning. In C. Steinkuehler, C. Martin, & A. Ochsner(Eds.), *Proceedings of the 7th International Conference on Games+Learning+Society*(pp. 222-228). Pitts-burgh, PA: ETC Press.

Steinkuehler, C., & Oh, Y.(2012). Apprenticeship in massively multiplayer online games. In C. Steinkuehler, K. Squire, & S. Barab(Eds.), *Games, learning, and society: Learning and meaning in the digital age*(pp. 154-184). Cambridge, England: Cambridge University Press.

Steinkuehler, C. A.(2006b). Why game(culture) studies now? *Games and Culture, 1*(1), 97-102.

Steinkuehler, C. A., & Williams, D.(2006). Where everybody knows your(screen) name: Online games as "third places." *Journal of Computer-Mediated Communication, 11*(4), 885-909.

Stevens, R., Satwicz, T., & McCarthy, L.(2008). In-game, in-room, in-world: Reconnecting video game play to the rest of kids' lives. *The Ecology of Games: Connecting Youth, Games, and Learning, 9,* 41-66.

Take-Two Interactive Software, Inc.(2018). *Sid Meier's Civilization III.* Sparks, MD: Firaxis Games.

Taylor, T. L.(2009). *Play between worlds: Exploring online game culture.* Cambridge, MA: MIT Press.

Taylor, T. L.(2012). *Raising the stakes: E-sports and the professionalization of computer gaming.* Cambridge, MA: MIT Press.

Tomasello, M.(2003). The key is social cognition. In D. Gentner & S. Goldin-Meadow(Eds.), *Language in mind: Advances in the study of language and thought*(pp. 47-57). Cambridge, MA: MIT Press.

Tomasello, M., Kruger, A. C., & Ratner, H. H.(1993). Cultural learning. *Behavioral and Brain Sciences, 16*(3), 495-511.

Torres, R. J.(2009). Using Gamestar Mechanic within a nodal learning ecology to learn systems thinking: A worked example. *International Journal of Learning and Media, 1*(2). doi: doi:10.1162/ ijlm.2009.0016.

Turkay, S., & Adinolf, S.(2012). What do players(think they) learn in games? *Procedia-Social and Behavioral Sciences, 46,* 3345-3349.

University of Washington Center for Game Science, and Allen Institute for Brain Science.(2018). *Mozak.* Seattle, WA: University of Washington.

University of Washington Center for Game Science, University of Washington Institute for Pro-tein Design, Northeastern University, Vanderbilt University, University of California, Davis, and University of Massachusetts Dartmouth.(2018). *Foldit.* Seattle, WA: University of Washington.

Valve Corporation.(2018). *DOTA 2.* Bellevue, WA: Valve Corporation.

Vygotsky, L. S.(1978). *Mind in society: The development of higher psychological processes.* Cambridge MA: Harvard University Press.

Weitze, C. L.(2014). Developing Goals and Objectives for Gameplay and Learning. In K. Schrier (Ed.), *Learning, education and games: Volume one: Curricular and design considerations*(pp. 225-249). Pittsburgh, PA: Carnegie Mellon University ETC Press.

Wenger, E.(1998). *Communities of practice: Learning, meaning, and identity.* Cambridge, England: Cambridge University Press.

Wertsch, J.(1994). Mediated action in sociocultural studies. *Mind, Culture, and Activity, 1,* 202-208.

Worthy, M. J., & Bloodgood, J. W. (1992). Enhancing reading instruction through Cinderella tales. *The Reading Teacher, 46*(4), 290-301.

III

게임기반 학습의
설계 기초

III

08

게임기반 학습에서 교수 지원, 피드백, 그리고 코칭

James C. Lester, Randall D. Spain, Jonathan P. Rowe, and
Bradford W. Mott(성은모 역)

1 서론

게임기반 학습 환경의 발전은 학생의 학습 지원을 위한 폭넓은 기회로 활용되고 있다. 지난 10년 동안 많은 교과목을 위한 게임기반 학습 환경의 생성(Adams & Clark, 2014; Halpern, Millis, & Graesser, 2012; Kebritchi, Hirumi, & Bai, 2010; Warren, Dondlinger, & Barab, 2008), 그리고 디지털 게임의 설계 및 교육 효과성에 관한 연구 규모의 확장 (Adams & Clark, 2014; Habgood & Ainsworth, 2011; Ketelhut, Nelson, Clarke, & Dede, 2010; Meluso, Zheng, Spires, & Lester, 2012; Wouters, van Nimwegen, van Oostendorp, & van der Spek, 2013) 등과 같이 유의미한 이론적 발전이 이루어졌다(Adams & Clark, 2014; Clark, Sengupta, Brady, Martinez-Garza, & Killingsworth, 2015; Gee, 2007; Gibson, Aldrich, & Prensky, 2007; Habgood & Ainsworth, 2011).

게임은 효과적이고 매력적인 학습 경험을 창출할 수 있는 크나큰 가능성을 오랫동안 유지해 왔다. 비록 과거에는 학습을 지원하는 게임의 잠재력이 상당하다고 간주되었지만, 최근까지 이러한 관점을 뒷받침하는 경험적 근거는 거의 없었다. 게임기반 학습 문헌의 최근 종합 결과에 따르면 게임은 다양한 교과목과 환경상황에서 긍정적인 학습 결과를 얻을 수 있다는 것을 발견하였다(Connolly, Boyle, MacArthur, Hainey, & Boyle 2012; Martinez-Garza, Clark, & Nelson, 2013; McClarty et al., 2012; Perrotta, Featherstone, Aston, & Houghton, 2013; Sitzmann, 2011). 게임기반 학습 교과에 대한 몇 개의 메타 분석 결과에 의하면, 게임기반 학습이 학습 및 기억유지와 관련하여 전통적인 교수 방법보다 더 효과적이라고 독립적으로 결론지었다(Clark, Tanner-Smith, Killingsworth, & Bellamy, 2013; Wouters et al., 2013).

게임이 학습을 위한 효과적인 매개체가 될 수 있다는 유의미한 근거가 제시되고 있지만, 게임기반 학습이 제시하는 핵심 문제는 학습자를 가장 효과적으로 지원하는 방법에 있다는 것이다. 특히, 게임기반 학습 환경에 대한 연구에서 미해결된 질문은 학습을 촉진하는 동시에 게임 플레이를 발전시키는 이중 기능을 제공하는 방식에서 핵심 게임 메커니즘을 예술적으로 통합시키기 위한 교수 지원, 피드백 및 코칭을 어떻게 설계하여야 하는가에 있다.

게임기반 학습에서 교수 지원, 피드백, 그리고 코칭

교수 지원, 피드백, 그리고 코칭은 게임기반 학습 환경에서 중요한 역할을 한다. 다양한 형태의 지원을 안내하는 지침은 더 깊은 학습 경험을 촉진하고 학습자가 학습 시나리오의 가장 두드러진 측면에 집중하게 하는 잠재력을 가지고 있는 것이다. 반대로, 학습자가 어떠한 지원도 받지 않는 순수한 발견 학습 방식으로 작동하는 게임기반 학습 환경을 상상할 수 있다(Kirschner, Sweller, & Clark, 2006). 이러한 환경에서 학습자는 아무런 지침이 없는 학습 경험이 지원될 것으로 인식하는데, 이러한 학습은 일부 발견 학습 경험과 동일한 유형의 불만족스러운 결과를 얻을 수도 있을 것이다(Mayer, 2004). 따라서 게임기반 학습에 지침을 포함시키는 것은 상당한 매력을 갖게 된다.

특히 역동적인 교수 지원, 피드백, 그리고 코칭을 제공하는 게임기반 학습 환경의 매력적인 범주는 게임 테크놀로지와 지능형 튜터링 시스템이 통합된 지능형 게임기반 학습 환경이다(Lester et al., 2013). 지능형 게임기반 학습 환경에 대한 연구는 게임기반 학습 환경에 탄탄하게 통합된 역동적 교수 지원, 피드백, 그리고 코칭을 제공하기 위한 폭넓은 기능성을 조사하는 것이다(DeFalco et al., 2018; Lee, Rowe, Mott, & Lester, 2014; Lester et al., 2013; Pezzullo et al., 2017; Robison, McQuiggan, & Lester, 2009; Rowe & Lester, 2015).

　　게임기반 학습 환경이 적응형 지원을 통해 학습을 촉진시킬 수 있다는 가설이 있기 때문에 지능형 게임기반 학습 환경의 설계는 지능형 튜토링 시스템에 대한 수십 년 간의 연구에서 나온 핵심 지원 메커니즘을 제공하기 위해 게임에 도입될 수 있다는 전제를 바탕으로 안내된다(Woolf, 2009). 이러한 메커니즘은 종종 "외부 루프(outer loop)" 메커니즘과 "내부 루프(inner-loop)" 메커니즘이라고 하는 용어로 구분된다(VanLehn, 2006).

　　지능형 튜터링 시스템의 "외부 루프"에 있는 기능성은 학생이 수행할 작업을 선택하는 일을 담당한다. 지능형 게임기반 학습 환경의 경우, 과제 선택은 학생이 상호작용할 게임 에피소드, 학생이 플레이 할 게임 수준, 또는 학생에게 제공된 수준 내에서 문제 해결 시나리오 등을 중심으로 결정하곤 했다. 지능형 튜터링 시스템의 "외부 루프"와 마찬가지로 다양한 교육학이 구현될 수 있으며, 지능형 게임기반 학습 환경은 사전에 정의된 설정에서 선택하거나 절차적 콘텐츠 생성 기술을 사용하여 역동적으로 생성할 수 있다(Shaker, Togelius, & Nelson, 2016).

　　지능형 게임기반 학습 환경은 지능형 튜터링 시스템의 "내부 루프"를 구현할 수도 있다. 지능형 튜터링 시스템의 "내부 루프"와 관련된 기능성은 주제의 더 작은 세분화와 시간 간격의 더 단축화를 중심에 둔 지원에 전형적으로 집중한다(VanLehn, 2006). 지능형 튜터링 시스템 "내부 루프"지원에는 세밀한 문제 해결 조치에 대한 최소한의 피드백 제공, 특정 개념적 오류 또는 문제 해결 오류에 구체적인 피드백 제공, 잠재적인 문제 해결 조치에 대한 힌트 제공, 학생의 지식 평가, 그리고 학생이 제안한 해결안에 대한 검토 수행 등이 포함된다. 지능형 게임기반 학습 환경은 학생들에게 유사한 가족 지원을 제공할 수 있다. 예를 들어, 플레이어가 아닌 캐릭터 또는 교육 에이전트(Johnson & Lester, 2016)를 사용하여 게임에서 학생의 행동에 대한 최소 또는 오류별 피드백을 제공하거나 학생에게 예정된 탐구과제와 관련된 힌트를 제공할 수 있다. 즉,

지능형 게임기반 학습 환경은 게임 플레이를 통해 입증된 학생의 역량에 대한 형성평가를 제공하기 위해 스텔스 평가(stealth assessment)를 수행할 수 있다(Min et al., 2015; Min, Frankosky et al., 2017; Shute, 2011). 그리고 그들은 학생의 최근 게임 플레이 경험을 분석하기 위해 사후 검토(Brown, 2011)를 수행할 수 있다.

이 장에서는 내부 루프 기능성을 중심으로 학습 지원을 위해 지능형 게임기반 학습 환경에서 실행될 수 있는 교수 전략을 살펴본다. 교수 전략과 학습 이론과의 연결은 학습자가 학습 환경에서 관련 정보를 선택하고, 일관된 정신 표현으로써 정보를 구성하며, 학습자에게 학습을 안내하는 과제를 수행하는 동안 힌트와 지원을 제공하는 데 도움이 될 수 있도록 설계하는 방법을 강조하는 데 활용된다.

2 게임기반 학습에서 교수 지원, 피드백, 그리고 코칭에 대해 무엇을 알고 있는가?

이 절에서는 게임기반 학습 환경에서 교수 지원, 피드백, 그리고 코칭의 효과성에 관련된 연구문헌을 검토한다. 논의에 앞서, 이 분야의 연구는 아직 초기 단계에 있다는 것을 주지해야 한다. 게임기반 학습 환경의 이점에 대해 많은 주장이 제기되었지만, 그 효과성에 관한 경험적 근거는 파편화되어 있고 방법론적 제한점도 가득하다. Mayer와 Johnson(2010)은 세 가지 연구방법이 게임으로 학습된 결과를 평가하는 데 활용될 수 있음을 설명했다. 인지적 결과 방법(cognitive consequences method)은 게임을 하는 것이 특정 인지 기술을 향상시키는지 여부를 조사하는 데 사용된다(즉, 플레이어는 게임을 통해 무엇을 배우는가?). 매체 비교 방법(media comparison method)을 통해 연구자들은 사람들이 게임을 통해 더 잘 학습하는지 아니면 기존 매체로 더 잘 학습하는지 여부를 비교한다. 연구자들이 사용하는 세 번째 방법은 동일한 게임의 다른 버전으로 학습한 학생들의 학습 결과를 비교하는 것이다(즉, 학습에 가장 유익한 피드백 유형; Mayer & Johnson, 2010 참조). 이 세 번째 접근 방식을 부가 가치 접근법(value-added approach)이라고 하는데 게임에서 교수 지원과 피드백이 학습 결과에 미치는 영향을 평가하는 데 가장 관련성이 있다(Mayer & Johnson, 2010). 다음 절에서는 이러한 각 접근 방식을 사용한 연구를 검토하고 그 결과를 게임기반 학습 환경에서 학생의 성과를 개선하는 데 사용할 수 있는 방법에 대해 논의한다.

피드백을 통한 게임기반 환경에서 학습 지원

피드백이 게임기반 학습 환경에서 학습에 중요하다는 것은 잘 알려져 있다(Azevedo & Bernard, 1995; Mayer, 2014). 피드백의 목적은 학습자가 자신의 진행 과정과 성과를 평가하고, 지식의 수준 차이를 규명하고, 잘못된 지식을 복구하도록 돕는 것이다(Johnson & Priest, 2014). 궁극적으로 피드백을 학습자에게 제공하는 것은 학습자가 내용을 더 깊이 이해하도록 안내하는 효과적인 방법이 될 수 있다.

Johnson, Bailey와 Van Buskirk(2017)는 피드백 및 게임 문헌에 대한 최근 분석에서 피드백이 게임기반 학습 환경에서 실체화 될 수 있는 네 가지의 일반적 방법을 규명하였고, 그 효과성에 대한 분석결과를 제공하였다. 구체적으로, 그들이 발견한 피드백은 (1) 피드백 메시지의 내용, (2) 피드백 메시지 제공의 적절한 시간, (3) 피드백이 제시되는 양식, (4) 피드백이 학습자의 적성 또는 성격에 기반해서 적용될 수 있는지의 여부에 따라 달라질 수 있다는 것이다. 그들은 또한 피드백 메시지가 결과 지향인지 또는 과정 지향인지에 따라 내용 피드백(content feedback)을 추가로 분류될 수 있음을 제안하였다. 결과 지향 피드백(Outcome-oriented feedback)은 학습자들에게 현재 수행 수준에 대한 정보, 또는 응답의 정확성에 대한 정보를 제공한다(Johnson et al., 2017). 결과 지향 피드백의 예로는 결과에 대한 지식("답변이 정확함"), 올바른 결과에 대한 지식("정답은 D"), 오류 표시하기("답변의 마지막 부분이 올바르지 않음"), 그리고 환경적 피드백(학생의 답변으로 캐릭터가 상을 받는 결과) 등이 있다. 과정 지향 피드백(Process-oriented feedback)은 학습자에게 정답에 도달하는 데 사용되는 과정 또는 전략에 대한 설명 정보를 제공한다(Johnson et. al., 2017). 그 목적은 학습자에게 자신의 현재 이해 및 수행 수준과 게임의 목표를 달성하는 데 요구되는 수행 수준 사이의 격차를 줄이는 데 사용할 수 있는 정보를 제공하는 것이다. 과정 지향 피드백의 예로는 학생들을 올바른 답으로 안내하는 정보 자료와 실마리, 답변이 정답인지 또는 오답인지 그 이유와 관련 정보를 제공하는 내용별 구체적 피드백 및 오류에 반응하는 피드백 등이 있다. Johnson과 동료들(2017)이 지적한 바와 같이 결과 및 과정 지향 피드백은 상호 배타적이지 않으며, 이 두 가지 내용 형태의 피드백이 진술문 내용에 포함될 수 있다(Johnson et al., 2017).

게임기반 학습 환경에서 피드백 내용의 효과성에 대해 무엇을 알고 있는가? 일반적으로 경험적 근거에 따르면 교수 자료의 더 깊은 이해를 위한 학습 지원에 있어 과정 지향 피드백이 결과 지향 피드백(예: 최소 피드백)보다 우수하다고 한다. 과정 지향 피드백의 이점은 근전이 과제와 지식 기억 검사에서 분명하게 드러난다. 예를 들어, Mayer와 Johnson(2010)은 학생들에게 전기 회로에 대한 문제를 해결하는 방법을 가르쳐 주기 위해 설계된 아케이드 유형의 교육용 게임에서 설명 피드백의 이점을 탐구했다. 게임에서 학생들은 회로 문제를 정확하게 해결하는 능력에 따라 점수를 얻거나 잃는다. 학생이 정답을 제출했을 때, 그들은 "맞았음"이란 음성과 어느 정도의 점수를 받았다. 학생들이 오답을 제출했을 때, 그들은 "틀렸음"이란 음성과 어느 정도의 점수를 잃었다. 게임의 표준 버전을 플레이한 학생들은(음성과 점수를 통해) 최소한의 피드백을 받았다. 게임의 설명 버전을 플레이한 학생들은 정답을 설명하는 과정 중심의 피드백과 함께 최소한의 피드백을 받았다. 게임의 마지막 단계는 내장된 전이 문제가 제공되고, 학생들은 복잡한 회로 문제를 해결하기 위해 전기회로에 대한 지식을 사용하라는 요구를 받았다. 그 결과, 설명 피드백 조건의 학생이 게임 플레이($d = 1.31$)와 내장된 전이 문제($d = .68$)에서 결과 지향 피드백 조건의 학생보다 더 우수하게 수행한 것으로 나타났다. 그들은 설명 피드백의 형태로 직접적인 안내를 제공하는 것이 학생들이 교정 피드백만으로 최소한의 안내를 제공하는 것보다 학습내용을 더 깊이 이해하는 데 도움이 된다고 결론지었다.

부가 가치 접근(value-added approach) 방식의 사용에 있어, Moreno와 Mayer(2005)는 멀티미디어 유형의 게임에서 학습자에게 설명 피드백을 제공함으로써 이점을 발견했다. 그들의 연구에 의하면, 대학생들은 *Design-A-Plant*(Lester, Stone, & Stelling, 1999)라는 대화형 게임을 하면서 식물학에 대해서 학습을 했다. 게임을 하는 동안 학생들은 5개의 외계 행성을 여행하며 식물 영역과 기상 조건에 대해 배우고 다양한 환경 조건에서 번성할 수 있는 식물을 설계하는 방법을 학습했다([그림 8.1]).

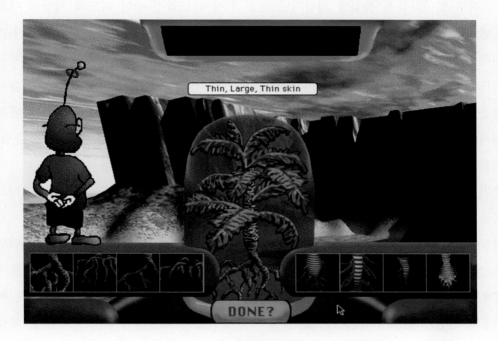

그림 8.1
Design-A-Plant 학습 환경의 예시화면

학생들은 게임 중에 교육 에이전트인 Herman the Bug로부터 식물의 특징과 기상 조건 사이의 관계에 대해 개별화된 조언과 피드백을 제공 받았다. 학생들은 게임 플레이 중 응답의 정확성에 대한 최소한의 피드백을 받거나, 특정 식물 설계에 있어 행성의 환경에서 생존하거나 멸망하는 이유에 대한 설명 피드백을 받도록 무작위로 배정되었다. 게임을 마친 후 학생들은 식물학에 대한 기본적인 사실 정보에 대한 이해를 평가하기 위한 파지 문제와 문제 해결 과제를 마쳤으며, 이를 통해 학생들은 게임에서 배운 원리를 적용해야 했다. 그 결과, 설명 피드백을 받은 학생은 교정 피드백만 받은 학생보다 근전이 문제 해결($d = .75$)과 원전이 문제 해결($d = 1.68$)에서 더 높은 점수를 받았다. 그리고 게임 플레이 중에 오답이 더 적은 것으로 나타났다. 이러한 결과는 학습자에게 게임기반 멀티 미디어 환경에서 설명적 피드백을 제공하면 깊고 의미 있는 학습을 촉진할 수 있음을 시사한다.

최근 연구자들은 몰입형 게임기반 훈련 환경에서 과정 관련 피드백 제공에 대한 일반화 가능성을 연구했다. 예를 들어 Billings(2012)는 수색 및 구조 절차를 가르치기 위해 설계된 게임기반 훈련을 연습하는 과정 중에 학습자에게 다양한 수준의 구체적 피드백 제공에 대한 효과성을 검증하기 위해 부가가치 접근 방식을 사용했다. 학습자들은 훈련 과정에서 학습 목표에 설정된 일련의 절차에 따라 연습하는 동안 가상 환경에서 탐색하고 다른 항목에 대한 건물을 수색하도록 했다. 학습 목표에는 건물 출입, 건물 청소, 그리고 본부와 의사소통하는 일련의 절차가 포함되었다. 네 가지 피드백 조건, 즉 비적응형 상세 피드백, 비적응형 일반 피드백, 적응형 하향식 피드백, 그리고 적응형 상향식 피드백 등이 비교 분석되었다. 각 조건은 피드백 구체성에 있어 서로 다른 수준에 해당한다. 비적응형 상세 조건에서 참가자는 실패한 학습 목표와 각 임무 후 정확하게 수행하는 방법에 대한 피드백을 받았다(예: "건물에 들어가거나 표시 문자를 지정하기 전에 건물 전체를 둘러보며 표시 문자가 이미 지정되어 있지 않았는지 확인해야 한다."). 비적응형 일반 조건에서 참가자는 훈련 임무 중에 그들이 적용해서 잊지 않아야 할 학습 목표에 대한 일반적인 피드백만 받았다(즉, "건물 출입 절차를 적용하는 것을 기억하시오."). 적응형 상향식 피드백 조건에서 학생들은 자신이 실수한 오류에 대해 자세한 피드백을 받아 훈련 임무를 시작했다. 학습 목표의 증가된 자료를 시연한 후 피드백 설명이 상세에서 일반으로 변경되었다. 반대로, 적응형 하향식 조건에서 참가자는 일반적인 피드백으로 시작한 다음 학습 목표에 도달하지 못하면 더 상세했던 진술문은 사라졌다. Billings(2012)는 학생들에게 적응형 상향식 피드백을 제공하면 개별화된 교수와 관련된 이점 때문에 비적응형 전략보다 더 나은 학습 결과를 얻을 수 있다고 가정했다. Billings는 또한 상세한 피드백은 과제의 전체적인 개념 수준에서 지원을 제공하는 것보다 하위과제 수준에서 학습이 촉진하였기 때문에 지식 통합을 지원하는 데 더 나았을 것이라고 가정했다. 연구결과들은 이러한 가설을 일반적으로 지지하였다. 적응형 상향식 및 상세 조건의 참가자는 하향식 또는 일반 피드백 조건의 참가자보다 더 높은 수준의 성과를 더 빨리 달성했다. 즉, 상세한 피드백 제공은 일반적인 피드백을 제공하는 것과 비교하여 더 효율적으로 학습을 촉진시켰다. 추가적인 결과로 일반적인 조건의 참가자가 적응형 상향식 조건의 참가자보다 훨씬 더 유의미하게 나쁜 수행을 했다는 것을 보여주었다. Billings는 상세한 피드백이 시뮬레이션 기반 훈련 환경에서 피드백을 설계하는데 가장 좋은 옵션인 것 같고, 그 결과가 인지부하이론과 같은 이론을 지지한다고 결론지었다. 특히, 학습자에게 일반적인 피드백이 아닌 구체적인 피드백을 제공하는 이점은 학습자가 이 정보를 직접 회상해야 하는 것보다 따라야 하는 절차를 직접 알려주는 데서 비롯된 것으로 보인다. 이것이 인지부하를 줄이고 더 효율적으로 학습할 수 있게 만들었다.

Serge, Priest, Durlach와 Johnson(2013)은 게임기반 학습 환경에서 피드백 구체 속성을 추가로 조사하기 위해 후속 실험을 수행했다. 이 실험의 참가자는 앞서 설명한 Billings(2012) 연구와 동일한 수색 및 구조 훈련 및 전이 과제를 수행했으며 동일한 유형의 피드백(일반, 구체, 적응형 하향식, 적응형 상향식)을 받았다. 추가적으로 Serg와 동료들은 일반 피드백 상태의 훈련생이 각 임무가 끝날 때마다 훈련 메뉴얼을 재검토할 수 있도록 허용했다. 그들은 이러한 기회의 이점을 활용한 개인(즉, 과제 수행을 위한 상세한 절차 재검토)이 상세한 피드백을 받은 사람들과 유사하게 수행하는지 여부를 결정하기 위해 이 옵션을 포함했다. 전반적인 결과에 의하면, 상세한 피드백을 받은 참가자는 다른 조건에 있는 참가자보다 과제를 더 빨리 수행하는 방법을 배웠다. 추가적으로, 임무 사이에 훈련 메뉴얼을 재검토한 일반적 피드백 조건의 참가자는 상세한 피드백을 받은 교육생과 마찬가지로 과제를 잘 수행했다. 그러나 수행했던 훈련 메뉴얼을 재검토하지 않기로 선택한 교육생들은 어떤 피드백도 받지 못한 통제 조건의 교육생들만큼 수행을 제대로 하지 못하였다. 이러한 결과는 게임기반 학습 환경에서 내부 루프 기능성을 통해 학습자에게 상세한 피드백 제공이 강력한 이점이 있다는 지지를 이끌어 낸 것이다.

요약하면, 이러한 실험의 결과들은 게임기반 학습 환경에서 결과 지향 피드백과 비교할 때 과정 지향 피드백은 초보 학습자들의 학습 결과를 향상시킨다는 것을 보여준다(Johnson et al., 2017). 이러한 관찰된 이점에 대한 한 가지 설명은 학습자에게 구체적 오류 정보 또는 설명적 정보의 제공은 불필요한 인지정보처리를 줄이고 학습자가 오해의 원인을 보다 쉽게 규명할 수 있도록 도와준다. 결과적으로 학습자들은 심층학습을 촉진하는데 도움이 되는 필수 인지정보처리 과정에 전념할 수 있는 더 많은 인지적 자원을 갖게 되는 것이다(Johnson & Priest, 2014; Mayer, 2009). 이러한 결과는 내부 루프 기능을 통한 상세한 피드백 또는 구체적 오류 정보 피드백을 제공하는 지능형 게임기반 학습 환경이 보다 효과적으로 학습을 지원할 수 있음을 시사한다.

게임기반 학습 환경에서 적시 피드백의 효과성에 대해 무엇을 알고 있는가?

피드백 내용 외에도 적시 피드백 또한 게임기반 학습 환경에서 학습에 영향을 미칠 수 있다. 게임기반 학습 환경의 설계자가 직면한 주요 질문은 학습자에게 피드백 제공을 실수를 한 직후 또는 지연 후에 할지 여부이다. Johnson과 동료들(2017)이 제시한 질문에 대한 지침에 의하면, 갈등 이론과 경험적 결과가 다소 혼합되어 있다고 한다. 즉각적인 피드백을 지지하는 사람들은 오류 직후 피드백을 제공하면 학습 획득 단계에서 그 오류가 부호화 되는 것을 방지할 수 있다고 제안하고 있다(Bangert-Drowns, Kulik, Kulik, & Morgan, 1991; Shute, 2008). 즉각적인 피드백의 이점은 인지 튜터와 단계별 지능형 튜터링 시스템에서 20년 동안 시연되어 왔다(Anderson, Corbett, Koedinger, & Pelletier, 1995; Cor-bett & Anderson, 1995). 이러한 환경에서의 연구결과에 의하면, 강력한 학습효과는 단계 기반 학습 오류에 대한 즉각적인 피드백을 받는 학생과 관련되어 있다는 것이다. 지연 피드백을 옹호하는 사람들은 Kulhavy와 Anderson(1972)이 제안한 간섭 보존 가설을 고수하는데, 이는 피드백이 즉시 전달될 때 오류가 수정 정보 부호화를 방해하고 피드백이 지연되면 사람들이 보존 오류를 적게 만든다고 주장한다.

피드백 문헌을 분석한 결과, 피드백을 언제 제공해야 하는지에 대한 질문은 의도된 학습 목표에 따라 부분적으로 달라진다. 즉각적인 피드백은 학습의 습득 단계에서 더욱 이점(Anderson, Magill, & Sekiya, 2001; Corbett & Anderson, 1995; Dihoff, Brosvic, Epstein, & Cook, 2004)이 있고, 지연 피드백은 전이를 촉진하는 데 더 나을 수 있다. 이러한 일반적 가정은 어느 정도 경험적 지지를 받아왔다. 예를 들어, Schmidt, Young, Swinnen와 Shapiro(1989)는 시험 이후에 피드백을 즉각적으로 제공하면 연습 중에는 더 높은 수행성과를 보였지만 전이 훈련 중에는 수행성과가 저하된다는 사실을 발견했다. 반대로 피드백이 지연되면 훈련 획득 단계에서 수행성과가 저하되었지만 전이 단계에서는 수행성과가 향상되었다.

게임기반 환경에서 즉각적인 피드백과 지연된 피드백의 이점을 모두 상상할 수 있지만, 상대적으로 게임기반 학습에서 적시 피드백을 체계적으로 평가한 연구는 거의 없었다. 주목할 만한 예외 중 하나는 게임기반 환경에서 절차 기술을 훈련하기 위한 세 가지 적시 피드백의 효과성을 조사한 Johnson, Priest, Glerum과 Serge(2013)의 연구이다. Serge와 동료들(2013)의 연구에서 설명한 것과 동일하게 참가자들은 수색 및 구조 과제를 수행하도록 훈련 받았으며, 오류 직후 피드백(immediate condition, 즉시 조건), 시나리오에서 논리적으로 중지하는 지점에서 피드백(chunked condition, 청크 조건), 또는 시나리오 끝에 피드백(delayed condition, 지연 조건) 등과 같이 세 가지 적시 피드백 조건 중 하나에서 피드백을 제공 받았다. 연구결과는 적시 피드백 조건 사이에 있어 통계적으로 유의한 차이가 나타나지 않았다. 하지만, 데이터의 경향성에 의하면 즉각적인 피드백 조건의 참가자는 지연되거나 청크된 조건의 참가자보다 약간 더 나은 성과를 보였다. 중요한 것은 지연 피드백 그룹이 더 높은 수준의 인지 부하를 보고하는 반면, 그리고 청크된 그룹과 즉각적인 그룹은 낮은 수준의 인지 부하를 보고하였다. 이러한 결과로 연구자들은 즉각적인 피드백이 게임기반 학습 환경에서 외생적 인지 부하(extraneous cognitive load)를 줄이는 데 도움이 될 수 있다는 것을 확인하였지만, 이 분야에 대해서 더 많은 연구가 필요함을 제안하였다(Johnson et al., 2013).

Van Buskirk(2011)는 군사 사격 요청 절차를 훈련하도록 설계된 시뮬레이션 기반 과제에서 즉각적인 피드백 제공에 대한 비슷한 이점을 발견했다. 시뮬레이션 중에 참가자는 시뮬레이션 된 지형에서 적 표적을 스캔하고, 표적을 식별하고, 일련의 우선순위 규칙에 따라 무력화할 위협을 결정한 다음, 위협 위치로 포병 발사를 요청했다. 연구자들은 참가자가 받은 피드백의 유형(결과 vs 과정 피드백), 피드백을 받은 시기(즉시 vs 지연 피드백), 메시지가 미리 감지된 양식(시각적 vs 청각적 피드백) 등으로 연구를 설계했다. 이 연구의 중요한 공헌은 연구자들이 피드백 전달 매개 변수의 효과성은 과제에 부과된 정보 처리 요구에 따라 달라진다는 가설을 세웠다는 것이다. 더 구체적으로, Van Buskirk는 학습자가 시각-공간적 과제를 수행하기 때문에 피드백 내용(과정 vs 결과)의 상대적 효과는 그것이 언제 어떻게 제시되었는지에 달려 있다고 가정했다. 연구자는 오류 직후에 결과 피드백이 제공되면 더 효과적일 것이고, 메시지가 지연되면 과정 피드백이 더 효과적 일 것이라고 가정했다. 연구자는 또한 메시지 전달 양식이 시각적 양식에 제시된 메시지와 동일한 수준의 정보 처리 간섭을 받지 않기 때문에 즉각적으로 제시되는 청각 피드백이 가장 효과적일 것이라고 가정했다. 연구결과, 즉각적이고 청각적이며 과정 피드백을 받은 참가자가 과제의 목표 우선 순위 영역에 있어 다른 모든 유형의 피드백을 받은 참가자보다 더 나은 수행을 보인 것으로 나타났다. 연구결과가 가정된 상호작용을 뒷받침하지 못하였지만, 연구자는 시뮬레이션에서 환경적 피드백의 노출로 야기된 혼란 요인이 즉각적 피드백과 지연 피드백의 차이를 약화시켰을 수 있다고 언급하였다. 이러한 결과는 적시 피드백 요소를 설계할 때 피드백 메시지와 과제의 정보 처리 요구 사항을 고려해야 한다는 중요성을 강조한 것이다.

최근, Landsberg, Bailey, Van Buskirk, Gonzalez-Holland와 Johnson(2016)은 유사한 유형의 시뮬레이션 기반 훈련 시스템에서 학습자에게 지연 피드백을 제공하는 것에 대한 이점을 발견했다. 이 실험은 개인이 자신의 시선을 기준으로 선박의 각도를 추정하도록 훈련할 수 있게 설계된 시범용 시뮬레이션 훈련 시스템에서 적시 피드백, 피드백 세분화, 그리고 환경적 피드백의 관계를 조사했다. 이 과제에서 참가자들은 잠망경을 통해 본 시뮬레이션 된 배와 관련된 배의 방향에 대해 정확하고 시기적절한 결정을 내리도록 요구했다. 참가자들은 각 연습시행 직후(즉시 피드백 조건) 또는 15회 연습시행 후(지연 피드백 조건) 피드백을 받았다. 연구결과에 따르면, 지연 피드백 조건의 참가자는 즉각 피드백 조건의 참가자보다 더 빠른 결정을 내렸다. 또한 지연 피드백 조건의 참가자는 즉각 피드백 조건의 참가자보다 더 오랫동안 피드백 메시지를 보았다. Landsber와 동료들(2016)은 피드백을 지연함으로써 참가자가 피드백 메시지를 보다 적극적으로 정보 처리할 수 있는 기회를 갖게 되었으며, 이로 인해 후속 시험에서 의사 결정과 응답 시간이 빨라졌다는 결론을 내렸다. 여기에 제시된 결과에 따르면, 지연 피드백의 주요 이점 중 하나는 학생들에게 피드백을 받기 전에 자신의 오류에 대해 추론하고 스스로 수정할 수 있는 기회를 제공한다는 것이다. Mathan과 Koedinger(2005)에 의하면, 초보자에게 스프레드 시트에 공식을 작성하는 방법을 가르치도록 설계된 지능형 튜터링 시스템에서 두 개의 적시 피드백 유형을 조사한 두 연구에서 이러한 추론의 근거를 발견하였다. 이 연구는 게임기반 환경에서 수행되지 않았지만 그 결과는 게임기반 학습 환경 설계에 대한 시사점을 제공하고 있다. 특히, Mathan과 Koedinger는 피드백 제공시기에 대한 논쟁이 적시 피드백에 대한 단순한 정책이 아니라 바람직한 수행 모델에 기반해야 한다고 추론했다. 바람직한 수행 모델에 오류 감지 및 교정을 위한 메타인지 기술 촉진이 포함되어 있다면 학습자는 피드백을 받기 전에 이러한 기술을 연습할 수 있어야 한다. 바람직한 수행 모델이 전문가의 모델을 모방한다면, 학습자들에게 즉각 피드백이 제공되어야 한다. 이 연구자들은 피드백을 받으면서 합리적인 오류를 만들고, 자기 평가하고, 피드백 오류를 수정하도록 허용된 참가자들이 즉각 피드백을 받은 학습자와 비교하였을 때 문제 해결, 개념적 이해, 전이 및 파지 검사에서 보다 더 나은 수행을 한 것을 확인하였다.

이 연구에서 시연된, 학습 과정 중 피드백의 제공은 개인에게 분명히 유익한 것으로 나타났다. 자세한 과정 피드백은 학습자에게 가장 많은 이점을 제공하는 것으로 보인다(Billings, 2012; Johnson et al., 2013; Serge et al., 2013). 그러나 피드백 전달시점에 대한 의견은 엇갈린다. 피드백을 지연할지 또는 즉시 제공할지에 대한 수많은 결정은 과제 유형이나 의도된 학습 목표(예: 파지 촉진 vs. 전이 촉진)와 같은 중재 요인에 따라 달라지는 것으로 보인다. 우리가 검토한 연구 중 어느 것도 서사 중심의 학습환경이나 스토리 중심의 게임기반 학습 환경에 초점이 맞춰 있지 않다는 것이 점점 더 두드러지는 현상이었다. 서사 중심의 학습 환경은 스토리 중심의 설계와 게임을 하는 동안 1인칭 또는 3인칭 관점을 활용하는 경향 때문에 다른 유형의 게임기반 환경과 비교하여 피드백을 제공하는 방법을 조사하는 이상적인 "실험실" 상황에서 제공될 수 있다. 이러한 환경은 믿을 수 있는 세상에서 피드백을 통합할 수 있는 흥미로운 기회를 제공한다. 줄거리(storyline) 캐릭터는 게임 도중 학습자에게 자세한 피드백을 제공할 수 있으며, 줄거리를 변경하면 현실적인 환경 피드백 형태를 제공할 수 있다(Johnson et al., 2017; Johnson & Lester, 2016). 이러한 게임 유형뿐만 아니라 다른 형태의 게임기반 학습 환경에서 언제 어떻게 피드백을 제공할 것인가를 이해하는 것은 경험적 연구를 통해 지속적으로 대답해야 하는 중요한 질문이다.

게임기반 학습에서 지원과 코칭

피드백과 마찬가지로 게임기반 학습 환경에서의 지원과 코칭은 다양한 형태를 취할 수 있다. 일부 게임기반 환경에는 학습자의 주의와 정보 선택을 안내하는 단서가 포함되어 있으며, 일부는 중요한 정보를 구성하고 인지할 수 있도록 지원해 주는 특징을 포함하고, 다른 일부는 지식의 성찰과 통합할 수 있는 지원을 제공한다. 일반적으로 학습자가 허둥지둥하지 않도록 지원을 포함하는 것이 필요하다고 인정되지만 (Mayer, 2004), 게임기반 환경에서 다양한 접근 방식과 지원 유형의 효과에 대한 실증적 연구는 여전히 부족한 실정이다. 그러나 몇 가지 주목할 만한 사례는 부가 가치, 인지적 결과 또는 매체 비교 접근 방식을 사용하여 이 질문을 해결했었다. 이러한 연구 중 몇 가지를 설명하고자 한다.

게임기반 학습 환경에서 정보 선택 지원하기 게임기반 환경에서 학습하는 상황에서 도전적인 과정 중 하나는 이러한 환경이 전통적인 교육 형식(예: PowerPoint 슬라이드)과 비교하여 가능성 있는 수많은 경로와 탐색하기 위한 더 많은 목표를 제공한다는 것이다. 더 높은 수준의 상호작용성과 일부 환경의 이야기 중심 설계는 정적인 형태의 멀티미디어 교육(Adams, Mayer, McNamara, Koenig, & Wainess, 2012; Mayer, 2009)과 비교하여 학습자가 정보를 선택, 구성, 그리고 통합하는 방식에 영향을 미칠 수 있다. 이러한 요구를 완화하기 위해 일부 연구자들은 캐릭터에 대해 사용자의 관심을 이끌거나 탐험이 필요하게 하는 중요한 요소들을 게임 환경 안에 주의 단서로서 제공하였다.

예를 들어, 중학교 미생물 교육을 위한 게임기반 학습 환경을 제공하는 *Crystal Island* 학습 환경에서(Lester et al., 2014; Lester, Rowe, & Mott, 2013), 강조하기(highlighting)와 같은 시각 단서를 학습자가 상호작용할 수 있는 교재와 기타 자료들에 추가하였다 ([그림 8.2]) 이러한 단서는 중요한 과제 관련 단서에 대한 학습자의 주의를 유도하기 위한 것이고 동시에 인지적 외부 부하를 줄이기 위한 것이다.

그림 8.2
Crystal Island 게임기반 학습 환경의 화면 사례

주의 지원의 유사한 형태가 다른 탐구 기반 학습 게임에서 실현되었다. 예를 들어, Nelson, Kim, Foshee와 Slack(2014)은 과학적 탐구를 평가하기 위해 설계된 서사 중심의 가상 환경에서 시각적 단서를 포함하는 효과를 조사하기 위해 부가 가치 접근 방식을 사용했다. 가상 환경에는 증거를 수집하고 양떼가 새 농장에서 번성하지 않는 이유에 대한 가설을 테스트하는 것이 포함되었다. 학습자들은 가상 캐릭터와 상호작용하고, 지역 풍경을 탐색하고, 가상 도구 세트를 사용하여 농장에 흩어져 있는 양으로부터 데이터를 수집할 수 있는 지역 과학자의 역할을 수행했다. 이 연구에는 (1) 학습자가 상호작용할 수 있도록 3D 기호(즉, 시각적 단서)가 문자와 객체(예: 양) 위에서 맴돌고 있는 시각적 신호 조건과 (2) 비시각적 신호 조건 등과 같이 두 가지 실험 조건이 포함되었다. 제공되는 시각적 신호인 객체를 보았다는 것을 나타내기 위해 학습자가 상호작용하면 각 시각 신호의 상태와 색상이 변하였다. 저자는 시각적 단서를 포함함으로써 학습자가 관련 대상과 상호작용할 가능성이 더 높고 인지부하가 감소할 것이라고 가정했다. 연구결과는 이러한 가설을 지지했다. 특히 시각적 신호 조건에 참여한 참가자는 게임 후 설문 조사에서 인지부하 수준이 낮다고 보고했다. 더욱이 게임을 수행한

데이터를 추적한 결과, 비신호 상태의 참가자보다 시각적 신호 조건에 있는 참가자가 주요 객체와 더 자주 상호작용하고(d = .34), 양으로부터 더 많은 측정 값을 수집하였고 (d = .51), 게임에서 제공하는 전자 클립 보드에 더 많은 메모를 기록(d = .48)하였다. 이 결과는 상호작용형 교수 설계에 있어 학습해야 하는 필수 자료를 구성하여 강조하고자 하는 시청각 단서가 포함될 때 사람들이 더 잘 학습한다는 신호 원리(signaling principle)가 게임기반 학습 환경에 적용될 수 있음을 보여준다(Mayer, 2009). 지능형 게임기반 학습 환경에 적용된 이 결과는 내부 루프의 중요한 기능 중 하나가 중요한 게임 요소 또는 상호작용형 객체의 강조를 시사하는 것이다. 이러한 형태의 주의 지원 제공은 보다 매력적이고 의미 있는 학습 경험을 만들 수 있도록 학습자의 불필요한 인지 정보 처리와 작동기억 소모를 줄일 수 있다.

지식 조직 지원하기 게임기반 학습에서 관련 객체의 적절한 선택을 촉진하는 것 외에도 지원은 학습자가 선택한 정보가 일관된 정신 표상으로 정신적으로 조직할 수 있도록 게임기반 학습 환경에 끊임없이 포함되어야 한다(Mayer, 2009). 사례들은 학생들이 주요 정보를 기록하거나 또는 그들이 해결하려고 하는 문제와 관련하여 현재 알고 있는 것에 대해 자아성찰을 하는데 사용할 수 있는 개념 그래프, 그래픽 조직자, 노트북, 확인목록 등이 게임 환경에 내장되어 있어야 한다. 여러 연구 결과는 이러한 유형의 인지 도구가 게임기반 학습 환경에서 학습의 이득과 흥미를 촉진시킬 수 있는 방법의 사례들을 보여준다(Shores, Rowe, & Lester, 2011).

예를 들어 Nietfeld, Shores와 Hoffman(2014)은 서사 중심 학습 환경에 내장된 구조화된 메모 작성 도구가 학생들의 지식 조직 과정을 효과적으로 비계하고 학습 결과를 촉진할 수 있는지 여부를 조사했다. *Crystal Island*(Rowe, Shores, Mott, & Lester, 2011)에 포함된 인지 도구는 학습자가 가상 섬에서 질병 발병의 원인에 대한 수수께끼를 해결하기 위해 노력하는 상황에서 환자의 증상을 나열하고, 메모를 작성하고, 가능한 원인을 선택하고, 최종적으로 진단하는데 사용하는 가상 진단 워크 시트였다([그림 8.3]).

그림 8.3
*Crystal Island*의 진단 워크 시트

Nietfeld와 동료들(2014)은 중학생 130명을 대상으로 한 연구에서 가상 워크 시트를 더 자주 사용하는 학생들이 이러한 스캐폴딩을 활용하지 않은 학생들보다 더 높은 수준의 흥미를 보였고, 더 많이 참여하고, 더 높은 학습 성과가 있었음을 확인하였다. 저자는 연구에서 학생들이 이러한 환경에서 성공적인 수행을 발휘하여 정보처리와 조직하는데 도움을 줄 수 있는 게임 내 인지 도구의 사용이 얼마나 중요한지 언급함으로써 그 결과를 요약했다.

유사한 인지도구의 유형들이 다른 상호작용형 학습 환경에서 구현되었다. 예를 들어, 의료 종사자에게 일련의 시뮬레이션 연습으로 구성된 진단 추론에 대해 훈련시키는 지능형 개인 튜터링 환경인 BioWorld는 학생들이 환자 사례와 질병을 진단하는 일련의 추론 과정을 외부로 표현하고 평가할 수 있도록 도움을 주기 위하여 내장된 인지도구를 사용한다(Lajoie, 2009). 이러한 도구들은 모니터링 과정을 지원하고 의료 진단 이벤트 중에 공동으로 사용되는 도움−구하기 자원을 제공하도록 설계되었다(Lajoie, 2009). 환경에 내장되어 있는 이러한 도구 중 하나를 "증거 팔레트(evidence palette)"라고

하는데, 이 도구는 진단을 지원하는 데 중요하다고 간주되는 정보를 직접 기록할 수 있는 노트북 인터페이스를 제공한다. McCurdy, Naismith와 Lajoie(2010)는 전문가와 초보자가 도구를 다르게 사용한다는 사실을 발견했는데, 전문가들이 게임의 조사 단계에서 더 많은 증거를 수집한다는 것이었다. 추가 연구에 따르면 도구 사용이 탐구 기반 학습 환경에서 문제해결 수행에 있어 중요한 예측 변수라는 사실을 발견했다(Liu et al., 2009).

그래픽 조직자와 개념 매트릭스는 게임기반 학습 환경에서 자주 볼 수 있는 또 다른 인지 도구 세트이다. 이러한 교수 스캐폴드는 학습자가 자신의 현재 지식 상태를 스스로 평가하고 자아성찰을 도와주는데 사용될 수 있다(Rowe, Lobene, Mott, & Lester, 2013). *Crystal Island*에는 학생들이 미생물학 원리에 대한 이해를 강화하고 조절하는 데 사용할 수 있는 개념 매트릭스가 포함되어 있다. 학생 사용 활동에 있어 사전 결과는 학생들의 개념 매트릭스 수행이 사후 지식 점수를 예측하는 것으로 나타났으며, 이러한 인지 지원의 형태가 학생들이 중요한 과학적 개념을 배우는 데 중요한 역할을 한다는 것을 시사한다(Min, Rowe, Mott, & Lester, 2013). Betty의 두뇌(Betty's Brain)와 같은 애플리케이션에서 학생들은 먹이 사슬, 광합성 또는 폐기물 순환과 같은 지구 과학 주제에 대한 이해를 표현하기 위하여 개념 지도를 사용하였다. 학생들은 플랫폼에서 가상 에이전트와의 상호작용을 통해 개념 연결의 정확성에 대한 피드백을 받는다. 이 지원은 학생들의 성찰적 행동을 향상시키는 것으로 확인되었다(Jeong & Biswas, 2008).

경험적 증거는 또한 게임기반 학습 환경에 하위 문제(예: 미니 퀘스트)를 포함하면 학습자가 더 복잡한 활동을 해결하도록 요청하는 것보다 더 효율적인 학습을 지원할 수 있음을 시사한다(Shores, Hoffman, Nietfeld, & Lester, 2012). 인지 자원의 한 형태로서 이러한 더욱 근접한 목표는 학습 목표를 인지적으로 관리 가능한 단위로 나누고, 유용하고 빈번한 피드백을 제공하며, 동기와 경험의 참신함을 유지함으로써 학습 과정을 스캐폴딩 할 수 있는 잠재력을 가지고 있다(Shores et al., 2012).

종합해보면 이러한 결과는 학습 성과를 지원하기 위해 게임기반 환경에 인지 도구를 포함하여야 한다는 가능성을 보여준다. 인지 도구는 환경에서 성공적인 수행과 관련된 정보를 오프로드하고 구성하는 데 사용할 수 있다. 아마도 더 중요한 것은 인지

도구가 학습자 사이에서 자기 조절 행동을 촉진하는 데 도움이 될 수 있다는 것이다. 자기 조절은 게임기반 환경에서 학습을 지원하는 중요한 구성 요소로 확인되었다. 높은 자기 조절 능력을 가진 학습자는 목표를 설정하고, 이러한 목표에 대한 진행 과정을 확인하고, 현재 수행 수준이 목표와 일치하지 않을 때 전략을 조정할 가능성이 높다(Azevedo, Behnagh, Duffy, Harley, & Trevors, 2012). 인지 도구는 학습자에게 특정 과제에 참여시키고, 메타인지와 자기 조절 학습 과정을 촉진시킬 수 있도록 상기시키는 간접적인 방법으로도 제공될 수 있다(Lester, Mott, Robi-son, Rowe, & Shores, 2013; Roll, Wiese, Long, Aleven, & Koedinger, 2014).

지식 통합과 과제 수행 지원하기 학습자의 주의를 유도하고 지식 조직을 지원하는 것 외에도 게임기반 학습 환경에서 지원은 학습자가 과제를 수행할 때 명확한 지침을 제공하기 위해 사용할 수 있다. 이러한 지원은 학습자에게 과제의 목표에 대해 상기시키고, 문제 해결 방법에 대한 힌트, 또는 답을 정교화하라는 프롬프트, 자아 설명 개념, 현재 자기 수준에 대한 자아설명개념 또는 자아성찰을 제공할 수 있도록 설계된 힌트, 프롬프트(prompt), 펌프(pumps), 그리고 유도문의 형태로 구체화될 수 있다(Aleven & Koedinger, 2002; Lester, Mott et al., 2013; Roll et al., 2014). 수학 또는 물리학을 가르치기 위해 설계된 것과 같은 전통적인 단계 기반 지능형 튜토링 시스템에서 학생들은 문제 해결을 위해 노력할 때 힌트를 요청할 수 있다. 첫 번째 힌트는 학생들이 적용해야 하는 개념에 대해 상기시키는 "선택을 유도하는 자극(nudge)"을 제공할 수 있다. 두 번째 힌트는 더욱 지시적 일 수 있다. 마지막 힌트는 바닥을 벗어나는 힌트(bottom-out hint)가 답을 제공할 수 있다. 튜터는 사전에 힌트를 제공할 수도 있다. 지능형 튜터링 기능이 탑재된 지능형 게임기반 학습 환경은 유사한 형태의 지원을 제공하며, 이러한 개입이 학습에 긍정적인 영향을 미칠 수 있다는 증거가 늘어나고 있다.

예를 들어, 문화적 인식과 양자 간 협상 기술을 가르치기 위해 설계된 게임기반 교육 시스템인 BiLAT는 회의를 하는 동안 초보 협상가의 협상 기술을 향상시키는 것으로 나타났다(Kim et al., 2009). BiLAT는 학습자가 특정 결과(예: 지역 클리닉 이동)를 달성하기 위해 배치된 이야기 흐름에서 가상 캐릭터(예: 지역 의사)와 상호작용하도록 요구하고 있다. 협상에 참여하기 전에 학습자는 상호작용할 캐릭터에 대한 정보를 수집하고 문화적으로 적절한 협상 전술을 배우는 초기 조사 및 준비 단계를 완료한다. 이 초기 단계 이후 학습자는 목표를 달성하기 위해 가상 캐릭터와 성공적으로 협상해야 하는 서사 기반 시나리오에 배치된다. 학습자는 메뉴에서 말이나 행동을 선택하고, 가상 캐릭터는 이러한 선택에 반응한다. 메뉴는 이러한 행동을 스스로 할 수 없는 초보 사용자를 위한 스캐폴딩을 제공한다. 협상 회의 중에 시스템은 학습자들에게 적절한 행동에 대한 힌트를 제공한다. 힌트는 회의 단계(예: 인사하기와 교감형성하기 단계, 비즈니스 단계), 사용 가능한 행동 목록, 그리고 학습목표에 따라 제공된다. 힌트는 학습목표(예: 존중의 표시로 시작)에 대한 일반적인 정보를 제공하는 것으로 시작하고, 학습자가 협상 중에 능력을 입증하지 않는 경우 더 상세하고 교정적 힌트와 제안으로 진행한다(예: "선글라스 벗으세요."). 코치는 또한 학습자의 가장 최근 행동을 기반으로 피드백을 제공한다. BiLAT의 평가에서 Kim과 동료들(2009)은 상황 판단을 평가하는 사전 및 사후 평가에서 상대적으로 짧은 기간 동안 BiLAT로 훈련한 초보 협상가가 학습을 통해 협상 기술이 향상되었음을 확인하였다.

Nelson(2007)은 River City라는 교육용 다중 사용자 가상 환경에 내장된 개별화된 안내 시스템의 영향을 조사했다. 안내 시스템은 학생들이 과학적 탐구 문제를 해결할 수 있도록 설계되었다. River City는 상점, 도서관, 초등학교 및 기타 기관이 포함되어 있는 19세기 후반의 도시를 묘사했다. 마을에 들어서면 학생들은 다른 학생들의 가상 캐릭터, 디지털 객체, 그리고 아바타와 상호작용할 수 있다. 학생들은 마을의 여러 영역을 탐색하고 주민들이 아픈 이유에 대한 가설을 개발하도록 요청하였다. 학생들은 역사적 사진, 책, 그리고 차트와 같은 가상 세계의 물체를 볼 수 있으며 상호작용형 도구를 사용할 수 있다. 또한 가상 캐릭터와 상호작용하여 마을과 잠재적 질병 원인에 대해 더 많이 알 수 있다. 안내 시스템은 이러한 객체와의 학생 상호작용에 대한 누적 모델을 작성하고 이 정보를 사용하여 학생에게 개별화 된 지원과 안내를 제공했다. 예를 들어, 학생이 처음에 객체와 상호작용할 때 시스템은 학생에게 안내를 제공하는 질문 또는 프롬프트에 있어 기본 설정된 상황을 제공한다. 학생이 다른 객체와 상호작용한 후 동일한 객체로 돌아온 경우, 학생의 이전 행동을 기반으로 보다 맞춤화 된 안내와 성찰 지향적인 프롬프트를 제공할 것이다. 약 290명의 중학생을 대상으로 한 연구에서 Nelson(2007)은 게임 내 세 가지 수준의 지원(안내 없음, 광범위한 안내, 그리고 중간 수준 안내)이 학습 결과에 미치는 영향을 확인하였다. 광범위한 안내 조건의 학생은 미리 정의된 객체당 세개의 안내 메시지를 볼 수 있는 반면, 중간 수준 안내 조건의 참가자는 객체당 한개의 안내 메시지에만 접근할 수 있었다. 초기 결과는 개별화된 안내에 접근한 학생이 안내 없음 조건의 학생보다 학습 결과 측정에서 더 좋은 점수를 얻지 못했다는 것을 보여주었다. 저자는 비록 학생들이 안내에 접근할 수 있었을지라도 중간 수준 조건에서 200개 이상, 광범위한 조건에서 600개 이상의 메시지 중 평균 12~15개의 메시지를 보았다는 것을 발견했다. 하지만, 사후 분석 결과, 안내 사용 빈도와 평가 점수 사이에 유의한 선형 관계를 보여주었고, 이는 안내를 더 자주 사용하는 개인이 게임에서 더 많이 학습했다는 것을 의미하는 것이라 할 수 있다.

　　게임기반 학습 환경에서 지원과 코칭에 대한 추가적인 사례는 *Crystal Island*를 사용한 여러 연구에서 찾아볼 수 있다. McQuiggan, Rowe, Lee와 Lester(2008)은 *Crystal Island*에 포함된 이야기 기반 콘텐츠가 학생 학습을 지원하는지 여부를 조사하기 위해 매체 비교 접근 방식을 사용했다. 저자는 두 가지 버전의 *Crystal Island*를 전통적인 형태의 멀티미디어 기반 교육과 비교했다. *Crystal Island*의 정식 버전에는 환자 질병, 복잡한 캐릭터 상호관계, 그리고 상호작용에 대한 풍부한 이야기 줄거리가 포함되었다. 최소 버전에는 문제 해결 시나리오만 지원할 수 있을 만큼 최소한의 줄거리가 포함되어 있었다. 결과는 정식 버전 조건과 최소 버전 조건에 있는 학생들 모두 학습 효과를 보았지만 동일한 교육과정의 내용을 다루는 전통적인 멀티미디어 교육을 받은 학생만큼 많이 배우지 못했다. 하지만, 추가 분석 결과에 따르면 Crystal Island와 상호작용한 학생들은 전통적인 조건에 비해 주제에 대한 높은 수준의 자기 효능감, 존재감, 그리고 흥미가 있음을 보고했다. 이러한 결과는 서사 중심 학습이 동기 부여에 있어 유익한 측면을 설명하는 것이라 할 수 있다.

　　이후 후속 연구에서 Rowe와 동료들(2011)은 수정된 *Crystal Island* 버전을 사용했으며 McQuiggan와 동료들(2008)의 연구에 비해 향상된 학습 효과를 확인하였다. 구체적으로, 학습자들은 게임 수행, 존재감, 그리고 게임에 대한 상황적 흥미에 있어 더 높은 수준임이 확인되었다. 향상된 학습 효과는 더욱 몰입적이고 지원적인 학습 경험의 결과로서 이는 몇 가지 주요 추가 사항과 관련이 있다고 믿었다. 이러한 추가 사항에는 학습자가 정보를 기록, 조직, 그리고 통합하고, 서사와 미생물학 교육과정 간의 긴밀한 결합하며, 학생들이 세포의 일부에 적극적으로 이름을 붙이는 새로운 활동을 하는 데 사용할 수 있는 확장된 진단 워크 시트가 포함되었다. 이러한 항목은 게임 중에 학습자에게 더 많은 스캐폴딩을 제공하기 위한 것이다. 이러한 기능의 이점을 체계적으로 파악하기 위해 추가 연구가 필요하지만, 그 결과는 게임기반 학습에서 학습자의 학습 과정과 학습 결과를 향상시키는데 유용한 동향을 보여준다.

교육용 에이전트(Pedagogical Agnets)를 통해 제공되는 지원

교육용 에이전트는 또 다른 형태의 스캐폴딩이며, 많은 게임기반 학습 환경에서 발견되는 지원이다. 보다 많은 연구결과에서 교육용 에이전트가 학습 경험에 유익하다는 것을 보여주었다(Schroeder, Adesope, & Gilbert, 2013). 교육용 에이전트는 "학생들과 풍부하고 직접적으로 대면하여 학습 상호작용을 생성하기 위해 학습 환경에 공존"하는 상호작용형 컴퓨터 캐릭터이다(Johnson & Lester, 2016, p. 26). 그들은 종종 인간 튜터가 수행하는 동일한 활동을 모방하기 위해 지능형 게임기반 학습 환경의 내부 루프 기능에서 사용되고, 상호작용을 통해 학습자의 이해를 평가하고, 질문하고, 격려하고, 피드백을 제공한다. 또한 그들은 관련 정보와 힌트를 제시하고 사례를 제공하며 학생의 반응을 해석할 수 있다(Johnson, Rickel, Stiles, & Munro, 1998). 교육용 에이전트의 예로는 학생들이 장비 유지 관리 및 장치 문제 해결 절차를 배울 수 있도록 설계된 실물 같은 에이전트인 Steve와 학생들이 식물 해부학을 배울 수 있도록 설계된 만화 같은 에이전트인 *Herman the Bug*가 있다. Steve는 학생들에게 기술을 보여주고, 학생의 질문에 답하고, 학생들이 어려움에 처하면 조언을 줄 수 있다(Rickel & Johnson, 1999). *Herman the Bug*는 학생들이 식물을 가꾸는 과정을 지켜보고, 도움과 문제 해결 조언을 제공한다(Elliott, Rickel, & Lester, 1999). 교육용 에이전트는 학생들이 생성적 또는 능동적 정보 처리 과정에 참여하도록 장려하는 지원, 코칭, 그리고 안내를 제공할 때 특히 효과적이다(Moreno & Mayer, 2005).

가상 학습 동반자는 지식이 있는 동료의 페르소나를 취하고 학생의 학습경험을 공유하도록 설계된 특수 학습을 위한 교육용 에이전트이다(Kim & Baylor, 2006; Ryokai, Vaucelle, & Cassell, 2003). 가상 튜터와 달리 이러한 에이전트는 학습 환경에서 가르치는 역할을 하지 않는다. 대신, 그들은 학습자와 함께 학습 과제를 경험하고 가까운 동료 역할을 한다. 이 동반자는 사회적 모방을 통해 학습을 지원할 수 있으며(Ryokai et al., 2003), 좌절감을 줄여 자신감을 높이고 자기 효능감을 향상시킬 수 있는 능력을 가지고 있으며(Buf-fum, Boyer, Wiebe, Mott, & Lester, 2015), 자신감을 높이고 학생과의 공감을 제공한다(Woolf, Arroyo, Cooper, Burleson, & Muldner, 2010). 따라서 이러한 에이전트는 게임기반 학습 환경에서 학습자의 동기를 향상시킬 수 있는 사회·정서적 지원을 제공할 수 있다.

학습가능한 에이전트(Teachable Agents)를 통해 제공되는 지원

학습가능한 에이전트(teachable agnets)는 게임기반 학습 환경에서 지원을 제공하도록 설계된 상호작용형 컴퓨터 캐릭터이다. 학생들은 교과에 대해 학습가능한 에이전트를 가르치고 문제를 해결하거나 질문에 답하도록 요청하여 에이전트의 지식을 평가한다(Biswas et al., 2005). 학습가능한 에이전트는 인공 지능 기술을 사용하여 질문에 답한다. 학생이 학습가능한 에이전트의 수행을 관찰하여 받은 피드백은 학생들이 에이전트의 지식에서 차이를 발견하는 데 도움을 준다. 학생들은 이 피드백을 사용하여 에이전트에게 교정 튜터링을 제공할 수 있는데, 이는 실제 인간 튜터가 고군분투하는 학생에게 하는 것과 유사하다. 학습가능한 에이전트는 가르치며 학습하는 경험을 활용하여 학생들이 학습을 촉진하는 세 가지 중요한 활동에 참여할 수 있도록 한다. 그것은 지식 구조화(튜터로서 학생 행동은 지식을 조직화하기), 동기부여(튜터로서 학생 행동은 학생이 자료 학습에 대한 책임감 갖기), 그리고 성찰(튜터로서 학생 행동은 자신의 아이디어를 얼마나 잘 이해하고 학생에게 잘 사용했는지를 성찰)(Biswas et al., 2005; Chin et al., 2010) 등을 의미한다. 연구에 따르면 튜터와 교사는 향후 학습 세션을 더 잘 준비하기 위해 교육 과정 동안과 이후에 이러한 행동에 자주 참여하는 것으로 나타났다(Chi, Siler, Jeong, Yamauchi, &

Hausmann, 2001).

아마도 가장 잘 증명되고 광범위하게 연구된 학습가능한 에이전트 중 하나는 Vanderbilt University의 연구자들이 개발하고 중학교에서 학생들이 지구 과학에 대해 배우는 데 사용되는 Betty의 두뇌(Betty's Brain)이다(Leelawong & Biswas, 2008). Betty의 두뇌에서 에이전트는 기초 지식이 없으며, 동료 튜터링을 통해 주제에 대해 학습해야 한다. 학생들은 개념도 표현을 사용하여 특정 주제(예: 강, 생태계)에 대해 Betty에게 가르친다. 학생들이 Betty를 가르치면서 그녀가 얼마나 이해했는지 알아보기 위해 질문을 할 수 있다. 일단 가르친 후, Betty는 주제와 관련된 질문에 답하기 위해 질적 추론 기술을 적용한다. 또한 학생들은 Betty에게 퀴즈를 풀도록 요청할 수도 있다. 학습 환경의 멘토 에이전트인 Mr. Davis는 퀴즈를 채점하고 학생들이 Betty의 개념도에서 오류를 수정하고 정답을 찾을 수 있도록 도움이 되는 힌트를 제공한다. 이와 같이 가르치고 평가하는 주기는 가상 훈련생이 표준에 도달할 때까지 계속된다.

가르치며 학습한다는 아이디어는 직관적으로 매력적일 뿐만 아니라 선행 연구 문헌에서 지지를 얻은 것이다. 학습가능한 에이전트의 효과성에 대한 연구는 가르칠 수 있는 에이전트를 지도하는 학생이 인공 에이전트로부터 수동적으로 훈련을 받는 학생에 비해 더 높은 수준의 동기 부여 및 학습을 보인다는 것을 의미한다(Leelawong & Biswas, 2008). 예를 들어, Leelawong과 Biswas(2008)는 학생이 교육용 에이전트에 의해 가르침을 받는 조건에서 학습가능한 에이전트 시스템의 두 가지 버전(첫번째 버전은 기준선 버전, 두번째 버전은 자기 조절 학습 원리와 제공된 메타인지적 힌트가 포함된 버전)을 비교하는 연구를 수행하였다.

연구 결과는 가르치며 학습하는 두 가지 조건에 있는 학생들이 교육용 에이전트 조건에 있는 학생들보다 더 많이 배웠으며 이러한 이점이 전이 연구에서 지속되었음을 확인하였다. 특히, 가르치며 학습을 통해 학습한 학생은 강의를 받은 학생에 비해 스스로 학습하는 데 더 많은 노력을 기울였고, 더 나은 성공을 거두었다. 이러한 결과는 학습가능한 에이전트를 통한 학습이 생성적 정보 처리를 지원하는 이점을 강조하는 것이라 할 수 있다.

3 게임기반 학습 설계에 대한 함축적 시사점은 무엇인가?

이 장에서 논의된 연구는 게임기반 학습의 설계에 몇 가지 함축적 시사점을 제공한다. 주의력 단서, 인지 도구, 힌트, 프롬프트, 그리고 피드백과 같은 교수 지원은 학습자의 작동 기억의 부담을 줄이고 참여 촉진을 동시에 지원하기 때문에 학습자가 학습 환경에서 관련 객체와 정보를 선택하고, 이 정보를 일관된 정신 구조로 조직하고, 의미 있는 학습을 촉진하는데 도움이 되는 중요한 시사점을 제공한다.

경험적 증거에 따르면 주의적 신호와 시각적 신호는 학습자가 게임기반 학습 환경에서 필수 자료를 인식하고 선택하는 데 도움이 되는 두 가지 방법임을 시사한다 (Mayer, 2010). 이러한 단서는 학습 환경에서 관련 객체와 위치에 대한 학습자의 주의를 유도하고 불필요한 인지 부하를 줄이는 데 도움이 된다. 이는 멀티미디어 교육의 신호 원리(signaling principle)에 해당한다(Mayer, 2009). 인지 도구는 게임기반 학습, 특히 탐색과 문제 해결에 초점을 맞춘 지원의 또 다른 중요한 형태이다. 인지 도구는 전문가가 문제를 해결할 때 본질적으로 사용하는 도구와 과정을 제공하여 지식을 외부적으로 표현하는데 사용된다(Lajoie, 2009). 이는 인지 부하를 줄이고 문제 해결 과정의 도움을 제공하는 의도된 이점으로 학습자가 문제를 해결하고 관련 정보를 구성하는 데 도움을 준다. 증거에 따르면 인지 도구를 사용하는 학습자는 이러한 지원을 활용하지 않는 학습자보다 학습 게임에서 더 나은 점수를 얻는 경우가 많다(Chin et al., 2010; Lajoie, 2009; Nietfeld et al., 2014). 또한 연구 결과에 따르면 학습자가 스스로 성찰하고 생성적 정보 처리에 참여하도록 격려하는 프롬프트와 힌트, 그리고 오류에 대한 원칙 기반 설명을 제공하는 피드백 메시지가 게임기반 학습 환경에서 학습을 촉진하는 데 특히 효과적이라는 것을 보여준다. 이러한 메시지는 학생들이 정교화, 자기 설명, 자기 점검과 같은 학습에 있어 중요한 메타인지 정보 처리에 참여하도록 유도할 수 있다(Aleven, Stahl, Schworm, Fischer, & Wallace, 2003; Azevedo & Hadwin, 2005; Roll et al., 2014). 이러한 형태의 지원은 학생들이 이야기 기반 교육 경험에 참여하는 서사 중심 학습 환경에서 특별히 중요할 수 있으며, 게임의 목표를 달성하기 위한 추론과 다른 고차원 분석적 사고 및 추론 기술을 시연해야만 한다(Lester et al., 2013).

피드백, 코칭, 그리고 지원이 실행될 때, 설계자는 학습자의 제한된 정보 처리 자원과 용량에 과부하가 걸리지 않도록 주의해야 한다. 설계자는 또한 학습자에게 지원을 전달하고 제공할 때 학습자의 진화하는 지식의 수준을 고려해야 한다. 이상적으로 게임기반 학습 환경의 내부 루프에서 제공되는 지원 수준은 학습자의 진화하는 역량에 맞춰져야 한다. 예를 들어, 초보 학생은 높은 수준의 코칭과 지원으로 운동을 시작할 수 있지만 시간이 지남에 따라 학생의 지원 수준은 학생이 스스로 과제를 수행할 수 있는 숙달 수준이 증가함에 따라 감소해야 한다. 이것은 점차 사라지는 과정(process of fading)이다(Wood & Wood, 1999). 게임 설계자의 도전적 과제 중 하나는 학습자에게 제공할 지원 유형과 언제 제공할지 시기를 결정하는 것이다. 또한 연구에 따르면 지원을 제공하고 성찰과 자기 설명을 촉진하기 위한 메커니즘으로 교육용 에이전트와 학습 가능한 에이전트를 사용하면 학습을 촉진하는 동시에 학습자에게 교육적, 사회적, 그리고 정서적 지원을 제공할 수 있다는 것이다. 이러한 교육적 특징은 학습자가 과제에 집중하고, 성찰을 촉진하며, 좌절감과 혼란을 줄이기 위한 게임 메커니즘과 밀접하게 얽혀 있을 수 있다

4 현재 연구의 한계는 무엇이며, 향후 연구에 대한 시사점은 무엇인가?

게임기반 학습 환경이 학습을 위한 효과적인 매개체 역할을 할 수 있다는 증거가 증가하고 있지만 게임기반 학습이 제기하는 핵심 문제는 학습자를 가장 효과적으로 지원하는 방법이다. 피드백, 지원, 그리고 코칭은 다양한 방법으로 실현될 수 있다. 최적의 방법, 양식, 그리고 전달 시기를 규명하는 것은 게임기반 학습 환경에서 학습자를 지원하는 데 중요하다. 학습자가 게임기반 학습 환경에서 인지 도구를 어떻게 사용하는지 조사할 필요가 있다. 게임 추적 로그 데이터를 탐색하고, 시선 추적 측정을 사용하는 것은 효과적인 학습자 행동을 규명하는데 유의미한 방법이다(Taub et al., 2017). 또한 인지 도구가 개인의 요구를 충족하도록 역동적으로 맞춤화 될 수 있는 방법을 조사

하는 연구가 이루어질 필요가 있다(Rowe et al., 2013). 전문성 역설 효과와 인지 부하 이론에 대한 연구에서 스캐폴딩은 학습자가 주제에 능숙해짐에 따라 점진적으로 제거해야 한다고 제안한다(Kalyuga, 2007). 만약 스캐폴딩이 고정된 수준으로 유지된다면, 경험이 많은 학습자에게 불필요한 인지 부하가 발생할 수 있다. 이 이론에 따르면, 너무 많은 구조와 지원이 지식이 있는 학생들의 학습 효과를 오히려 감소시킬 수 있다고 예측한다. 점진적 소거(fading support)는 다양한 방법으로 실현될 수 있다. 예를 들어, 진단 워크시트의 사례 경우, 학습자는 최소한의 구조를 제공받을 수 있으며 선다형 문제보다는 서술형 문제 형태로 중요한 정보의 입력을 요청받을 수 있다. 대안적으로, 또는 학습자는 워크시트를 설계하는 방법을 지정한 다음 양식을 직접 작성해야 할 수도 있다(Rowe et al., 2013).

문헌의 또 다른 제한점은 대부분의 연구가 학생이 학습 과제를 완료한 직후 기억 유지와 전이를 측정했다는 것이다. 이렇게 하면, 학습에 대한 개입의 지속적인 영향을 결정할 방법이 없다. 피드백 문헌에서 언급했듯이, 즉각적인 기억 유지와 전이를 촉진하는 접근 방식은 지연된 전이 또는 그 반대의 경우도 향상되지 않을 수 있다. 향후 연구는 지연된 파지와 전이 과제뿐만 아니라 즉각적인 과제에 대한 수행을 검사하여 이 문제를 해결해야 한다. 이것은 지원 및 피드백의 특정 형태와 관련된 잠재적인 중재 요인에 대한 증거를 제공할 것이다.

이러한 제안에 따라, 향후 연구를 위한 또 다른 유망한 방법은 피드백, 지원, 그리고 코칭의 효과에 있어 경계 조건을 탐구하는 것이다. 이 연구로 안내하는 질문은 특정 지원 형태의 효과가 게임 유형 또는 기타 학습자 기반 요인(예: 성별, 전문성, 개인 관심사)에 따라 달라지는가? 경험적 증거에 의하면, 남성과 여성은 인지 도구와 교육용 에이전트를 다르게 사용하는 것으로 나타났다(Nietfeld et al., 2014). Pezzullo와 동료들(2017)은 게임기반 학습 환경의 이야기 줄거리에 내장된 가상 에이전트와 상호작용할 때 남학생들이 여학생들에 비해 더 높은 정신적 요구를 경험했다는 것을 발견했다. 이러한 성별 차이 효과는 사전지식과 비디오 게임 경험을 통제한 후에도 나타났다.

또한 인공 지능, 다중 모드 센서, 그리고 학습분석학의 발전과 함께 학습 결과에 피드백, 교수 지원, 그리고 코칭이 미치는 영향을 조사하는 데 사용할 수 있는 수많은 새로운 기술이 나타나고 있다. 예를 들어, 우리는 학생들이 게임기반 학습 환경과 상호작용할 때 추구하는 목표를 정확하게 인식할 수 있는 다중 모드 목표 인식 모델의 등장(Baikadi, Rowe, Mott, & Lester, 2014; Ha, Rowe, Mott, & Lester, 2014; Min, Ha, Rowe, Mott, & Lester, 2014; Min et al., 2017; Min, Mott, Rowe, Liu, & Lester, 2016), 게임을 하는 동안 게임 수행을 평가하기 위해 다중 채널 데이터를 사용하는 접근 방식(Taub et al., 2017), 그리고 얼굴 표정 인식을 활용하는 학생 모델링 기술(Sawyer, Rowe, Sawyer, Rowe & Lester, 2017) 등의 등장을 보고 있다. 아마도, 훨씬 더 매력적인 것은 심층 강화 학습(Wang, Rowe, Min, Mott, & Lester, 2017)과 다중 목표 강화 학습에서 학습과 참여의 균형을 맞추기 위한 기법(Sawyer, Rowe, & Lester, 2017)을 활용하여 발전된 계산 모델 기반의 역동적인 사용자 맞춤형 중심의 게임 플레이 경험을 정의할 수 있다는 것이다. 사용자 맞춤형 경험은 학습자에게 도전적인 시나리오를 제공하는 동시에 개별 학습자를 위한 맞춤형 지원을 제공할 수 있는 지능형 게임기반 환경의 외부 루프 기능성과 내부 루프 기능성 모두를 창출할 수 있다. 지금은 게임기반 학습 연구에 있어 흥미로운 시기이며, 향후 몇 년 동안 교수 지원, 피드백, 그리고 코칭에 있어 이론적으로 주도되고 경험적으로 접근하는 방식을 다음 세대에서 볼 수 있을 것이다.

5 감사의 말

이 과제는 DRL-1640141, DRL-1561655, 그리고 DRL-1661202을 통한 국립과학재단과 협력 계약 W911NF-15-2-0030을 통해 미 육군 연구소에 의해 지원되었다. 이 자료에 표현된 모든 의견, 결과 및 결론 또는 권장 사항은 저자의 것이며 국립 과학 재단 또는 미 육군의 의견을 필수적으로 반영한 것은 아니다.

참고문헌

Adams, D. M., & Clark, D. B.(2014). Integrating self-explanation functionality into a complex game environment: Keeping gaming in motion. *Computers & Education, 73*, 149-159.

Adams, D. M., Mayer, R. E., MacNamara, A., Koenig, A., & Wainess, R.(2012). Narrative games for learning: Testing the discovery and narrative hypotheses. *Journal of Educational Psychology, 104*(1), 235-249.

Aleven, V., & Koedinger, K. R.(2002). An effective metacognitive strategy: Learning by doing and explaining with a computer-based cognitive tutor. *Cognitive Science, 26*, 147-179.

Aleven, V., Stahl, E., Schworm, S., Fischer, F., & Wallace, R.(2003). Help seeking and help design in interactive learning environments. *Review of Educational Research, 73*(3), 277-320.

Anderson, D. I., Magill, R. A., & Sekiya, H.(2001). Motor learning as a function of KR schedule and characteristics of task-intrinsic feedback. *Journal of Motor Behavior, 33*(1), 59-66.

Anderson, J. R., Corbett, A. T., Koedinger, K. R., & Pelletier, R.(1995). Cognitive tutors: Lessons learned. *Journal of the Learning Sciences, 4*(2), 167-207.

Azevedo, R., Behnagh, R. F., Duffy, M., Harley, J. M., & Trevors, G.(2012). Metacognition and self-regulated learning in student-centered learning environments. In D. H. Jonassen & S. M. Land(Eds.), *Theoretical foundations of student-centered learning environments*(2nd ed.)(pp. 171-197). New York, NY: Routledge.

Azevedo, R., & Bernard, R. M.(1995). A meta-analysis of the effects of feedback in computer-based instruction. *Journal of Educational Computing Research, 13*(2), 11-127.

Azevedo, R., & Hadwin, A. F.(2005). Scaffolding self-regulated learning and metacognition: Implications for the design of computer-based scaffolds. *Instructional Science, 33*(5-6), 367-379.

Baikadi, A., Rowe, J., Mott, B., & Lester, J.(2014). Generalizability of goal recognition models in narrative-centered learning environments. In V. Dimitrova, T. Kuflik, D. Chin, F. Ricci, P. Dolog, & G. J. Houben(Eds.), *Lecture Notes in Computer Science: Vol. 8538. International Conference on User Modeling, Adaptation, and Personalization.*(pp. 278-289). Cham, Switzerland: Springer.

Bangert-Drowns, R. L., Kulik, C. L. C., Kulik, J. A., & Morgan, M.(1991). The instructional effect of feedback in test-like events. *Review of Educational Research, 61*(2), 213-238.

Billings, D. R.(2012). Efficacy of adaptive feedback strategies in simulation-based training. *Military Psychology, 24*, 114-133.

Biswas, G., Leelawong, K., Schwartz, D., Vye, N., & the Teachable Agents Group at Vanderbilt. (2005). Learning by teaching: A new agent paradigm for educational software. *Applied Artificial Intelligence, 19*(3-4), 363-392.

Brown, R.(2011). Assessment using after-action review. In L. Annetta & S. C. Bronack(Eds.), *Serious educational game assessment: Practical methods and models for educational games, simulations, and virtual worlds*(pp. 119-129). Rotterdam, Netherlands: Sense Publishers.

Buffum, P. S., Boyer, K. E., Wiebe, E. N., Mott, B. W., & Lester, J. C.(2015). Mind the gap: Improving gender equity in game-based learning environments with learning companions. In C. Conati, N. Heffernan, A. Mitrovic, & M. Verdejo(Eds.), *Lecture Notes in Computer Science: Vol. 9112. International Conference on Artificial Intelligence in Education*(pp. 64-73). Cham, Switzerland: Springer.

Chi, M. T. H., Siler, S. A., Jeong, H., Yamauchi, T., & Hausmann, R. G.(2001). Learning from human tutoring. *Cognitive Science, 25*(4), 471-533. doi:10.1207/s15516709cog2504

Chin, D. B., Dohmen, I. M., Cheng, B. H., Oppezzo, M. A., Chase, C. C., & Schwartz, D. L.(2010). Preparing students for future learning with teachable agents. *Educational Technology Research and Development, 58*(6), 649-669.

Clark, D., Tanner-Smith, E., Killingsworth, S., & Bellamy, S.(2013). *Digital games for learning: A systematic review and meta-analysis*(executive summary). Menlo Park, CA: SRI International.

Clark, D. B., Sengupta, P., Brady, C., Martinez-Garza, M., & Killingsworth, S.(2015). Disciplinary integration in digital games for science learning. *International STEM Education Journal, 2*(2), 1-21.

Connolly, T. M., Boyle, E. A., MacArthur, E., Hainey, T., & Boyle, J. M.(2012). A systematic literature review of empirical evidence on computer games and serious games. *Computers & Education, 59*(2), 661-686.

Corbett, A. T., & Anderson, J. R.(1995). Knowledge tracing: Modeling the acquisition of procedural knowledge. *User Modeling and User-Adapted Interaction, 4*(4), 253-278.

DeFalco, J., Rowe, J., Paquette, L., Georgoulas-Sherry, V., Brawner, K., Mott, B., … Lester, J.(2018). Detecting and addressing frustration in a serious game for military training. *International Journal of Artificial Intelligence in Education, 28*(2), 152-193.

Dihoff, R. E., Brosvic, G. M., Epstein, M. L., & Cook, M. J.(2004). Provision of feedback during preparation for academic testing: Learning is enhanced by immediate but not delayed feedback. *Psychological Record, 54*(2), 207-231.

Elliott, C., Rickel, J., & Lester, J.(1999). Lifelike pedagogical agents and affective computing: An exploratory synthesis. In M. J. Wooldridge & M. Veloso(Eds.), *Artificial intelligence today: Recent trends and developments*(pp. 195-212). Berlin, Germany: Springer.

Gee, J. P.(2007). *What video games have to teach us about learning and literacy*(2nd ed.). New York, NY: Palgrave Macmillan.

Gibson, D., Aldrich, C., & Prensky, M.(2007). *Games and simulations in online learning: Research and development frameworks*. Hershey, PA: Information Science Publishing.

Ha, E. Y., Rowe, J., Mott, B., & Lester, J.(2014). Recognizing player goals in open-ended digital games with Markov logic networks. In G. Sukthankar, R. Goldman, C. Geib, D. Pynadath, & H. H. Bui(Eds.), *Plan, activity and intent recognition: Theory and practice*(pp. 289-311). Waltham, MA:. Morgan Kaufman.

Habgood, M. J., & Ainsworth, S. E.(2011). Motivating children to learn effectively: Exploring the value of intrinsic integration in educational games. *Journal of the Learning Sciences, 20*(2), 169-206.

Halpern, D., Millis, K., & Graesser, A.(2012). Operation ARA: A computerized learning game that teaches critical thinking and scientific reasoning. *Thinking Skills and Creativity, 7*(2), 93-100.

Jeong, H., & Biswas, G.(2008). Mining student behavior models in learning-by-teaching environments. In R. Baker, T. Barnes, & J. Beck(Eds.), *The First International Conference on Educational Data Mining*(pp. 127-136). Montreal, Canada. International Educational Data Mining Society.

Johnson, C. I., Bailey, S. K., & Van Buskirk, W. L.(2017). Designing effective feedback messages in serious games and simulations: A research review. In P. Wouters & H. van Oostendorp(Eds.), *Instructional techniques to facilitate learning and motivation of serious games*(pp. 119-140). Cham, Switzerland: Springer.

Johnson, C. I., & Priest, H. A.(2014). The feedback principle in multimedia learning. In R. E. Mayer(Ed.), *The Cambridge handbook of multimedia learning*(2nd ed., pp. 449-463). New York, NY: Cambridge University Press.

Johnson, C. I., Priest, H. A., Glerum, D. R., & Serge, S. R.(2013). Timing of feedback delivery in game-based training. In *Proceedings of the Interservice/Industry Training, Simulation & Education Conference,*(pp. 1-12). Arlington, VA: National Training Systems Association.

Johnson, W. L., & Lester, J. C.(2016). Face-to-face interaction with pedagogical agents, twenty years later. *International Journal of Artificial Intelligence in Education, 26*(1), 25-36.

Johnson, W. L., Rickel, J., Stiles, R., & Munro, A.(1998). Integrating pedagogical agents into virtual environments. *Presence: Teleoperators and Virtual Environments, 7*(6), 523-546.

Kalyuga, S.(2007). Expertise reversal effect and its implications for learner-tailored instruction. *Educational Psychology Review, 19*(4), 509-539.

Kebritchi, M., Hirumi, A., & Bai, H.(2010). The effects of modern mathematics computer games on mathematics achievement and class motivation. *Computers & Education, 55*(2), 427-443.

Ketelhut, D. J., Nelson, B. C., Clarke, J., & Dede, C.(2010). A multi-user virtual environment for building and assessing higher order inquiry skills in science. *British Journal of Educational Technology, 41*(1), 56-68.

Kim, J., Hill, R., Durlach, P., Lane, H., Forbell, E., Core, M., ⋯ Hart, J.(2009). BiLAT: A game-based environment for practicing negotiation in a cultural context [Special issue on ill-defined domains]. *International Journal of AI in Education, 19*, 289-308.

Kim, Y., & Baylor, A. L.(2006). A social-cognitive framework for pedagogical agents as learning companions. *Educational Technology Research and Development, 54*(6), 569-596.

Kirschner, P. A., Sweller, J., & Clark, R. E.(2006). Why minimal guidance during instruction does not work: An analysis of the failure of constructivist, discovery, problem-based, experiential, and inquiry-based teaching. *Educational Psychologist, 41*, 75-86. doi:10.1207/ s15326985ep4102_1

Kulhavy, R. W., & Anderson, R. C.(1972). Delay-retention effect with multiple-choice tests. *Journal of Educational Psychology, 63*(5), 505-512.

Lajoie, S. P.(2009). Developing professional expertise with a cognitive apprenticeship model: Examples from avionics and medicine. In K. A. Ericson(Ed.), *Development of professional expertise: Toward measurement of expert performance and design of optimal learning environments*(pp. 61-83). New York, NY: Cambridge University Press.

Landsberg, C. R., Bailey, S., Van Buskirk, W. L., Gonzalez-Holland, E., & Johnson, C. I.(2016). Designing effective feedback in adaptive training systems. In *Proceedings of the Interservice/ Industry Training, Simulation & Education Conference*,(pp. 1-12). Arlington, VA: National Training Systems Association.

Lee, S. Y., Rowe, J. P., Mott, B. W., & Lester, J. C.(2014). A supervised learning framework for modeling director agent strategies in educational interactive narrative. *IEEE Transactions on Com-putational Intelligence and AI in Games, 6*(2), 203-215.

Leelawong, K., & Biswas, G.(2008). Designing learning by teaching agents: The Betty's Brain system. *International Journal of Artificial Intelligence in Education, 18*(3), 181-208.

Lester, J., Ha, E. Y., Lee, S., Mott, B., Rowe, J., & Sabourin, J.(2013). Serious games get smart: Intel-ligent game-based learning environments. *AI Magazine, 34*(4), 31-45.

Lester, J., Stone, B., & Stelling, G.(1999). Lifelike pedagogical agents for mixed-initiative problem solving in constructivist learning environments. *User Modeling and User-Adapted Interaction, 9*(1-2), 1-44.

Lester, J. C., Mott, B. W., Robison, J. L., Rowe, J. P., & Shores, L. R.(2013). Supporting self-regulated science learning in narrative-centered learning environments. In R. Azevedo & V. Aleven(Eds.), *Inter-national handbook of metacognition and learning technologies*(pp. 471-

483). New York, NY: Springer.

Lester, J. C., Spires, H. A., Nietfeld, J. L., Minogue, J., Mott, B. W., & Lobene, E. V.(2014). Designing game-based learning environments for elementary science education: A narrative-centered learning perspective. *Information Sciences, 264*, 4-18.

Lester, R., Rowe, J., & Mott, B.(2013). Narrative-centered learning environments: A story-centric approach to educational games. In C. Mouza & N. Lavigne(Eds.), *Emerging technologies for the classroom: A learning sciences perspective(*pp. 223-238). New York, NY: Springer.

Liu, M., Horton, L. R., Corliss, S. B., Svinicki, M. D., Bogard, T., Kim, J., & Chang, M.(2009). Students' problem solving as mediated by their cognitive tool use: A study of tool use patterns. *Journal of Educational Computing Research, 40*(1), 111-139.

Martinez-Garza, M., Clark, D. B., & Nelson, B. C.(2013). Digital games and the US National Research Council's science proficiency goals. *Studies in Science Education, 49*(2), 170-208.

Mathan, S. A., & Koedinger, K. R.(2005). Fostering the intelligent novice: Learning from errors with metacognitive tutoring. *Educational Psychologist, 40*(4), 257-265.

Mayer, R. E.(2004). Should there be a three-strikes rule against discovery learning? The case for guided methods of instruction. *American Psychologist, 59*, 14-19.

Mayer, R. E.(2009). *Multimedia learning(*2nd ed.). New York, NY: Cambridge University Press.

Mayer, R. E.(2010). Unique contributions of eye-tracking research to the study of learning with graphics. *Learning and Instruction, 20*(2), 167-171.

Mayer, R. E.(2014). *Computer games for learning: An evidence-based approach*. Cambridge, MA: MIT Press.

Mayer, R. E., & Johnson, C. I.(2010). Adding instructional features that promote learning in a game-like environment. *Journal of Educational Computing Research, 42*, 241-265.

McClarty, K. L., Orr, A., Frey, P. M., Dolan, R. P., Vassileva, V., & McVay, A.(2012). A literature review of gaming in education. Retrieved from http://images.pearsonassessments.com/ images/ tmrs/tmrs/Lit_Review_of_Gaming_in_Education.pdf

McCurdy, N., Naismith, L., & Lajoie, S.(2010). Using metacognitive tools to scaffold medical students developing clinical reasoning skills. In *AAAI Fall Symposium: Cognitive and Metacognitive Educational Systems(*pp. 52-56) Menlo Park, CA: AAAI Press.

McQuiggan, S., Rowe, J., Lee, S., & Lester, J.(2008). Story-based learning: The impact of narrative on learning experiences and outcomes. In B. P. Woolf, E. Aïmeur, R. Nkambou, & S. Lajoie(Eds.), *Lecture Notes in Computer Science: Vol. 5091. Intelligent tutoring systems(*pp. 530-539). Berlin, Germany: Springer.

Meluso, A., Zheng, M., Spires, H. A., & Lester, J.(2012). Enhancing 5th graders' science content knowledge and self-efficacy through game-based learning. *Computers & Education, 59*(2),

497-504.

Min, W., Frankosky, M., Mott, B., Rowe, J., Wiebe, E., Boyer, K. E., & Lester, J.(2015). DeepStealth: Leveraging deep learning models for stealth assessment in game-based learning environments. In C. Conati, N. Heffernan, A. Mitrovic, & M. Verdejo(Eds.), *Lecture Notes in Computer Science: Vol. 9112. Artificial intelligence in education*(pp. 277-286). Cham, Switzerland: Springer.

Min, W., Frankosky, M., Mott, B., Wiebe, E., Boyer, K. E., & Lester, J.(2017). Inducing stealth assessors from game interaction data. In E. André, R. Baker, X. Hu, M. Rodrigo, & B. du Boulay(Eds.), *Lecture Notes in Computer Science: Vol. 10331. Artificial intelligence in education*(pp. 212-223). Cham, Switzerland: Springer.

Min, W., Ha, E., Rowe, J. P., Mott, B. W., & Lester, J. C.(2014). Deep learning-based goal recognition in open-ended digital games. In *Proceedings of the Tenth Annual Conference on Artificial Intel-ligence and Interactive Digital Entertainment*(pp. 37-43). Menlo Park, CA: AAAI Press.

Min, W., Mott, B. W., Rowe, J. P., Liu, B., & Lester, J. C.(2016). Player goal recognition in open-world digital games with long short-term memory networks. In G. Brewke(Ed.), *Proceedings of the Twenty-Fifth International Joint Conference on Artificial Intelligence*(pp. 2590-2596). Menlo Park, CA: AAAI Press.

Min, W., Mott, B., Rowe, J., Taylor, R., Wiebe, E., Boyer, K. E., & Lester, J.(2017). Multimodal goal recognition in open-world digital games. In *Annual AAAI Conference on Artificial Intelligence and Interactive Digital Entertainment*. Retrieved from https://aaai.org/ocs/index.php/AIIDE/AIIDE17/paper/view/15910

Min, W., Rowe, J. P., Mott, B. W., & Lester, J. C.(2013). Personalizing embedded assessment sequences in narrative-centered learning environments: A collaborative filtering approach. In H. C. Lane, K. Yacef, J. Mostow, & P. Pavlik(Eds.), *Lecture Notes in Computer Science: Vol. 7926. Artificial intelligence in education*(pp. 369-378). Berlin and Heidelberg, Germany: Springer.

Moreno, R., & Mayer, R. E.(2005). Role of guidance, reflection, and interactivity in an agent-based multimedia game. *Journal of Educational Psychology, 97*(1), 117-128.

Nelson, B. C.(2007). Exploring the use of individualized, reflective guidance in an educational multi-user virtual environment. *Journal of Science Education and Technology, 16*(1), 83-97.

Nelson, B. C., Kim, Y., Foshee, C., & Slack, K.(2014). Visual signaling in virtual world-based assessments: The SAVE Science project. *Information Sciences, 264*, 32-40.

Nietfeld, J. L., Shores, L. R., & Hoffmann, K. F.(2014). Self-regulation and gender within a game-based learning environment. *Journal of Educational Psychology, 106*(4), 961-973.

Perrotta, C., Featherstone, G., Aston, H., & Houghton, E.(2013). Game-based learning: Latest evidence and future directions. NFER Research Programme: Innovation in Education. Slough, England: NFER. Retrieved from https://www.nfer.ac.uk/publications/GAME01

Pezzullo, L. G., Wiggins, J. B., Frankosky, M. H., Min, W., Boyer, K. E., Mott, B. W., ⋯ Lester, J. C.(2017). "Thanks Alisha, keep in touch": Gender effects and engagement with virtual learning companions. In E. Andre, R. Baker, X. Hu, M. Rodrigo, & B. du Boulay(Eds.), *Lecture Notes in Computer Science: Vol. 10331. Artificial intelligence in education*(pp. 299-310). Cham, Switzerland: Springer.

Rickel, J., & Johnson, W. L.(1999). Animated agents for procedural training in virtual reality: Perception, cognition, and motor control. *Applied Artificial Intelligence, 13*(4-5), 343-382.

Robison, J., McQuiggan, S., & Lester, J.(2009). Modeling task-based vs. affect-based feedback behavior in pedagogical agents: An inductive approach. In V. Dimitrova, R. Mizoguchi, B. Du Boulay, & A. C. Graesser(Eds.), *Proceedings of the Fourteenth International Conference on Artificial Intelligence in Education*(pp. 25-32). Brighton, England. Amsterdam, Netherlands: IOS Press.

Roll, I., Wiese, E. S., Long, Y., Aleven, V., & Koedinger, K. R.(2014). Tutoring self-and co-regulation with intelligent tutoring systems to help students acquire better learning skills. In R. Sottilare, A. Graesser, X. Hu, & B. Goldberg(Eds.), *Design recommendations for adaptive intelligent tutoring systems*(Vol. 2, pp. 169-182). Orlando, FL: US Army Research Laboratory.

Rowe, J. P., & Lester, J. C.(2015). Improving student problem solving in narrative-centered learning environments: A modular reinforcement learning framework. In C. Conati, N. Heffernan, A. Mitrovic, & M. F. Verdejo(Eds.), *Lecture Notes in Artificial Intelligence: Vol. 9112. Artificial intel-ligence in education*(pp. 419-428). Cham, Switzerland: Springer.

Rowe, J. P., Lobene, E. V., Mott, B. W., & Lester, J. C.(2013). Embedded scaffolding for reading comprehension in open-ended narrative-centered learning environments. In G. Biswas,

R. Azevedo, V. Shute, & S. Bull(Eds.), *AIED 2013 Workshops Proceedings: Vol. 2. Scaffolding in open-ended learning environments(OELEs)*(pp. 69-72). Retrieved from: http://ceur−ws.org/Vol−1009/aied2013ws_volume2.pdf

Rowe, J. P., Shores, L. R., Mott, B. W., & Lester, J. C.(2011). Integrating learning, problem solving, and engagement in narrative-centered learning environments. *International Journal of Artificial Intelligence in Education, 21*, 115-133.

Ryokai, K., Vaucelle, C., & Cassell, J.(2003). Virtual peers as partners in storytelling and literacy learning. *Journal of Computer Assisted Learning, 19*(2), 195-208.

Sawyer, R., Rowe, J., & Lester, J.(2017). Balancing learning and engagement in game-based learning environments with multi-objective reinforcement learning. In E. Andre, R. Baker, X. Hu,

M. Rodrigo, & B. du Boulay(Eds.), *Lecture Notes in Computer Science: Vol. 10331. Artificial intelligence in education*(pp. 323–334). Cham, Switzerland: Springer.

Sawyer, R., Smith, A., Rowe, J., Azevedo, R., & Lester, J.(2017). Enhancing student models in game-based learning with facial expression recognition. In *Proceedings of the Twenty-Fifth Conference on User Modeling, Adaptation, and Personalization*(pp. 192–201). ACM, New York, NY.

Schmidt, R. A., Young, D. E., Swinnen, S., & Shapiro, D. C.(1989). Summary knowledge of results for skill acquisition: Support for the guidance hypothesis. *Journal of Experimental Psychology: Learning, Memory, and Cognition, 15*(2), 352–359.

Schroeder, N. L., Adesope, O. O., & Gilbert, R. B.(2013). How effective are pedagogical agents for learning? A meta-analytic review. *Journal of Educational Computing Research, 49*(1), 1–39.

Serge, S. R., Priest, H. A., Durlach, P. J., & Johnson, C. I.(2013). The effects of static and adaptive performance feedback in game-based training. *Computers in Human Behavior, 29*(3), 1150–1158.

Shaker, N., Togelius, J., & Nelson, M. J.(2016). *Procedural content generation in games*. Cham, Switzerland: Springer.

Shores, L., Hoffmann, K., Nietfeld, J., & Lester, J.(2012). The role of sub-problems: Supporting problem solving in narrative-centered learning environments. In S. A. Cerri, W. J. Clancey, G. Papadourakis, & K. Panourgia(Eds.), *Lecture Notes in Computer Science: Vol. 7315. Intelligent tutor-ing systems*(pp. 464–469). Berlin, Germany: Springer.

Shores, L., Rowe, J., & Lester, J.(2011). Early prediction of cognitive tool use in narrative-centered learning environments. In G. Biswas, S. Bull, J. Kay, & A. Mitrovic(Eds.), *Lecture Notes in Computer Science: Vol. 6738. Artificial intelligence in education*(pp. 320–327). Berlin, Germany: Springer.

Shute, V. J.(2008). Focus on formative feedback. *Review of Educational Research, 78*(1), 153–189.

Shute, V. J.(2011). Stealth assessment in computer-based games to support learning. In S. Tobias & J. D. Fletcher(Eds.), *Computer games and instruction*(pp. 503–524). Charlotte, NC: Information Age Publishers.

Sitzmann, T.(2011). A meta-analytic examination of the instructional effectiveness of computer-based simulation games. *Personnel Psychology, 64*(2), 489–528.

Taub, M., Mudrick, N. V., Azevedo, R., Millar, G. C., Rowe, J., & Lester, J.(2017). Using multi-channel data with multi-level modeling to assess in-game performance during gameplay with Crystal Island. *Computers in Human Behavior, 76*, 641–655.

Van Buskirk, W. L.(2011). *Investigating the optimal presentation of feedback in simulation-based training: An application of the cognitive theory of multimedia learning*(Unpublished doctoral dissertation). University of Central Florida, Orlando.

VanLehn, K.(2006). The behavior of tutoring systems. *International Journal of Artificial Intelligence in Education, 16*, 227–265.

Wang, P., Rowe, J., Min, W., Mott, B., & Lester, J.(2017). Interactive narrative personalization with deep reinforcement learning. In C. Sierra(Ed.), *Proceedings of the 26th International Joint Conference on Artificial Intelligence(*pp. 3852–3858). Menlo Park, CA: AAAI Press.

Warren, S. J., Dondlinger, M. J., & Barab, S. A.(2008). A MUVE towards PBL writing: Effects of a digital learning environment designed to improve elementary student writing. *Journal of Research on Technology in Education, 41*(1), 113–140.

Wood, H., & Wood, D.(1999). Help seeking, learning and contingent tutoring. *Computers & Education, 33*, 153–169.

Woolf, B. P.(2009). *Building intelligent interactive tutors: Student-centered strategies for revolutionizing e-learning.* Burlington, VT: Morgan Kaufmann.

Woolf, B. P., Arroyo, I., Cooper, D., Burleson, W., & Muldner, K.(2010). Affective tutors: Automatic detection of and response to student emotion. In R. Nkambou, J. Bourdeau, & R. Mizoguchi(Eds.), *Studies in Computational Intelligence: Vol. 308. Advances in intelligent tutoring systems(*pp. 207–227). Berlin, Germany: Springer.

Wouters, P., van Nimwegen, C., van Oostendorp, H., & van der Spek, E. D.(2013). A meta-analysis of the cognitive and motivational effects of serious games. *Journal of Educational Psychology, 105*(2), 249–265.

09

게임기반 학습에서의 자기조절(SELF-REGULATION)과 성찰(REFLECTION)

Michelle Taub, Roger Azevedo, Amanda E. Bradbury, and
Nicholas V. Mudrick(이재준 역)

1 소개

그동안의 연구에 따르면 학생들은 수학, 생물학, 물리학 같은 어려운 주제를 배울 때 집중력과 흥미를 유지하는데 종종 어려움을 겪는다(Azevedo, 2014). 그렇기 때문에 게임기반 학습(GBL)은 학생들이 복잡한 주제를 학습하는 동안 인지 및 메타인지 과정을 모니터링하고 조절하면서 동시에 높은 수준의 흥미와 동기를 유지하도록 할 수 있는 컴퓨터 기반의 교실 환경에서 수행되었다(Plass, Homer, & Kinzer, 2015; Plass, Homer, Mayer, & Kinzer, chapter 1 in this volume). 하지만 학생들이 게임기반 학습을 통해 배울 때는 그 경험을 즐기면서 높은 동기 수준(예: 흥미, 과제의 가치, 내재적 동기 등)을 유지하는 것만큼이나 게임을 통해 가르치려고 하는 지식을 습득하는 것이 중요하다(Mayer & Johnson, 2010; Plass et al., 2015). 게임의 설계는 게임의 환경 그 자체와 게임 안에서 상호작용하는 객체(예: 애니메이션이 포함된 책, 실제 세계의 스캐너를 정확히 구현한 스캐너), 그리고 인간의 특성(예: 목소리, 제스처, 얼굴표정, 움직임)을 가진 비(非) 플레이어 캐릭터

(nonplayer characters: NPCs) 등과 같은 심미적으로 즐거움을 주는 요소들을 포함한다. 이러한 요소들이 게임을 즐겁게 만들지만, 연구자들은 학생들이 정보를 얻고 탐색하기 위해 이러한 게임 시스템의 특징을 활용하여 게임을 통해 계속해서 지식을 습득할 수 있다는 점을 보여줘야 한다. 이를 위해 게임은 학생들이 게임기반 학습환경(Game-Based Learning environments: GBLEs)에서 효율적으로 학습하고 문제를 풀어가도록 자기 행동을 모니터링하고 조절하는 자기조절과 자기성찰을 촉진해야 한다.

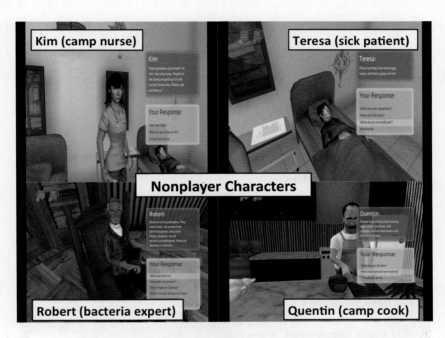

그림 9.1

Crystal Island 게임의 비(非) 플레이어 캐릭터들(NPCs) 스크린 숏

    게임기반 학습에 참여한 학생들이 효율적인 학습을 위해 경험할 수 있는 인지, 정서, 메타인지, 동기 측면의 여러 유형의 자기조절 및 성찰 과정(different types of cognitive, affective, metacognitive, and motivational self-regulatory and reflective processes)이 있다. 섬에 어떤 병이 퍼져서 거주자들에게 영향을 미쳤는지에 관한 미스터리를 해결하는 *Crystal Island*라 는 게임을 하는 학생의 예를 살펴보자(Rowe, Shores, Mott, & Lester, 2011; Taub et al., 2017). 우

선, 학생은 비(非) 플레이어 캐릭터(NPCs)인 캠프 간호사 Kim([그림 9.1])으로부터 상황에 대한 정보를 모아야 한다. Kim은 미스터리를 풀기 위해서 해야 하는 임무와 활동을 학생에게 알려준다. 여기서 학생은 미스터리를 풀기 위한 단서를 어떻게 모으고, 어떤 장소에 어떤 순서로 여행할지를 계획하는 일에 참여할 수 있다. 그리고 미생물학, 특히 특정 질병에 대해 이미 알고 있는 것들을 확인하기 위해 사전 지식을 활성화한다. 다음으로 정보를 수집하고 지식을 획득해야 한다. 학생들은 환자들이 먹는 음식과 증상을 알아내기 위해 그들과 상호작용해야 하며, 바이러스 및 박테리아의 움직임과 구조, 기능에 대해 더 많은 것을 배우기 위해 전문가와 상호작용해야 한다([그림 9.1]). 또한 바이러스와 박테리아, 그리고 다른 종류의 바이러스성 질병과 박테리아 질병에 대해 배우기 위해 책이나 연구 논문, 포스터 등을 읽을 수 있고, 그 내용에 대한 이해를 평가하는 개념 매트릭스를 완성할 수 있다([그림 9.2]).

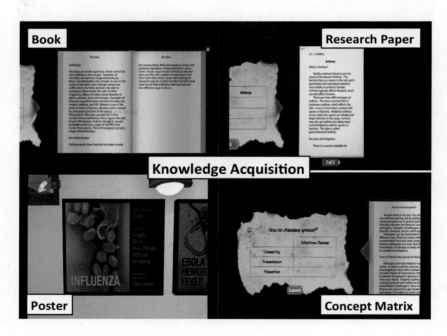

그림 9.2
Crystal Island 게임에서 참여하도록 유도되는 지식습득 활동 스크린 숏

뿐만 아니라 학생은 캠프 요리사가 최근에 만들었던 음식의 종류를 알아내기 위해 그와 인터뷰를 할 수 있다([그림 9.1]). 이렇게 모아진 모든 정보를 점검하기 위해 학생들은 진단 워크시트라 불리는 도구에 책과 연구 논문, 포스터의 내용, 전문가와의 대화로부터 알게된 각 질병의 증상에 기초하여 특정한 질병의 가능성이나 보고된 증상을 표시할 수 있다. 그런 다음 수집한 모든 정보를 토대로 질병의 유력한 원인과 질병을 일으킨 식품 품목을 추론하여 가설을 세워야 한다.

학생이 가설을 세우면, 질병의 전염원인 식품 품목들에 대해 시험할 수 있다([그림 9.3]). 학생이 효율적인 학습자라면 환자들이 먹고 있다고 보고한 식품 품목들이 전염원일 가능성이 있다고 추론할 것이다. 식품 품목들을 시험하기 위해 학생들은 실험실에 가서 스캐너를 사용하여 병원성 물질을 확인할 필요가 있다. 바이러스나 박테리아는 텍스트로부터 추론할 수 있는 두 개의 가능한 선택지다. 하지만 발암물질들이나 돌연변이 유발 요인들이 선택될 수도 있으며, 학생들은 이러한 선택지들이 그들이 읽은 자료와는 관계가 없다는 것을 메타인지적으로 판단해야 한다. 또한 식품 품목을 시험한 이유를 명시해야 하며, 여기서 아픈 구성원들이 그것을 먹거나 마셨다는 주장은 옳은 선택이 될 수 있다. 하지만 학생들의 선택과 무관한 선택지들도 존재한다. 그래서 학생은 옳은 선택을 하기 위해 메타인지적인 판단을 해야 한다. 스캐너에서 전염원에 대한 식품 품목 테스트가 양성으로 나타난다면, 학생은 질병의 전염원을 정확히 파악한 다음 전염원과 비전염원에 대한 테스트 결과가 정확한 진단으로 이어지도록 판독을 해야 한다.

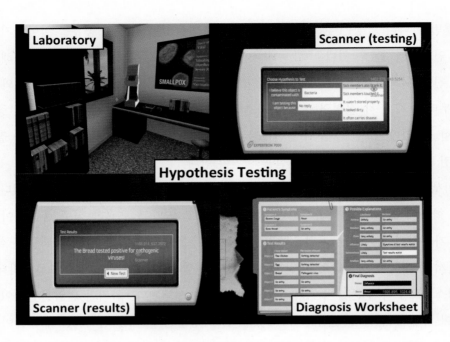

그림 9.3
Crystal Island 게임의 가설 확인 및 과학적 추론 활동 스크린 숏

최종 진단 결과를 제출하기 위해 학생은 진단 워크시트를 완성해야 하며, 게임을 통한 향상 정도를 확인할 수 있도록 게임을 하는 동안 진단 워크시트를 계속해서 사용해야 한다. 학생은 질병, 전염원, 치료 계획을 포함한 최종 진단결과를 워크시트에 적는다([그림 9.3]). 여기서 치료 계획은 자료를 읽고, 바이러스와 박테리아에 대해 전문가와 이야기한 것을 바탕으로 도출되어야 한다. 최종 진단을 하면 캠프 간호사인 Kim에게 워크시트를 제출한다. Kim이 그 진단이 적절하다고 판단하면 학생은 게임을 완료하고, 미스터리를 해결한 것이다. 그 진단이 맞지 않다면, 학생은 추가적인 자료와 식품 품목을 검토하여 가설을 재검토해야 한다. 결과적으로 학생들은 게임기반 학습을 하는 동안 여러 번의 자기조절 및 성찰 과정을 경험하게 된다.

이 장의 목적은 게임기반 학습에서 자기조절 및 성찰의 역할에 대한 선행연구의 성과와 이러한 연구를 토대로 앞으로 지향해야 할 방향성을 포함하여 게임기반 학습 과정에서의 자기조절 및 성찰에 대해 논의하는 것이다. 특히 게임기반 학습에서 인지, 정서, 메타인지(이 장에서는 성찰과정으로 정의함), 동기 측면의 역할을 중점적으로 다룰 것이다. 우선, 우리는 게임기반 학습 연구를 개괄할 것이다. 여기에는 최근의 메타 분석 연구를 통해 보고된 내용과 교육적인 게임을 설계하기 위해 게임기반 학습 이론이 초점을 맞추고 있는 내용 등이 포함된다. 그 다음으로 게임기반 학습을 하는 동안의 자기조절과 성찰에 대한 연구에 대해 논의할 것이다. 마지막으로 게임기반 학습을 평가할 때 주요 구인들(예: 자기설명(self-explanation), 성찰, 참여)을 활용하는 방법에 대한 이슈들과 게임기반 학습 환경을 위한 스캐폴딩(scaffolding)을 설계하기 위해 주요 구인을 활용하는 방법의 중요성 등 앞으로 나아갈 방향성에 대해 논의할 것이다.

게임기반 학습에 대한 개괄

연구자들은 게임기반 학습환경(GBLEs)이 전통적인 교수법(예: 파워포인트, 교실 수업)에 비해 더 학생참여적이고, 더 큰 동기를 유발한다는 가정에 기초하여, 다양한 영역(예: 수학, 컴퓨터 과학, 생물학), 다양한 주제(예: 미생물학이나 뉴턴 물리학), 다양한 연령대(예: 초등학생, 중·고등학생, 대학생)를 위한 학습, 문제해결, 개념적 이해를 촉진하는 것을 목적으로 많은 다른 유형의 게임기반 학습환경(GBLEs)을 설계했다. 일부 메타분석 연구들은 이러한 가정을 지지하지 않지만(예: Wouters, van Nimwegen, van Oostendorp, & van der Spek(2013)의 연구) 여러 다른 연구들은 지식 습득을 촉진하는 데 있어 게임기반 학습환경이 유의미하게 더 효과적이라는 것을 밝혔다(see Clark, Tanner-Smith, & Killingsworth, 2016; Mayer, 2014a). 예를 들어 Mayer(2014a)는 게임기반 학습(GBL)과 다른 교수 유형을 비교하여 다음과 같은 결과를 확인했다. 학습촉진을 위해 게임기반 학습환경(GBLEs)을 활용한 경우 효과 크기의 중앙값(the median effect size)은 다른 컴퓨터기반학습환경과 비교할 때 $d=0.12$였고, 전통적인 문서기반 교수와 비교할 때 $d=0.53$이었으며, 교실기반 교수와 비교할 때는 $d=0.63$이었다. 또한 게임기반 학습환경이 특정한 내용 영역에서 더 효과적일 수 있다는 것을 확인하였다. 예를 들어, 과학과 제2언어 학습을 위해 설계된 게임기반 학습환경은 각각 $d=0.69$와 $d=0.96$의 효과 크기를 보였으나, 수학과 어학에서는 효과가 없었다. 게다가 게임기반 학습환경은 초등학생에게는 $d=0.34$, 중고등학생에게는 $d=0.58$, 대학생에게는 $d=0.74$로 학습성과에 미치는 영향이 연령대에 따라 다르다(Mayer, 2014a). 결론적으로 게임기반 학습환경이 연령 집단별로 그리고 내용 영역별로 달리 학습을 촉진할 수 있다는 사실이 연구결과로 규명되었다. 하지만 학습을 촉진하는 방식과 그 이유에 대해서는 더 많은 연구가 필요하다.

Clark 외(2016)는 메타분석을 통해 학습결과를 가장 효과적으로 촉진할 수 있는 게임기반 학습의 구성요소가 무엇인지를 조사했다. 그들은 일반적인 설계의 특징(예: 교육 캐릭터(PAs, pedagogical agents))을 포함한 스캐폴딩(scaffolding)과 피드백의 영향, 활용된 게임 메커니즘(game mechanics)의 유형, 복합적인 시각적 요소나 구체적인 내러티브의 존재, 인지적 학습성과(예: 학습 전략의 활용, 지식 습득)에 대한 연구의 질 등을 조사했다. 이에 더해 게임 지속 시간(즉, 학생들이 게임을 한 시간)의 조절 요인, 게임 조건 안에서 게임 외적인 지시의 유무, 플레이어의 그룹화 여부(즉, 학생들이 혼자 게임을 하는지 아니면 그룹으로 하는지)를 포함시켰다. 분석 결과, 전통적인 교수접근방식들과 비교할 때 인지적 학습성과에 대한 효과 크기는 $g=0.35$로 나타났다(95% CI[0.20, 0.51], $\tau^2 = 0.29$). 그들은 더 나아가 인지적 학습성과를 촉진하거나 방해할 수 있는 게임기반 학습환경의 특정 요소들을 명시했다. 연구결과는 지능적인 교육 캐릭터(PAs)를 포함시키거나 게임의 경험을 개별 학생들의 요구(예: 흥미, 내용)에 맞추는 것보다 스캐폴딩(scaffolding)이나 피드백을 게임기반 학습환경 안에 통합시키는 것이 학습성과의 향상을 더 촉진한다는 것을 시사한다. 또한 연구결과는 상세한 내러티브나 풍부한 시각적 구성 요소들을 게임기반 학습환경에 통합시키는 것이 학생들의 학습에 부정적으로 영향을 미칠 수 있다는 것을 보여주었다. 특히 Clark 외(2016)는 내러티브 안에 학습콘텐츠를 깊숙하게 맥락화하는 것이 오히려 불필요한 유인 요소들을 제공하거나 내용에 대한 학습 외 다른 목표를 제공하게 되어 학생들의 주의를 학습내용으로부터 멀어지게 할 수 있다는 사실을 확인하였다(see Mayer & Johnson, 2010). 이러한 결과는 게임에 상세한 스토리라인을 포함시키지 않는 것이 더 나은 학습성과를 촉진할 수 있다는 것을 의미한다. 이에 더해 Clark 외(2016)의 연구결과는 학생들이 한 세션 동안만 게임기반 학습환경과 상호작용하는 것은 전통적인 교수와 비교하여 더 나은 결과로 이어지지 않으며, 학생들이 여러 세션에 걸쳐 게임기반 학습환경과 상호작용할 때 가장 좋은 학습성과가 나타난다는 것을 보여주었다. 마지막으로, 연구결과는 단독으로 게임기반 학습환경과 상호작용하는 학생들이 그룹으로 상호작용한 학생들보다 더 잘 한다는 것을 보여준다. Clark 외 (2016)의 메타분석 결과는 인지적 학습결과를 촉진할 수 있는 게임기반 학습환경 내의 특정한 구성 요소들에 관한 출발점이 되는 결과들이다. 효과적으로 학습을 촉진하는 게임기반 학습환경 내의 특징들을 추가적으로 규명하기 위해서는 아직 많은 연구가 필요하다.

학습을 촉진하는 게임기반 학습환경의 효과에 관한 상당한 증거가 있지만, 연구자들은 게임기반 학습환경이 효과적인 이유를 알아내기 위해 더 이론적인 기반을 갖춘 접근방식을 필요로 했다(Mayer, 2015; Plass et al., 2015; Qian & Clark, 2016). 연구자들은 전통적으로 동기와 참여라는 이론적 틀 안에서 게임기반 학습의 효과에 대해 조사했다(Mayer, 2014a). 그러나 이러한 연구는 경험적으로 미심쩍은 접근방식과 부적절한 분석기법, 참여, 동기, 몰입 같은 개념적으로 불분명하고 측정이 어려운 구인들에 대한 이론적인 설명 부족 등으로 인해 비판을 받았다(Azevedo, 2015; Bradbury, Taub, & Azevedo, 2017; Graesser, 2017). 많은 선행 연구들이 이론적 근거가 부족하다. 그리고 많은 연구자들이 게임기반 학습환경의 설계가 학생들이 어떻게 학습하는가에 관한 이론들과 맞지 않는다고 주장하고 있다(Connolly, Boyle, MacArthur, Hainey, & Boyle, 2012; Mayer, 2015; Tsai, Huang, Hou, Hsu, & Chiou, 2016; Virk, Clark, & Sengupta, 2015). 이러한 일반적인 비판들로 인해 연구자들은 일반적인 구인(예: 참여, 동기, 몰입)을 포괄하는 더 광범위한 이론적 틀로부터 게임기반 학습의 효과성에 영향을 미치는 기본적인 설계 요소들을 명시하기 위해 보다 세부적인 접근방식으로 옮겨가기 시작했다(see Mayer, 2015; Plass et al., 2015).

예를 들어 Plass 외(2015)의 게임기반 학습 모델에서 성공적인 게임기반 학습환경 설계는 인지적, 정서적, 동기 관련, 사회문화적 구인들 간의 상호작용을 촉진하는 특징들을 포함한다. 이 연구에 따르면 인지적인 측면에서 게임기반 학습환경을 이용한 성공적인 학습은 일관된 인지 모델을 구성한 결과로(see Mayer, 2014b), 학습 내용의 선택, 구성, 통합을 지원하고 스캐폴딩(scaffolding)과 관련된 피드백을 제공하는 등 인지부하를 줄이기 위해 설계된 특징들에 기초한다. 동기의 측면에서 이 모델은 즐거움과 흥미를 촉진하기 위해 설계된 특징들을 포함할 것을 강조한다. 그러나 저자들은 또한 선행연구(동기가 게임기반 학습에 대한 많은 연구들의 기본적인 분석틀임에도 불구하고)가 내재적 동기를 촉진하거나 성취 목표 지향을 고려한 구성요소의 설계 또는 상황적인 관심과 개인적인 관심을 구별할 수 있는 구성요소의 설계를 위한 제안을 제공하지 않는다는 점에 주목한다. 이 모델은 정서적인 차원에서 학생들의 감정, 신념, 태도를 인정하도록 설계된 특징들을 포함할 것을 제안한다. 특히 Plass 외(2015)는 내장된 게임 구성요소들(내러티브, 악보 등)의 감성적 설계가 학습성과에 영향을 미치는 긍정적인 감정(예: 기쁨)의 경험을 촉진할 수 있다는 점을 강조한다. 마지막으로 이 모델은 사회문화적 특징에 기반을 둔 인지적, 정서적, 동기적인 구성요소들 간의 상호작용에 대한 조사의 중요성을 보여준다. 저자들은 학습이 사회적으로 동기가 유발되고 구성되기 때문에 게임기반 학습을 이와 같은 맥락에서 봐야한다고 주장한다. 이 모델은 고립된 개별화된 피드백과는 달리 집단의 변화에 관한 정보를 제공하는 리더보드(learderboard) 같이 개인의 행위성(agency)과 문화화를 증진시키기 위해 설계된 특징들을 포함할 것을 제안한다. 또한 플레이어 그룹 간의 채팅 기록, 공통 목표를 위한 공유된 임무 등과 같은 사회적 상호작용을 촉진하기 위해 설계된 특징들을 강조한다. 따라서 이 모델은 게임기반 학습환경을 포함한 학습이 게임기반 학습환경에 전제된 참여나 동기유발을 위한 특성들만으로 설명될 수 없으며, 대신 인지적인 요소(Mayer, 이 책의 4장), 정서적인 요소(Loderer, Pekrun과 Plass, 5장), 동기 요소((Ryan과 Rigby, 6장), 사회적인 요소(Steinkuehler과 Tsaasan, 7장)들의 결합이 학습이라는 점을 강조한다. 요약하면, 게임기반 학습환경설계의 이론적 근거가 부족하다는 비판에도 불구하고 게임기반 학습을 연구하는 연구자들은 자기조절과 성찰에 대한 이론과 같이 게임기반 학습환경을 설계(1장 참고)하고 효과성을 조사하기 위해 이론적으로 정당하고, 교육적인 관련성이 높은 접근방식들을 적용하기 시작했다. 다음 섹션에서 이에 대해 논의한다.

2 자기조절(self-regulation)과 성찰(reflection)

자기조절은 학생들이 행동(actions)과 행위(behaviors)를 적극적으로 그리고 정확하게 모니터링하고 조절할 때 나타난다(Winne & Azevedo, 2014). 자기조절에 관한 이론(Pintrich, 2000; Winne & Hadwin, 1998, 2008; Zimmerman & Schunk, 2001)에 따르면 학생들은 순차적으로 일어나지 않는 계획수립, 모니터링, 전략수립과 관련된 과정에 일련의 단계에 따라 참여하면서(예: 모니터링과 전략 수립은 동시에 발생할 수 있음) 효과적으로 자기조절을 한다. 인지, 정서, 메타인지, 동기(CAMM: Cognitive, Affective, Metacognitive and Motivational) 같은 여러 유형의 자기조절과정이 있으며, 이 모든 처리과정(processes)들이 다른 방식으로 학생들의 자기조절과 수행에 영향을 미칠 수 있다. 자기조절의 한 측면은 과업 및 하위 과업에 대한 행동과 후속적인 실행에 대해 성찰하는 것을 포함한다. 이것은 미래의 행위에 대한 조정을 가능하게 하는 것으로, 우리는 이를 성찰로 정의한다(Winne & Hadwin, 1998, 2008). 우리는 효과적인 게임기반 학습을 위해 학생들이 활용해야 하는 핵심적인 내적 과정을 강조하기 위해 성찰을 자기조절과 구별한다. 특히 학생들이 게임기반 학습을 하는 동안 자기조절을 하는 것도 중요하지만 어떻게 자기조절을 했고, 앞으로 어떻게 이전에 사용한 자기조절학습(self-regulated learning: SRL) 전략을 개선할 수 있는지에 대해서도 성찰해야 한다. 우리는 다음 하위 섹션에서 이 두 문제를 논의할 것이다.

게임기반 학습환경(GBLEs)에서의 자기조절

많은 연구에서 게임기반 학습을 하는 동안의 자기조절 사용에 대해 조사했고, 자기조절이 전반적인 학습을 개선시켰다는 것을 알아냈다(Clark et al., 2016; Mayer, 2014a, 2019). 게임기반 학습(GBL)을 하는 동안의 자기조절을 조사한 연구들은 주로 학습에 있어 사용하는 인지 전략(4장), 메타인지 및 동기유발 전략(6장)에 초점을 두고 학생들이 게임기반 학습환경이 포함된 학습과정에서 자기조절학습(SRL) 전략을 어떻게 사용하는지를 조사했다. 예를 들어, Ke(2008)는 게임기반 학습과 전통적인 학습(즉, 종이와 연필)

간의 인지적인 수학 역량, 동기유발 학습, 메타인지적인 인식을 비교하여 게임을 포함한 학습이 전통적인 학습방식에 비해 더 큰 동기를 이끌어냈으나 인지적인 수학 성과나 메타인지적인 인식(metacognitive awareness)에서는 더 좋은 결과로 이어지지는 않는다는 점을 보여주었다. 또 다른 연구에서 Sabourin, Shores, Mott와 Lester(2013)는 중학생들을 대상으로 *Crystal Island*라는 게임을 하는 동안 학생들의 자기조절학습 행위의 사용을 예측하기 위해 기계학습(machine learning)을 사용하였다. 우선, 연구자들은 게임을 하는 동안의 상태에 대한 보고서를 기반으로 학생들을 자기조절학습 수준이 낮은 집단과 중간 집단, 높은 집단으로 분류했다. 그런 다음 학생들의 학습성과를 비교하여 자기조절학습 수준이 높은 집단과 중간 집단이 낮은 집단에 비해 유의하게 더 높은 학습성과를 보인다는 것을 확인했다. 또한 연구결과는 자기조절학습 수준이 높은 학생들이 낮은 학생들보다 유의하게 더 많은 포스터를 읽고, 자기조절학습 수준이 높은 학생들이 중간이나 낮은 학생들보다 더 적은 항목들을 테스트 한 것으로 나타났다. 마지막으로, 연구자들은 게임 안에서의 행위 예측을 위해 기계학습을 사용했고, 네 가지 유형의 모델을 훈련시키기 위해 게임 참여 이전의 특성(예: 인구통계학적 데이터, 사전평가 점수, 자기보고식 설문지 응답)과 게임 내에서의 행동 특성(예: 플레이어가 어떻게 게임 내 자원을 활용하는지, 얼마나 많은 목표를 성취했는지, 그리고 과업 외 행동(off-task)을 얼마나 했는지) 등 총 49개의 특성들을 포함시켰다. 그리고 연구자들은 다른 시점의 수행성과를 예측하는 데 있어 각 모델들의 정확도를 평가하기 위해 학습 영역을 네 부분으로 나누었다. 연구결과는 네 가지 모델 모두가 수행성과를 예측할 수 있는 것으로 나타났지만, 연구자들은 의사결정나무(decision tree)와 로지스틱 회귀 모델이 최고의 예측 모델이라고 결론지었다(Sabourin et al., 2013). 연구자들은 게임기반 학습을 하는 동안 자기조절학습 전략을 어떻게 사용하고, 이러한 행동들이 학생들의 수행성과에 어떤 영향을 미치는지를 결정하기 위해 자기조절학습 수준을 그룹화 변인(그들의 성찰적인 진술에 근거하여)과 예측 변인으로 사용했다.

세 번째 연구인 Nietfeld, Shores와 Hoffmann(2014)은 중학생이 *Crystal Island*라는 게임을 할 때 나타나는 성별에 따른 자기조절, 인지적인 수행성과, 동기 요인들을 비교했다. 그들은 자기조절전략의 사용이 수행성과와 정적인 관계가 있다는 것을 알아냈다. 특히, 그들의 연구결과, 더 많은 인지 전략을 사용한 학생들과 더 적은 메타인지적 모니터링 성향을 보인 학생들이 더 높은 게임 점수를 얻었다. 그리고 동기의 측면에서는 더 높은 상황적 흥미와 자기효능감을 가진 학생들이 더 높은 점수를 얻었으며, 성별의 측면에서는 남학생들이 여학생들보다 더 빈번하게 인지적인 전략을 사용했다. 하지만 보고된 게임 시간을 통제했을 때는 이러한 차이가 유의하지 않았다. 게다가 동기와 관련된 변인들에서는 성별에 따른 유의한 차이가 나타나지 않았다. 다만 과학에 대한 자기효능감은 남학생들에게서만 유의하게 수행성과를 예측하였다. 결과적으로 이러한 결과들은 게임기반 학습에 대한 자기조절과 성별의 영향을 드러낸다.

Snow 외(2016)는 학생들에게 독해 전략을 가르치는 게임기반 지능형 튜터링 시스템인 *i-START-2*로 대학생들의 게임수행을 조사했다. *i-START-2*에는 여러 단계가 있지만, 이 연구의 초점은 연습 단계에 있었다. 이 단계에서 학생들은 지시를 받은 후 자기설명 텍스트를 생성할 수 있는 다양한 연습 게임에 참여할 수 있다. 학생들은 게임을 할 때 수행성과가 특정 임계값 이하로 나타나면, 코치를 받는 연습 게임으로 전환되어 수행에 대한 구체적인 피드백을 받았다. 연구결과는 학생들이 코치를 받는 연습게임을 경험하고 다시 돌아온 후 자기설명을 유의하게 더 잘 수행하는 것으로 나타났다. 따라서 이 게임을 통해 학생들은 텍스트 이해 전략을 사용하는 방법을 배우면서 동시에 자기조절 및 메타인지적인 인식을 향상시킬 수 있었다.

마지막으로 Taub 외(2017)는 다층 모델링을 사용하여 *Crystal Island* 게임을 하는 동안 대학생들의 지식 습득과 모니터링 행동을 평가했다. 이를 위해 학생들이 책을 읽고 각각의 책과 관련된 평가를 완료한 사례들을 분석했다. 여기서 사용한 평가는 개념 매트릭스를 사용하여 책의 내용에 대해 묻는 것이다. 또한 연구자들은 책을 읽을 때마다 책과 매트릭스에 대한 학생들의 시선 고정 비율과 이러한 행동들이 개념 매트릭스들에 대한 수행성과에 어떤 영향을 미치는지(즉, 시도 횟수)를 조사했다. 그 결과 전체적으로는 더 적은 수의 책을 읽지만 각각의 책을 더 자주 읽고 책과 개념 매트릭스에 대한 시선 고정 비율이 낮은 학생들이 더 적은 시도로 개념 매트릭스 질문에 옳은 답(즉, 더 높은 성과)을 했다. 책을 전부 읽고 개념 매트릭스로 옮겨가는 학생들과는 달리, 질문에 정확히 답하기 위해 책의 내용 중 특정한 어떤 부분이 필요한지를 확인한다는 점에서 전략적인 독서를 하는 학생들이 더 높은 수행성과를 보인다는 것을 의미한다. 그리고 결과적으로 이러한 연구결과는 Taub 외(2017)가 게임기반 학습을 하는 동안의 지식 획득 및 메타인지적인 모니터링을 통한 학생의 자기조절학습 조사를 위해 다채널 데이터(multichannel data)에 대한 비전통적인 통계 기법을 어떻게 사용했는지를 보여준다.

최근 게임기반 학습을 하는 동안 학생들의 정서에 대한 영향을 평가하는 방향으로의 전환이 있었다(Loderer et al., 5장; Novak와 Johnson, 2012). Sabourin과 Lester(2014)는 Crystal Island를 하는 중학생들을 대상으로 한 일련의 연구결과를 조사하여 학습과정에서 학생들이 스스로 보고한 감정을 비교하였다. 그 결과는 긍정적인 정서 상태(집중, 호기심)는 학습성과와 정적인 상관관계가 있는 반면 부정적인 정서 상태(혼란, 좌절)는 학습성과와 부적인 상관관계가 있는 것으로 나타났다. 그들은 감정과 동기의 관계에서 긍정적인 정서 상태는 흥미, 노력, 가치와 같은 동기요인들과 정적인 상관관계가 있는 반면 부정적인 정서 상태는 이러한 동기요인들과 부적인 상관관계가 있다는 것을 발견했다. 또한 탐구 역량, 문제 해결, 과업 외 행동 등과 연관된 게임 내 행동에 미치는 정서의 영향을 조사했으며, 그 결과 역시 이러한 행동들에 대한 긍정적인 정서의 유익한 영향을 보여주었다. 따라서 이러한 결과는 긍정적인 정서가 게임기반 학습을 하는 동안 동기, 게임 내에서의 행동, 전반적인 수행성과 등에 정적인 영향을 미칠 수 있다는 사실을 보여준다.

Andres 외(2015)의 연구는 Physics Playground를 하는 학생들을 대상으로 감정과 행동순서가 수행성과와 어떤 관련이 있는지를 조사했다. 그들은 (1) 실험 활동과 (2) 미해결 행동이라는 두 세트의 행동순서로 분류하고, 각 유형의 행동순서를 감정와 관련시켰다. 그 결과, 핵심 개념에 대한 이해 부족으로 인한 혼란과 상관관계가 있는 두 가지 유형의 실험 활동들이 있다는 것을 알아냈다. 게다가 지루함과 상관관계가 있는 하나의 미해결 행동 관련 행동순서가 있었고, 학생들은 그 행동순서 안에서 특정 시점까지 수행한 활동들이 적절했음에도 불구하고 일련의 활동들을 완전히 완료하지 못했다. 이 연구는 게임기반 학습을 하는 동안의 감정과 행동순서 사이의 관계를 보여주었다.

Yeh, Lai와 Lin(2016)은 유인가(valence)가 긍정적인지 부정적인지에 따라, 활성화 정도가 높은지 낮은지에 따라, 그들의 초점이 촉진에 맞춰져 있는지 예방에 맞춰져 있는지에 따라 감정을 분류했다. 그들은 게임기반 평가시스템을 사용하여 게임기반 학습을 하는 동안 학생들의 감정이 창의성에 미치는 영향을 평가했다. 연구결과는 행복하거나 신이 난(긍정적 유인가, 높은 활성화, 촉진 중심) 상태는 창의성 수준을 높이는 반면, 화나거나 좌절한(부정적 유인가, 높은 활성화, 촉진 중심) 상태는 창의성 수준을 낮추는 것으로 나타나, 감정과 이후의 행동 사이의 관계를 입증했다.

마지막으로 Bradbury, Taub와 Azebedo(2017)는 *Crystal Island*를 통해 학습하는 동안 행위성(agency) 및 감정의 수준이 학생들의 비례적인 학습성과(proportional learning gain)에 미치는 영향을 조사했다. 그 결과 제약 없이 어떤 장소에서 어떤 대상과도 자유롭게 상호작용할 수 있는 온전한 행위성을 가진 학생들이나 게임을 하지 않았거나 전문가가 게임을 하고 그것에 대해 이야기하는 것을 지켜본 어떠한 행위성도 없는 학생들과 비교해서 게임을 하는 동안 진행 경로를 제한하고 모든 대상과의 상호작용(예: 모든 책 읽기, 모든 NPC와 대화)을 요구받은 부분적 행위성을 가진 학생들이 가장 높은 비례적인 학습성과 점수를 얻은 것으로 나타났다. 또한 부분적인 행위성의 조건에서 비례적인 학습성과와 분노, 공포, 혼란, 좌절 사이의 유의한 정적 상관관계가 있다. 즉 이러한 감정들에 대한 더 높은 점수는 더 큰 비례적인 학습성과 점수로 연결되었다. 더 나아가 분노는 부분적인 행위성의 조건에서 학생들에게 비례적인 학습성과의 유의한 예측 요인으로 나타났다. 이를 통해 우리는 게임기반 학습을 하는 동안의 감정과 학습성과 간 관계를 다시 한 번 확인하였다. Bradbury 외(2017)의 연구결과 또한 때로는 부정적인 감정이 학습에 긍정적인 영향을 미칠 수 있다는 것을 보여주며 부정적인 감정과 학습의 정적인 영향을 밝혀냈다(D'Mello, Lehman, Pekrun, & Graesser, 2014도 참조).

이러한 연구를 기반으로 게임기반 학습을 하는 동안의 학습성과와 수행성과를 조사한 연구와 학습하는 동안 학생들의 인지적 처리과정, 메타인지과정 및 동기화과정의 사용에 관한 많은 연구가 수행되었다. 그리고 게임기반 학습에 대한 정서적 상태와 감정의 영향을 조사하는 연구가 증가했다. 하지만 왜, 어떤 상황에서 부정적인 정서 상태가 학생들에게 도움이 될 수 있는지에 초점을 맞춘 연구가 더 필요한 것이 사실이다. 선행연구에서 게임기반 학습에서 부정적인 정서 상태와 학습 사이의 관계에 대한 결과는 엇갈린 반면 긍정적인 정서 상태는 학습성과와 정적이거나 유의하지 않은 관계를 보였다(Bradbury et al., 2017). 또한 자기조절과 정서를 조사한 연구는 거의 없어 앞으로의 연구는 감정 조절에 초점을 맞춰 자기조절의 관점에서 게임기반 학습을 하는 동안의 정서에 대한 조사를 목표로 할 필요가 있다. 더욱이, 자기조절에 대한 합의된 조작적 정의(학생들이 학습 및 문제 해결에 적극적인 역할을 하고 있다는 것)가 있어 연구자들이 다양한 연구들의 결과를 비교할 수 있다. 대부분의 연구들은 학습과정에서의 자기조절에 대한 호의적인 결과를 확인했으며, 자기조절을 지속적으로 촉진하는 것이 필요함을 지지한다.

이러한 연구들에 더해, 연구자들은 게임기반 학습 과정에서 학생들의 성찰과 성찰 전략의 활용 방법에 초점을 맞추었다. 성찰은 고차원적 사고가 필요하므로(다음 섹션에서 설명하듯이) 여기서는 성찰을 메타인지과정으로 본다. 그러나 자기조절과 달리 자기성찰에 대한 연구는 상대적으로 명확하지 않아, 조작적 정의와 측정 및 촉진 방법에 대한 합의가 부족하다. 다음 섹션에서는 연구자들이 게임기반 학습과정에서의 성찰을 어떻게 정의하고 조사했는지에 대해 논의할 것이다.

게임기반 학습환경(GBLEs)에서의 자기성찰

많은 연구자들이 정확하고 효과적인 학습과정 조절을 위한 메타인지의 중요성을 조명했다(Davis, 2003; Flavell, 1979; Harteveld, Guimaraes, Mayer, & Bidarra, 2007; Mayer & Johnson, 2010; Schunk & Greene, 2018; Tarricone, 2011; Winne & Azevedo, 2014). 이 중 일부는 특별히 게임기반 학습과정에서 메타인지의 중요성을 다루었다(Fiorella & Mayer, 2012; Kim, Park, & Bag, 2009; Lee & Chen, 2009; Moreno & Mayer, 2005). 예를 들어, 게임환경을 효과적으로 다루기 위해서 학생들은 모니터링, 계획수립 및 효과적인 학습전략 선택 등과 같은 여러 메타인지과정을 수행해야 한다. Pintrich(2000)는 특정 목표를 향해 인지적 처리과정, 동기화과정 및 문제해결과정을 조절하는 능력으로 메타인지를 넓게 정의했다. 메타인지는 메타인지 인식과 인지 조절이라는 두 가지 주요 영역으로 나눌 수 있다(Ifenthaler, 2012). 메타인지 인식은 인지 전략(예: 나는 어떤 전략을 알고 있는가? 어떻게 이러한 전략을 효과적으로 사용하는가?), 과제(예: 나는 유사한 과제를 수행한 적이 있는가?) 및 맥락(예: 이러한 유형의 게임에서 나의 학습을 지원하기 위해 NPC에 의존해야 하나?)에 대한 지식과 함께 자신에 대한 이해(예: 내가 수학을 잘 하는가? 나의 사전 지식은 무엇인가?)를 포함한다. 인지 조절은 추론이나 다시 읽기 같은 인지 전략뿐만 아니라 계획수립, 모니터링 같은 역량을 사용함으로써 학습과정에서의 자기통제(예: 게임을 통한 학습을 촉진하기 위해 사전 지식을 활성화하는 것)와 타인에 대한 통제(예: 게임기반 학습을 하는 동안 NPC에게 추가 정보를 요청하여 도움을 구하는 것), 과업에 대한 통제(예: 게임기반 학습환경에서 제기된 문제를 해결하기 위해 웹상의 추가적인 교육적 자원을 활용하는 것) 그리고 맥락에 대한 통제(예: 게임기반 학습을 하는 동안 물리학 원리를 암묵적으로 추론함으로써 나의 혼란을 조절하기 위해 인지적인 검토를 수행하는 것)를 포함한다. 성찰은 메타인지 인식과 인지 조절을 연결하는 메타인지과정이다(예: 물리학 원리를 추론하여 나의 혼란 수준을 얼마나 잘 조절했는지를 평가하는 것). 구체적으로 살펴보면 학생들은 성찰할 때 자신의 메타인지과정에 대한 이해를 메타인지과정에 대한 조절과 연결한다(Ifenthaler, 2012).

성찰적 사고는 비판적 사고를 포함하며 게임기반 학습환경과 같은 복잡한 학습상황에서 필수적이다. 성찰적 사고는 능동적이고 의도적이며 자신의 학습과정에 대한 이해를 포함한다(Lin, Hmelo, Kinzer, & Secules, 1999; Vrugte et al., 2015). 뿐만 아니라 새로운 개념의 통합을 빠르게 따라가고 현재의 지식 구조를 강화하며 새로운 지식 구조에 대한 접근가능성을 증가시킨다(Vrugte et al., 2015). 또한 Ke(2008)에 따르면 성찰은 게임기반 학습환경에서 지식 구성 및 긍정적인 학습성과에 있어 매우 중요하다. 하지만 게임기반 학습환경에는 필수적인 성찰을 위한 스캐폴딩(scaffolding)이 부족하다. 예를 들어, 게임기반 학습환경은 종종 빠르게 진행되어 명시적인 성찰 유도기제 없이는 비판적 성찰이 일어나지 않는다(Harteveld et al., 2007). 여러 종류의 게임기반 학습환경(GBLEs)은 성찰 유도기제를 기대 결과와 통합했기 때문에 게임기반 학습환경의 유익함에 대해서는 의심의 여지가 없다. 그러나 성찰을 일어나도록 하는 방법에 대해서는 여전히 많은 논쟁이 있다(Fiorella & Mayer, 2012; Kim et al., 2009; Lee et al., 2009; Mayer & Johnson, 2010; Vrugte et al., 2015).

성찰은 학습에 있어 중요한 것으로 인식되어 왔으며, 많은 연구자들이 학습자가 계획 및 모니터링과 같은 메타인지전략을 사용하여 성찰을 하도록 장려하고 있다(Brown, Bransford, Ferrara, & Campione, 1983; Davis, 2003; Flavell, 1979; Pintrich, 2000; Tarricone, 2011). 이러한 메타인지 역량은 학습을 성공적으로 조절하는 데 필수적이며 평생학습에 있어서도 중요하다. 그러나 많은 학생들이 의미 있는 방식으로 성찰하는 데 어려움을 겪는다(Lin et al., 1999). 예를 들어, 게임기반 학습환경은 계획하는 능력, 해당 계획의 진행 상황을 모니터링하는 능력, 변화하는 게임 시나리오에 따라 전략을 조정하는 능력 등과 같은 고도의 메타인지 역량을 필요로 한다. 이러한 이유로 많은 학생들은 게임기반 학습과정에서 효과적으로 성찰하기 위한 스캐폴딩(scaffolding)을 필요로 한다(Kim et al., 2009). 이러한 결함으로 인해 연구자들은 게임기반 학습환경에 내장된 성찰 유도기제를 개발하고 학생들의 학습성과에 미치는 영향을 조사했다(Fiorella & Mayer, 2012; Moreno and Mayer, 2005; Vrugte et al., 2015).

과거의 연구는 성찰을 향상된 메타인지 기능 및 교육적인 성과의 증가와 연결했다(Bannert, 2006; Fiorella & Mayer, 2012). 하지만 성찰이 언제 촉발되는지(예: 게임 전, 시간 기반 또는 활동 기반), 학생들을 어떤 방법으로 유도하는지(예: 메뉴 기반, 쓰기, 말하기, 비디오), 그리고 학생들이 유도기제에 어떻게 반응했는지(예: 말하기, 쓰기 또는 드롭다운 메뉴)에 관해서는 차이가 존재한다(Davis, 2003; Hung, Yang, Fang, Hwang, & Chen, 2014; Mayer & Johnson, 2010; Vrugte et al., 2015). 예를 들어, 일부 연구자들은 성찰을 유도하기 위해 시간 기반 모델을 사용했다. Ifenthaler(2012)는 문제 시나리오에 15분을 주었고, Bannert와 Reimann(2012)은 학습 전 학습 환경에 15분, 세션(회기)이 끝나기 전에 7분을 주었다. 두 연구 모두 최소한 한 번의 성찰을 유도하는 조건에서 통제집단에 비해 증가한 학습성과를 보고했다. 구체적으로 보면, Bannert와 Reimann(2012)의 연구에서 성찰을 유도하는 조건의 참가자들이 성찰 유도가 없는 조건에 비해 유의하게 더 많은 자기조절 학습 활동을 수행했고, 전이에 있어서도 유의하게 더 나은 수행성과을 보였다. 그러나 숙달에 대한 자신감과 노력을 측정한 동기의 측면에서는 차이가 없었다. Bannert(2006)의 앞선 연구에서는 각 진행 단계에서 성찰을 유도하는 활동 기반 모델을 사용하였고, 성찰 조건 집단이 통제집단에 비해 전이에 있어 유의하게 더 높은 점수를 성취한 것으로 나타났다.

또한 참가자들이 성찰 유도기제에 반응하는 방식에도 여러 유형이 있었다. 예를 들어, 몇몇 연구에서는 구두 응답을 요구했고(Bannert, 2006; Moreno & Mayer, 2005), 다른 연구에서는 서면 응답을 요구했으며(Davis, 2003; Ifenthaler, 2012), 또 다른 연구에서는 참가자가 선다형 질문에 단순히 답하도록 요구했다(Kauffman, Ge, Xie, & Chen, 2008, Mayer et al., 2010, Vrugte et al., 2015). 그리고 성찰을 유도하는 방식에도 여러 가지 유형이 있었다. 예를 들어, 여러 연구에서 선다형 문제 형태로 성찰 유도기제가 제시되었으며(Kauffman et al., 2008; Mayer & Johnson, 2010; Vrugte et al., 2015), 다른 연구에서는 서술 형식으로(Bannert & Reimann, 2012; Davis, 2003; Ifenthaler, 2012), 실험자에 의한 구두 형식으로(Bannert, 2006; Lee et al., 2009), 또는 비디오에 기반한 형식으로(Hung et al., 2014) 제시되었다. Fiorella와 Mayer(2012)의 연구는 워크시트 종이를 사용하여 성찰을 유도했다.

Fiorella와 Mayer(2012)는 성찰을 유도하기 위해 워크시트 종이를 사용했고, 워크시트에는 전기회로(circuits)에 관한 게임기반 학습환경에서 다루는 자료와 관련된 8가지 원리가 나열되어 있다. 구체적으로 그 원리는 전기회로 게임을 하는데 필수적인 8가지 행동이다(예: "배터리를 직렬로 추가하면 유량율(flow rate)이 증가한다", Fiorella and Mayer, 2012, p. 1077). 게임의 가장 중요한 측면인 게임 원리가 적힌 워크시트는 학생의 주의를 끌기 위한 것으로, 이미 채워져 있거나 학생이 게임을 하는 동안 채워야 했다. 이 연구는 두 가지 실험으로 나뉜다. 첫 번째는 종이 기반 성찰 도구(이미 채워진)가 학습성과를 향상시키는지에 초점을 맞추었고, 두 번째는 학생들이 원리를 스스로 채워 넣도록 하면 학습성과가 향상되는지에 초점을 맞추었다. 첫 번째 연구는 성찰 유도기제 집단(원리가 제공된 집단)이 전이 테스트에서 통제집단보다 유의하게 우수했으며, 통제집단보다 어려움을 유의하게 낮게 인식했고, 즐거움은 유의하게 높은 수준으로 인식한다는 것을 보여주었다(Fiorella & Mayer, 2012). 두 번째 연구의 경우, 성찰 유도기제 집단(학생이 원리를 채움)과 통제집단 사이에 학습성과의 유의한 차이가 없었다. 그러나 성찰 유도기제 집단을 높은 집단(8개 중 6개 이상 정답)과 낮은 집단(6개 미만의 정답)으로 나누었을 때 높은 집단이 통제집단보다 유의하게 좋은 결과를 보였다. 이는 성찰 워크시트가 효과적이지만, 이러한 효과가 워크시트를 효과적으로 사용할 수 있는 학생에게만 해당된다는 것을 의미한다(Fiorella & Mayer, 2012). 더욱이, 이러한 하위 집단(높은 집단 대 낮은 집단) 간에는 사전 지식의 차이가 있었으며, 높은 집단이 낮은 집단보다 훨씬 더 많은 사전 지식을 가지고 있었다. 따라서 이러한 결과는 미리 채워진 워크시트가 스스로 워크시트를 채워야 하는 것보다 유의하게 더 많은 지침을 제공한다는 점을 보여주었다.

일반적인 유도기제와 직접적인 유도기제의 유용성을 비교하여 조사한 여러 연구들에서 성찰을 지원하기 위해서 얼마나 많은 지침을 제공해야 하는지에 대한 문제 또한 탐색되었다(Davis, 2003; Ifenthaler, 2012; Lee et al., 2009; Wu & Looi, 2012). 일반적인 성찰 유도기제와 직접적인 성찰 유도기제는 Davis(2003)에 의해 처음 개념화되었으며, 이는 '모든 성찰이 학습에 유익한가?'라는 질문에서 출발하였다. Davis(2003)는 일반적인 것과 직접적인 것, 이 두 가지 유형의 성찰 유도기제를 대조하였는데 일반적인 유도기제는 학생에게 지침을 거의 제공하지 않은 채 단순히 멈추고 생각하도록 요청하고(예: "지금 우리는 …을 생각하고 있습니다", Davis, 2003, p. 92), 반면 직접적인 유도기제는 학생을 성찰하도록 안내하는 더 강한 힌트를 제공한다(예: "이 프로젝트에서 잘 하려면 우리는 …,을 하는 것이 필요하다" ibid.). 모든 성찰 유도기제는 문장의 시작 부분의 형식(앞의 예 참조)으로 제공되었고, 학생들이 그것을 완성하였다. Davis(2003)의 연구는 8학년 물리학 교실에서 수행되었으며, 일반적인 유도기제는 직접적인 유도기제에 비해 불충분한 성찰 스캐폴딩(scaffolding)일 것이라는 가설을 세웠다. 그러나 결과는 정반대로 나타났다. 구체적으로 살펴보면, 일반적인 유도기제 조건의 참가자는 직접적인 유도기제 집단에 비해 더 좋은 학습결과를 달성했다. 이 효과에 대한 한 가지 설명은 일반적인 유도기제가 학생들로 하여금 그 시점에서 자신의 생각에 근거하여 성찰을 조절하도록 하기 때문에 그 과정을 더욱 의미 있게 만들어간다는 것이었다.

Ifenthaler(2012)는 최근 연구에서 일반적인 유도 조건이 직접적인 유도 조건이나 통제적인 유도 조건에 비해 유의하게 더 높은 학습성과를 보여준다는 유사한 결과를 확인했다. 또한 직접적인 유도 조건과 통제적인 유도 조건 사이에는 유의한 차이가 없었다. 반대로, Wu와 Looi(2012)는 특정한 유도 조건과 일반적인 유도 조건 사이에서 유의한 차이를 발견하지 못했다. 그러나 이러한 결과는 실험 조건을 정의하는 방식의 차이에 기인한 것일 수 있다. 예를 들어, Davis(2003) 연구의 직접적인 유도기제 조건(예: "이 프로젝트를 잘 하기 위해서 우리는 …을 할 필요가 있다," Davis, 2003, p. 92)과 비교하면

Ifenthaler(2012) 연구의 일반적인 유도기제 조건은 훨씬 더 많은 정보를 제공한다(예: "성찰을 위해 다음 15분을 사용하라. 문제 해결 과정의 경로와 결과에 대해 비판적으로 성찰하라. 필요하다면 너의 개념 지도를 수정하고 개선하라. 제공된 모든 자료를 자유롭게 사용하라!," Ifenthaler, 2012, p. 43). 그리고 심지어 Ifenthaler의 직접적인 유도기제 조건도 훨씬 더 많은 정보를 제공하고 있어, 비교 가능한 용어를 사용하고 있음에도 불구하고 두 연구를 비교할 수 없게 만들었다. Wu와 Looi(2012)는 교수-학습 모델(learning-by-teaching model)을 사용했고 학생으로 하여금 학습에 대한 메타인지적인 전략과 신념을 탐색하도록 이끄는 것으로 일반적인 유도기제를 정의한 반면, 구체적인 유도기제는 내용에 중점을 두었다. 유도기제에 대한 여러 연구 간에 존재하는 큰 차이는 일반적인 유도기제와 직접적인/구체적인 유도기제를 정의하는 방법에 대한 연구자들의 합의가 필요하다는 것을 의미한다. 앞으로의 연구에서는 학습성과의 향상을 위한 가장 효과적인 교육의 양과 성찰의 영역(예: 내용, 정서 또는 메타인지 역량)을 결정하기 위해서 일반적인 유도기제와 구체적인/직접적인 유도기제를 구분하여 조작할 수 있어야 한다.

또한 게임기반 학습과 관련된 대부분의 연구는 메타인지 역량에 대한 성찰을 촉발했다. 예를 들어, Lee 외(2009)는 일반적인 유도기제와 구체적인 유도기제를 구분하여 일반적인 유도기제는 학생들에게 완료해야 할 단계와 활동을 알려주는 것으로, 반면 구체적인 유도기제는 거기에 더해 메타인지 기술을 제공하는 것으로 보았다. 이는 Wu와 Looi(2012)의 연구와 달리 구인들에 대한 조작적 정의의 중요성을 보여준다. Lee 외(2009)는 구체적인 유도기제 조건의 학생들은 어려운 과제를 수행할 때만 일반적인 유도기제를 받은 학생들보다 유의하게 더 좋은 성과를 보인다는 것을 발견했다. 학생들이 간단한 과제를 해결할 때는 조건에 따른 차이가 없었다. 이와 유사하게, Wu와 Looi(2012)의 연구에서는 구체적인 유도 조건과 일반적인 유도 조건 사이에는 유의한 학습성과의 차이가 없었지만 두 실험 조건(구체적인 유도 조건과 일반적인 유도 조건)과 통제집단 사이에는 학습성과의 유의한 차이가 확인되었다.

이러한 결과를 토대로 게임기반 학습의 성찰 유도에 대한 앞으로의 연구는 (1) 학습성과의 향상으로 이어지는 성찰 유도 방법을 조사하는 실증적으로 타당한 연구를 설계하는 것과 (2) 일반적인 유도기제, 직접적인 유도기제 및 구체적인 유도기제에 대한 매개변수를 조작적으로 정의하고 맥락에 적합한 유용성에 대해 조사하는 것을 포함해야 한다. 여러 연구에서 성찰 유도 도구(예: 드롭다운 메뉴, 말하기, 쓰기, 종이기반 워크시트)가 성찰 유도가 없는 조건에 비교하여 학습을 향상시키는지를 조사했다. 그러나 어떤 것이 더 효과적인지 판단하는 데 있어 이러한 도구들을 비교한 연구가 부족하고, 일반적인 유도기제와 직접적인 유도기제를 비교한 영역에서는 구인을 어떻게 정의하는지에 대한 일반적인 합의가 부족하다 보니 결과가 엇갈렸다. 따라서 앞으로의 연구는 연구결과에 근거한 더 풍부한 정보를 제공하는 교수설계뿐만 아니라 연구의 재현가능성을 보장하기 위해, 핵심 구인들을 명확하게 정의하고, 성찰이 어떻게 유도되었는지(예: 연구원이나 팝업 창에 의해), 학생들이 성찰에 어떻게 응답했는지(예: 학생이 응답을 말함, 학생들이 프롬프트 창에 반응을 작성함), 학생들이 무엇을 성찰했는지(예: 내용, 메타인지 역량), 성찰이 언제 촉발되었는지(예: 활동 기반, 시간 기반) 등을 포함한 방법론에 대해 명확하게 기술할 필요가 있다.

3 앞으로의 방향

게임기반 학습환경은 학습과학, 인지과학 및 교육과학 분야에서 흥미롭고 유망한 연구 분야이다. 게임기반 학습환경은 기술의 설계 및 개발을 지원하는 실증적인 증거를 지속적으로 발견함에 따라 추가적인 이론 개발 및 테스트를 위한 기술 플랫폼을 제공한다. 이는 학습 및 훈련 성과를 위해 다양한 연령대와 직업을 가진 학습자들에게 내용영역과 주제, 맥락을 넘나들며 학습, 문제해결, 개념 이해를 촉진하고 지원할 수 있다. 여기에서는 게임기반 학습환경이 개념적, 이론적, 방법론적, 분석적 및 교육적 진전을 만들어낼 가능성이 있는 몇 가지 연구 영역을 제안한다.

개념적으로나 이론적으로 게임기반 학습환경은 연구자들이 이 장에서 목표로 하는 자기조절과 성찰뿐만 아니라 자기설명, 참여, 동기, 몰입과 같은 추상적인 구인들에 대한 조작을 가능하게 하는 중요한 기술이다. 자기조절과 성찰에 관한 최근의 문헌들을 살펴보면, 실증적으로 확인되어야 하는 이러한 구인들과 관련된 많은 이슈들이 있다. 예를 들어 Winne과 Hadwin(1998, 2008)의 정보처리이론이나 Zimmerman과 Schunk(2011)의 사회인지이론과 같은 자기조절에 관한 주요 이론들에 깔려 있는 가정을 실증적으로 확인하기 위해 우리는 연구도구로서 게임기반 학습환경을 어떻게 설계할 수 있는가? 이러한 모델과 이론의 전제가 되는 기본적인 가정들을 직접적으로 확인하는 것이 가능하기 위해서는 그 가정들을 게임기반 학습환경의 설계로 어떻게 변환해야 하는가?

이러한 가정이 다른 고급 학습테크놀로지(예: 지능형 튜터링 시스템)에 내장된 자기조절을 이해하는 데 활용되었지만 그 가정이 게임기반 학습환경에도 적용되는가? 예를 들어, 빠르게 그리고 역동적으로 변화하는 게임 시나리오, 적응형 내러티브, NPC 등을 다룰 때 게임기반 학습과정에서 학생들이 모니터링을 하고 있는지, 조절을 하고 있는지 여부를 어떻게 알 수 있는가? 이 장은 자기조절과 자기성찰이라는 두 가지 메타인지 구인에 초점을 맞추고 있지만 이 두 구인은 시간적으로 어떻게 관련되어 있는가? 예를 들어, '문제 해결 이후 에피소드'에서만 일어나는 메타인지과정으로서의 성찰과 비교할 때 자기조절은 학습 전반에 걸쳐 일어나는가? 여러 이유로 학습자는 자발적으로 성찰하지 않기 때문에 성찰은 유도되어야만 하는가? 자기설명은 학습 전반에 걸쳐 일어날 수 있는가? 그 역할과 기능은 무엇인가? 스스로 자기설명을 유도해야 하지만 그것이 언제, 왜, 어떻게 학습이나 문제 해결을 방해하게 되는가? 게임기반 학습환경이 학습자의 자기설명에 맞춰 조정될 수 있는가, 그렇다면 특히 초보자와 어린 학습자 같이 정확한 자기설명을 위해 필요한 사전지식이 부족한 경우, 어떻게, 무엇에 근거하여 게임기반 학습환경이 조정될 수 있는가? 우리는 이론적으로 파생된 구인의 조작적 정의를 게임기반 학습환경에서 실증적으로 검증할 수 있다고 생각한다.

이러한 이슈들 외에도 앞으로의 연구는 지금까지 자기보고식 측정에 지나치게 의존했기 때문에 상당히 제한적이었던 동기와 정서에 대한 현재의 이론적 개념을 게임기반 학습환경이 어떻게 보완할 수 있는지를 평가할 수 있다. 학습자에게 동기를 유발하고 정서적으로 참여하고 싶게 만듦으로써 학습을 지원하는 게임기반 학습환경의 잠재력에 관한 광범위한 암묵적 가정과 제한적인 실증적 증거가 있다. 그렇지만 게임기반 학습환경에서 학습을 하는 동안의 인지, 정서, 메타인지, 동기 과정(processes)을 설명하는 포괄적인 자기조절모델을 개발하기 위해서는 추가적인 실증 연구가 필요하다.(1) 각 처리과정(processes)의 특성과 시간에 따라 각각의 처리과정이 개별적으로 전개되는 방식,(2) 시간척도(예: 특정한 인지 전략에 대한 자기효능감이 시간에 따라 변화함), 지속시간 (1000분의 1초에서 수일까지), 역동, 강도, 유인가, 행동순서 등과 같은 각 처리과정의 특성 및 속성,(3) 학습, 문제해결 및 개념적 이해 과정에서 인지, 정서, 메타인지, 동기 과정이 서로에게 영향을 미치는 방식(예: 부적응 행동을 나타내는 부정적인 피드백 루프), 이렇게 세 가지를 측정하고, 추적하고, 이해하기 위한 모델의 개발이 필요하다.

방법론적으로 게임기반 학습환경에 포함된 동기 및 감정에 관한 질문은 다중모드의 다중채널 학습자데이터(multimodal multichannel learner data)를 사용하여 다루어질 수 있다. 최근 새롭게 대두되는 연구에서 사용하는 다중모드의 다중채널 형식의 인간에 관한 데이터(예: 시선추적, 발화, 제스처, 로그 파일, 화면 기록, 생리적 센서)는 게임기반 학습 과정에서의 자기조절과정을 측정하고 추적하여 이해하는 귀중한 도구로, 동기와 관련된 행동적인 특징을 식별하기 위해 자기보고식 데이터를 다중 채널 데이터와 연결할 수 있다. 예를 들어, 게임기반 학습과정에서 자기효능감과 과업 가치의 행동적인 특징은 무엇인가? 자기조절과정은 각각의 복잡한 구인에 동일하게 영향을 미치는가 그리고 시간을 가로질러 영향을 미치는가? 개인차가 시간-관련-패턴, 주기 또는 단계에 영향을 미치는가? 자율성, 자기효능감, 참여에 관한 행동적인 특징이 자기조절 및 성찰과 직접적으로 어떻게 관련되는가? 예를 들어, 자기효능감은 게임기반 학습과정에서 비(非) 플레이어 캐릭터(NPC)에 의한 반복적인 스캐폴딩(scaffolding)에 따라오는 것이라고 증명되는가? 어떤 자기조절과정, 상황적 요인들, 개인차 및 기타 관련 데이터가 게임기반 학습을 지속하도록 하는가? 동기화된 참여, 인지적인 참여 또는 행동적인 참여 등과 같은 다른 유형의 참여(Schwartz & Plass, 이 책의 3장)가 있는가? 이들 각각은 시간에 따라 양적으로 그리고 질적으로 다른가? 게임기반 학습환경의 설계를 위한 함의는 무엇인가?

이와 유사하게 (1) 여러 데이터 채널들 내의 그리고 데이터 채널들을 가로지르는 명확한 감정의 특징을 위해, (2) 데이터 채널 내에서 그리고 여러 채널을 가로질러 어떤 패턴이 게임기반 학습과정에서 인지, 정서, 메타인지 및 동기에 대한 자기조절학습

과정과 수행성과를 가장 신뢰할 수 있게 측정하고, 가장 잘 예측하는지를 평가하기 위해 (3) 스캐폴딩(scaffolding)(예: NPC 또는 가상 행위주체) 사용 여부와 상관없이 인지, 정서, 메타인지 및 동기 과정을 적응적으로 모니터링하고 조절할 수 있는 학습자의 능력에 대한 지표를 위해 (4) 다양한 하위 목표, 게임 수준 및 일정을 넘나드는 자기조절과정들 간의 시간적 순서를 평가하기 위해, 정서적 데이터가 측정되고 분석될 것이다. 마지막으로, 연구도구로서 추상적인 구인에 대한 조작적 정의와 게임기반 학습환경에서 추상적 구인들의 구현에 대한 강조가 게임기반 학습환경과 함께 학습과학의 진보를 가져올 것이다.

앞으로의 연구에서는 학습자의 다중모드의 다중채널 데이터에 근거한 시스템 적응성이 강조되어야 한다(Azevedo et al., 2018, 2019). 다중채널 데이터는 여전히 드물다. 그리고 연구자들이 감지장치(sensors)와 데이터 수집에 더 쉽게 접근할 수 있게 되었지만(예: 교실 연구를 위한 알맞은 시선 추적기), 서로 다른 샘플링 속도(즉, 1초당 수집된 데이터)를 가진 여러 데이터 채널들을 통합하고 조정하는 데는 여전히 엄청난 수준의 복잡성이 수반된다. 게임기반 학습환경을 활용한 학습성과 및 학습과제 대한 측정가능한 산출물과 특정한 데이터 채널들의 연관성을 규명하고 일반화하기 위해서는 더 많은 실증적인 연구가 필요하다. 그 과정에서 연구자들은 게임기반 학습환경 내 다중채널 데이터의 타당성, 신뢰성, 적용가능성을 결정하는 데 있어 특히 주의해야 한다

자기조절과정은 정교하고, 동시에 발생하며, 중첩되어 일어나는 현상이다. 전통적인 접근방식은 자기보고식 측정을 활용하여 자기조절과정의 구성요소들을 식별하고 정량화한다. 인지 측정은 전형적으로 학습과제, 퀴즈 및 내장된 테스트에 대한 답을 점수화하는 것을 포함한다. 정서에 대한 자기보고는 시간(예: 학습자가 무엇을 하고 있는지에 관계없이 매 15분마다) 또는 활동(예: 하위 목표 완료 시점에)의 특정 순간에 정서를 표시하도록 한다. 학습자들은 학습에 대한 메타인지적인 판단을 요청받거나 하위목표 또는 전체 학습목표와 내용의 관련성을 평가하도록 요청받을 것이다. 그러나 만약 게임기반 학습과정 중 일어나는 자기조절과정을 다중채널 데이터로부터 측정하는 대안이 존재한다면 어떻게 될까?

다중채널 데이터는 학습에 대한 과정지향적인 증거를 확인하고, 타당화하며, 삼각

검증을 하기 위한 도구로서 최대한 활용되어야 한다. 학습자들이 어려운 학습과제를 수행하는 동안 주로 눈썹을 내리는 등의 얼굴표정을 보이는가? 지루해 하는 학생과 학습과제에 집중한 학생 사이에 피부전도 반응의 차이가 나타나는가? 이러한 두 가지 데이터 채널들이 학생들의 자기조절 능력에 대한 통찰을 제공하는가? 예를 들어, 학생이 어려운 과제를 수행하는 동안 게임기반 학습환경의 특정한 위치에서 중요한 정보를 발견하고, 이 정보에 대해 눈썹을 내리고 생리적 자극의 최고치를 나타내는 반응을 보이는가? 이에 반해 지루함이나 좌절감을 느낀 학생은 생리적 반응 없이 단순히 눈썹만 내리는 반응을 보이는가? 시선추적은 학생이 불안하거나 혼란스러울 때 무질서한 시선고정 패턴(chaotic fixation patterns)을 보이는 정서적 상태를 식별할 수 있도록 돕는가? 학습자의 자세를 시선 추적과 결합하면 학생이 불안해하는지 아니면 학습에 고도로 집중하고 있는지를 분명하게 확인할 수 있는가? 다중 데이터 채널이 목표지향성이나 자기효능감과 같은 동기 관련 구인의 실시간 변화에 대한 증거를 제공할 수 있는가? 이런 질문들이 효과적인 학습, 문제해결, 개념적 이해를 고취시키고 지원하며 촉진하는 게임기반 학습환경의 설계와 학습과학을 발전시키기 위해 게임기반 학습 분야에서 앞으로의 연구가 해결해야 하는 유형의 질문이다.

게임기반 학습환경이 학습과학의 발전과 교육효과의 향상으로 이어지는 데 기여할 수 있는 유망한 여러 연구 분야를 제시하면서 결론을 맺고자 한다. 예를 들어, 동기 및 정서조절 전략(Gross, 2015; Miele & Scholer, 2018 참조)으로서 게임기반 학습환경의 사용은 현재 국가가 직면한 교육문제를 해결하는 데 있어 가장 중요하다. 더 구체적으로 살펴보면, 게임기반 학습환경의 행동유도성을 활용하기 위해 교실연구 및 임상연구로부터 도출한 동기 및 정서조절 전략들을 학생들로 하여금 동기와 정서를 조절하도록 훈련시키는 게임기반 학습환경에서 구현할 수 있다. 동기 및 정서 조절 훈련은 내용영역 및 주제 전반에 걸친 자기조절 역량의 평생학습을 위해 설계된 게임기반 학습환경의 인지(전략) 및 메타인지(예: 조건부 지식) 훈련과 결합될 수 있다.

또 다른 영역은 학습자들이 시스템(예: NPC)과 직접 소통할 수 있도록 하는 자연언어처리의 사용에 관한 것으로, 이는 게임기반 학습을 촉진할 수 있는 인지적 처리과정(예: 계획, 사전지식의 활성화), 정서적 처리과정(예: NPC와 협력하는 동안의 부정적인 감정의 영향), 메타인지과정(예: 관련 콘텐츠 평가 및 새로운 이해) 및 동기화과정(예: 곧 있을 과제에 대한 지속성을 높이기 위해 필요함)을 드러낼 수 있다.

또한 학습자들은 스스로의 수행성과, 전략 사용, 감정적인 반응, 게임 수준 간의 동기화 과정, 기타 영역 등에 대해 성찰하도록 유도될 수 있다. 이러한 유형의 데이터는 각 처리과정(processes)을 실시간으로 보여주어 연구자가 그 처리과정뿐만 아니라 시간에 따라 각 처리과정이 전개되는 방식을 이해할 수 있으며, 게임기반 학습환경을 적응형으로 만들어 개별 학습자의 교육 및 학습 요구를 해결할 수 있도록 각 처리과정에 피드백을 줄 수 있다.

마지막으로, 현재의 게임기반 학습환경은 동기와 정서를 유지할 수 있도록 하는 더욱 풍부한 교육경험을 제공하는 가상현실 및 증강현실 시스템과 통합될 수 있다. 그렇게 함으로서 학습자들이 학습하는 동안 인지, 정서, 메타인지, 동기 과정에 대해 스스로 조절하고, 스스로 설명하며, 성찰할 수 있고, 동시에 내용영역 전반에 걸쳐 복잡한 인지 및 메타인지 기술을 배우고, 연습하고, 전이시킬 수 있다.

4 결론

이 장의 목표는 게임기반 학습과정에서의 자기조절과 성찰에 대해 그 동안 어떤 연구가 수행되었고, 앞으로의 연구는 어떤 방향으로 수행되어야 하는지를 다루는 것이다. 자기조절이 학습과정에서 모니터링과 조절 전략을 사용하는 것이라면, 성찰과정은 학생들이 자기조절 과정을 거친 후 스스로의 학습을 돌아보고 효과가 적은 전략 활용에 대해 필요한 조정을 하는 것이다. 이러한 자기조절과 성찰 모두 게임기반 학습과정에서 학습자를 위한 중요한 구인이다. 게다가, 우리의 목표는 다양한 게임기반 학습환경이 어떻게 자기조절과 성찰을 촉진했는지 보여주고, 게임기반 학습 중에 학습자들이 어떻게 자기조절과 성찰과정을 사용했는지를 평가할 때 연구자들이 직면하는 무수히 많은 개념적, 이론적, 방법론적, 분석적 및 교육적 도전을 보여주는 것이었다. 지금까지 게임기반 학습에 관한 연구는 학생들의 정서 및 동기화 과정을 평가하기 위해 정서와 동기의 상태가 시간이 지남에 따라 어떻게 전개되는지를 분석하기보다는 주로 정서 및 동기화 과정에 대한 자기보고식 측정에 의존했다. 따라서 여기서는 학생의 정서 및 동기화 과정을 평가하는데 다중모드의 다중채널 데이터 사용과 관련된 과제들에 중점을 두었다. 요약하면, 학습자가 게임기반 학습에 참여하는 방식을 실시간으로 측정하는 방법을 결정할 수 있다면, 우리는 학습자들의 인지, 정서, 메타인지, 동기 각각에 관한 학습요구를 충족시키는 적응형 게임기반 학습환경을 향해 나아갈 수 있을 것이다.

참고문헌

Andres, J. M. L., Rodrigo, M. M. T., Baker, R. S., Paquette, L., Shute, V. J., & Ventura, M.(2015). Analyzing student action sequences and affect while playing Physics Playground. In G. Rebolledo-Mendez, M. Mavrikis, O. C. Santos, B. du Boulay, B. Grawemeyer, & R. Rojano-Cáceres(Eds.),

International Workshop on Affect, MetaAffect, Data and Learning(AMADL 2015) at the 17th International Conference on Artificial Intelligence in Education(AIED 2015)(pp. 24-33). Berlin, Germany: Springer.

Azevedo, R.(2014). Multimedia learning of metacognitive strategies. In R. E. Mayer(Ed.), *The Cambridge handbook of multimedia learning*(2nd ed., pp. 647-673). New York, NY: Cambridge University Press.

Azevedo, R.(2015). Defining and measuring engagement and learning in science: Conceptual, theoretical, methodological, and analytical issues. *Educational Psychologist, 50*, 84-94.

Azevedo, R., Mudrick, N. V., Taub, M., & Bradbury, A. E.(2019). Self-regulation in computer-assisted learning systems. In J. Dunlosky & K. Rawson(Eds.), *The Cambridge handbook of cognition and education*(pp. 587-618). Cambridge, England: Cambridge University Press.

Azevedo, R., Taub, M., & Mudrick, N. V.(2018). Using multi-channel trace data to infer and foster self-regulated learning between humans and advanced learning technologies. In D. H. Schunk & J. A. Greene(Eds.), *Handbook of self-regulation of learning and performance*(2nd ed., pp. 254-270). New York, NY: Routledge.

Bannert, M.(2006). Effects of reflection prompts when learning with hypermedia. *Journal of Educational Computing Research, 35*, 359-375.

Bannert, M., & Reimann, P.(2012). Supporting self-regulated hypermedia learning through prompts. *Instructional Science, 40*, 193-211.

Bradbury, A. E., Taub, M., & Azevedo, R.(2017). The effects of autonomy on emotions and learning in game-based learning environments. In G. Gunzelmann, A. Howes, T. Tenbrink, & E. J. Davelaar(Eds.), *Proceedings of the 39th Annual Conference of the Cognitive Science Society*(pp. 1666-1671). Austin, TX: Cognitive Science Society.

Brown, A. L., Bransford, J. D., Ferrara, R. A., & Campione, J. C.(1983). Learning, remembering, and understanding. In P. H. Mussen(Ed.), *Handbook of child psychology: Cognitive development*(pp. 77-166). New York, NY: Wiley.

Clark, D. B., Tanner-Smith, E. E., & Killingsworth, S. S.(2016). Digital games, design, and learning: A systematic review and meta-analysis. *Review of Educational Research, 86*(1), 79–122.

Connolly, T. M., Boyle, E. A., MacArthur, E., Hainey, T., & Boyle, J. M.(2012). A systematic literature review of empirical evidence on computer games and serious games. *Computers & Education, 59*(2), 661–686.

Davis, E. A.(2003). Prompting middle school science students for productive reflection: Generic and directed prompts. *Journal of the Learning Sciences, 12*, 91–142.

D'Mello, S. K., Lehman, B., Pekrun, R., & Graesser, A. C.(2014). Confusion can be beneficial for learning. *Learning and Instruction, 29*, 153–170.

Fiorella, L., & Mayer, R. E.(2012). Paper-based aids for learning with a computer-based game. *Journal of Educational Psychology, 104*, 1074–1082.

Flavell, J. H.(1979). Metacognition and cognitive monitoring: A new area of cognitive-developmental inquiry. *American Psychologist, 34*, 906–911.

Graesser, A. C.(2017). Reflections on serious games. In P. Wouters & H. van Oostendorp(Eds.), *Instructional techniques to facilitate learning and motivation of serious games, advances in game-based learning*(pp. 199–212). Basel, Switzerland: Springer.

Gross, J. J.(2015). Emotion regulation: Current status and future prospects. *Psychological Inquiry, 26*, 1–26.

Harteveld, C., Guimarães, R., Mayer, I., & Bidarra, R.(2007). Balancing pedagogy, game and reality components within a unique serious game for training levee inspection. In K. Hui et al.(Eds.), *Proceedings of the 2nd International Conference, Edutainment 2007-technologies for e-learning and digital entertainment*(pp. 128–139). Berlin, Germany: Springer.

Hung, I. C., Yang, X. J., Fang, W. C., Hwang, G. J., & Chen, N. S.(2014). A context-aware video prompt approach to improving students' in-field reflection levels. *Computers & Education, 70*, 80–91.

Ifenthaler, D.(2012). Determining the effectiveness of prompts for self-regulated learning in problem-solving scenarios. *Educational Technology & Society, 15*, 38–52.

Kauffman, D. F., Ge, X., Xie, K., & Chen, C. H.(2008). Prompting in web-based environments: Supporting self-monitoring and problem solving skills in college students. *Journal of Educational Computing Research, 38*, 115–137.

Ke, F.(2008). Computer games application within alternative classroom goal structures: Cognitive, metacognitive, and affective evaluation. *Educational Technology Research and Development, 56*(5-6), 539–556.

Kim, B., Park, H., & Baek, Y.(2009). Not just fun, but serious strategies: Using meta-cognitive strategies in game-based learning. *Computers & Education, 52*, 800–810.

Lee, C. Y., & Chen, M. P.(2009). A computer game as a context for non-routine mathematical problem solving: The effects of type of question prompt and level of prior knowledge. *Computers & Education, 52*, 530-542.

Lin, X., Hmelo, C., Kinzer, C. K., & Secules, T. J.(1999). Designing technology to support reflection. *Educational Technology Research and Development, 47*, 43-62.

Mayer, R. E.(2014a). *Computer games for learning: An evidence-based approach.* Cambridge, MA: MIT Press.

Mayer, R. E.(2014b). Cognitive theory of multimedia learning. In R. E. Mayer(Ed.), *The Cambridge handbook of multimedia learning*(pp. 43-71). Cambridge, England: Cambridge University Press.

Mayer, R. E.(2015). On the need for research evidence to guide the design of computer games for learning. *Educational Psychologist, 50*, 349-353.

Mayer, R. E.(2019). Computer games in education. *Annual Review of Psychology, 70,* 531-549.

Mayer, R. E., & Johnson, C. I.(2010). Adding instructional features that promote learning in a game-like environment. *Journal of Educational Computing Research, 42*, 241-265.

Miele, D., & Scholer, A.(2018). The role of metamotivational monitoring and motivation regulation. *Educational Psychologist, 53*, 1-21.

Moreno, R., & Mayer, R. E.(2005). Role of guidance, reflection, and interactivity inanagent-based multimedia game. *Journal of Educational Psychology, 97*(1), 117-128.

Nietfeld, J. L., Shores, L. R., & Hoffmann, K. F.(2014). Self-regulation and gender within a game-based learning environment. *Journal of Educational Psychology, 106*(4), 961-973.

Novak, E., & Johnson, T. E.(2012). Assessment of students' emotions in game-based learning. In D. Ifenthaler, D. Eseryel, & X. Ge(Eds.), *Assessment in game-based learning*(pp. 379-399). New York, NY: Springer.

Pintrich, P. R.(2000). The role of goal orientation in self-regulated learning. In M. Boekaerts, P. R. Pintrich, & M. Zeidner(Eds.), *Handbook of self-regulated learning*(pp. 451-529). San Diego, CA: Academic Press.

Plass, J. L., Homer, B. D., & Kinzer, C. K.(2015). Foundations of game-based learning. *Educational Psychologist, 50*(4), 258-283.

Qian, M., & Clark, K. R.(2016). Game-based learning and 21st century skills: A review of research. *Computers in Human Behavior, 63*, 50-58.

Rowe, J., Shores, L., Mott, B., & Lester, J.(2011). Integrating learning, problem solving, and engagement in narrative-centered learning environments. *International Journal of Artificial Intelligence in Education, 21*, 115-133.

Sabourin, J. L., & Lester, J. C.(2014). Affect and engagement in game-based learning environments. *IEEE Transactions on Affective Computing, 5*, 45-56.

Sabourin, J. L., Shores, L. R., Mott, B. W., & Lester, J. C.(2013). Understanding and predicting student self-regulated learning strategies in game-based learning environments. *International Journal of Artificial Intelligence in Education, 23*, 94-114.

Schunk, D. H., & Greene, J. A.(Eds.).(2018). *Handbook of self-regulation of learning and performance(*2nd ed.). New York, NY: Routledge.

Snow, E. L., McNamara, D. S., Jacovina, M. E., Allen, L. K., Johnson, A. M., Perret, C. A., ⋯ Weston, J. L.(2015). In C. Conati, N. Heffernan, A. Mitrovic, & M. F. Verdejo(Eds.), *Lecture Notes in Computer Science: Vol. 9112. Proceedings of the 17th International Conference on Artificial Intel-ligence in Education(*pp. 786-789). Basel, Switzerland: Springer.

Tarricone, P.(2011). *The taxonomy of metacognition*. New York, NY: Psychology Press.

Taub, M., Mudrick, N. V., Azevedo, R., Millar, G. C., Rowe, J., & Lester, J.(2017). Using multi-channel data with multi-level modeling to assess in-game performance during gameplay with Crystal Island. *Computers in Human Behavior, 76*, 641-655.

Tsai, M. J., Huang, L. J., Hou, H. T., Hsu, C. Y., & Chiou, G. L.(2016). Visual behavior, flow and achievement in game-based learning. *Computers & Education, 98*, 115-129.

Virk, S., Clark, D., & Sengupta, P.(2015). Digital games as multirepresentational environments for science learning: Implications for theory, research, and design. *Educational Psychologist, 50*, 284-312.

Vrugte, J., Jong, T., Wouters, P., Vandercruysse, S., Elen, J., & Oostendorp, H.(2015). When a game supports prevocational math education but integrated reflection does not. *Journal of Com-puter Assisted Learning, 31*, 462-480.

Winne, P. H., & Azevedo, R.(2014). Metacognition. In K. Sawyer(Ed.), *Cambridge handbook of the learning sciences(*2nd ed., pp. 63-87). Cambridge, England: Cambridge University Press.

Winne, P., & Hadwin, A.(1998). Studying as self-regulated learning. In D. Hacker, J. Dunlosky, & A. Graesser(Eds.), *Metacognition in educational theory and practice(*pp. 227-304). Mahwah, NJ: Erlbaum.

Winne, P., & Hadwin, A.(2008). The weave of motivation and self-regulated learning. In D. Schunk & B. Zimmerman(Eds.), *Motivation and self-regulated learning: Theory, research, and applications(*pp. 297-314). Mahwah, NJ: Erlbaum.

Wouters, P., van Nimwegen, C., van Oostendorp, H., & van der Spek, E. D.(2013). A meta-analysis of the cognitive and motivational effects of serious games. *Journal of Educational Psychology, 105*(2), 249-265.

Wu, L., & Looi, C. K.(2012). Agent prompts: Scaffolding for productive reflection in an intelligent learning environment. *Journal of Educational Technology & Society, 15*, 339-353.

Yeh, Y. C., Lai, S. C., & Lin, C. W.(2016). The dynamic influence of emotions on game-based creativity: An integrated analysis of emotional valence, activation strength, and regulation focus. *Computers in Human Behavior, 55,* 817-825.

Zimmerman, B. J., & Schunk, D. H.(Eds.)(2001). Reflections on theories of self-regulated learning and academic achievement. *Self-regulated learning and academic achievement: Theoretical perspectives(*2nd ed.). New York, NY: Routledge.

10

게임기반 학습에서 적응성과 개인화

Jan L. Plass, Shachank Pawar(권숙진 역)

1 개요

적응형 게임은 각 사용자의 개별 요구를 충족시킬 수 있는 시스템을 말한다(Plass, 2016). 일례로 닌텐도 *Mario Kart*(Nintendo EAD, 2013) 게임을 살펴보도록 하자. 해당 게임은 난이도 조정을 위해 컴퓨터가 제어하는 캐릭터인 NPC[1]의 수행 수준을 변경한다. *Mario Kart*에서 플레이어가 경주에서 뒤처지면 NPC는 평소보다 수행 수준을 떨어트리고, 플레이어가 선두에 서게 되면 NPC는 평소보다 더 잘 수행하게 된다. 이러한 방법은 서로 다른 기술 수준을 가진 플레이어들로 하여금 게임에 도전하게 만든다. 플레이어의 수행을 평가하는 간단한 메커니즘을 통해 *Mario Kart* 게임 난이도가 결정된다.

학습자의 집행기능[2]을 구성하고 있는 하위 요소인 억제조절[3] 능력을 개발하기 위해 설계된 학습용 게임인 *Gwakkamolé*(CREATE, 2017)를 살펴보자(Miyake, Friedman, Emerson, Witzki, & Howerter, 2000). *Gwakkamolé*에서 플레이어는 뾰족한 침으로 뒤덮힌 모자를 쓴 아보카도를 제외한 나머지 아보카도를 부숴야 한다. 아보카도를 무조건

---

1 NPC(Non-Player Character): 게임 안에서 플레이어가 직접 조종할 수 없는 캐릭터

2 집행기능 혹은 실행기능(executive function): 생각이나 행동 통제에 필요한 상위 수준의 인지 메커니즘. Miyake 등(2000)은 집행기능의 구성요소로 작업기억(working memory), 억제(inhibition), 전환(shifting) 등 3가지 능력을 제시.

3 억제조절 혹은 제어(inhibitory control): 어떤 것에 대한 첫 번째(자동적, 반사적) 반응을 멈추고(억제하고) 다른 전략으로 대응하는 능력.

부수려는 초기 욕구를 억제해야 하는 반복적인 필요성으로 인해 학습자의 억제조절 능력이 훈련된다. 연구에서 이러한 반복 훈련을 특히 효과적이게 만드는 조건을 밝혀냈다. 예를 들어, 이 조건들은 과제 수행에 있어서 플레이어에게 실질적인 억제조절 능력을 요구해야 하며, 과제 난이도를 점차 높여야 한다는 것이다(Holmes, Gathercole, & Dunning, 2009; Klingberg et al., 2005). 학습자마다 집행 기능의 수준이 다르기 때문에 난이도 증가율이 달라야 한다. 이러한 시나리오에 따르면 적응성이란 게임이 학습자의 현재 억제조절 수준(학습자 특성)을 정확하게 진단하여 사용자별로 필요한 난이도(적응변인)를 결정하는 것을 의미한다(Shute & Zapata-Rivera, 2012). *Gwakkamolé*와 관련된 연구에 따르면, 모든 학습자에게 동일한 방식으로 난이도 단계를 올렸을 때보다 난이도를 적응적으로 조절했을 때 더 효과적이다(Plass, Pawar, & MacNamara, 2018).

게임기반 학습에서 적응성과 관련된 논의를 하기 전에 연구자들과 실무자들이 사용하는 '맞춤화', '적응성', '적응가능성', '개별화'와 같은 용어들의 정의를 살펴보자(Plass, 2016).

맞춤화/커스터마이제이션(customization)

맞춤화 또는 커스터마이제이션을 통해 플레이어는 자신의 성향(선호도)에 따라 게임을 수정한다. 여기에는 아바타 선택, 시스템에서 특정 색상이나 배경화면을 설정하는 것, 게임 사운드 전환, 게임 속성을 조절하는 것이 있다. 이러한 변경은 플레이어가 게임 수용을 최적화하는 데 있다. 학습 관점에서 보면, 이러한 변경은 게임에서 사소한 표면적 수정이다.

적응성(adaptivity)[4]

게임기반 학습에서 개별학습자의 변인(대부분 학습자의 현재 지식 수준)을 진단한 것에 기반하여 게임의 특징이나 내용을 변경하는 것을 적응성이라 한다(Plass, 2016; Shute & Zapata-Rivera, 2012). 맞춤화와 주요하게 다른 점은 학습자의 성향(선호도)보다 특정 학습자 변인을 평가한 결과에 터하여 변경한다는 것이다. 이러한 변경은 시스템이 처방적 방법으로 주도하여 진행된다. 학습용 게임에서 적응성이 갖는 목적은 학습 효과를 최적화하는 것이다. 예를 들어 각 학습자에게 적절한 수준의 난이도를 유지하는 것이 있다. 이러한 변화가 가져온 결과는 학습하는 각기 다른 지점에 있는 학습자들은 서로 다른 학습 진도, 방법, 내용을 접한다는 점이다.

적응가능성(adaptability)

적응가능성과 적응성은 게임에서 학습자 변인을 진단한 것에 터해 옵션을 주어 선택하는 기능을 제공한다는 점에서 유사해 보인다. 적응성과 중요한 차이점은 어떤 옵션을 선택할지에 대한 결정을 개인에게 맡긴다는 것이다. 게임에서 적응가능성이 가지는 목적은 첫째, 자기조절학습 능력을 지원하고, 둘째, 게임의 학습효과성을 최적화하는 것이다(Boekaerts, 1992).

---

4 적응성과 적응가능성은 연속선으로 설명될 수 있다(Oppermann, Rashev, Kinshuk, 1997)

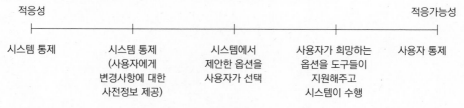

Oppermann, R., Rashev, R., & Kinshuk(1997). Adaptability and Adaptivity in Learning Systems. In A. Behrooz(Ed.) Knowledge Transfer(volume II)(pp. 173-179), London: pAce.

개인화(personalization)

개인화는 학습자 선호도에 따른 변경과 학습자 변인의 진단에 따른 변경을 합친 학습환경을 일컬을 때 사용되는 용어로, 둘 다 시스템에서 설정되기도 하고, 학습자가 선택하기도 한다. 즉 개인화는 맞춤화, 적응성, 적응가능성이라는 특징을 가진 게임을 일컫는 포괄적인 용어로 종종 사용된다. 이후 내용에서는 학습자가 변경했건 시스템에서 변경했건 그 여부와 상관없이 학습자 변인을 진단하여 변경된 것을 설명할 때 적응성이란 용어를 사용할 것이다. 이러한 구분이 중요할 때는 적응가능성이라는 용어를 사용할 것이다.

2 게임기반 학습에서 적응성

앞서 살펴본 적응성과 관련된 예와 정의들로부터 많은 연구 문제들이 제기된다. 예를 들어 적응적 게임에서 고려해야 하는 개인차 변인은 무엇인가, 해당 변인을 어떻게 측정할 수 있는가, 진단된 학습자 변인의 수준에 맞춰 게임은 어떻게 반응해야 하는가 등이 있다(Shute & Zapata-Rivera, 2012).

적응적 게임 설계에 어떤 종류의 변인을 사용해야 하는가?

적응성과 관련된 가장 중요한 연구 문제 중 하나는 학습자의 어떤 특성에 적응적이어야 하는가이다. 적응형 시스템의 정의를 감안할 때, 학습자에게 필요한 정보를 제공하기 위해 첫 번째 단계는 학습환경에서 처리해야 할 니즈/요구사항의 유형을 정하는 일이다. 일반적으로 적응시스템은 인지적 변인인 학습자의 현재 지식에 초점을 둔다. 실제로 미국교육학술원(National Academy of Education)이 발간한 2012-2013 Adaptive Educational Technologies 보고서에 따르면, 적응적 학습기술은 "현재 학습자의 수행을 고려하면서 그에 따라 적응적으로 학습을 지원하고 극대화한다"라고 제안한다(Natriello, 2013, p. 7). 그러나 학습자 수행 외에도 적응적 반응에 활용될 수 있는 또 다른 변인들이 많다. 예를 들어 학습자의 정서 상태, 문화적 배경이나 사회적 변인 등이 있으며, [표 10.1]에 제시되어 있다.

표 10.1
게임기반 학습에서 인지적, 동기적, 정의적, 사회문화적 변인의 예

인지적 변인	현재 지식, 현재 기술, 발달 수준, 언어숙련도, 학습전략, 인지 능력, 인지 기술, 자기 조절, 인지부하
동기적 변인	개인의 흥미, 상황적 흥미, 목표 지향, 지능이론, 자기 효능감, 지속력
정의적 변인	정서 상태, 평가, 정서 조절, 태도
사회문화적 변인	사회적 맥락, 문화적 맥락, 정체성/자기인식, 관계, 사회적 행위주체성[5]

이 표는 적응적 시스템의 기초로 고려할 수 있을 만큼 모든 가능한 변인을 포괄하여 설명하고 있지 않다. 대부분의 적응적 시스템이 현재 지식 수준에 초점을 두는 것은 이 시스템이 무엇인가에 맞추는 데 있어서 매우 제한된 수의 잠재 변인만을 다룬다는 것을 의미한다.

물론 특정 게임은 매우 제한된 몇 개의 변인들(보통 그중 하나만 가능)에만 적응적일 수 있다. 그렇다면 이 변인을 어떻게 정해야 할까? 이러한 결정을 내리는 데 있어 몇 가지 고려 사항이 있다. 첫 번째, 특정 변인이 게임에서 학습자가 달성하도록 목표로 한 학습 결과 유형을 예측하는지 여부이다. 적응적 시스템에서 학습자의 현재 지식을 변인으로 자주 사용하는 이유 중 하나는 상당히 많은 연구에서 사전 지식이 학습 결과를 예측한다는 것을 보여주고 있기 때문이다(Bransford & Johnson, 1972; Dochy, Segers, & Buehl, 1999; Shapiro, 2004). 그런데 이 변인 외에 [표 10.1]에 나열된 다른 변인들도 연구에서 이와 유사한 관계를 제시해주고 있다(Craig, Graesser, Sullins, & Gholson, 2004; Fan & Chen, 2001; Picard, 1997).

두 번째 이슈는 이 변인이 학습용 게임의 맥락에서 평가될 수 있는가이다. 좀 더

---

5 사회적 행위주체성: 학생의 행위주체성(student agency) 중 하나로 학생들이 살아가는 사회에서의 권리와 책임에 대한 이해를 의미함(OECD, 2019)
   OECD(2019). OECD future of education and skills 2030 - Concept note: Student agency for 2030. [retrieved from https://www.oecd.org/education/2030-project/teaching-and-learning /learning/ student-agency/Student_Agency_for_2030_concept_note.pdf]

구체적으로 이야기하자면, 변인이 평가될 수 있는지 여부와 그러한 평가가 게임에 포함될 수 있는지 여부이다. 다음 절에서 이 두 문제들에 대해 논의할 것이다. 세 번째 이슈는 개별화 방법의 필요성을 정당화하기 위해 학습용 게임의 사용자인 학습자들 사이에 예상되는 변인이 충분한 가변성이 있는지 여부이다. 다시 말해, 적응성으로 인해 얻을 수 있는 예상 효과 크기가 개별화 방법을 정당화할 정도로 충분한가이다. 네 번째 이슈는 시스템이 식별된 변인에 따라 학습자 차이에 어떻게 적응해야 하는지 알려주는 충분한 이론적 또는 경험적 근거가 있는지 여부이다(Plass, 2016). 이 질문에 대해 더 논의해보자.

적응적 시스템을 위해 변인을 어떻게 측정해야 하는가?

최근 들어 적응형 게임의 기초를 제공할 수 있는 인지 · 비인지 능력의 측정 방법에 많은 발전이 있었다(Natriello, 2013; Williamson, Behar, & Mislevy, 2006). 게임에서 신뢰롭게 변인을 측정하려면 여러 조건이 부합되어야 한다. 우선, 이 변인을 행동에 기반하여 측정할 방법이 존재하거나 없다면 이를 설계한 후 검증해야 한다. 예를 들어 학습자가 자신의 학습을 자기조절하는 능력에 따라 적응적으로 되는 게임은 게임플레이를 하는 동안 학습자의 행동에 터해 자기 조절을 측정할 수 있어야 한다(Zap & Code, 2009). 이러한 평가는 게임을 설계할 때 반영될 수 있지만 게임을 개념화하는 초기 단계에서 고려되어야 한다(Mislevy, Behrens, Dicerbo, Frezzo, & West, 2012).

두 번째 조건은 게임 설계에 그러한 측정이 포함되도록 허용해야 한다는 것이다. 여기에는 평가 메커니즘의 설계가 포함된다(Plass et al., 2013). 메커니즘이란 목표 변인을 관찰하도록 하여 사용자 행동을 추출하는 것을 말한다(Leutner & Plass, 1998). 학습자가 자신의 학습 조절에 필요한 선택을 하지 않아도 되는 게임에서 자기조절과 관련된 행동을 관찰하기란 불가능할 것이다. 이러한 평가 메커니즘이 내장될 수 있는 경우라면, 세 번째 조건에 해당되는데, 측정값이 실시간으로 업데이트되어야 한다. 사용자의 새로운 행동은 학습자 모델을 업데이트하기 위해 고려되어야 하는 대상이다. 이러한 실시간 측정의 예로는 학습자가 각각의 행동을 한 후에 업데이트되는 베이지안 네트워크(Bayes network)가 있다(Shute & Zapata-Rivera, 2012). 이러한 변인 모델들은 전문가가 설계하고, 이를 증거기반설계(Mislevy, Steinberg, & Almond, 2003)와 같은 방법으로 메커니즘에 매핑해야 한다. 예를 들어 적응성에 기반해 학습자 지식을 활용할 때 지식공간 이론[6]은 지식을 모델링하는데 사용될 수 있다(Doignon & Falmagne, 1985). 게임 내에서의 행동 외에도 일부 변인의 측정에 생체 인식을 사용할 수 있는데, 감정(Ekman, Friesen, & Hager, 2002)이나 정서(D'Mello, Picard, & Graesser, 2007)를 측정하기 위해 얼굴 움직임, 참여도를 측정하기 위한 뇌파(Berka et al., 2007)나 참여도와 감정을 측정하기 위한 전혈 반응(Kapoor, Burleson, & Picard, 2007)이 그 예이다.

변인에 따라서 게임이 어떻게 적응적이어야 하나?

적응성을 위해 적절한 변인이 선정되고, 게임에서 해당 변인에 대한 평가가 이루어지면 적응형 학습게임 설계의 마지막 단계는 결정된 변인 상태에 따라 게임이 어떻게 적응적이어야 하는지를 정하는 것이다. [그림 10.1]은 학습자의 수행을 관찰하고, 관심 변인을 진단하고, 게임에서 적응적 반응을 하는 일명 적응성 루프를 보여준다. 이 그림에서 우측에 있는 "적응성(adaptivity)" 박스를 살펴보자. 예를 들어 낮은 수준의 동기 또는 높은 수준의 자기 조절능력이 감지되면 게임이 어떻게 변경되어야 할까?

게임이 어떻게 적응적으로 되어야 하는지를 정하는 과정은 시스템이 식별한 변인에 따라 학습자 차이에 어떻게 반응해야 하는지 알려주는 이론적 통찰이나 실증에 기반을 두어야 한다(Plass, 2016). 학습자 변인이 교육 개입의 효과성을 어떻게 중재하는지를 조사하는 연구를 적성처치상호작용(attribute by treatment interaction, ATI) 연구라고 한다(Corno & Snow, 1986; Cronbach & Snow, 1977; Leutner, 1995; Leutner & Rammsayer, 1995; Plass, Chun, Mayer, & Leutner, 1998). 그러나 방법론적 한계로 인해 최근 수십 년 동안

---

6 지식공간이론: 지식공간(knowledge space)은 어떤 특정한 지식 공간의 영역에서 학습자의 가능한 지식 상태를 설명하기 위한 이론적 지식 구조이다. 지식공간이론이란 이러한 학습자의 이론적 지식 구조를 바탕으로 그들의 지식 상태를 계산함으로써 여러 종류의 테스트나 학습지도를 위해 사용된다. 즉 학습자의 지식 흐름과 상태를 설명하기 위해 특정한 공간을 구조적인 형태로 표현하여 분석하는 방법으로, 학습자의 평가 결과를 지식 공간에 반영하고 각 단계별 지식 체계를 분석하여 결과적으로 학습자의 학습 효과를 최대화하는데 이용된다.

ATI와 관련 연구들에 큰 변화는 없었다. 결과적으로 [표 10.1]에 제시된 학습과 관련된 많은 변인들이 일반적인 효과로 연구되고 있지만 다양한 학습환경 설계에서의 ATI는 연구되지 못하고 있다. 이는 적응적 시스템 설계자들로 하여금 시스템이 학습자 변인의 특정 상태나 수준에 따라 어떻게 반응해야 하는지를 정하는 연구를 우선 수행해야 한다는 필요성을 던져준다. Azevedo와 Hadwin(2005)이 수행한 학습자의 자기 조절 수준에 기반한 스캐폴딩 설계가 ATI 연구의 예이다.

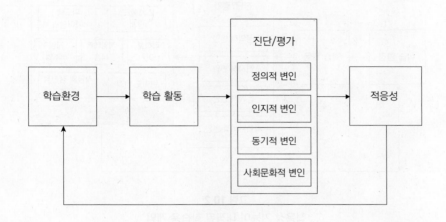

그림 10.1
적응성 루프

마지막 고려 사항은 관심 변수에 따라 적응적 반응을 구현하는데 사용할 수 있는 게임 기능이다. Plass, Homer, Kinzer(2015)가 제시한 '놀이학습(playful learning)' 설계 프레임워크에 기반을 두고 있는 이러한 기능의 예는 1장에서 제시한 바 있는데, 다음 절에서 살펴보도록 하자.

적응성에 활용될 수 있는 게임 기능에는 무엇이 있나?

학습용 게임에서 적응성은 다양한 방법으로 구현될 수 있다. 사실상 모든 게임 구성요소를 플레이어 모델에 따라 적응되도록 설계할 수 있다. 이 절에서는 다양한 구성 요소별로 적응형 게임이 설계된 사례를 살펴보고자 한다. 이것은 [그림 10.2]에 제시된 확장된 적응성 모델을 기반으로 한 일부 사례들이다. 해당 그림은 적응형 학습게임 구성 요소로 스캐폴딩과 단서, 피드백과 가이던스, 상호작용 유형, 표상 유형, 리허설 일정, 난이도 변화 및 개념의 점진적 발달 등을 제시하고 있다. 이것들이 각각 적응적 학습용 게임에 어떻게 활용되는지 살펴보도록 하자.

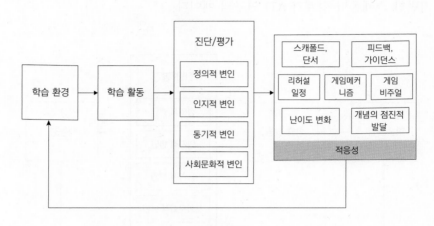

그림 10.2
적응성 기능이 내장된 학습용 게임

스캐폴딩과 단서 스캐폴드는 플레이어가 자주적으로 능숙하게 게임플레이를 할 수 있도록 도움을 주며, 플레이어가 특정 수준의 역량을 보여줄 때 사라지는 일시적인 요소이다(Reiser & Tabak, 2014). 비디오 게임은 일반적으로 스캐폴드를 사용하여 플레이어가 게임을 배울 수 있도록 도움을 준다. NPC는 게임 튜토리얼 단계에서 게임 환경과 메커니즘을 플레이어에게 소개하는 에이전트로, 게임 스캐폴드의 전형적인 예이다. 단서는 스캐폴드와 유사한 기능을 수행하지만 중요한 게임 요소에 플레이어의 주의를 끄는 안내자 역할을 한다. 또한 시각적이거나 청각적 형태 혹은 햅틱 형태로 플레이어에게 세밀한 가이던스를 제공한다. 공통적으로 제공되는 몇 개의 단서 애플리케이션을 추려보면, 플레이어의 네비게이션을 돕는 사다리나 선반과 같은 상호작용적 게임 요소에 뚜렷한 시각적 표식이 있다. 또한 게임 객체와 상호작용할 때 정확성 여부를 알려주는 오디오 클립이나 레이싱 게임에서 물체와 충돌할 때 컨트롤러 진동을 들 수 있다.

플레이어의 학습 결과를 향상시키기 위해 게임에서 스캐폴드와 단서가 적응적 형태로 제공될 수 있다. 인수분해 교육용 게임인 *Prime Climb*(Conati, Jaques, & Muir, 2013)에서 교육 에이전트는 게임플레이하는데 힌트 형태의 스캐폴딩을 제공한다. 해당 에이전트는 학생 모델을 기반으로 추론하고 학생이 핵심 도메인 지식을 놓칠 것으로 예상되면 개인화된 힌트를 표시해준다. *Crystal Island*[7](Lee, Rowe, Mott, & Lester, 2014) 와 *Tactical Combat Casualty Care*(Magerko, Stensrud, & Holt, 2006)와 같은 상호작용적 인 내러티브 학습용 게임도 유사한 방식으로 구현되었다. 이 게임들은 NPC가 게임 시 나리오를 통해 플레이어를 안내하고 이들이 어려움을 겪을 때 적응적으로 힌트를 제 공한다. 적응적 단서는 게임플레이하는 동안에 플레이어를 지원하는 효과적인 방법이 기도 하다. 적응적 단서 덕에 플레이어의 주의를 시의적절하게 중요한 정보에 집중할 수 있도록 이끌어 낸다. 언어학습용 게임인 *We Make Words*는 플레이어가 만다린어 를 배울 수 있도록 시각적으로 적응적 단서를 구현하였다(Demmel, Köhler, Krusche, & Schubert, 2011). 단어에 대한 플레이어의 경험치에 따라 단어 실루엣의 불투명도를 역 동적으로 조정함으로 단서를 제공한다.

피드백 피드백은 플레이어의 게임플레이에 도움을 주지만 스캐폴드 및 단서와 달 리 피드백은 플레이어의 동작에 대한 반응으로 생성된다. 다양한 유형의 피드백이 학 습에 미치는 영향에 대해 연구한 많은 논문들이 있다(Hattie & Timperley, 2007; Shute, 2008). 이 연구들의 결과는 많은 학습용 게임에서 적응적 피드백 설계를 구현하는데 영 감을 주었다. Serge, Priest, Durlach와 Johnson(2013)은 검색 절차를 학습하기 위해 게임에서 피드백의 추상화 수준(상세에서 일반 또는 일반에서 상세)을 조작하는 적응적 방 식의 설계를 하였다. 피드백을 제공하는 또 다른 방법은 NPC를 이용하는 것이다. 광 학 학습용 게임인 *ELEKTRA*(Peirce, Conlan, & Wade, 2008)에서 유명한 천문학자 갈릴레 오를 캐릭터로 등장시켜 대화를 통해 플레이어에게 피드백을 제공한다. 게임 *Tactical*

---

7 참고 사이트: http://projects.intellimedia.ncsu.edu/crystalisland/
중학교 과학교육용 게임으로 크리스털 섬에 퍼진 전염병의 원인을 진단하고 치료법을 찾아내기 위해 학생들은 게임에 몰입하여 가상의 캐릭터들과 대화하고, 실험에 실질적으로 참여함.

Combat Casualty Care(Magerko et al., 2006)는 군사 훈련 장교를 등장시켜 생도들과 의견을 나누고, 피드백을 제공하기도 한다. *Graphical Arithemetic Model*(Pareto, Schwartz & Svensson, 2009) 게임에서 플레이어는 적응형 에이전트를 가르치면서 학습한다. 교육이 가능한 이 에이전트는 플레이어와의 상호작용을 기반으로 자신의 지식을 발전시켜 나 간다. 게임플레이하는 중에 에이전트는 현재 지식을 기반으로 질문을 하는데, 이는 그 당시 플레이어의 지식 수준을 나타낸다. 에이전트가 던진 질문은 간접적인 방식으로 피드백 역할을 수행하는데, 이는 플레이어가 자신의 학습에 대해 성찰하도록 해준다.

리허설 일정 플레이어들은 각자의 속도에 맞춰 게임을 진행한다. 서로 다른 학습속도를 해결하기 위해 적응형 엔진은 각 플레이어의 게임플레이 시간을 조정할 수 있다. 또한 게임은 플레이어의 개별 요구 사항을 충족하기 위해 게임 시나리오를 추가, 제거 또는 재정렬할 수 있다. 이러한 방식을 통해 게임은 각 플레이어에게 적절한 연습을 제공하고 개념 숙달을 보장하게 된다. 리허설 일정과 관련된 적응은 일반적으로 게임 레벨이나 학습 모듈의 조작을 통해 이루어진다. *Code Red Triage*(van Oostendorp, van der Spek, & Linssen, 2013) 게임에서 학습 모듈은 계층으로 구성되어 있다. 게임플레이 중에 플레이어가 특정 단계에 있는 과제에 대한 역량을 입증하면 게임은 해당 단계의 나머지 학습 모듈을 삭제하고 다음 단계의 모듈을 제공한다. 이를 통해 더 높은 단계로 빠르게 진행할 수 있으며 완료 시간이 단축된다. Niehaus와 Riedl(2009)이 개발한 군의료 시뮬레이션은 이러한 설계 방식으로 개발되었다. 역량이 입증되면 모듈을 제거하는 것뿐만 아니라 기술 숙련도를 보장하기 위해 더 많거나 다양한 유형의 연습이 필요할 때 모듈을 추가하거나 대체한다. 효율적인 연습이 이루어지도록 하기 위해 미세한 차이를 두도록 레벨을 실시간으로 생성해낸다. 플레이어가 게임 *Fuzzy Chronicles*(Clark, Virk, Barnes, & Adams, 2016)의 특정 레벨에서 실패하면, 동일 레벨을 반복하는 대신 플레이어에게 동일한 학습 개념과 동일 난이도 가진 새로운 레벨을 제공한다.

게임 메커니즘 게임 메커니즘은 게임을 구성하는 기본 요소이다(Salen & Zimmerman, 2004). 이것은 상호작용 시스템에서 작동하여 게임플레이의 경험을 생성해내는 독립적인 구성요소이다. 서로 다른 메커니즘의 조합은 게임 경험을 이끌어가는데, 게임 메커니즘의 추가나 제거 또는 수정이 있는 경우 게임플레이에 큰 변화를 가져올 수 있다. 따라서 메커니즘 조작은 게임플레이를 통으로 바꾸기도 하여, 설계자들에게 적응성에 대한 통제권을 더 많이 부여해준다. 예를 들어, 미육군이 개발한 시뮬레이션 게임인 *Tactical Combat Casualty Care*(Magerko et al., 2006)에서 적응적 디렉터(adaptive director)가 게임캐릭터를 도입하고 변경하면서 플레이어를 위한 맞춤형 시나리오를 생성할 수 있다. 적응적 디렉터는 플레이어의 기술 시연을 트래킹하고 그에 따라 시나리오를 커스터마이징한다.

새로운 게임 구성요소를 도입하여 게임메커니즘을 조정할 수도 있다. Magerko, Heeter, Fitzgerald와 Medler(2008)는 과학 학습용 게임에 이 기술을 적용하였는데, 사용자의 게임플레이 방식에 따라 게임 구성요소를 다음과 같이 조정하였다. 내적 동기가 높은 탐험가형에게 추가 정보를 제공하였고, 성과 지향적인 성취자형에게 게임 타이머와 리더 보드[8]를 제공하였다. 외적 동기가 높은 승자형에게는 튜토리얼을 제공하였다. 이러한 구성요소는 게임플레이 방식을 크게 바꿔 놓아 플레이어의 성향에 따라 게임을 하게 하였다.

게임 비주얼 게임 구성요소의 시각 디자인은 게임 플레이에 영향을 준다. 연구에 따르면 게임 비주얼은 학습자의 정서 상태(Plass, Heidig, Hayward, Homer, & Um, 2014)와 학습 결과(Ober et al., 2017; Plass et al., 2014)에 각각 영향을 미치는 것으로 나타났다. 이러한 결과는 게임 비주얼이 게임의 학습 결과에 중요한 역할을 하며 학습 게임 설계의 중요한 구성 요소로 간주되어야 함을 시사한다. 일부 학습용 게임은 이 아이디어를 바탕으로 적응형 게임 비주얼을 구현하였다. 예를 들어 Soflano, Connolly와 Hainey(2015)는 SQL(Structured Query Language) 구문 학습용 게임의 비주얼을 조정하였다. 이 게임은 플레이어가 선호하는 프레젠테이션 형식에 따라 텍스트나 이미지를 통해 학습 콘텐츠를 제공한다. 게임 채팅 시스템에서 콘텐츠를 변경하는 적응형 시스템의 도움으로 플레이어들은 학습 내용을 자신의 선호도에 따라 텍스트나 이미지 형태로 채팅 시스템에서 제공받게 된다.

---

8 게임 유저의 랭킹을 보여주는 보드.

난이도 변화 학습용 게임에서 과제 난이도를 관리하는 것은 중요한 문제이다. 게임이 너무 어렵다면, 플레이어는 좌절하게 되고, 너무 쉽다면 플레이어는 지루해하기 때문이다. 이러한 상황을 피하기 위해 대다수의 게임은 점차 난이도를 높이지만 학습용 게임의 경우 각 플레이어마다 다른 속도로 학습함을 고려해야 한다는 점이 큰 난제이다. 왜냐하면 사전에 설정된 대로 난이도를 높이는 것은 대다수의 플레이어에게 차선책일 뿐인데, 상업용 게임과 달리 학습용 게임의 경우 각 플레이어의 요구를 충족시키는 것이 중요하기 때문이다. 이러한 문제를 해결하기 위해 대부분의 게임은 플레이어 수행 수준에 따라 학습 난이도를 조정한다. 게임 *All You Can E. T.*(CREATE, 2016)는 외계인이 수평선 아래로 사라지기 전에 플레이어가 반응할 수 있는 적절한 시간을 벌어주고자 외계인의 낙하 속도를 조정해준다. 이와 유사하게 언어학습용 게임 *Cognate Bubbles*(Sampayo-Vargas, Cope, He, & Byrne, 2013)는 플레이어에게 제공되는 단어 선택의 개수를 조절하여 난이도를 조정한다. 예를 들어, 플레이어가 과제 수행을 어려워하면 게임은 선택의 폭을 좁혀 이들이 보다 수월하게 올바른 선택을 할 수 있게 해준다.

개념의 점진적 발달 일부 학습용 게임은 학습 콘텐츠의 계열을 수정함으로서 적응성을 구현한다. 여러 개의 학습목표가 상호 관련된 게임의 경우 플레이어의 필요에 따라 콘텐츠 배치가 재정렬될 수 있다. 플레이어의 개념 이해에 터하여 콘텐츠를 조정하기 때문에 이러한 적응 유형을 '개념의 점진적 발달(conceptual progression)'이라는 용어를 사용하였다. 적응은 게임 내 콘텐츠가 아니라 플레이어의 개념적 지식을 기반으로 하기 때문에 개념의 점진적 발달/변천은 학습용 게임에만 적용된다. *Adaptive Educational Interactive Narrative System*(AEINS)은 윤리 및 시민 교육용 게임으로 플레이어에게 맞춰진 스토리 경로를 제공한다(Hodhod, Kudenko, & Cairns, 2009). 이 게임의 스토리 커스터마이제이션은 플레이어 모델에 따라 수업 시기(teaching moment)를 재배열하여 이루어진다. 여기에서 수업 시기란 전체 스토리의 일부로 이루어진 도메인 수준의 개념을 뜻하는데, 이것과 플레이어의 상호작용은 적응을 위해 활용된다. 이를 통해 *AEINS* 게임은 학습 목표와 밀접하게 연계된 내러티브를 자연스럽게 생성해 낸다.

개념의 점진적 발달에서 거시적 차원의 적응 방법은 수학 추론 게임인 *Ecotoons 2*(Carro, Breda, Castillo, & Bajuelos, 2002)에서 나타난다. 이 게임은 플레이어의 개념적 지식에 따라 미니 게임을 선정하여 순서를 지정한다. 적응성은 두 단계로 구현되는데, (1) 구조 생성과 (2) 가능한 활동과 게임 선택을 통한 스토리 적응이다. 첫 번째 단계에서 엔진은 연령, 사용 언어, 미디어 설정과 같은 플레이어 특징을 활용하여 플레이어 저마다의 독특한 게임 구조를 생성한다. 게임 구조에는 전반적인 것을 아우르는 스토리를 주제로 한 다양한 활동들이 포함되어 있다. 두 번째 단계에서 선택된 활동들의 하위 요소들은 게임 내 메뉴를 통해 플레이어에게 제공된다. 플레이어는 가용한 여러 활동 중에서 하나를 선택할 수 있다. 플레이어가 하나의 활동을 선택하면 그 당시 플레이어의 개념적 지식에 따라 가장 적합한 미니 게임이 선택된다. 가능한 경우 미니게임은 플레이어 모델에 따라 실시간으로 구성되며, 그렇지 않으면 기존에 준비된 미니 게임이 제공된다. 이러한 적응성 유형이 적용된 게임은 각 플레이어의 개념적 발전을 위한 사용자 맞춤 경로를 만들어낸다. 지금까지 적응성이 게임에서 어떻게 구현될 수 있는지를 검토하였다. 다음 절에서 적응성이 학습 결과에 미치는 효과를 논의한 연구들을 살펴보자.

3 게임 분야에서 적응성에 대한 연구

많은 과학자들이 부가가치 연구 패러다임을 취하여 적응성을 연구해오고 있다 (Conati & Zhao, 2004; Soflano et al., 2015; van Oostendorp et al., 2013). 이러한 패러다임 하에서 추가된 기능 유무에 따라 플레이어의 학습 결과에 어떤 차이가 있는지에 대한 연구와 해당 기능이 학습 결과에 어떠한 영향을 미치는지에 대한 효과성 연구가 이루어진다(Mayer, 2014). 적응형 학습용 게임의 경우 적응성을 하나의 기능으로 보는 부가가치 연구가 수행되고 있다. 진행된 대부분의 실험들은 적응형 학습용 게임(실험집단)과 일반적인 학습용 게임(통제집단)을 비교하는 연구였다(Hwang, Sung, Hung, Huang, & Tsai, 2012; Lee et al., 2014). 그런데 몇몇 일부 연구들은 적응형 게임의 다양한 디자인을 알아내기 위해서 더 많은 처치 조건을 사용하였다(Clark et al., 2016; Serge et al., 2013). 예를 들어, Serge 등(2013)은 적응적 피드백의 효과를 연구하기 위해 네 개의 실험집단과 통제집단을 사용하였다. '상세 피드백' 집단은 게임에 대한 구체적 피드백을 직접 제공받았다. '일반 피드백' 집단은 일반적인 원리의 형태를 지닌 추상적인 지침을 제공받았다. '직접-일반 적응적 피드백' 집단에게 처음에는 직접적인 피드백을 주었지만 점차적으로 일반적인 피드백을 받게 하였다. '일반-직접 적응적 피드백' 집단의 경우 먼저 일반적인 피드백을 제공하다가 점차 세부적인 정보를 제공받도록 전환시켰다. 이 연구에서 실험집단 간에 유의미한 차이가 없었다. Clark 등(2016)은 통제 집단과 두 개의 실험집단을 비교하여 유사한 연구를 수행하였다. 첫 번째 실험집단에는 '자기설명(self-explanation) 피드백'을 제공했고 두 번째 실험집단에는 추상화 수준을 조절하여 상세한 것부터 일반적인 수준으로 변경되는 '적응적 자기설명 피드백'을 제공하였다. 이 연구에서 적응적 피드백을 제공받은 실험집단이 가장 높은 평균 점수를 얻었으며, 통제집단과 실험집단 간의 사후점수에서 차이를 발견하였다.

이처럼 다양한 연구 설계에 이어 게임 플레이어의 다양한 특성(프레젠테이션 선호도, 사고 방식, 도메인 지식, 게임 수행)에 대한 적응성 연구가 이루어졌다. Soflano, Connolly 와 Hainey(2015)는 콘텐츠 프레젠테이션에 대한 게임 플레이어의 선호도를 기반으로 적응적 디자인에 대한 연구를 수행하였다. 이들은 두 개의 통제집단(비적응형)과 하나의 실험집단(적응형)을 비교하였다. 실험집단은 플레이어의 프레젠테이션 선호를 실시간으로 예측하여 텍스트와 이미지가 전환되는 적응형 비주얼 자료를 제공받았다. 결과는 실험집단이 게임플레이 후 SQL 구문 이해도에서 다른 모든 집단보다 우수하게 나타났다. Hwang 등(2012)은 플레이어의 사고 방식(순차적 사고 對. 총체적 사고)에 따라 지원되는 다양한 유형의 적응성을 연구하였다. 사고 방식을 지원하는 적응형 디자인을 적용한 실험집단과 통제집단(플레이어의 사고방식과 반대되는 버전을 제공)을 비교했으며, 학습 결과와 동기 부여 측면에서 실험집단이 더 높게 나타났다.

도메인 지식 기반의 적응성에 대한 연구 또한 많이 이루어지고 있다(Conati & Zhao, 2004; Lee et al., 2014; van Oostendorp et al., 2013). 이 연구들은 플레이어의 도메인 지식을 예측하여 게임 플레이를 변경하는 적응형 엔진의 효과를 검증하였다. van Oostendorp, van der Spek와 Linssen(2013), Lee, Rowe, Mott와 Lester(2014)의 연구에 따르면 학습 성과 측면에서 적응형 버전이 비적응형 버전보다 훨씬 효과적임을 증명하였다. Conati와 Zhao(2004)는 적응형 버전의 *Prime Climb* 게임에 대해 한계적으로 유의미한 결과를 보였지만 효과 크기는 높게 나왔다(d=0.7). 도메인 지식과 마찬가지로 게임 수행에 기반한 적응성에 대한 연구도 희망적인 결과를 보여주었다(Sampayo-Vargas et al., 2013). 대다수의 학습용 게임에서 게임 수행은 학습 결과와 밀접하게 관련되어 있기에 플레이어의 학습 진행으로 대체될 수 있다. Sampayo-Vargas 등(2013)의 연구에서 실험집단에게 플레이어 수행에 따라 과제 난이도를 변경하는 게임을 제공하였다. 이 집단은 통제집단보다 학습 결과가 더 높게 나왔다.

특정 교과 영역에서 학습 결과 향상을 위한 적응성 연구 외에도 적응성이 집행 기능과 같은 인지 능력을 훈련하는 게임에 미치는 효과성 연구도 이루어졌다(Blair & Razza, 2007; Müller & Kerns, 2015). Plass, Pawar, McNamara(2018)가 수행한 두 연구에 따르면 게임에서 난이도의 적응적 조절로 집행기능의 하위 기술인 '전환(shifting)' 능력을 훈련시켰으며, 중학생을 제외한 고등학생과 성인의 점수 향상에 효과적이었다.

[그림 10.1]의 적응성 모델은 인지, 동기, 정서 및 사회문화 측면에서 적응하는 네 개의 범주를 제시하고 있다. 그런데 이전 연구들은 인지 및 동기 측면에만 국한시켜 수행되었다(Clark et al., 2016; Lee et al., 2014; Peirce et al., 2008; Serge et al., 2013). 두 개의 적응적 개입 중 인지 요인이 동기 요인에 비해 더 많은 효과를 보였다. *Prime Climb*(Conati & Zhao, 2004), *Crystal Island*(Lee et al., 2014), *Fuzzy Chronicles*(Clark et al., 2016), *Code Red Triage*(van Oostendorp et al., 2013)와 같은 게임에서 인지 범주의 적응적 개입 효과를 입증한 반면, 동기 범주에서는 유의미한 결과를 얻지 못했다(Peirce et al., 2008; Sampayo-Vargas et al., 2013; van Oostendorp et al., 2013). 일부 연구자들은 적응성이 인지와 동기 측면의 성과에 미치는 영향을 연구하였다(Hwang et al., 2012; Sampayo-Vargas et al., 2013; van Oostendorp et al., 2013). Sampayo-Vargas 등(2013)은 적응형 엔진이 학습 결과 및 동기에 미치는 영향을 알아보았는데, 분석 결과 동기를 제외한 학습 결과에 유의미한 효과가 있었다. Van Ostendorp 등(2013)은 학습 결과와 참여도를 종속 변인으로 설정하였다. 적응형 버전의 게임은 학습 결과에 효과적이었지만 플레이어의 참여도를 높이지는 못했다. 동기부여가 될 정도는 아니었기에 동기 차원의 효과를 보이지 않았으며, 비적응형 버전의 게임에서 플레이어의 동기 수준이 이미 높기도 하

였다. 동일한 게임 간 동기 수준을 비교할 때 통제집단과 실험집단의 비교를 통해 유의미한 효과를 찾는 것은 어려울 수 있다.

4 시사점

게임기반 학습의 적응성에 대한 이론적 및 실제적 시사점은 다음과 같다.

이론적 시사점

적응형 게임기반 학습에 대한 강력한 메타 분석 결과는 없지만 이 장에서 살펴본 연구들은 비적응형 게임과 비교했을 때 적응형 게임의 실증적 효과를 제시하고 있다. 이는 학습자의 니즈를 수용할 수 있는 게임기반 경험이 모든 학습자에게 동일한 방식을 사용하는 게임보다 더 효과적으로 학습을 촉진할 수 있다는 개념을 지지하고 있다. 그러나 현재 적응성에서 고려되는 변인의 수가 적기 때문에 적응성 방식의 적용 폭이 좁은 편이다. 대부분의 변인은 인지적인 것이지만 어떤 경우에는 동기 변인도 고려되고 있다. 추가 변인들 중 특히 정서 및 사회문화 측면도 고려해야 한다. 이 변인들의 효과를 분석하기 위해서는 추가적인 연구가 필요한데, 변인 선택에 유용한 이론적·실제적 지침을 제공하는 모형을 해당 장에 제시한 바 있다.

실제적 시사점

해당 장에서 검토한 연구들은 학습용 게임에서 적응성을 구현하는데 필요한 지침을 게임 디자이너에게 제공해준다. 무엇보다 중요한 것은 디자이너들이 적응적 시스템 설계를 위해 가능한 모든 유형의 변인(정서, 인지, 동기 및 사회문화)을 고려해야 한다는 것이다. 변인을 선택할 때, 그것은 학습자간에 가장 다양할 가능성이 있는 변인이어야 할 뿐만 아니라 바람직한 결과에 미치는 효과성도 입증된 것이어야 한다. 다양한 유형의 적응성을 구현하는 데 사용할 수 있는 게임의 기능들을 여기에서 살펴보았다(예: 적응형 스캐폴드, 단서, 피드백, 리허설 일정, 게임 비주얼, 게임 메커니즘, 난이도 변화, 개념 변천). 적응형 학습용 게임을 설계할 때 필요한 고려 사항을 여기에서 상세히 설명하였고, 효과를 위해 연구와 이론에 기반한 적용이 필요함을 강조하였다.

5   제한점 및 향후 연구

마지막 절에서는 현재 연구의 제한점과 향후 연구를 위한 제언을 다루고자 한다.

제한점

학습용 게임의 적응성에 대한 현재 연구는 개념적, 실증적, 방법론적 한계를 가지고 있다. 개념적 수준에서 적응성이 정의되는 방식은 매우 협소한 편인데, 대부분 학습자의 지식 현황과 같은 인지적 변인과 좌절감, 지루함과 같은 정서적 변인 등 몇 개 안되는 변인에 초점을 두고 있다. 또한 적응성을 구현한 많은 상업용 게임은 적응형 엔진이 작동되는 방식을 공개하지 않고 있다. 이러한 투명성 부족으로 인해 적응형 시스템의 효과를 평가하기에 어려움이 있다. 적응적 시스템 개발에 또 다른 난관은 이것의 설계 지침을 제공할 만한 연구가 부족하다는 점이다. 90년대에는 방법론적 문제로 인해 ATI 연구가 거의 수행되지 않아서, 학습자의 특정 변인이 학습 결과에 미치는 중재 효과에 대한 연구가 그리 많지 않았다. 이와 관련된 지식 없이는 이론에 기반한 적응적 시스템 설계가 어렵다. 마지막으로, 적응성의 정의는 학습자에 의해 내려지는 것이 아닌 학습자를 위해 내려지는 결정을 의미한다. 개념적으로, 이것은 학습자의 자기주도학습 능력을 학습 결과로 간주할 때 문제가 된다.

방법론적 · 실증적 측면의 한계점은 적응성의 기반 정보로서 학습 유형과 같은 변인을 사용하는 것이다. Pashler, McDaniel, Rohrer, Bjork(2008)의 연구에 따르면 학습 유형이 학습 결과에 영향을 미친다는 실증적 증거는 없다. 결과적으로 적응적 시스템의 변인으로 학습유형을 사용하는 것은 연구에서 지지되지 않는다. 또 다른 방법론적 한계로 학습자 경험에 초점을 두고 실행된 연구의 부족이다. 이전 연구들은 상이한 적응적 시스템 설계에 따른 다양한 학습 결과에만 초점을 두고 있으며, 적응적 시스템이 학습자의 게임플레이에 영향을 미치는 과정에 대해 논의한 연구는 거의 없다. 예를 들어, 적응적 난이도 조절과 관련된 연구들은 적응적 시스템에서 발생한 변화에 대해 이벤트 기반 분석을 진행하지 않았으며, 그 변화가 학습자에게 어떤 영향을 끼쳤는지를 다루지 않고 있다. 학습자의 관점에서 적응형 시스템을 분석하는 것은 향후 시스템 설계에 도움이 되면서 그 유용성과 수용도를 높일 수 있다.

향후 연구

적응적 학습용 게임에 대한 향후 연구를 위해 이 장 앞부분에서 제시한 연구 문제들을 중심으로 다음의 고려사항을 제안하고자 한다.

적응적 게임 설계에 어떤 종류의 변인을 사용해야 하는가? 앞에서 살펴보았듯이, 적응적 게임 설계에 사용되는 변인의 수와 범위는 매우 제한적이다. 추가 연구를 통해 적응적 게임의 설계에서 고려해야 할 다른 변인들을 조사해야 한다. 이러한 연구를 수행하는데 있어서 [표 10.1]에 제공된 변인 목록은 학습자 변인을 선택하는 데 유용할 수 있다.

적응적 시스템을 위해 변인을 어떻게 측정해야 하는가? 게임은 광범위한 사용자 행동 로그 데이터를 수집하여 다양한 변인을 예측할 수 있게 해준다. 또한 생체 인식을 통해 사용자 로그와 동기화할 수 있는 생체신호 데이터 수집이 가능하다. 마지막으로 상황별 데이터는 게임 및 기타 관찰을 통해 얻을 수 있다. 이 세 유형의 데이터를 삼각측정하여 학습자 변인을 새롭게 평가하는데 사용할 수 있다. 게임이 목표 변인을 관찰할 수 있는 특정 상황을 만드는 특정 데이터를 생성하도록 평가 메커니즘을 설계할 수 있다(Plass et al., 2013). 이렇게 새로운 평가들이 설계되어 검증될 필요가 있다.

변인에 따라서 게임이 어떻게 적응적이어야 하나? 다양한 학습자 특성에 맞게 적응적 게임을 구현하는 방법에 대한 체계적인 연구가 이루어져야 한다. 여기에는 학습자 변인이 특정 개입의 효과성에 영향을 주는 중재 혹은 매개 효과 연구와 적응성을 위해 사용해야 하는 구체적인 게임 기능에 대한 연구 등이 포함된다. 위에서 살펴본 게임 기능들은 이러한 연구를 수행하는데 있어서 게임에서 적응성을 구현하는 방법의 예가 될 수 있다.

이러한 의미에서 차세대 ATI 연구 패러다임의 개발이 갖는 가치는 중요하다. 차세대 ATI 연구 패러다임은 확인된 새로운 학습자 변인과 이를 진단하기 위해 개발된 새로운 평가방법을 기반으로 30년 전 ATI 연구에서 방법론적 단점을 해결할 수 있을 것이다.

마지막으로, 향후 연구는 게임이 학습자의 니즈에 어떻게 반응하는지에 대한 전반적인 접근 방법을 확장해야 한다. 적응성은 학습자에게 선택권을 제공하지 않고 교육을 처방하는 새로운 형태의 행동주의(Rouvroy, 2015)라고 이미 비판받고 있다. 연구자는 진단된 학습자 변인을 활용하여 학습자로 하여금 보다 현명한 선택을 하게끔 해주어 행위주체성을 제공하는 적응적 학습용 게임이 되도록 설계하고 연구해야 한다.

참고문헌

Azevedo, R., & Hadwin, A. F.(2005). Scaffolding self-regulated learning and metacognition: Implications for the design of computer-based scaffolds. *Instructional Science, 33*(5-6), 367-379.

Berka, C., Levendowski, D. J., Lumicao, M. N., Yau, A., Davis, G., Zivkovic, V. T., ··· Craven, P. L.(2007). EEG correlates of task engagement and mental workload in vigilance, learning, and memory tasks. *Aviation, Space, and Environmental Medicine, 78*(5), B231-B244.

Blair, C., & Razza, R. P.(2007). Relating effortful control, executive function, and false belief understanding to emerging math and literacyability in kindergarten. *Child Development, 78*(2), 647-663.

Boekaerts, M.(1992). The adaptable learning process: Initiating and maintaining behavioural change. *Applied Psychology, 41*(4), 377-397.

Bransford, J. D., & Johnson, M. K.(1972). Contextual prerequisites for understanding: Some investigations of comprehension and recall. *Journal of Verbal Learning and Verbal Behavior, 11*, 717-726.

Carro, R. M., Breda, A. M., Castillo, G., & Bajuelos, A. L.(2002) A methodology for developing adaptive educational-game environments. In P. De Bra, P. Brusilovsky, & R. Conejo(Eds.), *Adaptive hypermedia and adaptive web-based systems(*pp. 90-99). Berlin, Germany: Springer.

Clark, D. B., Virk, S. S., Barnes, J., & Adams, D. M.(2016). Self-explanation and digital games: Adaptively increasing abstraction. *Computers & Education, 103*, 28-43.

Conati, C., Jaques, N., & Muir, M.(2013). Understanding attention to adaptive hints in edu-cational games: An eye-tracking study. *International Journal of Artificial Intelligence in Education, 23*(1-4), 136-161.

Conati, C., & Zhao, X.(2004). *Building and evaluating intelligent pedagogical agent to improve the effectiveness of an educational game.* Paper presented at 9th International Conference on Intelligent User Interfaces(IUI '04), Madeira, Portugal, January 13-16, 2004. New York, NY: ACM, doi:10.1145/964442.964446

Consortium for Research and Evaluation of Advanced Technologies in Education(CREATE).(2016). All You Can E.T. [Computer game]. Retrieved from https://create.nyu.edu/dream

Consortium for Research and Evaluation of Advanced Technologies in Education(CREATE).(2017). Gwakkamolé [Computer game]. Retrieved from https://create.nyu.edu/dream

Corno, L., & Snow, R. E.(1986). Adapting teaching to individual differences among learners. In

M. Wittrock(Ed.), *Handbook of research on teaching*(Vol. 3, pp. 605-629). New York, NY: Macmillan.

Craig, S. D., Graesser, A. C., Sullins, J., & Gholson, B.(2004). Affect and learning: An exploratory look into the role of affect in learning with AutoTutor. *Journal of Educational Media, 29*(3), 241-250.

Cronbach, L. J., & Snow, R. E.(1977). *Aptitudes and instructional methods: A handbook for research on interactions*. Irvington, NY: Irvington Publishers.

Demmel, R. B., Köhler, B., Krusche, S., & Schubert, L.(2011*). The serious game: WeMakeWords.* Paper presented at 10th SIGPLAN Symposium on New Ideas, New Paradigms, and Reflections on Programming and Software, Portland, OR, October 22-27, 2011. New York, NY: ACM, doi:10.1145/2048237.2048253

D'Mello, S., Picard, R. W., & Graesser, A.(2007). Toward an affect-sensitive AutoTutor. *IEEE Intelligent Systems, 22*(4), 53-61.

Dochy, F., Segers, M., & Buehl, M. M.(1999). The relation between assessment practices and outcomes of studies: The case of research on prior knowledge. *Review of Educational Research, 69*, 145-186.

Doignon, J. P., & Falmagne, J. C.(1985). Spaces for the assessment of knowledge. *International Journal of Man-Machine Studies, 23*(2), 175-196.

Ekman, P., Friesen, W. V., & Hager, J. C.(2002). *The facial action coding system*. Salt Lake City, UT: Research Nexus eBook.

Fan, X., & Chen, M.(2001). Parental involvement and students' academic achievement: A meta-analysis. *Educational Psychology Review, 13*(1), 1-22.

Hattie, J., & Timperley, H.(2007). The power of feedback. *Review of Educational Research, 77*(1), 81-112.

Hodhod, R., Kudenko, D., & Cairns, P.(2009). Educational Narrative and Student Modeling for Ill-Defined Domains. In V. Dimitrova, R. Mizoguchi, B. du Boulay, & A. C. Graesser(Eds.), *Artificial Intelligence in Education: Building Learning Systems that Care: From Knowledge Representation to Affective Modelling*(pp. 638-640). Amsterdam, Netherlands: IOS press.

Holmes, J., Gathercole, S. E., & Dunning, D. L.(2009). Adaptive training leads to sustained enhancement of poor working memory in children. *Developmental Science, 12*(4), F9-F15.

Hwang, G. J., Sung, H. Y., Hung, C. M., Huang, I., & Tsai, C. C.(2012). Development of a personalized educational computer game based on students' learning styles. *Educational Technology Research and Development, 60*(4), 623-638.

Kapoor, A., Burleson, W., & Picard, R. W.(2007). Automatic prediction of frustration. *International Journal of Human-Computer Studies, 65*(8), 724-736.

Klingberg, T., Fernell, E., Olesen, P. J., Johnson, M., Gustafsson, P., Dahlström, K., ⋯ Wester-berg, H.(2005). Computerized training of working memory in children with ADHD: A randomized, controlled trial. *Journal of the American Academy of Child & Adolescent Psychiatry, 44*, 177-186.

Lee, S. Y., Rowe, J. P., Mott, B. W., & Lester, J. C.(2014). A supervised learning framework for modeling director agent strategies in educational interactive narrative. *IEEE Transactions on Computational Intelligence and AI in Games, 6*(2), 203-215.

Leutner, D.(1995). Adaptivität und Adaptierbarkeit multimedialer Lernsysteme. In L. J. Issing & P. Klimsa(Eds.), *Informationen und lernen mit multimediaein lehrbuch zur multimedia-didaktik und anwendung(*pp. 139-147). Weinheim, Germany: Beltz-PVU.

Leutner, D., & Plass, J. L.(1998). Measuring learning styles with questionnaires versus direct observation of preferential choice behavior in authentic learning situations: The visualizer/ verbalizer behavior observation scale(VV-BOS). *Computers in Human Behavior, 14*, 543-557.

Leutner, D., & Rammsayer, T.(1995). Complex trait-treatment-interaction analysis: A powerful approach for analyzing individual differences in experimental designs. *Personality and Individual Differences, 19*, 493-511.

Magerko, B., Heeter, C., Fitzgerald, J., & Medler, B.(2008). *Intelligent adaptation of digital game-based learning.* Paper presented at 2008 Conference on Future Play: Research, Play, Share, Toronto, Canada, November 3-5, 2008. New York, NY: ACM, doi:10.1145/1496984.1497021

Magerko, B., Stensrud, B. S., & Holt, L. S.(2006). Bringing the schoolhouse inside the box-a tool for engaging, individualized training. In J. A. Parmentola & A. M. Rajendran(Eds.), *Proceedings of the 25th US Army Science Conference, Transformational Army Science and Technology, Charting the Future of S & T for the Soldier(*pp. 1-8). Henderson, NV: Tech Science Press.

Mayer, R. E.(2014). *Computer games for learning: An evidence-based approach.* Cambridge, MA: MIT Press.

Mislevy, R. J., Behrens, J. T., Dicerbo, K. E., Frezzo, D. C., & West, P.(2012). Three things game designers need to know about assessment. In D. Ifenthaler, D. Eseryel, & X. Ge(Eds.), *Assessment in game-based learning.* New York, NY: Springer.

Mislevy, R. J., Steinberg, L. S., & Almond, R. G.(2003). On the structure of educational assessments. *Measurement: Interdisciplinary Research and Perspectives, 1*(1), 3-62.

Miyake, A., Friedman, N. P., Emerson, M. J., Witzki, A. H., Howerter, A., & Wager, T. D.(2000). The unity and diversity of executive functions and their contributions to complex "frontal lobe" tasks: A latent variable analysis. *Cognitive Psychology, 41*(1), 49-100.

Müller, U., & Kerns, K.(2015). The development of executive function. In R. M. Lerner, L. S. Liben, & U. Müller(Eds.), *Handbook of child psychology and developmental science: Vol. 2.*

Cognitive processes(7th ed., pp. 571-623). Hoboken, NJ: Wiley.

Natriello, G.(2013). *Adaptive educational technologies: Tools for learning, and for learning about learning*. National Academy of Education. Retrieved from http://www.naeducation.org/cs/ groups/ naedsite/documents/webpage/naed_085633.pdf

Niehaus, J. M., & Riedl, M. O.(2009). Toward Scenario Adaptation for Learning. In V. Dimitrova, R. Mizoguchi, B. du Boulay, & A. C. Graesser(Eds.), *Artificial intelligence in education: Building learning systems that care: From knowledge representation to affective modelling*(pp. 686-688). Amsterdam, Netherlands: IOS press.

Nintendo EAD.(2013). *Mario Kart 64* [Nintendo 64 computer game]. Kyoto, Japan: Nintendo.

Ober, T. M., Rose, M. C., MacNamara, A. P., Olsen, A., Homer, B. D., & Plass, J. L.(2017, October). *Emotional design and the training of executive functions in adolescents: Influence of "hot" vs. "cool" game characters*. Poster presented at the 10th Biennial Meeting of the Cognitive Development Society, Portland, OR.

Pareto, L., Schwartz, D. L., & Svensson, L.(2009). Learning by guiding a teachable agent to play an educational game. In V. Dimitrova, R. Mizoguchi, B. du Boulay, & A. C. Graesser(Eds.), *Artificial intelligence in education: Building learning systems that care: From knowledge representation to affective modelling*(pp. 662-664). Amsterdam, Netherlands: IOS press.

Pashler, H., McDaniel, M., Rohrer, D., & Bjork, R.(2008). Learning styles: Concepts and evidence. *Psychological Science in the Public Interest, 9*(3), 105-119.

Peirce, N., Conlan, O., & Wade, V.(2008). *Adaptive educational games: Providing non-invasive personalised learning experiences*. Paper presented at Digital Games and Intelligent Toys Based Education, 2008 Second IEEE International Conference, Banff, Canada, November 17-19, 2008. Washington, DC: IEEE Computer Society, doi:10.1109/DIGITEL.2008.30

Picard, R. W.(1997). *Affective computing*. Cambridge, MA: MIT Press.

Plass, J. L.(2016, September). *A taxonomy of adaptivity in learning*. Invited panel discussion on Personalized and Adaptive Learning Systems, CRESSTCON '16, Los Angeles, CA, September 20, 2016.

Plass, J. L., Chun, D. M., Mayer, R. E., & Leutner, D.(1998). Supporting visual and verbal learning preferences in a second-language multimedia learning environment. *Journal of educational psychology, 90*(1), 25.

Plass, J. L., Heidig, S., Hayward, E. O., Homer, B. D., & Um, E.(2014). Emotional design in multimedia learning: Effects of shape and color on affect and learning. *Learning and Instruction, 29*, 128-140.

Plass, J. L., Homer, B. D., & Kinzer, C. K.(2015). Foundations of game-based learning. *Educational Psychologist, 50*(4), 258-283.

Plass, J. L., Homer, B. D., Kinzer, C. K., Chang, Y. K., Frye, J., Kaczetow, W., ⋯ Perlin, K.(2013). Metrics in simulations and games for learning. In A. Drachen, M. S. El-Nasr, & A. Canossa(Eds.), *Game analytics*(pp. 697-729). New York, NY: Springer.

Plass, J. L., Pawar, S., & MacNamara, A. P.(2018, June). *The effect of adaptive difficulty adjustment on the effectiveness of a digital game to develop executive functions*. Paper presented at the 48th Annual Meeting of the Jean Piaget Society, Amsterdam, Netherlands, June 1, 2018.

Reiser, B., & Tabak, I.(2014). Scaffolding. In R. Sawyer(Ed.), *The Cambridge handbook of the learning sciences*(Cambridge Handbooks in Psychology, pp. 44-62). Cambridge, England: Cambridge University Press.

Rouvroy, A.(2015). The end(s) of critique: Data behaviorism versus due process. In M. Hildebrandt & K. De Vries(Eds.), *Privacy, due process and the computational turn: The philosophy of law meets the philosophy of technology*. London, England: Routledge.

Salen, K., & Zimmerman, E.(2004). *Rules of play: Game design fundamentals*. Cambridge, MA: MIT Press.

Sampayo-Vargas, S., Cope, C. J., He, Z., & Byrne, G. J.(2013). The effectiveness of adaptive difficulty adjustments on students' motivation and learning in an educational computer game. *Computers & Education, 69*, 452-462.

Serge, S. R., Priest, H. A., Durlach, P. J., & Johnson, C. I.(2013). The effects of static and adaptive performance feedback in game-based training. *Computers in Human Behavior, 29*(3), 1150-1158.

Shapiro, A. M.(2004). How including prior knowledge as a subject variable may change outcomes of learning research. *American Educational Research Journal, 41*(1), 159-189.

Shute, V. J.(2008). Focus on formative feedback. *Review of Educational Research, 78*(1), 153-189.

Shute, V. J., & Zapata-Rivera, D.(2012). Adaptive educational systems. *Adaptive Technologies for Training and Education, 7*(27), 1-35.

Soflano, M., Connolly, T. M., & Hainey, T.(2015). An application of adaptive games-based learning based on learning style to teach SQL. *Computers & Education, 86*, 192-211.

van Oostendorp, H., van der Spek, E., & Linssen, J.(2013). Adapting the complexity level of a serious game to the proficiency of players. In C. V. Carvalho(Ed.), *7th European Conference on Games Based Learning*(p. 553-561). Sonning Common, England: Academic Conferences and Publishing International.

Williamson, D. M., Behar, I. I., & Mislevy, R. J.(Eds.).(2006). *Automated scoring of complex tasks in computer-based testing*. Mahwah, NJ: Erlbaum.

Zap, N., & Code, J.(2009). Self-regulated learning in video game environments. In R. E. Ferdig(Ed.), *Handbook of research on effective electronic gaming in education*(pp. 738-756). Hershey, PA: Information Science Reference.

11

게임기반 학습에서의 이야기

Michele D. Dickey(신자란 역)

1 서론

    지난 20년간 디지털 게임은 엔터테인먼트의 주요 형태로 부상했을 뿐만 아니라, 마케팅 및 교육과 같은 분야로 그 영향력을 확장했다. 이 과정에서 디지털 게임은 사용자들끼리 상호작용하며 참여하는 일반화된 형태로 자리매김했다. 지난 10년 동안 교육용 게임, 에듀테인먼트, 기능성 게임, 이제는 게임기반 학습으로 진화하면서 학습 설계 분야도 변화하고 있다. 인기있는 게임 설계가 발전함에 따라 게임기반 학습 분야도 성장하고 있다. 게임에서 이야기의 역할은 한때 큰 논쟁거리였다(Aarseth, 2001; Frasca, 2001; Juul, 2001). 게임 내 이야기를 옹호하는 사람들은 강력한 서사적 줄거리가 플레이어에게 보다 몰입적이고 매력적인 경험을 제공할 수 있다고 주장했다(Adams, 2001; Bringsjord, 2001). 게임 내 이야기를 반대하는 사람들은 스토리텔링이 아닌 상호작용이 게임 플레이 경험의 중심이라고 주장했다(Juul, 1998; Laramée, 2002). 하지만 옹호자와 반대자 모두, 우리가 논의하는 이야기라는 개념의 대부분이 선형적인 미디어(책과 영화)의 영향을 받았다는 점을 인정한다. 그러나 게임은 통합적인 환경이므로 반드시 선형적인 진행에 국한되지 않는다. 아이러니하게도 어떤 이야기를 어떻게 처리해야 하는지에 대한 문제는 인기있는 게임 설계 만큼이나 학습 설계에도 많은 도전을 제기한다. 쌍방향성과 일관성있는 이야기의 균형을 맞추는 것은 게임기반 학습의 교육 목표, 학습 목표 및 학습 요구와 복합되는 어려운 문제이다.

이 장의 목적은 게임기반 학습에서 이야기의 역할을 살펴보는 것이다. 이 장은 이야기와 왜 이야기가 중요한지에 대한 짧은 설명으로 시작한다. 첫 번째 절에서는 다양한 게임 장르에서 이야기가 어떻게 기능하는지, 교육용 게임 및 게임기반 학습의 이야기에 대한 초기 연구는 어떤 것이 있는지 짧게 요약한다. 다음 절에서는 게임기반 학습의 다양한 이야기를 *River City, Murder on Grimm Isle, Quest Atlantis*의 예를 통해서 설명한다. 또한, 이 장에서는 게임기반 학습에 대한 문헌을 검토하는데, 특히 초기 연구, 추론 및 설계에 관한 연구, 게임기반 학습에서 이야기의 영향에 대한 연구에 초점을 맞춘다. 문헌 검토에 이어 게임기반 학습의 다양한 기본 관점—인지, 동기, 정서 및 사회 문화—에 대한 토론과 게임기반 학습을 위한 이야기 설계 및 통합에 대한 여러 관점이 주는 시사점에 대해 논의한다. 마지막으로 연구의 한계에 대한 간략한 토론과 향후 연구 방향에 대한 제언을 한다.

2 게임기반 학습에서 이야기의 중요성

이야기는 우리 삶에 배어 있는 편재적 구조이다. 이야기는 사건과 경험의 과정을 일관되고 논리적인 순서로 연결하여 설명하거나 개작한 것이다. 또한 이야기는 인간이 자신의 경험을 구성하고 기록하는 방식이다(Polkinghorne, 1988). 이야기는 사실의 타당성보다는 구조의 완전성에 기반을 둔 실제적이거나 판타지적 추론의 수단이자 표현의 수단이다(Bruner, 1990). 구조 언어학자인 Roland Barthes는 다음과 같이 역설한다: 이야기는 "모든 시간, 모든 장소, 모든 사회에 존재한다. 실제로 이야기는 인류의 역사에서 시작된다. 이야기가 없는 사람은 어디에도 없고 지금까지 없었다. 모든 계급, 모든 인간 집단은 자신의 이야기를 가지고 있으며, 이러한 이야기는 서로 다른 혹은 적대적인 문화적 배경을 가진 사람들까지도 빈번하게 즐겼다: 이야기는 문학적으로 좋고 나쁨과는 크게 관련이 없다. 이야기는 삶 그 자체와 마찬가지로 국제적, 초역사적, 초문화적으로 존재한다"(Barthes, 1975, p. 237).

게임기반 학습 분야에서 이야기는 종종 학습 환경 안팎을 구성하는 일화, 시나리오, 그리고 틀이 된다. 게임과 학습에 대한 초기 연구 중 하나에서 Malone(1981)은 게임에서 플레이어의 동기를 부여하는 주요 요소 중 하나로 재미와 환상을 조장하는 요소를 발견했다. Malone은 환상을 주제의 한 유형으로, 또는 우리가 지금 일화나 이야기로 간주하는 것으로 특징 지었다. Malone은 환상이 게임플레이에 내재적이거나 외재적일 수 있다고 묘사한다. 예를 들어, *Myst*와 같은 어드벤처 게임에서는 일화와 환상을 밝히는 것이 게임에 내재되어 있는 반면, *Tetris*와 같은 게임에서는 환상이 게임플레이에 거의 영향을 미치지 않으며 게임에 외재적이다. Malone에 따르면, 외재적 환상은 게임 외부에 있으므로 게임플레이에 거의 또는 전혀 영향을 미치지 않는 반면, 내재적 환상은 게임 내부에 있기 때문에 게임플레이와 환상 사이에 상호 관계가 있다. Malone은 내재적 환상이 외재적 환상보다 더 흥미롭고, 잠재적으로 더 교육적이라고 주장했다. 왜냐하면 내재적 환상은 하나의 기술(skill)이 실제 환경에서 어떻게 사용될 수 있는지 보여주고, 이해를 돕기 위해 비유와 은유를 제공하도록 설계될 수 있기 때문이다(Malone, 1981). Provenzo(1991)와 Rieber(1996)는 환상이 게임에서 동기를 부여할 수 있다는 것을 확인했고, 환상이 학습에 어떻게 통합될 수 있을지에 대해 논의했다. 같은 맥락에서 Rieber(1996)는 환상을 교육 게임의 맥락에서 외생적(외부적) 또는 내생적(내재적)으로 구분하면서, 내생적 환상이 학습자에게 동기를 부여할 가능성이 있기 때문에 교육용 게임에 더 적합하다고 주장했다. 둘의 차이점을 설명하기 위해 Rieber는 *Hangman*게임을 예로 사용한다. 게임에 적용된 시나리오는 어떤 식으로든 게임플레이에 영향을 주지 않는 반면 내생적 환상은 게임 내용물에 필수적이므로 내용(환상)과 게임 플레이는 서로 떨어질 수 없다.

3 배경: 게임 장르의 이야기 기능 및 초기 연구

게임기반 학습에서 이야기의 역사는 유구하며 인기 게임, 게임 장르 및 행동 유도성의 진화에 영향을 받았다. 초기 학습 설계와 게임기반 학습의 통합이 게임 장르의 유형과 시대적 관습 및 기술 자원성에 의존했다는 점에 주목하는 것은 중요하다. 이야기는 다양한 유형의 게임에서 여러 역할을 한다. 어드벤처 게임, 롤플레잉 게임(RPG) 및 대규모 다중 사용자 온라인 롤플레잉 게임(MMORPG)과 같은 일부 게임 장르에서는 이야기가 결정적인 역할을 하는 반면, 스포츠 게임이나 아케이드 게임, 심지어 일부 액션 게임과 같은 다른 게임 장르에서 이야기는 단순한 배경 또는 주제 설정으로 제한 되는 경향이 있다. 가장 오래된 디지털 게임 장르 중에는 어드벤처 게임이 있으며, 그 뿌리는 *The Colossal Cave Adventure*와 같은 문서 기반 쌍방향 소설/어드벤처 게임으 로 거슬러 올라간다(Hafner & Lyon, 1996; Levy, 1984). 어드벤처 게임은 플레이어를 해당 이야기에 등장하는 주요한 캐릭터 역할에 배치하는 쌍방향 이야기이다. 게임 플레이 의 목적은 탐험과 도전 과제를 수행하면서 줄거리를 발전시키는 것이다. 다른 게임 장 르와 달리 어드벤처 게임에는 경쟁, 전투 또는 시간 관리가 포함되지 않는다. 대신 이 야기 전달이 어드벤처 게임의 중심이다. 게임 내 갈등은 이야기의 기능이다. 이 장르 에서 가장 인기있는 게임으로는 *Myst*, *Riven*, *Syberia*, 그리고 *The Longest Journey*가 있다.

롤플레잉 게임(RPG)에서도 이야기는 중점적인 역할을 하지만 캐릭터를 개발하는 것은 게임에 역동감을 더해준다. RPG의 뿌리는 *Dungeons & Dragons*과 같은 사교적 탁상용 게임이다. 일반적으로 RPG에서 플레이어는 고유한 캐릭터를 생성하는 것으로 게임을 시작하며, 다른 게임 장르와 달리 RPG 플레이어는 역할을 부여 받지 않는 대 신 본인이 만든 캐릭터를 통해 자신의 역할을 정의한다. 줄거리가 어드벤처 게임처럼 탄탄하게 구성되어 있지는 않지만 RPG에서 이야기는 중요한 역할을 한다. 일반적으로 줄거리는 플레이어의 배역이 필수적인 역할을 수행하는(예를 들어, 세계를 구하거나 적어도 왕국을 구하는) 포괄적 목표에 중점을 둔다. 대부분의 줄거리는 플레이어가 다양한 비플 레이어 캐릭터들(NPCs)을 만나게 되는 새로운 장소를 탐색하도록 유도한다. 줄거리는 플레이어가 게임 내에서 선택한 역할에 따라 다를 수 있다. 인기있는 RPG에는 *Final Fantasy* 시리즈와 *Elder Scrolls* 시리즈가 있다.

RPG와 유사하게, 대규모 다중 사용자 온라인 롤플레잉 게임(MMORPG)에서 이야 기는 전설로 알려져 있는 모험보다는 게임 플레이를 위한 환경 및 틀로써 중심적인 역 할을 한다. 일반적으로 MMORPG 내에는 밝혀야 할 핵심 이야기가 없는 대신 중요한 갈등의 줄거리가 있다. 이야기는 플레이어가 추구하는 퀘스트와 게임 환경 속 캐릭터의 일화에 녹아 있다. 퀘스트의 선택과 게임 속에서 만나게 되는 캐릭터는 각 플레이어에게 고유한 이야기가 된다. 가장 인기있는 MMORPG 중에는 *World of Warcraft*와 *EverQuest* 및 *EverQuest* 2가 있다.

액션 게임에서 이야기는 비교적 제한적이다. 이야기는 복잡한 미스터리일 수도 있고, 게임플레이를 유도하기 위한 주제 또는 단순한 틀로써 역할을 할 수 있다(예: 지구를 공격하는 외계인). 많은 액션 게임에서 환경은 일련의 등급으로 구성되며, 각 등급의 환경은 본질적으로 선형적이고 플레이어가 한 방향으로 이동할 수 있도록 설계되어 있다. 그러나 최신 게임에서는 플레이어가 다양한 등급에서 자신만의 경로를 개척할 수도 있다. 마찬가지로 스포츠 게임, 시뮬레이션 및 전략 게임에서도 이야기의 역할은 미미하며, 갈등 또는 목표를 위한 틀 및 설정 정도로 활용된다. 짧은 이야기는 고대 로마의 확장이나 새로운 땅의 발견과 같은 갈등의 개요와 타임라인을 제공할 수 있는 시나리오의 형태로 종종 활용된다.

이야기의 역할은 장르에 따라 상이하기 때문에, 다양한 유형의 게임기반 학습 환경에서 이야기가 맡는 역할 또한 다르다. 이야기는 게임기반 학습에서 사용되는 방식이 다양하며, 상호작용과 기술의 행동 유도성이 복잡하게 얽혀 있다. 그러므로 학습에 미칠 수 있는 영향을 분석하기 위해 이야기를 분리하는 것은 어렵다. 얽혀 있는 설계 요소 분리의 어려움을 가중시키는 것은 이야기 구성의 효율성에서 예술성의 역할과 관련이 있다. 설득력 있는 이야기를 쓰는 것은 상호작용, 기술 및 학습 목표가 서로 뒤엉켜 있어서 더 어려워질 수 있다.

게임기반 학습 및 이야기에 대한 초기 연구 중 일부는 이야기의 줄거리가 게임 플레이의 중심이었던 어드벤처 게임에 초점을 맞추었다. 초기 연구의 대부분은 어드벤처 게임이 컴퓨터 기반의 문제 해결 환경을 조성하는 교육 설계 모형을 제공한다고 주장했다(Curtis & Lawson, 2002; Quinn, 1991; Sherwood, 1991). Quinn(1991)은 하이퍼카드 (HyperCard)를 사용하여 어드벤처 양식의 게임기반 학습 환경인 *VooDoo Adventure*를 제작했다. Quinn은 설계에 대한 연구에서 "원하는 구조를 포함하면서 믿을 수 있는 문제"를 구성하는 미적, 인지적 도전에 대해 논의했다(Quinn, 1991, p. 239).

4 | 게임기반 학습에서 이야기의 예

새롭게 떠오르는 게임기반 학습 분야는 예상대로 인기있는 엔터테인먼트 게임의 설계 전략을 학습 설계에 적용했다. 이야기의 활용은 많은 게임 유형에서 핵심적이며 게임기반 학습 설계에 중요한 역할을 한다. 이야기를 풀어내는 스토리텔링의 역사는 게임 장르와 컴퓨팅 기술의 발전과 맥을 같이 한다. 게임이 진화함에 따라 게임 및 게임기반 학습에서 이야기의 사용 또한 진화하고 있다. 전체를 대변할 수는 없지만 아래 사례들은 이야기가 게임기반 학습에 어떻게 통합되어 왔고, 또 어떻게 계속해서 통합되고 있는지를 보여주는 몇 가지 주목할 만한 예이다.

디지털 게임기반 학습의 초기 교육 설계자들은 당시의 디지털 게임 유형을 기반으로 교육용 게임을 설계한 후, 당대를 대표하는 장르와 행동 유도성을 기반으로 한 게임기반 학습 환경 설계에 이야기를 적용했다. 어드벤처 형식의 게임은 가장 오래된 디지털 게임 장르 중 하나이며, 일반적으로 탐험과 문제 해결이 포함된 줄거리에서 플레이어를 주인공으로 설정한다. 탐험하고, 문제를 해결하고, 도전을 완료함으로써 플레이어는 이야기를 전개해 나간다. 더 고도화 된 그래픽 기능을 갖춘 컴퓨터의 출현과 함께 어드벤처 게임은 플레이어가 장면이나 환경을 보고 개체를 클릭하여 해당 환경을 탐색하거나 조작할 수 있는 그래픽 환경으로 발달했다. 이 절의 나머지 부분에서는, 학습을 위한 세 가지 어드벤처 게임인 *River City, Murder on Grimm Isle,* 그리고 *Quest Atlantis*에 대해 살펴본다. 이 세 게임은 모두 광범위하게 연구되어 왔다.

River City

River City 프로젝트는 과학 교과를 위한 게임기반 학습의 설계, 개발, 통합에서 자주 인용된다. 중학교 과학을 학습하는 학생들을 위한 모험 형식의 게임기반 학습 환경은 이야기의 줄거리를 사용하여 19세기 가상의 미국 도시인 *River City*로 학습자를 파견한다. *River City*의 많은 시민들은 현재 건강 문제에 시달리고 있으며 학생들은 이 문제를 조사해야 한다. 연구팀을 구성한 학생들은 21세기의 과학적 기술을 사용하여

*River City*에 만연한 질병의 원인과 이와 관련된 가설을 시험한다. 이를 위해 고민하고, 자료를 수집하며, 실험을 실시한다. *River City*는 학습자가 아바타를 채택하여 3D 환경에서 자신을 표현하는 몰입형 3D 데스크톱 환경이다. 학습자는 자유롭게 돌아다니면서 환경을 탐색하고, 자료를 수집하며, 시민(가상의 등장 인물)과 상호작용하고, 게임에서 발견된 다양한 기록을 조사한다. 또한 학습자는 게임 속 환경을 탐색하고 자료를 수집하기 위해 연중 다른 시간대를 선택해 여행할 수 있다. 시민, 인공물 및 환경과의 상호작용은 건강 문제에 대한 이야기를 뒷받침하고, 그 다음에는 가능한 해결책을 찾기 위한 문제 기반 목표를 지원한다.

Murder on Grimm Isle

Murder on Grimm Isle(Dickey, 2003, 2006, 2007)은 9∼14학년 국어 과목 학생의 논증-쓰기 능력을 육성하기 위해 설계된 3D 어드벤처 형식의 게임기반 학습 환경이다. 이 게임의 첫 번째 판은 1997년 하이퍼 스튜디오(Hyper-Studio)에서 제작했다. 가상의 그림섬에서 일어난 저명한 시민의 살인사건과 관련된 배경 이야기로 게임이 시작한다. 학습자는 범인을 특정하기 위해 범죄 현장을 비롯한 그림섬의 여러 장소를 정밀 조사하는 수사관 역에 선정된다. 학습자는 섬을 두루 돌아다니면서 살해 동기를 확인하고 범죄와 범인에 관련된 자신의 논증을 구성할 수 있는 증거를 수집한다. 기본적인 교수 설계의 일부는 Toulmin의 논증 모형에 의존한다(Toulmin, Rieke, & Janik, 1979). 학습자가 수집한 증거는 그들의 주장을 뒷받침한다.

그림 11.1
*Murder on Grimm Isle*을 시작하는 애니메이션 화면

    *Murder on Grimm Isle*은 폭풍우가 치는 밤하늘을 배경으로 어둡고 불길한 예감이 드는 저택이 나오는 짧은 애니메이션으로 시작한다([그림 11.1] 참조). 한 남자가 괴로워 외치는 소리와 쿵쿵거리는 소리, 유리가 바닥에 떨어지는 소리가 들린다. 애니메이션이 진행되면서 시나리오가 공개되는데, 학습자는 자신이 부유한 변호사이자 환경 운동가에 대한 살인사건을 조사하기 위해 그림섬으로 파견된 범죄 수사관이라는 것을 깨닫는다. 또한 학습자는 그림섬의 두 권력자 가족 간의 오랜 불화에 대해 알게 된다. 학습자는 피해자의 집(범죄 현장)과 세 주요 용의자의 집을 수색할 수 있는 영장을 받는다. 학습자는 네 명의 등장 인물들이 복잡하게 얽혀있는 역학 관계에 대한 추가적인 배경도 제공받게 된다. 그에 더해 학습자는 허리케인이 그림섬으로 향하고 있으니 수사를 계속하는데 주의를 요한다는 정보를 입수한다. 또한 그림섬 내에서 "여행"하는 방법과 증거를 확인하고 "확보"하는 방법에 대한 몇 가지 기본적인 지침을 받는다.

    애니메이션으로 제작된 배경 이야기가 끝나면 학습자는 그림섬의 3D 환경으로 이동하게 되는데, 이는 범죄 현장 외부로 "옮겨지는 것이다"([그림 11.2] 참조). 그 뒤, 학습자는 자유롭게 증거 수집을 시작할 수 있다. 학습자는 범죄 현장에서 게임을 시작하거나 섬의 다른 위치로 이동할 수 있다. 학습자가 증거를 발견하면 그 증거를 클릭하여 더 많은 정보를 확인할 수 있다. 학습자는 추후에 자세히 살펴볼 증거를 따로 담아 놓을 수도 있다. 증거물에는 책 표지, 법의학 보고서, 동산 처분에 관한 유언장, 연인, 그리고 오디오 음성 메일과 같은 항목이 포함된다.

그림 11.2
*Murder on Grimm Isle*에 나온 범죄 현장 화면

*Murder on Grimm Isle*의 이야기 설계는 어느 정도 어드벤처 게임 장르(예: *Myst*)를 기반으로 하지만 어드벤처 게임은 아니다. 밝혀낼 하나의 중심적 이야기가 없는 대신 학습자는 다양한 시나리오를 가능하게 하는 증거를 발견한다. 머더 온 그림 아일의 이야기 설계는 "추리 소설(whodunit)"의 전형적인 이야기 방식을 기반으로 한다. 학습자는 증거를 찾기 위해 환경을 조사하는 수사관 역할에 배정되지만, 하나의 해결책이나 답은 없다. 발견하는 증거에 따라 학습자는 매우 다른 이야기를 구성할 수 있다. 증거에 내재된 이야기는 각 등장 인물의 동기를 설명할 수 있는 일반적인 미스터리 관습에 의존한다. 예를 들어, 범죄 현장에서 발견된 장화 자국이 다른 등장 인물의 집에서 발

견된 장화와 일치할 수 있다. 학습자의 해석과 동기 및 범인에 대한 뒤이은 논증은 방문한 집과 수집된 증거에 따라 다르다. 이 설계는 어드벤처 게임에서 따온 것이지만, 머더 온 그림 아일은 본질적으로 게임이 아니라 게임기반 학습 환경이라는 점을 유의해야 한다. 단일한 이야기 줄거리가 없는 것은 의도적이다. 이는 학습자가 게임에서 승리하기 위해 단순히 줄거리를 밝혀내는 것에 초점을 맞추기보다, 자신의 주장을 발전시키는 것을 목표로 설계되었기 때문이다.

Quest Atlantis

이야기가 어드벤처 형식 게임의 점유물은 아니지만, 앞서 언급했듯이 MMORPG에서는 다르게 활용된다. *Quest Atlantis*는 확장된 이야기 속에서 고도화된 게임기반 학습 환경을 제공하는 예를 제공한다. *Quest Atlantis*는 학습자가 문제를 탐구하고 해결할 수 있는 여러 "세계"에 걸쳐 있다. *River City* 및 *Murder on Grimm Isle*과 마찬가지로, 학습자는 아바타를 채택하고 이야기 기반 3D 환경을 활보하면서 다른 학습자와 가상의 캐릭터, 개체, 데이터와 상호작용한다. 퀘스트 아틀란티스 내의 각 세계는 서로 다른 유형의 학습 활동에 초점을 맞추고 있지만, 다중 세계 환경의 전반적인 이야기는 다음과 같은 환경보호에 관한 조사이다.

아틀란티스 사람들은 임박한 재난에 직면해 있다. 기술 발전에도 불구하고 아틀란티스는 천천히 파괴되고 있다. 아틀란티스 문명을 보호하기 위해 의회는 아틀란티스와 다른 세계 사이의 기술 포털 역할을 하는 가상 환경인 OTAK을 개발했다. OTAK에는 개인화된 온라인 포트폴리오와 가상의 3D 공간이라는 두 가지 구성 요소가 있다.

3D 공간에는 의회에서 만든 다양한 세계가 포함되어 있다. 각 세계에는 아틀란티스의 지식을 복원할 수 있도록 설계된 퀘스트, 즉 일련의 도전 과제를 제시하는 여러 마을이 있다. OTAK을 통해 다른 행성에서 온 사람들은 퀘스트에 참여하고 그들의 경험, 지혜 및 희망을 공유함으로써 의회를 도울 수 있다(Quest Atlantis, 1999).

*Quest Atlantis*의 이야기 설계에서 주목할 만한 점은 이야기가 다양한 3D 세계뿐만 아니라 영상, 트레이딩 카드 및 만화를 포함한 여러 매체에 걸쳐 있다는 것이다.

전체를 대변할 수는 없지만, 게임기반 학습에서 이 세 가지 이야기의 예는 이야기가 게임기반 학습 환경에서 어떻게 통합되어 왔고 어떻게 계속해서 통합될 것인지 보여준다. 다음 절에서는 전술한 세 가지 예와 다른 예들을 참조하면서 게임기반 학습 내 이야기 설계 및 영향에 대한 연구를 검토한다. 이를 통해, 이야기가 게임기반 학습의 인지, 동기 부여, 참여 및 사회문화적 측면을 어떻게 지원할 수 있는지에 대해 논의한다.

5 이야기 및 게임기반 학습 연구

게임기반 학습에서 이야기에 대한 초기 연구

Voodoo Adventure(Quinn, 1991) 및 *Quest for Independence*(Quinn, 1996)에 대한 Quinn의 연구는 게임기반 학습에서 이야기의 활용을 다룬 최초의 노력 중 하나이다. *Voodoo Adventure*는 인류학을 공부하는 학생들을 위한 모험 형식의 게임기반 학습 환경을 제공한다. Quinn은 부두교 문화를 기반으로 한 이야기를 문제 해결 시나리오로 사용했다. 저작 시스템으로 하이퍼카드를 사용한 Quinn은 학생들이 문화에 대해 탐구하고 배울 수 있도록 문화적 주제를 기반으로 하는 네 가지 주요 영역을 만들었고, 그 영역 안에 주제와 정보를 끼워 넣었다(Quinn, 1991). *Voodoo Adventure*에 대한 Quinn의 연구는 학습을 위한 이야기 설계에 대해 많은 것을 발견하지는 못했지만, 교육용 어드벤처 게임을 만들기 위해 특정 도구를 적용하는 것이 매우 어렵다는 것을 설명했다. 기술에 대한 접근성이 높아짐에 따라 게임기반 학습 환경의 창작이 보다 수월하고 정교해졌으며, 더 복잡한 이야기의 활용도 가능해졌다.

고찰과 설계 게임기반 학습의 초기 연구는 대부분 게임과 당시의 전형적인 학습 방식을 결합하는 일에 초점을 맞추었다. 그러나 지난 10년 동안 디지털 게임의 인기가 높아지고, 더 쉽게 활용할 수 있는 기술이 등장하면서 학습 매체로써의 게임에 대한 관심이 주요 연구 분야로 떠올랐고 실제로 많은 연구들이 수행되고 있다. 이러한 광범위한 연구 범위에서 게임기반 학습의 이야기 설계를 탐구하는 많은 연구자들이 있다. 처음에는 주제가 이론에 치중됐고, 많은 연구들이 이야기가 어떻게 게임 내에서 기능하는지와 이야기가 게임기반 학습에 어떻게 설계되고 통합될 수 있는지를 다루었다. Sherwood(1991)의 연구는 이야기와 동기에 중점을 두었는데, 어드벤처 게임의 이야기가 읽기 및 문제 해결과 같은 인지 활동에 동기를 부여하는 방법을 논의했다. Ju와 Wagner(1997)는 훈련용 어드벤처 게임의 응용에 중점을 두었다.

비록 이러한 연구들은 정보를 축적하기 위한 목적을 갖고 있었지만, Ju와 Wagner(1997)는 풍부한 줄거리가 문제 해결을 위한 틀을 만드는데 도움이 되었다고 주장한다. Amory, Naicker, Vincent 및 Adams(1999)가 진행한 학생들의 게임 선호도 연구는 게임 장르에 대한 생물학 학부생의 선호도에 초점을 맞추었다. 그들의 조사에 따르면, 학생들은 시뮬레이션보다 어드벤처 게임과 전략 게임을 선호했으며 시각화, 논리 및 기억과 같은 기술 향상에 도움이 되는 그래픽, 소리 및 줄거리와 같은 요소의 중요성을 피력했다(Amory, Naicker, Vincent, & Adam, 1999). 이 연구는 Quinn(1991), Rieber(1996), Ju와 Wagner(1997)의 연구와 함께 교육용 어드벤처 게임 개발을 위한 Amory(2001)의 이론적 토대를 마련하는데 도움이 되었다. 이야기는 또한 Amory의 게임기반 모형인 Game Object Model(GOM) 버전 1과 2(Amory 2001, 2007; Amory 외, 1999)에서도 중요한 역할을 한다. GOM은 학습 이론(구성 주의자)을 게임 설계와 연결하는 틀이다. 객체 지향형 프로그래밍에 느슨하게 기반을 둔 설계는 학습 목표에 초점을 맞추는데, 이는 학습 목표가 학습을 촉진하기 위한 게임 공간, 게임 요소 및 이야기를 개발하는 원동력이기 때문이다. Amory(2007)는 교육용 게임이 "이야기로 이루어진 탐구나 다중 표현, 성찰을 통해 학습자들이 변형되는 사회적 공간으로 설계된"(p. 51) 학습 활동을 지원해야 한다고 주장한다. 마찬가지로 Neville(2010)은 이야기와 상황 인지 이론의 알려진 특성을 비교하고, 수행 목표가 포함된 게임기반 환경에서 게임플레이를 조율하기 위한 평가체계 설계를 제안한다.

이야기와 이야기 설계 측면이 인기있는 게임에서 어떻게 고차원적 사고를 촉진하는지에 대한 이론적 연구에는 이야기 요소가 게임기반 학습에 어떻게 통합될 수 있는지에 대한 논의도 포함된다. 여기에는 Dickey의 연구(2005, 2006, 2007, 2010, 2011a, 2011b, 2012a, & 2015)가 있다. Dickey의 연구는 배경 설명, 컷신(cutscene), 플롯 후크(plot hooks)와 같은 게임 요소가 어떻게 참여를 이끌고 유지하며 게임기반 학습을 위한 이야기 환경을 제공하는지에 대해 설명한다(Dickey, 2005). Dickey(2006, 2007, 2012a)는 현대 게임에서 이야기는 동기를 부여하고 문제 해결을 위한 인지 틀로써 역할을 한다고 주장하면서, Vogler의 퀘스트(Vogler, 1998)와 같은 설계 요소가 게임기반 학습에서 이야기를 개발하는 발견적 방법(heuristic)을 제공한다고 가정한다(Dickey, 2015). 또한, Dickey는 이야기가 보다 개방적인 학습 상황을 위한 중요한 틀로 기능하며, 서로 다른 유형의 작은 퀘스트들로 구성된 MMORPG의 이야기 양식이 포괄적인 이야기로 이루어진 환경 속에서 다양한 학습 목표를 설계하는데 적합하다고 주장한다(Dickey, 2007, 2011b, 2015).

교육자들과 학습 설계자들이 학습을 위한 게임 요소를 결합하는 복잡성을 해결하려고 시도하면서, 게임기반 학습을 설계하는 방법에 대한 많은 고찰, 조사 및 투영이 계속 이어지고 있다. 그러나 의심할 여지없이 이야기는 게임기반 환경을 구성하는 핵심 요소이다. 조사, 고찰 및 설계가 게임기반 학습에서 이야기의 역할에 대한 토론에 유익하게 기여하는 반면, 이야기의 영향에 대한 연구는 이제 막 시작되었으며 많은 통찰을 제공하고 있다. 게임기반 학습이 학습 설계의 한 분야로 계속 발전함에 따라 게임기반 학습에서 이야기가 어떻게 기능하는지와 이야기의 영향에 대한 더 많은 연구가 나타나기 시작했다.

이야기와 설계의 영향

이야기 설계가 학습에 미치는 영향과 관련된 연구가 늘어나고 있다. "이야기"와 "게임기반 학습"이라는 용어의 사용은 게임과 게임기반 학습의 발전 과정 전반에 걸쳐 다른 방식으로 특징지어졌다는 점에 유의해야 한다. 우리가 이야기로 간주하는 초기 특성화에는 환상, 각본, 줄거리 및 주제가 포함된다. 이와 유사하게 게임기반 학습의 초기 특성화에는 어드벤처 게임, 시뮬레이션, 가상 세계 및 다중 사용자 가상 환경 등이 포함되었다. 이 절에서는 포괄적이지 않지만 게임기반 학습에서 이야기의 영향과 설계에 정보를 제공해왔던 선별된 연구를 소개한다. 다소 제한적이기는 하지만 이러한 연구에는 다양한 분야와 범위의 학습자에 대한 이야기 설계 및 통합이 포함된다.

이야기 설계의 영향에 대한 가장 초기 연구에는 인류학도를 위한 모험 형식의 게임기반 학습 환경인 *VooDoo Adventure*에 대한 Quinn(1991)의 조사가 있다. Quinn의 연구는 설계 구조에 주된 초점을 맞추고 있지만, "구체적인 인지 특성을 포함하도록" 구조화 할 수 있는 문제 해결 환경의 필요성을 확인했다(Quinn, 1991, p. 237). Quinn에게 있어서 이야기를 제작하는 것의 도전은 이야기가 "문제를 활동에 내재화 할 수 있도록 문제가 포함된 일관된 주제를 제공해야 한다는 것이다. 문제에 대한 제약은 이야기의 주제를 벗어나지 않으면서 바람직한 인지 속성을 반영하도록 구성되어야 한다"(Quinn, 1991, p. 239). 비록 Quinn(1991)의 연구가 문제 해결에 대한 교수 설계와 균형을 이루는 하이퍼카드 제작에 초점을 맞추었지만, 그의 초기 연구는 학습 상황에 대한 지원뿐만 아니라 학습 활동의 인지적 요건에 필수불가결한 이야기 제작의 복잡성에 대한 통찰을 제공한다.

River City, Quest Atlantis 및 *Crystal Island* 등 다양한 과학 분야에 대한 게임기반 학습에서 이야기의 영향과 설계에 대한 연구가 증가하고 있다. 중학교 과학 교과를 위한 *River City* 프로젝트의 연구 결과 대부분이 이야기의 설계와 영향에 직접적으로 초점을 맞추지는 않았지만, 이야기는 그 환경에서 중요한 역할을 한다. *River City*에 대한 많은 조사에서 게임기반 학습 환경이 학습 참여를 끌어올리고 출석률을 향상시킨다는 것을 발견했다(Dede, Ketelhut, Clarke, & Bowman, 2004). 또한 학습자에게 동기를 부여하는 탐구 기반 환경을 지원했다(Ketelhut, Dede, Clarke, Nelson, & Bowman, 2007). Ketelhut는 학생을 과학 탐구에 열중하게 하는 것이 "학생의 자기 효능감과 학습 과정의 변화를 위한 촉매제 역할을 할 수 있다"고 주장한다(Ketelhut, 2007, p. 99).

또한, *Quest Atlantis*는 게임기반 학습을 위한 이야기 설계에 많은 통찰을 남겼다. *Quest Atlantis* 프로젝트가 과학 외에도 많은 주제 영역을 다루기는 하지만 게임기반 학습과 관련된 대부분의 연구는 과학 교육과 관련이 있다. *River City*에 대한 조사와 달리 *Quest Atlantis*에 대한 방대한 연구 중 일부는 이야기의 영향과 설계를 직접적으로 다룬다. Barab, Sadler, Heiselt, Hickey 및 Zuiker(2007, 2010)는 사회과학적 탐구를 지원하기 위한 틀을 제시했는데, 여기에는 설계의 세 가지 주요 구성 요소인 이야기, 글, 탐구가 포함된다. 이들이 설명하는 사회과학적 틀의 요건에는 과학적 탐구를 하면서 내용을 맥락화하고 해결책을 찾을 때 정치적, 윤리적, 경제적 사항을 고려할 수 있는 이야기가 포함된다. 이러한 목적을 달성하기 위해 그들은 *Quest Atlantis* 내 가상 세계인 타이가 파크(Taiga Park)를 만들어 침식, 시스템 역학 및 환경 인식에 대한 학습을 지원했다.

타이가 파크의 내 이야기는 공원의 물고기 수 감소로 어업 회사가 떠나게 됐을 때의 수익 손실 가능성에 초점을 맞추고 있다. 학생들은 공원 관리자인 레인저 Bartle을 돕는 전문가 역할을 맡게 된다. 이 복잡한 환경 갈등 속에서 세 그룹의 이해관계자인 원주민, 벌목 회사, 어업 회사는 쇠퇴가 누구의 책임인지에 대해 다투고 있다. 레인저 Bartle의 숙련된 조력자로서 학생들은 사람들을 인터뷰하고 자료를 수집하며 분석을 통한 해결책을 제안한다. 타이가 파크에 대한 연구 결과는 학생들이 이야기에 몰두했으며, 가상의 등장 인물 사용이 정서적 참여를 유도했다는 것을 보여주었다. 이야기는 한 장소에 국한되지 않았고 오히려 환경 전체, 즉 가상의 등장 인물과 개체, 수집된 자료로 분산되어 있었기 때문에, 학생들의 참여는 단순히 줄거리를 찾아내는 것이 아니라 이야기를 함께 구성하는 것이었다. Barab과 Sadler 등의 질적 연구(2007)는 이러한 유형의 이야기 환경이 학습자들의 "과학에 대한 풍부한 지각적, 개념적, 윤리적 이해"를 야기했다고 결론지었다. 이는 이야기 설계가 기억해야 할 사실과 개념을 문제 해결과 탐구를 위한 과정과 방법으로 변환하여 내용을 맥락화시킨 결과이다(Barab et al., 2007, p. 402). 사회과학적 틀에서 이야기 요소는 학생들을 과학적 과정에 참여시키고 학습자 간의 의미 있는 상호작용을 촉진했다. 앞서 언급했듯이 타이가 파크는 *Quest Atlantis* 기획의 많은 부분 중 하나일 뿐이다. Barab, Dodge 등의 연구(2007)는 *Quest Atlantis*의 더 넓은 범위 안에서 이야기에 대한 통찰을 제공한다. Barab, Gresalfi 등의 연구(2010)에 따르면, 퀘스트 아틀라티스의 이야기 설계(환경과 다양한 매체에 흩어져 있음)

는 학습 동기를 높였을 뿐만 아니라, 학생들과 이야기에 내재된 가상 인물이 연결됨으로써 공감을 이끌어냈다. 가상의 등장 인물과 이야기 환경의 상호작용은 학생들의 성찰과 대화를 위한 맥락을 제공한다(Barab et al., 2007b).

Crystal Island는 과학 교육을 위한 또 다른 게임기반 학습 환경으로, 게임기반 학습을 위한 이야기의 영향과 설계에 대한 통찰을 제공한다. McQuiggan, Rowe, Lee와 Lester는 Crystal Island를 최근 발견된 화산섬에 위치한 과학의 신비와 관련 있는 3D 이야기 중심 학습 환경으로 묘사한다.

학생은 새로 설립된 연구소를 휩쓸고 있는 미확인 전염병의 정체와 원인을 밝히려는 주인공 Alyx 역할을 맡는다. 줄거리는 학생에게 Crystal Island와 주인공 아버지가 수석 과학자로 일하는 연구팀을 소개하면서 시작된다. Alyx의 아버지를 포함하여 팀 구성원 중 일부가 중병에 걸렸다. 섬은 긴장감이 고조되며 팀원 중 한 명이 갑자기 다른 연구원이 감염시켰다고 비난한다. 발병의 원인과 출처를 파악하고 고발된 팀원을 무죄 또는 유죄로 판단하는 것이 학생의 임무이다(McQuiggan, Rowe, Lee, & Lester, 2008, p. 3).

미스터리 해결 과정에서 학생들은 가상의 등장 인물과 환경에서 수집한 정보와 상호작용하여 새로운 지식을 창출하면서 문제 기반 교육과정의 안내를 받는다. 조사를 바탕으로 학생들은 "캠프 간호사"가 승인한 "사실 조사 보고서"를 작성하여 Crystal Island의 감염된 연구자들을 위한 치료 계획을 준비한다. Rowe, Shores, Mott 및 Lester(2011)는 153명의 8학년 학생들을 대상으로 실증 연구를 실시했다. 이 연구의 결과, Crystal Island의 이야기 환경에 더 많이 참여한 학생들이 큰 학습 효과를 경험하고 문제 해결력이 향상되었다는 점과 사전 내용 지식이 더 많은 학생들이 학습 활동에 더 많이 참여하는 경향성을 통해, 이야기는 더 큰 학습 성과와 문제 해결 능력을 향상시킨다는 이전 연구 결과들을 뒷받침했다(Rowe, Shores, Mott, & Lester, 2011). 이 연구에 이어 Lester와 동료들은(2014)은 이야기 중심 학습 환경을 교실에 통합하는 것이 스템(STEM: Science, Technology, Engineering and Mathematics) 내용 지식, 문제 해결 기술 및 참여에 어떻게 영향을 미치는지 조사하기 위해 대규모 연구를 수행했다. Lester와 동료들도 이전 연구와 유사하게 이야기 중심적인 *Crystal Island*의 활용이 상당한 학습 성과와 문제 해결 능력을 향상시켰음을 발견했다(Lester et al., 2014).

McQuiggan 등(2008)의 초기 조사는 이야기 활용의 영향에 대한 것으로 파워포인트, 최소한의 이야기, 풍부한 이야기의 활용을 비교하는 매체 비교 연구였다. 결과는 학생들이 *Crystal Island*의 풍부한 이야기 환경에서 학습 성과를 달성하기는 했지만, 이러한 성과는 게임기반 학습 환경 밖에 있던 학생들, 즉 모든 이야기가 결여된 파워포인트 발표에 의존한 환경에 있던 학습자들의 성과만큼 크지 않은 것으로 나타났다. 마찬가지로 Adams, Mayer, MacNamara, Koenig 및 Wainess(2011)는 또 다른 이야기 기반 교육용 게임인 *Cache 17*과 함께 *Crystal Island*를 사용하여 학생의 학습 유지율에 관해 연구했다. 이들은 이야기 게임기반 환경과 간단한 슬라이드 쇼 발표를 비교했는데, 후자가 더 나은 학습 유지율을 가져온다는 것을 발견했다.

이에 대해 분명히 말하자면, 매체 비교 연구는 매체가 아니라 교수 방법을 비교 대상으로 하기 때문에 종종 문제가 있는 것으로 간주되어 왔다(Clark, 1983, 1994; Warnick & Burbules, 2007). 몰입형 3D 이야기 기반 환경에서의 교수 방법은 파워포인트 발표를 통한 학습과 크게 다르다. 또한, 성과는 무엇을 측정할 것인지에 따라 달라질 수 있으며, 교수 설계 분야의 연구를 통해 서로 다른 방법이 다른 유형의 학습 성과를 이끌어 낸다는 사실은 잘 알려져 있다. 이러한 매체 비교 연구는 의미가 있지만, 사과와 사과가 아니라 사과와 생선을 비교하는 것일 수 있다. 매체 비교 연구의 가장 예리한 부분은 게임기반 학습의 효과가 아니라 게임기반 학습에서 가장 효과적인 특성을 결정하는 방향에 관한 것이다.

*Crystal Island*에 대한 후속 연구에서는 풍부한 이야기가 있는 학습의 참여는 학습 시나리오에 대한 참여의 형태를 취하거나, 주제 외적인 환경의 미학 및 상호작용 요소에 대한 미약한 참여 형태일 수 있음을 보여주었다. 연구자들은 학습 활동에서 잠재적으로 학습자의 주의를 산만하게 하거나 방해하고 분산시켜서 "활동 외" 행동으로 귀결될 수 있는 "유혹이 되는 세부 사항" 또는 게임기반 환경 요소의 위험에 대해 경고했다(Rowe, McQuiggan, Robinson, & Lester, 2009).

게임기반 학습 환경인 *Murder on Grimm Isle*에서 이야기 설계의 영향에 대한 조사는 이야기가 학부생의 동기, 호기심, 추론 및 학습 전이에 어떤 영향을 미쳤는지에 초점을 맞췄다(Dickey, 2003, 2010). 앞서 언급했듯이 머더 온 그림 아일은 논증 작성 기술을 향상시킬 수 있도록 설계된 게임기반 학습 환경이다. 살인사건과 관련된 줄거리 안에서 학생들은 사건을 조사하고 게임 환경에서 발견된 증거를 수집하며 분석하기 위해 섬으로 파견된 수사관의 역할을 부여 받는다. 학생들은 발견한 증거를 토대로 범인을 지목하고 증거를 바탕으로 논거를 구성한다. 밝혀내야 할 이야기는 한 가지가 아니며 수집된 증거에 따라 이야기가 달라진다. 각 학습자는 게임 환경에서 그들의 경험을 기반으로 이야기를 같이 구성한다. Dickey의 질적 연구 결과에 따르면 이야기가 내재적 동기, 참여, 호기심, 추론 및 교실 활동으로의 전이를 지원하는 것으로 나타났다(Dickey, 2010). 이야기 설계는 학생의 상호작용과 대화에도 영향을 미쳤다. 공교롭게도 유혹이 되는 세부 사항에 대한 일부 발견은 Rowe 등의(2009, 2011) 발견을 뒷받침한다. 또한, Dickey는 학습 활동에 포함되지 않은 게임 구성 요소와 이야기 측면이 학습 활동 외의 행동을 초래한다는 것을 발견했다(Dickey, 2010).

이야기 및 게임기반 학습에 대한 연구는 유치원부터 고등학교 및 대학 학습에 국한되지 않고 직업훈련 분야로 확대된다. Bowers 등은(2013) 군사 훈련을 위한 이야기의 활용을 조사했다. 이 연구는 이야기 설계의 한 측면, 즉 등장 인물의 관점과 그에 따른 몰입형 사전 시뮬레이션 이야기가 스트레스와 수행에 미치는 영향에 초점을 맞추었다. 이 연구에서 가장 통찰력 있는 부분은 연구 결과가 아니라 감정적 참여에 대한 이야기의 영향이 1인칭과 3인칭 관점에서 어떻게 달라지는지에 대한 논의와 이야기 설계에서 3인칭과 1인칭 관점의 효과와 영향에 대한 추가적인 이야기 연구의 필요성에 대한 논의이다. 끝으로, Sedano, Leendertz, Vinni, Sutinen 및 Ellis(2013)는 박물관 확장을 위한 게임기반 학습으로써 이야기를 조사했다. 연구진은 이야기가 정서적 및 인지적 참여를 촉진하고 지원한다는 것을 발견했다. Barab 외(2007b), Bowers 외(2013) 및 Sedano 외(2013)는 이야기(공상 소설)가 정서적 참여에 영향을 미치도록 설계 될 수 있음을 알아냈다.

6 인지, 동기, 정서, 사회문화 이론에 대한 시사점

이 책의 중심 주제에 따라, 게임기반 학습의 인지적, 동기적, 정서적, 사회문화적 관점에서 이야기와 게임기반 학습에 대한 선행 연구들을 살펴보는 것은 도움이 된다. 다양한 관점은 그동안 게임이 어떻게 연구되었는지, 그리고 다양한 학문적 토대가 게임에 대한 학습 설계에 어떻게 참조되었는지에 대한 통찰을 제공한다. 이러한 관점은 상호배타적인 입장이 아니라 게임기반 설계의 유사한 측면과 상이한 측면을 볼 수 있는 별개의 관점이라는 점에 유의해야 한다. 학습 또는 학습 설계에 대한 포괄적인 이론이 없듯이 게임기반 학습에 대한 포괄적인 이론도 없을 것이다. 그러나 다양한 설계 요소 사용의 게임기반 학습의 서로 다른 관점을 활용하면 경향성을 식별하여 후속 설계에 대한 정보를 파악하는데 도움이 된다.

Plass, Homer 및 Kinzer(2015)는 게임을 인지적 관점에서 볼 때, 학습자 참여의 목표는 정신 모형의 구축이며 게임 요소는 학습 내용의 인지 처리에 기여해야 한다고 주장한다. 설계에 대한 우려는 게임 요소가 정신적 과정에 부담을 주고 학습 목표를 모호하게 만드는 정도와 관련이 있다. 만약 정신이 컴퓨터에 불과했다면 인지적 관점에서 이 장이나 책은 필요 없겠지만, 인지적 과정은 단순한 컴퓨팅 그 이상이다. Plass 등(2015)에 따르면, 게임기반 학습의 인지 기반은 학습, 전달, 스캐폴딩(scaffolding) 및 피드백, 역동적 평가, 정보 설계, 상호작용 설계, 몸짓 및 움직임을 위한 내재성 및 문맥을 망라한다. 게임기반 학습 환경은 복잡한 시스템이며 이야기와 같은 하나의 실(thread)을 끌어당기면, 반드시 복잡하게 얽힌 게임 요소의 특성이 드러난다. 그러나 설계에 대한 이해를 돕기 위해 게임기반 학습에서 이야기에 대한 연구가 이야기와 인지 사이의 연결에 대해 밝혀낸 것이 무엇인지 살펴보는 것은 필요하다.

Quest Atlantis, Crystal Island 및 *Murder on Grimm Isle*에 관한 연구들은 게임기반 학습 환경에서 이야기를 사용하는 것이 학생의 학습에 영향을 미친다는 사실을 발견했다. Barab 등(2007)과 Barab, Gresalfi 등(2010)은 학생들이 타이가 파크의 심층적인 이야기에 참여함으로써 "과학에 대한 풍부한 지각, 개념 및 윤리적 이해"(Barab 외, 2006, p. 76)를 발전시켰음을 알아냈다. 이러한 이해는 사회경제적 역학에 수반된 현

실 세계의 문제를 다루는 이야기에 참여한 결과였다. Rowe 등의(2011) *Crystal Island*에 대한 연구는 내용에 대한 사전 지식이 더 많은 학생들이 이야기에 더 많이 참여하는 경향이 있으며, 이야기에 더 많이 참여할 때 학습 효과가 더 커진다고 말한다. 후속 연구는 이야기가 과학 학습 활동 중 인지 부하에 부정적인 영향을 미치지 않았으며, 학생들이 이야기 기반의 게임 상호작용을 통해 문제 해결 과정을 배웠음을 시사한다(Lester et al., 2014). 끝으로 *Murder on Grimm Isle*에 대한 조사에서 학생들이 게임기반 경험을 교실기반 논증 글쓰기로 전환할 수 있음이 밝혀졌다(Dickey, 2010).

Plass 등에 따르면, 게임기반 학습의 동기 부여 기반은 "플레이어가 즐기면서 계속해서 하고 싶은 경험을 제공함으로써 플레이어를 참여시키고 동기를 부여하는 게임의 능력을 강조하는데 있다"(2015, p. 268). 기본 가정은 항상 동기와 참여가 학습으로 이어진다는 것이다. 무엇이 게임을 재미있게 만들었는지에 대한 Malone(1981)의 기초 연구는(이야기를 통해 준비되는) 환상을 핵심 동기 부여 요소로 확인했다. 그러나 동기 부여와 참여 정도가 항상 학습의 정도와 동일하지는 않는다. 게임기반 환경은 동기를 부여하고 매력적일 수 있지만, 동기 부여 및 참여는 학습 목표와 관련이 없는 게임기반 환경의 측면일 수 있다. Quinn(1991), Rowe 등(2009) 및 Dickey(2010)는 공통적으로 학생들이 학습 활동에 참여는 하고 있지만 주의를 기울이지 않는다는 사실을 발견했다. 동기는 그래픽, 음악, 음향, 캐릭터 설정과 같은 설계를 지원하는 요소들의 영향을 받을 수도 있다. 따라서 이야기는 조사 방식을 제공함으로써 동기 부여를 돕는다. *River City, Quest Atlantis, Crystal Island* 및 *Murder on Grimm Isle*에서는 문제가 이야기의 중심이었다. 네 가지 경우 모두 학습자가 해결책을 찾아야 하는 주인공 역할을 맡았다. 또한 모든 경우에 중요한 사건이 있었다(*River City*와 *Crystal Island*는 확산된 질병과 관계가 있었고, *Quest Atlantis*는 환경 문제와 연관되었으며, *Murder on Grimm Isle*은 미제 살인사건에 관련되었다). 네 가지 경우 모두 탐구와 조사로 동기가 뒷받침되었다. 이야기는 학습자가 장소를 탐색하고, 자료를 수집하며, 가설을 검증하도록 요구했다.

게임기반 학습의 정서적 관점은 학습자의 감정, 가치, 태도 등 정서 영역에 초점을 맞춘다. 감정이 우리의 주의를 끌고 그 다음으로 기억과 학습에 영향을 미치기 때문에 정서 영역은 중요하다(Dickey, 2015). 감정은 "정보를 처리하고 우리가 접하는 것을 정확하게 이해하는 능력에 영향을 미친다"(Darling-Hammond et al., 2003, p. 90). 아이러니하게도 정서적 영역을 어렵게 만드는 점은 그것이 감정과 관련되어 있다는 것이다. 감정은 복잡하고 쉽게 측정되지 않는다. 마찬가지로 가치와 신념은 종종 문화적으로 구성되며, 다양한 배경을 가진 학습자가 동일한 신념 체계와 가치를 공유하지 않을 수 있다; 따라서, 많은 측면에서 정서 영역을 무시하거나 순화시키고 인지 영역에 특권을 부여하는 것이 더 용이하다(Dickey, 2015). Pierre와 Oughton이 인정했듯이, 정서적 영역은 쉽게 정량화되지 않는다: "인지 지식에 대한 시험은 옳고 그름으로 표시될 수 있지만, 감정은 연속선상에 존재한다"(Pierre & Oughton, 2007, p. 3). 전통적으로 교육의 목표가 지식을 습득하는 것이기는 하지만, 인간은 복잡한 존재이며 정서 영역은 인지 영역과 정신 운동 영역에 영향을 미치기 때문에 중요하다. 물론 그 반대의 경우도 마찬가지이다. 인지와 지식을 별개의 영역으로 보는 것이 도움이 되기는 하지만, 인간은 별개의 영역을 가진 존재로 기능하지 않고 오히려 우리의 감정은 우리가 배우는 방법의 일부이다(Dickey, 2015).

 *Quest Atlantis*와 관련된 결과는 이야기가 학습자의 감정에 영향을 미치고 참여를 향상시킬 수 있음을 보여준다(Barab, Dodge et al., 2007; Barab, Sadler et al., 2007). 마찬가지로 *Murder on Grimm Isle*에 대한 연구는 이야기가 감정을 불러일으킬 때 참여가 어떻게 촉진되는지 설명한다. Bowers 등의(2013) 연구는 이야기 설계가 학습자의 참여뿐만 아니라 다양한 감정을 이끌어내기 위해 어떻게 사용될 수 있는지를 잘 보여주었다. 비록 게임기반 학습과 정서 영역에서 이야기 설계에 대한 연구는 상대적으로 빈약하지만 교육적 행위자의 배역 설계 및 등장 인물이 감정과 가치를 이끌어 내는 방법과 영향에 대한 광범위한 연구가 존재한다. *Quest Atlantis*는 공감할 수 있는 등장 인물을 만드는 것이 학습자가 가상 인물에 정서적으로 가까워져서 참여를 잘 이끌어 낼 수 있다는 점을 보여주었다. 군사 게임기반 환경에서의 이야기 사용에 대한 연구는 어떻게 관점과 표명이 참여를 지원하거나, 때로는 너무 감정적으로 스트레스를 주게 되는지에 대한 통찰을 제공한다. 참여에 대한 제한된 연구는 이야기의 등장 인물 설정이 학습자의 감정(예: 공감, 좌절, 해학, 스트레스) 및 참여에 영향을 줄 수 있음을 보여줬다(Barab, Sadler et al., 2007; Barab, Gresalfi et al., 2010; Dickey, 2010; Bowers et al., 2013).

게임기반 학습에 대한 사회문화적 관점은 사회적으로 구성된 과정으로써의 학습에 초점을 맞춘다. 사회문화 이론은 Lev Vygotsky(1978)의 연구에서 발전했으며 사회적 상호작용과 문화가 학습에 미치는 영향에 중점을 둔다. 이 이론의 핵심은 학습자가 다른 사람들과의 상호작용에서 배우며 학습은 그들의 문화에 의해 형성된다는 믿음이다. 이 관점이 가장 잘 드러나는 개념은 Vygotsky의 근접 발달 영역(zone of proximal development)이다. 이것은 "독립적인 문제 해결에 의해 결정된 실제 발달 수준과 성인의 지도 또는 더 유능한 또래들과의 협력을 통한 문제 해결에 의해 결정된 잠재적 발달 수준 사이의 거리이다"(Vygotsky, 1978, p. 86). 이러한 관점은 게임 설계와 이야기를 게임에 통합하는데 큰 관련이 있다.

*River City, Quest Atlantis, Murder on Grimm Isle*의 이야기 통합 및 영향에서 얻은 결과는 게임기반 학습의 이야기 설계가 어떻게 사회적 상호작용을 통해 학습을 촉진할 수 있는지 보여준다. 이들 프로젝트에서 이야기는 학습자들이 이야기로 이루어진 사건, 등장 인물 및 상호작용을 구두로(혹은 문자로) 논의할 때 대화의 통로를 제공한다(Barab, Sadler et al., 2010; Dickey, 2010; Ketelhut et al., 2007). 이 경우 이야기는 한 곳에만 자리 잡고 있는 것이 아니라 게임기반 환경의 주위 상황, 등장 인물 및 사물에 녹아 있다. 또한 이야기는 등장 인물을 통해, 그리고 학습 환경 안에서 자원을 제공함으로써 스캐폴딩(scaffolding)의 기회를 창출했다. 실험실과 문자 형식의 자원이 포함된 줄거리를 사용한 *Crystal Island*는 이야기가 어떻게 학습을 도울 수 있는지에 대한 예를 제공한다. 마찬가지로 *River City*와 *Quest Atlantis*의 이야기에도 스캐폴딩과 유도기제가 포함되어 있다. *Crystal Island*에서처럼 스캐폴딩과 유도기제는 환경 속 등장 인물을 통해 통합된다. 또한 학습을 안내하고 지원하기 위해 환경(과 이야기 속)에 있는 기록, 문서, 개체 등을 통해 제공되기도 한다. *Murder on Grimm Isle*의 이야기에는 한 등장 인물의 집에서 발견된 "증거"가 포함되어 있어서, 학습자가 더 많은 증거를 찾기 위해 새로운 장소로의 이동을 재촉한다.

7 게임기반 학습 설계에 대한 시사점

학습에 대한 하나의 중심 이론이 없는 것처럼 게임기반 학습 및 이야기 설계를 위한 단일한 발견적 절차가 있을 수 없다. 게임기반 학습에서 이야기에 대한 이론적 분석은 게임에서 이야기가 어떻게 기능하고 게임기반 학습에 어떻게 적용될 수 있는지에 대한 통찰을 제공했다. 게임기반 학습에서 이야기의 영향에 대한 연구는 이제 막 시작되었지만, 지금까지의 연구는 이야기가 다양한 각도에서 학습에 영향을 미칠 수 있음을 밝혔다. 이는 인지, 동기 및 감정에 영향을 미칠 수 있으며 사회적 상호작용과 학습을 위한 틀을 제공할 수 있다. 지금까지 수행된 게임기반 학습의 이야기에 대한 연구는 게임기반 학습에서 이야기의 미래 설계 및 통합에 대한 몇 가지 공통적인 통찰을 보여준다.

모든 이야기에는 갈등이 있어야 하며 갈등이 어떻게 구성되는가를 통해 이야기가 형성된다. 갈등이 사람 대 사람이든, 사람 대 환경이든, 심지어 내적 갈등이든, 줄거리가 실현되려면 어떤 유형이든지 갈등이 존재해야 한다. 이야기 및 게임기반 학습에 대한 연구에서 일부 전형적인 장르가 나타났다. 대부분의 중심 갈등은 일종의 수수께끼 기반 탐구인 미스터리 기반 또는 문제 기반 서사였다. 학습자는 문제를 탐색하고 해결책을 찾거나 제안해야 하는 역할(일반적으로 1인칭)에 선정되었다. 예를 들어, 리버 시티에서는 학습자가 건강 문제에 대한 해법을 찾는 연구원으로 배역이 설정되고, *Crystal Island*에서는 연구원을 감염시킨 질병에 대해 조사하기 위해 학습자가 파견된다. 두 과제 모두에서 학생들은 자료를 수집하고, 가상의 등장 인물을 인터뷰하며, 원인에 대한 가설을 세운다. *Murder on Grimm Isle*에서 학생들은 범죄를 수사하는 형사의 역할을 수행하고, 범죄에 대한 논쟁을 구성하기 위해 증거를 찾는다. 이 세 가지 게임기반 환경의 심층적인 이야기 속에서 학생들은 중심 역할을 맡아서 자료를 수집하고 분석한다. 이야기는 행위성을 지원하고 학습 목표를 달성하기 위해 상호작용을 요구한다.

또한 이야기는 다양한 자료 표현 수단과 1인칭 시점의 질의를 통해 동기를 자극한다. 확실히 일부 동기는 교육용 게임 사용의 참신함에서 비롯될 수 있으며, 게임기반 학습이 더 널리 보급되면 그 참신함은 줄어들 수 있다. 그러나 참신함이 감소하면서 게임기반 학습의 이야기는 더욱 세련되고 복잡해진다. *Quest Atlantis*도 탐구 기반 이야기에 의존하지만, 이야기 설계는 훨씬 더 광범위하고 게임 환경 내에서 여러 개의 작은 이야기 구성도 가능하다. 그렇지만 가장 중요한 주제는 아틀라티스 사람들을 구하기 위한 하나의 탐구이다. 참여와 동기가 학습과 매우 관련이 있기는 하지만, 이야기가 학습에 대한 감정에 어떻게 영향을 미치는지 보여주는 몇 가지 결과가 존재한다. *Quest Atlantis*는 학습자가 감정 이입을 할 수 있도록 등장 인물을 만드는 방법을 보여준다. 즉, 차례로 가상의 등장 인물을 "도우려는" 시도는 동기 부여를 할 수 있다. 끝으로, 의사소통 기회가 주어지는 환경 이야기 설계는 학습자의 소통과(예: *Quest Atlantis, River City, Murder on Grimm Isle*) 지침 제공 및 촉진을 돕는 캐릭터들을 제공함으로써(예: *Crystal Island*), 학습의 사회문화적 측면을 지원하는 이야기 개발에 대한 시사점을 준다. 역설적이게도 Quinn이 이야기 설계와 교육용 게임에 대한 초기 연구에서 얻은 통찰, 즉 학습 활동과 줄거리 모두에 내재된 문제(또는 도전)를 포함시키는 것의 중요성은 지금도 여전히 유효하다(Quinn, 1991, p. 239).

8 한계 및 향후 연구

스토리텔링은 광범위하고 다채로우며, 다양한 장르, 줄거리, 등장 인물 설계 등을 포함한다. 다양한 장르와 줄거리에는 관점, 표명, 시간대 등이 포함된다. 게임기반 학습의 이야기에 대한 연구가 이제 막 등장하기 시작했다. 이 새로운 연구가 이야기 설계에 대한 통찰과 예시를 제공하지만, 스토리텔링은 방대하고 다양하다는 것을 인정하는 것이 중요하다. 또한, 이야기 장르, 시대적 특성, 관점을 비롯해 다양한 게임 장르를 살펴보는 연구와 설계에 대한 조사 등에 더 많은 노력을 쏟아야 한다.

또한 과학적, 예술적 관점에서 이야기 설계에 대한 더 많은 연구도 필요하다. 게임은 현재 교육의 목표인 고차원적 사고 능력을 유도하기 때문에 교육자와 교육 설계자들에 의해 학습 설계의 모형으로 오랫동안 인식되어 왔다. 그러나 유발되는 인지적 복잡성에 관계없이 게임은 다양한 미학의 균형을 이루며, 이는 게임이 구현되고 경험되는 방식에 큰 역할을 한다. 과학에 기반한 전통에도 불구하고 학습 설계 분야는 "예술과 과학으로 구성되어 있다"(Harris & Walling, 2013, p. 37). 우리는 미학이 상호작용에 영향을 미친다는 것을 다양한 출처를 통해 알고 있다(McArthur, 1982; Miller, Veletsianos, & Hooper, 2006; Norman, 2004; Tractinsky, Katz, & Ikar, 2000). 미적으로 만족스러운 것은 우리의 감정에 영향을 미치고, 그 다음으로 행동에도 영향을 미친다. 하지만 미학 관련 주제는 빈번하게 학습 설계의 주변부로 밀려난다. 교육용 게임 및 게임기반 학습에 대한 우리의 지식에 기여하는 대부분의 연구는 역동적인 미적 경험을 기록하고, 설명하고, 조사하기 위해 과학적 방법론을 활용한다. 과학적인 탐구 방식은 게임 및 게임기반 학습을 설계하고 연구하는데 확실히 중요하다. 그러나 교육용 영화나 텔레비전과 같은 다른 형태의 교육 매체와 마찬가지로 디지털 게임은 주로 엔터테인먼트 매체로 확립되었다. 엔터테인먼트 매체와 다양한 형태의 순수 예술 및 공연 예술은 느끼고, 감상하고, 경험하기 위한 것이다. 미학은 예술과 예술 매체의 핵심이지만, 일반적인 탐구 방식으로써의 과학은 미학의 영향과 효과를 간과하는 경우가 너무 많다. 과학적 방법론은 자료를 수집하고 분석하는 수단을 제공하지만 설계자/기술자가 경험 "속으로 들어가는" 것은 허용하지 않는다. 종종 게임기반 학습에 대한 연구에서 미학의 역할은 그래픽이나 색상의 사소한 개념으로 축소된다. 그러나 미학의 경시된 요소가 인지와 학습에 큰 영향을 미칠 수도 있는 점을 기억해야 한다(Dickey, 2012b, 2015).

9 결론

게임은 설정, 행위성, 구조 및 상호작용을 포함하는 복잡한 환경이다. 이러한 요소는 플랫폼, 장르, 이야기, 역학 및 플레이어 상호작용을 통해 구현된다. 또한, 이러한 요소는 종종 긴밀하게 엮여 있으며 서로 의존적이다. 게임기반 학습은 게임기반 환경의 목적이 학습의 필요 또는 학습 성과를 위한 것이기 때문에 복잡성을 더 가중시킨다. 좋은 게임에서 설계 요소는 개별적인 구성 요소가 아니라 결합되고 포괄적인 전체의 일부이다. 개별 구성 요소에 대한 토론 및 연구는 다른 요소들을 모호하게 만드는 경향이 있다. 게임기반 학습에서 이야기에 대한 논의도 예외는 아니다. 좋은 이야 기 설계는 구조, 역학, 플레이어 위치 지정 및 등장 인물 설계의 일부가 된다. 확장하 면, 게임기반 학습의 이야기 설계는 학습 설계, 스캐폴딩 및 학습 목표의 일부이다. 비 록 게임기반 학습에서 이야기의 영향과 학습 촉진을 위한 역할에 대한 증거기반 연구 가 매우 제한적이며 이제 막 등장하기 시작했지만, 게임기반 학습 설계에서 이는 중요 한 탐구 영역이다.

참고문헌

Aarseth.(2001). Computer game studies, Year one. *Game Studies: The International Journal of Computer Game Research, 1*(1). Retrieved from http://gamestudies.org/0101/editorial.html

Adams, D. M.(2001, May 21). Replayability, Part One: Narrative. Gamasutra, Retrieved from https://www.gamasutra.com/view/feature/131483/replayability_part_one_narrative.php

Adams, D. M., Mayer, R. E., MacNamara, A., Koenig, A., & Wainess, R.(2012). Narrative games for learning: Testing the discovery and narrative hypotheses. *Journal of Educational Psychology, 104*(1), 235-249.

Amory, A.(2001). Building an educational adventure game: Theory, design and lessons. *Journal of Interactive Learning Research, 12*(2-3), 249-263.

Amory, A.(2007). Game object model version II: A theoretical framework for educational game development. *Educational Technology Research & Development, 55*(1), 51-77.

Amory, A., Naicker, K., Vincent, J., & Adams, C.(1999). The use of computer games as an educational tool: Identification of appropriate game types and game elements. *British Journal of Educa-tional Technology, 30*(4), 311-321.

Barab, S.., Dodge, T., Tuzun, H., Job-Sluder, K., Jackson, C., Arici, A., Job-Sluder, L., Carteaux, J. R., Gilbertson, J. ⋯ Heiselt, C.(2007). The Quest Atlantis project: A socially-responsive play space for learning. In B. E. Shelton & D. Wiley(Eds.), *The educational design and use of simulation computer games*(pp. 153-180). Rotterdam, Netherlands: Sense Publishers.

Barab, S. A., Dodge, T., & Ingram-Goble, A.(2010). Narratizing disciplines and disciplinizing narratives: Games as 21st century curriculum. *International Journal of Gaming and Computer-Mediated Simulations, 2*(1), 17-30.

Barab, S. A., Sadler, T. D., Heiselt, C., Hickey, D., and Zuiker, S.(2007). Relating narrative, inquiry, and inscriptions: Supporting consequential play. *Journal of Science Education and Technology, 16*(1), 59-82.

Barab, S. A., Sadler, T. D., Heiselt, C., Hickey, D., & Zuiker, S.(2010). Erratum to Relating narrative, inquiry, and inscriptions: Supporting consequential play. *Journal of Science Education and Technology, 19*(4), 387-407.

Barthes, R.(1975). An introduction to the structural analysis of narrative. *New Literary History, 6*(2), 237-272.

Bowers, C. A., Serge, S., Blair, L., Cannon-Bowers, J., Joyce, R., & Boshnack, J.(2013). The effectiveness of narrative pre-experiences for creating context in military training. *Simulation*

& *Gaming, 44*(4), 514-522.

Bringsjord.(2001, July). Is it possible to build dramatically compelling interactive digital enter-tainment(in the form, e.g., of computer games)? *Game Studies: The International Journal of Computer Game Research, 1*(1). Retrieved from http://www.gamestudies.org/0101/bringsjord/

Bruner, J.(1990). *Acts of meaning.* Cambridge, MA: Harvard University Press.

Clark, R. E.(1983). Reconsidering research on learning from media. *Review of Educational Research, 53*(4), 445-459.

Clark, R. E.(1994). Media will never influence learning. *Educational Technology, Research and Development, 42*(2), 21-29.

Curtis, D. D., & Lawson, M. J.(2002). Computer adventure games as problem-solving environ-ments. *International Education Journal, 3*(4), 43-56.

Darling-Hammond, L., Orcutt, S., Stroble, K., Kirsh, E., Lit, I., ··· Comer, M. D.(2003). Feelings count: Emotions and learning(Session 5). The learning classroom: Theory into practice. Annenberg Learner Course. Retrieved from http://www.learner.org/workshops/ workshop_list.html

Dede, C., Nelson, B., Ketelhut, D. J., Clarke, J., & Bowman, C.(2004, June). *Design-based research strategies for studying situated learning in a multi-user virtual environment.* Paper presented at the International Conference on Learning Sciences, Mahwah, NJ, June 22, 2004.

Dickey, M. D.(2003, April). *An investigation of computer gaming strategies for engaged learning.* Paper presented at the annual meeting of the American Educational Research Association, Chicago, IL.

Dickey, M. D.(2005). Engaging by design: How engagement strategies in popular computer and video games can inform instructional design. *Educational Technology Research and Development, 53*(2), 67-83.

Dickey, M. D.(2006). Game design narrative for learning: Appropriating adventure game design narrative devices and techniques for the design of interactive learning environments. *Educational Technology Research and Development, 54*(3), 245-263.

Dickey, M. D.(2007). Game design and learning: A conjectural analysis of how Massively Mul-tiple Online Role-Playing Games(MMORPGs) foster intrinsic motivation. *Educational Technology Research and Development, 55*(3), 253-272.

Dickey, M. D.(2010). Murder on Grimm Isle: The impact of game narrative design in an educa-tional game-based learning environment. *British Journal of Educational Technology, 42*(3), 456-469.

Dickey, M. D.(2011a). World of Warcraft and the impact of game culture and play in an under-graduate game design course. *Computers & Education, 56*(1), 200-209.

Dickey, M. D.(2011b). Murder on Grimm Isle: The design of a game-based learning environment. In S. De Freitas & P. Maharg(Eds.), *Digital games and learning*(pp. 129-152). London, England: Continuum International Publishing Group.

Dickey, M. D.(2012a). Game design and the importance of narrative. In S. Garner(Ed.), *Design and designing: A critical introduction*(pp. 112-123). Oxford, England: Berg.

Dickey, M. D.(2012b). Aesthetics and game-based learning: Applying John C. Belland's connoisseurship model as a mode of inquiry. In S. Fee & B. Belland(Eds.), *The role of criticism in understand-ing problem solving: Honoring the work of John C. Belland*(pp. 101-114). New York, NY: Springer.

Dickey, M. D.(2015). *Aesthetics and design for game-based learning*. New York, NY: Routledge.

Frasca.(2001). Ludology meets narratology: Similitude and differences between(video) games and narrative. *Ludology.org Game Theory*. Retrieved from https://www.ludology.org/articles/ludology.htm

Hafner, K., & Lyon, M.(1996). *Where the wizards stay up late: The origins of the internet*. New York, NY: Simon & Schuster.

Harris, P., & Walling, D. R.(2013). The learning designer: Merging art and science with educational technology. *TechTrends, 57*(5), 35-41.

Ju, E., & Wagner, C.(1997). Personal computer adventure games: Their structure, principles, and applicability for training. *The DATA BASE for Advances in Information Systems, 28*(2), 78-92.

Juul, J.(1998). *A clash between game and narrative*. Paper presented at the Digital Arts and Culture conference, Bergen, Norway, November 1998.

Juul, J.(2001, July). Games telling stories? A brief note on games and narratives. *Game Studies: The International Journal of Computer Game Research, 1*(1). Retrieved from http://gamestudies.org/0101/juul−gts/

Ketelhut, D. J.(2007). The impact of student self-efficacy on scientific inquiry skills: An exploratory investigation in River City, a multi-user virtual environment. *Journal of Science Education and Technology, 16*(1), 99-111.

Ketelhut, D. J., Dede, C., Clarke, J., Nelson, B., & Bowman, C.(2007). Studying situated learning in a multi-user virtual environment. In E. Baker, J. Dickieson, W. Wulfeck, & H. O'Neil(Eds.), *Assessment of problem solving using simulations*(pp. 37-58). New York, NY: Erlbaum.

Laramée, F. D.(2002). *Game design perspectives*. Hingham, MA: Charles River Media.

Lester, J. C., Spires, H. A., Nietfeld, J. L., Minogue, J., Mott, B. W., & Lobene, E. V.(2014). Designing game-based learning environments for elementary science education: A narrative-centered learning perspective. *Information Sciences, 264*, 4-18.

Levy, S.(1984). *Hackers: Heroes of the computer revolution*. New York, NY: Penguin Books.

Malone, T. W.(1981). Toward a theory of intrinsically motivating instruction. *Cognitive Science, 5*(4), 333-369.

McArthur, L. Z.(1982). Judging a book by its cover: A cognitive analysis of the relationship between physical appearance and stereotyping. In A. H. Hastorf & A. M. Isen(Eds.), *Cognitive social psychology*(pp. 149-211). New York, NY: Elsevier.

McQuiggan, S. W., Rowe, J. P., Lee, S., and Lester, J. C.(2008, June). *Story-based learning: The impact of narrative on learning experiences and outcomes*. Paper presented at Intelligent Tutoring Systems, 9th International Conference, IT2008, Montreal, Canada, June 23-27, 2008.

Miller, C., Veletsianos, G., & Hooper, S.(2006). Demystifying aesthetics: An exploration of emotional design. In *Proceedings of the 2006 Computers and Advanced Technology in Education(CATE) Conference*,(pp. 15-20). Lima, Peru, ACTA Press, October 4-6, 2006.

Neville.(2010). Structuring narrative in 3D digital game-based learning environments to support second language acquisition. *Foreign Language Annals 43*(3), 446-469.

Norman, D. A.(2004). *Emotional design: Why we love(or hate) everyday things*. New York, NY: Basic Books.

Pierre, E., & Oughton, J.(2007). The affective domain: Undiscovered country. *College Quarterly, 10*(4), 1-7.

Plass, J. L., Homer, B. D., & Kinzer, C. K.(2015). Foundations of game-based learning. *Educational Psychologist, 50*(4), 258-283.

Polkinghorne, D. E.(1988). *Narrative knowing and the human sciences*. Albany: State University of New York Press.

Provenzo, E. F.(1991). *Video kids: Making sense of Nintendo*. Cambridge, MA: Harvard University Press. Quest Atlantis.(1999). Quest Atlantis. Retrieved from http://www.questatlantis.org/

Quinn, C. N.(1991). Computers for cognitive research: A HyperCard adventure game. *Behavioral Research Methods, Instruments and Computers, 23*(2), 237-246.

Quinn, C. N.(1996). Designing an instructional game: Reflections on Quest for Independence. *Education and Information Technologies, 1*(3-4), 251-269.

Rieber, L. P.(1996). Seriously considering play: Designing interactive learning environments based on blending of microworlds, simulations and games. *Educational Technology Research and Development, 44*(2), 43-58.

Rowe, J. P., McQuiggan, S. W., Robinson, J. L., & Lester, J. C.(2009). In S. Craig, D. Dicheva, J. Lester, R. Mizoguchi, A. Ogan & V. Shute(Eds.), *Proceedings of the 14th International Conference on Artificial Intelligence in Education(AIED2009), Building Learning Systems That Care: From Knowledge Representation to Affective Modeling*, Brighton, England, July 6-10, 2009(pp. 99-106). Netherlands: IOS Press Amsterdam.

Rowe, J. P., Shores, L. R., Mott, B. W., & Lester, J. C.(2011). Integrating learning, problem solving, and engagement in narrative-centered learning environments. *International Journal of Artificial Intelligence in Education, 21*, 115-133.

Sedano, C. I., Leendertz, V., Vinni, M., Sutinen, E., & Ellis, S.(2013). Hypercontextualized learning games: Fantasy, motivation and engagement in reality. *Simulation & Gaming, 44*(6), 821-845.

Sherwood, C.(1991). Adventure games in the classroom: A far cry from A says Apple. *Computers & Education, 17*(4), 309-315.

Toulmin, S., Rieke, R., & Janik, A.(1979). *An introduction to reasoning*. London, England: Collier Macmillan.

Vogler, C.(1998). *The writer's journey: Mythic structures for writers*(3rd ed.). Studio City, CA: Michael Wiese Productions.

Vygotsky, L. S.(1978). *Mind in society: The development of higher psychological processes*. Cambridge, MA: Harvard University Press.

Warnick, B. R., & Burbules, N. C.(2007). Media comparison studies: Problems and possibilities. *Teachers College Record, 109*(11), 2483-2510.

12

게임기반 학습에서 멀티미디어 설계원리

Brian Nelson and Younsu Kim(권숙진 역)

1 게임기반 학습에서 멀티미디어 설계원리는 무엇인가?

게임기반 학습을 옹호하는 연구자들은 잘 설계된 게임의 유익한 측면을 언급한다. 그 중 하나는 디지털 게임이 제공하는 시·청각적으로 풍부한 경험은 능동적이면서 상황적인 학습 시나리오를 지원함으로써, 그 속에서 학습자가 실제 기술을 연마하고, 개념을 적용하여 현실 그대로의 방식으로 어려운 문제를 해결할 수 있다는 주장이다(예: Clark, Nelson, Sengupta & D'Angelo, 2009; Gee, 2014; Mayer, 2014; Shaffer, 2006). 연구자들과 설계자들은 대부분의 게임기반 학습 환경에 통합된 현실감 있는 시나리오를 지원하기 위해 복잡한 시각 효과가 있는 게임을 종종 개발하곤 한다. Plass, Homer, Kinzer(2015)는 시각 효과가 풍부한 게임기반 학습 환경을 개발하는 추세는 이러한 환경에서 제공되는 정보를 처리하는 학습자의 능력에 문제를 야기한다는 연구와 상충되는 디자인을 양산할 수 있음을 지적하고 있다. 대다수의 게임기반 학습 환경, 특히 실제 상황에 기반한 시나리오와 내러티브가 통합된 환경에서 플레이어는 기억해야 할 중요한 정보와 무시해도 괜찮은 정보를 실시간으로 판단하면서 많은 양의 감각 정보를 처리해야 한다. 또한 학습자는 게임기반 환경에서 이동하고, 상호작용하기 위해서 때때로 복잡한 제어 메커니즘을 관리해야 함과 동시에 교육과정 내에 부과되는 과제를 해결하는데 씨름하기도 한다. 게임기반 학습 환경이 갖는 이점의 중심에 있는 '풍부함'과 '복잡성'은 여기에 포함된 정보를 처리하는 학습자의 능력을 압도할 수 있다 (Nelson & Erlandson, 2008). 이것은 설계자로 하여금 학습자의 인지 부하를 줄이려는 욕구와 게임 환경의 감각적 현실성을 향상시키려는 욕구 간의 팽팽한 긴장을 유발시킬 수 있다(Plass et al., 2015).

멀티미디어 설계원리와 인지

게임기반 학습의 복잡성 문제를 해결하기 위한 방법은 게임 환경 설계에 멀티미디어 원리를 적용하는 것이다. Mayer와 Moreno(2003)는 멀티미디어 학습을 문자와 그림으로부터 학습하는 것으로 정의하였고, 멀티미디어 환경이란 외부에서 들어오는 정보의 심적 표상 형성을 지원해주어 학습을 촉진하는 학습 공간이자 자료라고 설명하고 있다. Moreno와 다른 연구자들도 멀티미디어 학습 자료 제작을 위해 인지 처리 이론에 기반한 설계 원리들을 제시하였다(예: Mayer, 2005). 이 원리들은 학습을 지원하기 위해 텍스트, 그림, 사운드 및 애니메이션을 배치하고 제시하는 방법에 대한 지침을 제공한다. 일반적으로 멀티미디어 설계 원리의 적용은 학습자의 외재적 인지 부하(학습 목표와 핵심적으로 관련되지 않은 정보를 처리하는 데 사용되는 정신적 노력의 양)를 낮추는 동시에 본유적 인지부하(학습 목표와 핵심적인 관련성이 높은 정보 처리에 소비되는 정신적 노력)를 지원하는 것을 목표로 한다. 이러한 설계원리는 많이 존재한다. 이 장에서는 게임기반 학습에서의 역할에 대해 가장 자주 적용되는 멀티미디어 설계원리에 대해 살펴보고자 한다.

인지부하

학습자는 어떤 유형의 수업 자료이든 상호작용할 때 어느 정도의 인지 부하를 겪게 된다. Sweller, Van Merrienboer, Paas(1998)는 내재적, 외재적, 본유적이라는 세 가지 유형의 인지 부하를 제시하였다. 내재적 부하는 과제 자체에 내재된 인지적 요구, 즉 일부 수업 자료와 상호작용하고 이해하는데 필요한 정신적 노력을 말한다

(Nelson, Ketelhut, Kim, Foshee, & Slack, 2013). 내재적 인지 부하는 과제 내용의 근본적인 난이도에 따라 달라진다. 내용에 내재된 난이도는 그 내용을 접하는 학습자의 지식 또는 경험 상태와 관련이 있다. 예를 들어, 게임기반 컴퓨터 프로그래밍 작업을 완료하는 것과 관련된 내재적 인지 부하는 초보자에게는 높지만, 이전에 프로그래밍을 경험한 학생에게는 낮게 나타난다.

외재적 인지 부하는 관련 자료와 함께 제시되는 외부 또는 학습과 관련없는 정보를 처리하면서 쓴게 되는 정신적 노력이다. 게임기반 학습의 멀티미디어 원리에 대한 연구는 게임기반 환경 설계에 특정 멀티미디어 원리를 적용하는 것이 학습하는 동안 외재적 인지 부하를 줄일 수 있는지 여부와 얼마나 줄일 수 있는지를 탐구한다.

본유적 인지 부하(Sweller, Van Merrienboer, & Paas, 1998)는 정보를 처리하고, 그 정보의 이해에 필요한 정신 모형을 구축하고, 기술을 숙련화하는 것과 관련 있다. 본유적 부하는 정보 처리 강화나 정신 모형 구축을 지원하여 수업 목표 달성에 도움을 준다. 내용이 학습자에게 어렵기 때문에 내재적 부하가 높지만(세심한 교수설계를 통해) 외재적 부하가 감소하면 본유적 부하가 증가할 수 있다. 본유적 부하가 증가함에 따라 학습자는 당면한 과제에 집중할 수 있는 더 많은 정신적 공간을 갖게 된다. 게임기반 학습 환경에 멀티미디어 원리를 적용할 때 학습자의 외재적 부하가 줄어들어 본유적 부하가 촉진될 수 있다.

비(非)게임 교육 환경에서 이루어진 연구에 따르면 멀티미디어 원리의 적용으로 설계된 내용을 제시받은 학습자는 외재적 인지 부하가 줄게 되어 학습이 강화될 수 있다고 주장한다(예: Kablan & Erden, 2008; Mayer & Moreno, 2003). 비게임 환경에서 멀티미디어 원리 적용의 효과성을 지지하는 연구 결과에도 불구하고 이러한 원리 중 어떤 것이 게임기반 학습 환경을 만드는 데 도움이 되는지는 아직 명확하지 않다. 따라서 이 장에서는 게임기반 학습의 멀티미디어 설계 원리에 대한 개요를 제공하고자 한다. 우선 여러 교육용 게임들 중 하나에 적용된 멀티미디어 원리의 구체적인 사례를 살펴볼 것이다. 다음으로 게임기반 학습에서 멀티미디어 설계 원리의 효과에 대한 관련 연구를 검토하고 학습 및 사용자의 인지 부하에 미치는 영향에 대해 중점적으로 알아보고자 한다. 그런 다음 게임기반 학습 설계에 대한 연구의 의미와 한계점을 설명하고자 한다.

멀티미디어 설계 원리를 적용한 게임기반 학습은 어떤 모습일까? 많은 예들이 있겠지만 여기서는 해당 장을 집필한 연구자의 연구결과물을 소개하려고 한다. 우선 *SAVE Science*(Situated Assessment in Virtual Environments for Science)는 과학 교과의 평가 플랫폼으로 개발된 게임기반 환경이다. *SAVE Science* 게임에서 중학생들은 이전 정규 수업에서 배운 과학 콘텐츠와 관련하여 시나리오 기반의 수행 평가를 치렀다. *SAVE Science* 프로젝트를 통해 연구자들은 중학교 과학 교사와 협력하여 기존의 표준화된 검사 방법(일반적으로 객관식 및 용어 문제)으로 제대로 평가되지 않았다고 생각되는 주제를 분석하였다. 그런 다음 연구자들은 게임기반 평가 모듈 개발을 위해 교사가 분석한 주제군을 선택했다. 여기에는 진화론, 물리학(힘과 운동), 날씨 및 기후, 보일의 법칙이 포함되었다(Ketelhut, Nelson, Schifter, & Kim, 2013; Nelson, Kim, & Slack, 2016).

또 다른 평가 게임인 *Sheep Trouble*에서 학생들은 시골 농장에 있는 양떼의 발병 원인을 조사하였다. *Sheep Trouble*의 평가 목적은 시간 흐름에 따라 환경의 진화와 적응이라는 개념에 대한 학생의 이해력 및 응용력을 측정하는 데 있다. *Sheep Trouble* 모듈을 완료한 학생들은 교실에서 교과서로 관련된 내용을 이미 공부한 적이 있다. *Sheep Trouble*에서 학생들은 최근에 수입된 양떼가 건강하지 않은 이유를 찾아달라고 도움을 청하는 농부를 만나게 된다([그림 12.1] - [그림 12.4]). 학생들은 문답 시스템을 사용하여 농부와 그의 형제들과 의사소통을 하게 된다([그림 12.4]). 그들은 또한 일련의 상호작용적 조사 도구를 사용하여 농장을 돌아다니는 수입산과 국산 양떼를 조사할 수 있다. 예를 들어, 학생들은 가상 자를 활용하여 양다리와 몸, 귀의 길이를 재고, 최근 양의 체중을 기록하여 증감을 확인할 수 있으며, 나이와 성별 정보를 열람할 수 있다. 학생들이 충분한 증거를 수집했다고 느끼면, 양 주인에게 자신의 가설을 설명해본다. 이러한 장면들의 이면에서는 모든 학생의 상호작용을 기록하고, 데이터 패턴을 분석해 냄으로, 탐구 문제를 완수해내기 위해 학생들이 얼마나 잘 정보를 수집하고, 처리하는지, 그리고 자신의 지식과 기술을 적용하고 있는지 알 수 있다.

그림 12.1
신호주기 원리가 적용되지 않은 *Sheep Trouble*

*Sheep Trouble*을 설계할 때 신호주기, 개인화, 공간 근접성과 같은 여러 멀티미디어 설계원리를 적용하였다. 예를 들어, 주로 양과 두 명의 인간 캐릭터([그림 12.2])와 같은 대화형(상호작용) 객체에 시각 신호(반짝이는 화살표)를 추가했다. 신호주기 원리의 가정에 따라 반짝이는 영역을 사용하여 게임 내 관련 콘텐츠에 대한 학생들의 관심을 유도했는데, 이것의 목표는 외재적 인지 부하를 줄이고 중요한 평가 요소와의 상호작용 빈도를 높이는 것이었다.

그림 12.2

신호주기 원리가 적용된 *Sheep Trouble*

또한 개인화 원리를 적용한 *Sheep Trouble* 모듈 버전(Foshee and Nelson, 2014)에서는 학생들에게 아바타의 성별과 외모(예: 의상, 액세서리, 눈, 머리 및 피부 등의 색상 선택), 아바타 이름(미리 정의된 이름 목록; [그림 12.3])을 지정하는 옵션 메뉴를 만들어 개인화 원리를 적용하였다. 사용자가 정한 이름은 게임에서 만나는 캐릭터와의 모든 대화에 사용되었다([그림 12.4]).

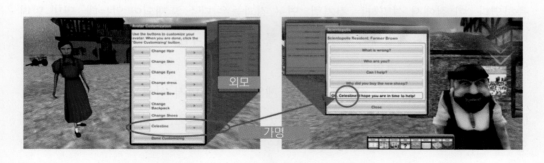

| 그림 12.3 | 그림 12.4 |
| 아바타 설정(외모) | 아바타 설정(이름) |

3 | 게임기반 학습에서 멀티미디어 설계 원리

멀티미디어 설계 원리는 이것이 지향하는 교육 목표-외재적 처리의 감소, 필수적 처리의 관리, 생성적 처리의 촉진-에 따라 달라질 수 있다(Mayer, 2011). 첫째, 외재적 처리의 감소란 교육 목표와 관련없는 인지 처리를 최소화하는 것이다(Mayer, 2011). 예를 들어, 신호주기 원리는 수업에서 중요한 내용을 강조함으로써 게임에서 외재적 인지 부하를 감소하는데 적용될 수 있다(Mayer, 2005). 둘째, 필수적 처리의 관리란 수업 자료를 표상하는데 요구되는 인지 처리를 관리하는 것이다. 예를 들어, 사전훈련 원리는 학습자가 시나리오를 시작하기 전에 주요 개념을 소개함으로써 게임기반 학습 시나리오에서 접한 개념 간의 연계를 수월하게 하는데 적용될 수 있다. 마지막으로, 생성적 처리의 촉진이란 학습 내용 이해에 사용되는 학습자의 심층적 인지 처리를 지원하는 것이다. 예를 들어, 자기 설명 원리를 적용하는 것인데, 게임플레이 중인 학습자에게 자기 설명에 참여하도록 요청함으로써 학습 내용의 생성적 처리를 지원할 수 있다(Horwitz & Christie, 1999).

게임

Mayer(2011, 2014)와 Nelson 등(Nelson, Ketelhut, & Schifter, 2010)의 연구에서 다룬 게임기반 학습에서 멀티미디어 원리와 관련된 여러 논문들을 종합적으로 분석하여 결론을 도출하였다. 이 절에서 설명하는 것처럼, 연구 결과들은 다소 혼재되어 있는데, 몇몇 멀티미디어 원리는 일부 게임에서 일부 학생과 특정 경우에 국한되어 학습과 인지 부하 감소에 도움이 되는 것으로 밝혀졌다.

게임을 사용한 연구를 검토하기 전에 게임 자체를 먼저 살펴보는 것이 유용하다. [표 12.1]에 게임의 주요 특징들을 요약하였다. 시각 디자인, 학습과제 유형, 기간, 게임 요소의 통합이라는 측면에서 게임의 다양성에 주목할 필요가 있다. Mayer(2014)의 논문에서 제시된 게임 중 *Circuit Game*, *Profile Game*, *Design-a-Plant*, *Cache 17*을 살펴보자. *Circuit Game*은 2D 퍼즐게임으로, 학생들이 10단계에 걸쳐 회로 문제를 해결하면서 회로 작동 방식을 배우게 된다. 여기에서 제공되는 게임 기능은 피드백 사운드와 포인트이다. 예를 들면, 학생들이 주어진 문제를 올바르게 푸는 경우 "딩동댕" 소리가 나고 50점을 획득하게 된다(Mayer & Johnson, 2010).

*Profile Game*은 학생들이 모양, 고도, 위치에 대한 정보가 담긴 도구를 사용하여 지질학적 특징을 식별하고 찾는 컴퓨터 시뮬레이션이다(Mayer, Mautone, & Prothero, 2002). *Profile Game*에서 학생들은 화면에 표시된 미지의 지리구(地理區)를 탐색하여 숨겨진 지질학적 특징을 찾아야 한다. 학생들은 고도와 같은 지질 정보를 제공하는 지역 이미지 한두 개의 지점을 클릭하여 탐색할 수 있다. 학생들이 지질학적 특징을 식별할 준비가 되면 참호, 능선 등의 지형지물에 체크 표시를 할 수 있다. *Profile Game*에서는 현장 실무자가 어떻게 그러한 특정 과업을 수행하는지 설명하는 전략이 담긴 용지와 다양한 지질학적 특징을 보여주는 그림으로 된 지원 시스템과 같은 추가 도움이 제공된다.

*Design-a-Plant*는 2D와 3D용으로 개발된 발견 학습 환경이다(Lester, Stone, & Stelling, 1998). *Design-a-Plant*에서 학생들은 환경 조건이 다양한 외계 행성으로 여행하게 된다. 게임에서 학생들은 특정 조건에서 번식할 식물을 설계하도록 요청받는다. 인간처럼 생긴 애니메이션 교육용 에이전트는 학생들의 문제해결 과정에서 피드백, 격려 및 개별화된 조언과 같은 지원을 제공한다.

*Cache 17*은 1인칭 시점의 3D 가상 세계로 구현된 발견 학습 환경이다(Adams, Mayer, MacNamara, Koenig, & Wainess, 2012; Koenig, 2008). *Cache 17*에서 학생들은 분실된 그림을 찾기 위해 지하 벙커를 통과하는 길 찾기 과제를 부여받는다. 여기에서 교육 목표는 전기 회로 및 에너지의 작동 방식을 학습하는 것으로, 학생들은 게임에서 PDA로 정보를 제공받아 도움받으면서 배터리 충전 및 전기 회로 구성과 관련된 과제를 수행하면서 출입문 개폐 방식을 이해하게 된다. 게임에서 학생들은 네비게이션용 디지털 도구를 사용하여 데이터를 수집하고, 현재 수행 중인 과제, 교육 정보 및 전압 정보를 살펴보면서 환경을 탐색해야 한다.

여러 연구에서 사용된 게임인 *Crystal Island*, *SimLandia*, *SAVE Science*도 추가로 살펴보자. *Crystal Island*는 1인칭 시점의 3D 가상 세계를 배경으로 하는 발견 학습 환경이다(Spires et al., 2011). *Crystal Island*에서 학생들은 연구 캠프에서 확산되는 질병의 특징과 원인을 조사하게 된다. 60분 동안의 게임플레이에서 학생들은 연구문제 및 가설을 설정하고, 데이터를 수집/분석한 후 가설을 검증하면서, 캠프를 탐색하고 조사한다. 게임에서 학생들은 NPC와 다른 보충적인 데이터 자원(가상의 책이나 포스터)과 상호작용하면서 단서와 미생물 정보를 찾아낼 수 있다. 교육과정은 노스캐롤라이나의 8학년 미생물학 표준 과정을 기반으로 한다.

    *SimLandia*는 발견 학습에 기반한 3인칭 시점의 3D 멀티유저 가상환경(MUVE)이다 (Erlandson, Nelson, & Savenye, 2010). 학생들은 소규모팀을 구성해 협력하면서, 90분간의 교육과정에서 인간 아바타를 제어하면서 *SimLandia*라는 가상세계를 탐험하게 된다. 학생팀은 탐구 기반 조사를 수행하면서 가상 마을 전체에 퍼지고 있는 심각한 질병의 원인을 규명해보게 된다. 팀들은 컴퓨터상에 존재하는 거주민과 대화하고 상호작용 조사 도구를 사용하여 사례 데이터를 수집한다. 학생팀은 일단 질병의 원인으로 추정된 것을 가설로 설정한 후 이를 검증하기 위해 연구 설계를 한다.

    앞서 소개한 3인칭 시점의 3D 가상세계 게임인 *SAVE Science*에서 학생들은 과학 지식 및 탐구 기술에 대한 수행 평가를 치르게 된다(Nelson et al., 2014, 2016). *SAVE Science*에서 학생들은 인간과 유사한 아바타를 제어하면서, 날씨 및 기후, 진화론, 보일의 법칙, 뉴턴 물리학(힘과 운동)과 관련된 문제를 조사한다. 30분가량의 "시험"에서 학생들은 NPC에게 미리 설정된 질문을 던져보고, 게임 속의 실물과 상호작용하고, 그 세계 자체를 조사해보면서 정보를 수집한다. 데이터 수집과 분석, 시각화에 필요한 도구가 학생들에게 제공된다.

표 12.1
학습용 게임 설계 요소

게임명	유형	환경	게임설계 요소	대상
Circuit Game	퍼즐	2D	- 인센티브 시스템(포인트) - 음악(정답 여부에 따른 사운드) - 새로운 지식과 기술을 가르침(회로 학습)	대학생
Profile Game	시뮬레이션	2D	- 내러티브 디자인(미지의 지역에서 지질학적 특징과 위치 찾기) - 새로운 지식과 기술을 가르침(지질학적 특징과 탐구 기술을 학습)	대학생
Design-a-Plant	발견학습	컴퓨터 화면이나 HMD 가상환경	- 심미성 있는 시각 디자인(애니메이션 교육용 에이전트, 외계, 행성) - 내러티브 디자인(외계 환경을 여행하면서 키울 수 있는 식물을 찾아보기) - 새로운 지식과 기술을 가르치기(식물학과 생리학)	중학생
Cache 17	발견학습	3D 가상세계	- 심미성 있는 시각 디자인(아바타, 실물 객체, 가상세계, PDA) - 내러티브 디자인(분실된 그림이 위치한 장소로 가는 길 찾기) - 새로운 지식과 기술을 가르치기(PDA를 사용해 문을 개폐하면서 회로 작동 원리 학습)	성인 초기
Crystal Island	발견학습	3D 가상세계	- 심미성 있는 시각 디자인(가상 세계, 실세계 캐릭터와 객체) - 내러티브 디자인(연구캠프에서 발생한 질병의 특징과 원인 조사) -새로운 지식과 기술을 가르치기(미생물학)	중학생
SimLandia	발견학습	3D 가상세계	- 심미성 있는 시각 디자인(아바타, 가상세계, 객체, 연구 도구) - 내러티브 디자인(질병 조사) - 새로운 지식과 기술을 가르치기(과학적 탐구 기술)	중학생
SAVE Science	상황 평가	3D 가상세계	- 심미성 있는 시각 디자인(아바타, 가상세계, 과학 도구, 객체) - 내러티브 디자인(최근 농부가 수입한 양의 발병 이유를 찾아내기) - 기존의 지식과 기술을 연습하여 강화하기(과학 내용 및 탐구 능력 평가)	중학생

관련 연구들

지금까지 살펴본 각각의 게임들을 활용하여 수행된 연구들은 게임 설계에 적용된 멀티미디어 원리의 효과에 대해 서로 다른 측면에 초점을 두고 있다. 여기에서 다룬 연구들은 Mayer(2014)의 부가가치 연구(인지 처리 및 학습에 대한 특정 멀티미디어 원리의 효과 연구) 범주에 속한다. 각 연구들은 멀티미디어 원리를 적용한 게임과 그렇지 않은 게임을 비교하고 있는데, 이 장에서는 이 연구들을 외재적 인지부하를 줄이기, 필수적 처리를 관리하기, 생성적 처리를 촉진하기 등의 세 범주로 재구분하였다. 각 범주 내에서 특정 멀티미디어 원리가 학습과 인지부하에 미치는 영향에 대해 알아보자.

외재적 인지부하를 줄이기

게임기반 환경에 여러 멀티미디어 설계 원리를 적용하여 외재적 인지부하를 줄일 수 있다. 여기에 해당하는 '신호주기', '중복', '몰입'이라는 세 가지 원리를 살펴보자.

'신호주기' 원리는 멀티미디어 설계에서 교육 내용과 관련된 핵심 요소에 이를 강조하는 시각 또는 청각 단서가 통합될 때 사람들이 더 잘 배운다는 원리이다(Mayer, 2005). 단서를 학습 자료에 통합함으로써 학습자의 주의가 핵심 요소에 머물면서, 이들 간의 연계에 집중하게 되어 외재적 인지부하가 줄어든다. Nelson 등(2014)은 *SAVE Science*의 한 모듈에서 시행되는 평가 게임에서 시각 단서를 제공하여 '신호주기' 원리의 효과를 조사했다. 중학생(n=193)을 대상으로 한 이 연구는 두 가지 버전의 게임을 비교하였는데, 하나는 평가에 핵심이 되는 데이터를 담은 객체 바로 위에 시각 단서(반짝이는 큰 화살표)를 배치한 버전이고, 나머지는 이를 제공하지 않은 버전이다. 해당 연구는 학생이 지각하는 인지 부하와 함께 평가 효율성을 각 학생마다 게임 진행 과정에서 완수해낸 평가와 관련된 게임 내 객체와의 상호작용 수로 정의하여 측정하였다. 이 연구에서 시각 단서가 포함된 평가 모듈을 완료한 학생들이 단서를 제공받지 못한 학생들보다 통계적으로 유의하게 낮은 수준으로 인지 부하를 지각하고, 더 높은 평가 효율성을 보였다([표 12.2]).

표 12.2
외재적 인지부하 감소를 위한 멀티미디어 원리(Mayer, 2014)

원리	의미	게임명	조건	검사	효과 크기
신호 주기	단서를 추가하여 핵심 내용이 담긴 부분을 강조할 때 사람들은 게임에서 더 잘 학습한다.	SAVE Science	평가와 관련된 게임 내 객체 상단의 시각 단서 제공 對. 미제공	지각된 인지부하	.29
				평가 효율성	.34
중복	일반적 형태보다 인쇄된 글자와 이를 읽어주는 음성이 함께 제공되는 게임에서 사람들은 더 잘 학습하지 못한다.	Design- a-Plant	내레이션 對 화면 텍스트 對 내레이션과 화면 텍스트	전이	-.22
몰입	2D보다 3D 가상현실에서 렌더링되는 게임에서 사람들은 더 잘 학습하지 못한다.	Design- a-Plant	2D(화면) 對 3D(HMD)	파지	-.73
				전이	-.30

후속 연구에서 Nelson 등(2016)은 이전에 사용한 평가 게임을 시각적으로 보다 복잡한 버전으로 개발하여, 고도의 시각적 검색 환경(예: 화면에 동시에 많은 객체가 있는 환경)에서 시각 단서가 사용될 때 더 강력한 효과가 있을 것이라는 가설을 검증하였다. 해당 연구는 컴퓨터과학을 전공하는 학부생(n=50)을 편의 표집하여 수행되었다. 이 중 절반의 학생들은 '신호주기' 원리가 미적용된 게임을 했고, 나머지는 이전 연구와 동일하게 시각 단서가 제공되는 게임을 하였다. 이 연구에서 두 조건 간에 지각된 인지 부하 또는 평가 효율성에서 유의미한 차이가 없었다. 이전 연구 결과와 대조하면서, Nelson 등은 후속 연구의 참가자들이 사전검사에 만점을 받았기 때문에 평가 내용에 부적합한 연구 대상일 가능성이 있다고 주장했다(이전 연구에서 중학생들의 경우에는 그렇지 않았기 때문이다).

'중복' 원리는 사람들이 멀티미디어 자료에서 음성언어만 제공받을 때에 음성언어와 문자언어를 동시에 제공받을 때보다 더 잘 배운다는 원리이다(Mayer, 2005). 이 원리는 게임이 아닌 다른 환경에서도 수많은 연구를 통해 유효한 것으로 확인된 바 있다(예: Moreno & Mayer, 2002). 이론적으로 학습자는 유입되는 동일한 정보원들 중 하나를 제거함으로써 외재적 인지 부하를 줄일 수 있다. 그러나 중복 원리는 모든 게임 유형이나 모든 학습자에게 동일하게 적용되지 않을 수 있다. 예를 들어, Moreno와 Mayer(2002)의 *Design-a-Plant* 게임에서 연구된 '중복' 원리를 살펴보자. 해당 연구에서 대학생들은 내레이션, 화면 텍스트 또는 둘 다 제공하는 애니메이션을 통해 학습 내용을 제공받았다. 내레이션 또는 내레이션과 화면 텍스트를 동시에 제공받은 학생들은 화면 텍스트만 받은 학생들보다 더 잘 학습하였다. *Design-a-Plant* 게임의 탐색적 특성 때문에 학생들이 화면 텍스트보다 내레이션에 더 주의를 기울였고, 내레이션과 화면 텍스트를 동시에 제공받았을 때조차도 마찬가지였을 것이라고 주장한다. 학생들이 이전 경험과 유사한 게임 환경에서 상호작용하는 방법에 대한 기대를 가지고 있었기 때문에 내레이션에 집중하는 경향이 있었을 수 있다. 게임 환경의 설계적 측면과 이와 유사한 환경에 대한 학습자의 경험 둘 다 게임 참여자의 인지 부하의 수준과 학습에 영향을 미쳤을 것이다.

게임 설계에서 '몰입' 원리는 게임이 2D가 아닌 3D로 렌더링될 때 사람들이 더 잘 배우지 못한다는 원리이다(Mayer, 2014). Mayer는 3D 환경에 존재하는 현실적인 세부사항이 외재적 인지 부하를 가중시켜, 이로 인해 필수적 처리와 생성적 처리에 필요한 인지 공간이 제한될 수 있다고 주장한다. Moreno와 Mayer(2002)는 *Design-a-Plant* 게임에서 대학생(n=89)을 대상으로 '몰입' 원리를 연구하였다. 학생들은 세 가지 다른 버전의 게임 중 하나를 사용했다. 데스크톱 컴퓨터 버전과 두 가지 다른 버전의 게임이 헤드 마운티드 디스플레이(HMD) 장치를 통해 재생되었다. 연구에서 HMD 장치를 사용하는 학생들은 게임에서 더 강한 존재감을 느꼈지만 데스크톱용 게임을 한 학생들과 비교했을 때 파지나 전이 검사에서 유의미한 차이를 보이지 않았다. 이후 Moreno와 Mayer(2004)는 대학생(n=48)을 대상으로 데스크톱용과 HMD용 *Design-a-Plant* 게임을 사용하여 유사한 연구를 수행했다. 이 연구에서 데스크톱용 게임을 하는 학생들은 콘텐츠 파지검사에서 훨씬 더 높은 점수를 보였지만 전이검사에서는 유의미한 차이가 없었다.

필수적 처리를 관리하기

　　게임기반 학습에서 필수적 처리(학습 목표 달성에 핵심이 되는 정보의 처리)를 관리하기 위해 적용되는 두 가지 멀티미디어 설계원리인 '사전훈련' 및 '양식' 원리에 대한 연구를 살펴보자([표 12.3] 참고).

　　'사전훈련' 원리는 사람들이 주요한 학습 경험을 시작하기 전에 핵심개념에 대한 사전 훈련을 받을 때 더 잘 학습한다는 원리이다(Mayer, 2014). 핵심 개념을 사전(게임플레이 전)에 학습함으로써 학습자는 개념을 연결하고 적용하는 게임을 하면서 한정된 인지 자원을 사용할 수 있다. Mayer 등(2002)은 '사전훈련' 원리의 효과를 알아보기 위해 *Profile Game*에서 사전 스캐폴딩(지질학적 특징에 대한 그림 스캐폴딩 또는 예제 해결 방법에 대한 전략적 스캐폴딩)을 제공하였다. 본 연구는 게임플레이 전에 지질학적 특징에 대한 그림 스캐폴딩을 사전에 받은 학생들이 사전훈련을 받지 않은 학생들보다 전이 검사에서 더 많은 문제를 맞혔다는 것을 밝혀냈다.

표 12.3
필수적 처리를 관리하기 위한 멀티미디어 원리(Mayer, 2014)

원리	정의	게임	조건	검사	효과크기
사전 훈련	사람들은 게임에서 핵심개념에 대한 사전훈련을 제공받을 때 더 잘 학습한다.	*Profile Game*	사전에 스캐폴딩 제공 對 미제공	정확도	N/A
				속도	N/A
				전이	.75
양식	사람들은 문자언어보다 음성언어를 제공받을 때 게임에서 더 잘 학습한다.	*Design-a-Plant*	문자언어 對 내레이션	파지	N/A
				전이	N/A
		SimLandia	문자채팅 對 음성채팅	내용 이해와 관련된 인지부하	.04
				커뮤니케이션과 관련된 인지부하	.15
				일반적 스트레스 인지부하	.10

게임기반 학습에서 '양식' 원리란 사람들이 문자언어보다 음성언어로 된 게임에서 더 잘 학습한다는 원리이다(Mayer, 2014). 게임에서 문자언어를 제거함으로써 학습자는 문자언어와 다른 시각적 요소 사이에서 시각적 주의를 분산시키는 대신 애니메이션과 다른 형태의 시각 정보를 처리하는 인지 용량을 확보할 수 있을 것이다. Moreno의 연구(Moreno, Mayer, Spires, & Lester, 2001; Moreno & Mayer, 2002)는 *Design-a-Plant* 게임에서 대학생(각각의 연구에서 n=64, n=89)을 대상으로 '양식' 원리에 대해 알아보았다. 연구에서 두 가지 버전의 게임을 비교했는데, 하나는 학습자가 내레이션을 통해 설명을 듣게 하고, 다른 하나는 다른 집단과 동일한 정보이지만 문자언어인 화면 텍스트로 보게 하였다. 두 연구 모두 내레이션을 통해 설명을 들은 학생들이 화면 텍스트를 본 학생들보다 내용을 더 많이 기억하고 전이 검사에서 더 높은 점수를 받았다.

Mayer와 Moreno의 연구는 게임에서 정보를 제공받을 때 내레이션이 학습에 효과적이었음을 입증한 반면, 협동 학습을 하는 게임에서 커뮤니케이션을 위해 오디오를 사용했던 다른 연구에서는 혼재된 결과를 보였다. Erlandson 등(2010)은 *SimLandia* 게임에서 대학생(n=78)을 대상으로 '양식' 원리의 효과를 알아보았다. 연구에서 두 가지 버전의 게임을 비교했는데, 하나는 팀 커뮤니케이션을 위해 문자언어로 된 시스템을 사용하고 다른 하나는 음성언어로 된 시스템을 사용하였다. 참가팀들은 3D 게임에서 커뮤니케이션 도구를 사용하여 협동 학습을 하였다. 연구에서 음성 채팅을 사용하는 학생들은 텍스트 채팅을 사용하는 학생들에 비해 동료들과의 의사소통과 관련된 인지 부하와 내용 이해와 관련된 인지 부하 수준이 유의미하게 낮게 나타났다. 그러나 전체 인지 부하나 과학 탐구 및 내용 점수에 있어서 집단 간 유의한 차이가 없었다. 이에 대해 해당 연구는 대학생의 편의표집이 학습과 관련된 점수에 천장 효과를 가져왔는데, 참가자 대부분의 사전검사 점수가 높았기 때문이었다.

생성적 처리를 촉진하기

여기에서 설명하는 연구들은 게임기반 환경에서 수업 내용 이해에 필요한 학습자의 생성적 처리를 촉진하는 여섯 가지 멀티미디어 설계 원리(자기설명, 설명적 피드백, 프롬프트, 개인화, 이미지, 내러티브 테마)의 효과를 다루고 있다. 게임에서 생성적 처리를 촉진하는 멀티미디어 설계원리는 일반적으로 안내(자기 설명, 설명적 피드백, 프롬프팅)나 참여(개인화, 이미지, 내러티브 테마)와 관련된 설계에 초점을 두고 있다([표 12.4] 참조).

표 12.4
생성적 처리를 촉진하기 위한 멀티미디어 원리

원리	정의	게임명	조건	검사	효과크기
자기 설명	사람들은 자신의 수행에 대해 설명하도록 요청받을 때 게임에서 더 잘 학습한다.	*Circuit Game*	학생들에게 8가지 가능한 이유를 선택하도록 하는 글상자 제공 對 미제공	전이	.91
설명적 피드백	사람들은 중요한 수행을 한 이후에 설명적 피드백을 제공받을 때 게임에서 더 잘 학습한다.	*Circuit Game*	정답에 화살표와 설명 제공 對 미제공	전이	.68
프롬프팅	사람들을 성찰하게 하면 심층적으로 학습한다.	*Circuit Game*	종이로 된 프롬프팅 제공 對 미제공	전이	.77
				지각된 난이도	1.00
			빈칸에 답을 채우도록 요청 對 미요청	전이	.53(높은 점수를 받은 집단)
				지각된 난이도	N/A
개인화	사람들은 격식을 갖춘 말투보다 일상적인 대화체로 제공할 때 게임에서 더 잘 배운다.	*Design-a-Plant*	1인칭 혹은 2인칭 시점의 대화체 對 3인칭 대화체	전이 (실험3)	1.55
				파지 (실험3)	.83
				전이 (실험4)	1.58
				파지 (실험4)	.57
		SAVE Science	아바타 이름과 외관을 개인화하여 제공 對 미제공	지각된 성과	N/A

이미지	사람들은 에이전트가 화면상 이미지로 제공될 때 더 잘 배우지 못한다.	Design-a-Plant	얼굴, 음성, 상호작용적인 반응을 하는 교육 에이전트 對 화면 텍스트와 일반 에이전트	파지	N/A
				전이	
				흥미도	
내러티브 테마	사람들은 강하게 부각되는 내러티브 테마가 제공되는 게임에서 더 잘 배우지 못한다.	Crystal Island, Cache 17	내러티브 테마가 제공된 게임 對 파워포인트 슬라이드쇼	파지	1.37
				전이	.57
				지각된 난이도	.93
				노력	.49

'자기 설명' 원리란 사람들이 자신의 생각, 의사결정이나 행동을 설명하고자 할 때 게임기반 학습에서 더 심층적으로 학습할 수 있다는 원리로, 자기 설명은 학습자로 하여금 자료를 더 심층적으로 처리하도록 장려할 수 있다고 가정한다(Mayer, 2014). Mayer와 Johnson(2010)은 대학생(n=117)을 대상으로 *Circuit Game*에서 '자기 설명' 원리의 효과를 알아보았다. 이 연구는 게임 과제의 논리적 분석으로 도출된 근거들을 목록으로 제시하여 학생에게 게임에서 응답한 것에 대한 이유를 선택하게 하였다. 답변에 대한 이유를 선택하도록 요청받은 학생들은 그렇지 않은 학생들보다 전이 검사에서 우수한 성적을 냈을 뿐만 아니라 더 빠르게 학습하였다.

'설명적 피드백' 원리는 사람들이 학습 내용을 보다 심층적으로 처리하도록 자신의 수행에 대한 피드백을 제공받을 때 더 잘 배운다는 원리이다(Mayer, 2014). 또 다른 *Circuit Game* 연구에서 Mayer와 Johnson(2010)은 게임 내 질문을 제시한 이후에 정답 위에 화살표와 정답에 대한 설명이 담긴 텍스트 상자로 된 설명적 피드백을 학생들에게 제공하였다. 설명적 피드백을 받은 학생들은 전이 검사에서 그렇지 않은 학생들보다 성과가 더 좋았고, 더 빨리 배웠다.

게임기반 학습에서 '프롬프팅' 원리는 사람들이 게임플레이하는 동안 학습에 대해 성찰하라는 메시지를 받을 때 심층적으로 학습한다는 것이다(Mayer, 2014). Fiorella와 Mayer(2012)는 대학생(n=50)을 대상으로 *Circuit Game*에서 프롬프팅의 역할을 알아보았다. 참가자들은 회로 게임의 특징에 주의를 끌면서 게임 활동과 관련된 기본 원리(전기 회로 구성)를 제시하는 종이로 된 프롬프팅의 도움을 받았다. 연구 결과, 전이 검사에서 프롬프팅 도움을 받은 학생이 그렇지 않은 학생보다 더 나은 성과를 보였고 내용도 덜 어렵게 느꼈다. 그러나 게임기반 학습을 하는 동안 자가 보고한 노력의 수준은 프롬프팅 제공 집단과 미제공 집단 간에 유의한 차이는 없었다.

'프롬프팅' 원리는 프롬프팅 디자인과 유형에 따라 다르게 적용될 수 있다. Fiorella와 Mayer(2012)의 두 번째 연구에서 참가자(n=114)는 게임플레이 중 회로 설계 원리와 관련된 질문에 답을 하면서 자신의 학습에 대해 성찰하도록 요청받았다. 프롬프팅 종이를 제공받은 집단과 통제집단 간에 전반적으로 차이는 보이지 않았지만, 사후분석 결과, 게임기반 학습에서 회로 원리에 대한 대부분의 질문에 정답을 맞춘 학생들은 통제집단 학생보다 우수한 성과를 보인 반면, 프롬프팅 조건에서 저성과자로 분류된 학생은 통제집단 학생과 학습에 차이가 없었다.

게임기반 학습에 적용되는 '개인화' 원리는 게임에서 단어(와 이미지)가 개인화된 대화체로 제공될 때 사람들이 더 잘 배운다는 원리이다. Moreno와 Mayer(2004)는 게임기반 학습의 개인화 원리를 연구하기 위해 *Design-a-Plant* 게임에서 학습자에게 개인화된 방식(1인칭과 "당신"과 같은 용어를 사용하는 2인칭 화법)과 3인칭 시점으로 제공되는 교육 메시지를 비교하였다. 교육 메시지를 내레이션으로 받았든 화면 텍스트로 받았든지 간에 개인화된 대화체로 받은 학생들이 3인칭 시점의 대화체로 받은 학생들보다 파지 및 전이검사에서 더 높은 점수를 받았다. 이후 Moreno와 Mayer(2004)는 *Design-a-Plant* 게임에서 대학생(n=48)을 대상으로 다양한 수준의 몰입(데스크탑 對. HMD 장치)을 적용한 '개인화' 원리를 연구했다. 연구에 따르면 몰입 수준에 관계없이 개인화된 대화체로 메시지를 받은 학생들은 꾸미지 않은 대화체로 된 메시지를 받은 학생들보다 파지 및 문제해결 전이 검사에서 더 나은 수행을 보였다.

SAVE Science 연구에서 학생 동기, 지각된 성과, 참여와 관련하여 개인화 원리의 역할을 알아보았다(Foshee & Nelson, 2014; Nelson et al., 2013). 데이터는 게임 플레이 전후에 이루어진 설문 조사와 중학생들(n=122)의 상호작용에서 수집되었다. 이들 모두 자신의 아바타 모습과 이름을 개인화할 수 있는 *Sheep Trouble* 평가용 게임을 사용했다. *Sheep Trouble*은 평가용 게임이기 때문에 개인화가 학습에 미치는 영향을 논리적

으로 평가할 수 없다. 그렇지만 연구결과는 평가용 게임에서 자신의 아바타를 개인화함으로 부여되는 동기 수준 및 참여 수준, 그리고 높게 지각된 성과 수준 사이에 정적 상관관계가 있음을 보여주었다.

'이미지' 원리는 게임에서 교육용 에이전트의 이미지가 화면에 표시될 때 그렇지 않은 경우보다 사람들이 훨씬 더 잘 배우지 못한다는 원리이다(Mayer, 2014). 따라서 교육용 게임에 에이전트 이미지를 추가하는 경우, 그 이론적 근거는 해당 이미지가 "학습자가 컴퓨터와의 관계를 상호 의사소통하는 사회적 관계로 해석할 때" 학습을 향상시킬 수 있다는 것이다(Moreno et al., 2001, p.179).

Moreno 등(2001)은 *Design-a-Plant* 게임에서 다양한 조건의 교육용 에이전트(애니메이션 에이전트, 내레이션 에이전트, 상호작용적인 에이전트)와 일반 에이전트(교육용 에이전트가 아니면서 화면 텍스트만 제공)를 비교하는 일련의 연구로 '이미지' 원리에 대한 다양한 결과를 도출하였다. 첫 번째 연구에서 44명의 대학생은 게임을 한 후에 파지, 전이, 흥미도와 관련된 질문을 받았다. 파지검사에서 두 집단 간 유의미한 차이가 없었지만 전이 검사에서 교육용 에이전트를 제공받은 학생들은 특히 더 어려운 문제에서 더 높은 점수를 냈고 게임에 더 많은 흥미(참여)를 보였다. 이후 7학년 학생 48명을 대상으로 후속 연구를 진행했다. 첫 번째 연구와 마찬가지로 학생들은 파지검사에서 평균 점수에 차이를 보이지 않았지만 전이 검사에서 교육용 에이전트 조건의 학생들은 특히 더 어려운 문제에 더 높은 점수를 냈고, 더 높은 수준의 게임 흥미도를 보였다.

게임 환경에서 학습 자료와 관련된 교육용 에이전트가 학생들과 높은 수준의 상호작용을 할 때 이미지 원리가 지닌 장점이 더 부각된다. Moreno 등은 세 번째 실험에서 상호작용적인 교육용 에이전트로 학습한 대학생이 에이전트에게 일방향으로 정보를 제공받은 학생보다 파지 및 전이 검사 모두에서 더 높은 점수를 획득하였음을 밝혀냈다.

게임에서 화면상의 교육용 에이전트에 내레이션이 통합되어 제공될 때 내레이션(과 양식 원리)으로 인해 이미지 형태의 에이전트로만 제시될 때보다 학습에 더 효과를 발휘하는 것으로 보인다. Moreno 등의 네 번째 연구(n = 64, 대학생)와 다섯 번째 연구(n = 79, 대학생)에서 *Design-a-Plant* 게임 버전 중 내레이션으로 정보를 전달하는 애니메이션 교육용 에이전트를 제공받은 학생들이 일반 에이전트를 제공받은 학생들보다 파지, 전이 및 흥미도에서 더 나은 성과를 보였다. 그러나 내레이션과 함께 이미지 형태의 교육용 에이전트를 제공받은 집단 간에 유의미한 차이를 보이지 않았다. 즉, 에이전트의 이미지가 아닌 내레이션이 학습에 영향을 주는 것으로 보인다.

'내러티브 테마' 원리는 내러티브 테마가 부각되는 게임에서 사람들이 더 잘 배우지 못한다는 원리이다. 게임기반 학습 환경에 풍부한 내러티브를 추가하는 이론적 근거는 그것이 학습자를 동기화하여, 더 많은 참여와 더 나은 학습으로 이끈다는 것이다. 그러나 현재까지 행해진 실증적 연구들이 이를 지지하기에는 불충분해 보인다. 예를 들어, Adams 등(2012)은 *Crystal Island*와 *Cache 17* 두 개의 게임에서 내러티브 테마의 역할을 알아보았다. 첫 번째 연구에서 참가자들에게 내러티브 기반 탐험 게임인 *Crystal Island*을 플레이하게 하고 다른 편은 게임과 동일한 내용이 담겼지만 내러티브 형태로 이야기가 진행되지 않도록한 파워포인트 슬라이드쇼를 시청하도록 하였다. 대학생(n=42)을 대상으로 한 연구에 따르면, *Crystal Island*를 플레이한 학생들이 슬라이드쇼를 시청한 학생들보다 전이 검사에서 더 낮은 평균 점수를 받았고, 수업에서 지각된 난이도를 더 많이 보고하고, 수업을 이수하는데 더 많은 정신적 노력을 들였다고 한다.

두 번째 연구에서 Adams 등(2012)은 3D로 된 탐험 게임인 *Cache 17*에서 내러티브 테마의 효과를 알아보았다. 대학생(n=171)을 대상으로 내러티브(게임의 주요 목표와 배경 이야기를 제시하는 3분가량의 소개 영상, 그리고 정보를 얻기 위해 상호작용하는 NPC가 제공되는 게임), 비내러티브(소개 영상이 없는 게임), 게임 형태가 아닌 일반적인 슬라이드쇼(앞의 두 조건에서 다루는 내용을 가르치기 위해 파워포인트 슬라이드 사용) 등 세 가지 조건으로 비교 연구하였다. 첫 번째 연구 결과와 유사하게 내러티브 테마를 적용한 게임은 직접 교수보다 덜 효과적인 것으로 나타났다. 사전 검사 점수와 무관하게 슬라이드쇼 조건의 학생들은 사후 검사에서 내러티브 및 비내러티브 게임보다 나은 성과를 보였다. 내러티브와 비내러티브 게임을 각각 제공받은 집단의 경우 사후 검사 점수에서 유의한 차이는 없었다. 연구자들은 이를 학생들이 게임에서 학습 목표와 무관한 자료(예: 내러티브와 연관된 세부 사항)를 인지적으로 처리하느라 노력을 기울인 것으로 보았다. 또한 과하게 내러티브 테마를 적용한 교육용 게임은 학습 목표에 초점을 둔 가이던스를 더 많이 제공해야 하고, 학생들로 하여금 학습 목표에 도달하는데 더 많은 시간을 제공해야 하고, 내러티브와 교육 자료 간의 더 나은 연계가 필요하며, 게임에서 학습한 결과에 대한 보다 정교한 평가가 요구될 수 있다.

게임기반 학습의 설계에 주는 시사점

지금까지 살펴본 연구결과들은 게임기반 학습 환경을 설계할 때 멀티미디어 원리가 지닌 가치에 대한 다양한 수준의 지원을 제공하고 있다. 제시된 설계원리들이 광범위한 것에 비해 게임기반 학습과 관련된 연구들이 상대적으로 적은 편이지만 관련 문헌들은 게임기반 학습에 적용될만한 가장 가능성이 높은 멀티미디어 설계원리들을 찾는 데 도움을 준다. 여기에서 언급했고, Mayer가 2014년에 메타 분석으로 제시한 것처럼 일부 원리는 학습 및 지각된 인지 부하 수준을 감소시키는 데에 특히 효과적이다. 예를 들어, 학습자가 게임플레이 중 자기 설명을 하거나 자신의 행동을 성찰하는 것이 전이에 효과적일 수 있다. 학습자에게 게임플레이 전에 주요 개념에 대해 사전훈련을 하거나 게임플레이 중에 그들의 행동에 대한 설명적 피드백을 제공하는 것 또한 전이에 큰 영향력을 끼친다. 텍스트와 그래픽을 개인화하는 것도 게임에서 접하는 정보의 파지 및 전이에 효과가 있다.

'몰입' 원리에 대한 연구는 몰입형 3D 게임이 2D보다 높은 수준의 몰입감을 제공함에도 불구하고 학습에 더 효과적이지 않다는 강력한 증거를 제공하고 있다. 이와 유사하게, Adams 등(2012)은 게임기반 학습 환경에 내러티브 테마를 추가하는 것이 학습을 향상시키지 않는다는 주장을 지지한다.

게임에서 신호 사용에 대한 연구결과들은 다소 일관성이 떨어지고 덜 강력하다. 복잡한 시각적 요소나 정교한 상호작용 기능 요소를 포함하는 게임기반 학습 환경을 만들 때 연구자들과 개발자들은 시각적 신호주기를 구현함으로써 지각된 인지 부하를 줄이고 학습자가 게임에서 학습과제에 중심이 되는 개체와 상호작용할 가능성을 높일 수 있을 것이라 기대한다. 그러나 '신호주기'가 학습 결과에 끼치는 영향은 명확하지 않다. 개인화 요소(예: 커스터마이징된 아바타와 1인칭이나 2인칭 대화체)를 포함하는 것은 유용할 수 있다.

게임기반 학습에 대한 '양식' 원리가 가지는 의미는 다소 복잡한 편이다. 플레이어가 텍스트가 아닌 음성을 통해 의사소통하도록 하는 것이 학습자가 지각하는 인지 부하 수준을 줄일 수 있다는 증거가 있으나 그렇게 하는 것이 학습에 도움이 된다는 증거는 없다. 동시에, 지금까지의 연구에 따르면 내레이션을 통해 핵심적인 수업 내용을 제공하면 파지와 전이 모두에 도움이 될 수 있다. 비슷한 맥락에서, 내레이션과 텍스트가 아닌 내레이션으로만 정보를 제공하는 것이 효과적임을 주장하는 연구결과는 혼재되어 있으며, 일부 연구에서는 중복된 정보원에 의해 학습이 향상되지 않는다고 주장하고 있으나 다른 연구에서는 그 반대의 결과를 제시하고 있다.

이러한 모든 연구결과들을 게임기반 학습 환경을 위한 프로토타입 설계로 한데 모아본다면, 플레이어가 일련의 과제들을 수행하면서 커스터마이징한 아바타를 가이드하는 2D 형태의 비내러티브 기반 게임처럼 보일 수 있다. 주요한 게임 과제를 시작하기 전에 플레이어는 핵심개념에 대한 사전훈련을 받는다. 과제와 관련된 게임 속 객체는 플레이어의 주의를 끌도록 시각적 단서의 형태로 특징지어진다. 플레이어는 과제를 완수해가면서 무언가 선택하고, 이에 대해 주기적으로 설명적 피드백을 제공받고, 진행하면서 자신의 행동을 설명해보도록 요청받고, 때때로 하던 것을 멈추고 자신의 행동을 성찰하기도 한다. 수업 내용과 피드백은 최소한의 인쇄된 텍스트가 제공되는 내레이션 형태로만 플레이어에게 제공된다.

이러한 프로토타입 설계는 형편없어 보이지 않지만 기존에 성공적이었던 다수의 상업용 게임과 교육용 게임과는 상당히 거리감이 있어 보인다. 실은, 프로토타입 설계가 게임기반 학습 환경보다 전통적인 교수 체제와 더 공통점이 있어 보인다. 이것은 멀티미디어 원리의 역할에 대한 연구방법 측면의 몇 가지 흥미로운 주제를 던져주면서 게임기반 학습에서 현재 연구의 한계점에 대한 논의로 이어진다.

4 현재 연구의 한계점과 향후 연구에 대한 시사점

게임기반 학습 연구에서 인지 부하 관리와 학습 향상이라는 멀티미디어 원리가 지닌 가치에 대해 일반화하는 데 있어서 다음과 같은 한계점이 있다. 첫째, 교육용 게임의 설계와 학습 목표 및 학습 방식이 게임 환경마다 크게 다르다는 점이다. 여기에서 다룬 연구들이 모든 환경을 아우르지는 않지만 2D와 3D 게임, 탐험 게임, 직접 교수법 적용 유무 혹은 내러티브 테마 적용 유무인 게임, 과학 탐구 게임, 시뮬레이션, 퍼즐, 평가용 게임 등을 포함하고 있다. 이러한 폭넓은 다양성으로 인해 단일 연구에서 발견된 어떤 연구결과를 모든 게임기반 학습 환경에 적용하는 것은 무리이다. 예를 들어, 시각적 신호는 3D 탐험게임에서 효과적이었지만 시각적으로 단순한 2D 게임에 불필요할 수 있다. 정보를 제공하는 방법에 있어 내레이션이냐 텍스트냐의 논의는 학습 내용이 거의 없는 게임에서는 매우 효과적일지 모르나 텍스트 기반 데이터의 수집 · 분류 · 분석을 강조한 시나리오 기반 게임에는 유용하지 않을 수 있다(Mayer, 2011).

두 번째 한계점은 교육용 게임의 설계 그 자체와 관련이 있다. 교육용 게임의 선구자 Jim Gee는 "나는 나쁜 게임이 학습에 좋다고 말한 적이 없다"라고 했다(개인 서신, 2011). 상업용 게임과 교육용 게임 분야에서 좋은 게임을 설계하기란 어려운 일이다. 연구자들은 이러한 문제에 도전장을 내밀고 고군분투 중이다. 수년에 걸친 연구자들의 이러한 노력에도 불구하고 교육용 게임은 그래픽 측면이나 게임다운 게임의 설계 측면에서 살펴보았을 때 상업용 게임에 준하는 질을 갖추지 못하고 있다. 교육 분야의 연구자가 만든 게임기반 학습 환경은 겉으로는 게임처럼 보일지는 모르지만 게임으로서 갖춰야 하는 중요한 설계 요소(예: 도전감, 경쟁심, 협동심, 내부의 결말, 플레이어의 의미있는 선택)가 부족한 편이다. 이는 상대적으로 낮은 예산, 학생으로 구성된 소규모 설계 · 개발팀, 부족한 개발시간 등과 관련되어 있다.

결과적으로, 다수의 게임기반 학습 환경은 멀티미디어 원리가 지닌 부가가치에 대한 연구로부터 강력하면서도 기본적인 학습자 경험을 제공하지 않는다. 게임 설계 요소가 거의 없는 게임이 학습에 효과적이라면, 멀티미디어 원리에 대한 학습을 뒷받침하는 중요한 발견의 부족은 원리보다 게임과 더 관련이 있을 수 있다. 반대로, 게임보다 전통적인 교수 시스템과 더 유사한 환경에 주어진 멀티미디어 원리를 적용했을 때 학습에 대한 긍정적인 증거를 찾는 연구는 일반적으로 게임기반 학습이 아닌 특정 환경에 대한 증거를 제공한다.

멀티미디어 원리를 적용한 게임기반 학습 환경이 지닌 가치에 대한 현재 연구의 또 다른 한계점은 연구에 소요된 시간과 게임에서 제대로 학습하는데 필요한 시간 간의 불일치이다. 이 장에 인용된 대부분의 연구는 참가자들에게 비교적 짧은 시간 동안 게임을 하도록 했다. 예를 들어, *SAVE Science* 게임으로 수행된 각 연구마다 학생들은 제공된 평가용 게임을 약 20여 분 만에 끝냈다. 게임 연구자들은 일반적으로 오랜 시간 동안 게임에 참여함으로써 생기는 게임기반 학습 환경의 이점을 강조한다(예: Gee, 2014; Shaffer, 2006). 전통적인 교육 자료일수록 일회성이나 단기간 만에 게임기반 학습 환경에서 상호작용하면서 효과를 본다는 것은 어려운 일이다. 예를 들어, Adams 등 (2012)은 플레이어가 보다 오랜 시간을 들여 참여하는 게임일 때 내러티브 테마를 적용하면 효과적이라고 강조하였다.

게임기반 학습에서 멀티미디어 원리가 지니는 역할에 대한 연구는 아직 비교적 초기 단계에 머물러 있다. 지금까지 고찰한 문헌에서 알 수 있듯이 현재까지의 연구결과는 혼재되어 있지만 학습을 지원하는 게임 환경 설계에 대한 중요한 함의를 제공하고 있다. 향후 탐구해야 할 원리와 체계적으로 연구해야 할 게임기반 학습 환경들이 여전히 많이 남아 있다.

참고문헌

Adams, D. M., Mayer, R. E., MacNamara, A., Koenig, A., & Wainess, R.(2012). Narrative games for learning: Testing the discovery and narrative hypotheses. *Journal of Educational Psychology, 104*(1), 235-249.

Clark, D. B., Nelson, B., Sengupta, P., & D'Angelo, C. M.(2009, October). *Rethinking science learning through digital games and simulations: Genres, examples, and evidence.* Invited paper presentation for the workshop Learning Science: Computer Games, Simulations, and Education, sponsored by the Board on Science Education, National Academy of Sciences, Washington, DC.

Erlandson, B. E., Nelson, B., & Savenye, W.(2010). Collaboration modality, cognitive load, and science inquiry learning in virtual inquiry environments. *Educational Technology Research and Development, 58*, 693-710.

Fiorella, L., & Mayer, R. E.(2012). Paper-based aids for learning with a computer-based game. *Journal of Educational Psychology, 104*, 1074-1082.

Foshee, C. M., & Nelson, B. C.(2014). Avatar personalization: Towards the enhancement of competence beliefs. *International Journal of Gaming and Computer-Mediated Simulations, 6*(2), 1-14.

Gee, J. P.(2003). *What video games have to teach us about learning and literacy.* New York, NY: Palgrave Macmillan.

Horwitz, P., and Christie, M. A.(1999). Hypermodels: Embedding curriculum and assessment in computer-based manipulatives. *Journal of Education, 81*(2), 1-23.

Kablan, Z., & Erden, M.(2008). Instructional efficiency of integrated and separated text with animated presentations in computer-based science instruction. *Computers & Education, 51*(2), 660-668.

Ketelhut, D. J., Nelson, B., Schifter, C., & Kim, Y.(2013). Improving science assessments by situating them in a virtual environment. *Education Sciences, 3*(2), 172-192.

Koenig, A. D.(2008). *Exploring effective educational video game design: The interplay between narrative and game-schema construction*(Unpublished doctoral dissertation). Arizona State University, Tempe.

Lester, J. C., Stone, B. A., & Stelling, G. D.(1998). Lifelike pedagogical agents for mixed-initiative problem solving in constructivist learning environments. In A. Kobsa(Ed.), *User modeling and user-adapted interaction*(pp. 1-46). Boston, MA: Kluwer Academic.

Mayer, R. E.(2005). Cognitive theory of multimedia learning. In R. E. Mayer(Ed.), *The Cambridge handbook of multimedia learning(*pp. 31-48). New York, NY: Cambridge University Press.

Mayer, R. E.(2011). Multimedia learning and games. In S. Tobias & J. D. Fletcher(Eds.), *Computer games and instruction(*pp. 281-305). Charlotte, NC: Information Age Publishing.

Mayer, R. E.(2014). *Computer games for learning: An evidence-based approach.* Cambridge, MA: MIT Press.

Mayer, R. E., & Johnson, C. I.(2010). Adding instructional features that promote learning in a game-like environment. *Journal of Educational Computing Research, 42,* 241-265.

Mayer, R. E., Mautone, P. D., & Prothero, W.(2002). Pictorial aids for learning by doing in a multimedia geology simulation game. *Journal of Educational Psychology, 94,* 171-185.

Mayer, R. E., & Moreno, R.(2003). Nine ways to reduce cognitive load in multimedia learning. *Educational Psychologist, 38*(1), 43-52.

Moreno, R., & Mayer, R. E.(2002). Learning science in virtual reality multimedia environments: Role of methods and media. *Journal of Educational Psychology, 94,* 598-610.

Moreno, R., & Mayer, R. E.(2004). Personalized messages that promote science learning in virtual environments. *Journal of Educational Psychology, 96,* 165-173.

Moreno, R., Mayer, R. E., Spires, H. A., & Lester, J. C.(2001). The case for social agency in computer-based multimedia learning: Do students learn more deeply when they interact with animated pedagogical agents? *Cognition and Instruction, 19,* 177-214.

Nelson, B., & Erlandson, B. E.(2008). Managing cognitive load in educational multi-user virtual environments. *Educational Technology Research and Development, 56,* 619-641.

Nelson, B., Ketelhut, D., & Schifter, C.(2010). Exploring cognitive load in immersive educational games: The SAVE science project. *International Journal of Gaming and Computer-Mediated Simulations, 2*(1), 31-39.

Nelson, B., Ketelhut, D. J., Kim, Y., Foshee, C., & Slack, K.(2013). Design principles in creating educational virtual worlds. In C. Mousa & N. Lavigne(Eds.), *Emerging technologies in the classroom: A learning sciences perspective(*pp. 205-223). New York, NY: Springer.

Nelson, B. C., Kim, Y., Foshee, C., & Slack, K.(2014). Visual signaling in virtual world-based assessments: The SAVE Science project. *Information Sciences, 264,* 32-40.

Nelson, B. C., Kim, Y., & Slack, K.(2016). Visual signaling in a high-search virtual world-based assessment: A SAVE Science design study. *Technology, Knowledge and Learning, 21*(2), 211-224.

Plass, J. L., Homer, B. D., & Kinzer, C. K.(2015). Foundations of game-based learning. *Educational Psychologist, 50*(4), 258-283.

Shaffer, D. W.(2006). *How computer games help children learn.* New York, NY: Palgrave

Macmillan.

Spires, H. A., Rowe, J. P., Mott, B., & Lester, J.(2011). Problem solving and game-based learning: Effects of middle grade students' hypothesis testing strategies on learning outcomes. *Journal for Educational Computing Research, 44*(4), 453-472.

Sweller, J., Van Merrienboer, J. J., & Paas, F. G.(1998). Cognitive architecture and instructional design. *Educational Psychology Review, 10*(3), 251-296.

13

게임기반 학습에서의 협력과 경쟁

Fengfeng Ke(성은모 역)

1 소개

학습 상황에서 협력과 경쟁에 대한 선행 연구는 일반적으로 학습자가 학습활동에서 상호작용하고 행동하는 목표 구조의 대안적 유형으로써 두 가지 사회적 과정 또는 상황들로 개념화되었다(Deutsch, 2006; Johnson & Johnson, 1974). 협력 또는 협동에서, 개별 학습자의 목표 달성 사이에는 긍정적인 상호의존성이 있으며, 개인은 자신과 연결된 사람들이 목표를 달성할 수 있는 경우에만 목표를 달성할 수 있다. 경쟁 상황에서 목표 상호의존성은 부정적이다. 개인은 동료가 목표를 달성하지 못할 경우에만 목표를 달성하고, 동료보다 더 나은 성과를 낼 것으로 기대된다(Deutsch, 1962; Johnson, Johnson & Stanne, 1986). 이에 비해 개인주의적 상황은 개인의 목표달성이 서로 관련이 없고 독립적일 때 발생한다.

학습에서 협력적이고 경쟁적인 목표 구조는 외적 보상 구조를 통해 자주 조정되거나 동기 부여된다. 과제 수행에 대한 개별 학습자의 보상은 그룹 결과물의 질에 정적으로 비례하거나 동일한 과제를 수행하는 다른 사람들의 결과물의 질에 부적으로 비례한다(Kelly & Thibaut, 1969). 학습에서 협력적 및 경쟁적 구조의 인지적 및 정서적 성과를 조사한 선행 연구는 일반적으로 개인주의적인 구조뿐만 아니라 협력적인 구조와 경쟁적인 구조 모두 긍정적인 요소와 부정적인 요소를 다 가지고 있으며, 교수 목표, 학습자 특성, 그룹 구성, 그리고 학습 활동의 특성과 같은 교육적 상황의 다른 측면과 연계하여 사용되어야 한다고 보고하였다(Peng & Hsieh, 2012). 협력학습은 복잡한 문제 해결(단순 집중 훈련 활동 대비)과 대인 관계 학습 상호작용의 역량과 더 높은 수준의 학습 성과와 관련될 때 선호되는 교수 절차라고 논의되었다(Johnson & Johnson, 2009; Johnson, Johnson, & Smith, 2007). 더욱이, 그룹 간 경쟁은 학습자의 학습 기회를 극대화하기 위해 그룹 내 협력과 함께 사용되어 왔다(Johnson & Johnson, 1999).

컴퓨터 지원 학습 상황에서 협력과 경쟁에 대한 최근의 연구는 연속적인 학습 파트너십에서 다양한 목표 구조를 통합하고 사람과 협력하지 않아도 되는 기술 매개 상호작용 공간으로 변화하고 있다. 특히, 디지털 게임기반 학습 시스템의 경쟁(또는 도전)은 플레이어가 정서적, 인지적으로 모두 참여할 수 있게 하는 게임 요소이다. 경쟁은 시스템, 자신 또는 다른 사람과 경쟁할 수 있는 다양한 형태로 이루어진다(Alessi & Trollip, 2000; ter Vrugte et al., 2015). 게임 과제에서 장애물을 극복하려는 노력은 생산적인 제약이며 학습과 동기 부여에 유의미한 영향을 미칠 수 있는 경쟁으로 고려되어야 한다(Dewey, 1958; Shaffer, 2004). 마찬가지로, 비플레이어 캐릭터 또는 다른 플레이어와 협력 또는 사회적 구성요소는 디지털 게임의 핵심 설계 메커니즘으로 확인되었다(Peng & Hsieh, 2012; Yee, 2006). 게임기반 학습에서의 협력은 공유 목표를 향해 노력하는 맥락이 포함될 수도 있고, 그렇지 않을 수도 있는 학습을 지원하기 위해 능동적인 상호작용에 초점을 맞춤으로써 학습 과정의 근본적인 사회적 본질을 반영한다. 따라서 일반적으로 공유 목적을 내포하는 기존의 협동 학습보다 더 넓은 기회를 제공한다(Shaffer, 2004).

협력과 경쟁이 모두 확립되어 있고 디지털 게임의 통합된 특징임에도 불구하고, 협력과 경쟁의 목적적 설계와 게임기반 학습에 대한 인지 또는 정서적 관련성을 조사하는 연구는 여전히 제한적이고 산발적으로 이루어지고 있다. 협력과 경쟁의 영향에 관한 증거는 게임기반 학습의 특성을 정의하는 외적인 보상 구조 또는 본질적인 요소가 혼합되어 있다. 학습 및 학습자의 성공을 위한 협력적이고 경쟁적인 게임 플레이의 해석과 실행을 안내하는 일관되고 체계적인 프레임워크도 부족하다. 따라서 이 장의 목적은 게임기반 학습에서 협력과 경쟁의 본질과 예를 설명하고, 학습을 위한 협력 적이고 경쟁적인 게임을 설계하고 평가하는 최근 연구에 대한 설명적 검토와 종합을 제공하며, 현재 경험연구 결과의 이론적, 설계적 합의를 탐구하는 것이다.

2 게임기반 학습에서의 협력과 경쟁의 발현

게임기반 학습에서 협력과 경쟁의 발생은 게임 외부 학습 활동 또는 게임 시스템의 작동을 지시하는 규칙인 게임 메커니즘의 일부로 진술되거나 의도적으로 설계될 수 있다. 협력과 경쟁은 또한 게임 플레이 중에 학습자에 의한 자발적인 실연으로 나타날 수 있으며, 게임 또는 게임기반 학습 과정의 고유한 사회적 특성 또는 부산물로 나타날 수 있다.

협력과 경쟁의 프로세스를 게임기반 교육(게임-외부 학습 활동을 제한하는 상황별 보상 또는 목표 구조)으로 설계하는 것은 교육용 게임의 일반적인 실제이다. 예를 들어, Ke(2008)의 연구와 ter Vrugte와 동료들(2015)의 연구에서 협력과 경쟁은 대체로 외부 그룹 구조로 적용되었다. 즉, 플레이어는 협력적으로(예: 2인조로 동일한 기기에서 함께 플레이), 경쟁적으로(예: 개별 게임 수행을 비교하여 다른 사람과 대결하는 플레이), 통합적인 방식으로(예: 팀 성적이 개별 구성원의 게임 실적의 집계인 그룹 간의 경쟁을 통해), 또는 개별적으로 플레이한다. 이러한 경우 외부 게임 상황이나 사회적 조건이 반드시 내부 게임 메커니즘과 일치하지는 않으므로 단일 플레이어 게임이 협력 또는 경쟁 학습 절차에 통합될 수 있다는 점에 유의해야 한다. 목적은 교육 게임의 최적화된 구현 맥락을 탐색하거나, 특히 플레이어의 인지적, 정서적 참여와 게임기반 학습 성과에 대한 외부 사회적 상호작용과 내부 게임 플레이 사이의 상호작용을 검토하는 것이다.

또 다른 교육용 게임의 핵심적인 주제는 게임 플레이 모드와 게임 보상/점수 메커니즘과 같이 협력 또는 경쟁 원리에 기반한 게임 메커니즘이 게임기반 학습에서 플레이어의 수행과 참여에 어떤 영향을 미치는지를 탐구하는 것이다. 기능성 게임(또는 목적이 있는 게임)의 일반적인 디자인 패턴은 협력의 원리에 의존하는 반면, 오락용 게임은 플레이어들이 서로를 이기기 위해 경쟁하는 경쟁 원리를 중심으로 설계되는 경우가 많다(Siu, Zook, & Ridel, 2014). 최근 기능성 게임(또는 목적을 가진 게임)의 일반적인 디자인에 대한 최근의 설계와 연구는 협력과 경쟁의 메커니즘을 멀티플레이 모드로 통합하는 경향이 있다. 예를 들어, *Foldit*라고 불리는 멀티플레이어 온라인 게임은 플레이어들이 복잡한 단백질 구조 예측 문제를 해결하도록 유도하고, 플레이어들 간의 경쟁과 협력을 지원한다(Cooper et al., 2010). 주요 게임 활동은 개별 플레이로, 직접 조작 도구를 사용하여 시각화된 단백질 구조와 상호작용하는 것이다. 협력을 위해 플레이어는 그룹 내에서 해결안을 공유하고 게임의 채팅 기능을 통해 전략과 팁으로 서로 도울 수 있으며, 여기에서 여러 온라인 플레이어가 협력하여 동일한 과학적 문제를 해결함으로써 성공적인 해결안을 얻을 수 있다. 경쟁을 위해, 개인과 팀 선수들의 성적이 모두 순위가 매겨지고, 동일한 퍼즐을 다루는 상위 플레이어들은 점수판(leaderboard)에 표시된다. Cooper와 동료들(2010)은 게임 플레이의 경쟁과 협력 측면으로 인해 *Foldit* 의 총 검색 진행 상황이 변경되고 플레이어의 동기 부여가 강화된다고 보고하였다. 다른 사례에서는, 오로지 게임의 득점 메커니즘으로만 이루어지는 협력적이고, 경쟁적이며, 개인주의적인 버전의 게임 플레이를 개발하였다. 예를 들어, Plass와 동료들(2013)의 연구에서 *Factor Ractor*라는 산술 훈련 및 연습 게임은 동일한 기본 게임 플레이 활동에 다른 방식으로 보상하거나 점수를 부여함으로써 개인, 경쟁, 그리고 협력 플레이 모드가 가능하도록 개발하였다. 즉, 게임을 통해 최상의 점수를 획득하거나, 최고의 점수를 얻기 위해 서로 경쟁하거나 협력할 수 있게 만든 것이다. 이에 따라 주요 게임 플레이 화면에는 개인 플레이어, 짝을 이룬 경쟁 플레이어 또는 협력 플레이어의 게임 의 수행 상태와 게임 제어(조절)가 표시될 것이다.

게임 몰입과 컴퓨터 지원 협력 학습(Sweetser & Wyeth, 2005)의 관점을 적용한 특정 게임에 대한 연구에서는 게임의 동기적 매력에 있어 내재적이고 근본적인 요소가 협력과 경쟁이라 설명하고 있다. 예를 들어, 학습자를 직업 학습에 참여시키는 것을 목표로 하는 시뮬레이션 게임은 협력 설계 문제해결이나 의사 결정에서 협력을 주요 게임 플레이의 활동으로 설계하였으며, 협업(게임 내 동료 커뮤니케이션 및 갈등 해결)에 참여하는 것이 게임의 수단일 뿐만 아니라 게임의 목적이 되었다(Hmmlläen, 2011; Wendel et al., 2010). 다른 게임에서는 경쟁이 게임 몰입 경험을 강화하는 핵심 사회적 상호작용 요소로 작용하였다. 예를 들어, 대규모 멀티 플레이어 온라인 게임의 주요 게임 규칙은 개인 또는 그룹 간 경쟁이다(Paraskeva, Mysirlaki, & Papagianni, 2010). Hwang, Wu와 Chen(2012)은 가상 게임 보드의 각 단계에서 미니게임(즉, 정보 검색 탐색에는 조각 퍼즐이나 짝짓기 게임 또는 슈팅 게임이 제공)에 대응하고 플레이어는 주사위를 던져 움직임을 결정하게 하는 과학 학습용 경쟁 온라인 보드게임을 설명했다. 플레이어의 지위와 상위 플레이어들은 게임 단계마다 항상 제시되었다. 저자들은 게임기반 경쟁이 몰입 경험, 학습 동기, 웹 기반 문제 해결을 촉진시켰다고 보고하였다.

3 게임기반 학습에서 협력과 경쟁에 관한 연구

디지털 게임기반 학습에서 협력과 경쟁에 대한 선행연구의 분석은 Academic Search Complete, Education Full Text, ERIC 등의 전자 데이터베이스에서 지난 10년간 논문을 대상으로 게임기반 학습, 협력(협업) 또는 협력(협동) 및 경쟁(경쟁력) 등의 키워드를 대상으로 검색된 논문을 동료 평가를 통해 분류하였다. 초기 검색을 한 후에 논문 초록과 전체 논문 분석을 통해 추가 선별하여 다음 기준을 충족하는 15개의 논문을 분석에 포함시켰다.(1) 게임기반 학습을 위한 협력 및 경쟁 과정을 목적으로 설계하고 조사하는가, (2) 학업을 위한 게임에 초점을 맞추고 있는가, (3) 게임기반 학습의 경험적 증거를 보고하고 있는가이다.

논문을 분석한 결과, 게임기반 학습 환경에서 협력과 경쟁은 발현과 목적에 따라 다양한 형태로 나타났다. 두 가지 대안적 게임 플레이 또는 학습 구조가 인지·정서적 학습 성과에 미치는 영향에 대한 증거는 여전히 결론에 이르지 못하였다. 게임에서 협력과 경쟁의 설계와 특성에 기반하여 구성된 분석결과의 종합적 설명은 다음과 같다.

게임-외부 학습 활동을 위한 협력 및 경쟁 목적 구조

15개의 연구를 분석한 결과, 8개 연구는 게임-외부 학습 활동으로써 협력 및/또는 경쟁을 실행하였고, 5개의 연구(Chen & Law, 2016; Chen, Wang & Lin, 2015; Sung & Hwang, 2013; Van der Meij et al., 2011, 2013)는 외부 학습 지원으로 협력적인 활동 후 게임 학습과정을 외부 학습 지원으로서 주로 사용하였으며, 나머지 3개의 연구(Ke, 2008; Ke & Grabowski, 2007; ter Vrugte et al., 2015)는 외부 목적 또는 그룹화 구조로 사용하였다.

외부 학습 지원으로서의 협력 및/또는 경쟁 협력은 게임 플레이에서 파생된 암묵적 지식의 탐구를 목적으로 하는 게임 중 또는 게임 후 동료 토론과 같은 외부지원 기능으로 설계되었다(Wouters & van Oostendorp, 2013). Wouters와 Van Oostendorp(2013)은 게임기반 학습에서의 교수 지원에 대한 메타 분석을 하였는데, 그들에 의하면 협력 유형으로 분류된 교수 지원이 학습을 향상시켰지만(d=.14, p< .05), 개별화 유형으로 분류된 교수 지원(Zpersonalization−collaboration = 3.17, p< .001)과 비교하였을 때 그 효과는 너무 작다고 보고하였다.

Chen과 Law(2016)는 플레이어들이 협력을 통해 인지 구조를 공동 구성하고, 과제에 대한 긍정적인 태도를 배양하기 위해 설명을 교환하고, 의미를 협상할 수 있게 한다는 가설을 가지고 동료에 의해 촉진된 소프트 또는 역동적 스캐폴딩의 구조로써 협력을 연구했다. 이 연구는 협력 과정(학교 학생들이 게임을 함께 하고 자발적으로 토론에 참여하는 과정), 하드 스캐폴딩 기반 협력(즉, 게임 세계와 훈련 지식 사이의 명확한 연결을 촉진하기 위한 개방형 시도(prompts)로서 사후 게임, 하드 스캐폴딩이 제공되는 개인 게임, 개인주의 게임 등을 비교하였다. 이 게임은 물리력과 행동에 대한 개념적 이해를 목표로 하는 3단계 훈련 및 연습 게임이었고, 개인주의적 게임 플레이를 목적으로 설계되었다. 이 연구는 하드 스캐폴딩과 협력 과정이 지식 평가에서 긍정적인 성과를 촉진한다는 것을 확인하였다. 흥미롭게도, 하드 스캐폴딩의 존재는 협력과 학생 성과 사이의 관계를 긍정적으로 강화시킨다. 게다가, 하드 스캐폴딩이 있는 협력 경우에만 자기 보고식으로 확인된 과제 동기 부여에 긍정적으로 영향을 미친다고 보고하였다. 이전 연구에서, Chen과 동료들(2015)은 단독 게임과 협력 게임(즉, 협력적으로 그룹 복명을 하는 사후 게임에서 함께 게임하기)의 조건에서 동일한 게임의 사용에 대해 연구했다. 이 연구는 협력 게임이 더 높은 자기효능성과 성공에 대한 기대심을 증진시켰음에도 불구하고 게임 조건이 게임기반 학습 성과에 유의미한 영향을 미치지 않는다는 것을 발견했다. 그들은 집단 내 개인들의 특정한 개인적 특성과 집단 내에서 개인들 간의 갈등이 협력 학습을 감소시키기는 집단의 역동성에 부적인 영향을 미쳤을 수 있음을 보고하였다. Chen과 동료들(Chen et al., 2015; Chen & Law, 2016)의 연구는 게임기반 학습을 위한 외부 지원으로서 협력 사용의 효과성이 집단 역동성 및 기타 학습 지원 기능에 의해 중재될 것이라고 제안하였다.

이와 유사하게, Sung과 Hwang(2013)은 자연 식물의 개념적 지식을 가르치는 것이 목표인 롤플레잉 게임에서 정보의 조직을 촉진하기 위해 추가 학습 지원 활동으로 협력 정보 그리드 제작하기를 설계하였다. 그들은 협력 그리드를 제작하는 협력 게임과 학생들이 그리드를 제작하지 않고 소그룹으로 게임을 하는 협동 게임, 그리고 단독 게임을 비교분석하였다. 그들은 협력 그리드 제작이 포함된 협력 게임을 다른 두 가지 조건과 비교하여 학습 성취도, 과학에 대한 태도, 학습 동기 및 자기 효능감에 있어 유의하게 더 잘 촉진하는 것으로 보고하였다. 한 가지 해석은 협력적 외부 학습 지원이 게임 그 자체보다는 정보를 조직하는 데 있어 학습자들의 협력을 집중시킨다는 것이다.

Van der Meij와 동료들(2011, 2013)은 비즈니스에서의 수요와 공급의 법칙과 관련된 상업 전략 게임에서 게임-외부 학습 지원 과정으로서 협력적 복명하기의 잠재적 영향력을 조사하였다. Sung과 Hwang(2013)과 달리, Chen과 동료들(2015)과 Van der Meij와 동료들(2011, 2013)의 두 연구에서는 게임기반 학습 성과에 있어 협력적 사후 게임 복명하기의 영향은 나타나지 않았고, 실제적으로 개인적 복명하기가 협력적 복명하기보다 게임기반 학습을 향상시키는 것으로 나타났다. 연구에 따르면, 플레이 후 게임 대화는 근본적인 게임 기능이나 전략보다는 피상적인 것에 더 초점을 맞춘다고 보고했고, 협력적 복명하기를 위한 스캐폴딩이 게임에서 파생되는 기본 지식에 대한 성찰을 지원하는 것이라고 주장했다.

요약하면, 정보 표현 및 조직을 위한 게임-외부 지원으로 협력을 사용하는 것은 잠재적으로 게임기반 지식 개발과 정서적 학습 성과를 촉진하는 것으로 나타났다. 그러나 그 영향은 협력적 지식 구성 과정과 집단 역동성을 위한 스캐폴딩 또는 학습 지향적인 규칙의 존재에 의해 중재되었다.

게임 맥락으로서의 협력 및/또는 경쟁 게임기반 교육학을 탐색하거나 게임 몰입에 대한 외부 목적과 보상 구조의 잠재적 매개를 조사하기 위해, 일부 학자들은 게임 수행 및 게임기반 학습에 있어 협력, 경쟁, 단독 게임 상황의 매개 효과를 조사하였다. 두 개의 초기 연구(Ke, 2008; Ke & Grabowski, 2007)에서, 구조화된 집단 내 협동 게임 맥락(집단 간 경쟁 포함)과 수학 계산과 문제 해결을 대상으로 하는 다단계 수학 게임에서 경쟁이고 단독 게임 맥락을 비교하였다. 그들의 연구결과는 협동 게임 맥락이 다른 두 게임 맥락보다 수학에 대한 긍정적인 태도를 더 잘 향상시켰으며, 이러한 결과는 특히 사회 경제적으로 불리한 학생들에게서 나타났다. 반면, 단독 게임 맥락은 다른 맥락에 비해 수학 지식 평가의 성과를 더 잘 향상시킨 것으로 나타났다. Van der Meij와 동료들(2011, 2013)과 Ke(2008)는 연구에서 협동적으로 게임하는 동안에 집단 구성원들 사이에 인지적 정교함이 없다는 것을 발견했다. Ter Vrugte와 동료들(2015)의 최근 연구에서 대안적 게임 맥락으로써 완전한 협력 게임 조건을 추가하면서 유사한 연구 설계를 사용하였다. 이들의 연구결과는 게임기반 학습에 대한 협력적이고 경쟁적인 외부 상황의 주 효과가 없다는 선행연구 결과와 일치하였다. 그러나, 평균 이하의 학생들은 학습에 있어 협력의 긍정적인 효과를 경험한 반면, 평균 이상의 학생들은 그 반대의 결과를 경험하였다. 세 연구 모두 단독 게임 플레이를 위해 설계되었고 개념적 이해의 개발보다 수학적 절차지식과 문제해결의 연습에 중점을 둔 수학 게임을 활용했다는 점을 주목해야 한다.

학습을 위한 협력 및 경쟁 게임 메커니즘

7개 연구에서는 주요 게임 활동에 대한 게임 점수를 부여하는 내부 규칙을 통해 게임 플레이(또는 게임 플레이 모드)의 기본 구성 요소로써 통합된 협력 및 경쟁을 분석하였다. 그 중 5개 연구(Pareto, Haake, & Sjödén, 2012; Peng & Hsieh, 2012; Plass et al., 2013; Siu et al., 2014; Tsai & Lin, 2015)는 다중 모드 게임 플레이로 설계된 학습 게임을 조사한 반면, 2개 연구(Hummel et al, 2011, 2011)는 협력 게임 플레이의 메커니즘에 중점을 두었다.

내부의 게임 점수 부여하기 규칙을 통한 다중 모드 게임 게임기반 학습에 대한 최근 분석(Abdul Jabbar & Felicia, 2015)에 따르면 게임기반 학습에서 보고된 가장 일반적인 플레이 모드가 단독 플레이(약 22%)였고, 그 다음은 협력적 플레이(약 20%)였다. 논문의 약 10%가 의도적으로 경쟁적인 게임 플레이를 다루었고, 10%는 단독 플레이어와 다중 플레이어 모드를 모두 제공하는 게임에 대해 보고하였으며, 다른 논문은 게임 플레이 모드를 다루지 않았다. 또한 이러한 분석결과, 협력적 플레이에 대한 연구들이 엇갈린 결과를 보고했다는 것을 발견하였다.

게임의 단독 플레이어와 다중 플레이어 버전 모두를 설계하고 협력과 경쟁을 만들어내는 게임 점수 부여 규칙을 전환하는 것은 게임 플레이 모드를 조사하는 선행연구에서 빈번하게 사용된 전략이었다. 예를 들어, Plass와 동료들(2013)은 게임에서 세 가지 모드로 설계된 계산 기술 연습과 자동화(숙련)를 위해 *Factor Ractor*라는 훈련 연습 게임을 조사하였다. 단독 플레이어 버전에서는, 한 명이 개별적으로 경기를 하면서 가능한 한 최고의 점수를 얻도록 격려되었다. 다중 플레이어, 또는 소셜 플레이어 버전에서 한 명의 플레이어는 두 개의 컨트롤러가 있는 컴퓨터 앞에서 동료와 게임을 했다. 그리고 동료와의 협력을 격려하기 위해 짝지어진 개인의 결합된 행동에 기반하여 협력 점수를 계산하고 표시하거나, 각자의 경쟁을 격려하기 위해 두 개의 개인 점수를 계산하고 표시하였다. 연구결과는 두 가지 형태의 사회적 게임 모두 상황적 흥미와 게임의 즐거움 같은 정서적 결과를 증가시켰음에도 불구하고, 경쟁 모드만이 개인 플레이와 비교하였을 때 게임 내 수행 성과를 증가시킨 반면, 협력적 플레이는 게임 내 수행 성과를 감소시킨다는 것을 보여주었다. 게임 플레이 모드는 계산적 유창성에는 영향을 미치지 않았다. 내용-관련 학습 결과에 대한 게임 플레이 모드의 효과성 부족이라는 결과는 에너지 관련 개념 지식을 가르치는 디지털 보드 게임의 개인 및 사회적 경쟁 플레이 버전을 조사한 Tsai와 동료들(2015)의 연구에서도 재현되었다. Tsai와 동료들(2015)은 게임 플레이 모드가 지식 습득이나 참여 인식에 영향을 주지 않는다고 보고하였다.

다른 두 연구에서의 게임은 학습자들이 협동적으로 게임을 할지 경쟁적으로 게임을 할지를 선택할 수 있게 하였다. Pareto와 동료들(2012)의 연구는 기본적인 산수의 개념적 이해를 지원하는 2인용 카드 게임을 조사했고, 학생들에게 서로 협력하거나 상대할 수 있는 선택권을 주었다.이런 이유로 서로 협력적으로 게임을 하거나, 상대와 경쟁적으로 게임을 하는 것 또는 가르칠 수 있는 에이전트에 대항하여 함께 협력하는 것을 선택할 수 있다. 이 연구는 협력을 하든 경쟁을 하든 짝을 이루면 게임 플레이에 대한 통찰력을 공유하는 경우가 많았으며, 스스로 만든 협력적 게임 모드에서는 경쟁이 자주 혼합되어 나타났다. 이 연구는 게임 집단이 수학 지식 평가와 긍정적인 수학 태도 개발 모두에서 통제 집단을 능가했다고 보고하였다. 이는 학생들이 게임을 하기 위해 선택하거나 발견한 다양한 방법들이 그들의 게임 동기와 게임기반 통찰력에 있어 중요하다는 것을 시사하는 것이었다. 마찬가지로, Siu, Zook와 Ridel(2014)은 상식적 지식 수집을 지원하고 협력 또는 경쟁적인 플레이 외에도 스스로 선택하는 플레이 모드를 제공하는 2인용 게임을 조사했다. 협력적 플레이에서, 플레이어는 한 쌍으로 플레이했으며, 게임 점수는 파트너 간 선택 정확성과 선택 동의를 기반으로 부여하였다. 경쟁 플레이에서, 플레이어는 자신의 점수를 유지할 뿐만 아니라 상대방의 점수를 최소화하도록 서로 대결하였다. 그리고 스스로 선택한 플레이에서, 플레이어는 협력 또는 경쟁 플레이 모드를 선택할 수 있었다. 연구 결과, Pareto와 동료들(2012)의 연구와 달리, 플레이어들에게 게임 모드의 선택권을 주는 것이 주의를 산만하게 하고, 게임 내 수행을 떨어뜨리며, 플레이어들이 대체적으로 일관된 플레이 모드를 선택하기 때문에 중요한 문제가 되지 않는다고 시사하였다. 이 연구는 협력 플레이보다 경쟁 플레이가 더 매력적임에도 불구하고, 협력 플레이와 경쟁 플레이 사이의 학습 성과에서 큰 차이를 발견하지 못했다.

일반적으로, 앞에서 언급한 연구는 점수 부여 규칙을 통해 실행되는 게임 플레이 모드가 내용 관련 학습 성과보다 정서적 성과 또는 게임 기술 개발을 더 많이 중재할 것이라는 점을 보여주었다. 중요한 것은, 이러한 연구에서, 플레이 모드가 점수 부여 규칙에 의해서만 구성되었기 때문에, 주요 게임 활동은 다른 목적 구조에도 불구하고 일반적으로 동일하게 유지되었다(예: 개인적 퍼즐 해결하기). 이러한 설계 패턴은 게임기반 인지 과정과 내용 관련 학습 성과 보통 게임 활동에 의해 활성화되기 때문에 점수 부여 규칙으로 구성된 게임 플레이 모드가 오직 동기에 대한 반응에만 영향을 미치는 것으로 나타난 이유를 설명할 수 있다(Ke, 2016).

협력 게임 플레이 메커니즘 분석된 연구들 중, 두 개의 연구만이 핵심 게임 활동의 본질적인 부분으로서 협력을 조사하였다. Hung, Young와 Lin(2015)은 언어 학습을 위해 다중 플레이어 십자말 풀이 *Fan-Tan* 카드 게임을 조사했는데, 이 게임은 집단 상호 의존성이 주요 게임 활동에 본질적으로 통합되어 있는 협력의 필수적인 특징이었다. 게임에서 다른 집단과 경쟁할 때, 집단 내의 구성원들은 자료 교환, 동료 모니터링을 위한 실시간 상호작용, 그리고 단어 지도의 공동구축에 포함된 과제 상호 의존성을 통해 서로에게 긍정적으로 의존했다. 연구에 따르면 협력적 게임하기는 협력적으로 종이와 연필로 하는 훈련(통제 조건)과 비교하였을 때, 낮은 성취도 학생의 학습 성취도를 더 높인 반면, 높은 성취도 학생들의 경우에는 두 가지 조건 간의 차이가 없다는 것을 확인했다. 또한, 협력 게임의 학생 집단은 통제 조건의 학생 집단보다 더 활동적이고 지식 구성적인 토론을 하였다.

Hummel과 동료들(2011)은 물 관리에 관한 다중 플레이어 기능성 게임을 위한 핵심 게임 플레이 활동으로서 짜여진 협력의 통합을 조사하였다. 구조화된 역할 수행, 조사 탐구 지향적인 상호작용, 집단적인 의사결정을 통해 협력이 본질적으로 핵심 게임 메커니즘에 통합되었다. 게임 플레이 전후의 참가자들의 문제 분석 수행 성과를 비교함으로써, 이 연구는 짜여진 협력 게임 플레이가 복잡한 기술의 게임기반 학습을 촉진시켰다고 보고하였다.

앞에서 언급한 두 연구는 게임기반 협력 학습의 학습 효과를 일관되게 보고했으며, 이는 핵심 게임 메커니즘 안에 긍정적인 상호의존성, 협업 학습을 위한 대본과 구조와 같은 협력 학습을 위한 전제 조건을 의도적으로 통합하는 것이 적용가능하고 타당하다는 것을 의미한다.

요약

게임기반 학습에서 협력과 경쟁의 효과와 경계 조건에 대한 다음과 같은 패턴이 선행연구의 결과에서 나타났다.

- 협력과 경쟁은 주로 다양한 유형의 성취 목표를 두드러지게 만들고 질적으로 더 높은 수준의 바람직한 동기부여 패턴(예: 숙달지향)을 이끌어 내기 위한 게임기반 학습 환경의 사회적 상호작용 맥락과 평가 및 인식 차원으로 자주 설계되고 조사되었다. 이에 따른, 선행 연구 결과는 게임기반 학습의 인지적 학습과정과 결과보다 정서적 반응에 미치는 영향에 대한 더 많은 증거를 제공하였다. 일부 학자들(Mullin, Rummel, & Spada, 2011; Plass et al., 2013)이 주장하듯이, 게임 플레이 모드는 내용 유창성이나 학습 전이보다는 게임에 대한 동기적인 반응, 게임 플레이의 유창성 또는 게임 관련 기술 향상에 영향을 미치는 것으로 나타났다.
- 경쟁과 개별성과 비교하여 게임기반 학습을 위한 협력의 이점은 긍정적인 상호의존성의 존재, 정보의 표현과 조직을 강조하는 짜여진 협력 과제, 그리고 평균이하 학습자 집단에서만 나타났다.
- 게임기반 학습에서 경쟁의 역할은 상황적 흥미(또는 게임 즐거움)와 게임 내 수행 또는 게임 관련 기술과 일반적으로 관련이 있다. 게임기반 내용 학습 과정 및 결과에 미치는 영향에 대한 연구와 증거는 여전히 부족하다.
- 학습을 위한 게임에서 협력과 경쟁의 혼합은 일반적이었고 잘 받아들여지는 것으로 나타났지만, 게임 중 게임 플레이 모드를 선택하고 변경할 수 있는 자율성을 학습자에게 제공하는 것은 엇갈린 결과를 보여주었다.
- 협력과 경쟁 과정은 외부 보상이나 내부 게임 점수 부여 규칙을 변경하는 방식으로만 구성되었다. 이는 핵심 게임이나 게임기반 학습 활동과 반드시 일치하지는 않았다. 핵심 게임기반 학습 과제나 활동의 특성은 협력적이거나 경쟁적인 사회적 맥락에도 불구하고 여전히 개인주의적이었다.

선행 연구의 경험적 연구결과에 기반하여, 한 가지 분석적 추측은 목표형(목적형) 게임기반 학습 활동(예: 개념 이해를 위한 의미 만들기 vs. 규칙 식별 및 적용의 유창성을 위한 절차적 문제 해결), 게임 메커니즘(예: 규칙이 있는 주요 게임 활동), 게임 설계 또는 게임기반 학습 맥락(예: 목표 구조, 사회적 상호작용 맥락, 외부 학습 지원, 게임 지속 및 빈도) 등은 모두 게임기반 학습에서 협력과 경쟁의 통합의 틀을 만들고 중재하는 복잡하고 역동적 활동 시스템을 구성한다. 학습자 차이뿐만 아니라 추측된 활동 시스템의 다양한 요인들은 게임기반 학습 참여와 수행에 있어 협력과 경쟁의 역할과 영향에 독립적이고 상호작용적으로 영향을 미칠 것이다.

4 선행연구의 시사점

이론적 시사점

게임기반 학습에서의 협력과 경쟁에 대한 선행연구의 결과는 일반적으로 내재된 동기 부여 학습 활동에 대한 환경적인 사건과 구조의 조절에 대한 자기결정이론과 인지평가이론을 지지한다. 그들은 지식의 공동 구성에서 사회적 과정과 개인 과정의 상호의존성에 대한 사회문화적 관점을 보여준다. 그들은 또한 협력이 학습 과제의 내재적 인지 부하를 줄일 수 있는지에 대한 경험적 증거를 제공하였다.

자기결정이론(Self-determination theory: SDT)과 동기의 인지 평가 이론(Deci & Ryan, 1985; Ryan & Deci, 2000)은 사회적, 환경적 사건들과 구조들이 자율성과 역량에 대한 심리적 욕구를 지원하거나 방해함으로써 내재적 동기를 촉진하거나 미연에 방지할 수 있다고 주장한다. 자기결정이론(SDT)는 내재적 동기가 "그 표현을 유도하는 조건에서 … 촉진될 수 있다."고 주장한다(Ryan & Deci, 2000, p.58). 보다 구체적으로, 인지 평가 이론은 활동하는 동안 역량과 자율성의 느낌에 모두 도움이 되는 대인관계와 기타 환경적 사건 및 구조(예: 보상, 의사소통 및 피드백)가 그 행동의 내재적 동기를 향상시킬 수 있다고 주장한다. 이에 비해, 경쟁 압력과 같은 과제 수행에 따라 예상되는 실재하는 보상이나 위협은 내재적 동기를 저해하거나 감소시킬 수 있다. 왜냐하면, 사람들은 자신의 자율성을 훼손하는 외부 통제요인으로 그들을 경험하기 때문이다(Deci & Ryan, 1985; Ryan & Deci, 2000). Plass와 동료들(2013), Ke(2008)는 이 주장을 지지하며 내재적으로 동기화하는 활동(예: 게임)에 대한 참가자의 참여는 협력, 경쟁, 그리고 개인적 특성의 외재적 보상 구조에 의해 중재될 수 있다고 보고하였다. 특히, Chen과 Law(2016)는 경쟁과 개인적 특성에 비해 협력은 게임으로부터 파생된 인지된 자율성과 역량을 감소시키거나 저해할 수 있다고 보고하였다.

외재적으로 조절된 활동은 외부 유도나 조절이 내재화되거나 동일시 될 때 더 높은 수준의 참여, 만족 및 성과를 강화할 수 있다. 구체적으로, Ryan과 Deci(2000)는 사람들이 외재적으로 동기부여된(또는 자극된) 활동을 하는 주된 이유는 이러한 활동이 사람들과 연결되어 있다고 느끼는 다른 사람들에 의해 가치있게 여겨지기 때문이라고 주장했다. 이는 외부 유도기제의 내재화를 촉진하는 근거가 집단에 대한 연결성 또는 관련성을 제공하기 위한 것임을 의미한다. 이러한 이론적 추측은 긍정적인 집단 역동성의 중요성과 사회적 또는 외부 사건으로서 협력하는 긍정적인 상호의존성의 설계에 대한 선행 연구 결과를 설명하는 데 도움이 된다(Chen et al., 2015; Hung et al., 2015; Peng & Hsieh, 2012). 구체적으로, Hung와 동료들(2015)은 집단 간 경쟁과 결합된 집단 내 협력이 게임기반 학습에서 긍정적인 상호의존성을 강화할 수 있다는 것을 발견했다. 이전 연구에서는 내재된 게임 역동성을 통해 긍정적인 상호의존성을 자극하는 것이 타당함을 제안하였다. 단일 맥락을 선택해야 하는 것(예: Siu et al, 2014)과 비교하여 협력과 경쟁(예: Pareto et al., 2012)을 결합할 수 있는 게임 활동과 규칙은 학생들의 동기 부여와 학습 성과를 증가시킨다.

자기결정이론(SDT)는 또한 학생들이 내부적으로 의미를 파악하여 역량과 자율성을 가지고 있다면 외부 목표를 내재화하거나 채택할 가능성이 더 높다고 주장한다. 그러므로 역량(예: 최적 도전 과제, 효능감과 관련 스캐폴딩 또는 피드백 제공하기)과 자율성(예: 의미 있는 이론적 근거 제공하기)에 대한 지원은 목표 내재화를 촉진할 것이다. 이러한 추측은 협력에 대한 의미 있는 근거를 제공하기 위한 스크립팅과 인지적 정교함의 더 많은 역량을 위한 스캐폴딩 또는 구조가 게임기반 학습에 대한 협력의 긍정적인 효과를 강화시키고, 게임 모드 차이에도 불구하고 정교한 피드백은 게임기반 학습에서 지식 구성을 향상시킨다는 연구결과와 일치한다(예: Chen & Law, 2016; Hummel et al., 2011; Tsai et al., 2015; Van der Meij et al., 2011, 2013).

선행연구에서 개인 학습자가 학습을 위한 대안적인 게임 모드 및 구조와의 상호작용에서 차이가 있는 것으로 나타났다. 이는 외부 목적 구조를 내재화하는 과정이 지원적인 외부 맥락뿐만 아니라 개별적인 학습자의 특성에 의해서도 매개된다는 것을 시사한다. Chen과 동료들(2015), Ke와 Grabowski(2007), Ter Vrugte와 동료들(2015)의 연구는 모두 선행지식 수준과 학습 요구가 다른 개인은 외부에서 조절된 활동을 하는 동안 역량, 자율성 및 관련성을 다르게 경험할 것이며, 따라서 이러한 유도기제나 목표를 내면화하거나 하지 않을 수 있으며, 이는 참여 행동과 학습 성과에 영향을 미친다.

일반적으로 협력, 경쟁, 개인적 특성은 게임기반 학습에서 동기유발을 위한 외재적 사건이나 구조로 더욱 많이 사용된다. 따라서, 특히 게임 기간이 짧고 즉각적인 결과만을 측정할 때(Ke, 2008; Plass et al., 2013) 게임기반 학습 성과보다 더 직접적이고 즉각적으로 즐거움, 상황적 관심, 자기효능감 및 긍정적인 대처(시도에 대한 지속성)와 같은 정서적 결과를 중재하는 경향이 있다.

그렇지 않으면, 동료 상호작용을 통한 복명하기와 인지적 정교화로 구성된 협력은 복잡한 문제를 해결하는 동안 인지적 부하 요구를 처리하기 위한 스캐폴딩 또는 대상 간 의미를 형성하는인지 가정(Vygotsky, 1980)으로써 설계되고 조사되었다(Kirschner, Paas, & Kirschner, 2009). 협력은 언어화를 자극하는 효과 때문에 사용되는데, 이것은 정보 표현과 조직을 자극할 것으로 기대된다. 그러나 Chen과 동료들(2015), Van der Meij와 동료들(2011, 2013)은 게임기반, 협력적 언어화 또는 토론의 인식론적 특성이 다양하다고 보고하였으며, 특정한 집단 토론은 학습 또는 내용 관련 기술이나 지식 개발보다는 피상적인 게임 기술이나 전략에 초점을 맞추고 있을지 모른다. 상호작용을 위한 스크립팅(예: Hummel et al., 2011), 집단 역동성, 그리고 개인적 특성(예: SES 또는 학습부진 학생, Ke & Grabowski, 2007 참조)은 모두 게임기반의 협력을 자극하는 언어화의 질과 결과를 조절한다. Sung와 Hwang(2013)의 연구에서도 강조되었듯이, 학생들은 게임보다는 지식 공동 구성에 그들의 협력을 집중하는 것으로 나타났다.

사회문화적 학습 이론에 따르면, 인지적 정교화를 강조하는 구조화된 집단 활동에 참여하는 것은 의미를 만드는 데 있어 결정적인 부분이다. 인지부하이론에 기반하여, 개인 간 정보처리과정의 분할은 과제 복잡성이 증가하고 인지 부하가 높을 때에만 유용하다. 반면, 낮은 부하 조건에서 개인은 요구된 정보 처리 활동을 적절하게 수행할 수 있으며, 집단 안에서 정보 재조합과 조정 비용은 커지고 보상은 줄어든다(Kirschner, Paas, & Kirschner, 2009). 이러한 이론적 관점은 게임기반 학습에서 협력의 역할이 협력적 게임을 하는 동안 플레이어 간에 인지적 정교화가 부족하거나 필수적일 때(예: Ke, 2008; Ke & Grabowski, 2007; Plass et al., 2013; Vander Meij et al., 2011), 그리고 게임 과제의 인지적 도전이 낮은 경우(예: Hung et al., 2015; Siu et al., 2014)일 때 약화된다는 경험 연구의 결과에 의해서 타당화되었다.

게임기반 학습 설계에 대한 실천적 시사점

연구결과와 이전 논의에서 도출된 두드러진 주제는 게임기반 학습에서 협력과 경쟁이 내재적으로 동기부여하는 활동 또는 게임기반 학습을 하는 동안 학습자가 자발적으로 확인하는 외재적 구조로 설계되어야 한다는 것이다. 협력과 경쟁은 교육용 게임의 맥락적 사건(예: 집단 구성 또는 보상 구조)으로 배열될 때 학습−게임 활동의 동기부여적 속성에 종속된 또는 그러한 속성과 일관성이 없는 외적 규제장치(regulation)가 된다. 그것들을 주요 게임 활동의 고유한 요인으로 통합됨으로써(예: 짜여진 역할수행이 포함된 협력적 탐구, 현실적인 과학 및 디자인 경쟁), 게임기반 학습 과정은 내재적으로 협력적이거나 경쟁적이며, 그에 따라 학습자가 내부 게임 메커니즘을 통해 외부 목표를 내면화하거나 조정함으로써 추가적인 작업을 줄일 수 있다.

다양한 개인 학습자의 동기적 요구를 충족시키면서 학습에 대한 긍정적인 상호의존성을 자극하기 위해, 게임기반 학습 시스템에서 주요 게임 활동과 점수 부여 및 보상 규칙을 설계할 때 협력, 경쟁 및 개인적 특성의 조합을 고려해야 한다. Hung와 동료들(2015)과 Hummel과 동료들(2011)의 연구에서 설명한 것처럼 긍적인 상호의존성은 점수 부여 규칙뿐만 아니라 과제의 구조, 역할 지원, 그리고 상호작용 방식의 배경 스크립팅을 통해 의도적으로 구성될 수 있다. 이전 연구에서 언급되었듯이 집단 간 경쟁과 집단 내 협력이 구조적으로 혼합된 것 외에도, 학습자가 자발적으로 다양한 게임 모드(예: 동료 또는 컴퓨터 에이전트와 개별적으로 또는 협력적으로 플레이)를 탐색하고 수행할 수 있는 게임 메커니즘은 다목적적이고, 매력적인 것으로 밝혀졌다(Preto et al., 2012).

선행연구는 개인 플레이어를 집단에 배치한다고 해서 게임기반의 인지 정교화와 지식 공동 구성이 보장되지는 않는다는 것을 확인하였다. 게임기반 상호작용 및 언어화의 본질은 핵심적인 게임 설계의 특징, 게임 메커니즘에 의해 설계된 학습 활동의 특성, 게임의 구현 또는 상황적 측면에 의해 독립적이고 상호작용적으로 영향을 받는다. 따라서, 게임기반 학습 지원으로서 협력을 설계하는 과정은 체계적이어야 한다. 여기서 학습 결과의 목표 수준(개념적 이해 Vs. 절차적 기술 개발), 게임기반 학습 활동의 유형과 기간(예: 더 긴 게임 지속 시간동안 협력적 의미 만들기 Vs. 가속화된 문제 해결), 협력 설계(예: 협력적 지식 엔지니어링 Vs. 게임 후 복명하기)가 서로 일치해야 한다.

5 향후 연구

디지털 게임기반 학습에서 협력과 경쟁에 대한 현재 연구는 종종 성과 보상이나 점수 부여 규칙을 변경함으로써 게임기반 학습 과정을 조절하는 것을 목표로 하는 외부의 집단 구성이나 활동 구조로 협력과 경쟁을 나타낸다. 협력과 경쟁의 이러한 개념화는 내재적 게임 몰입의 외재적 조절 장치(또는 동기 부여), 또는 게임기반 정보의 표현과 조정을 중재하는 사회적 상호작용 맥락으로써 경쟁과 협력을 강조한다. 협력이나 경쟁을 게임기반 학습 활동의 고유 특징 또는 게임 플레이의 인지 전략으로 묘사하는 연구는 여전히 부족하다. 게다가, 게임기반 학습의 외재적 사건으로서 협력과 경쟁의 역할을 조사할 때, 이전 연구는 일반적으로 외재적 사건과 내재적 게임 메커니즘 사이의 상호작용에 대한 조사가 부족하였다. 예를 들어, 외재적 목표 구조와 주요 게임 활동 모드 사이의 불일치가 게임기반 학습 참여와 성과에 영향을 미칠까? 게임모드가 협력적이든 경쟁적이든 개인주의적이든 외재적 학습 활동의 목적 구조를 게임 플레이의 내부 모드와 의도적으로 맞추는 연구가 중요하다.

　　게임기반 협력과 학습 경쟁을 설계하거나 조사하는 현재의 연구 대부분은 세분화되어 있다. 그러나 이러한 연구의 잠재적 결론은 게임기반 학습은 목적형 게임기반 학습 행동, 게임 기능 및 게임 구현 맥락이 협력과 경쟁을 공동으로 구성하고, 협업과 경쟁을 미치는 복잡하고 역동적인 활동 시스템이라는 것이다. 따라서 향후 연구는 게임기반 학습 시스템 내의 한 측면으로서 협력 및 경쟁을 조사할 때 체계적인 분석 프레임워크를 적용하거나, 이 활동 시스템의 다른 부문에 협력과 경쟁을 통합하는 상대적 효과를 탐색하여 비교해야 한다. 특히, 게임기반 학습 시스템의 다른 측면과 관련하여 협력과 경쟁의 설계와 역할을 구체화하고 조사하는 종단적 연구 노력과 반복적인 설계 실험이 이루어져야 한다.

　　게임기반 학습을 하는 동안 학습자가 이끄는 협력이나 경쟁이 부과된 협력이나 경쟁보다 더 두드러짐을 시사하는 증거가 있다. 게임기반 협력 또는 학습 경쟁에 대한 자발적인 학습자 참여의 전제 조건 및 결과적 사건을 기술하거나 분석하는 경험적 연구는 유익할 것이다. 게임기반 학습 참여와 수행을 위한 협력과 경쟁의 역할과 성과가 학습자의 차이에 의해 중재되기 때문에, 잠재적인 설계 전략과 연구 방향은 개인 학습자의 요구와 게임 내 수행에 기반하여 역동적인 협력과 경쟁에 대한 수준과 두 요소의 적절한 혼합을 조정해야 한다. 학습 또는 학습자 지원의 한 형태로서의 협력의 양과 규약뿐만 아니라 최적의 도전적 과제의 한 형태로서 경쟁 수준과 유형은 게임기반 학습자의 게임 내 정서 및 인지 학습 상태의 추적 기법과 마이닝 기법을 기반으로 적응적으로 변경될 수 있다.

참고문헌

Abdul Jabbar, A. I., & Felicia, P.(2015). Gameplay engagement and learning in game-based learning: A systematic review. *Review of Educational Research, 85*(4), 740-779.

Alessi, S. M., & Trollip, S. R.(2000). *Multimedia for learning: Methods and development*. Needham Heights, MA: Allyn and Bacon.

Chen, C. H., & Law, V.(2016). Scaffolding individual and collaborative game-based learning in learning performance and intrinsic motivation. *Computers in Human Behavior, 55*, 1201-1212.

Chen, C. H., Wang, K. C., & Lin, Y.-H.(2015). The comparison of solitary and collaborative modes of game-based learning on students' science learning and motivation. *Journal of Educational Technology & Society, 18*(2), 237-248.

Cooper, S., Khatib, F., Treuille, A., Barbero, J., Lee, J., Beenen, M., ⋯ Popović, Z.(2010). Predicting protein structures with a multiplayer online game. *Nature, 466*(7307), 756-760.

Deci, E. L., & Ryan, R. M.(1985). *Intrinsic motivation and self-determination in human behavior*. New York, NY: Plenum.

Deutsch, M.(1962). Cooperation and trust: Some theoretical notes. In M. R. Jones(Ed.), *Nebraska symposium on motivation*(pp. 275-319). Lincoln: University of Nebraska Press.

Deutsch, M.(2006). Cooperation and competition. In M. Deutsch, P. T. Coleman, & E. C. Marcus(Eds.), *The handbook of conflict resolution: Theory and practice*(pp. 23-42). San Francisco, CA: Jossey-Bass.

Dewey, J.(1958). *Art as experience*. New York, NY: Penguin Group.

Hämäläinen, R.(2011). Using a game environment to foster collaborative learning: A design-based study. *Technology, Pedagogy and Education, 20*(1), 61-78.

Hummel, H. G., Van Houcke, J., Nadolski, R. J., Van der Hiele, T., Kurvers, H., & Löhr, A.(2011). Scripted collaboration in serious gaming for complex learning: Effects of multiple perspectives when acquiring water management skills. *British Journal of Educational Technology, 42*(6), 1029-1041.

Hung, H., Young, S., & Lin, C.(2015). No student left behind: A collaborative and competitive game-based learning environment to reduce the achievement gap of EFL students in Taiwan. *Technology, Pedagogy and Education, 24*(1), 35-49.

Hwang, G. J., Wu, P. H., & Chen, C. C.(2012). An online game approach for improving students' learning performance in web-based problem-solving activities. *Computers & Education, 59*(4), 1246-1256.

Johnson, D. W., & Johnson, R. T.(1974). Instructional goal structure: Cooperative, competitive, or individualistic. *Review of Educational Research, 44*(2), 213-240.

Johnson, D. W., & Johnson, R. T.(1999). *Learning together and alone: Cooperative, competitive, and individualistic learning*(4th ed.). Needham Heights, MA: Allyn and Bacon.

Johnson, D. W., & Johnson, R. T.(2009). An educational psychology success story: Social interdependence theory and cooperative learning. *Educational Researcher, 38*(5), 365-379.

Johnson, D. W., Johnson, R. T., & Smith, K.(2007). The state of cooperative learning in postsecondary and professional settings. *Educational Psychology Review, 19*(1), 15-29.

Johnson, R. T., Johnson, D. W., & Stanne, M. B.(1986). Comparison of computer-assisted cooperative, competitive, and individualistic learning. *American Educational Research Journal, 23*(3), 382-392.

Ke, F.(2008). Computer games application within alternative classroom goal structures: Cognitive, metacognitive, and affective evaluation. *Educational Technology Research and Development, 56*(5-6), 539-556.

Ke, F.(2016). Designing and integrating purposeful learning in game play: A systematic review. *Educational Technology Research and Development, 64*(2), 219-244.

Ke, F., & Grabowski, B.(2007). Gameplaying for maths learning: Cooperative or not? *British Journal of Educational Technology, 38*(2), 249-259.

Kelley, H. H., & Thibaut, J. W.(1969). Group problem solving. In G. Lindzey & E. Aronson(Eds.), *The handbook of social psychology*(Vol. 4 pp. 1-101). Reading, MA: Addison-Wesley.

Kirschner, F., Paas, F., & Kirschner, P. A.(2009). A cognitive load approach to collaborative learning: United brains for complex tasks. *Educational Psychology Review, 21*(1), 31-42.

Mullins, D., Rummel, N., & Spada, H.(2011). Are two heads always better than one? Differential effects of collaboration on students' computer-supported learning in mathematics. *International Journal of Computer-Supported Collaborative Learning, 6*(3), 421-443.

Paraskeva, F., Mysirlaki, S., & Papagianni, A.(2010). Multiplayer online games as educational tools: Facing new challenges in learning. *Computers & Education, 54*(2), 498-505.

Pareto, L., Haake, M., Lindström, P., Sjödén, B., & Gulz, A.(2012). A teachable-agent-based game affording collaboration and competition: Evaluating math comprehension and motivation. *Educational Technology Research and Development, 60*(5), 723-751.

Peng, W., & Hsieh, G.(2012). The influence of competition, cooperation, and player relationship in a motor performance centered computer game. *Computers in Human Behavior, 28*(6), 2100-2106.

Plass, J. L., O'Keefe, P. A., Homer, B. D., Case, J., Hayward, E. O., Stein, M., & Perlin, K.(2013). The impact of individual, competitive, and collaborative mathematics game play on learning, performance, and motivation. *Journal of Educational Psychology, 105*(4), 1050-1066.

Ryan, R. M., & Deci, E. L.(2000). Intrinsic and extrinsic motivations: Classic definitions and new directions. *Contemporary Educational Psychology, 25*(1), 54-67.

Shaffer, D. W.(2004). When computer-supported collaboration means computer-supported competition: Professional mediation as a model for collaborative learning. *Journal of Interactive Learning Research, 15*(2), 101-115.

Siu, K., Zook, A., & Riedl, M. O.(2014). Collaboration versus competition: Design and evaluation of mechanics for games with a purpose. In *Proceedings of the 9th International Conference on the Foundations of Digital Games(*pp. 1-8). Santa Cruz, CA: Society for the Advancement of the Science of Digital Games. ISBN: 978-0-9913982-2-5.

Sung, H. Y., & Hwang, G. J.(2013). A collaborative game-based learning approach to improving students' learning performance in science courses. *Computers & Education, 63*, 43-51.

Sweetser, P., & Wyeth, P.(2005). GameFlow: A model for evaluating player enjoyment in games. *Computers in Entertainment(CIE), 3*(3), 1-24.

ter Vrugte, J., de Jong, T., Vandercruysse, S., Wouters, P., van Oostendorp, H., & Elen, J.(2015). How competition and heterogeneous collaboration interact in prevocational game-based mathematics education. *Computers & Education, 89*, 42-52.

Tsai, F. H., Tsai, C. C., & Lin, K. Y.(2015). The evaluation of different gaming modes and feedback types on game-based formative assessment in an online learning environment. *Computers & Education, 81*, 259-269.

Van der Meij, H., Albers, E., & Leemkuil, H.(2011). Learning from games: Does collaboration help? *British Journal of Educational Technology, 42*(4), 655-664.

Van der Meij, H., Leemkuil, H., & Li, J. L.(2013). Does individual or collaborative self-debriefing better enhance learning from games? *Computers in Human Behavior, 29*(6), 2471-2479.

Vygotsky, L. S.(1980). *Mind in society: The development of higher psychological processes.* Cambridge, MA: Harvard University Press.

Wendel, V., Babarinow, M., Hörl, T., Kolmogorov, S., Göbel, S., & Steinmetz, R.(2010). Woodment: Web-based collaborative multiplayer serious game. *Transactions on Edutainment, 4*, 68-78.

Wouters, P., & van Oostendorp, H.(2013). A meta-analytic review of the role of instructional support in game-based learning. *Computers & Education, 60*(1), 412-425.

Yee, N.(2006). Motivations for play in online games. *CyberPsychology & Behavior, 9*(6), 772-775.

14

게임기반 학습의 새로운 설계 요인: 감성 디자인, 음악, 게임 역학 설계

Shashank Pawar, Frankie Tam, and Jan L. Plass(장상현 역)

1 개요

　　게임기반 학습 모델에서 설명하는 많은 설계 요소(Plass, Homer, & Kinzer, 2015; Plass, Homer, Mayer, & Kinzer, chapter 1 in this volume)에 대해 게임 설계자를 위한 설계 권장 사항을 허용하기에 충분한 연구가 존재한다. 이러한 요소에는 교육 지원, 피드백, 코칭(Lester, Spain, Rowe, & Mott, chapter 8 in this volume) 자기 규제 및 성찰(Taub, Bradbury, Mudrick, & Azevedo, chapter 9 in this volume), 적응성과 개인화(Plass & Pawar, chapter 10 in this volume), 내러티브(Dickey, chapter 11 in this volume), 멀티미디어 설계 원칙(Nelson & Kim, chapter 12 in this volume), 사회적 플레이 방식(Ke, chapter 13 in this volume)이 포함된다. 그러나 모델에 설명된 다른 여러 설계 요소에 대해서는 게임기반 학습 맥락에서 연구는 적은 편이다. 이 장에서는 감정 설계, 게임의 사운드 및 악보, 게임 메커니즘 설계를 포함하여 이러한 새로운 요소 중 세 가지에 대해 논의한다. 우리는 이러한 구성에 대해 논의하고 게임기반 학습의 맥락에서 이러한 설계 요소에 대해 사용할 수 있는 제한된 연구를 요약했다. 추가적인 새로운 요인은 15장에서 더 자세하게 논의된다.

2 감정적 설계

감정적 설계 비디오 게임을 하는 것은 감정의 경험이다(Isbister, 2016; Plass et al., 2015). 게임을 할 때 플레이어의 감정은 Loderer, Pekrun 및 Plass가 이미 5장에서 설명한 것처럼 다양한 게임 요소의 영향을 받는다. 감정 설계는 이러한 요소를 식별하고 이를 활용하여 플레이어에게 다양한 감정을 유발하는 것이 관행이다. 비디오 게임 및 학습 영역에서 감정 설계의 목표는 학습 결과를 향상시키기 위해 감정을 유도하는 것이다(Plass & Kaplan, 2015).

감정적 설계의 요약

긍정적인 감정을 유도하는 미디어 설계 아이디어는 오래전부터 존재했지만(Norman, 2004), 학습에 적용하는 연구는 여전히 부족하다. 감정 설계는 "학습을 향상시키기 위해 학습자의 감정에 영향을 미치는 것을 목표로 다양한 설계 기능을 사용하는 것"이다(Plass & Kaplan, 2015, p. 138). 대부분 모든 게임 설계 기능을 사용하여 학습자에게 특정 감정을 유도할 수 있다. 여기에는 정보의 시각적 표현, 게임 메커니즘 형태의 상호작용 설계 및 게임 사운드가 포함된다.

학습을 위한 감정 설계의 개념은 인지와 감정 사이의 관계를 보여주는 연구에 기반을 두고 있다(Isen, Shalker, Clark, & Karp, 1978; Izard, 1993). 이러한 발견은 정서적 상태와 주의력, 지각 및 기억과 같은 인지 과정 사이의 인과 관계를 보여준다(Derryberry & Tucker, 1994; Isen, Daub man, & Nowicki, 1987; Isen et al., 1978; Izard, 1993, 2007; 루이스, 2005). 연구결과는 학습자가 긍정적인 감정 상태에 있을 때 다양한 인지 과정이 향상됨을 보여준다. 이것은 감정이 학습에 미치는 영향을 설명하는 이론의 발전으로 이어졌다. 성취 감정의 통제 가치 이론은 학습자가 경험하는 감정의 전례와 효과를 설명한다(Loderer et al., 이 책의 5장; Pekrun, 2006; Pekrun & Stephens, 2010). 디지털 미디어를 사용한 학습의 맥락에서 통합 인지-감정 학습 이론(ICALM: integrated cognitive-affective theory of learning)은 학습에 대한 감정의 효과에 대한 이론적 토대를 제공한다. 이 이론은 학습을 위한 정신적 모델을 만들기 위한 정보 처리에서 감정이 중심 역할을 한다고 가정한다. 이는 학습자가 인지적 과정과 감정적 과정 사이의 상호 관계를 통해 정보를 선택, 구성 및 통합하므로 감정, 인지 및 학습이 본질적으로 연결되어 있음을 시사한다(Plass & Kaplan, 2015).

ICALM 이론은 감정을 유도하고 결과적으로 학습 결과를 향상하기 위한 미디어 요소의 어포던스를 조사하는 경험적 증거에 의해 뒷받침된다(Mayer & Estrella, 2014; Plass, Heidig, Hayward, Homer, & Um, 2014; Plass & Kaplan, 2015; Um, Plass, Hayward, & Homer, 2012). 이는 학습과정과 감정이 특정 학습결과를 개발하기 위해 상호작용하는 방법에 대한 메커니즘을 설명하는 GBL(EmoGBL)의 정서적 기반 통합 모델의 개발로 이어졌다(Loderer et al., 이 책의 5장). EmoGBL은 상황 및 자기평가, 인간동료, 가상동료, 교사 또는 기타 게임 기능으로부터의 정서적 전달과 같은 감정의 근위 선행사를 설명한다. 성취 목표 및 신념과 같은 원초적 선행사; 게임기반 학습 환경의 감정 설계. 학습을 위한 감정적 설계에 대한 논의에서 특정 게임 요소가 학습결과를 개선하기 위해 감정을 불러일으키는 방법에 중점을 둔다.

학습을 위한 게임에서 감정적 설계

학습용 게임에서 감정 설계와 관련된 다양한 게임 요소는 플레이어의 감정 상태에 큰 영향을 미친다. 게임 캐릭터 및 게임 환경은 이와 관련하여 효과적인 것으로 알려져 있다. 게임 캐릭터는 게임 환경에서 행동을 취하는 의도적인 에이전트를 말한다. 플레이어 캐릭터 또는 비플레이어 캐릭터(Non-Player Character)를 나타낸다. 게임 캐릭터는 표정(Plass et al., 언론), 자세(Clavel, Plessier, Martin, Ach, & Morel, 2009), 움직임(Fagerberg)을 통해 감정을 전달할 수 있기 때문에 플레이어의 감정 상태에 강한 영향을 미친다(Fagerberg, Ståhl, & Höök, 2003). 게임 캐릭터의 다양한 설계 특성은 플레이어의 감정을 유도하는 능력에 영향을 미친다. 여기에는 모양, 색상 및 차원과 같은 정적 기능(Mayer & Estrella, 2014; Park, Knörzer, Plass, & Brünken, 2015)과 표정, 자세, 제스처 및 움직임과 같은 동적 기능이 포함된다(Clavel et al., 2009; Dittmann, 1987; Fagerberg et al.,

2007; Plass et al., in press). 여러 연구에서 캐릭터의 모양과 색상을 조작하는 것이 감정 유도에 미치는 영향을 연구했다(Mayer & Estrella, 2014; Plass et al., 2014; Plass & Kaplan, 2015; Um et al., 2012). 이러한 연구의 결과는 게임 캐릭터가 둥근 모양과 따뜻한 색상을 사용하는 것이 더 높은 감정 유도 및 더 나은 학습 결과로 이어지는 것으로 나타났다. 모양과 색상 외에도 게임 캐릭터의 차원도 감정 유도에 영향을 미친다. Hovey, Pawar, & Plass(2018)가 수행한 연구에서는 3D와 2D 캐릭터의 정서적 각성의 차이를 비교할 때 상당한 효과를 발견했다. 이 연구에서 참가자들은 몰입형 3D 및 2D 환경에서 동일한 학습 게임을 했다. 결과는 참가자가 2D 버전보다 3D 버전에서 더 높은 정서적 각성을 경험한 것으로 나타났지만 이러한 결과는 아직 학습 결과와 연결되지 않았다. 표정, 자세, 움직임과 같은 게임 캐릭터의 역동적인 특징 또한 감정 설계에 중요한 역할을 한다. 게임 캐릭터는 표정을 통해 감정 상태를 전달할 수 있으며 플레이어에게 감정적 반응을 일으킬 수 있다(Paiva et al., 2004). Plass와 동료들(in press)은 행복하고 슬픈 감정을 표현하는 게임 캐릭터의 참가자 등급을 중립 감정을 표현하는 동일한 캐릭터의 등급과 비교했다. 결과는 행복하고 슬픈 표정을 가진 캐릭터가 중립적인 표정을 가진 캐릭터보다 더 감정적 동맹으로 평가되는 것으로 나타났다(Plass et al., in press). 이러한 결과는 캐릭터 표현을 사용하여 플레이어의 감정에 영향을 미치는 게임 캐릭터의 어포던스를 보여준다. 게임 캐릭터는 신체 언어를 통해 자신의 감정을 전달할 수도 있다. 캐릭터의 몸 자세는 표정과 짝을 이룰 때 감정 상태를 전달한다(Clavel et al., 2009). 일부 연구에서는 신체 자세가 느끼는 감정의 강도를 전달하는 것으로 나타났으며(Dittmann, 1987), 다른 연구에서는 신체 자세가 감정의 표정과 언어적 신호를 해석하는 맥락을 제공한다는 것을 보여주었다(Harrigan, Rosenthal, & Scherer, 2008). 이러한 발견은 캐릭터 자세가 다른 감정적 설계 기능을 지원할 수 있음을 시사한다. 자세 외에도 몸의 움직임은 감정의 비언어적 표현에 중요한 요소이다. 움직임의 방식은 특정 감정 상태를 게임 캐릭터에 귀속시킬 수 있으므로 플레이어의 감정적 기대치를 구성할 수 있다. Fagerberg, Ståhl 및 Höök(2003)의 연구는 예비 감정 표현과 관련된 움직임의 세 가지 기본 차원(모양, 노력 및 원자가)을 식별하여 이 주장을 지지한다. 이 연구에서 연구자들은 감정을 특정 움직임 특성을 가진 그룹으로 분류하기 위해 Laban

과 Lawrence(1974)의 움직임 분석 프레임워크를 사용했다. 예를 들어, 분노는 퍼짐, 상승 및 전진 동작과 관련되고 슬픔은 둘러싸기, 하강 및 퇴각 동작을 통해 전달된다(Fagerberg et al., 2003). 이러한 결과는 신체 움직임이 게임의 감정 설계를 위한 또 다른 유용한 기능임을 나타낸다.

게임 환경은 게임 플레이를 호스팅하는 가상 공간이다. 모든 게임 캐릭터와 게임 이벤트는 이러한 공간의 맥락에서 작동한다. 게임 환경은 가상 세계에서 플레이어와 캐릭터를 위치시키기 때문에 플레이어의 감정에 영향을 미치는 중요한 역할을 한다. 이 현상은 Riva와 동료들에 의해 연구되었다(Riva, et al., 2007), 그는 감정을 유발하는 세 가지 가상 환경(불안, 이완 및 중립)의 효과를 연구했다. 연구자들은 모양, 풍경, 조명과 같은 환경적 특징을 조작하여 다양한 감정을 이끌어냈고, 다양한 환경에 대한 슬픔, 불안, 행복의 등급에서 상당한 차이를 발견했다. 이러한 결과는 모양, 풍경 및 조명과 같은 게임 환경의 다양한 기능이 플레이어에게 뚜렷한 감정 상태를 불러일으키도록 설계될 수 있음을 시사한다(Riva et al., 2007). 환경의 형태는 놀이 공간의 구조라고 할 수 있다. 연구에 따르면 공간 기하학 및 천장 높이와 같은 요인이 정보 처리, 감정 및 인지 과정에 영향을 미칠 수 있음이 나타났다(Meyers-Levy & Zhu, 2007; Shem esh et al., 2017). 마찬가지로 풍경은 환경의 맥락을 설정하는 데 중요한 역할을 한다. 자연 및 도시 가상 환경에서 플레이어의 감정과 스트레스를 비교한 연구에 따르면 자연 환경은 더 높은 수준의 긍정적인 영향과 낮은 수준의 스트레스를 촉진한다(Anderson et al., 2017). 게임 환경의 조명은 참가자의 감정 상태에도 영향을 미친다. 환경 조명의 효과는 현실 세계에서 광범위하게 연구되었다(Knez, 1995; Knez and Kers, 2000; Kumari & Venkatramaiah, 1974). 연구에 따르면 더 높은 광도는 생리학적 각성을 증가시킨다(Kumari & Venkatramaiah, 1974). 조명의 색상은 참가자에게 다양한 감정 상태를 유도하는 것으로 밝혀졌다. Knez(1995)는 따뜻하고(빨간색) 밝은 빛과 차갑고(푸른색) 희미한 빛이 긍정적인 기분을 유발한다는 것을 발견했다. 이러한 발견은 가상 게임 환경으로 확장되어 원하는 감정 상태를 불러일으킬 수 있다. 지금까지 가상 환경에서 조명의 효과에 대한 연구는 소리, 음악 및 질감 조작과 함께 연구되어(Riva et al., 2007), 조명만으로는 감정적 차이를 연관시키기 어렵다.

감정적 설계 연구의 미래 방향

인지와 학습에서 감정의 중요성은 경험적 연구(Izard, 1993, 2007; Pekrun & Stephens, 2010)와 CVT, ICALM, EmoGBL과 같은 이론에 의해 확립되었다. 제품 설계, 광고, 감정 설계, 악보, 게임 메커니즘 설계 및 소비자 마케팅은 이러한 결과를 설계 프로세스에 통합했다(Bagozzi, Gopinath, & Nyer, 1999; Demirbilek & Sener, 2003; Norman, 2004). 감정은 게임기반 학습에서 중요한 역할을 하지만 감정을 유도하는 방법과 해당 학습 결과를 연결하는 감정 설계에 대한 예비 연구만 있다(Mayer & Estrella, 2014; Plass et al., 2014; Plass & Kaplan, 2015 ; Um et al., 2012). 이러한 연구는 게임 캐릭터 및 게임 환경과 같은 감정 설계의 제한된 수의 시각적 측면을 연구했다. 게임에는 사용자의 감정적 반응을 불러일으키기 위해 활용할 수 있는 다양한 요소가 포함되어 있으므로 추가 게임 설계 요소의 효과에 대한 연구가 필요하다. 예를 들어, 오디오 설계와 악보, 또는 상호작용 설계와 게임 메커니즘이 감정 유발에 미치는 영향은 게임기반 학습의 맥락에서 연구해야 한다. 또한, 가상현실, 증강현실, 혼합현실과 같은 기술의 등장과 함께 이러한 미디어의 어포던스를 활용한 감정 설계에 대한 접근이 모색되어야 한다. 장기적인 목표로 감정 설계는 게임기반 학습 환경 설계의 기본 기능으로 통합되어야 한다.

3 게임에서 악보

게임에서 악보는 청각 자극으로 사용되는 소리와 음악으로 구성된다. 각성과 기분 가설(Thompson, Schellenberg, & Husain, 2001)은 음악이 청취자의 각성과 기분에 영향을 미치는 자극이며 인지 작업 수행에 영향을 미친다고 제안한다. 연구에 따르면 Russell(1980)이 제시한 감정의 곡절 부호 모델에서 감정의 두 가지 차원인 각성과 기분은 창의적 문제 해결(Ashby, Isen, & Turken, 1999; Ilie & Thompson, 2011), 산술(Hallam, Price, & Katsarou, 2002), 정보 통합(Estrada, Isen, & Young, 1997), 의사결정(Isen & Means, 1983), 공간 능력(Husain, Thompson, & Schellenberg, 2002) 등을 포함한 다양한 인지 과제의 수행에 영향을 미칠 수 있다고 제안했다. 음악적 템포는 각성에 영향을 미치는 것과 관련이 있는 반면 음악적 모드는 주로 기분에 영향을 미친다는 주장이 있다(Husain et al., 2002).

게임에서 악보의 구조에 대한 요약

이 영역에서는 다양한 환경에서 음악이 학습자에게 미치는 영향을 탐색해 보고자 한다. 우리의 정의에서 게임의 악보는 게임에서 사용하는 모든 소리와 음악을 포함한다. 가장 눈에 띄는 부분은 일반적으로 게임의 사운드 트랙이지만 환경 사운드와 플레이어의 행동에 대한 사운드도 포함된다. 이러한 소리는 여러 가지 목적을 달성할 수 있다. 정서적 수준에서 그들은 동기 부여 목표와 연결된 플레이어의 감정을 유발할 수 있다. 게임의 음악과 사운드는 플레이어에게 정보 제공, 신호 제공, 피드백 제공과 같은 인지적 목표를 가질 수도 있다.

컴퓨터 게임의 음악은 초기의 기본적인 소리에서 오늘날 거의 모든 기존 스타일과 유사한 음악으로 게임을 위해 특별히 작성된 음악으로 진화했다(Munday, 2007). 게임 음악은 고딕, 클래식, 록, 뉴 에이지, 재즈 퓨전, 심지어는 고유한 스타일까지 다양한 음악 스타일을 통합한다(Belinkie, 1999). 게임 음악은 일반적으로 게임 작곡가가 사전 작곡하고 녹음하지만 일부 경우에는 절차적으로 생성된 음악이 사용된다(Collins, 2009). Munday(2007)는 게임 음악의 세 가지 주요 기능을 환경, 몰입, 디에제틱으로 구분했다. 환경 기능에 대해 Munday(2007)는 게임 음악이 게임 세계에 대한 플레이어의 인식을 풍부하게 한다고 제안한다. 학자들은 게임 음악이 게임 주제와 상태를 포함한 비시각적 정보를 제공하고(Wha len, 2004), 게임 개체와 환경에 의미를 부여하며(Chion, 1994), 플레이어가 게임 환경을 해석하는 데 중요한 정보를 제공한다고 주장한다(Cohen, 2000). Munday(2007)는 몰입 기능과 관련하여 음악이 플레이어의 몰입감에 영향을 미치는 중요한 요소라고 주장한다. Sanders와 Cairns(2010)는 음악 선택이 플레이어의 몰입감을 높이거나 낮출 수 있다고 제안한다. 플레이어의 음악적 즐거움은 플레이어의 몰입도를 결정하는 주요 요인 중 하나로 제시된다. Whalen(2004)은 게임의 내러티브를 보완하는 게임 음악이 몰입을 촉진할 수 있다고 주장한다.

마지막으로 Cohen(2000)은 디에제틱 기능에 대해 음악이 시각적 정보를 확인하고 모호성을 해소함으로써 게임 스토리에 의미를 부여한다고 제안한다. Whalen(2004)은 리듬과 템포가 다른 게임 음악이 플레이어가 게임 내러티브에서 안전과 위험 단계를 식별하는 데 도움이 된다고 주장한다.

음악과 효과

음악은 감정 변화를 유도하는 에이전트로 사용될 수 있으며, 이는 성능 향상으로 이어질 수 있다(Thompson et al., 2001). 논쟁의 여지가 있는 연구이지만, Rauscher, Shaw와 Ky(1993)는 Mozart가 작곡한 음악을 들은 후 공간 능력 측정에 대한 청취자의 수행이 증가한다는 연구결과를 발견했다. Thompson과 동료들(2001)은 "모차르트 효과"가 긍정적인 기분과 각성에 의해 유발되는 향상된 수행의 한 예라고 결론지었다. 각성 및 기분 가설에 따르면 이 효과는 모차르트의 음악이나 특정 음악적 자극에만 국한된 것이 아니라 유사하게 매력적이거나 즐거운 자극을 만드는 다른 음악에서 찾을 수 있다. Nantais와 Schel-lenberg(1999)는 짧은 이야기를 듣는 것도 시공간 작업 수행을 향상시킬 수 있음을 보여주었다. 그들은 선호도가 각성과 기분에 영향을 미치는 중요한 요소라고 결론지었다. 학습자가 선호하는 상태는 각성과 기분을 향상시켜 성과를 향상시킨다. 각성 및 기분 가설은 다양한 인지 작업, 연령 그룹 및 문화에도 적용된다. Schellenberg, Nakata, Hunter, and Tamoto(2007)에 따르면 청소년들은 업템포 음악을 들은 후 IQ 하위 테스트에서 더 나은 성과를 보인 반면, 5세 일본 어린이는 친숙한 어린이의 음악에 노출된 후 그림에 더 창의적이고 활력이 생겼다. 그러나 극도의 각성과 부정적인 기분은 수행을 방해할 수 있다. Yerkes와 Dodson(1908)은 각성과 수행 간의 역 U자형 관계를 제안한다. 각성 수준이 매우 높거나 매우 낮으면 성과에 부정적인 영향을 미친다.

템포, 모드 및 정서적 상태

음악의 템포와 모드가 감정 상태에 미치는 영향을 광범위하게 연구했다. 음악적 템포는 듣는 사람의 정서적 상태에 영향을 미치는 가장 중요한 요소라고 주장되어 왔다(Hevner, 1937). 빠른 템포의 음악은 성능을 향상시킬 수 있지만 스트레스 요인으로도 작용할 수 있다(Mayfield & Moss, 1989). 일부 연구에 따르면 메이저 모드의 음악은 행복과 관련이 있고 마이너 모드는 슬픔과 관련이 있다(Mayfield & Moss, 1989). Hevner(1937)는 마이너 모드는 "슬프고 무겁고" "꿈꾸고 감상적"인 것과 관련이 있는 반면, 메이저 모드는 "행복하고 밝고" "흥미롭고 들뜬" 감정 상태와 관련이 있다고 제안한다. Husain, Thompson, Schellenberg(2002)는 템포와 모드가 즐거움에 영향을 미친다고 주장한다. 메이저 모드의 음악에서는 빠른 템포로 더 높은 즐거움을 경험하고, 마이너 모드에서 음악은 느린 템포로 약간 더 즐긴다.

게임에서 음악과 성능

게임에서 음악이 성능에 미치는 영향을 조사하는 연구가 있다. 예를 들어, 낮은 각성 음악이 높은 각성 음악보다 운전 게임에서 더 빠른 랩 타임으로 이어진다는 것을 발견했다(North & Hargreaves, 1999). 연구자들은 높은 각성 음악이 낮은 각성 음악보다 인지 부하 요구가 더 높기 때문에 운전 성능에 영향을 미친다고 암시했다. Cassidy와 Macdonald(2010)는 음악 선호도와 템포가 운전 게임의 성능에 영향을 미치는 중요한 요소라고 주장한다. 그들은 스스로 선택한 음악과 높은 각성 음악을 듣는 플레이어가 실험자가 선택한 음악과 낮은 각성 음악을 듣는 플레이어보다 더 잘 수행한다고 결론지었다. 결과는 엇갈린다(Fassbender, Richards, Bilgin, Thompson, & Heiden, 2012). 반원형 원통형 3-프로젝터 디스플레이 시스템을 사용하는 참가자는 배경 음악이 없을 때보다 배경 음악이 더 잘 수행되었다. 그러나 3-모니터 디스플레이 시스템을 사용하는 참가자는 배경 음악 없이 더 잘 수행했다. 인지 부하와 기술에 대한 친숙도는 이러한 결과에 대한 잠재적인 설명이다.

게임에서 악보 연구의 향후 방향

학습용 게임의 맥락에서 음악에 전념하는 연구는 부족하다. 향후 연구에서는 여러 영역에서 이러한 게임의 음악에 대한 질문을 해결해야 한다. 연구해야 할 한 가지 질문은 저작권이 다른 게임과 같은 다양한 유형의 학습 게임에서 다양한 유형의 음악이 학습자의 행동에 어떻게 영향을 미치는가이다. 학습 목표 및 다양한 장르 연구에 따르면 학습자는 템포와 모드가 다양한 음악이 있는 경우, 음악이 없는 경우, 스스로 선택한 음악이 있는 경우 등 다양한 조건에서 다르게 행동한다. 우리는 이러한 다양한 조건에서 학습자의 행동에 영향을 미치는 요인과 메커니즘에 대한 더 나은 이해가 필요하다. 우리는 또한 학습자의 음악 선호도의 역할과 학습 행동에 미치는 영향을 이해할 필요가 있다. 마지막으로, 보다 광범위한 인구통계학적 특성을 가진 참가자를 대상으로 향후 연구를 수행해야 한다.

4 게임 메커니즘

게임 메커니즘은 게임 플레이를 위한 도구이다(Fabricatore, 2007). Salen과 Zimmerman은 메커니즘을 "플레이어 상호작용의 경험적 구성 요소"로 정의한다. 그것은 플레이어의 필수적인 순간순간의 활동을 반영하며, 이는 게임 내내 계속해서 반복된다(Salen and Zimmerman, 2004, p. 317). 메커니즘을 통해 플레이어는 정보를 수신하고 환경과 상호작용하여 출력을 생성할 수 있다. 예를 들어, Angry Birds 게임은 플레이어가 거리에 있는 돼지에게 새를 던질 수 있는 슬링 메커니즘을 특징으로 한다. *All You Can E.T.* 게임은 배고픈 외계인에게 컵케이크나 밀크셰이크를 먹여주는 슈팅 메카닉이 특징이다([그림 14.1] 참조).

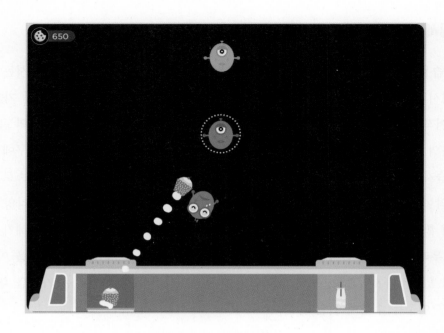

그림 14.1
All You Can E.T. 게임의 슈팅 메커니즘(CREATE, 2015)

　　MDA(Mechanics, Dynamics, and Beautys) 프레임워크에 따르면 게임 메카닉은 게임의 역동성과 게임의 미적 경험의 필수적인 요소이다(Hunicke, LeBlanc, & Zubek, 2004). 게임 학자, 연구원 및 설계자는 게임 메커니즘에 대한 다양한 정의를 제공했다. Salen과 Zimmerman(2004)은 핵심 게임 메커니즘을 플레이어가 반복적으로 수행하는 활동으로 설명한다. 핵심 게임 메커니즘을 통해 플레이어는 의미 있는 결정을 내리고 의미 있는 게임 플레이 경험을 만들 수 있다. Hunicke, LeBlanc와 Zubek(2004)는 게임 메커니즘이 게임 동작, 행동 및 제어 메커니즘에 의해 정의된다고 주장한다. Sicart(2008)는 게임 메커니즘이 게임 규칙이나 게임 세계에 의해 제한되는 상호작용을 목표로 게임 세계에서 플레이어가 수행하는 행동이라고 제안한다. 이 장에서는 학습용 게임에서 메커니즘의 다양한 측면과 이것이 학습자에게 미치는 영향을 탐구하고자 한다.

게임 메커니즘의 구성 요약

학습 경험의 높은 품질과 교육 효과는 학습 게임 설계의 가장 중요한 두 가지 목표이다. 학습용 게임은 이러한 목표를 달성하기 위해 학습자에게 동기를 부여하고 참여를 유도한다. Plaset와 동료들(2015)은 게임 메커니즘이 게임이 정서적, 행동적, 인지적, 사회문화적 영역을 포함한 여러 수준에서 학습자를 참여시킬 수 있도록 하는 중요한 게임 설계 요소라고 주장한다. 학자들은 게임 메커니즘이 교육 게임에서 학습을 촉진하는 결정적인 요소라고 제안했다(Aleven, Myers, Easterday, & Ogan, 2010; Gunter, Kenny, & Vick, 2008; Plass et al., 2015). 교육용 게임을 위한 효과적인 게임 메커니즘을 설계하기 위해 두 가지 중요한 고려 사항이 있다. 첫째, 게임 메커니즘은 학습 과학의 원리를 통합해야 한다. 게임 메커니즘을 설계할 때 이러한 원칙을 통합함으로써 게임은 학습 과학 및 관련 이론의 결과와 일치하는 학습을 지원할 수 있다(Aleven et al., 2010). 둘째, 게임 메커니즘은 학습 내용과 통합되어야 한다(Aleven et al., 2010; Gunter et al., 2008; Habgood, Ainsworth, & Benford, 2005). 학습 콘텐츠와 게임 메커니즘이 일치할 때 학습자의 관심이 높아지고 학습 결과가 달성될 가능성이 높아진다. 이러한 정렬은 또한 게임의 흐름을 방해하지 않고 학습과 게임 플레이가 원활하게 진행되도록 한다(Gunter et al., 2008).

게임 메커니즘 및 학습 메커니즘

학습을 위한 게임의 메커니즘에 대한 특정 요구 사항을 설명하기 위해 학자들은 학습 메커니즘 개념을 도입했다(Plass, Homer, Kinzer, Frye, & Perlin, 2011). 게임 메커니즘은 놀이 활동의 주요 구성 요소를 설명하는 반면 학습 메커니즘은 학습 활동의 주요 구성 요소를 설명한다(Plass & Homer, 2012). 예를 들어 Crystal Island의 학습 메커니즘(Lester et al., 이 책의 8장)은 정보를 수집하기 위해 게임 캐릭터와 의사 소통하는 것을 포함한다. 학습 메커니즘에는 두 가지 주요 특성이 있다. 첫째, 그것들은 플레이 가능한 메커니즘이 아니라 학습 상호작용의 설계 패턴이며 게임 메커니즘으로 인스턴스화해야 한다(Plass et al., 2011). 대상 청중, 게임 장르, 컨텍스트 및 학습 목표에 따라 동일한 학습 메커니즘에서 다양한 게임 메커니즘을 인스턴스화할 수 있다. 이 예에서 학습자가 게임 캐릭터와 의사소통하는 방법은 다양한 방식으로 구현될 수 있다. 그들은 단순히 그들에게 다가가 말을 할 수도 있고, 서면으로 의사 소통을 해야 할 수도 있고, 또는 통신 장치를 사용할 수도 있다. 둘째, 학습 메커니즘의 설계는 학습 과학에 기초해야 한다(Arnab et al., 2015; Plass et al., 2011). 학습 메커니즘의 이러한 이론적 기반을 통해 게임 설계자는 게임 플레이뿐만 아니라 학습을 촉진할 수 있는 게임 메커니즘을 구현할 수 있다(Plass et al., 2011). 교육용 게임에서 게임 메커니즘의 가장 중요한 기능은 학습을 촉진하는 것이다. 학습 메커니즘을 기반으로 적절한 게임 메커니즘이 구현될 때 의미 있는 학습 활동이 학습자에게 도입된다. 이것은 여러 가지 방법으로 수행할 수 있다. 예를 들어, Arnab와 동료들(2015)은 게임 메커니즘은 게임 플레이 중에 경험적 학습을 허용해야 한다고 주장한다. 게임 메커니즘은 학습자가 게임 세계에서 상호작용을 통해 새로운 지식이나 기술을 습득하는 데 도움이 되어야 한다.

게임 메커니즘 및 학습 메커니즘 설계

학습 메커니즘은 게임 내에서 학습이 발생하는 필수적인 상호작용을 의미한다(Plass, Perlin, & Nordlinger, 2010). 상황 학습, 인지적 도제, 앵커드 수업 등과 같은 학습 이론은 학습 메커니즘을 설계할 때 기초로 사용할 수 있다. Domagk, Schwartz와 Plass(2010)는 학습 상호작용을 설계하고 이해하기 위한 상호작용의 통합 모델인 INTERACT 모델을 제안한다. 이 모델은 매체, 학습자 특성, 동기 부여, 감정, 학습자의 멘탈 모델 및 학습자 활동과 관련된 어포던스를 고려하여 상호작용성을 설계해야 함을 시사한다. 이 모델은 학습 시스템과 학습자 간의 상호 연결된 역동적 관계를 설명한다. Domagk과 동료들(2010)은 이 모델을 통해 상호작용성을 통합 시스템 컨텍스트에서 전체적으로 고려하고 설계할 수 있다고 주장한다.

여러 게임 메커니즘이 단일 학습 메커니즘에서 파생될 수 있으므로 게임 메커니즘의 각 구현이 학습 목표를 충족할 수 있는지 확인하는 것이 중요하다(Arnab et al.,

2015). 증거 중심 설계(ECD) 프레임워크(Mislevy, Almond, & Lukas, 2003)는 의도된 학습 목표를 달성하기 위해 게임 메커니즘의 설계가 학습 메커니즘과 정렬되도록 하는 체계적인 프로세스를 제공한다. 게임 설계자는 학습 게임 메커니즘을 설계하고 검증할 때 ECD 프레임워크를 적용할 수 있다. ECD의 학생 모델은 학생의 지식과 기술과 관련된 변수를 정의하고, 과제 모델은 이러한 지식과 기술을 달성하기 위한 과제를 설계하는 것이며, 증거 모델은 학생의 과제 수행에서 어떤 증거를 수집해야 하는지 설명한다. 이 세 가지 모델은 함께 게임 설계자가 의도한 학습 목표를 평가하기 위한 목표 지식과 기술의 관찰 가능한 증거를 이끌어낼 수 있는 기회를 학습자에게 제공하는 게임 메커니즘을 설계하는 데 도움이 된다(Mislevy et al., 2003).

게임 메커니즘과 학습 콘텐츠의 통합은 여러 학자들에 의해 제안되었다. Gunter와 동료들(2008)은 게임의 학습 콘텐츠가 Bloom의 분류법과 같은 계층 구조로 조직화되고 도입되어야 한다고 주장한다. Hab good와 동료들(2005)은 학습 자료는 학습자가 게임 메커니즘 및 게임 플레이를 통해 콘텐츠를 탐색하는 게임 구조와 통합되어야 한다고 제안한다. 이 효과를 연구한 몇 안 되는 연구 중 하나가 deHaan, Reed와 Kuwanda(2010)에 의해 수행되었다. 연구원들은 뮤직 비디오 게임의 학습 메커니즘이 일본 학부생의 인지 부하 및 어휘 회상에 미치는 영향을 연구했다. 요크 설계(yoked design)[1]에서 한 그룹은 어휘 학습과 관련 없는 시간 압박에 따라 햄버거를 뒤집는 기계공과 관련된 게임을 했다. 다른 요크 설계에 있는 그룹의 참가자는 두 번째 모니터에서 선수를 지켜보았지만 메커니즘에 적극적으로 참여하지 않았다. 그 결과, 모니터를 시청했지만 플레이하지 않은 그룹의 참가자가 플레이어보다 우발적 어휘 학습이 더 높았고 인지 부하가 더 낮은 것으로 보고되었다. 이러한 결과는 학습 목표와 일치하지 않는 게임 메커니즘이 학습을 방해하는 외부인지 부하를 도입한다는 것을 시사한다.

소수의 연구에서 다양한 게임 메커니즘과 학습에 미치는 영향을 비교했다. Plaset와 동료들(2012)은 두 가지 다른 메커니즘을 가진 두 가지 버전의 중학교 수학 게임을 설계했다. 그들은 학습자가 숫자 응답(각도)을 제공해야 하는 산술 메커니즘보다 사변

---

1 품질 관리의 측면에서 실수를 방지하도록 행동을 제한하거나 정확한 동작을 수행하게끔 하도록 강제하는 여러 가지 제한점을 만들어 실패를 방지하는 설계 방법

형 각도의 기하학 문제를 해결하기 위해 적용할 규칙을 지정해야 하는 개념적 규칙 메커니즘에서 더 잘 수행한다는 것을 발견했다. 반면에 산술적 조건은 개념적 조건보다 플레이어들 사이에서 상황적 관심을 더 많이 불러일으켰다(Plass et al., 2012).

학습용 시뮬레이션에서 메커니즘에 대한 두 가지 실험은 탐색적 메커니즘을 직접 지시 메커니즘과 비교했다. 탐색 메커니즘을 통해 학습자는 슬라이더를 컨트롤로 사용하여 이상 기체 법칙에 대한 시뮬레이션을 탐색할 수 있었고, 직접 지시 메커니즘은 학습자가 전문가의 시뮬레이션 탐색 비디오를 볼 수 있게 했다. 2개의 변수만 있는 덜 복잡한 시뮬레이션을 사용한 첫 번째 실험은 전이 테스트에서 볼 수 있듯이 탐색 메커니즘이 과학 학습에 전반적으로 더 효과적이라는 것을 보여주었다. 3개의 변수가 있는 보다 복잡한 시뮬레이션을 사용한 두 번째 연구에서는 학습자의 실행 기능이 어떤 메커니즘이 더 효과적인지를 결정한다는 것을 보여주었다. 실행 기능이 낮은 학습자는 직접 지시 메커니즘의 혜택을 더 많이 받았지만 실행 기능이 높은 학습자는 탐색 메커니즘의 혜택을 더 많이 받았다(Homer & Plass, 2014).

Kinzer와 동료들의 연구(2012)에서 그들은 학습자에게 교육 가이드로 자신의 비플레이어 캐릭터를 선택할 수 있는 선택권을 제공함으로써 선택 메커니즘을 조작했다. 선택 메커니즘이 학습자의 학습 결과, 동기 부여 및 게임 내 성능에 긍정적인 영향을 미친다는 것을 시사한다. Hew, Huang, Chu와 Chiu(2016)는 배지, 포인트 및 리더보드와 같은 게임 메커니즘이 대학생들이 게임화된 학습 환경에서 더 어려운 작업에 인지적으로 참여하고 더 높은 품질의 인공물을 생성하도록 동기를 부여한다고 결론지었다. 학습자들의 참여의욕도 높아졌다.

게임 메커니즘 연구의 미래 방향

학습 메커니즘과 게임 메커니즘은 학습을 위한 매력적이고 효과적인 게임을 설계하는 데 가장 중요한 요소 중의 하나이다. 학습 게임에서 학습 메커니즘 및 게임 메커니즘 설계의 중요성을 연구하려는 노력이 증가하고 있다(Arnab et al., 2015; Lameras et al., 2017; Plass et al., 2011; Proulx, Romero, & Arnab, 2017). Arnab와 동료들(2015)은 교육용 게임을 설계하고 분석하기 위한 학습 메커니즘 및 게임 메커니즘 모델을 제안했다. Plaset와 동료들(2011)은 게임 설계자가 학습 메커니즘에서 게임 메커니즘을 설계하는 방법을 더 잘 이해할 수 있도록 학습 메커니즘 및 게임 메커니즘 라이브러리를 개발할 것을 제안했다. 그러나 학습 메커니즘 및 게임 메커니즘 설계가 학습자와 학습 결과에 미치는 영향에 대한 증거는 제한적이었다. 향후 연구에서는 게임 메커니즘의 구조를 연구해야 한다. Fabrica tore(2007)는 게임 메커니즘의 아키텍처 모델을 제안한다. 이 모델은 게임 메커니즘이 핵심 메커니즘과 위성 메커니즘의 두 가지 주요 구성 요소로 구성되는 방식을 설명한다. 위성 메커니즘에는 핵심 메커니즘에 변형을 도입하기 위한 목적으로 향상, 대체 및 반대 메커니즘이 포함된다. 핵심 메커니즘의 변형은 도전을 강화하고 동기를 유지할 수 있다(Fabrica tore, 2007).

향후 연구에서는 위성 메커니즘의 다양한 설계 패턴이 핵심 메커니즘을 지원하고 보완하는 방법을 연구해야 한다. 향후 연구에서는 교육 효과를 극대화하기 위해 학습 메커니즘에서 게임 메커니즘을 인스턴스화할 수 있는 방법을 연구해야 한다. Plaset와 동료들(2010)은 게임이 학습자를 정서적, 행동적, 인지적, 사회문화적 영역에서 참여시킬 수 있다고 주장한다. 정서적, 행동적, 사회문화적 수준에서 참여를 촉진하는 게임 메커니즘이 어떻게 인지적 참여로 이어져 외부 처리 요구를 도입하기보다 학습을 개선할 수 있는지를 보여주기 위해서는 더 많은 연구가 필요하다. 다양한 유형의 참여가 학습을 촉진하거나 방해하는 방법, 시기, 정도를 조사하려면 더 많은 연구가 필요하다.

또한 다양한 학습 접근 방식에서 파생된 다양한 게임 메커니즘이 다양한 학습자와 학습 결과에 어떻게 영향을 미치는지 더 잘 이해할 필요가 있다. 예를 들어, Homer와 Plass(2014)의 연구 결과는 특정 메커니즘의 효과가 실행 기능 기술과 같은 학습자 변수에 어떻게 의존하는지 보여주었다. 향후 다양한 특성과 특성을 지닌 학습자를 포함하는 연구가 수행되어야 한다.

마지막으로, 아카데믹 콘텐츠를 게임 메커니즘에 맞추는 방법에 대해 확립된 프로세스나 설계 패턴이 없다. Gunter와 동료들(2008)은 학문적 콘텐츠가 게임 메커니즘에 통합되어야 학습자가 콘텐츠를 합성하고 적용하여 새로운 지식을 생성하여 다음 단계로 나아갈 수 있다고 주장한다. 한편, Habgood와 동료들(2005)은 학습 콘텐츠가 게임 세계의 상호작용 내에서 표현되어야 하고 가장 재미있게 플레이할 수 있는 게임 부분을 통해 전달되어야 한다고 제안한다. deHaan와 동료들(2010)은 이러한 설계 결정이 얼마나 중요하며 잘 설계되지 않은 게임 메커니즘이 학습을 방해할 수 있는지 보여주었다. 따라서 향후 연구는 학문적 콘텐츠를 게임 구조 및 메커니즘과 통합하는 설계 패턴과 학습에 대한 영향을 연구하는 데 중점을 두어야 한다.

5 결론

게임기반 학습 모델(Plass et al., 이 책의 1장; Plass et al., 2015)에 설명된 몇 가지 설계 요소에 대해 설계 관련 질문을 조사한 제한된 경험적 연구만이 존재하는데 설계적인 요소는 학습을 위한 게임의 설계 맥락에서 학습 결과에 영향을 미쳐왔다. 이 장에서 우리는 감정 설계, 악보, 게임 메커니즘의 세 가지 설계 요소에 초점을 맞췄다. 학습에 도움이 되는 감정을 유도하기 위해 다양한 설계 요소를 사용하여 학습을 촉진하는 것을 목표로 하는 감정 설계는 게임 외부에서 연구되었으며 학습에 긍정적인 영향을 미치는 것으로 나타났다. 게임에 대한 연구에서 제한된 증거만이 존재하지만, 주로 게임 밖에서 연구되어 온 이러한 효과는 학습용 게임에서도 나타날 가능성이 있다. 이는 특히 감정을 유발하는 데 사용할 수 있는 게임의 설계 기능이 광범위하기 때문일 수 있다. 이러한 설계적 특징 중 하나는 악보와 게임 사운드로, 이는 게임 밖에서 학습과 성능에 영향을 미치는 것으로 나타났으며, 게임에서도 유사한 효과를 볼 수 있다는 제한된 증거를 제시했다.

게임에서 학습자 활동의 중심 빌딩 블록인 게임 메커니즘은 연구자로부터 놀라울 정도로 거의 관심을 받지 못했다. 이는 방법론적 문제 때문일 수 있다. 게임 메커니즘을 변경하면 종종 완전히 다른 학습 전략이 사용됨을 의미하기 때문이다. 그러나 우리가 논의하는 증거는 메커니즘이 학습에 영향을 미칠 수 있는 강력한 잠재력을 가지고 있으며 게임의 효율성은 잘 설계된 메커니즘에 매우 잘 좌우될 수 있음을 보여준다.

전반적으로 이 세 가지 설계 요소는 학습용 게임 설계에서 중요한 역할을 할 것 같다. 따라서 특정 설계를 지원하고 이러한 설계 요소를 학습 결과와 연결하기 위한 경험적 증거를 제공하기 위해 수행되어야 하는 향후 연구에 대한 권장 사항을 제시했다.

참고문헌

Aleven, V., Myers, E., Easterday, M., & Ogan, A.(2010). Toward a framework for the analysis and design of educational games. In G. Biswas, D. Carr, Y. San Chee, & W. Hwang(Eds.), *Third IEEE International Conference on Digital Game and Intelligent Toy Enhanced Learning(DIGITEL)*(pp. 69-76). Kaohsiung, Taiwan: IEEE.

Anderson, A. P., Mayer, M. D., Fellows, A. M., Cowan, D. R., Hegel, M. T., & Buckey, J. C.(2017). Relaxation with immersive natural scenes presented using virtual reality. *Aerospace Medicine and Human Performance, 88*(6), 520-526.

Arnab, S., Lim, T., Carvalho, M. B., Bellotti, F., Freitas, S., Louchart, S., ⋯ De Gloria, A.(2015). Mapping learning and game mechanics for serious games analysis. *British Journal of Educational Technology, 46*(2), 391-411.

Ashby, F. G., Isen, A. M., & Turken, A. U.(1999). A neuropsychological theory of positive affect and its influence on cognition. *Psychological Review, 106*(3), 529-550. https://doi.org/10.1037/0033−295X.106.3.529

Bagozzi, R. P., Gopinath, M., & Nyer, P. U.(1999). The role of emotions in marketing. *Journal of the Academy of Marketing Science, 27*(2), 184-206.

Belinkie, Matthew(1999). Videogame music: Not just kid stuff. http://www.vgmusic.com/vgpaper.shtml

Cassidy, G., & Macdonald, R.(2010). The effects of music on time perception and performance of a driving game. *Scandinavian Journal of Psychology, 51*(6), 455-464. https://doi.org/10.1111/j.1467−9450.2010.00830.x

Chion, M.(1994). *Audio-vision: Sound on screen*. New York, NY: Columbia University Press.

Clavel, C., Plessier, J., Martin, J. C., Ach, L., & Morel, B.(2009). Combining facial and postural expressions of emotions in a virtual character. In Z. Ruttkay, M. Kipp, A. Nijholt, & H. H. Vil-hjálmsson(Eds.), *International Workshop on Intelligent Virtual Agents*(pp. 287-300). Amsterdam, Netherlands: Springer.

Cohen, A. J.(2000). Film music: Perspectives from cognitive psychology. In J. Buhler, C. Flinn, & D. Neumeyer(Eds.), *Music and cinema*(pp. 360-377). Hanover, NH: University Press of New England.

Collins, K.(2009). An introduction to procedural music in video games. *Contemporary Music Review, 28*(1), 5-15.

Consortium for Research and Evaluation of Advanced Technology in Education(CREATE).(2017).

CREATE(2015). *All You Can E.T.* [Computer game]. New York, NY: NYU CREATE Lab. Available at http://create.nyu.edu/dream

deHaan, J., Reed, W. M., & Kuwanda, K.(2010). The effect of interactivity with a music video game on second language vocabulary recall. *Language Learning & Technology, 14*(2), 74-94.

Demirbilek, O., & Sener, B.(2003). Product design, semantics and emotional response. *Ergonomics, 46*(13-14), 1346-1360.

Derryberry, D., & Tucker, D. M.(1994). Motivating the focus of attention. In P. M. Niedenthal & S. Kitayama(Eds.), *The heart's eye: Emotional influences in perception and attention*(pp. 167-196). San Diego, CA: Academic Press.

Dittmann, A. T.(1987). The role of body movement in communication. In A.W. Siegman and S. Feldstein(Eds.), *Nonverbal behavior and communication*(2nd ed., pp. 37-64). New York, NY: Psychology Press.

Domagk, S., Schwartz, R. N., & Plass, J. L.(2010). Interactivity in multimedia learning: An integrated model. *Computers in Human Behavior, 26*(5), 1024-1033.

Estrada, C. A., Isen, A. M., & Young, M. J.(1997). Positive affect facilitates integration of information and decreases anchoring in reasoning among physicians. *Organizational Behavior and Human Decision Processes, 72*(1), 117-135.

Fabricatore, C.(2007). Gameplay and game mechanics: A key to quality in videogames. Paper presented at ENLACES-OECD Expert Meeting on Videogames and Education, Santiago de Chile, Chile. http://www.oecd.org/dataoecd/44/17/39414829.pdf.

Fagerberg, P., Ståhl, A., & Höök, K.(2003). Designing gestures for affective input: An analysis of shape, effort and valence. In M. Ollila & M. Rantzer(Eds.), *MUM 2003. Proceedings of the 2nd International Conference on Mobile and Ubiquitous Multimedia*(No. 011, pp. 57-65). Linköping, Sweden: Linköping University Electronic Press.

Fassbender, E., Richards, D., Bilgin, A., Thompson, W. F., & Heiden, W.(2012). VirSchool: The effect of background music and immersive display systems on memory for facts learned in an educational virtual environment. *Computers & Education, 58*(1), 490-500. https://doi.org/10.1016/j.compedu.2011.09.002

Gunter, G. A., Kenny, R. F., & Vick, E. H.(2008). Taking educational games seriously: Using the RETAIN model to design endogenous fantasy into standalone educational games. *Educational Technology Research and Development, 56*(5-6), 511-537.

Habgood, M. J., Ainsworth, S. E., & Benford, S.(2005). Endogenous fantasy and learning in digital games. *Simulation & Gaming, 36*(4), 483-498.

Hallam, S., Price, J., & Katsarou, G.(2002). The effects of background music on primary school pupils' task performance. *Educational Studies, 28*(2), 111-122.

Harrigan, J., Rosenthal, R., & Scherer, K.(Eds.).(2008). *New handbook of methods in nonverbal behavior research*. New York, NY: Oxford University Press.

Hevner, K.(1937). The affective value of pitch and tempo in music. *American Journal of Psychology, 49*(4), 621–630.

Hew, K. F., Huang, B., Chu, K. W. S., & Chiu, D. K.(2016). Engaging Asian students through game mechanics: Findings from two experiment studies. *Computers & Education, 92*, 221–236.

Homer, B. D., & Plass, J. L.(2014). Level of interactivity and executive functions as predictors of learning in computer-based chemistry simulations. *Computers in Human Behavior, 36*, 365–375.

Hovey, C., Pawar, S., & Plass, J. L.(2018, April). *Exploring the emotional effect of immersive virtual reality versus 2D screen-based game characters*. Paper presented at the annual meeting of the American Educational Research Association, New York, NY, April 13–17, 2018.

Hunicke, R., LeBlanc, M., & Zubek, R.(2004July). MDA: A formal approach to game design and game research. Paper presented at *the* AAAI Workshop on Challenges in Game AI, Menlo Park, California, July 25–26, 2004. Retrieved from https://aaai.org/Papers/Workshops/2004/WS－04－04/WS04－04－001.pdf

Husain, G., Thompson, W. F., & Schellenberg, E. G.(2002). Effects of musical tempo and mode on arousal, mood, and spatial abilities. *Music Perception, 20*(2), 151–171.

Ilie, G., & Thompson, W. F.(2011). Experiential and cognitive changes following seven minutes exposure to music and speech. *Music Perception, 28*(3), 247–264.

Isbister, K.(2016). *How games move us: Emotion by design*. Cambridge, MA: MIT Press.

Isen, A. M., Daubman, K. A., & Nowicki, G. P.(1987). Positive affect facilitates creative problem solving. *Journal of Personality and Social Psychology, 52*(6), 1122–1131.

Isen, A. M., & Means, B.(1983). The influence of positive affect on decision-making strategy. *Social Cognition, 2*(1), 18–31.

Isen, A. M., Shalker, T. E., Clark, M., & Karp, L.(1978). Affect, accessibility of material in memory, and behavior: A cognitive loop? *Journal of Personality and Social Psychology, 36*(1), 1–12.

Izard, C. E.(1993). Four systems for emotion activation: Cognitive and noncognitive processes. *Psychological Review, 100*, 68–90.

Izard, C. E.(2007). Basic emotions, natural kinds, emotion schemas, and a new paradigm. *Perspectives on Psychological Science, 2*, 260–280. doi:10.1111/J.1745-6916.2007.00044.X

Kinzer, C. K., Hoffman, D., Turkay, S., Chantes, P., Gunbas, N., Dvorkin, T., & Chaiwinij, A.(2012). The impact of choice and feedback on learning, motivation, and performance in an educational video game. In K. Squire, C. Martin, & A. Ochsner(Eds.), *Proceedings of the*

Games, Learning, and Society Conference(Vol. 2, pp. 175-181). Pittsburgh, PA: ETC Press.

Knez, I.(1995). Effects of indoor lighting on mood and cognition. *Journal of Environmental Psychology, 15*(1), 39-51.

Knez, I., & Kers, C.(2000). Effects of indoor lighting, gender, and age on mood and cognitive performance. *Environment and Behavior, 32*(6), 817-831.

Kumari, K. B., & Venkatramaiah, S. R.(1974). Effects of anxiety on closure effect disappearance threshold(brain blood-shift gradient). *Indian Journal of Clinical Psychology, 1*(2), 114-120.

Laban, R., and F. C. Lawrence.(1974). *Effort: Economy in body movement*. Boston, MA: Plays, Inc.

Lameras, P., Arnab, S., Dunwell, I., Stewart, C., Clarke, S., & Petridis, P.(2017). Essential features of serious games design in higher education: Linking learning attributes to game mechanics. *British Journal of Educational Technology, 48*(4), 972-994.

Lewis, M. D.(2005). Bridging emotion theory and neurobiology through dynamic systems modeling. *Behavioral and Brain Sciences, 28*, 168-194.

Mayer, R. E., & Estrella, G.(2014). Benefits of emotional design in multimedia instruction. *Learning and Instruction, 33*, 12-18.

Mayfield, C., & Moss, S.(1989). Effect of music tempo on task performance. *Psychological Reports, 65*(3), 1283-1290. https://doi.org/10.2466/pr0.1989.65.3f.1283

Meyers-Levy, J., & Zhu, R.(2007). The influence of ceiling height: The effect of priming on the type of processing that people use. *Journal of Consumer Research, 34*(2), 174-186.

Mislevy, R. J., Almond, R. G., & Lukas, J. F.(2003). A brief introduction to evidence-centered design. *ETS Research Report Series, 2003*(1), 1-29.

Munday, R.(2007). Music in video games. In J. Sexton(Ed.), *Music, Sound and Multimedia*(pp.51-67). https://doi.org/10.3366/edinburgh/9780748625338.003.0004

Nantais, K. M., & Schellenberg, E. G.(1999). The Mozart effect: An artifact of preference. *Psychological Science, 10*(4), 370-373.

Norman, D. A.(2004). *Emotional design: Why we love(or hate) everyday things*. New York, NY: Basic Books.

North, A. C., & Hargreaves, D. J.(1999). Music and driving game performance. *Scandinavian Journal of Psychology, 40*(4), 285-292.

Paiva, A., Dias, J., Sobral, D., Aylett, R., Sobreperez, P., Woods, S., ··· Hall, L.(2004, July). *Caring for agents and agents that care: Building empathic relations with synthetic agents*. Paper presented at Proceedings of the Third International Joint Conference on Autonomous Agents and Multiagent Systems, New York, NY, July 19-23, 2004.

Park, B., Knörzer, L., Plass, J. L., & Brünken, R.(2015). Emotional design and positive emotions in multimedia learning: An eyetracking study on the use of anthropomorphisms. *Computers & Education, 86*, 30-42.

Pekrun, R.(2006). The control-value theory of achievement emotions: Assumptions, corollaries, and implications for educational research and practice. *Educational Psychology Review, 18*(4), 315-341.

Pekrun, R., & Stephens, E. J.(2010). Achievement emotions: A control-value approach. *Social and Personality Psychology Compass, 4*(4), 238-255.

Plass, J. L., Heidig, S., Hayward, E. O., Homer, B. D., & Um, E. J.(2014). Emotional design in multimedia learning: Effects of shape and color on affect and learning. *Learning and Instruction, 29*, 128-140. doi:10.1016/J.Learninstruc.2013.02.006

Plass, J. L., & Homer, B. D.(2012, March). *Popular game mechanics as inspirations for learning mechanics and assessment mechanics*. Paper presented at the Game Developers Conference, San Francisco, CA, March 5-9, 2012.

Plass, J. L., Homer, B. D., Hayward, E. O., Frye, J., Huang, T. T., Biles, M., ··· Perlin, K.(2012). The effect of learning mechanics design on learning outcomes in a computer-based geometry game. In S. Göbel, W. Müller, B. Urban, & J. Wiemeyer(Eds.), *Lecture Notes in Computer Science: Vol. 7516. E-learning and games for training, education, health and sports*(pp. 65-71). Berlin, Germany: Springer.

Plass, J. L., Homer, B. D., & Kinzer, C. K.(2015). Foundations of game-based learning. *Educational Psychologist, 50*(4), 258-283.

Plass, J. L., Homer, B. D., Kinzer, C. K., Frye, J., & Perlin, K.(2011). *Learning mechanics and assessment mechanics for games for learning*. G4LI White Paper No. 1.

Plass, J. L., Homer, B. D., MacNamara, A., Ober, T., Rose, M. C., Hovey, C. M., Pawar, S., & Olsen, A.(in press). Emotional design for digital games for learning: The affective quality of expression, color, shape, and dimensionality of game characters. *Learning and Instruction*. https://doi.org/10.1016/j.learninstruc.2019.01.005

Plass, J. L. & Kaplan, U.(2015). Emotional design in digital media for learning. In S. Tettegah & M. Gartmeier(Eds.), *Emotions, technology, design, and learning*(pp. 131-161). New York, NY: Elsevier.

Plass, J. L., Perlin, K., & Nordlinger, J.(2010). *The Games for Learning Institute: Research on design patterns for effective educational games*. Paper presented at the Game Developers Conference, San Francisco, CA, March 9-13, 2010.

Proulx, J. N., Romero, M., & Arnab, S.(2017). Learning mechanics and game mechanics under the perspective of self-determination theory to foster motivation in digital game based learning. *Simulation & Gaming, 48*(1), 81-97.

Rauscher, F. H., Shaw, G. L., & Ky, C. N.(1993). Music and spatial task performance. *Nature, 365*(6447), 611. https://doi.org/10.1038/365611a0

Riva, G., Mantovani, F., Capideville, C. S., Preziosa, A., Morganti, F., Villani, D., ⋯ Alcañiz, M.(2007). Affective interactions using virtual reality: The link between presence and emotions. *CyberPsychology & Behavior, 10*(1), 45-56.

Russell, J. A.(1980). A circumplex model of affect. *Journal of Personality and Social Psychology, 39*(6), 1161-1178. https://doi.org/10.1037/h0077714

Salen, K., & Zimmerman, E.(2004). *Rules of play: Game design fundamentals*. Cambridge, MA: MIT Press.

Sanders, T., & Cairns, P.(2010). Time perception, immersion and music in videogames. In T. McEwan & M. M. Lachlan(Eds.), *Proceedings of the 24th BCS Interaction Specialist Group Conference*(pp. 160-167). Dundee, United Kingdom: British Computer Society.

Schellenberg, E. G., Nakata, T., Hunter, P. G., & Tamoto, S.(2007). Exposure to music and cognitive performance: Tests of children and adults. *Psychology of Music, 35*(1), 5-19. https://doi.org/10.1177/0305735607068885

Shemesh, A., Talmon, R., Karp, O., Amir, I., Bar, M., & Grobman, Y. J.(2017). Affective response to architecture-investigating human reaction to spaces with different geometry. *Architectural Science Review, 60*(2), 116-125.

Sicart, M.(2008). Defining game mechanics. *Game Studies, 8*(2). http://gamestudies.org/0802/articles/sicart

Thompson, W. F., Schellenberg, E. G., & Husain, G.(2001). Arousal, mood, and the Mozart effect. *Psychological Science, 12*(3), 248-251. https://doi.org/10.1111/1467−9280.00345

Um, E., Plass, J. L., Hayward, E. O., & Homer, B. D.(2012). Emotional design in multimedia learning. *Journal of Educational Psychology, 104*(2), 485-498. https://doi.org/10.1037/A0026609

Whalen, Z.(2004). Play along-an approach to videogame music. *Game Studies, The International Journal of Computer Game Research* [online, no pagination]. http://www.gamestudies.org/0401/whalen

Yerkes, R. M., & Dodson, J. D.(1908). The relation of strength of stimulus to rapidity of habitformation. *Journal of Comparative Neurology, 18*(5), 459-482.

15

게임기반 학습의 새로운 설계 요인: 인센티브, 사회적 실재감, 정체성 설계

Frankie Tam, Shashank Pawar(조용상 역)

1 소개

게임기반 학습 모델에서 설명하는 설계 요인들(Plass, Homer, & Kinzer, 2015; Plass, Mayer, Homer, & Kinzer, 이 책의 1장)과 관련해서, 충분한 선행 연구는 게임 설계자들에게 설계적 조언을 줄 수 있다. 이러한 요인들에는 교수 지원, 피드백, 코칭(Lester, Spain, Rowe, & Mott, 이 책의 8장), 자기 조절, 성찰(Taub, Bradbury, Mudrick, & Azevedo, 이 책의 9장), 적응성, 개인화(Plass & Pawar, 이 책의 10장), 이야기(Dickey, 이 책의 11장), 멀티미디어 디자인 원칙(Nelson & Kim, 이 책의 12장), 소셜 모드 플레이(Ke, 이 책의 13장) 등이 있다. 그러나 게임기반 학습 모델의 많은 설계 요소들에 비해 게임기반 학습의 맥락과 관련된 연구는 많지 않다. 새롭게 부각되는 요인에는 게임에서의 인센티브 시스템 설계, 정체성 설계(identity design), 사회적 실재감(social presence) 등이 포함된다. 이장에서는 이러한 요인들을 정의하고 학습용 게임의 맥락에서 이러한 요인들의 설계 및 효율성과 관련된 연구 내용을 요약한다. 다른 새로운 요소들은 이 책의 14장에서 Pawar, Tam, Plass가 소개한다.

2 인센티브 시스템 설계

게임은 특정 과업을 수행할 때 인센티브를 제공함으로써 플레이를 즐겁게 만드는 방식으로 플레이어의 행동을 유도하곤 한다. 인센티브 시스템은 게임을 매력적으로 보이게 하고 동기를 부여하는 중요한 요소 중 하나이다(Garris, Ahlers, & Driskell, 2002; Wang & Sun, 2011). 인센티브 시스템은 점수, 별, 배지, 트로피, 능력치 상승과 같은 내재적(intrinsic) 및 외재적(extrinsic)인 보상 요소로 구성될 수 있다(Plass, Homer, & Kinzer, 2015). 내재적 보상은 플레이어에게 게임플레이에서 사용할 수 있는 특별한 능력을 제공하는 반면, 외재적 보상은 게임플레이에 직접 관여하지 않는다. 인센티브 시스템의 내재적 측면과 외재적 측면 모두 학습자 참여에 중요한 역할을 하지만, 재미와 내재적인 보상 경험을 제공하는 보상 메커니즘은 외재적 보상보다 더 유용할 수 있다(Wang & Sun, 2011). 자기 결정 이론(self-determination theory)(Ryan & Deci, 2000)에 따르면, 세 가지 기본적인 심리적 욕구—자율성(autonomy), 역량(competence), 관계성(relatedness)—의 만족은 내재적 및 외재적인 동기가 부여된 행동으로 이어질 수 있다. 자율성은 의지를, 능력은 효능감을, 관계성은 타인과 자신의 커뮤니티와 연결되어 있다는 느낌을 의미한다(Ryan & Deci, 2000). Przybylski, Rigby, Ryan(2010)은 비디오 게임에서 성과에 대한 피드백과 성취에 대한 보상이 이러한 기본적인 심리적 요구를 충족시킬 가능성이 있다고 말했다. 동기 부여와 참여를 촉진하기 위한 인센티브 시스템 요소는 게임 형식이 아닌 상황에서도 적용된 바 있다(Mekler, Brühlmann, Tuch, & Opwis, 2015; Muntean, 2011). 학습자에게 흥미가 떨어질 법한 과업에 보상을 제공함으로써 외재적인 동기를 부여할 수 있고, 학습 성과를 향상시킨 사례가 있다(Pierce, Cameron, Banko, & So, 2003). 이 섹션에서는 게임에서 인센티브 시스템의 다양한 요소와 인센티브 시스템이 학습자에게 미치는 영향에 대해 진단한다.

인센티브 시스템 설계 요약

　　인센티브 시스템은 플레이어의 행동을 안내하기 위해 플레이어에게 보상을 제공하는 일련의 설계 요소들로 구성된다. 내재적인 보상은 플레이어의 특수 능력 및 능력치 상승, 잠금 해제된 콘텐츠, 새로운 도구 또는 게임플레이와 관련된 힌트에 접근하는 것과 같은 게임 구조와 목표에 직접적으로 관련된 것이다. 반면 외재적 보상은 게임 방식 및 목표와 직접적인 관련이 없으며 일반적으로 포인트, 점수, 별, 코인 등의 형태로 제공된다. 일부 보상은 배지나 트로피와 같이 내재적일 수도 또는 외재적일 수도 있다(Plass et al., 이 책의 1장).

　　인센티브 시스템은 게임기반 학습에서 보상과 성과 피드백을 제공하는 중재 도구로써 필수적이다(McKernan et al., 2015). 인센티브 시스템은 플레이어가 다시 게임에 참가하도록 동기를 부여하여 성과를 향상시킬 수 있다(Garris et al., 2002). 피드백을 제공하는 인센티브 시스템은 플레이어가 단기 목표를 더 쉽게 이해할 수 있도록 도와서 게임플레이 경험을 강화할 수 있다(Wang & Sun, 2011). 보상은 외재적 동기를 향상시킬 수 있지만 내재적 동기를 약화시킬 수도 있다(Deci, Koestner, & Ryan, 1999). 내재적 동기는 자신의 만족과 즐거움을 위해 활동을 수행하는 것이며, 외재적 동기는 보상을 얻기 위해 활동을 수행하는 것으로 정의한다(Ryan & Deci, 2000). 인지 평가 이론(cognitive evaluation theory)에 따르면 외재적 동기가 내재적 동기에 미치는 영향은 플레이어가 보상을 정보로 인식하는지 아니면 통제로 인식하는지에 따라 달라진다(Ryan & Deci, 2000). 보상이 통제의 수단으로 인식되면 자율성을 감소시켜 내재적 동기는 떨어지게 된다. 반면 직접적이고 긍정적인 정보를 제공하는 보상은 필요한 능력을 충족시킬 수 있으며, 결과적으로 내재적 동기를 강화한다. 분명한 것은 내재적 동기와 외재적 동기 모두 학습 성과를 촉진하는 중요한 구성 요소라는 점이다(Cerasoli, Nicklin, & Ford, 2014). 내재적 동기는 향상된 창의성 및 학습 성과뿐만 아니라 심리적 웰빙과도 관련이 있다(Ryan & Deci, 2000).

인센티브 시스템, 동기 부여, 학습

성취 목표 이론(achievement goal theory)은 동기적 학습 목표의 두 가지 대표적 유형을 제시한다(Elliot, 2005). 수행 목표(Performance goals)는 다른 사람과 비교하여 수행하고 능력을 발휘하려는 욕구를 반영하는 반면, 숙달 목표(mastery goals)는 자신의 능력을 개발하고 숙달하려는 욕구를 나타내는 것이다. 학습자는 자신의 행동, 생각, 정서에 영향을 미치는 다양한 목표를 채택한다. 인센티브 시스템의 효과는 학습자의 목표 지향성에 큰 영향을 받는다(Abramovich, Schunn, & Higashi, 2013). 동기 부여와 학습 성과에 주요한 영향을 미치기 위해 학습자의 목표 지향성을 기반으로 다양한 유형의 보상을 제공할 수 있다(Biles, Plass, & Homer, 2018).

동기에 대한 기대 가치 이론(expectancy-value theory)은 학습자의 능력에 대한 신념, 성공에 대한 기대, 주관적 가치가 학습자의 수행, 노력, 지속성을 결정하는 중요한 요소라고 가정한다(Wigfield & Eccles, 2000). 능력에 대한 신념은 태스크를 수행하는 역량에 대한 학습자의 인식으로 정의한다. 성공에 대한 기대는 태스크의 성공 확률로 정의하고, 주관적 가치는 학습자가 태스크에 부여하는 가치로 정의한다. Reid, Paster, Abramovich(2015)는 학습자의 능력에 대한 신념과 성공에 대한 기대는 과업 또는 도메인에 달려있으며, 주관적 가치는 정체성 또는 내재적 가치와 관련될 수 있다고 말한다. Abramovich, Schunn, Higashi(2013)는 인센티브 시스템이 학습자의 주관적 가치와 성공에 대한 기대치를 변화시킬 가능성이 있다고 말한다.

게임의 인센티브 시스템

Wang과 Sun(2011)은 피드백 메시지, 잠금 해제 메커니즘, 개발 가능한 아바타, 아이템 부여 시스템, 점수 시스템, 성취 시스템, 게임 자원, 플롯 애니메이션 등을 비디오 게임의 8가지 보상 형태로 분류했다. 포인트, 리더보드, 배지는 인센티브 시스템의 핵심 요소로 알려져 있다(McKernan et al., 2015). 보상 형태에 대한 연구들 대부분은 배지, 포인트, 레벨, 리더보드에 관한 것이다.

배지 Gibson, Ostashewski, Flintoff, Grant, Knight(2015)에 따르면, "디지털 배지는 온라인에서 활용할 수 있는 성취, 관심, 소속에 대한 시각적인 표현이며, 맥락, 의미, 활동의 과정과 결과를 설명하는 데 도움이 되는 링크 등 메타데이터도 포함된다"(Gibson, Ostashewski, Flintoff, Grant, & Knight, 2015, p. 404). 배지의 기능은 플레이어에게 성취감을 제공하는 것이어야 한다(Wang & Sun, 2011). 배지는 배지 획득 요건을 충족한 학습자에게 발급되며, 배지 발급자와 학습자에 대한 메타데이터를 포함해야 한다(Reid et al., 2015). 배지는 형식(formal) 및 무형식(informal) 학습 성취 모두를 인정하기 위해 두 가지 평가 모델인 성과 배지(merit badges)와 게임의 성취(gaming achievements)를 혼합한 것일 수도 있다. Biles와 Plass(2016)는 기하학 학습 게임에서 두 가지 유형의 배지를 구현한 뒤, 다른 목표 지향성을 가진 학습자에게 미치는 영향을 연구했다. 숙달 배지(mastery badges)는 본인의 진도를 인정해줌으로써 학습자 본인의 지식과 스킬에 대해 보상을 하도록 설계됐다. 이와는 대조적으로 수행 배지(performance badges)는 다른 학습자와 비교하여 학습자의 성과를 보상하도록 설계됐다. Biles와 Plass는 중학생을 대상으로 연구한 결과, 수행 성취를 강조하는 배지가 전반적으로 더 나은 학습 성과로 이어지지만 상황에 대한 관심이 더 큰 학생들은 숙달 배지를 사용하여 더 나은 학습 성과를 보인다는 사실을 발견했다. Filsecker와 Hickey(2014)의 중학생을 대상으로 한 복합적인 사회 탐구 교육 게임을 사용한 연구에 따르면, 보상을 받지 않은 학생보다 배지를 외재적 보상으로 받은 학생들이 과학적 탐구에서 더 깊은 이해를 얻었다.

포인트, 레벨, 리더보드 포인트, 레벨, 리더보드는 플레이어에게 성과에 대한 피드백과 성취감을 주기 위해서 구현된 것이다(Przybylski et al., 2010;. Wang & Sun, 2011). 포인트는 플레이어에게 자체 평가를 할 수 있도록 피드백을 제공하는 반면(Wang & Sun, 2011), 레벨과 리더보드는 플레이어가 단기 및 장기 목표를 향한 진행 상황을 결정하는 데 도움을 줄 수 있다(Nebel, Beege, Schneider, & Rey, 2016). 리더보드는 게임에서 플레이어의 성취에 대한 순위를 시각적으로 표현하는 것인데, 플레이어는 리더보드를 다른 플레이어들의 성과와 비교하는데 활용할 수 있다(Christy & Fox, 2014). 리더보드는 플레이어들 간의 경쟁을 유발할 수도 있다(Nebel, Schneider, Beege, & Rey, 2017). 경쟁 요인과 게임플레이 방식에서 리더보드의 활용 방식은 학습자 행동과 학습 성과에 영향을 미친다. Landers와 Landers(2014)는 리더보드 정보가 게임 종료 시 표시되는 경우, 리더보드는 플레이어에게 게임을 다시 시도하려는 동기를 높이고 태스크 시간을 늘릴 수 있다고 결론지었다. Willems(2014) 등은 공정한 경쟁과 서로 비교할 수 있을 정도로 충분한 플레이어들이 확보되었을 때만 리더보드를 사용해야 한다고 제안했다. Nebel(2016) 등은 대학생을 대상으로 우화 그림에 대한 학습을 위해 리더보드가 포함된 게임을 활용했을 때 높은 경쟁 노력과 함께 학습 성과가 개선되는 것을 관찰했다. 연구팀은 학습 게임의 리더보드가 학습 활동에서의 집중도를 높여 대학생의 지식 습득과 보유를 향상시킨다고 결론 내렸다. 반면에 McKernan(2015) 등은 의사결정 행동에 대해 대학 수준의 학습자를 훈련시키는 게임에서, 학습이 포인트와 피드백을 포함한 보상 요소의 영향을 받지 않는다는 것을 발견했다. 또한 Deleeuw와 Mayer(2011)는 전기 회로 게임에서 포인트로 상을 주는 시스템을 적용했을 때 여성에게는 긍정적인 영향을 주지만 남성에게는 부정적인 영향을 미친다는 것을 찾아냈다.

인센티브 시스템 설계의 향후 연구 방향

학습을 위한 게임에서 인센티브 시스템의 효과에 초점을 맞춘 연구(예를 들어 인센티브 시스템이 학습자의 동기 및 학습 성과에 미치는 영향)는 거의 없다. 앞으로 다양한 게임 유형과 장르의 인센티브 시스템이 학습자의 동기 부여와 학습 성과에 어떤 영향을 미치는지 연구해야 한다. 우리는 학습뿐 아니라 게임 장르, 보상 유형, 내재적 및 외재적 동기 부여의 영향 간의 관계에 대해 더 깊은 이해가 필요하다. 그에 더해 학습 목표, 관심 수준, 보상, 학습 성과 간의 관계 등과 같은 중요한 영역에 대한 연구 또한 필요하다. 다양한 유형의 보상이 서로 다른 학습 목표와 관심하에서 학습에 어떻게 영향을 미치는지 이해하기 위해서 더 많은 근거가 필요하다. 지금까지는 대학생을 대상으로 한 연구가 많았지만, 앞으로는 보다 다양한 학습자들을 대상으로 한 연구가 고려되어야 한다.

3 정체성 설계

많은 게임들은 플레이어의 아바타로 구성된 가상 세계를 가지고 있다. 가상 세계에서 각 플레이어는 자신의 정체성을 나타내는 가상 에이전트로 표현된다. 플레이어는 이러한 에이전트의 렌즈를 통해 가상 세계를 경험한다. 게임플레이어는 자신의 아바타를 꾸미면서 행동하고, 스킬을 개발하고, 다른 플레이어들과 상호작용한다. 플레이어는 가상 세계에서 더 많은 시간을 보내면서 아바타와 심리적 연결 관계를 발전시키면서 자신과 아바타를 동일시하게 된다(Turkay & Kinzer, 2014; Van Reijmersdal, Jansz, Peters, & Van Noort, 2013). 플레이어와 아바타 사이의 이러한 연결은 게임의 동기와 게임의 즐거움을 높이고 긍정적인 감정을 불러일으키는 것으로 나타났다(Ganesh, van Schie, de Lange, Thompson, & Wigboldus, 2011; Hefner, Klimmt, & Vorderer, 2007; Van Reijmersdal et al., 2013). 정체성 설계는 플레이어와 아바타 간의 관계를 강화하는 데 도움이 되는 방법이다. 이는 게임 아바타와의 동질감을 촉진시키는 게임 요소 및 기능을 인식하고 발전하는 것을 목적으로 한다.

정체성 설계 요약

가상의 정체성은 미디어 및 게임 문헌에서 흥미로운 주제였다(Boell — storff, 2015; Turkle, 1994, 1996). 최근 많은 학자들이 학습용 게임에서 정체성의 역할에 대해 논의하고 있다(Barab & Duffy, 2000; Gee, 2003; Squire, 2006). Gee(2007)는 What Video Games Have to Teach Us about Learning and Literacy라는 책을 통해서 게임에 나타나는 세 가지 유형의 정체성, 즉 실제 정체성(real identity), 가상 정체성(virtual identity), 투영된 정체성(projected identity)에 대해 설명한다. 실제 정체성은 플레이어로부터 나오며 플레이어의 삶의 경험에 근거한 실제 가치를 기반으로 표현된다. 가상 정체성은 게임 캐릭터와 게임 스토리에 의해 정의된다. 가상 정체성은 설계자에 의해 캐릭터에 투영되며 캐릭터의 개성과 배경 서사를 기반으로 한다. 투영된 정체성은 실제 정체성과 가상 정체성 사이의 인터페이스이며 플레이어가 아바타의 서사를 만들 수 있게 도와준다. 플레이어는 가상 세계에 실제 가치를 투영하여 정체성을 형성한다. 이러한 유형의 정체성 분류는 연구자들이 게임에서 플레이어와 아바타 간의 상호 관계로써 정체성을 연구할 수 있는 프레임워크를 제공했다(Bessière, Seay, & Kiesler, 2007; Lim & Reeves, 2009; Turkay & Kinzer, 2014).

게임에서 동일화(identification)에 관한 이론들은 실증적인 발견에 근거한 것이다 (Bessière et al., 2007; Ganesh et al., 2011). 연구에 따르면, 플레이어는 자신의 실생활의 가치를 아바타에 투영하고 아바타가 이상적인 자아에 가깝다고 인식하는 것으로 나타났다(Bessière et al., 2007). Bessière(2007) 등은 플레이어가 응답한 세 가지 자아, 즉 이상적인 자아(ideal selves), 실제 자아(real selves), 가상 자아(virtual selves)에 대해 조사했다. 이상적인 자아 관점이 자신이 되고 싶은 사람에 대한 것이라면, 실제 자아 관점은 플레이어 자신을, 가상 자아 관점은 아바타의 개성을 가리킨다. 이 연구 결과는 세 가지 유형의 개성에 대한 플레이어들의 평가에 상당한 차이가 있다는 점을 보여주었다. 또한 플레이어는 가상의 정체성이 실제 자신보다 이상적인 자신을 더 잘 나타내는 것으로 평가했다. 이러한 발견은 세 가지 유형의 게임 정체성이 있다는 주장을 뒷받침하는 것이다(Gee, 2003).

이러한 발견 외에도 정체성 이론은 신경과학적 증거로도 설명할 수 있다. Ganesh(2011) 등이 수행한 연구에서, World of Warcraft(Blizzard Entertainment, 2004) 플레이어의(fMRI로 측정한) 신경 활동을 비게이머로 구성된 대조군과 비교했다. 연구 기간 동안 실험군의 참가자에게 게임 아바타 사진과 함께 중성 자극으로 포함된 사람들과 음절 이미지를 보여주었다. 대조군에도 동일한 이미지를 보여주었지만 아바타 사진은 참가자들이 좋아하는 만화 캐릭터 사진으로 대체하였다. 연구 결과에 따르면 플레이어는 좋아하는 만화 캐릭터보다 아바타에 훨씬 더 강한 감정적 반응을 보였다. 그 결과, 아바타에 대한 플레이어의 신경학적 반응은 사람들에 대한 반응과 유사했지만, 비게이머가 좋아하는 만화 캐릭터에 대한 반응은 그렇지 않은 것으로 나타났다(Ganesh et al., 2011). 이러한 결과는 오랫동안 게임을 하는 게이머와 게임 정체성 사이에 정서적 연관성이 있음을 시사한다.

정체성과 학습

동일화 현상은 게임 안에서 뿐만 아니라 게임 밖의 결과에도 영향을 미친다. 몇몇 연구에 따르면, 정체성은 게임의 즐거움, 게임 동기, 학습 성과에 영향을 미치는 것으로 나타났다(Hefner et al., 2007; Schmierbach, Limperos, & Woolley, 2012; Van Reijmersdal et al., 2013). *Battlefield 2*(Digital Illusions CE, 2005) 플레이어를 대상으로 한 연구에서 Hefner(2007) 등은 플레이어의 동일화 점수가 게임 즐거움과 강한 상관관계가 있음을 발견했다. 이 효과는 플레이어 아바타가 인간의 모습이 아닌 경우에도 관찰된다. Schmierbach(2012) 등이 수행한 연구에서 플레이어는 커스터마이징이 가능한 경주용 자동차로 표현된다. 정체성이 게임 즐거움에 미치는 영향을 조사할 때 연구팀은 자신의 자동차를 커스터마이즈 한 플레이어가 더 높은 정체성 감각을 가지고 있으며, 결과적으로 커스터마이징 하지 않은 대조군보다 게임을 훨씬 더 즐긴다는 것을 발견했다. 게임을 즐기는 것 외에도 플레이어는 강한 정체성이 있을 때 더 많은 동기를 부여 받는다. Van Reijmersdal(2013) 등은 *goSupermodel* 게임을 하는 여성 플레이어 2,261명을 대상으로 한 설문조사에서 정체성과 게임 동기 간의 관계를 연구했다. 결과는 아바타와 강하게 관계를 맺는 플레이어가 게임 동기도 더 높은 것으로 나타났다. 이러한 연구는 게임 성과에 대한 정체성의 영향을 조명한다. 게임 동기와 즐거움의 증가는 게임플레이 이상의 영향을 미치며, 결과적으로 학습 성과를 향상시킬 수 있다. 몇몇 연구자들은 이러한 연관성을 밝히기 위해 직접 조사를 실시했다(Cordova & Lepper, 1996; Ng & Lindgren, 2013).

학습에서의 게임 동일화 효과는 많은 학자들에 의해 논의되었지만(Barab & Duffy, 2000; Gee, 2003; Squire, 2006) 이 주제에 대한 실증적 증거는 매우 부족하다. 그러나 일부 연구들은 이론적 주장을 뒷받침할 수 있는 기초적인 사실을 제공했다(Cordova & Lepper, 1996; Ng & Lindgren, 2013). Cordova와 Lepper(1996)는 수학 학습 게임에서 학습 성과에 대한 아바타 선택과 개인화된 서사의 효과를 연구했다. 이 실험에 참가한 그룹 중 하나는 시각적 모양을 선택할 수 있었는데, 자신의 캐릭터와 적의 캐릭터를 게임 아이콘으로 표현할 수 있게 했다. 또한, 이 조건 하에 있는 플레이어는 캐릭터의 이름을 지정하고 게임 보드에서 시작 지점을 선택할 수 있었다. 이러한 선택은 대조군 플레이어들에게 무작위로 주어졌으며, 결과는 선택권이 주어진 플레이어가 그렇지 못한 플레이어보다 훨씬 더 나은 학습 성과를 보였다. Ng와 Lindgren(2013)이 수행한 실험에서도 비슷한 결과가 나타났다. 이 연구에서 참가자들은 유기체의 진화에 대한 실시간 시뮬레이션인 *Spore*(Maxis, 2008) 게임을 본인이 원하는 레벨을 정해서 플레이했다. 게임플레이가 끝난 후 연구팀은 게임플레이 관련 학습 성과를 비교하면서 캐릭터를 커스터마이징할 수 있는 선택권이 주어진 학생들이 그렇지 못한 플레이어보다 약간 더 높은 점수를 받았다는 것을 발견했다. 이 결과가 결정적인 단서가 되지는 못하겠지만, 게임에서 학습과 정체성 사이의 연관성을 밝히는 데 기초적인 근거는 될 수 있다.

학습용 게임의 정체성 설계

학습 성과에서 동일화의 긍정적인 효과에 대한 기초적인 사실은 정체성 설계를 위해 다양한 게임 요소의 사용이 필요하다는 점을 알려준다. 몇몇 연구에 따르면, 아바타에 대한 커스터마이징 및 게임 서사와 같은 게임 특성들은 플레이어의 동일화를 향상시킬 수 있는 잠재력이 있음을 보여준다(Brookes, 2010; Turkay & Kinzer, 2014). 일반적으로 연구되는 게임 특성은 아바타의 시각적 특성을 커스터마이징 하는 것이다(Bessière et al., 2007; Lim & Reeves, 2009; Ng & Lindgren, 2013; Turkay & Kinzer, 2014). 플레이어에게 자신의 아바타를 커스터마이징 할 수 있게 하는 것은 플레이어의 정서적 각성(Lim & Reeves, 2009)과 정체성(Turkay & Kinzer, 2014)에 영향을 미친다. 연구자들은 플레이어가 성별, 피부색, 헤어스타일, 얼굴 구조, 신체 유형 등과 같은 시각적 특성을 커스터마이징 할 수 있게 했을 때의 효과를 연구했다. 대부분의 실험은 다양한 특성의 커스터마이징을 동시에 분석했으며(Bessière et al., 2007; Ng & Lindgren, 2013) 단일 특성을 수정했을 때의 효과를 관찰한 경우는 거의 없다. 예를 들어, Lim과 Reeves(2009)는 아바타의 성별 선택이 플레이어의 정서적 각성에 미치는 영향을 연구했다. 결과는 이 선택이 참가자의 정서적 각성 반응에 유의미한 영향을 미치는 것으로 나타났다. 정체성에 대한 커스터마이징의 효과도 종단적으로 연구되었다. Turkay와 Kinzer(2014)는

Lord of the Rings Online(Turbine, 2007) 플레이어를 대상으로 총 10시간의 게임플레이 시간을 2주 이상 연구했다. 그 결과, 커스터마이징이 허용된 그룹은 그렇지 못한 그룹에 비해 본인과 아바타를 훨씬 더 많이 동일시하는 것으로 나타났다. 연구에서 발견한 또 다른 흥미로운 사실은 게임플레이 시간이 플레이어와 아바타 간 동일화 강도에 미치는 영향이었다. 이 효과는 플레이어와 아바타 사이의 동일화 정도가 시간이 지남에 따라 더 강해진다는 것을 보여주었다.

게임 서사는 캐릭터와의 동일화를 촉진하는 또 다른 특성이다. 플레이어가 미리 설계된 주인공을 구현하는 게임에서는 캐릭터의 행동과 특성이 동일화 정도를 조절한다(Cohen, 2001; Flanagan, 1999). 일부 연구자들은 플레이어가 캐릭터의 특성과 성격에 따라 가상의 캐릭터와 동일시 한다고 제안했다. Brookes(2010)는 같은 게임을 하고 있지만 서사 분량이 다른 두 그룹을 비교하여 이 효과를 연구했다. 상위 서사군에게는 게임 캐릭터의 배경 서사를 주었지만, 하위 서사군은 이러한 서사적 배경을 주지 않았다. 30분 간 게임플레이가 끝난 후 상위 서사군이 하위 서사군에 비해 게임 캐릭터와 더 많이 동일화하는 결과가 나타났다. 이러한 결과는 서사가 정체성과 학습에 미치는 영향을 보여주는 다른 연구들과 맥을 같이 한다(Cordova & Lepper, 1996; Schmierbach et al., 2012). 배경 서사 외에 게임에 등장하는 이야기도 정체성에 영향을 미친다. 플레이어는 가상 세계에서 더 많은 시간을 보내면서 게임플레이를 통해 자신의 이야기를 쓴다. 게임을 진행하는 동안 플레이어는 게임 캐릭터를 정의하는 스토리도 만든다. 이 현상이 직접적으로 연구되지는 않았지만, 플레이어의 동일화는 게임플레이에 소요되는 시간에 따라 커진다는 근거로 뒷받침된다(Bessière et al., 2007; Turkay & Kinzer, 2014; Van Reijmersdal, 2013). 이 근거는 플레이어와 아바타 사이의 유대가 시간이 지남에 따라 진화하고, 그 유대가 아바타의 진화하는 이야기와 관련될 수 있음을 시사한다.

정체성 연구의 향후 연구 방향

비디오 게임에서 정체성의 중요성은 연구를 통해 분명해졌다(Bessière et al., 2007; Ganesh et al., 2011). 관련 연구에서는 학습 성과에 영향을 미치는 정체성의 긍정적인 영향을 발견했으며(Cordova & Lepper, 1996; Ng & Lindgren, 2013), 해당 분야에서 추가적인 연구의 필요성을 강조했다. 다른 한편으로 여러 학자들은 학습 성과에 영향을 미치는 정체성 설계의 효과에 대한 실험적 연구가 부족하다는 우려를 제기했다(Turkay & Kinzer, 2014). 이러한 견해 차이를 해소하기 위해서는 더 다양한 설계 방식 및 관련 연구가 시도되어야 한다. 지금까지의 연구는 정체성 설계에 사용할 수 있는 특성의 일부만 탐구했을 뿐이다. 대부분의 연구는 아바타 및 게임 스토리의 시각적인 커스터마이징에 초점을 맞추었고 즉흥적인 서사, 사회적 상호작용, 스킬 커스터마이징, 동작 커스터마이징과 같은 다른 특성들은 외면 받았다. 이러한 특성들의 효과를 탐구하면 플레이어의 정체성 감각을 강화하는 새로운 방법을 발견할 수 있을 것이다. 가상 및 증강 현실 장치를 포함한 새로운 하드웨어의 인기가 높아짐에 따라, 동일화를 향상시키는 새로운 방법들이 등장하고 있다. 이러한 미디어는 존재감과 몰입감 설계를 정체성 설계의 새로운 요소로 만들었다.

디자인 혁신과 함께 새로운 연구 설계도 필요하다. Cordova와 Lepper(1996)가 활용한 요인 설계는 플레이어의 정체성 연구에 유용한 방법이 될 수 있다. 요인 설계는 정체성 설계에 대한 개별 요인과 상호작용 효과를 밝히는 데 도움이 된다. 또한 연구자들은 실제 게임 환경에서 장기적인 연구를 수행하는 방법을 고려해야 한다. 이전 연구에서는 게임플레이 시간과 정체성의 연결 관계를 입증했으며(Bessière et al., 2007; Turkay & Kinzer, 2014; Van Reijmersdal, 2013) 종단 연구 방식을 고려해야 한다고 제안했다. 끝으로 학습에서의 정체성 효과는 다양한 학습 성과들과 다양한 게임 장르를 활용해서 연구되어야 한다. 이 분야의 연구는 플레이어 정체성이 가진 잠재력을 활용하여 학습 게임의 효과성을 더욱 향상시킬 수 있다.

4 사회적 실재감

실재감(presence)과 몰입(immersion)이라는 용어는 종종 같은 의미로 사용되어 혼동을 일으킨다(Bowman & McMahan, 2007). 몰입과 존재의 차이를 인식하는 것은 중요하다. Slater(2003)는 몰입을 객관적으로 측정할 수 있는 현실 세계와 관련하여 기술이 재창조할 수 있는 것을 제시하는 것으로 정의한다. 반면 존재는 보통 주관적으로 측정되는 몰입 환경에서의 인간의 지각 또는 경험으로 정의된다. 존재감, 즉 "거기에 있는" 느낌은 언론학, 심리학, 컴퓨터 과학, 철학을 비롯한 다양한 학문 분야에서 연구되고 있다. Lombard와 Ditton(1997)은 존재를 "비매체에 대한 지각적 환상(the perceptual illusion of nonmediation)"으로 정의한다. 이 환상은 마치 매체가 존재하지 않는 것처럼 해당 매체에서 사람이 반응하고 상호작용하면서 경험을 실제처럼 느낄 때 발생한다. 게임은 존재를 유도하고 촉진하는 고유한 특성을 지닌 매체로 설명되고 있다(Kallinen, Salminen, Ravaja, Kedzior, & Sääksjärvi, 2007; Tamborini & Skalski, 2006). 게임을 통해 공간적 존재(spatial presence), 사회적 실재감(social presence), 자아 존재(self-presence) 등 다양한 유형의 존재가 유도될 수 있다(Tamborini & Skalski , 2006). 공간적 존재는 게임의 열중과 몰입을 유도하는 능력에 의해 결정되는 반면, 자아 존재는 게임이 플레이어의 자기 인식을 어떻게 배양하는지에 관한 것이다(Tamborini & Skalski, 2006). Short, Williams, Christie(1976)는 사회적 실재감이 연속성(continuum)을 따라 존재하며 현저함의 정도는 개인의 인식과 커뮤니케이션 매체의 능력에 영향을 받는다고 주장한다. 이 섹션에서는 교육용 게임에서 사회적 실재감의 역할과 학습에 미치는 영향에 대해 알아본다.

사회적 실재감 요약

사회적 실재감은 단순히 "다른 이와 함께 있는 느낌(sense of being with another)"과 "다른 이와 함께 있는 것(being together with another)"으로 정의할 수 있다(Biocca , Harms, & Burgoon, 2003). 여기서 "다른 이(another)"는 사람이거나 컴퓨터, 로봇, 에이전트, 인공지능을 포함한 다른 형태의 지능일 수 있다. 사회적 실재감은 단순히 존재하거나 존재하지 않는 것이 아니라 연속성을 따라 존재한다(Biocca et al., 2003). Gunawardena(1995)는 사회적 실재감과 관련된 두 가지 개념인 친밀감(intimacy)과 즉각성(immediacy)을 설명했다. 친밀감과 즉각성 모두 사회적 실재감의 수준에 영향을 미친다. 친밀감이란 관계로써 연결되어 있다는 느낌을 의미한다. 친밀감은 물리적 거리, 눈맞춤,

의사소통 중에 다루는 주제에 따라 달라진다(Argyle & Dean, 1965). 즉각성은 상호작용하는 동안의 심리적 거리의 척도이다(Wiener & Mehrabian, 1968). 심리적 거리는 신체적 방향, 표정, 태도와 같은 비언어적 즉각성의 형태로 측정되거나 말과 글을 이용한 의사소통과 같은 언어적 즉각성을 통해 측정될 수 있다. 매체는 사회적 실재감에 중요한 역할을 한다. 존재의 수준은 플레이어와 매체 간의 상호작용과 인식에 따라 달라진다(Lombard & Ditton, 1997). Lombard와 Ditton(1997)은 사회적 실재감 및 매체와 관련된 세 가지 개념, 즉 사회적 풍요로서의 존재(presence as social richness), 매체 내 사회적 행위자로서의 존재(presence as a social actor within the medium), 사회적 행위자로서의 매체로써의 존재(presence as medium as social actor)를 구분했다. 사회적 풍요로서의 존재는 매체에 대한 행동유도성(affordance) 및 사용자의 인식과 관련이 있다. 매체 내에서 사회적 행위자로써의 존재는 사용자가 가상 행위자 및 캐릭터 같은 매체 내 객체와 상호작용하는 방식을 설명한다. 끝으로 사회적 행위자로서 매체로써의 존재란 매체가 제공하는 자극에 대한 이용자의 사회적 반응을 의미한다.

사회적 실재감과 온라인 학습

사회적 실재감과 성과의 관계를 조사하기 위한 연구들이 수행되었다. 대부분의 선행 연구들은 전통적인 교실 환경과 온라인 학습 환경에 초점을 맞추었다. 사회적 실재감은 온라인 학습 환경에서 학습 성과 및 학습 만족도를 포함한 학습의 다양한 측면을 촉진하는 것과 관련이 있다(Kim, Kwon, & Cho, 2011; Liu, Gomez, & Yen, 2009). 사회적 실재감은 학생의 학습 성과를 결정하는 중요한 요소로 보고되었다(Kim, Kwon, & Cho, 2011). Picciano(2002)는 글쓰기 과제에서 사회적 실재감이 높은 그룹의 학생들이 사회적 실재감이 낮은 그룹의 학생들보다 더 높은 점수를 받았다는 것을 발견했다. Swan, Matthews, Bogle, Boles, Day(2012)는 탐구공동체(Community of Inquiry, CoI) 프레임워크를 사용하여 온라인 수업을 재설계했다. CoI 프레임워크는 온라인 학습을 지원하는 사회적 실재감(social presence), 교수적 실재감(teaching presence), 인지적 실재감(cognitive presence) 등 세 가지 유형의 실재감을 포함한다. CoI 프레임워크를 기반으로 수정된 온라인 수업은 학습 성과를 향상시켰다. Kearney, Plax, Wendt-Wasco(1985)는 교사의 비언어적 즉각성이 대학 수준 수업에서 학생의 정서적 학습 성과에 중요하다고 주장했다. Christophel(1990)도 대학 수준의 교육에서 즉각성이 학생의 동기를 향상시키고 학습을 늘린다는 유사한 결과를 발견했다. 교육자료로써 비디오를 활용하는 것에 관한 연구에서 Homer, Plass, Blake(2008)는 사회적 실재감을 강화하는 방식으로 정보를 제공하는 미디어가 사회적 실재감을 강화시키지 않는 미디어에 비해 학습자의 참여를 높이고 더 잘 지속시킬 수 있다는 것을 알아냈다.

게임에서 사회적 실재감

Biocca(2003) 등은 공존(copresence), 심리적 참여(psychological involvement), 행동 참여(behavioral engagement)를 세 가지 차원의 사회적 실재감으로 구분했다. 공존은 타인에 대한 감각적 의식과 타인의 존재에 대한 상호 의식을 의미한다. 심리적 참여는 상대방에 대한 지능적인 감각, 대인관계의 두드러짐, 친밀감과 즉각성, 상호이해를 의미한다. 행동 참여는 행동으로 하는 상호작용을 일컫는다. 사회적 실재감은 행동에 대한 심리적 효과를 유발한다. Tamborini와 Skalski(2006)는 이러한 세 가지 차원의 사회적 실재감을 게임에서 경험할 수 있다고 주장했다. 그들은 대부분의 게임에서 플레이할 수 없는 캐릭터들과 함께 게임 세계를 공유하면서 공존이 실현될 수 있다고 제안했다. 플레이어와 에이전트의 상호 인식을 통해 공존은 더욱 강화될 수 있다. 플레이어는 에이전트에게 지능이 있음을 인식할 때 심리적 참여를 경험할 수 있다. 플레이할 수 없는 캐릭터의 인공지능은 플레이어가 사회적 존재와 상호작용하고 있다고 믿도록 필요한 자극을 주면서 심리적 참여를 높일 수 있다. Von der Pütten(2012) 등은 증강현실 게임에서 가상 캐릭터의 인지에 의한 상호작용과 사회적 실재감에 상관관계가 있음을 발견했다. Heeter(1992)는 아바타 통신 및 상호작용의 증가가 사회적 실재감의 증가로 이어진다고 말한다. 행동 참여는 대화, 채팅, 다른 플레이어나 에이전트의 비언어적 신호로 식별되는 것들을 통해 설명될 수 있다. 플레이어와 에이전트 간의 대화, 눈맞춤, 플레이어 간의 음성 또는 텍스트 채팅이 그 예이다.

연구에 따르면 플레이어는 인간이 통제하는 상대와 경기할 때 더 높은 수준의 사회적 실재감을 경험한다고 결론지었다(Heeter, 1992; Weibel, Wissmath, Habegger, Steiner, & Groner, 2008). Xu(2008) 등은 공유 공간이 있는 모바일 증강현실 보드게임이 공유 보드나 별도의 보드를 가지고 플레이하는 것보다 플레이어들 간의 사회적 실재감을 높인다는 것을 발견했다. Lee, Jung , Park, Ryu(2011)는 교육용 퀴즈 게임에서 네트워크로 연결된(예를 들어, 플레이어들이 실시간 온라인으로 연결된) 상호작용 기능이 시험 성적뿐만 아니라 사회적 실재감에 긍정적인 영향을 미친다는 것을 찾아냈다. Takatalo, Häkkinen, Kaistinen, Nyman(2010)은 사회적 실재감 수준에 영향을 미치는 게임 구성 요소와 플레이어 행동을 확인했다. 서사와 플레이어의 역할 참여는 핵심 요소이다. 또한 Takatalo 등은 게임 세계와 현실 세계의 사물 및 사람 사이의 유사성을 확립하는 것이 중요하다고 지적했다. Guadagno, Blascovich, Bailenson, McCall(2007)은 에이전트가 높은 수준의 현실감 있는 행동을 할 때 플레이어는 높은 수준의 사회적 실재감을 경험한다고 표명했다. Nowak과 Biocca(2003)는 가상 인간을 표현할 때 덜 의인화된 이미지를 사용하면 이미지가 없거나 고도로 의인화된 이미지에 비해 사회적 실재감의 인지 수준을 높일 수 있다고 제안했다. 이 결과에 대한 가능한 설명은 고도로 의인화된 이미지는 높은 기대치를 불러일으키지만 그만큼 기대에 부응하지 못하면 사회적 실재감의 수준이 오히려 낮아진다는 것이다. 끝으로 가상세계(예: 가상현실과 증강현실)에서 사회적 실재감과 플레이어의 만족도 사이의 강한 상관관계가 있음을 주목할 필요가 있다(Bulu, 2012; Jung, tom Dieck , Lee, and Chung, 2016).

사회적 실재감의 향후 연구 방향

게임에서 사회적 실재감을 조사하는 연구는 많았지만 교육용 게임에서 사회적 실재감과 학습에 미치는 영향을 조사한 연구는 턱없이 부족하다. 실재감과 학습을 조사하는 대부분의 기존 연구들은 온라인 학습 환경에서 대학 수준의 학습자에 초점을 맞추고 있다. 향후 연구에서는 다양한 게임 설계 요소가 어떻게 학습자가 인식하는 실재감 수준에 영향을 미치는지 더 조사해야 한다. 학습 성과에서 실재감의 영향 정도를 조사하는 것도 중요하다. 다른 게임 유형이 학습자에게 다른 유형과 수준의 실재감을 유발할 수 있으므로, 게임 유형의 다양성도 연구되어야 한다. 연구 대상의 문화적, 민족적 배경과 연령대도 더 다양하게 고려될 필요가 있다. 끝으로 향후 연구에서는 학습자의 게임플레이 경험과 스킬 같은 교란 요인도 고려해야 한다.

5 결론

게임기반 학습 모델에서 설명된 설계 요소들에 대한 실증 연구(Plass et al., 이 책의 1장; Plass et al., 2015)는 매우 다양하다. 다양한 설계 요소들 중에서 일부 요소들에 대한 연구는 충분한 수준이지만, 다른 요소들에 대해서는 학습용 게임이 학습 성과에 미치는 영향에 대한 실증 연구가 부족하고 설계자들에게 제공하는 가이드도 미흡하다. 따라서 이 장에서는 인센티브 시스템, 정체성 설계, 사회적 실재감이라는 세 가지 설계 요소에 초점을 맞췄다. 플레이어에게 보상을 제공하는 다양한 설계 특성들로 구성된 인센티브 시스템은 플레이어의 행동을 유도하고 안내하는데 자주 사용된다. 비록 학습용 게임에 대한 연구는 제한적이지만, 기존의 엔터테인먼트 게임과 게임화(gamification) 활용에 대한 연구는 인센티브가 학습 게임에서도 비슷한 효과를 보일 수 있음을 시사한다. 그러나 설계자에게 제공하는 가이드, 특히 외재적 보상 대 내재적 보상에 대한 각각의 이점을 비롯해 목표 지향성과 같은 학습 변수들과의 관계에 대한 향후 연구가 필요하다.

정체성 설계는 학습을 지원하기 위해 플레이어와 아바타 간의 심리적인 연결을 발전시키도록 돕는 활동이다. 일부 연구에서 정체성 설계와 플레이어의 동기 부여 사이의 연관성을 발견했는데, 특히 플레이어에게 자신의 아바타의 시각적인 특성을 커스터마이징 할 수 있는 옵션을 제공하고 서사를 사용할 때 그 관련성이 촉진됐다. 그러나 학습 성과와의 관계는 추가적인 실증 연구가 필요하다.

사회적 실재감은 게임 속에 다른 플레이어가 있다는 느낌이다. 전통적인 교실 환경과 온라인 학습에서의 연구는 학습 성과뿐만 아니라 사회적 실재감과 동기 부여 사이의 관계를 확인했지만, 학습용 게임의 맥락에서도 동일한 관계가 있는지를 확인하기에는 실증 연구의 정도가 제한적이다.

　전반적으로 이 세 가지 설계 요소는 학습을 위한 게임에서 동기 부여와 성과를 향상시킬 수 있다는 가능성을 보여주었으므로 앞으로 더 연구할 가치가 있다. 각 세션의 끝부분에는 학습용 게임 설계자들에게 근거를 제시하고 이러한 설계 요소와 학습 성과 사이의 뚜렷한 관련성을 입증하기 위해 향후 연구 방향에 대한 권고사항을 포함시켰다.

참고문헌

Abramovich, S., Schunn, C., & Higashi, R. M.(2013). Are badges useful in education? It depends upon the type of badge and expertise of learner. *Educational Technology Research and Development, 61*(2), 217-232. https://doi.org/10.1007/s11423－013－9289－2

Argyle, M., & Dean, J.(1965). Eye-contact, distance and affiliation. *Sociometry, 28*(3), 289-304. Barab, S. A., & Duffy, T.(2000). From practice fields to communities of practice. *Theoretical Foundations of Learning Environments, 1*(1), 25-55. Bessière, K., Seay, A. F., & Kiesler, S.(2007). The ideal elf: Identity exploration in World of Warcraft. *Cyberpsychology & Behavior, 10*(4), 530-535.

Biles, M. L., & Plass, J. L.(2016). Good badges, evil badges: Impact of badge design on learning from games. In L. Y. Muilenburg & Z. L. Berge(Eds.), *Digital badges in education: Trends, issues, and cases*(pp. 39-52). New York, NY: Routledge, Taylor & Francis.

Biles, M. L., Plass, J. L., & Homer, B. D.(2018). Designing digital badges for educational games: The impact of badge type on student motivation and learning. *International Journal of Gaming and Computer-Mediated Simulations, 10*(4), 1-19.

Biocca, F., Harms, C., & Burgoon, J. K.(2003). Toward a more robust theory and measure of social presence: Review and suggested criteria. *Presence: Teleoperators and Virtual Environments, 12*(5), 456-480. https://doi.org/10.1162/105474603322761270

Blizzard Entertainment.(2004). World of Warcraft [PC game]. Blizzard Entertainment.

Boellstorff, T.(2015). *Coming of age in Second Life: An anthropologist explores the virtually human*. Princeton, NJ: Princeton University Press.

Bowman, D. A., & McMahan, R. P.(2007). Virtual reality: How much immersion is enough? *Computer, 40*(7), 36-43.

Brookes, S.(2010). *Playing the story: Transportation as a moderator of involvement in narratively-based video games*(Electronic thesis or dissertation). Retrieved from https://etd.ohiolink.edu/

Bulu, S. T.(2012). Place presence, social presence, co-presence, and satisfaction in virtual worlds. *Computers & Education, 58*(1), 154-161.

Cerasoli, C. P., Nicklin, J. M., & Ford, M. T.(2014). Intrinsic motivation and extrinsic incentives jointly predict performance: A 40-year meta-analysis. *Psychological Bulletin, 140*(4), 980-1008.

Christophel, D.(1990). The relationships among teacher immediacy behaviors, student motivation, and learning. *Communication Education, 39*(4), 323-340. doi:10.1080/03634529009378813

Christy, K. R., & Fox, J.(2014). Leaderboards in a virtual classroom: A test of stereotype threat and social comparison explanations for women's math performance. *Computers & Education, 78*, 66–77. https://doi.org/10.1016/j.compedu.2014.05.005

Cohen, J.(2001). Defining identification: A theoretical look at the identification of audiences with media characters. *Mass Communication & Society, 4*(3), 245–264.

Cordova, D. I., & Lepper, M. R.(1996). Intrinsic motivation and the process of learning: Beneficial effects of contextualization, personalization, and choice. *Journal of Educational Psychology, 88*(4), 715–730.

Deci, E. L., Koestner, R., & Ryan, R. M.(1999). A meta-analytic review of experiments examining the effects of extrinsic rewards on intrinsic motivation. *Psychological Bulletin, 125*(6), 627–668. https://doi.org/10.1037/0033−2909.125.6.627

DeLeeuw, K. E., & Mayer, R. E.(2011). Cognitive consequences of making computer-based learning activities more game-like. *Computers in Human Behavior, 27*, 2011–2016.

Digital Illusions CE.(2005). Battlefield 2 [PC game]. Redwood City, CA: Electronic Arts. Elliot, A. J.(2005). A conceptual history of the achievement goal construct. In A. J. Elliot & C. S. Dweck(Eds.), *Handbook of competence and motivation*(pp. 52–72). New York, NY: Guilford Press.

Filsecker, M., & Hickey, D. T.(2014). A multilevel analysis of the effects of external rewards on elementary students' motivation, engagement and learning in an educational game. *Computers & Education, 75*(2014), 136–148. https://doi.org/10.1016/j.compedu.2014.02.008

Flanagan, M.(1999). Mobile identities, digital stars, and post-cinematic selves. *Wide Angle, 21*(1), 77–93.

Ganesh, S., van Schie, H. T., de Lange, F. P., Thompson, E., & Wigboldus, D. H.(2011). How the human brain goes virtual: Distinct cortical regions of the person-processing network are involved in self-identification with virtual agents. *Cerebral Cortex, 22*(7), 1577–1585.

Garris, R., Ahlers, R., & Driskell, J. E.(2002). Games, motivation, and learning: A research and practice model. *Simulation & Gaming, 33*(4), 441–467. https://doi.org/10.1177/1046878102238607

Gee, J. P.(2003). What video games have to teach us about learning and literacy. *Computers in Entertainment(CIE), 1*(1), 1–4.

Gee, J. P.(2007). *What video games have to teach us about learning and literacy*(2nd ed.). New York, NY: Palgrave Macmillan.

Gibson, D., Ostashewski, N., Flintoff, K., Grant, S., & Knight, E.(2015). Digital badges in education. *Education and Information Technologies, 20*(2), 403–410.

Guadagno, R. E., Blascovich, J., Bailenson, J. N., & McCall, C.(2007). Virtual humans and persuasion: The effects of agency and behavioral realism. *Media Psychology, 10*(1), 1–22.

https://doi.org /10.108/15213260701300865

Gunawardena, C. N.(1995). Social presence theory and implications for interaction and collaborative learning in computer conferences. *International Journal of Educational Telecommunications, 1*(23), 147-166.

Heeter, C.(1992). Being there: The subjective experience of presence. In N. I. Durlach & M. Slater(Eds.), *Presence teleoperators and virtual environments*(pp. 262-271). Cambridge, MA: MIT Press.

Hefner, D., Klimmt, C., & Vorderer, P.(2007). Identification with the player character as determinant of video game enjoyment. In N. Munekata, I. Kunita, & J. Hoshino(Eds.), *Entertainment computing-ICEC 2007*(pp. 39-48). Berlin, Germany: Springer.

Homer, B. D., Plass, J. L., & Blake, L.(2008). The effects of video on cognitive load and social presence in multimedia-learning. *Computers in Human Behavior, 24*(3), 786-797.

Jung, T., tom Dieck, M. C., Lee, H., & Chung, N.(2016). Effects of virtual reality and augmented reality on visitor experiences in museum. In A. Inversini & R. Schegg(Eds.), *Information and Communication Technologies in Tourism 2016*(pp. 621-635). Bilbao, Spain: Springer.

Kallinen, K., Salminen, M., Ravaja, N., Kedzior, R., & Sääksjärvi, M.(2007). Presence and emotion in computer game players during 1st person vs. 3rd person playing view: Evidence from self-report, eye-tracking, and facial muscle activity data. In L. Moreno & Starlab Barcelona S. L.(Eds.), *Proceed ings of the 10th Annual International Workshop on Presence*(pp. 187-190). Barcelona, Spain: Starlab.

Kearney, P., Plax, T., & Wendt-Wasco, N.(1985). Teacher immediacy for affective learning in divergent college classes. *Communication Quarterly, 33*(1), 61-74. doi: 10.1080/01463378509369579

Kim, J., Kwon, Y., & Cho, D.(2011). Investigating factors that influence social presence and learning outcomes in distance higher education. *Computers & Education, 57*(2), 1512-1520. https://doi .org/10.1016/j.compedu.2011.02.005

Landers, R. N., & Landers, A. K.(2014). An empirical test of the theory of gamified learning: The effect of leaderboards on time-on-task and academic performance. *Simulation & Gaming, 45*(6), 769-785.

Lee, K. M., Jeong, E. J., Park, N., & Ryu, S.(2011). Effects of interactivity in educational games: A mediating role of social presence on learning outcomes. *International Journal of Human-Computer Interaction, 277*(10), 1044-7318. https://doi.org/10.1080/10447318.2011.555302

Lim, S., & Reeves, B.(2009). Being in the game: Effects of avatar choice and point of view on psychophysiological responses during play. *Media Psychology, 12*(4), 348-370.

Liu, S. Y., Gomez, J., & Yen, C.-J.(2009). Community college online course retention and final grade: Predictability of social presence. *Journal of Interactive Online Learning, 8*(2), 165-182.

Lombard, M., & Ditton, T.(1997). At the heart of it all: The concept of presence. *Journal of Computer-Mediated Communication, 3*(2). doi:10.1111/j.1083-6101.1997.tb00072.x

Maxis.(2008). Spore [PC game]. Redwood City, CA: Electronic Arts.

McKernan, B., Martey, R. M., Stromer-Galley, J., Kenski, K., Clegg, B. A., Folkestad, J. E.,... Strzalkowski, T.(2015). We don't need no stinkin' badges: The impact of reward features and feeling rewarded in educational games. *Computers in Human Behavior, 45*, 299-306. https://doi.org/10.1016/j.chb.2014.12.028

Mekler, E. D., Brühlmann, F., Tuch, A. N., & Opwis, K.(2015). Towards understanding the effects of individual gamification elements on intrinsic motivation and performance. *Computers in Human Behavior, 71,* 525-534. https://doi.org/10.1016/j.chb.2015.08.048

Muntean, C. C. I.(2011). Raising engagement in e-learning through gamification. In Q. Mehdi, A. Elmaghraby, I. Marshall, J. W. Jaromczyk, R. Ragade, B. G. Zapirain, D. Chang, J. Chariker, M. El-Said, & R. Yampolskiy(Eds.), *The 6th International Conference on Virtual Learning, ICVL 2011*(Vol. 1, pp. 323-329). Retrieved from http://icvl.eu/2011/disc/icvl/documente/pdf/met/ICVL_ModelsAndMethodologies_paper42.pdf

Nebel, S., Beege, M., Schneider, S., & Rey, G. D.(2016). The higher the score, the higher the learning outcome? Heterogeneous impacts of leaderboards and choice within educational videogames. *Computers in Human Behavior, 65*, 391-401. https://doi.org/10.1016/j.chb.2016.08.042

Nebel, S., Schneider, S., Beege, M., & Rey, G. D.(2017). Leaderboards within educational videogames: The impact of difficulty, effort and gameplay. *Computers & Education, 113*(2017), 28-41. https://doi.org/10.1016/j.compedu.2017.05.011

Ng, R., & Lindgren, R.(2013). Examining the effects of avatar customization and narrative on engagement and learning in video games. In Q. Mehdi, A. Elmaghraby, I. Marshall, J. W. Jaromczyk, R. Ragade, B. G. Zapirain, D. Chang, J. Chariker, M. El-Said, & R. Yampolskiy(Eds.), *Proceedings of Computer Games: AI, Animation, Mobile, Interactive Multimedia, Educational & Serious Games(CGAMES), 2013, 18th International Conference*(pp. 87-90). Louisville, USA: IEEE.

Nowak, K. L., & Biocca, F.(2003). The effect of the agency and anthropomorphism on users' sense of telepresence, copresence, and social presence in virtual environments. *Presence: Teleoperators & Virtual Environments, 12*(5), 481-494.

Picciano, A. G.(2002). Beyond student perceptions: Issues of interaction, presence, and performance in an online course. *Journal of Asynchronous Learning Networks, 6*(1), 21-40.

Pierce, W. D., Cameron, J., Banko, K. M., & So, S.(2003). Positive effects of rewards and performance standards on intrinsic motivation. *Psychological Record, 53*(4), 561-578.

Plass, J. L., Homer, B. D., & Kinzer, C. K.(2015). Foundations of game-based learning. *Educational Psychologist, 50*(4), 258-283.

Przybylski, A. K., Rigby, C. S., & Ryan, R. M.(2010). A motivational model of video game engagement. *Review of General Psychology, 14*(2), 154-166.

Reid, A. J., Paster, D., & Abramovich, S.(2015). Digital badges in undergraduate composition courses: Effects on intrinsic motivation. *Journal of Computing in Higher Education, 2*(4), 377-398. https://doi.org/10.1007/s40692−015−0042−1

Ryan, R. M., & Deci, E. L.(2000). Intrinsic and extrinsic motivations: Classic definitions and new directions. *Contemporary Educational Psychology, 25*(1), 54-67. https://doi.org/10.1006/ceps.1999.1020

Schmierbach, M., Limperos, A. M., & Woolley, J. K.(2012). Feeling the need for(personalized) speed: How natural controls and customization contribute to enjoyment of a racing game through enhanced immersion. *Cyberpsychology, Behavior, and Social Networking, 15*(7), 364-369.

Short, J., Williams, E., & Christie, B.(1976). *The social psychology of telecommunications*. London, England: Wiley.

Slater, M.(2003). A note on presence terminology. *Presence Connect, 3*(3), 1-5. Squire, K.(2006). From content to context: Videogames as designed experience. *Educational Researcher, 35*(8), 19-29.

Swan, K., Matthews, D., Bogle, L., Boles, E., & Day, S.(2012). Linking online course design and implementation to learning outcomes: A design experiment. *The Internet and Higher Education, 15*(2), 81-88. https://doi.org/10.1016/j.iheduc.2011.07.002

Takatalo, J., Häkkinen, J., Kaistinen J., & Nyman, G.(2010). Presence, involvement, and flow in digital games. In R. Bernhaupt(Ed.), *Evaluating user experience in games*(pp. 23-46). London, England: Springer. https://doi.org/10.1007/978−1−84882−963−3_3

Tamborini, R., & Skalski, P.(2006). The role of presence in the experience of electronic games. *Playing Video Games: Motives, Responses and Consequences,(*May), 225-240. https://doi.org/10.4324/9780203873700

Turbine(2007). Lord of the Rings Online [PC game]. Westwood: Turbine Inc. Turkay, S., & Kinzer, C. K.(2014). The effects of avatar-based customization on player identification. *International Journal of Gaming and Computer-Mediated Simulations(IJGCMS), 6*(1), 1-25. Turkle, S.(1994). Constructions and reconstructions of self in virtual reality: Playing in the MUDs. *Mind, Culture, and Activity, 1*(3), 158-167. Turkle, S.(1996). Parallel lives: Working on identity in virtual space. In D. Grodin and T. R. Lindlof(Eds.), *Constructing the self in a mediated world*(pp. 156-178).Thousand Oaks, CA: Sage. Van Reijmersdal, E. A., Jansz, J., Peters, O., & Van Noort, G.(2013). Why girls go pink: Game character identification and game-players' motivations. *Computers in Human Behavior, 29*(6), 2640-2649.

Von der Pütten, A. M., Klatt, J., Ten Broeke, S., McCall, R., Krämer, N. C., Wetzel, R.,... Klatt, J.(2012). Subjective and behavioral presence measurement and interactivity in the collaborative augmented reality game TimeWarp. *Interacting with Computers, 24*(4), 317-325.

Wang, H., & Sun, C.-T.(2011). Game reward systems: Gaming experiences and social meanings. In *Proceedings of the 2011 Digital Games Research Association(DiGRA) International Conference(*pp. 1-15). Retrieved from http://gamelearninglab.nctu.edu.tw/ctsun/10.1.1.221.4931.pdf

Weibel, D., Wissmath, B., Habegger, S., Steiner, Y., & Groner, R.(2008). Playing online games against computer vs. human-controlled opponents: Effects on presence, flow, and enjoyment. *Computers in Human Behavior, 24*(5), 2274-2291. https://doi.org/10.1016/j.chb.2007.11.002

Wiener, M., & Mehrabian, A.(1968). *Language within language: Immediacy, a channel in verbal communication*. New York, NY: Ardent Media.

Wigfield, A., & Eccles, J. S.(2000). Expectancy-value theory of achievement motivation. *Contemporary Educational Psychology, 25*, 68-81. https://doi.org/10.1006/ceps.1999.1015

Willems, C., Fricke, N., Meier, S., Meissner, R., Rollmann, K. A., Voelcker, S., ... Meinel, C.(2014). Motivating the masses-gamified massive open online courses on OpenHPI. In L. Gomez Chova, A. Lopez Martinez, & I. Candel Torres(Eds.), *Proceedings of EDULEARN(*pp. 7-9). Barcelona, Spain: IATED.

Xu, Y., Gandy, M., Deen, S., Schrank, B., Spreen, K., Gorbsky, M., ... MacIntyre, B.(2008). Brag-Fish: Exploring physical and social interaction in co-located handheld augmented reality games. In M. Inakage & A. E. Cheok(Eds.), *Proceedings of the 2008 International Conference on Advances in Computer Entertainment Technology(*pp. 276-283). Yokohama, Japan: ACM.

IV

게임기반 학습의 활용

16

STEM에서의 게임기반 학습

Eric Kloper and Meredith Thompson(이수영 역)

1 서론

과학, 기술, 공학 및 수학(STEM) 관련 주제들은 근원적인 기본 시스템이나 계산과 관련되어 있다는 측면에서 학습용 게임이나 기능성 게임(serious games)[1]에서 자주 다루어지는 소재이며 맥락이다(Boyle et al., 2016). STEM 교육자가 사용할 수 있는 교육학적 전략 중, 기능성 게임은 학습 동기를 부여하고 복잡한 자료를 점차적으로 제시하며 학습자를 "STEM 수행" 활동에 참여시키는 데 매우 적합하다. 학습 이론, 과학 및 수학 주제, 그리고 교육공학의 역사는 STEM 교육과 게임 사이의 연결고리를 형성하는 데 도움을 준다. 이 장에서는 이러한 기능성 게임의 특성들이 상황 학습(situated learning)을 통해 과학, 기술, 공학 및 수학 교육을 위한 강력한 학습 도구로 어떻게 사용될 수 있는지 밝히고자 한다. 이러한 특성을 심층적으로 살펴보기 전에 STEM의 정의와 중요성이 바로 게임과 직접적으로 관련되어 있기 때문에 먼저 STEM이 의미하는 바와 STEM이 중요한 영역인 이유를 서술하고자 한다.

STEM은 과학(science), 기술(technology), 공학(engineering), 수학(mathematics)을 융합적으로 아우르는 분야이다. 현실에서 STEM이라는 용어는 종종 인재 양성 및 STEM 관련 분야의 진로와 경력을 준비하는 학습자들에게 필요한 교육 유형에 대한 논의를 하

---

1 게임의 주요 목적인 오락성보다는 특별한 목적을 의도로 설계된 게임

기 위해 사용된다. 학교는 대부분의 학생들이 STEM 분야를 배우는 가장 중요한 장소이며, 고정관념에 도전하고 STEM 활동에 대한 자신감과 STEM 관련 진로를 선택할 수 있는 자신감을 키울 수 있는 기회를 제공한다. 최적의 STEM 교육은 실생활과 관련이 있으며 학습자와 직접적인 관련성(relevant) 및 관계성(relational)을 가진다. 실생활에서의 STEM은 문제 기반 학습 및 탐구 기반 학습과 같은 실제적이고 흥미 있는 상황을 기반으로 하는데, 이는 새로운 기술 및 프로세스의 개발과 더불어 인간과 지역사회에 도움이 되는 STEM 활동과 명확한 관련성이 있을 뿐 아니라 서로 연계되어 있기 때문에 학습자 개인은 STEM을 수행할 수 있는 능력이 있는 STEM을 수행하는 주체로서 자신을 인식할 수 있다.

STEM 분야 인재 양성보다 광범위하지만 동일하게 중요한 STEM 교육의 또 다른 목표는 모든 시민이 과학, 기술, 공학 및 수학에 대한 소양을 갖추도록 준비시킴으로써 민주 사회의 의사결정자로서 효과적으로 참여할 수 있도록 하는 것이다(AAAS, 1994). STEM 분야에 학생들을 참여시키고 과학, 수학, 공학을 할 수 있다는 자기효능감과 자신감을 키우는 것은 STEM 분야의 인재 양성과 모든 학생의 STEM 소양 개발이라는 이중의 목표를 충족시키기 위해 필수적이다.

교육용 게임은 스캐폴딩(scaffolding)[2]이 포함된 실제적인 맥락과 탐구 기반의 조사 활동을 제공함으로써 학생들이 STEM의 개념을 배우고, 기술을 연습하고, 문제 해결과 컴퓨팅 사고 능력을 개발하는 데 도움을 주기 위한 것이다. 신중하게 설계된 게임은 학습자들을 게임에 참여시키고(Boyle, Connolly, Hainey, & Boyle, 2012), 지속적인 피드백을 제공하며 플레이어의 능력에 맞춰 적응하게 된다(Gee, 2007). STEM 게임은 플레이어에게 데이터 수집, 문제 해결, 패턴 찾기, 솔루션 설계가 필요한 구체적인 목적과 근거를 제시하여 STEM 분야에서 중요한 실행적인 기술을 개발하고 개선한다(Morris, Croker, Zimmerman, Gill, & Romig, 2013). 학생들은 지식에 대한 맥락과 목적이 주어지기 때문에, "왜 우리가 이것을 알아야 하지?"라는 질문을 하지 않을 것이다.

---

2 건축이나 산업 분야에서 높은 장소의 작업을 할 때 쓰이는 비계(scaffold)처럼, 학습자에게 적절한 인지적 도움과 안내를 제공하여 학습을 촉진시키는 전략

2 이 장의 범위

과학, 기술, 공학, 수학(STEM) 게임으로 간주될 수 있는 게임에는 다양한 유형이 있다. 이 장에서는 STEM 게임을 게임 디자인과 콘텐츠가 복잡하게 연결되어 있고, 플레이어의 행동이 STEM과 관련된 게임으로 정의하며, 게임의 주요 목표는 학생들이 STEM 영역과 관련된 개념에 대해 배우고 기술을 개발할 수 있도록 돕는 것이다. Clark, Tanner-Smith, and Killingsworth's(2014)의 게임에 대한 메타 분석에 따르면, "매체 그 자체만으로 보다는 매체의 디자인, 즉 매체가 어떻게 설계되었는가가 학습 성과를 예측한다"(Clark, Tanner-Smith, & Killingsworth, 2014, p. 14). 따라서, 이 장에서는 STEM 학습 및 STEM 주제를 대상으로 설계된 게임을 검토한다.

STEM 학습과 게임플레이를 독특하고 깊이 있게 연결하는 게임의 몇 가지 측면을 조사하기 전에 이 장에서 고려하지 않는 두 가지 유형의 게임, 즉 게임화(gamification)와 시민 과학 게임(citizen science games)을 구분하는 것이 필요하다. STEM 게임의 주제 영역을 살펴보면 대부분의 공통적인 예시들은 별로 서로 관련성이 없는 과제들에 게임 메커니즘(game mechanics)을 적용하는 게임화(gamification)로 간주될 수 있다. 가장 대표적인 예시는 역사상 가장 인기 있는 교육용 게임 중 하나인 *Math Blaster*이다. *Math Blaster*에서 플레이어는 문제에 대한 답을 찾아서 하늘 내려오는 아이템을 쏴야 한다. 예를 들어, 수학 문제가 "6+2"라면, 플레이어가 숫자 "8"을 찾아 쏴야 한다. 이것은 STEM 영역의 기술(즉, 수학 연산 기술)을 개발할 수 있는 게임이지만, 이 장에서 다루는 STEM 게임의 범위를 벗어난 것이다. 이 예시에 나오는 질문과 답변은 특정 단어(질문)와 단어의 의미(답변)를 찾아야 하는 문제로 쉽게 대체될 수 있다. 게임기반 학습은 전형적인 수학 문제에 포인트나 상금을 더하는 것 이상이다. 즉, 게임 디자이너들은 내러티브(narrative)와 갈등(conflict)을 이용하여 학생들이 수학을 배우고 연습하도록 하고 동기를 부여하여야 한다(Plass, Homer, and Kinzer, 2015). 게임화(gamification)를 통해 동기나 학습이 증가될 수 있다는 증거가 있더라도, 콘텐츠를 쉽게 대체할 수 있고(e.g., 연산 게임을 단어 게임으로 대체), 플레이어의 행동이 STEM 학습과 직접적인 관련이 없는 게임은 이 장의 범위를 벗어난다.

일부 STEM 관련 게임은 과학적 실습에 플레이어를 참여시키지만 참여자의 해당 과학 주제에 대한 교육이 목적이 아니라 연구 참여만을 목적으로 설계되었다. 예를 들어 과학 연구를 위한 데이터 수집 및 분석을 크라우드소싱(crowdsourcing)하기 위해 게임 메커니즘을 사용하는 시민 과학 활동 유형의 게임이 증가하고 있다. 이와 관련하여 가장 잘 알려진 예시는 *Foldit*이다. *Foldit*은 현실 세계의 과학적 법칙에 따라 플레이어들에게 컴퓨터 모델 단백질을 접는 것(protein folding)에 도전하도록 한다. 이 게임은 플레이어가 이러한 복잡한 작업에서 성공하도록 동기를 부여하고 스캐폴딩을 제공함으로써 과학적 문제를 해결하는 데 도움이 되는 실제 데이터를 생성한다. 이러한 시도의 결과로 나온 한 학술 논문은 수천 명의 게임플레이어들을 논문의 저자로 포함시켰다 (Cooper et al., 2010). 몇몇 플레이어들은 이 게임을 통해 단백질의 과학에 대해 배울 수 있었고, 관련된 교육 프로그램들이 2차적인 결과물로 개발되었지만, 대부분의 경우, 플레이어들은 내용에 대한 이해 없이 단순 계산을 할 뿐이었다. 이러한 유형의 게임은 크라우드소싱이 필요한 분야에서 꽤 성공적이고, 다른 많은 게임들도 이 같은 모델을 따르고 있다. 그러나 이러한 게임의 경우 학습을 게임의 가장 주요한 목표로 설계된 것이 아니기 때문에 이 장에서는 고려하지 않는다.

이 장에서 살펴볼 것은 STEM 학습과 게임 사이의 깊은 연관성이다. 먼저 STEM 교육의 학습 목표를 검토한 후 게임이 STEM 분야에서 서로 복잡하게 얽혀 있는 시스템, 규모(scale) 및 수행(practices)을 어떻게 다루는지 설명한다. 특히 STEM 영역과 관련된 게임기반 학습의 인지, 정서 및 사회문화적 행동유도성(affordance)[3]을 고려한다. 마지막으로, STEM 게임기반 학습을 위한 몇 가지 향후 연구 방향을 제안한다.

3 STEM에서의 게임기반 학습은 무엇인가?

연구에 따르면 효과적인 STEM 학습 환경은 인지적으로 까다로운 작업을 포함하고, 복잡한 문제 해결에 초점을 맞추며, 협업과 기술(technology)의 사용을 장려한다

---

3 대상의 어떤 속성이 유기체로 하여금 특정한 행동을 하게끔 유도하거나 특정 행동을 쉽게 하게 하는 성질

(NRC, 2011). K-12 교사는 STEM에 대한 학생들의 관심을 불러일으키고, 학생들의 지식과 기술을 발전시키는 학습 기회를 창출해야 하며, 학교에서 그리고 잠재적 직업으로서 STEM 영역에 참여할 수 있다는 학생들의 믿음을 길러야 한다. 국가 표준교육과정은 학생들이 교과 내용을 배우는 것 뿐만 아니라 STEM 분야의 수행(practices)에 참여하고 STEM 분야가 사회의 더 큰 맥락 안에 어떻게 위치하는지 이해할 것을 점점 더 요구하고 있다. 이것이 가치 있는 목표이기는 하지만, 제한된 시간과 자원으로 인해 학교 교실 안에서 실감 나는 과학, 공학, 그리고 수학적 실습을 하기에는 어려움이 있다. 교육용 게임은 STEM 분야의 개념적 아이디어에 학생들을 참여시키고, 학생들이 교육과정에 제시된 학습 내용, 기술, 실습을 구현할 수 있는 공간을 제공함으로써 이러한 요구를 충족시킬 수 있다(National Governors Association Center for Best Practices & Council of Chief State School Officers, 2010; NGSS Lead States, 2013). 따라서 학생들은 기술을 배우고 연습할 수 있고, STEM에 대해 긍정적인 태도를 기를 수 있고, STEM 분야 진로를 고려할 수 있다.

내용(Content)

과학개념은 많은 교육용 게임들의 주제가 되고 있으며, 과학 교육에 게임을 사용하고자 하는 관심은 꾸준히 증가하고 있다(Cheng, Chen, Chu, & Chen, 2015). STEM 관련 많은 게임들은 게임을 하면 학생들이 과학과 수학의 개념을 배우고 복습하는 데 도움이 될 것이라는 가설을 바탕으로 설계되었다(이 책 5장 참고). 게임 환경을 통해 학생들은 우주공간, 화산 가장자리 또는 세포 내부와 같이 실제로는 접근하기 어려운 것을 탐색할 수 있다. 게임의 행동유도성(affordance)을 통해 물리학에서 상대 운동을 이해하기 위해 가상 현실 게임(virtual reality game)을 사용하는 것(Kozhevnikov, Gurlitt, & Kozhevnikov, 2013)과 같이 학생들이 실제로는 눈에 보이지 않는 현상을 이해하도록 도와주고, 수학에서 3차원 물체를 탐색할 수 있도록 만들어 준다(Kebritchi, Hirumi, & Bai, 2010). 시뮬레이션과 모델링 플랫폼은 학생들이 힘과 현상을 탐구할 수 있도록 도와주지만, 이러한 플랫폼에는 내러티브 테마, 개인적 관점 그리고 일반적 게임에 주로 통합되어 있는 목표 지향적 피드백 수준은 포함되어 있지 않다. 따라서 시뮬레이션과 모델링은 이 장의 범위를 벗어난다.

기술(Skills)

게임을 통해 학생들은 "미래 학습을 위한 준비"라고 할 수 있는, 다양한 맥락에서 유용하게 사용될 수 있는 기본 기술과 기초 지식을 배우고 연습할 수 있다(Reese, 2007; 또한 이 책 1장 참고). 예를 들어, *Lure of the Labyrinth*와 같은 게임은 몬스터 식당에서 음식을 조금씩 나눠 주면서 미지의 수량을 찾고 비율과 비례를 탐색하는 것과 같은 개념을 중학생들에게 소개한다(Reid, Jennings, & Osterweil, 2013). 이러한 예시는 게임과 시뮬레이션의 혁신적이고 미래 지향적인 사용을 보여준다. 그러나 안타깝게도 게임화한 "훈련과 연습(Drill and Practice)" 또는 "어휘 복습" 활동 같은 많은 예시들이 있으며, 이들 또한 게임으로 분류되고 교실에서 흔히 사용되고 있는 실정이다(Rocha, Tangney, & Dondio, 2016).

실습(Practices)

게임은 과학, 기술, 공학, 수학의 실습에 직접적으로 참여할 수 있는 큰 잠재력을 가지고 있다. 질문하고, 조사를 계획하고, 설명을 구성하는 탐구 기반 및 문제 해결 활동은 플레이어가 게임플레이 중에 수행하는 "조사(probe), 가설(hypethesize), 재조사(reprobe), 재검토(rethink)"의 프로세스에 반영되어 있다(Gee, 2007). STEM 게임은 원인과 결과의 교차 개념을 보여주고, 시스템 모델을 시연하며, 규모의 비율을 탐색하고, 안정성과 변화의 개념을 이해하는 데 유용하다. 학생들은 물질과 물질 간의 상호작용, 에너지와 운동, 그리고 안정성과 같은 학문의 핵심 아이디어를 그들의 일상과 연관시킬 수 있다. 게임 내러티브는 기본 개념을 소개하고 복잡한 주제에 대한 이해를 점진적으로 발전시키기 위한 맥락을 제공한다(NGSS Lead States, 2013). 마찬가지로 게임은 문제를 이해하고 문제 해결, 모델 만들기, 추상적 추론을 지속하는 것과 같은 수학적 실습을 위한 핵심 교육과정(Common Core Standards)을 구현하는 데 유용한 도구가 될 수 있다(National Governors Association Center for Best Practices & Council of Chief State School Officers, 2010).

4 STEM 분야 게임기반 학습의 사례

STEM 게임이 활동과 학습 목표를 심도있게 연결하는 메커니즘을 활용하는 세 가지 주요 방법이 있다. 특히, 게임을 통해 교육자들은 시스템, 규모(scale) 및 수행(practices)에 대한 중요한 아이디어를 전달할 수 있다. 이러한 것들이 전적으로 STEM에만 국한되는 것은 아니지만, STEM 분야 게임기반 학습의 주요한 주제이다.

- 시스템(systems): STEM 게임은 시스템을 기반으로 하는 경우가 많다. 이는 여러 과학에서와 같이 현실 세계 시스템의 시뮬레이션일 수도 있고, 수학에서 볼 수 있는 논리 정연한 일련의 규칙에 기초하여 상호작용을 제어하는 모든 종류의 기본 모델일 수도 있다.
- 규모(scale): 규모를 이해하는 것은 STEM 개념을 이해하는 데 필수적이며, STEM 게임은 종종 각기 다른 규모의 사용에 의존한다. 이것은 학습자가 매우 크거나 작은 공간적 규모를 이해하거나 마찬가지로 시간적 규모를 조작하는 것을 도와줄 수 있다.
- 역할(roles): STEM 게임은 종종 STEM 분야에서의 수행(practices)과 관련이 있다. 즉, 게임에서 플레이어들이 하는 일은 해당 분야 전문가의 업무 수행을 모델로 한다. 이것은 문제에 접근하는 방법에서부터 그 문제에 대한 데이터를 분석하고 커뮤니티의 다른 사람들과 발견을 공유하는 방법에 이르기까지 다양하다.

여기서는 이러한 도구를 사용한 게임들의 몇 가지 예시를 기반으로 하여 STEM 게임이 어떻게 이러한 도구를 사용하는지에 대한 개요를 제공한다.

시스템(System)

시뮬레이션은 STEM 개념, 특히 복잡하고 상호 관련된 시스템을 설명하고 이해하는 데 도움이 된다. 1990년대부터, 교실에서의 테크놀로지의 발전과 가용성은 많은 교사들이 그들의 교실에 컴퓨터 기반 시뮬레이션을 통합할 수 있게 하였다 (Feurzeig & Roberts, 2012). 시뮬레이션에 대한 이러한 관심은 *Model-It*(Soloway et al., 1996)과 *StarLogo*(Resnick, 1997)에서 사용된 시스템 다이내믹스를 모델링하기 위한 도구와 같은, 시뮬레이션을 사용하고 생성하는 플랫폼의 개발을 촉진하였다. 오늘날 *PheT*(Wieman, Adams, & Perkins, 2008)와 *WebMO*(Schmidt & Polik, 2017)와 같은 라이브러리를 이용한 교실에서의 시뮬레이션 사용을 쉽게 찾아볼 수 있다. 최근 메타 분석 (D'Angelo et al., 2014) 연구는 STEM 시뮬레이션과 관련된 학습 결과들을 분석한 결과 다양한 영역에서 STEM 시뮬레이션이 상당한 학습 성과로 이어졌음을 발견하였다. 더불어 추가적인 스캐폴딩으로 보완된 시뮬레이션이 추가적인 학습으로 이어진다는 것을 발견하였다. 이 결과는 시뮬레이션이 (무엇보다도) 스캐폴딩이 주어지고 개인적으로 관련이 있을 때 더 효과적이라는 선행 연구(Linn, Chang, Chiu, Zhang, & McElhaney, 2010)에 의해 뒷받침되고 있다. STEM에서 시뮬레이션과 교육용 게임에 대한 관심은 대단하지만 게임과 시뮬레이션을 STEM 학습 성과와 연결하는 증거는 여전히 제한적이다 (Honey & Hilton, 2010).

게임은 시뮬레이션을 보다 관련성 있게 만들고 탐색을 구조화하도록 추가적인 스캐폴딩 및 맥락을 제공함으로써 시뮬레이션을 보강할 수 있다. 시뮬레이션을 더 큰 탐구 맥락에 포함시킴으로써 학생들이 자신의 정체성에 STEM 능력을 포함시키도록 만들 수도 있다. 즉, 학생 스스로 자신은 STEM 능력이 있는 사람이라고 인식하도록 도와준다(Beier, Miller, & Wang, 2012; Gilliam et al., 2017). 게임이 제공하는 구조에는 학생들을 안내하기 위한 내러티브, 조사를 구조화하는 것을 돕기 위한 목표, 그리고 형성 평가를 위한 피드백이 포함될 수도 있다.

이러한 예는 여러 분야에 걸쳐 있다. 물리학의 최근 사례 중 하나는 *Surge*(Clark et al., 2011)([그림 16.1])로, 여러 차례의 설계 반복을 거쳤다. *Surge*의 기본 전제는 플레이어가 복잡한 장애물을 피해 우주선을 조종해야 한다는 것이다. 이 게임은 뉴턴의 법칙에 기초한 역학 모델을 사용하고, 플레이어는 힘과 속도를 조작하여 우주선을 조종한다. 생명과학에서의 *UbiqBio* 게임 시리즈(Perry & Klopfer, 2014)는 DNA에서 유전학 및 진화에 이르는 일련의 생물학적 시스템을 모델링하였다. 유전학 게임인 *Beetle Breeders*에서는 학생들이 멘델 유전학 모델을 기반으로 특정한 특성을 가진 외래 딱정벌레를 사육해야 한다. 같은 종류의 시스템 원리가 수학에도 적용될 수 있다. *Dragon Box*([그림 16.2]) 시리즈는 수학적 시스템의 모델을 구축함으로써 이 원리를 적용하였다. *Dragon Box Algebra*에서 대수 시스템은 학생들이 하나의 시스템의 양쪽을 조작하여 방정식의 균형을 맞춰야 하는 대화형 시스템으로 모델링되었다(Liu, 2012).

그림 16.1
Surge(Clark et al., 2011)

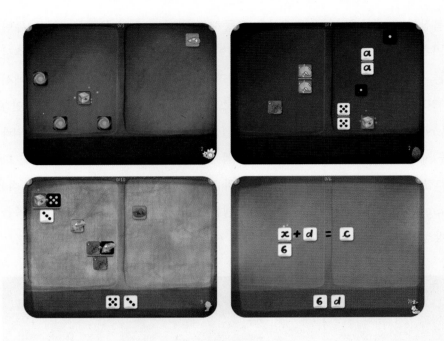

그림 16.2
Dragon Box(Siew, Geofrey, & Lee, 2016)

이러한 각 게임에서 플레이어는 기본 시스템이나 모드와 상호작용하지만, 학생들을 위해 게임의 과정이나 절차를 스캐폴딩 해주는 일련의 작업이나 수준이 포함되어 제공된다. 유사하게, 각각의 게임은 플레이어의 행동을 맥락화하는 특정 맥락, 이야기 또는 내러티브를 중심으로 진행된다. 때때로 내러티브가 매우 약한 경우도 있지만, 약한 내러티브라도 게임 속의 여러 행동을 더 이해하기 쉽게 만드는 관련성을 제공할 수 있다. *Dragon Box*는 추론, 문제 해결, 대수학(algebra)에 대한 학생들의 태도를 향상시키는 것으로 나타났다(Siew, Geofrey, & Lee, 2016).

규모(Sclale)

게임은 다양한 규모로 현상을 경험할 수 있는 수단을 제공한다. 학생들은 일반적인 경험과는 다른 공간적 및 시간적 규모로 개념을 이해하려고 시도하면서 많은 개념적 어려움에 직면한다(Grotzer et al., 2015). 초보자들은 단백질 접힘, 행성 간 상호작용, 진화 같은 기본적인 개념에서 직접적인 경험의 부족으로 어려움을 겪는데 이는 실제 단백질 구조, 행성, 진화와 같은 현상의 규모를 직접 경험해 보지 못했기 때문이다. STEM 게임에서는 플레이어가 시스템의 일부가 되어 이러한 규모에서의 경험을 쌓을 수 있다. 예를 들어, 게임 *Virulent*(Corredor, Gaydos, & Squire, 2014)([그림 16.3])는 숙주 세포에 자신을 주입하려고 시도하는 바이러스의 규모에 플레이어를 배치한다. 플레이어는 숙주 세포의 방어를 성공적으로 이겨내기 위해 바이러스처럼 생각하고 바이러스의 관점을 취해야 한다. *Virulent*를 경험한 학생들은 텍스트와 도표를 사용한 학생들보다 시스템의 시간 경과에 따른 변화 모델을 보다 정교하게 만들어 냈다(Corredor, Gaydos, & Squire, 2014).

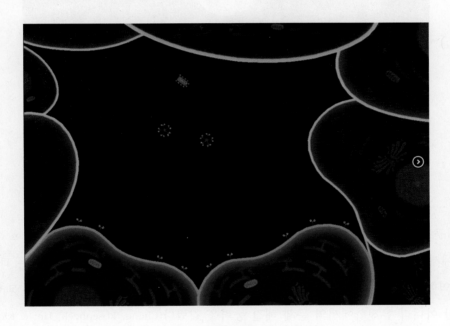

그림 16.3
Virulent(Corredor, Gaydos, & Squire, 2014)

작은 공간 규모에서 직면하는 것과 같은 종류의 어려움이 대규모 공간에서도 존재한다. [그림 16.4]에 나와 있는 *Planet Mechanic*(Filament Games, 2016) 게임에서 플레이어들은 달과 행성 사이의 관계를 이해하고 다양한 기준을 충족시킬 수 있는 행성과 태양계를 설계하는 데 도전한다. 이러한 큰 규모는 또한 장기간에 걸쳐 발생하는 현상을 이해하기 위한 도전이다.

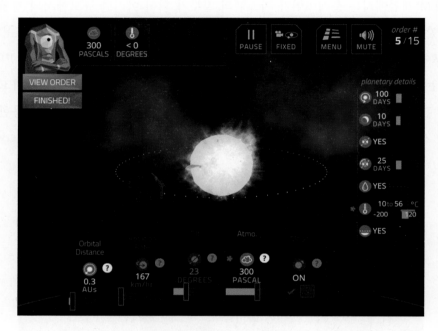

그림 16.4
Planet Mechanic(Filament Games, 2016)

대규모 멀티플레이어 게임 *Radix Endeavor*(Clarke–Midura, Rosenheeck, & Groff, 2015)에서 플레이어들은 현실 세계의 문제를 해결하기 위해 과학을 적용하려는 과학자들의 역할을 한다. *Radix Endeavor* 게임을 통해 학생들은 게임에 포함된 다른 과학 영역뿐만 아니라 유전학에서의 문제 해결 능력을 길렀다(Cheng, Rosenheck, Lin, & Klopfer, 2017). *Radix Endeavor* 게임이 다루는 영역 중 하나는 진화이다. 플레이어들은 진화에 있어 서로 다른 선택압(selective pressure)으로 인해 개체의 형질이 어떻게 변하고 미래에 어떻게 변화할지를 이해해야 한다. 진화 퀘스트 라인 중 하나에서, 플레이어는 여러 지역에 걸친 조류(birds)의 특성 차이를 탐색하기 위해 게임 내 도구를 사용하여 개별 새 부리에 대한 미시적 수준의 데이터를 수집하고 패턴을 식별한다. 그런 다음 evo globe 도구([그림 16.5])를 사용하여 거시적 수준에서 시뮬레이션을 실행한다. 예를 들어, 그들은 각 조류 개체군의 부리가 시간이 지남에 따라 어떻게 진화하는지 보기 위해 이용 가능한 먹이 공급원과 관련된 특정 환경 요인을 조정할 수 있다. 이 증거에 기초하여, 새들의 환경에 대한 다른 발견들과 함께, 플레이어들은 각 개체군 내의 다양한 형질의 차이에 대한 그들 자신의 설명을 발전시킬 수 있다.

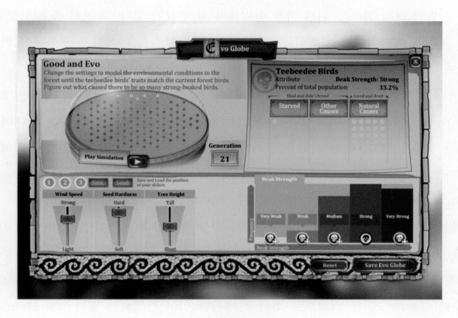

그림 16.5
The evo globe in *Radix Endeavor*(Clarke-Midura, Rosenheck, & Groff, 2015)

이 특별한 예는 흥미로운 의문을 제기한다. 우리는 플레이어들에게 게임에서 일어나고 있는 것을 통제할 수 있는 능력을 주고 싶지만, 한편 진화에 있어서 대리자(agency)에 대한 오개념을 도입하거나 강화하기를 원하지 않는다. 시스템에서 비현실적인 대리자(agency)를 만드는 것은 인기 있는 게임 *Spore*에 대한 비판이었다(Bohannon, 2008). STEM 게임은 플레이어에게 오개념을 만들거나 강화하는 대신 STEM 영역에 대한 정확한 아이디어를 강화하는 방식으로 플레이어에게 선택의지와 의사 결정 능력을 제공하도록 설계되어야 한다.

역할(Roles)

　　게임은 종종 플레이어가 특정 역할을 담당하도록 설계된다. 이는 다른 종류의 캐릭터들이 특정 조합으로 사용되어야 하는 다양한 기술을 보유하는 롤플레잉 게임 (role-playing games; RPGs) 장르에서 명백하게 발생한다. 예를 들어, 일반적인 RPG에서 어떤 플레이어는 피해를 막을 수 있고 다른 플레이어는 피해를 일으킬 수 있으며, 그들은 강력한 적과 싸우기 위해 서로 협력해야 할 필요가 있다. 여기서 중요한 것은 자신의 역할에 효과적이기 위해서는 그 특정 역할의 능력을 이해하고 적용해야 한다는 것이며, 또 그에 따라 다른 캐릭터가 작동하는 방식과 맞아야 한다는 것이다.

　　이 아이디어는 STEM 게임에서도 바로 적용될 수 있다. 앞서 언급했던 *Radix Endeavor*는 이 원칙에 기초해 만들어졌다. 플레이어들은 르네상스 같은 시대에서의 과학자 역할을 했고, 해당 지식을 습득하고 적용하는 데 생물학자와 수학자의 역할을 수행하였다. *Quest Atlantis*와 *Quest Atlantis Remixed*(Barab, Thomas, Dodge, Carteaux, & Tuzun, 2005)는 플레이어가 과학 실습을 배우고 게임 세계 밖에서 어떻게 그 학습을 적용할 수 있는지에 대해 생각하는 3D 가상 세계를 만들었다([그림 16.6] 참고). 예를 들어, Taiga 유닛에서, 플레이어들은 과학적 측정, 데이터, 그리고 과학적 추론을 사용하여 왜 물고기들이 그 세계에서 죽어가고 있는지를 알아내야 했다. 이러한 역할 수행(role-playing)은 전적으로 화면 속에서만 일어날 필요는 없다. *Environmental Detectives*(Klopfer & Squire, 2008)에서 학생들은 모바일 휴대 장치를 사용하여 임박한 환경 위기를 해결해야 하는 증강 현실(AR) 롤플레잉 게임에 참여하였다. 게임은 현실적이지만 가상의 시나리오를 바탕으로 실제 장소를 배경으로 하였으며 실제 장소의 많은 특성들을 활용하였다. 학생들은 (가상의) 물이나 공기 질 데이터를 수집하고 분석을 수행하거나 문제를 개선하는 등 실제 세계의 장소나 사건에 의해 유발된 다양한 역할을 수행하였다.

그림 16.6
Quest Atlantis Remixed(Barab, Thomas, Dodge, Carteaux, & Tuzun, 2005)

이러한 각각의 경우 특정 역할이 플레이어에게 부과되거나 플레이어들이 특정 역할을 선택할 수 있다. 이때 플레이어가 선택한 일련의 수행에 따라 플레이어가 자신의 정체성을 만들고 맞춤화할 수 있는 환경이 구성된다. 대체 현실 게임(alternate-reality game)인 *Vanished*(Anderson, 2011)에서 플레이어들은 생명체가 없는 지구와 비슷한 행성을 발견하고 무엇이 잘못되었는지 알아내는 데 도움이 필요한 미래의 존재들과 만나게 되는 시나리오가 제시된다. 플레이어에게 특정 역할이 할당되지는 않지만 측정 테이터 수집, 온라인 게임플레이, 실제 장소 방문, 과학자들과 대화, 이론 논쟁 포럼 참여 등 플레이어들이 할 수 있는 다양한 활동들이 있다. 각 플레이어는 데이터를 수집하거나 이론적으로 분석 또는 측정하는 것과 같은 일들을 수행하였다. 각각은 플레이어에게 할당된 역할은 관련된 수행과 연관되어 있었으며, 실제 과학자들과의 논의를 통해 더욱 강화되었다. 연구에 참여한 교육자들과의 인터뷰 및 포럼의 내용을 분석한 결과, 게임에서 형성된 그룹이 추가적인 문제 해결 활동에 협력하면서 학생들이 과학적인 담론에 깊이 관여하고 심지어 게임 밖으로 학습한 지식을 전이시키는 사례가 많이 나타났다(Klopfer, Haas, Rosenheck, & Osterweil, 2018).

맞춤 콘텐츠와 선별 콘텐츠

위에서 논의된 예시들은 대부분 학교에서 학습용으로 사용하기 위한 목적으로 설계된 게임들이며, 이런 종류의 게임에 많은 관심과 많은 자원이 할애되어 왔다. STEM 학습에 사용되는 게임의 장르를 살펴보면, 검토할 가치가 있는 두 가지 추가적 범주의 게임이 있다. STEM 학습을 위해 명시적으로 만들어진 게임 외에도, 교사들이 STEM 교육에 사용해 온 상용 기성품 게임(Commercial Off-the-Shelf, COTS)의 광범위한 사용과 STEM 학습에 특별히 중점을 두도록 재설계된 COTS 게임의 수정 버전도 있다.

수년간 교사들은 수학과 과학을 가르치기 위해 게임을 사용해왔다. *SimCity, Zoo Tycoon, Roller Coaster Tycoon,* 그리고 "sim"장르의 많은 다른 게임들이 교사들에 의해 교실에서 사용하기 위한 용도로 변경되기도 했다. 최근에는 *Angry Birds*(Sun, Ye, & Wang, 2015)와 *Minecraft*(Bos et al., 2014)와 같은 수학 기반 게임들이 교실에서 사용되도록 수정되었다. 이러한 게임의 기본 시뮬레이션은 교육용으로 변경하여 사용하기에 적절하다. 또한 이러한 게임은 분석의 기초를 형성할 수 있는 상당한 양의 정량적 데이터와 그래픽 표현을 생성한다. 교사들은 학생들이 이러한 학습에 더 많은 관심을 갖도록 학생들이 생성한 데이터를 사용한다고 말한다. 대부분 이러한 사용의 성과는 일화적 수준에서 보고되고 있지만, 연구자들은 sim 장르 이외의 게임을 연구해 왔다. Steinkuehler와 Duncan(2008)은 대규모 멀티플레이어(다중사용자) 온라인 롤플레잉 게임 *World of Warcraft*의 사용과 이 게임에서 플레이어가 참여하는 과학적 수행을 연구하였다. 그들의 연구에 따르면 게임 내에서뿐만 아니라 게임 밖에서 플레이어가 자주 방문하는 토론 게시판에서 플레이어들이 모델링이나 논쟁 같은 과학적인 수행에 정기적으로 참여하는 것을 볼 수 있다.

STEM 게임의 용도를 바꾸어온 과정의 역사는 다른 사람들에게 이러한 게임 중 일부를 수정하도록 영감을 주었다. 잘 알려진 예로는 게임 회사 Electronic Arts로부터 라이선스를 받은 *SimCity*의 교육용 버전인 *SimCity EDU*가 있다. GlassLab이 개발한 이 버전은 시스템적 사고를 강조하고 게임을 중심으로 한 커리큘럼도 제공하였다. 마찬가지로 Shute는 *Crayon Physics*(Shute, Ventura, & Kim, 2013)의 수정 버전인 *Newton's*

*Playground*와 *Plants vs. Zombies*(Shute, Moore, & Wang, 2015)의 수정 버전을 활용하여 본인이 평가받고 있다는 것을 모르게 평가하는 비밀평가 방식인 스텔스 평가(stealth assessment)를 통해 과학 관련 수행을 연구하였다.

교육적 상호작용으로서의 게임

*Sesame Street*와 같은 텔레비전 쇼는 그 시대 아이들이 학교에 입학하기도 전에 읽고 쓸 수 있도록 준비시킴으로써 엄청난 영향을 끼쳤다(Sherry, 2015). 게임과 인터랙티브(상호작용) 미디어가 어린 아이들에게 보다 보편적인 경험이 되면서 STEM 관련 기술을 기르고 STEM에 대한 긍정적인 태도를 강화하는 역할을 하기 위해 교육용 게임은 방송 미디어와 연계되었다. 예를 들어 수학 기반 TV 쇼인 *Cyberchase*는 STEM 기반 주제를 쇼에서 사용하는 용어, 내러티브, 인터랙티브 게임에 통합하여 아이들이 STEM 기반 사고와 문제 해결에 참여하도록 유도하였다. *Cyberchase* 연계 웹사이트에는 시청자들이 프로그램의 주제를 좀 더 깊이 탐색할 수 있게 해주는 인터랙티브 게임들이 포함되어 있다. 이러한 게임을 통해 아이들은 *Pour it*에서 일반적인 모양이 아닌 용기에 물이 얼마나 채워질지 예상해보고, *Estimation Contraption*에서 빠르게 숫자를 추정하거나, *Tessellation*에서 기하학적인 패턴을 만들었다. 이러한 유형의 경험은 아이들이 수학 개념을 배우고 수학에 대한 긍정적인 태도를 개발하는 데 도움을 주었다 (Ferdig, 2013; Fisch, 2003).

5 인지, 동기, 정서, 사회문화 이론에 대한 시사점

지금까지 교육용 게임을 통해 학습자가 STEM 분야에서 세 가지 영역(시스템, 규모 및 수행)을 탐색할 수 있는 방법을 살펴보았다. 다음으로 인지적, 정서적, 사회문화적 영역의 이론에 비추어 교육용 게임의 의미에 초점을 맞추고, STEM 학습 및 교육에 대한 이러한 이론의 시사점을 논의한다.

여전히 많은 연구의 주요 결과가 학생들의 개인 수준의 학습에 그치고 있긴 하지만, 게임은 학습 내용 및 절차적 지식, 협업, 디자인, 정서적·동기적 영향, 사회적 상호작용을 포함한 많은 학습 결과를 촉진시킬 수 있는 잠재력을 가지고 있다(Cheng et al., 2015; 이 책 5장 참고). 당연히 연구자들은 게임에서 개인 수준의 학습이 어떻게 일어나는지를 설명하기 위해 다양한 이론적 틀을 사용한다(예를 들어 행동주의, 구성주의 등). 이러한 이론적 틀은 서로 연결되지 않고 때로는 서로 모순되는 것처럼 보이기도 한다. 게임은 학습자를 새로운 지식을 구성할 수 있는 환경에 배치하고, 학생들이 기술을 배우고 연습하도록 동기를 부여하며, 그리고 게임 내에서 다른 학생들과 함께 학생들을 수행 공동체에 안내함으로써 상황 학습을 가능하도록 한다(Lave & Wenger, 1990; 이 책 7장 참고). 상황 학습 이론은 학생들이 어떻게 게임기반 교육으로부터 도움을 얻는가를 설명하기 위한 가장 중요한 이론적 틀이다.

특정 아이디어 또는 개념을 중심으로 학습자를 수행 공동체에 통합하면 상황 학습을 촉진할 수 있다. 신중하게 구성된 게임 환경은 학습자에게 맥락, 양질의 작업을 정의하는 지침, 게임을 플레이하는 동안 상호작용할 다른 플레이어나 캐릭터 그룹을 제공함으로써 대리(proxy)적 수행 공동체가 될 수 있다. 기술과 지식을 학습하기 위한 맥락을 제공하는 것 뿐 아니라 게임 그 자체도 우수한 교사의 역할을 수행할 수 있다(Squire & Klopfer, 2007). 플레이어는 과학자들이 진화를 연구할 때 만드는 암묵적 가정(tacit assumptions)에 대해 배우거나 인지 도제 과정의 시뮬레이션을 통해 엔지니어가 어떻게 내진 설계를 하는지 배운다(Brown, Collins, Duguid, 1989). 우수한 교사가 하는 것처럼 학습자의 현재 역량에 과제를 맞추는 것과 같은 학습에 대한 아이디어는 상황 학습 이론의 도제(apprenticeship) 개념과 "근접 발달 영역(zone of proximal development)"(Cheng et al., 2015; Vygotsky, 1987)이나 학습자의 "역량 체제(regime of competence)"(Gee, 2007) 내에서 작업하는 것과 같은 사회인지적 구성주의에 모두 존재한다. 게임은 처음에는 초보자에게 많은 지원(스캐폴딩)을 제공하지만 플레이어가 게임을 할 수 있는 지식을 가지고 있음을 보여줌에 따라 시간이 지나면서 점차 지원이 사라진다.

도제와 유사한 방식으로, 게임은 활동의 간단한 표현들로 시작하고, 해당 수준에서 연습을 반복하도록 하며, 학습자가 역량을 입증함에 따라 점진적으로 복잡성을 추가하고 지원을 줄여나간다. 시뮬레이션 기반의 게임은 추상적인 개념을 이해하는 데 도움이 되는 방식으로 표현함으로써 학습자들이 과학적 실험과 같은 주제를 이해하는 데 도움을 주고, 학생들이 가상(virtual)의 재료를 가지고 이리 저리 살펴보고 만지작거리고(mess around), 기술을 효과적으로 개발하고, 추가 재료 비용에 대한 부담없이 실패를 허용하도록 도와준다(Thompson et al., 2016; Triona & Klahr, 2003).

아이들은 선천적으로 호기심이 많고 복잡한 문제 해결 능력이 있다. 그러나 수학과 과학은 새로운 언어를 배우는 것과 동시에 세계를 보고 설명하는, 반직관적으로 보일 수 있는 접근 방식을 학습하는 것이다(Gee, 2007). 예를 들어, 입문 물리학은 종종 학습자들에게 마찰이 없는 세계를 가정하도록 요구한다. 이것이 수학적 계산을 단순화할지는 모르지만, 학생들의 경험과는 모순된다. Sun, Ye와 Wang(2015)은 상업용 게임을 활용한 게임기반 교수법을 통해 학생들이 *Cut the Rope*를 이용하여 진자(pendulums) 개념을 학습하거나, *Angry Bird Space*를 이용하여 원형 운동과 같은 물리적인 개념을 탐구할 수 있다는 사실을 발견하였다. 이 게임들은 물리학 문제에 대한 맥락을 제공하여 학생들이 새로운 아이디어를 탐색하고 새로운 아이디어를 그들의 기존 지식 기반에 동화시키도록 하였다. 게임 구조의 다른 측면도 학습을 촉진할 수 있다. 특히, 이러한 게임은 시뮬레이션의 복잡성을 평준화하거나 점진적으로 증가시켜 학생 경험을 더 잘 나타내도록 함으로써 학습 상황에 스캐폴딩을 제공하는 데 도움을 주었다(Sun, Ye, & Wang, 2015).

게임은 측정 가능한 명시적 학습으로 곧바로 전이되지 않을 수 있지만 학습을 가속화하고 향상시키기 위한 추가적인 교육의 기반이 되는 학습의 예비 단계를 나타낼 수 있다. 이 일의 대부분은 미래 학습을 위한 준비의 원칙에 기초한다(Bransford & Schwartz, 1999; 이 책 1장 참고). 이 이론을 시험하는 한 가지 좋은 예로는 통계 원리를 가르치기 위해 사용한 *Space Invaders*의 변형판인 *Stats Invaders*에 대한 Arena와 Schwartz(2014)의 연구를 들 수 있다. 그들의 연구는 게임을 하는 것이 명시적인 학습으로 이어지지 않을 수도 있지만, 게임은 추가적인 학습 경험과 결합되어 상당한 학습 성과를 만들어 낸다는 것을 발견하였다.

학습은 여러 각도에서 연구되어 온 복잡한 과정이다. 인지 과학과 심리학의 구인들은 게임 설계와 구현의 다양한 측면에서 학습 성과가 어떻게 나오는지를 이해하고 조사하는 데 유용한 관점을 제공할 수 있다. 게임 설계는 사람들이 학습하는 방식에 대한 설계자들의 인식론적 믿음과 생각을 드러낸다. Plass와 연구진(2015)은 학습 이론이 게임의 아키텍처에 복잡하게 얽혀져 있음을 관찰하였다: 플레이어의 선택의 폭이 거의 없고, 피드백이 거의 없는 게임은 학습에 대한 행동주의적 관점을 암시하는 반면, 플레이어가 도전 과제를 선택하고 가상의 산출물을 만들고 협력할 수 있는 게임은 학습에 대한 구성주의적 관점을 제시한다.

학습에 대한 인지주의적인 관점은 개인의 학습 과정(processes)과 능력(capabilities)을 설명하는데, 교육용 게임을 설계하고 연구하는 데 유용하다. 인지 부하 이론은 최적의 교수 설계는 정보를 처리하는 뇌의 능력에 대한 이해를 기반으로 이루어진다고 제안한다(Sweller, 1988; Van Merrienboer & Sweller, 2005). 인지 과학자들은 정보를 더 작은 조각으로 나누고 중복성을 제거하며 시각 및 청각 정보를 동기화(synchronize)함으로써 인지 부하를 줄이기 위하여, 연구에 기반한 권고안을 멀티미디어 학습 환경 설계자들에게 제안한다(Mayer & Moreno, 2003, 이 책 5장). 교육자들이 실험실 기반의 인지 과학 연구 결과들을 복잡한 교육 환경에 적용하려는 노력과 함께 학습 인지 이론은 게임 설계와 연구에 지속적인 정보를 제공할 것이다(Brown, Roediger, & McDaniel, 2014, 이 책 4장).

게임기반 학습의 일부 요소는 다양한 유형의 문제 삽입(interleaving), 간격을 둔 반복 학습 에피소드, 경험에 대한 지속적인 피드백 제공 등 인지 과학자들의 권고사항과 일치한다(Deans for Impact, 2016). 전통적으로, 새로운 개념을 배우는 학생들은 문제 해결 전략의 유형에 따라 그룹화되거나 차단된 연습 문제가 주어졌다. 인지 과학자들은 학습 과정 초기에 다양한 유형의 문제를 끼워넣으면 더 깊은 이해를 촉진한다는 것을 발견하였다(Rohrer, Dedric, & Stershic, 2015). 더불어 학습을 짧은 시간 프레임으로 압축하는 것보다 시간이 지남에 따라 학습 에피소드 간의 간격을 늘리는 것도 정보의 학습 및 암기에 도움이 된다(Brown et al., 2014). 게임은 설계상 이 두 가지 권장 사항을 모두 충족한다. 게임은 시간을 두고 계속 다시 플레이할 수 있으며, 유사한 기술을 반복적으로 연습할 수 있지만 다양한 방식이 존재하는 개방형(open-ended)이기 때문에 플레이어는 다른 전략을 선택하고 시도해야 한다. 동일한 전략이 같은 게임 안에서 하나의 상황에서는 잘 작동하지만 다른 상황에서는 잘 작동하지 않을 수 있다(Gee, 2007). 피드백은 플레이어가 게임을 계속할 수 있도록 동기를 부여하는 한 가지 방법으로, 피드백은 게임 설계에 통합되어 있기 때문에 플레이어들은 자신의 진행 상황을 모니터링할 수 있다. 교육적인 맥락에서 지속적인 피드백을 통해 학습자는 자신의 학습과 진행 상황에 대한 소유권(ownership)을 갖고 자기조절 학습자가 될 수 있다. 피드백은 교사들에게 매우 도움이 된다; 학생들의 진행 상황을 모니터링하면 교사들이 효과적으로 수업을 계획하고 문제와 이슈들을 해결할 수 있게 해준다. 게임기반 평가(game-based assessment)는 교사와 학생에게 학생의 이해 정도를 보여주는 메커니즘을 제공할 수 있는 큰 가능성을 가지고 있다(Clarke-Midura et al., 2015; Shute et al., 2013).

Ryan과 Rigby가 논의한 바와 같이, 참여와 동기 부여는 종종 교육용 게임의 행동 유도성(affordance)으로 인용된다(이 책 6장). 게임은 학생들이 유전학(예: Annetta et al., 2009)과 같은 과학 커리큘럼과 수학(Divjak & Tomić, 2011; Ke, 2008)에 참여하고 STEM 직업에 대한 관심을 불러일으키는 데 도움이 될 수 있다. 게임은 초기 성공 경험을 제공하고 과제의 난이도를 서서히 높여가는 잘 짜여진 경험을 통해 STEM에서 학생들의 자기효능감을 높이는 데 도움이 될 수 있다(Chen & Usher, 2013). 게임은 자기효능감을 키우는 것 이외에도 학생들이 가상의 수행 공동체에 참여하고, 잠재적 과학자(또는 수학자)로서의 정체성을 형성하고, 과학 관련 직업에 대한 관심을 갖도록 한다(Squire & Klopfer, 2007). STEM 진로와 함께 STEM 기술 및 수행에서 자기효능감을 키우고 STEM 관련 진로를 이해함으로써, 학습자가 STEM 아이디어를 더 잘 이해할 수 있도록 돕고 STEM 관련 진로 선택을 고려할 수 있도록 장려한다.

잘 디자인된 게임은 플레이어들에게 흥미를 유발하고 게임을 계속하도록 동기를 부여한다(Boyle et al., 2012; Zimmerman, 2011). 교육용 게임은 학습을 촉진하기 위해 오락적 동기 부여와 참여를 활용하는 것을 목표로 한다. 지식 습득과 참여의 두 가지 목표는 연구자들이 게임이 제공한다고 생각하는 주요한 교육적 성과이다. 그러나 선행 연구들은 이러한 두 가지 성과와 게임기반 학습 사이의 연결에 대해 서로 다른 근거를 제시하고 있다. 최근 두 개의 메타 분석 연구에서 Girard, Ecalle 및 Magnan(2013)은 학습에 대한 증거는 존재하지만 동기가 증가했다는 증거는 없다고 결론 내렸고, Boyle 등(2012)은 동기에 대한 증거는 강력하지만 학습에 대한 증거는 약하다고 결론지었다. 이러한 상반된 결과는 교육용 게임에 사용되는 다양한 목표, 학습 성과 및 구현 전략에서 비롯될 수 있다(Wouters et al., 2013). 향후 교육용 게임의 연구 간의 비교를 가능하게 하기 위해, 교육용 게임 관련 연구들은 게임 설계 자체뿐만 아니라 게임을 교실에서의 학습 경험으로 포함시킬 수 있도록 하기 위해 학습자와 교사에게 제공되는 게임 관련 교수학습 자료와 경험들 또한 자세히 기술하고 논의해야 할 것이다.

게임기반 교육의 미래를 위한 초점은 게임 설계가 이론적인 아이디어와 어떻게 관련되어 있으며, 또 의도된 학습, 동기 부여, 정서적 및 사회문화적 성과와 어떻게 관련되는지 이해하는 것이다. 게임을 설명하기 위해 공통으로 사용할 수 있는 용어를 설정하면 연구자들이 그들 자신의 설계를 구체화하고 다른 사람들의 접근 방식을 더욱 명확하게 이해할 수 있을 것이다. 게임 구현에 대한 명확하고 포괄적인 설명은 성과를 이해하는 데도 유용하다. 게임이 학습자들에게 어떻게 소개되는가? 플레이어들은 경험을 통해 배운 것을 어떻게 반영하는가? 게임은 종종 실제 경험과 실제적인 결과의 대용물(proxy)이기 때문에 학습자가 게임에서 배운 것을 자신의 삶에 얼마나 전이시킬 수 있는지 연구하는 것이 매우 중요하다. 지금까지 게임 내에서의 학습과 보다 현실적인 상황으로의 전이 사이의 명확한 연관성을 규명하는 교육용 게임에 대한 연구는 거의 없다(Girard, Ecalle, & Magnan, 2013). 또한, 게임의 설계 측면과 그에 수반되는 수행 전략, 그리고 학습, 동기 부여, 정서적 및 사회문화적 개념과 관련된 성과 사이에 연관성을 찾는 것이 필요할 것이다. 예를 들어, 게임에서 전이는 추상적인 표현들과 어떻게 관련되는가? 특정 개념적 아이디어와 비교하여 동기 학습 성과에 가장 적합한 유형의 게임 설계는 무엇인가? 게임은 학습자들이 STEM 교육에 널리 사용되는 복잡한 시스템과 모델을 이해하는 데 어떻게 도움이 되는가? 교실에서 게임을 성공적으로 사용하는 데 수반되는 자료와 교사 제시 방법은 어떤 역할을 하는가? 게임에서 비롯되는 정체성 형성은 시간이 지나도 지속되고 향후 교과 선택에 영향을 미치는가?

교육용 게임 분야는 게임의 폭넓은 접근 방식, 예제 및 응용 프로그램으로부터 도움을 받았지만, 이러한 다양성(variety)은 교육 연구자들과 게임 설계자가 사용할 수 있는 응집력있는 긴밀히 연계된 작업물로서 게임의 다양한 요소들을 조직화하고 체계화하는 것을 어렵게 한다. 인지주의, 구성주의, 상황학습 및 기타 학습 이론은 게임 설계와 게임의 교육적 성과를 교육학 연구의 더 큰 영역 내에서 이해하는 데 도움이 된다. 지금까지의 연구들은 특정 학습 이론을 구체화하지 않고(Cheng et al., 2015), 학습 이론을 게임의 실행은 고려하지 않은 채 게임 설계에만 적용하는 경우가 많았다(Li & Tsai, 2013). 교육용 게임의 설계, 실행 및 연구 활동 전반에 걸쳐 학습 이론을 통합하면 개별 연구의 결과가 교육용 게임 설계 및 실행의 더 넓은 분야에 정보를 제공할 수 있다.

7 게임기반 학습의 설계에 대한 시사점

잘 설계된 STEM 게임은 학생들이 시스템 및 규모와 같은 STEM의 영역을 관통하는 개념에 대해 배우고, STEM 수행에 참여하며(Bressler & Bodzin, 2013), STEM을 배우고 STEM 진로를 고려하도록 동기를 부여하는 데(Divjak & Tomic, 2011; Gilliam et al., 2017) 도움이 되는 학습 여건(행동유도성)을 제공한다. (성과 측면에서) 성공적인 STEM 게임을 구축하기 위한 원칙은 여기에 설명된 연구와 증거들을 쌓아가는 것에 달려있다. 연구 기반과 STEM 게임을 설계하고 실행한 경험을 바탕으로 교육용 STEM 게임을 설계하기 위한 네 가지 아이디어를 제안한다.

1. *콘텐츠를 게임플레이에 연결한다.* 이것이 게임화(gamification)와 STEM 게임의 주요 차별화 요소이다. 고품질 STEM 게임의 주요 활동은 플레이어들을 게임 세계에서 직접 STEM 수행과 활동에 참여시키는 것이다.
2. *몇 가지 독특한 STEM 게임 특성(시스템, 규모, 역할 등)을 사용한다.* 시스템 시뮬레이션, 규모 탐색 및 실습 활용을 기반으로 하는 STEM 게임은 STEM 게임의 고유한 특성을 활용하여 학습을 촉진시킨다.
3. *스캐폴딩과 내러티브를 통해 학습을 지원한다.* 시뮬레이션의 도전 과제 중 하나는 독립적이고 개방적인 성격이다. 게임은 플레이어가 게임의 내러티브에 참여하여 필요한 구조, 안내된 경험, 정체성 형성을 경험할 때 상황 학습을 제공할 수 있다.
4. *데이터를 수집하고 피드백을 제공한다.* STEM 게임에서 플레이어가 수행하는 수많은 작업은 모델 및 시스템에 기반하여 구축된다는 사실은 플레이어가 수행하는 작업에 대한 데이터를 수집하고 학생과 교사에게 피드백을 제공할 수 있는 완벽한 기회를 제공한다.

이러한 원칙을 따르는 교육용 게임은 다양한 학습자들에게 STEM 분야에서 상호작용적이고 매력적인 경험을 제공할 수 있다(Mayo, 2009). 교육용 게임의 행동유도성(affordances)은 아이들이 STEM 자료를 배우는 데 도움을 줄 수 있는 큰 잠재력을 가지고 있다. 그러나 이러한 연결고리를 굳히기 위해서는 추가적인 연구가 필요하다(Boyle et al., 2016; Clark et al., 2011; Giessen, 2015; Girard et al., 2013). 교육용 게임에 대한 상당한 자원 투자와 연구에도 불구하고, 여전히 답하지 못하는 근본적인 질문들이 많이 남아 있다(Clark et al., 2014; Sherry, 2015). 교육용 게임 분야는 게임의 특징이 학습과 어떻게 관련되는지, 게임이 가장 잘 다룰 수 있는 교육 목표를 선택하는 방법이 무엇인지, 그리고 고품질 게임이 달성해야 하는 목표 유형을 이해하기 위해 이론적 근거가 탄탄하고, 경험적으로 뒷받침될 수 있는 프레임워크의 도움을 받을 수 있다.

참고문헌

American Association for the Advancement of Science(AAAS).(1994). *Benchmarks for science literacy*. New York, NY: Oxford University Press.

Anderson, M.(2011, March). Vanished: A mystery game at the Smithsonian. *Wired*. https://www.wired.com/2011/03/mystery−game−vanished−at−the−smithsonian/

Annetta, L. A., Minogue, J., Holmes, S. Y., & Cheng, M. T.(2009). Investigating the impact of video games on high school students' engagement and learning about genetics. *Computers & Education, 53*(1), 74-85.

Arena, D. A., & Schwartz, D. L.(2014). Experience and explanation: Using videogames to prepare students for formal instruction in statistics. *Journal of Science Education and Technology, 23*(4), 538-548.

Barab, S., Thomas, M., Dodge, T., Carteaux, R., & Tuzun, H. (2005). Making learning fun: Quest Atlantis, a game without guns. *Educational Technology Research and Development, 53*(1), 86-107.

Beier, M., Miller, L., & Wang, S.(2012). Science games and the development of scientific possible selves. *Cultural Studies of Science Education, 7*(4), 963-978.

Bohannon, J.(2008). Flunking Spore. *Science, 322*(5901), 531.

Bos, B., Wilder, L., Cook, M., & O'Donnell, R.(2014). Learning mathematics through Minecraft. *Teaching Children Mathematics, 21*(1), 56-59.

Boyle, E. A., Connolly, T. M., Hainey, T., & Boyle, J. M.(2012). Engagement in digital entertainment games: A systematic review. *Computers in Human Behavior, 28*(3), 771-780.

Boyle, E. A., Hainey, T., Connolly, T. M., Gray, G., Earp, J., Ott, M., ⋯ Pereira, J.(2016). An update to the systematic literature review of empirical evidence of the impacts and outcomes of computer games and serious games. *Computers & Education, 94*, 178-192.

Bransford, J. D., & Schwartz, D. L.(1999). Chapter 3: Rethinking transfer: A simple proposal with multiple implications. *Review of Research in Education, 24*(1), 61-100.

Bressler, D. M., & Bodzin, A. M.(2013). A mixed methods study of students' flow experiences during a mobile augmented reality science game. *Journal of Computer Assisted Learning, 29*(6), 505-517.

Brown, J. S., Collins, A., & Duguid, P.(1989). Situated cognition and the culture of learning. *Educational Researcher, 18*(1), 32-42.

Brown, P. C., Roediger, H. L., & McDaniel, M. A.(2014). *Make it stick*. Cambridge, MA: Harvard

University Press.

Chen, J. A., & Usher, E. L.(2013). Profiles of the sources of science self-efficacy. *Learning and Individual Differences, 24*, 11-21.

Cheng, M. T., Chen, J. H., Chu, S. J., & Chen, S. Y.(2015). The use of serious games in science education: A review of selected empirical research from 2002 to 2013. *Journal of Computers in Education, 2*(3), 353-375.

Cheng, M. T., Rosenheck, L., Lin, C. Y., & Klopfer, E.(2017). Analyzing gameplay data to inform feedback loops in The Radix Endeavor. *Computers & Education, 111*, 60-73.

Clark, D., Tanner-Smith, E., & Killingsworth, S.(2014). *Digital games, design and learning: A systematic review and meta-analysis*(executive summary). Menlo Park, CA: SRI International.

Clark, D. B., Nelson, B. C., Chang, H. Y., Martinez-Garza, M., Slack, K., & D'Angelo, C. M.(2011). Exploring Newtonian mechanics in a conceptually-integrated digital game: Comparison of learning and affective outcomes for students in Taiwan and the United States. *Computers & Education, 57*(3), 2178-2195.

Clarke-Midura, J., Rosenheck, L., & Groff, J.(2015). Designing games for learning and assessment: The Radix Endeavor. In M. Bers & G. Revelle(Eds.), *Proceedings of the 14th International Conference on Interaction Design and Children*(pp. 343-346). Boston, MA: ACM.

Cooper, S., Khatib, F., Treuille, A., Barbero, J., Lee, J., Beenen, M., ⋯ Popović, Z.(2010). Predicting protein structures with a multiplayer online game. *Nature, 466*(7307), 756-760.

Corredor, J., Gaydos, M., & Squire, K.(2014). Seeing change in time: Video games to teach about temporal change in scientific phenomena. *Journal of Science Education and Technology, 23*(3), 324-343.

D'Angelo, C., Rutstein, D., Harris, C., Bernard, R., Borokhovski, E., & Haertel, G.(2014). *Simulations for STEM learning: Systematic review and meta-analysis*. Menlo Park, CA: SRI International.

Deans for Impact(2016). *The science of learning*. Austin, TX: Deans for Impact. https://deansforimpact.org/wp−content/uploads/2016/12/The_Science_of_Learning.pdf

Divjak, B., & Tomic, D.(2011). The impact of game-based learning on the achievement of learning goals and motivation for learning mathematics-literature review. *Journal of Information and Organizational Sciences, 35*(1), 15-30.

Ferdig, R. E.(Ed.).(2013). *Design, utilization, and analysis of simulations and game-based educational worlds*. Hershey, PA: IGI Global, Information Science Reference.

Feurzeig, W., & Roberts, N.(Eds.).(2012). *Modeling and simulation in science and mathematics education*. New York, NY: Springer.

Filament Games.(2016). Planet Mechanic. https://www.filamentlearning.com/products/the−sun−

earth－moon－system－unit－planet－mechanic

Fisch, S. M.(2003). *The impact of Cyberchase on children's mathematical problem solving: Cyberchase Season 2 executive summary*. Teaneck, NJ: MediaKids Research and Consulting.

Gee, J. P.(2007). *What video games have to teach us about learning and literacy*(2nd ed.). New York, NY: Palgrave Macmillan.

Giessen, H. W.(2015). Serious games effects: An overview. *Procedia-Social and Behavioral Sciences, 174*, 2240-2244.

Gilliam, M., Jagoda, P., Fabiyi, C., Lyman, P., Wilson, C., Hill, B., & Bouris, A.(2017). Alternate reality games as an informal learning tool for generating STEM engagement among underrepresented youth: A qualitative evaluation of the source. *Journal of Science Education and Technology, 26*(3), 295-308.

Girard, C., Ecalle, J., & Magnan, A.(2013). Serious games as new educational tools: How effective are they? A meta-analysis of recent studies. *Journal of Computer Assisted Learning, 29*(3), 207-219.

Grotzer, T. A., Powell, M. M., Derbiszewska, K. M., Courter, C. J., Kamarainen, A. M., Metcalf, S. J., & Dede, C. J.(2015). Turning transfer inside out: The affordances of virtual worlds and mobile devices in real world contexts for teaching about causality across time and distance in ecosystems. *Technology, Knowledge and Learning, 20*(1), 43-69.

Honey, M. A., & Hilton, M.(2010). *Learning science through computer games and simulations*. Washington, DC: National Academies Press.

Ke, F.(2008). A case study of computer gaming for math: Engaged learning from gameplay? *Computers & Education, 51*(4), 1609-1620.

Kebritchi, M., Hirumi, A., & Bai, H.(2010). The effects of modern mathematics computer games on mathematics achievement and class motivation. *Computers & Education, 55*(2), 427-443.

Klopfer, E., Haas, J., Rosenheck, L., & Osterweil, S.(2018) *Resonant games*. Cambridge, MA: MIT Press.

Klopfer, E., & Squire, K.(2008). Environmental detectives-the development of an augmented reality platform for environmental simulations. *Educational Technology Research and Development, 56*(2), 203-228.

Kozhevnikov, M., Gurlitt, J., & Kozhevnikov, M.(2013). Learning relative motion concepts in immersive and non-immersive virtual environments. *Journal of Science Education and Technology, 22*(6), 952-962.

Lave, J., & Wenger, E.(1998). *Communities of practice*. New York, NY: Cambridge University Press.

Li, M. C., & Tsai, C. C.(2013). Game-based learning in science education: A review of relevant research. *Journal of Science Education and Technology, 22*(6), 877-898.

Linn, M. C., Chang, H-Y., Chiu, J., Zhang, H., & McElhaney, K.(2010). Can desirable difficulties overcome deception clarity in scientific visualizations? In A. S. Benjamin(Ed.), *Successful remembering and successful forgetting: A Festschrift in honor of Robert A. Bjork*. New York, NY: Routledge.

Liu, J.(2012, June). Dragonbox: Algebra beats angry birds. *Wired*. https://www.wired.com/2012/06/dragonbox/

Mayer, R. E., & Moreno, R.(2003). Nine ways to reduce cognitive load in multimedia learning. *Educational Psychologist, 38*(1), 43-52.

Mayo, M. J.(2009). Video games: A route to large-scale STEM education? *Science, 323*(5910), 79-82.

Morris, B., Croker, S., Zimmerman, C., Gill, D., & Romig, C.(2013). Gaming science: The "Gamification" of scientific thinking. *Frontiers in Psychology, 4*, 607.

National Governors Association Center for Best Practices, & Council of Chief State School Officers. (2010). *Common Core State Standards for mathematics*. Washington, DC: Authors.

National Research Council(NRC).(2011). *Successful K-12 STEM education: Identifying effective approaches in science, technology, engineering, and mathematics*. Washington, DC: National Academies Press.

NGSS Lead States.(2013). *Next generation science standards: For states, by states*. Retrieved from http://www.nextgenscience.org/

Perry, J., & Klopfer, E.(2014). UbiqBio: Adoptions and outcomes of mobile biology games in the ecology of school. *Computers in the Schools, 31*(1-2), 43-64.

Plass, J. L., Homer, B. D., & Kinzer, C. K.(2015). Foundations of game-based learning. *Educational Psychologist, 50*(4), 258-283. doi:http://dx.doi.org/10.1080/00461520.2015.1122533

Reese, D. D.(2007). First steps and beyond: Serious games as preparation for future learning. *Journal of Educational Multimedia and Hypermedia, 16*(3), 283.

Reid, S., Jennings, H., & Osterweil, S.(2013). It's all in how you play the game: Increasing the impact of gameplay in classrooms. In Y. Baek & N. Whitton(Eds.), *Cases on digital game-based learning: Methods, models, and strategies*(pp. 411-424). Hershey, PA: IGI Global.

Resnick, M.(1997). *Turtles, termites, and traffic jams: Explorations in massively parallel microworlds*. Cambridge, MA: MIT Press.

Rocha, M., Tangney, B., & Dondio, P.(2016). A survey of digital games used in Irish schools: The drill and practice has turned digital. In P. Felicia, N. Peirce, M. Brady, & A. Devitt, *Proceedings of the 6th Irish Conference on Game-Based Learning*, Dublin(pp. 53-60).

Rohrer, D., Dedrick, R. F., & Stershic, S.(2015). Interleaved practice improves mathematics learning. *Journal of Educational Psychology, 107*(3), 900.

Schmidt, J. R., & Polik, W. F.(2015). WebMO Enterprise, version 13.0. Holland, MI: WebMO LLC.

Sherry, J. L.(2015). Formative research for STEM educational games. *Zeitschrift für Psychologie*. Retrieved from https://msu.edu/~jsherry/Site/STEM.pdf

Shute, V. J., Moore, G. R., & Wang, L.(2015). Measuring problem solving skills in Plants vs. Zombies 2. International Educational Data Mining Society. http://files.eric.ed.gov/fulltext/ED560876.pdf

Shute, V. J., Ventura, M., & Kim, Y. J.(2013). Assessment and learning of qualitative physics in Newton's Playground. *Journal of Educational Research, 106*(6), 423-430.

Siew, N. M., Geofrey, J., & Lee, B. N.(2016). Students' algebraic thinking and attitudes towards algebra: The effects of game-based learning using Dragonbox 12+ app. *Electronic Journal of Mathematics & Technology, 10*(2).

Soloway, E., Jackson, S. L., Klein, J., Quintana, C., Reed, J., Spitulnik, J., ⋯ Scala, N.(1996). Learning theory in practice: Case studies of learner-centered design. In *Proceedings of the SIGCHI Conference on Human Factors in Computing Systems*(pp. 189-196). ACM.

Squire, K., & Klopfer, E.(2007). Augmented Reality Simulations on Handheld Computers. *Journal of the Learning Sciences, 16*(3), 371-413.

Steinkuehler, C., & Duncan, S.(2008). Scientific habits of mind in virtual worlds. *Journal of Science Education and Technology, 17*(6), 530-543.

Sun, C. T., Ye, S. H., & Wang, Y. J.(2015). Effects of commercial video games on cognitive elaboration of physical concepts. *Computers & Education, 88*, 169-181.

Sweller, J.(1988). Cognitive load during problem solving: Effects on learning. *Cognitive Science, 12*(2), 257-285.

Thompson, M., Tutwiler, S., Kamarainen, A., Metcalf, S., Grotzer, T., & Dede, C.(2016). *Examining middle school students' pathways through experimentation via a virtual simulation*. Baltimore, MD: National Association for Research in Science Teaching(NARST).

Triona, L. M., & Klahr, D.(2003). Point and click or grab and heft: Comparing the influence of physical and virtual instructional materials on elementary school students' ability to design experiments. *Cognition and Instruction, 21*(2), 149-173.

Van Merrienboer, J. J., & Sweller, J.(2005). Cognitive load theory and complex learning: Recent developments and future directions. *Educational Psychology Review, 17*(2), 147-177.

Vygotsky, L.(1987). Zone of proximal development. *Mind in society: The development of higher psychological processes*. Cambridge, MA: Harvard University Press.

Wieman, C. E., Adams, W. K., & Perkins, K. K.(2008). PhET: Simulations that enhance learning.

Science, 322(5902), 682–683.

Wouters, P., van Nimwegen, C., van Oostendorp, H., & van der Spek, E. D.(2013). A meta-analysis of the cognitive and motivational effects of serious games. *Journal of Educational Psychology, 105*(2), 249–265.

Zimmerman, C.(2011). Developing scientific thinking in the context of video games: Where to next? In F. Blumberg(Ed.), *Learning by playing: Video gaming in education*(pp. 54–68). New York, NY: Oxford University Press.

17

언어학습을 위한 환경으로서의 디지털 게임

Jonathon Reinhardt & Steven L. Thorne(신자란 역)

1 학습, 언어, 그리고 게임

　　인간 발달은 여러 가지 요인에 의해 촉진될 수 있다. 예를 들어, 새로운 사회적, 상징적, 혹은 물질적 조건에 대한 적응, 개인적 및 협력적 상호작용과 문제를 해결할 수 있는 기회, 그리고 그에 따른 의사 결정 등이 있다. 학습은 많은 양의 노력을 요하는 참여이다. 또한, 학습은 동기, 긍정적인 정서, 중요한 사회적 관계의 구축과 유지, 그리고 복잡하고 숙달하기 어려운 다양한 종류의 활동을 추구하는 것에서 오는 기쁨과 밀접하게 연관되어 있다. 디지털 게임하기, 좀 더 광범위하게는 발달적으로 생산적인 활동의 한 형태인 유희적 참여는 다양한 요소들을 결합한다.

　　컴퓨터 사용의 초기 시대와 인터넷에 대한 대중적 접근의 출현까지 확장해보면, 특히 지난 10년 동안 디지털 게임 형태의 놀이 환경에 대한 관심이 폭발적으로 증가했다. 하드웨어와 네트워킹 기술의 발전에 힘입어 디지털 게임의 성숙과 함께 사용 가능한 게임의 유형과 장르, 플레이어의 수와 다양성 및 지리적 분포가 기하 급수적으로 증가했다. 글로벌 비디오 게임 산업은 수익과 마찬가지로 전례 없는 속도로 성장하고 있다. Newzoo가 2018년 4월에 발행한 보고서는 전 세계적으로 23억 명의 게이머가 137.9억 달러를 지출할 것으로 예상했다. 이는 2017년도 수치보다 13.3% 증가한 것이다. 2018년 10월 출시된 *Red Dead Redemption 2*는 출시된 첫 주에 725만 달러를 벌어들였는데, 이는 가장 큰 수익을 창출했던 영화인 어벤져스: 인피니티 워(Avengers: Infinity War; 640만 달러)의 개봉 첫 주 수입보다 컸다(Crecente, 2018). 2016년에는 20개국이 게임 산업에서 5억 달러 이상의 수익을 올렸으며(Statista, 2018), 게임 개발자에 대한 위키피디아 항목에 따르면 비디오 게임은 40개국 이상에서 개발되었다(Reinhardt, 2019). 따라서 비디오 게임이 국제 시장의 여러 공용어로 제작되고 번역되는 것은 당연한 일이다. 게다가, 새로운 게임 타이틀에 대한 전 세계적 관심은 해당 타이틀이 모든 언어로의 유통 및 가용성을 보장하지 않는다는 점에서, 전 세계 수백만 명의 사람들이 그들의 모국어가 아닌 외국어(종종 영어 또는 좀 더 광범위한 의사소통을 위해 사용되는 언어)로 게임을 하고 있다는 것 역시 당연한 일이다.

게임은 전 세계적으로 다양한 언어 및 문화권, 휴대 전화에서부터 개인용 컴퓨터 및 콘솔에 이르기까지 여러 장치에 걸쳐 퍼져 있기 때문에, 복잡하고 이질적인 온라인 커뮤니티와 언어적/문화적 관습을 낳았다(Thorne & Black, 2007). 게임은 사실상 시간이 지남에 따라 플레이어가 더 높은 수준의 기술과 도전을 할 수 있도록 의도적으로 설계된 학습 환경이다. 게임의 기능과 기술은 점점 "기능성 게임" 운동으로 묘사되는 교육적 목표로 활용되고 있으며, 제2 언어와 외국어(L2) 학습을 위한 게임이 더 많이 출시되고 있다. 부분적으로 오락적인 디지털 게임 중 몇몇 장르가 언어 집약적인 특징이 있기 때문에, 언어 연구자와 교육자들은 상업용 기성 디지털 게임(주로 멀티플레이어 게임)을 L2 사용과 학습을 위한 장으로 이용하는 방법을 탐구하고 있다. 교육, 응용 언어학 및 세계 언어와 같은 현대의 학문 분야에서는, 온라인 게임이 기술 관련 연구 및 교육 혁신의 중심으로 부상했다.

기존 L2 게임 연구, 교육적 혁신 및 설계에 대한 논평은 다음의 8가지 게임기반 L2 학습 행동유도성(affordances)의 렌즈를 통해 구성 및 제시된다: (1) 맥락화 및 언어적 환경, (2) 시간 및 반복적 플레이, (3) 연습을 위한 쉼터, (4) 목표 지향성 및 목적, (5) 언어화(languaging) 및 감각이 충만한 조정, (6) 정체성 수행, (7) 독립성, 그리고 (8) 자율성. 일반적인 개론과 설명, 디지털 게임의 L2 사례에 대해 논의한 후, 전술한 행동유도성을 다룬 연구를 가지고 게임기반의 L2 학습에 대해 토의를 진행할 것이다. 이는 향후 연구, 교육, 그리고 설계의 방향성과 의제를 설정하는데 도움을 줄 것이다. 본 장은 기존 연구의 한계점, 앞으로 해결해야 하는 문제, 그리고 기회 등에 대해 논의하고 마무리할 것이다.

2 게임기반 L2 학습이란 무엇인가?

온라인 게임은 정보 제시를 기반으로 하는 학습 모델로부터 참여형 문제해결, 협력, 사회적 상호작용, 몇몇 경우에는 경쟁을 중시하는 인간 발달 이론으로의 교육적 변화를 상징한다. 최근 연구에 따르면 일부 형태의 게임하기, 특히 멀티플레이어 장르의 온라인 게임은, 전문적인 문해력, 과학적 추론, 맥락화된 참여와 함께 내용 지식과 높은 수준의 문제 해결을 돕는 발달적으로 풍부한 환경을 제공한다(Bogost, 2007; Gee, 2003, 2007; Grimes & Feenberg, 2009; Nardi & Kallinikos, 2010; Plass, Homer, & Kinzer, 2015; Squire, 2006, 2008; Steinkuehler & Duncan, 2008). 심지어 게임하기는 리더십 능력 개발을 위한 역동적인 기회도 제공한다(Thomas & Brown, 2009). 학습을 위한 게임하기에 대한 전반적인 연구는(그리고 특히 언어가 풍부하고 의사소통이 집약적인 환경에서) (1) 자연적 언어 사용과 오락성을 지향하는 게임 환경에서의 언어 학습을 탐구하고 (2) L2 학습을 위해 만들어진 게임 환경에서의 L2학습 과정, 효율성 및 성과를 평가하며 (3) 사용 가능한 모든 증거를 끌어모아서 오락적 게임 경험을 통한 언어 학습을 교육학적으로 확대하고 (예를 들어, 전통적인 교육방법과 결합함으로써; Wouters et al., 2013 참조) 기존의 L2 게임 환경의 발전과 반복적인 개선에 도움을 주기 위해 지속적 탐구를 지지한다. 본 책에서 사용된 용어를 따라, 본 장에서는 "게임기반" 학습이라는 용어를 사용한다. 그러나 우리는 Reinhardt와 Sykes가(2012) 구별했던 "게임기반형"(game-based; L2 학습을 목표로 삼은 게임의 사용을 일컬음)과 "게임강화형"(game-enhanced; 교육적 목표가 아닌 주로 오락성을 강조한 상업용 게임의 사용을 일컬음), "게임활용형"(game-informed; 게임 기술을 교육적 과정과 문맥에 적용하는 것을 일컬음; 이는 게임화라고 주로 일컬어지는 것을 포함한다; L2 상황에 관한 논의는 Reinhardt & Thorne, 2016을 참조)의 구분 또한 인정하고자 한다. 해당 개념을 인지하고 있음을 명시한다.

L2 교실에서 교사는 오랫동안 교육적 기법으로 게임과 시뮬레이션을 사용해왔다. 40년 전 처음 등장한 이래로 디지털 게임은 비공식적 그리고 공식적으로 L2 학습에 사용되어 왔다(Hubbard, 1991; Jones, 1982; Peterson, 2010의 종설 논문 참조). 물론 최근 상업 디지털 게임의 인기 상승이 처음에는 언어 교육, 더 광범위하게는 교육 전반에 걸쳐서 상당한 회의론에 맞닥뜨렸지만, 점차 대중들은 게임의 잠재성—동기를 부여하고, 실제적이며, 인지적 및 언어적으로 복잡하고, 효과적인 학습 환경—을 인정하게 되었다(Gee, 2003, 2007; Squire, 2005; Thorne, Black, & Sykes, 2009). 교육을 위한 기능성 게임 추세에 대한 종설 논문에서, Young과 동료들은(2012) 언어를 가르치기 위해 만들어진 게임은 "지금까지의 교육용 컴퓨터 게임 중 가장 효과적인 사용일 수 있다"는 견해를 말했다(p. 74). 디지털 게임기반형과 게임강화형 언어 학습에 대한 관심의 증거는 책(Mawer & Stanley, 2011; Reinders, 2012; Reinhardt, 2019; Sykes & Reinhardt, 2012), 학술지의 특집호(Cornillie, Thorne, & Desmet, 2012; Reinhardt & Sykes, 2014), 그리고 국제 컴퓨터 지원 언어 학습 학회의 특수 관심 집단(예: EuroCALL과 the Computer-Assisted Language Instruction Consortium, CALICO)을 통해 잘 나타나고 있다.

게임기반 L2 환경 및 앱 외에도, 전 세계의 게이머는 종종 자신의 모국어로 게임에 접근할 수 없기 때문에 L2를 사용하여 게임을 하고 또 게임을 하기 위해 스스럼없이 그 언어를 비공식적으로 익히고 적재적소에 사용하는 방법을 배운다는 것을 다시 강조하는 것이 필요하다(Chik, 2012; Sundqvist & Sylvén , 2012; Thorne, 2008a, 2010; Thorne & Fischer, 2012). 일상 언어를 사용하는 상업용 게임은 사실적이고 실제 사람들이 향유하고 있는 문화적 가공품이며, 이런 측면에서 온라인 게임플레이는 상호작용과 참여를 동반한 의미 있고 문맥화된 목표 지향적인 L2 사용과 학습을 이끌어낼 수 있는 사회문해적(socioliteracy) 관습이다(하지만 특정 장르의 게임 의사소통은 다른 맥락으로의 이전 가능성이 제한될 수 있다; Ensslin, 2012; Thorne, Fischer, & Lu, 2012 참조). 모험, 이야기가 풍부한 역할극, 그리고 협업 멀티플레이어 게임과 관련된 설계는 L2 학습의 역동성을 부가하는 것으로 인식된다; 따라서, 이 분야에서 가장 많이 연구된 장르는 대규모 다중 사용자 온라인 게임(MMO)이다(Peterson, 2016). L2 교육자와 자료 설계자가 상업용 게임의 흥미롭지만 발달적으로도 생산적인 특성을 인식했듯이, 그들은 동시에 게임기반 학습 환경과 특히 L2 학습을 위한 앱을 만드는 것 또한 추구하고 있다. 몇몇 게임은 국지적이고 실험적인 사용을 위해 고안됐고(Cornillie et al., 2012), 아직 철저하게 평가되지는 않았지만 McGraw-Hill의 *Practice Spanish: Study Abroad*와 같은 소수의 게임은 교육 출판사가 개발해 상업적으로 판매되기도 했다.

제2 언어 습득(SLA) 분야의 이론적 다양성을 반영하여, 연구자와 L2 교육 설계자는 구조적 행동주의, 심리언어학-인지적 틀, 그리고 사회문화적 틀과 이에 상응하는 교육적 방법을 사용해왔다(Filsecker & Bündgens-Kosten, 2012; Peterson, 2010; Reinhardt, 2019; Thorne, 2012). 해당 연구는 한편으로는 게임 설계와 게임플레이의 원리와, 다른 한편으로는 제2 언어 습득과 L2 교육, 그리고 언어 사용과 학습의 유사점—예를 들어, 언어적 환경의 질, 목표 지향성, 언어를 매개로 한 상호작용, 피드백, 그리고 이야기 구성과 사건 중심 각본을 통한 문맥화에서—을 인지하였다(Purushotma, Thorne, & Wheat-ley, 2009; Sykes & Reinhardt, 2012). 이와 관련 있는 근거 기반 교육 활동 기회은 언어 발달의 과정과 원리에 영향을 받은 게임기반 L2 학습의 설계를 탐색하고 있다(Cornillie, 2017). 최근 연구자들은 생태학적 개념인 행동유도성(Gibson, 1979)을 사용하고 있다: 행동유도성이란 "몰두와 참여의 기회를 만들어내고 상호주관성(intersubjec-tivity)과 공통의 관심, 다양한 종류의 언어적 해설을 자극할 수 있는 행동 가능성"(van Lier, 2004, p. 81)을 일컫는데, 이는 L2 학습에 관한 특정 게임 설계와 환경의 잠재력을 이해하는데 도움을 준다. 생태학적 관점에서 설계된 게임 구조의 다양한 조합은, 특정 게임플레이 상황에서 실행될 때, L2의 사용과 학습에 관한 역학을 제공한다고 이해할 수 있다(Reinhardt, 2019).

3 게임기반 L2 학습의 예

게임기반형과 게임강화형 L2 학습은 다양한 상황에서 상업용 및 교육용으로 설계된 게임을 사용하면서 일어날 수 있다(예: 평상시 자유분방한 상황, 실험 조건, 그리고 공식적인 학교 환경에서). 본 절에서 우리는 게임플레이와 L2 학습의 관계에 대해 설명한 다양한 연구를 소개한다. 개략적으로 묘사된 유효한 연구는 (a) 오락 게임을 교육활동에 적용한 공식적인(formal) L2 교실에 대한 탐구(Miller & Hegelheimer, 2006; Reinhardt, Warner, & Lange, 2014), (b) 교육적 그리고 오락적 게임플레이에 관한 서술적 및 유사 실험적 연구(Scholz & Schulze, 2017; Zheng, Young, Wagner, & Brewer, 2009), (c) 여러 언어를 사용한 의사소통과 언어 사용, 플레이 스타일에 대한 게이머의 성향 조사(Thorne & Fischer, 2012), (d) 온라인 게임 환경에서 "의사소통 의지"에 대한 탐사 정도(Reinders & Wattana, 2011, 2014), (e) 모바일 게임기반 L2 학습 앱의 설계와 구현에 관한 서술 (Holden & Sykes, 2011; Thorne, 2013), (f) L2 학습을 가능하게 하는 조건으로써 온라인 게임 세계의 언어 복잡성 분석(Thorne et al., 2012), 그리고 (g) 잘 알려진 L2 학습 행동 유도성과 연관된 특정 게임 구조에 초점을 둔 설계 기반 실험에 관한 설명(Cornillie et al., 2012)을 포함한다.

언어 학습을 위한 싱글 플레이어 오락용 게임 사용의 초기 예는 *The Sims*(그리고 관련된 많은 시리즈)이다. *The Sims*는 일상 생활의 활동과 과제를 가상으로 체험할 수 있는 게임으로 다양한 언어로 제작되었다. *The Sims*를 외국어 학습 도구로 약식 평가한 Purushotma(2005)는 게임을 구성하는 어휘와 과업이 전통적인 외국어 교육과정의 실용적이고 일상적인 내용과 유사한 점이 많다는 것을 발견했다. 그 예로는 의류, 음식, 가정 용품, 가구와 집 안의 기능적 공간, 직업, 교통, 이웃 환경, 가족 관계 등과 같은 주제가 있다. Purushotma는 교실에서 배운 외국어 학습과 심즈같은 게임의 차이점을 밝히는 과정에서, 게임 속 대상 언어에 대한 노출이 그와 연관된 풍부한 문맥 안에서 어휘와 작문을 수반함을 보여줬다. 즉, 과업과 사회적 활동을 수행하는 것이 항상 연결되어 있다고 주장했다. 정규 교육 환경은 특정 수준에 적합한 언어와 내용에 대한 학습자의 주의를 집중시키는 수업 자료와 교사의 중재를 통해 *The Sims*와 같은 게임에 나오는 형태-의미-기능의 연결과 학습을 지원할 수 있다. 예를 들어, **Ranalli**(Ranalli, 2008; Miller & Hegelheimer, 2006 참조)는 *The Sims*를 하는 ESL 학습자들을 위해 게임의 기본 어휘에 중점을 둔 보충 자료를 만들었다. 이 연구는 간략한 설명과 수업 자료가 곁들어진 게임플레이, 수행 후 보고를 구조로 삼은 수업을 한 번 시행한 후, 통계적으로 유의미한 어휘 점수 향상을 발견했다. 이는 시뮬레이션 기반의 전통적인

L2 교육방법(Crookall & Oxford, 1990)을 최신 디지털 게임에 접목시킨 것을 반영한 것이다 (Meskill, 1990).

　연구 문헌은 오락용 멀티플레이어 게임 환경에서 비형식적인 게임강화형 L2 학습의 수많은 예를 보여준다. *World of War Carft*에서 나타나는 다국어 의사 소통을 조사한 가장 초기의 실험적 사례 중 하나는 미국에 거주하는 영어 사용자와 우크라이나에 거주하는 러시아어 사용자 간의 상호작용을 묘사했다(Thorne, 2008b). 게임에서 두 사람은 서로 가까이 있었는데, 우크라이나인이 다음과 같은 문자 메세지를 보냈다: "ti russkij slychajno?(혹시 러시아인인가요?)". 미국인은 물음표로 답하면서, "그게 무슨 언어였나요?"라고 물었다. 이후 둘은 공간적 위치를 비롯해 게임플레이와 대중 문화와 같은 상호 관심사에 대한 정보교환을 시작으로 140회에 걸친 대화를 참여했다. 대화에서 사용된 주언어는 영어였지만, 총 3개의 언어(한 라틴 경구의 예를 포함하여)가 사용됐다. 대화 내용 기록은 언어 학습에서의 많은 긍정적인 자산을 보여주었는데, 예를 들어 자연스럽고 즉흥적인 상호작용, 전문가 지위의 상호적 변동, 언어적 형태의 수준에서 명시적인 자기와 타인 교정성, 광범위한 일련의 오해 수정 과정과 긍정적인 정서적 결합의 발전(게임 안에서 서로를 친구로 추가함) 등이 있다. 또한 타인의 언어를 배우기 위해 두 사람 모두 의욕을 보였다. *World of War Carft*(그리고 *Dota 2*와 *Fortnite Battle Royale*과 같은 다른 온라인 멀티플레이어 게임) 내에서 다양한 언어의 노출과 사용은 영역과 플레이 파트너에 따라 자주 일어날 수 있고, 멀티플레이어 게임을 통해 언어를 배웠다는 많은 일화가 온라인 플레이어 포럼에 보고되고 있다(예를 들어 Thorne, 2010 참조). 어린 스웨덴 학생을 대상으로 한 연구는 L2 영어 학습, 특히 영어 어휘 영역이 일상적 온라인 게임의 빈도, 용량 및 유형과 밀접한 상관 관계가 있음을 발견했다(Sundqvist & Sylvén, 2012, 2014).

　연구에 따르면 게임강화형 L2 학습은 교실이나 유사실험적 조건에서도 발생한다. 예를 들어, Dixon과 Christison(2018)은 *Guild Wars 2*를 영어로 하는 중국어가 모국어인 세 플레이어의 상호작용에 대해 보고했다. 게임 내 채팅 분석에서 연구진은 이해 검사, 형태 중심의 피드백과 의미 협상—SLA의 심리언어학적 측면에서 L2 학습과 밀접한 관계가 있는 개념—의 증거를 발견했다. 또 다른 예에서, Rama, Black, van

Es 및 Warschauer(2012)는 L2 숙련도와 게임 문해력이 멀티플레이어의 *World of War Carft* 게임플레이에서 어떻게 상호작용했는지 연구했다. 그들은 게임 문해력이 높은 스페인어 학습자가 스페인어를 사용하는 플레이어들과의 의사소통을 위한 행동유도성을 극대화시키기 위해 자신의 게임 기술을 활용하는 것을 발견했다. 반면, 스페인어를 L2로 유창하게 사용하지만 게임 경험이 낮은 학습자는 익숙하지 않은 게임을 어떻게 해야 하는지 배우는 것과 L2를 사용해 다른 플레이어들과 의미 있게 상호작용하는 것을 훨씬 힘들어했다. 일상의 게임강화형 L2 학습은 "소파" 기반 멀티플레이어 상황에서도 발생할 수 있다. 예를 들어, Piirainen-Marsh와 Tainio(Piirainen-Marsh & Tainio, 2009; Piirainen-Marsh & Tainio, 2014 참조)는 핀란드어가 모국어인 두 청소년이 파이널 판타지 X(Final Fantasy X)의 영어 버전을 같이 하면서 보여줬던 상호작용을 민족사회학적 방법론의 대화 분석을 통해 조사했다. 그들은 비플레이어 등장 인물과의 대화를 비롯해 L2로 된 게임을 하는 것이 언어 인식을 발달시키고 최종적으로 숙련도에 기여하는, 그들이 말한 "다른 반복"("other repetition") 혹은 모방과 언어 놀이의 기회를 제공함을 보여주었다.

마지막으로, 아마추어 개발자가 게임을 개발하는 일이 늘어남에 따라, 더 많은 L2 교육 전문가들이 특정 학습자의 요구와 상황에 맞는 게임을 만들고 시험하며 연구하고 있다. 예를 들어, Berns, Isla-Monte, Palomo-Duarte 및 Dodero(2016)는 그들의 하이브리드 모바일 게임에서 좀 더 협력적인 게임 요소가 포함된 구조 중심의 학습 활동을 개발했다. 먼저 전통적인 미니게임(문법과 어휘)형 활동을 통해 플레이어에게 게임을 하는데 필요한 어휘를 가르치고, 그 다음 함께 모여 살인 미스터리 게임으로 역할극을 하도록 한다. 설문조사와 플레이어 자료를 분석한 결과, 학습자의 동기와 긍정적인 학습 결과가 증가했다는 사실을 알 수 있었다.

4 게임기반 L2 학습

　제2 언어 습득은 다양하고 경쟁 구조로 구성된 논쟁적인 분야이지만, 거의 모든 접근이 언어적 환경의 질과 의미 있고 문맥화된 의사소통 참여 기회가 발달 결과에 기여하는 중요한 요소라는 점을 인정한다. 우선 우리가 추종하는 학습에 관한 이론적인 관점을 묘사하는 몇 가지 예비 관찰부터 살펴보자. 인간은 역사적으로 구성되고, 역동적으로 변화하는 사회적, 상징적, 그리고 물질적 생태계에서 상호작용하며, 그 과정의 결과로 발달이 일어난다; 이에 학습은 개방형 시스템으로 간주될 수 있다(de Bot, Lowie, Thorne, & Verspoor, 2013; van Lier, 2004). 이런 식으로 볼 때, 어떤 종류의 학습도 삶의 경험과 분명히 분리될 수 없다. 오히려, 삶의 활동과 발달은 뇌-몸-세계의 연속체를 따라 실행되는 "앙상블" 과정을 형성한다(Spivey, 2007). 이 개방형 시스템의 원리는 여러 사상을 포함하는데, 그 중 하나는 인간의 행동이 상징적 도구와 물질적 가공물, 물리적이고 사회적인 환경과 역동성, 그리고 사회 관행의 축적된 역사에 의해 매개된다는 것이다(Vygotsky, 1978; 이 이론의 L2 연구 접목은 Lantolf & Thorne, 2006 참조). 이 시각은 특히 과학기술로 매개된 의사소통과 인지적 활동을 평가하는 것과 연관이 있다. 그 이유는 근처에 있는 매개적 도구—예를 들어, 컴퓨터로 구동될 수 있는 게임 환경—는 잠재적으로 발달 과정과 결과에 영향을 줄 수 있는 방식으로 인간 행동의 형태를 변환시킬 수 있기 때문이다(Thorne, 2016).

　L2 학습에 대한 생태학적 관점(van Lier, 2004)은 언어와 학습이 인지적 및 사회적 상황에 맞으며 문맥화된 과정을 포함하는 것으로 인식한다. 이 관점은 유용한 개념인 행동유도성(Gibson, 1979)을 제안하는데, 이는 언어 사용과 학습에 생태학적으로 이용 가능한 행동 잠재력으로, 설계된 구조와 플레이어 역동성에 관한 게임 설계 이론과 비슷한 견해를 갖는다(Hunicke, LeBlanc, & Zubec, 2004). L2 학습의 행동유도성과 비슷하게, 게임 구조나 설계 특징은 실행 가능한 원동력이나 행위로 이해될 수 있다. 이 개념의 잠재력과 그에 따른 특성은 에르고드적이고 창발적인 게임의 고유한 특질과 맞는다. 즉, 게임은 완전히 실현되기 위해서 실행되어야 하며, 게임을 할 때마다 결과가 달라질 수 있다. 게임기반 L2 학습에 대한 연구가 특정 SLA 이론적 틀과의 유사성에 따라 분류

될 수 있겠지만, 우리가 여기서 사용한 설계에 초점을 맞춘 렌즈는 게임과 관련된 많은 L2 학습의 행동유도성이다: (1) 문맥화 및 언어적 환경, (2) 시간과 반복적 플레이, (3) 연습을 위한 쉼터, (4) 목표 지향성과 목적, (5) 언어화와 감각이 충만한 조정, (6) 정체성 수행, (7) 독립성과 공간 이동성, 그리고 (8) 자율성.

문맥화 및 언어적 환경

많은 게임에서 L2 학습을 위한 주요 행동유도성은 일관된 이야기가 게임 구조를 문맥화시키는데 사용되어 학습자/플레이어가 다중 모드의 표현과 상호작용을 통해 형태, 의미 및 기능을 연관지을 수 있냐는 것이다. 전술한 *The Sims*와 관련된 연구와 마찬가지로, 이 행동유도성은 플레이어가 L2를 이용해서 일상적이고 익숙한 물건과 공간, 행동을 다루고 상호작용할 수 있게 해주는 시뮬레이션 게임에 나타난다. 플레이어가 게임을 하기 전에 보충 자료를 통해 특정 어휘를 익히면 유지율이 높아졌고(Ranalli, 2008), 학습자들이 미리 익혔던 어휘에 대한 지식은 그들이 우연히 배우거나 미리 배우지 않았던 어휘보다 더 오래 유지됐다(Shintaku, 2016). Franciosi(2017)는 교육활동 후 쓰기 작업에서 사용됐던 언어를 측정한 결과, 정규 교육 외에도 시뮬레이션 게임에서 어휘에 노출됐던 실험 그룹이 통계적으로 유의미할 정도로 어휘 지식을 더 오래 유지한다는 사실을 발견했다.

많은 멀티플레이어 게임 장르에서 플레이어는 게임을 하는 중에 풍부한 텍스트에 노출된다. 예를 들어, 게임 내 퀘스트 텍스트, 게임 내 의사소통, 게임을 하는 중 대위적으로 이용되는 게임 외부의 온라인 전략과 지식 웹사이트 등의 파라텍스트(또는 부대적 담론) 등이 있다. 언어 습득에 관한 현대 연구에서, 사용 기반 조사(Ellis, 2002; Tomasello, 2003)는 발달 궤적과 관련이 있는 양질의 사회적, 언어적 환경의 중요성을 강조했다. 입력 빈도, 언어 복잡성, 공동 주의(joint attention) 및 의미 있는 참여를 위해 언어적으로 매개된 기회와 같은 특성은 언어 학습의 기초가 되는 것으로 이해된다. 그렇다면 근본적인 질문은 오락용 게임과 관련된 텍스트 언어의 질은 어떠한가이다. 당시 가장 인기가 있는 MMO였던 *World of Warcraft*를 선택한 Thorne, Fischer와

Lu(2012)는 말뭉치 및 전산 언어학적 방법을 사용하여 (1) 플레이어의 행동을 안내하는 게임 내 퀘스트 텍스트와 (2) 플레이어가 게임플레이의 중심으로 지정한 게임 밖 텍스트(즉, 특정 전략 웹사이트)의 언어적 복잡성을 평가했다. 조사된 모든 텍스트는 영어로 작성되었고, 이 정보는 L2 영어 학습자에게 관련이 있을 것이며 잠재적으로 다른 언어의 유사한 텍스트에도 일반화될 수 있을 것이라 가정했다. 언어적 복잡성은 언어 형태와 구조의 범위, 정교함으로 광범위하게 정의될 수 있는데, Thorne el al.(2012)은 다음 네 가지 측정 유형을 사용하여 월드 오브 워크래프트와 연관된 여러 말뭉치의 언어적 복잡성을 평가했다: (1) 가독성, (2) 어휘 정교성, (3) 어휘 다양성, 그리고 (4) 구문 복잡성. 조사 결과를 요약하자면, 개별 문장의 수준에서 대표성을 갖는 퀘스트 텍스트와 외부 웹사이트 자료를 분석한 결과 13-17세 학생들에게 적합한 중등학교의 읽기 수준을 요구하는 평균 복잡성 수준이 나타났다. 하지만 자세히 분석한 결과, 짧고 구성이 간단한 문장들과 길고 구성이 매우 복잡한 문장의 양극화된 문장 분포를 확인할 수 있었다. 각 말뭉치 유형에 대한 문장 분포의 그래픽적 표시를 보면, 오른쪽으로 치우친 (또는 복잡성이 가중된) "U" 패턴을 찾을 수 있다. 텍스트 내에서 문장의 복잡성 수준에 상당한 가변성이 있으며, 가장 복잡한 수준의 문장이 가장 빈번하게 발생했다. 이 파생적인 분포 분석은 일반적인 게임플레이에서 게이머들은 어휘 및 구문이 복잡한 문장을 높은 비율로 마주하고 있음을 보여주었다. 요약하자면, 게임 내부와 외부에 기록된 텍스트의 언어적 입력은 언어 학습을 촉진한다.

앞서 논의한 게임 관련 텍스트의 높은 언어적 복잡성을 실증적으로 평가한 것 외에도, Steinkuehle와 Duncan(2008)의 연구에 따르면 *World of Warcraft* 토론 포럼은 "과학적 사고의 습관"을 육성한다. 거의 2,000개에 달하는 *World of Warcraft*에 관한 포럼 게시물을 분석한 결과 86%의 게시물은 "사회적인 가벼운 농담"보다는 "사회적 지식 구성"을 보여주었으며, 65%는 지식을 "평가와 논쟁을 할 수 있는 열린 과정"으로 인식했으며, 절반 이상의 게시물은 시스템 기반 추론의 증거를 포함했고, 10%는 과학적으로 정확한 모형 기반 추론을 보여주었다(Steinkuehler & Duncan, 2008, p. 539).

시간과 반복적 플레이

두 번째 행동유도성은 게임 설계가 정상적인 시간 진행을 조작할 수 있으며, 종종 게임 내 작업을 완료하기 위해 플레이어에게도 정상적인 시간 진행의 조작이 허용된다는 것이다. 반복성은 모든 종류의 연습 기반 또는 숙달된 학습을 위한 행동유도성이다. 특히 L2 처리는 입력을 느리게 하거나, 반복하거나, 다시 표현함으로써 혹은 자막이나 다른 형태의 주석을 사용해 향상시킴으로써 활성화될 수 있다. 또한, 유창성은 학습자의 속도 제어를 금지하거나 시간의 제한 속에서 언어 생산이나 수행을 요구함으로써 발달할 수 있다. 이 때문에 일부에서는 시뮬레이션 게임, 어드벤처 게임, 사용자가 줄거리 전개를 선택할 수 있는 게임, 순번 기반 방식의 전략 게임과 같은 장르가 L2 학습에 최적이라고 주장해왔다(Reinhardt & Thorne, 2016; Sykes & Reinhardt, 2012). 특히 게임이 자막과 반복성과 같은 기능을 통합하고, 플레이어 스스로 속도 조절하는 것을 허용하며 플레이어가 시간을 충분히 사용하는 것에 불이익을 주지 않는 경우에 효과가 좋다. 다른 한편으로는, 시간의 압박 속 여러 플레이어의 협업은 새로운 협동 및 멀티플레이어 생존 게임에서 찾을 수 있는 것처럼 자발적인 언어 생산을 추진 및 강제하기 때문에 학습을 촉진할 수 있다는 주장 역시 존재한다(Reinhardt, 2019).

시간의 행동유도성에 관한 실증적 연구는 작업 기억의 한계—특히 액션과 멀티플레이어 게임에서—에 초점을 맞추고 있다. 예를 들어, DeHaan, Reed와 Kuwada(2010)의 연구에서는 일본어와 영어를 모국어로 하는 학습자 한 쌍—한명은 게임을 하고, 다른 한 명은 게임플레이를 보고—의 댄스 게임 수행을 관찰했다. 연구자들은 게임을 적극적으로 하던 학습자가 보기만 했던 학습자보다 새로운 어휘 항목을 더 적게 유지하고 있다는 사실을 발견했다. 연구자들은 게임플레이어의 작업 기억 용량이 새로운 게임의 규칙을 배우는 과정에서 초과됐던 반면, 관찰자들은 게임에 나온 어휘에 집중할 수 있었을 것이라 추측했다. *WarioWare* 미니게임을 연구한 DeHaan과 Kono(2010) 역시 게임의 관찰자가 게임을 했던 학습자보다 두 배 더 많은 어휘를 배웠다는 사실을 발견했다. 이는 게임을 하는 동시에 L2를 배우는 것의 인지 부하가 게임플레이를 하기 위해 필요한 일반적인 기술이 익숙해지고 자동화되기 전까지는 지나치게 과중될 수 있음을 시사한다. 이는 멀티플레이어 게임과 같이 플레이 속도를 제어할 수 없는 게임에서 L2 학습자가 게임에 익숙하지 않은 경우 인지적으로 부담을 느낄 수 있음을 암시한다. 교육학적으로 이러한 연구는 하나의 장치 혹은 스크린을 이용하여 협업하는 게임 플레이에 대한 지속적인 실험의 필요성과, 심지어 트위치 스트리밍과 관련된 e-스포츠 시합도 잠재적 연구 분야로 고찰해야 함을 주창한다.

연습을 위한 쉼터로서의 게임

L2 학습을 위한 세 번째 행동유도성은 연습을 위한 쉼터와 익명으로 참여할 수 있는 공간 그 자체로서의 게임이다. MMO 및 게임 관련 소통 공간에서 L2 학습자이자 플레이어는 언어적 유창성보다 게임하는 것에 더 관심이 있는, 유사한 생각을 가진 커뮤니티를 만날 수 있다. 이러한 환경에서 플레이어는 다양한 언어를 사용하는 화자와 언어와 문화를 초월한 상호작용의 기회를 찾을 수 있지만(Thorne, 2008b), 원하는 경우 자신의 진정한 정체성을 숨길 수 있다. 게임 작업의 실패에 대한 위험이 낮고 신원을 숨길 수 있기 때문에 학습자/플레이어는 위험을 더 기꺼이 감수할 수 있다. 그러나 다른 학습자에게는 원어민과 숙련된 화자와의 상호작용이 있을 것이라는 예상이 불안감을 불러일으킬 수 있고, 성공적인 L2 학습에 중요한 것으로 인식되는 의사소통과 위험을 감수하려는 의지에 부정적인 영향을 미칠 수 있다(MacIntyre, Dörnyei, Clément, & Noels, 1998). 이러한 학생들에게는 보호된 게임 상황이 더 적절할 수 있다. 예를 들어, Reinders와 Wattana(2014)는 영어를 배우는 태국 학습자가 게임의 공개 버전과 비교하여 랜에서 실행되는 MMO의 변형된 버전으로 작업을 완료할 때, 더 많은 언어를 생산하고 자발적으로 의사소통 하려고 했다는 것을 밝혔다.

목표 지향성, 목적 및 피드백

네 번째 행동유도성은 학습 과제 설계에 관한 증거 기반 L2 교육 실천과 게임 과제의 목표 지향적인 특성, 설계된 피드백 구조 간의 유사점과 관련이 있다. 요컨대, 언어가 학습자에게 의미 있는 목적으로 사용될 때 L2 학습이 일어날 가능성이 더 높다. 잘 설계된 L2 학습 과제는 L2를 교육의 직접적인 목표로 사용하기보다는 완료하기 위한 수단으로 사용해야 한다. 이는 잘 설계된 게임에서 어떻게 학습이 플레이의 주안점이기 보다는 플레이의 부수 현상(Arnseth, 2006)이 되는지를 반영하는 것이다. 잘 설계된 게임은 플레이어가 게임 작업의 목표와 목적을 명확하게 식별할 수 있도록 하며, 그 결과는 통합되어야 하고, 진행중인 게임플레이와 관련되어야 한다(Salen & Zimmerman, 2004). Gee(2003, 2007)가 제안했듯이 디지털 게임은 "통제, 행위주체성 및 유의미함"의 (Gee, 2007, p. 10) 영역—왜 플레이어들이 수 많은 시간을 게임플레이에 투자하는지를 설명해주는 부분—에서 인간의 경험을 향상시키도록 설계되었다. 대부분의 개인은 게임의 고난도 단계로 진입하기 위해 수백 시간의 플레이가 필요할 것이다. 게임에 따라 제시된 도전 유형에 상당한 반복이 있을 수 있지만, 플레이어가 개체 발생적으로 발전하고 계속된 발전을 지탱하기 위해서는 도구와 전략의 부수적인 확장이 이루어져야 하기 때문에 게임의 각본은 계속해서 좀 더 복잡해질 것이다. Gee(2007)가 주장했듯이, 이러한 특징들은 어렵지만 매력적이고 목표 지향적인 활동에 초점을 맞추는 것을 통해 즐거움과 학습을 결합하는 발달적으로 생산적인 과정을 촉진시킨다.

관련 유사점은 피드백이 제공되는 방법이다: 증거에 기반한 L2 교육에서 교정은 적시에 관련성 있게 이루어져야 하고, 총괄적으로 의미가 있을 때만 평가를 해야 한다. 잘 설계된 게임에서 언어적 피드백은 게임플레이를 불필요하게 방해하지 않기 위해 적시에 적절한 양과 주기로 이루어져야 한다. L2 학습용 게임의 경우, 피드백은 통합적이어야 하고 언어적 의미뿐만 아니라 형식에도 초점을 맞춰야 한다. 83명의 고등학생과 대학생을 대상으로 한 설계 기반 연구에서 Cornillie와 동료들은(Cornillie, Clarebout, & Desmet, 2012; Cornillie & Desmet, 2013) L2 학습-게임플레이어가 언어적 형태에 대한 명시적 피드백을 선호하며, 명시적인 피드백이 있을 때 "활동을" 더 잘 수행하는 것을 발견했다. 이 연구를 바탕으로, 저자들은 수정(recast)이나 과도한 징벌 조치 대신 실수에 대해 화용론적으로 알맞은 의사소통 반응을 제공하는 비플레이어 등장 인물과의 상호적인 대화를 통해 명시적 피드백을 게임 설계에 통합해야 한다고 제안했다.

언어화 및 감각이 충만한 조정

　　게임하기가 L2 학습자에게 제공하는 다섯 번째 주요 행동유도성은 언어화에 대한 기회이다. 언어화란 공동의 목표를 협상하고 달성하기 위해 실시간으로 다른 사람과 조정하고 언어적으로 상호작용하는 명사적 의미의 동사적 형태이다. 언어 사용의 과정과 기호적 잠재력에 대한 사회문화적 목록을 결합하는 최근의 학문적 경향에서 Thibault(2005)는 언어를 "생태사회적 기호 환경에 내재되어 있고 다양한 시공간 척도를 통합하는 다중모드적인 문맥화의 활동"으로 묘사했다(p. 123). 이 접근 방식은 언어를 인간 행동과 무관한 추상적인 시스템으로 인식하는 기조, 즉 "코드 접근"과 논쟁을 벌이고 있다(Linell, 2009; Love, 2004). 시공간 척도로 볼 때, Thibault는 1차적 언어화와 2차적 언어 사이에 중요하지만 자주 인정받지 못하는 존재론적인 구분을 언급한다. 1차적 언어화는 기술 언어학이 몰두해 있는 "형식 추상화(formal abstracta)"로 더 이상 축소할 수 없는 대화자 간의 실시간 의사소통 활동을 묘사하는 것이다. 중요한 것은, 1차적 언어화는 "2차적 양식"에 의해 제한되는데 이 2차적 언어는 "더 길고 느린 문화 및 역사적 시간의 척도에서 상호작용하는 전체 인구의 문화적 역학으로 발현된다." (Thibault, 2011, p. 2). 이를 대화의 상호작용 분석에 적용하면, 1차적 언어화는 현상학적으로 주요하다. 2차적 언어는 주어진 의사소통의 현장에서 무엇이 가능한지를 제한하고 확률적으로 가능한 것과 실용적으로 효과적인 선택을 할 수 있게 하는 역사적으로 축적된 기호적 양식과 어휘문법적 자원으로 구성된다. L2 학습 환경의 설계에서 주요 목표는 1차적 언어화에 도움이 되는 조건을 제공하는 것이다. 게임강화형 L2 학습 연구에서 Zheng과 동료들은(Zheng et al., 2009; Zheng & Newgarden, 2017; Zheng, New-garden, & Young, 2012) 의미, 지지, 가치 실현을 위한 플레이어들 간, 그리고 플레이어와 비플레이어 간 협상의 측면에서 사회적 MMO 게임플레이의 복잡한 언어화 역학을 조사했다. 함의점은 언어화의 기회가 진보적인 퀘스트 설계, 임의적이고 보완적인 자원 분배(즉, 구조화된 예측 불가능성), 플레이어와 비플레이어 등장 인물의 상호작용, 그리고 멀티플레이어와 역할 연기, 협력 게임의 통합된 역할 전문화 원리를 통해 육성되고 지속된다는 것이다. 게임 기술을 통해 서바이벌 샌드박스 게임같은(예: *Don't Starve*

Together, Fortnite Battle Royale) 멀티플레이어와 협력적인 팀 설계가 게임 유형의 중심이 되는 것이 가능해지면서, 언어화에 대한 새로운 행동유도성과 "감각이 충만한 조정"이 등장하게 됐다(Steffensen, 2013, p. 196).

정체성 수행

여섯 째로, 성공적인 L2 학습은 정체성 수행에 대한 투자를 필요로 한다. 이는 다채롭지만 가끔은 상반된 시각과 문화, 세상에 대한 이해를 조화시키고 통합하는 기호적 작업을 통해 주로 이루어진다. 단순히 오락을 위해 혹은 기능적(즉, 학습의) 목표를 위해 다른 언어로 게임에 열중하는 것은 그 자체로 언어적, 간문화적 능력을 발달시키는데 잠재적으로 기여할 만한 새로운 형태의 실천이다. 예를 들어, Warner와 Richardson(2017)은 질적 사례 연구를 통해 독일 학습자가 교실 내 게임기반 활동에서 어떻게 길드의 지도자 역할을 수행하고 발달시키는지 보여주었다. 즉, 그 학생은 Bartle(1996)이 분류한 게이머 스타일 중 킬러형 플레이를 추구하면서 고전했지만, 결국 그의 "게이머" 정체성과 "학습자" 정체성을 조화시킨다. Thorne(2012)은 문화 간 만남이 대규모 다중 사용자 게임 세계에서 일어날 수 있고, 관련 매체(예: 게임 세계, 전략 웹 사이트, 팬덤 커뮤니티)에 전파되는 다국어 텍스트 정체성 발달뿐만 아니라 L2와 문화 학습을 위한 우연한 기회로 이어질 수 있음을 증명했다. Jeon(2015)은 한국어를 모국어로 사용하는 영어 학습자들이 국제 영어 서버에서 *League of Legends*를 하면서, 국제어로써의 영어에 대한 폭넓은 인식과 L2 영어 사용자로서의 새로운 정체성을 형성했다는 것을 보여주었다. 이러한 경험은 참가자들이 영어를 배우는 이유에 대한 이해를 재평가하도록 동기를 부여했다. 마지막으로, 멀티플레이어 게임 세계를 연구한 Rama와 동료들(2012)은 멀티플레이어 게임 세계에서는 비록 문자 채팅이 더 지배적이었을 때보다 억양과 구어 능력이 오늘날의 음성채팅에서 더 많은 역할을 하지만, 최소한 플레이어의 게임 전문 지식과 공통의 목표, 그리고 친화성이 언어 능력만큼 다른 플레이어들에게 중요하다고 지적했다.

독립성과 공간 이동성

    L2 학습을 위한 일곱 번째 행동유도성은 모바일 장치의 게임기반 사용과 연결된다. L2 학습용 모바일 게임(예: *DuoLingo* 및 *LingroToGo*)은 학습자가 편리한 시간과 장소에서 할 수 있으며 행위주체성과 제어 기능을 제공한다. 이 섹션에서는 특정 위치에서 플레이하도록 설계된 게임을 지원하는 위치 인식 모바일 장치의 사용에 특히 중점을 둔다. 스마트 폰과 같은 위치 기반 미디어는 전 세계 어디에나 존재하며(Firth, 2015), 체화된 경험과 가상의 경험을 결부시키는데 새로운 가능성을 열었다. 장소를 중심으로 한 모바일 증강 현실(AR)같은 위치 기반 미디어의 응용은 현재 다양한 교육 환경에 사용되고 있으며 학습자에게 탐구 기반 학습의 기회를 비롯하여, 장소에 기초를 둔 사회적이고 협력적인 상호작용과 장소의 체화된 경험을 제공하는 것으로 나타났다(Holden et al., 2015; Squire, 2009; Thorne & Hellermann, 2017). 장소 기반 AR 모바일 게임은 일반적으로 디지털 지도에 있는 GPS 위치를 이용하여 플레이어를 특정한 물리적 공간으로 인도하거나 끌어당기는 것을 포함한다. AR 차원은 플레이어들에게 체화되고 경험적인 실제 세계 같은 역학을 제공하기 위해 그들의 관심을 특정 장소 또는 풍경과 관련된 특징에 집중시킨 다음 기호적 자원, 정보, 작업, 또는 유도기제로 플레이어들의 경험을 증대시키는 것을 수반한다.

    AR 기술을 언어 교육에 최초로 사용한 게임 중 하나는(L2 스페인어) 뉴 멕시코 앨버커키에서 스페인어를 사용하는 지방을 배경으로 한 장소 기반 모바일 게임 멘티라(Mentira)이다. 이는 학습자들이 협동해서 금주법 시대에 벌어진 살인 사건을 추리해 나가는 게임이다. 게임을 하는 동안, 학생들은 서로 다른 단서를 받는 직소 퍼즐 방식의 활동을 완료하는데 이는 작업을 완성하기 위한 협력을 유도한다. 플레이 기록의 분석에 따르면, 튜토리얼을 게임 이야기에 통합시킨 것은 더 긴 과제 집중 시간을 야기했다(Holden & Sykes, 2011). 또한, 몇몇 학생들이 현지 거주자들과 스페인어로 소통했기 때문에, 게임을 하고 언어를 학습함에 스페인어를 사용하는 지방에서의 지역 기반 경험이 동기 부여가 됐다고 보고했다. 또 다른 연구에서 Perry(2015)는 *Explorez*에 대해 묘사했는데, 이는 멘티라와 비슷한 퀘스트 유형의 프랑스어 학습을 위한 AR 게임이다.

Perry는 학생들이 게임을 하면서 프랑스어로 말하려고 노력했으며, 때때로 좀 더 실력이 좋은 학생이 어휘와 문법 오류의 수정이 필요한 학습자를 지원하면서 "사회문화적 학습 효과"라는 결과로 이어졌다는 사실을 보여주었다(Perry, 2015, p. 2313). 장소 기반 AR 게임인 *Guardians of the Mo'o* 연구에서, Zheng과 동료들(2018)은 어떻게 "장소가 체화된 행동, 그리고 협업과 조정을 통하여 의미 만들기와 가치 실현을 위한 학습자의 노력을 불러 일으키는지"(p. 55) 보여줬다. 생태학적 관점을 채택한 Zheng과 동료들은 "학습자들이 실제 상황에서 기대되는 행동으로 이어지는 유창한 언어적 행동을 발달시키기 위해서는 장소를 경험함으로써 제도적 규범과 이전의 사고 방식에서 벗어나는 것이 중요하다"고 주장했다(ibid.). 이는 환경에 물리적으로 존재하는 것에 다음 행동을 고정하는 것과 같은 길찾기 활동을 통해 설명된다.

　　미국 오리곤 주 포틀랜드에서 제작된 *ChronoOps*는 포틀랜드에 장소 기반을 둔 퀘스트형 모바일 AR 게임으로 현재 영어를 포함한 7개 언어로 제공되고 있다(Thorne, 2013). 참여자는 미래에서 온 요원의 역할을 한다. 이 게임은 2070년을 맞는 지구가 대규모 환경 파괴를 겪고 있으며, 플레이어-요원이 대학 안팎에서 쉽게 찾을 수 있는 녹색 기술 사업을 배우기 위해 과거로 파견됐다고 묘사하면서 시작한다. 크로노옵스는 플레이어가 요원으로서 게임의 목표와 내용에 맞게 자신의 행동을 구성하도록 하는 교육적인 동기를 가진 일련의 개방적이고 의도적으로 구체화되지 않은 작업으로 설계되어 있다. 크로노옵스에 대한 연구에서 Thorne, Hellermann, Jones와 Lester(2015)는 민족사회학적 대화 분석을 사용하여 한 개의 스마트폰을 공유하는 영어를 L2로 배우는 학생 집단이 장치 및 장치에 표시되는 정보를 확인하고, 길찾기에 필요한 기량을 발달시키며, 대화를 사용해 물리적 환경의 특징에 대한 공통된 관심을 공유하는 방법에 대해 조사했다. 이 연구는 어떻게 게임이 언어 경험을 교실 밖으로 이동시키는지, 그리고 어떻게 하나의 장치를 둘러싼 집단 역학이 학생들의 상호작용 습관에 영향을 미치는지 등의 중요성을 강조한다. 관련 연구에서 Hellermann, Thorne 및 Fodor(2017)는 모바일 AR 게임플레이 중에 소리내어 읽는(reading aloud) 문해력 활동과 관련된 복잡한 상호작용을 묘사했다. 그들은 또한 학생들이 활동에 임하는 시간 동안 읽기 활동을 포함하는 게임을 하기 위해 협동적 실천이 발생하고 계속되었음을 보여주었다. 초문맥화와 AR의 장소 기반 잠재력에 대해 논의하면서, Thorne과 Hellermann(2017)은 크로노옵스 게임플레이의 비디오 자료를 분석하였고 이해에 관한 문제들과 다음 활동으로 이동하는 것이 어떻게 종종 당면한 물리적 환경에 얽히고 뒷받침되는지 설명했다. 그들의 분석은 인간 활동에 대한 체화되고 분산된 방식의 관련성을 보여주었다. 즉, 참여자들은 가상-디지털(아이폰)과 감각-시간 정보를 조정하고, 다음 장소로 이동하며, 게임을 구성하는 구연 작업을 완성하기 위해 질서정연하게 시선과 몸짓, 발성과 대화, 지시, 체화된 직시(deixis)를 사용했다. 특히 L2 습득에 초점을 맞춘 연구에서 Sydorenko, Hellermann, Thorne 및 Howe(출판 중)는 널리 사용되는 언어 관련 사건(language related episodes; LREs) 구성을 분석 단위로 사용했다. 이 연구는 AR 작업의 이동성과 상황 배태성(embeddedness)이 적시적이며 상황 중심의 어휘 학습 기회를 창출하는 것을 보여주었다. 이는 AR 게임 설계와 언어 학습에 대한 초문맥화된 접근의 교육적 구조화가 계속되어야 하는 함의를 준다.

비공식적 활동과 이를 통한 자율성

여덟 번째이자 마지막 행동유도성은 모바일 및 지리적 위치 기술이 더 많은 공간적 자유와 독립성을 허용하고, 심지어 구조화된 교육 과정의 일부인 경우에도 자율적이고 비공식적인 사회적 활동의 기회를 제공한다는 이전 논의와 관련이 있다. 세계의 많은 곳에서 L2 학습이 유기적인 인간 활동보다는 학교 과목으로 간주될 때, L2를 자율적이고 효과적으로 배울 수 있게 하는 자원을 제공하는 것은 주로 부가적인 사항에 불과한 일로 간주된다(하지만 Little & Thorne, 2017 참조). 디지털 게임은 일단 출시되면 대부분의 경우 제작자의 추가 지원없이 독립적으로 학습 및 플레이가 가능해야 한다. 동시에, 게이머 커뮤니티는 자율적인 플레이를 확장하고 지원하는 게임에 대한 광범위하고 보조적인 문해 활동을 증진시킨다. 그러나 L2 게임플레이에는 언어적 지원과 교육적 조정이 추가로 필요할 수 있다. 때문에, 선택적 설명 및 자막, 반복성 및 시간 제어 기능, 해설과 사전 또는 다른 자원에 대한 접근 등의 형태로 L2 사용자와 학습자에 대한 지원을 통합하는 게임에 대한 수요가 있다. 그 중 일부는 게이머 커뮤니티가 자체적으로 게임 환경을 개조하면서 생성되기도 한다.

　　게임을 하기 위해 수백만명의 개인들이 L2를 비제도권에서 배우는 것이 현실이다. 그러나 이런 관습은 교사나 SLA 연구 등 L2 교육에 종사하는 실무자에게 인정받지 못하거나 지원받지 못하는 경우가 많다. 학계는 이러한 비제도권 관습의 복잡성과 다양성을 보여주는데, 이는 특히 여러 언어로 된 게이머 커뮤니티와의 상당한 상호작용을 포함하기 때문이다(Chik & Ho, 2017; Vasquez-Calvo, 2018). 예를 들어, 사례 연구에서 Vasquez-Calvo(2018)는 게임과 게임 번역을 주로 다루는 여러 온라인 소통 공간에서 스페인어를 모국어로 사용하는 참가자가 어떻게 비제도권 안에서 영어 유창성을 발달시켰는지 설명한다. 그는 다양한 포럼에 자율적으로 기여했는데, 예를 들어 영어로 된 게임에 대한 미시번역(microtranslation)과 영어 게임의 번역에 대한 수정본을 제공했으며, 다양한 역할을 맡았고(예: 게이머, 독서가, 팬 번역가), 발전된 언어 및 IT 기술을 포함한 다양한 범위의 문해력 훈련에 참여했다.

5　L2 학습 역학에 초점을 맞춘 연구, 교육 및 설계를 위한 의제

　　SLA는 언어 학습에 대한 몇 가지 주요 이론적 관점을 인정하는데, 각 관점은 언어 및 문해력의 존재론과 연계될 수 있으며, 이를 통해 특정 L2 교육과 게임 설계와의 관련성을 보여줄 수 있다. 첫째, 구조주의적 관점은 행동주의와 문법-번역, 청화식의 L2 교수 방법과 연계하여 언어를 번역과 전이, 반복적 연습을 통해 습득되는 구조로 이해한다. 게임기반의 L2 학습 설계에서는 반복적인 노출, 긍정적 및 부정적 강화, 형식에 대한 명시적 피드백, 번역 중심 활동(예: 인기있는 언어 학습 앱인 *DuoLingo*와 유사)이 구조주의적 관점과 결을 같이 한다. 두 번째 관점인 심리언어-인지적 관점은 학습자 개개인의 뇌 속 인지 처리와 기억의 능동적인 역할을 중시한다. 이런 관점과 유사하게, SLA의 입력-상호작용주의 관점은(Long, 1983) 습득을 촉진하기 위해서는 입력된 내용이 부분적으로 이해 가능해야 하고, 차이가 보여야 하며, 대화자 사이에서 의미 협상이 이루어져야 한다고 주장한다. 게임기반 학습 설계에서 심리언어-인지적 관점은 부분적으로 이해할 수 있는 이야기에 몰입할 수 있는 기회 제공, 의미 있는 언어 사용의 인식과 생산, 의미의 상호작용 및 협상과 관련이 있다. 사회인지적 관점은 Vygotsky 의 사회문화적 이론, 언어 사회화, 정체성에 초점을 맞춘 이론, Bakhtin의 대화주의 (dialogism) 등 광범위한 이론을 포함한다(Atkinson, 2011). 이 관점은 언어 사용과 발달에 기초가 되는 참여 형태의 변화에 따른 사회관계적 역학과 학습을 대부분 유사한 방식으로 강조한다(Lave & Wenger, 1991; Sfard, 1998). 게임기반 L2 학습 설계와 연구에서 이러한 접근은 멀티플레이어 상호작용과 협업, 역할극, 문화적으로 형성된 활동으로써의 학습, 그리고 게이머 커뮤니티에 참여를 촉진하는 것과 관계가 있다.

이전의 이론적 입장에서 의미를 도출하는 것 외에도, 전술한 행동유도성에 관한 논의는 특정 설계와 플레이어 특징(예: 나이, 언어 유창성 정도, 게임 경험), 상황적 변인(예: 교실 환경, 실험 조건, 비제도적 오락용 놀이)과의 상호작용과 게임플레이 내부와 주변에서 일어나는 L2 학습 역학에 초점을 맞춘 통합적인 연구 의제를 제공할 수 있다. 오락용 게임을 할 때 특정 게임 설계의 특징과 플레이어의 언어화 행동 사이의 관계에 중점을 둔 연구는(그들의 관련된 사회적 문해 활동을 포함하는) 궁극적으로 게임강화형 교육에 영향을 줄 수 있다(예: L2 학습을 증폭하기 위해 설계된 보충 자료나 가벼운 수정). 더불어, 이러한 결과는 궁극적으로 교육 게임기반의 L2 학습 환경과 교육 활동을 설계하는데 도움이 될 수 있다.

문맥화

게임 공간의 문맥화 행동유도성과 관련하여 특정 연구 질문은 부수적 및 의도적인 학습 과정, 이야기 풀어내기, 상호작용, 그리고 정체성이 형식—의미—기능과 어떤 연관성을 갖는지, 학습에 어떻게 기여하는지에 대해 물을 수 있다. 예를 들어, 최근 부상하고 있는 AR과 가상 현실 상황에서 기술이 부여하는 심층 상황 및 정서적인 몰입의 잠재력에 대해 플레이어가 이질적인 반응을 보일 수 있다. 따라서 인지 및 기억 부하가 학습을 방해할 정도로 높을 수 있지만, 동시에 어떤 플레이어에게는 다른 사건과 각본, 작업을 통해서 학습을 도울 수 있다. 광범위한 정보, 의사소통, 탐색의 다양한 활동을 위해 개인과 집단 모두에서 스마트폰 사용이 확산된 것을 감안했을 때, L2 학습 연구에 대한 이러한 새로운 상황은 지속적인 조사를 필요로 한다.

시간

인지 및 작업 기억 부하 이론(DeHaan, Reed, & Kuwada, 2010)을 사용한 실험적 연구는 게임 작업 설계와 피드백 제공에 의한 게임 구조 설계가 어떻게 언어 이해와 생산, 정확성 및 유창성을 도울 수 있는지에 대한 통찰력을 제공할 수 있다. 어떻게 황야의 L2 게이머가 시간의 행동유도성을 이용하고 그러한 조작(예: 대화를 반복하거나 번역하기 위해)이 게임의 즐거움을 방해하거나 증대시킬 수 있는지를 탐구하는 기술적인 연구가 필요하다.

쉼터

잠재적 연구 분야 중 하나는 잘 설계된 게임이 어떻게 플레이어가 스캐폴딩(scaf-folding)에 과도하게 의존하지 않고 자율성을 구축하면서 스스로 도전하고 숙련도를 높이는가 이다. 보다 공식적인 게임기반 교육에 관한 연구는 예를 들어 "우아한 실패"의 기회를 제공함으로써 게임 설계를 통해 어떻게 게임 변경, 학습 과제 변수, 그리고 보충 자료가 스캐폴딩과 피난처를 제공하며, 의사소통하려는 의지를 증가시키고, 불안을 낮추는데 도움을 주는지 조사할 수 있다(Plass, Homer, & Kinzer, 015).

목표

게임의 인터페이스 설계—그 목표가 유희적이든 교육적이든 간에(이들이 상호 배타적인 범주가 아니라는 것으로 이해)—가 학습을 돕는 방법에 대한(즉, 교육적 게임이 가진 문제인 지나치게 교훈적이지 않으면서 L2 학습 목표와 보충적 자원 사용의 방향성을 지원) 더 많은 연구가 필요하다. 예를 들어, 어휘에 대한 주석, 번역 및 설명에 대한 플레이어의 제어, 시간 구조의 반복성과 제어, 혹은 외부의 메타 언어적 자원(예: 문법 보조 도구, 화용적 전략) 게임이 어느 정도로(즉, 언제, 어떻게) 제공해야 하는지 살펴볼 수 있다. 학습 게임의 사용을 지원하는 특성은 게임이 몇몇 장르의 출판물에서 전형적으로 볼 수 있고, 몇몇 게임은 자체 인터페이스 안에서 기능과 플레이어 안내서에 대한 접근을 제공하기도 한다. 하지만 다른 게임들은 플레이어가 게임 밖의 자원 사용을 어렵게 만들기도 혹은 의존하게 만들기도 한다. 지능형 컴퓨터 보조 언어 학습 환경으로부터 시작된 과정의 일환으로, 언어 학습 지원의 종류 및 피드백 형태와 학습 결과를 연관시키는 경험적이며 유용한 연구가 추가적으로 필요하다(Heift, 2013; Heift & Vyatkina, 2017).

언어화 및 협업

연구에 포함된 무엇보다 중요한 질문은 어떻게 게임기반 언어화가 작업 변인(본 저서 1장에서 Plass, Homer, Mayer 및 Kinzer가 묘사한 학습 구조와 연관되는 변인으로, 예를 들면 이 변인이 개방형인지 혹은 단일 결과인지), 작업 기능(예: 계획, 문제 해결, 브레인스토밍, 혹은 전략을 포함하는지), 또는 작업 구성(예: 협업적, 협력적, 결합적, 혹은 경쟁적인지)에 의해 제공되는지 묻는 것이다. 게임플레이가 아닌 상황에서 어떻게 작업 설계가 L2 학습의 행동유도성과 결부되는지에 대한 기존 탐구를 바탕으로 한 작업 기반 교수와 학습에 대해 상당히 많은 연구가 존재한다. MMO의 집단 작업은 시간의 압박이 플레이어를 차별화하거나 역할을 배정하게 만드는 서바이벌 게임, 혹은 플레이어가 활동을 조정해야 하고 단서의 의미를 협력하여 추론해야 하는 추리를 주제로 한 탈출 게임과는 상당히 다른 언어 사용의 기회를 제공할 수 있다. 이렇게 다양한 상황 속에서 경험적 조사가 필요한 고유의 상호작용 담론이 등장한다.

정체성

다른 많은 게임이 지원했던 활동이나 행동유도성 중에서도 *스토리 맵*(지도를 사용한 공간화 이야기; 예: Neville, 2015) 또는 *대체 전기*(대본이 있는 스토리텔링보다는 게임플레이에서 일어나는 이야기 생성을 강조; 예: Calleja, 2011)는 각 플레이어가 게임을 할 때마다 독특한 이야기 궤적을 발전시킨다. 하지만 어떻게 이러한 궤적들이 특히 L2 언어 사용과 관련된 범위에서 발전하고 통합되는지는 제대로 조사되지 않았다. 연구자는 플레이어가 어떻게 정체성 작업과 수행에 참여하는지, 그리고 이것이 어떻게 대체 전기의 표현—예를 들면, 게임 일지, 인터뷰, 보고하기—에 반영되는지 물을 수 있다. 사건이나 문맥을 다른 관점에서 경험하거나 학습자의 간문화적 능력이나 감정 문해력 발달을 평가하는 기회를 제공할 수 있는 기능성 혹은 교육용 게임을 교육 활동으로 사용할 수 있다. 연구는 어떻게 특정 설계 구조와 맥락적 역학이 조망수용과 가치 실현을 제공하는지, 그리고 어떻게 이들이 게임 외부의 정체성 및 배경과 상호작용하는지 탐구할 수 있다.

독립과 종속

네트워크, 모바일, AR 및 새로운 종류의 장소/시간에 구애받지 않고 특정 공간에 결합된 학습을 위한 매우 새로운 디지털 기술(이 글을 쓸 당시에)은 L2 학습의 행동유도성을 제공한다. 특히 이러한 기술 발전이 언어화와 사회적 협력을 위한 행동유도성과 연계된다고 볼 때, 연구, 교육, 그리고 설계를 위한 새로운 가능성을 내포하고 있다.

자율성

학습자는 이용 가능한 다양한 종류의 게임기반 L2 학습 도구를 잘 사용하기 위해 자율적 학습 기술을 점점 필요로 할 것이다. 이 학습 기술은 간문화적 상호작용에서 자신과 타인이 함께 학습하는 방법과 그들 스스로 학습하며 이를 결정하고 평가하는 방법을 의미한다. 연구는 어떻게 제도권 교육이 학습자와 그들의 결정을 보완하고 지원할 수 있는지를 밝히기 위해 게임기반 L2 학습 관습을 계속해서 탐구해야 한다. 매체로서의 게임에 대한 관점(Hjorth, 2011), 사회적으로 조율된 생태학적 구성, 그리고 미시적 상호작용의 학습 과학 접근 방식이 이러한 연구에 특히 유용하다. 광범위하게 정의된 게임과 관련된 부대적인 담론, 파라텍스트(paratext), 커뮤니티 및 사회적 문해 활동은 연구에 필요한 풍부한 자원과 공간을 제공하고, 새로운 관습이 등장하면 새로운 연구 기회 또한 제공한다.

6 한계, 도전, 그리고 기회

게임기반과 게임강화형 언어 학습에 대해 Sykes와 Reinhardt(2012)는 "심리 측정 도구, 학습 결과의 사전 및 사후 측정, 실시간 게임플레이의 체계적인 관찰 및 분석, 그리고 인터뷰와 표적 집단 설문조사와 같은 지각 측정 방법"을 포함하는 대규모 연구를 위한 현저한 필요가 남아있음을 관찰했다(Sykes & Reinhardt, 2012, p. 113). 이러한 대규모 혼합 방법 연구의 설계 및 구현은 연구자가 다양한 관점에서 게임기반 L2 언어 사용과 학습을 보다 세밀하게 평가하고, 게임 장르 안에서 그리고 잠재적으로 게임 전반에 걸쳐서 참여자들의 발달 궤적을 평가하고 비교하며, 특정 형태의 게임플레이가 언어 유지에 미치는 영향을 측정할 수 있게 한다. 또한 이러한 연구는 언어 교수자에게 L2 학습을 위한 오락용 디지털 게임 선택과 L2 학습용 게임 설계에 관련된 정보를 제공할 수 있으며, 잠재적으로 교육 중재 및 활동을 통해 게임기반 및 게임강화형 학습 결과를 증폭시키는 데 기여할 수 있다. 우리가 아는 한, 그러한 대규모 혼합 방법 연구는 아직 수행되지 않았으므로 향후 연구에 대한 많은 전망이 열려 있는 상태이다.

게임기반 L2 학습 및 교육법에 대한 현재의 경험적 연구 대부분은 통계적으로 유의미한 결과를 생성할 만큼 충분히 많은 참가자 수를 포함하지 않는다. 또한, 게임 개발자와 연구자 및 L2 실무자들은 SLA 원리가 게임 구조와 상호작용하는 방식에 대한 이해가 부족하며, 그들 사이의 상호작용 역시 부족하다. 게다가, 교육 출판사는 게임의 효과가 철저히 평가되었는지 여부에 관계없이 언제나 소비자에게 효과가 있는 것처럼 보이는 제품에 투자한다. 마지막으로, 3D 멀티플레이어 환경에서 L2 사용 및 학습에 대한 연구는 여러 가지 이유로 아주 도전적이라는 사실 역시 무시할 수 없다. 게임 세계의 공간적 및 기호적 복잡성은 다중모드 분석 외에도 게임 환경에서 플레이어의 행동, 상호작용, 텍스트 및 가공물 참여의 순차적 구성에 대한 민족사회학적 관심을 포함하여 광범위하고 매우 복잡한 방법론적 접근 방식을 필요로 한다. 덧붙여, 거의 모든 인기있는 멀티플레이어 게임은 수행 전략, 전설, 팬덤 파라텍스트 사이트를 포함하는데 해당 사이트의 사용은 실시간 게임플레이와 결합하여 자료 수집에 어려움을 제시한다. Plass 외 연구진이 게임기반 학습 전반에 대해 주장한 바와 같이, "게임이 학습에 무엇을 제공하는지 완전히 포착하기 위해서는 인지적, 동기적, 정서적, 및 사회문화적 관점의 통합된 관점이 게임 설계와 게임 연구 모두에 필요하다"(Plass 외, 2015, p. 278).

　　동시에, 종종 민족사회학적 방법론 및 담론 분석 접근 방식을 사용하는 비공식적인 게임강화형 학습에 대한 소규모 질적 연구와, 지역 맞춤형 게임기반 응용 프로그램의 개발 및 적용에 대한 연구도 증가하고 있다. 이 장에 보고된 몇몇 논문을 비롯한 이러한 연구는 연구 방법론, L2 학습 이론 및 게임 설계 이론을 결합하여 새로운 영역을 구축하는 혁신적인 접근 방식을 취한다. 많이 탐구되지는 않았지만 유망한 영역에는 게임 문해력, 특히 설계 문해력(Reinhardt, Warner, & Lange, 2014; Zimmerman, 2007)과 L2 학습과의 관계가 포함된다. 게임 문해력 연구 및 교육학적 개입에 관한 혁신적인 사례가 존재하지만(Butler, Sumeya, & Fukuhara, 2014; DeHaan, 2011; Lacasa, Martínez, & Méndez, 2008; Steinkuehler, 2007), 초언어적이고 간문화적인 세계적 관습으로서의 게임에 대한 지속된 탐구를 위한 학문적 공간은 충분하다. 게임을 설계하고 구축함으로써(Howard, Staples, Dubreil, & Yamagata-Lynch, 2016), 사회 안에서 게임과 게임 문화의 기능을 비판적으로 고려함으로써, 그리고 전형적인 교수 모형과는 확연히 다른 방식으로 구성된 학습 환경 및 친화 공간으로 게임을 인식함으로써 게임 문해력은 교육적으로 촉진될 수 있다. 새로운 기술 혁신이 새로운 게임 유형과 장르로 이어짐에 따라, 탐색 및 연구를 위한 새로운 영역이 열린다. 예를 들어, 멀티플레이어 협동 게임, 가상 및 증강 현실 게임, 퍼베이시브 게임(pervasive game)[1]과 도시 게임, 그리고 혼합된 게임 장르와 관련된 언어 습득 연구는 아직 초기 단계이다. 게이머 팬덤과 같은 게임 참여자들의 활동은(Sauro, 2017; Vasquez-Calvo, 2018) 이제서야 막 조사 중이며, 모든 면에서 매우 초언어적이며 세계적인 활동인 e스포츠나 트위치 스트리밍에 대한 보고는 아직 아무것도 없다. 요컨대, 게임기반 L2 학습-이론적, 방법론적, 교육적, 설계적 측면에서 혁신을 위한 기회는 풍부하다.

1　퍼베이시브 게임은 게임 속의 가상 세계와 현실 세계가 혼합되거나 가상 세계가 현실 세계로 확장되는 게임을 일컫는다.

참고문헌

Arnseth, H. C.(2006). Learning to play or playing to learn: A critical account of the models of communication informing educational research on computer gameplay. *Game Studies, 6*(1), 1-12. Retrieved from http://gamestudies.org/0601/articles/arnseth

Atkinson, D.(2011). *Alternative approaches to second language acquisition*. London, England: Routledge.

Bartle, R.(1996). Hearts, clubs, diamonds, and spades: Players who suit MUDs. *Journal of MUD Research, 1*(1), 1-19. Retrieved from http://mud.co.uk/richard/hcds.htm

Berns, A., Isla-Monte, J.-L., Palomo-Duarte, M., & Dodero, J.-M.(2016). Motivation, students' needs and learning outcomes: A hybrid game-based app for enhanced language learning. *SpringerPlus, 5*(1), 1-23.

Bogost, I.(2007). *Persuasive games: The expressive power of videogames*. Cambridge, MA: MIT Press.

Butler, Y. G., Sumeya, Y., & Fukuhara, E.(2014). Online games for young learners' foreign language learning. *ELT Journal, 68*(3), 265-275.

Calleja, G.(2011). *In-game: From immersion to incorporation*. Cambridge, MA: MIT Press.

Chik, A.(2012). Digital gameplay for autonomous language learning. In H. Reinders(Ed.), *Digital games in language learning*(pp. 95-114). New York, NY: Palgrave Macmillan.

Chik, A., & Ho, J.(2017). Learn a language for free: Recreational learning among adults. *System, 69*, 162-171.

Cornillie, F.(2017). Educationally designed game environments and feedback. In S. Thorne(Ed.), *The encyclopedia of language and education: Vol. 9. Language, education and technology*(pp. 361-374). Berlin, Germany: Springer.

Cornillie, F., Clarebout, G., & Desmet, P.(2012). Between learning and playing? Exploring learners' perceptions of corrective feedback in an immersive game for English pragmatics. *ReCALL, 24*(3), 257-278.

Cornillie, F., & Desmet, P.(2013). Seeking out fun failure: How positive failure feedback could enhance the instructional effectiveness of CALL mini-games. In *Global perspectives on computer-assisted language learning: Proceedings of WorldCALL 2013*(pp. 64-68). Ulster, Northern Ireland: University of Ulster.

Cornillie, F., Thorne, S., & Desmet, P.(2012). Digital games for language learning: Challenges and opportunities. *ReCALL, 24*(3), 243-256.

Crecente, B.(2018). Red Dead Redemption 2 earns record-breaking $725 million opening weekend. *Variety Magazine Online*. October 20, 2018. Retrieved from https://variety.com/2018/gaming/news/red−dead−redemption−2−opening−weekend−1203014421/

Crookall, D., & Oxford, R.(1990). *Simulation, gaming, and language learning*. New York, NY: New-bury House.

de Bot, K., Lowie, W., Thorne, S. L., & Verspoor, M.(2013). Dynamic systems theory as a theory of second language development. In M. Mayo, M. Gutierrez-Mangado, & M. Adrián(Eds.), *Contemporary approaches to second language acquisition*(pp. 199-220). Amsterdam, Netherlands: John Benjamins.

deHaan, J.(2011). Teaching and learning English through digital game projects. *Digital Culture and Education, 3*(1), 46-55.

deHaan, J., Reed, W. M., & Kuwada, K.(2010). The effect of interactivity with a music video game on second language vocabulary recall. *Language Learning & Technology, 14*(2), 74-94.

deHaan, J. W., & Kono, F.(2010). The effect of interactivity with WarioWare minigames on second language vocabulary learning. *Journal of Digital Games Research, 4*(2), 47-59.

Dixon, D., & Christison, M.(2018). The usefulness of massive multiplayer online role playing games(MMORPGs) as tools for promoting second language acquisition. In J. Perren, K. Kelch, J.-S. Byun, S. Cervantes, & S. Safavi(Eds.), *Applications of CALL theory in ESL and EFL environments*(pp. 244-268). Hershey, PA: IGI Global.

Ellis, N.(2002). Reflections on frequency effects in language processing. *Studies in Second Language Acquisition, 24*, 297-339.

Ensslin, A.(2012). *The language of gaming*. New York, NY: Palgrave.

Filsecker, M., & Bündgens-Kosten, J.(2012). Behaviorism, constructivism, and communities of practice: How pedagogic theories help us understand game-based language learning. In H. Reinders(Ed.), *Digital games in language teaching and learning*(pp. 50-69). New York, NY: Palgrave Macmillan.

Franciosi, S. J.(2017). The effect of computer game-based learning on FL vocabulary transferability. *Educational Technology & Society, 20*(1), 123-133.

Frith, J.(2015). *Smartphones as locative media*. Cambridge, England: Polity Press. Gee, J.(2007). *Good video games and good learning*. New York, NY: Peter Lang.

Gee, J. P.(2003). *What video games have to teach us about learning and literacy*. New York, NY: Palgrave Macmillan.

Gibson, J.(1979). *The ecological approach to visual perception*. New York, NY: Psychology Press.

Grimes, S., & Feenberg, A.(2009). Rationalizing play: A critical theory of digital gaming. *The Information Society, 25*, 105-118.

Heift, T.(2013). Preemptive feedback in CALL. In A. Mackey & K. McDonough(Eds.), *Interaction in diverse educational settings*(pp. 189-207). Philadelphia, PA: John Benjamins.

Heift, T., & Vyatkina, N.(2017). Technologies for teaching and learning L2 grammar. In C. Chapelle & S. Sauro(Eds.), *Handbook of technology in second language teaching and learning*(pp. 26-44). Oxford, England: Wiley-Blackwell.

Hellermann, J., Thorne, S. L., & Fodor, P.(2017). Mobile reading as social and embodied practice. *Classroom Discourse, 8*(2), 99-121.

Hjorth, L.(2011). *Games and gaming: An introduction to new media*. Oxford, England: Berg.

Holden, C., Dikkers, S., Martin, J., Litts, B., ···(Eds.)(2015). *Mobile media learning: Innovation and inspiration*. Pittsburgh, PA: ETC Press.

Holden, C., & Sykes, J.(2011). Leveraging mobile games for place-based language learning. *International Journal of Game-Based Learning, 1*(2), 1-18.

Howard, C., Staples, C., Dubreil, S., & Yamagata-Lynch, L.(2016). The app farm: Engaging design process as a means for French learning. *International Journal of Designs for Learning, 7*(3), 42-61. Retrieved from https://doi.org/10.14434/ijdl.v7i3.21658

Hubbard, P.(1991). Evaluating computer games for language learning. *Simulation & Gaming, 22*(2), 220-223.

Hunicke, R., LeBlanc, M., & Zubek, R.(2004). MDA: A formal approach to game design and game research. In D. Fu, S. Henke, & J. Orkin(Eds.), *Proceedings of the AAAI Workshop on Challenges in Game AI*(Vol. 4, No. 1, pp. 1-5).

Jeon, S. A.(2015). *The impact of playing a transnational on-line game on Korean EFL learners' L2 identity and their offline learning dispositions*(Unpublished doctoral dissertation). University of Exeter, Exeter, England.

Jones, K.(1982). *Simulations in language teaching*. New York, NY: Cambridge University Press.

Lacasa, P., Martínez, R., & Méndez, L.(2008). Developing new literacies using commercial video-games as educational tools. *Linguistics and Education, 19*(2), 85-106.

Lantolf, J., & Thorne, S. L.(2006). *Sociocultural theory and the genesis of second language development*. New York, NY: Oxford University Press.

Lave, J., & Wenger, E.(1991). *Situated learning: Legitimate peripheral participation*. New York, NY: Cambridge University Press.

Linell, P.(2009). *Rethinking language, mind, and world dialogically: Interactional and contextual theories of human sense-making*. Charlotte, NC: Information Age Publishing.

Little, D., & Thorne, S. L.(2017). From learner autonomy to rewilding: A discussion. In M. Cappellini, T. Lewis, and A. R. Mompean(Eds.), *Learner autonomy and web 2.0*(pp. 12-35). Sheffield, England: Equinox.

Long, M.(1983). Linguistic and conversational adjustments to nonnative speakers. *Studies in Second Language Acquisition, 25*, 37-63.

Love, N.(2004). Cognition and the language myth. *Language Sciences, 26*, 525-544.

MacIntyre, P., Dörnyei, Z., Clément, R., & Noels, K.(1998). Conceptualizing willingness to communicate in an L2: A situational model of L2 confidence and affiliation. *Modern Language Journal, 82*(4), 525-562.

Mawer, K., & Stanley, G.(2011). *Digital play: Computer games and language aims.* Peaslake, UK: Delta Publishing.

Meskill, C.(1990). Where in the world of English is Carmen Sandiego? *Simulation & Gaming, 21*(4), 457-460.

Miller, M., & Hegelheimer, V.(2006). The SIMS meet ESL: Incorporating authentic computer simulation games into the language classroom. *International Journal of Interactive Technology and Smart Education, 3*(4), 311-328.

Nardi, B., & Kallinikos, J.(2010). Technology, agency, and community: The case of modding in World of Warcraft. In J. Holmström, M. Wiberg, & A. Lund(Eds.), *Industrial informatics design, use and innovation*(pp. 174-186). Hershey, PA: IGI Global.

Neville, D.(2015). The story in the mind: The effect of 3D gameplay on the structuring of written L2 narratives. *ReCALL, 27*(1), 21-37.

Newzoo.(2018). Mobile revenues account for more than 50% of the global games market as it reaches $137.9 billion in 2018. Retrieved from https://newzoo.com/insights/articles/global−games−market−reaches−137−9−billion−in−2018−mobile−games−take−half/

Perry, B.(2015). Gamifying French language learning: A case study examining a quest-based, augmented reality mobile learning-tool. *Procedia-Social and Behavioral Sciences, 174*, 2308-2315.

Peterson, M.(2010). Computerized games and simulations in computer-assisted language learning: A meta-analysis of research. *Simulation & Gaming, 41*(1), 72-93.

Peterson, M.(2016). The use of massively multiplayer online role-playing games in CALL: An analysis of research. *Computer Assisted Language Learning, 29*(7), 1181-1194.

Piirainen-Marsh, A., & Tainio, L.(2009). Other-repetition as a resource for participation in the activity of playing a video game. *Modern Language Journal, 93*(2), 153-169.

Piirainen-Marsh, A., & Tainio, L.(2014). Asymmetries of knowledge and epistemic change in social gaming interaction. *Modern Language Journal, 98*(4), 1022-1038.

Plass, J., Homer, D., & Kinzer, C.(2015). Foundations of game-based learning. *Educational Psychologist, 50*(4), 258-283.

Purushotma, R.(2005). "You're not studying, you're just … ." *Language Learning and Technology,*

9(1), 80-96.

Purushotma, R., Thorne, S. L., & Wheatley, J.(2009). *10 key principles for designing video games for foreign language learning*. Paper produced for the Open Language & Learning Games Project, Massachusetts Institute of Technology, funded by the William and Flora Hewlett Foundation.

Rama, P., Black, R., van Es, E., & Warschauer, M.(2012). Affordances for second language learning in World of Warcraft. *ReCALL, 24*(3), 322-338.

Ranalli, J.(2008). Learning English with The Sims: Exploiting authentic computer simulation games for L2 learning. *Computer Assisted Language Learning, 21*(5), 441-455.

Reinders, H.(Ed.).(2012). *Digital games in language teaching and learning*. New York, NY: Palgrave Macmillan.

Reinders, H., & Wattana, S.(2011). Learn English or die: The effects of digital games on interaction and willingness to communicate in a foreign language. *Digital Culture & Education, 3*(1), 3-29.

Reinders, H., & Wattana, S.(2014). Can I say something? The effects of digital game play on willingness to communicate. *Language Learning & Technology, 18*(2), 101-123.

Reinhardt, J.(2019). *Gameful second and foreign language teaching and learning*. Basingstoke, England: Palgrave Macmillan.

Reinhardt, J., & Sykes, J.(2012). Conceptualizing digital game-mediated L2 learning and pedagogy: Game-enhanced and game-based research and practice. In H. Reinders(Ed.), *Digital games in language learning and teaching*(pp. 32-49). New York, NY: Palgrave Macmillan.

Reinhardt, J., & Sykes, J.(2014). Special issue commentary: Digital game and play activity in L2 teaching and learning. *Language Learning & Technology, 18*(2), 2-8.

Reinhardt, J., & Thorne, S. L.(2016). Metaphors for digital games and language learning. In F. Farr & L. Murray(Eds.), *Routledge handbook of language learning and technology*(pp. 415-430). London, England: Routledge.

Reinhardt, J., Warner, C., & Lange, K.(2014). Digital game literacies in L2 German. In J. Pettes-Guikema and L. Williams(Eds.), *Digital literacies in foreign language education*(pp. 159-177). San Marcos, TX: CALICO.

Salen, K., & Zimmerman, E.(2004). *Rules of play: Game design fundamentals*. Cambridge, MA: MIT Press.

Sauro, S.(2017). Online fan practices and CALL. *CALICO Journal, 34*(2), 131-146.

Scholz, K. W., & Schulze, M.(2017). Digital-gaming trajectories and second language development. *Language Learning & Technology, 21*(1), 99-119.

Sfard, A.(1998). On two metaphors for learning and the dangers of choosing just one. *Educational Researcher, 27*, 4-13.

Shintaku, K.(2016). The interplay of game design and pedagogical mediation in game-mediated Japanese learning. *International Journal of Computer-Assisted Language Learning and Teaching, 6*(4), 36-55.

Spivey, M.(2007). *The continuity of mind.* New York, NY: Oxford University Press.

Squire, K.(2008). Video-game literacy: A literacy of expertise. In J. Coiro, M. Knobel, C. Lankshear, & D. Leu(Eds.), *Handbook of research on new literacies*(pp. 639-673). Mahwah, NJ: Erlbaum.

Squire, K. D.(2005). Changing the game: What happens when video games enter the classroom? *Innovate: Journal of Online Education, 1*(6). Retrieved from http:// www.innovateonline.info/ index.php?view＝article&id＝82 S

Squire, K. D.(2006). From content to context: Video games as designed experiences. *Educational Researcher, 35*(8), 19-29.

Squire, K. D.(2009). Mobile media learning: Multiplicities of place. *On the Horizon, 17*, 70-80. http://dx.doi.org/10.1108/10748120910936162

Statista.(2018). Number of active video gamers worldwide from 2014 to 2021(in millions). Retrieved from https://www.statista.com/statistics/748044/number－video－gamers－world/

Steffensen, S. V.(2013). Human interactivity: Problem-solving, solution-probing and verbal patterns in the wild. In S. Cowley & F. Vallée-Tourangeau(Eds.), *Cognition beyond the brain: Computation, interactivity and human artifice*(pp. 195-221). Dordrecht, Netherlands: Springer.

Steinkuehler, C.(2007). Massively multiplayer online gaming as a constellation of literacy practices. *eLearning, 4*(3), 297-318.

Steinkuehler, C., & Duncan, S.(2008). Scientific habits of mind in virtual worlds. *Journal of Science Education and Technology, 17*(6), 530-543.

Sundqvist, P., & Sylvén, L.(2012). World of VocCraft: Computer games and Swedish learners' L2 vocabulary. In H. Reinders(Ed.), *Computer games in language learning and teaching*(pp. 189-208). Basingstoke, England: Palgrave Macmillan.

Sundqvist, P., & Sylvén, L. K.(2014). Language-related computer use: Focus on young L2 English learners in Sweden. *ReCALL, 26*(1), 3-20.

Sydorenko, T., Hellermann, J., Thorne, S. L., & Howe, V.(in press). Mobile augmented reality and language-related episodes. *TESOL Quarterly*.

Sykes, J., & Reinhardt, J.(2012). *Language at play: Digital games in second and foreign language teaching and learning.* New York, NY: Pearson.

Thibault, P. J.(2005). Brains, bodies, contextualizing activity and language: Do humans(and Bonobos) have a language faculty, and can they do without one? *Linguistics and the Human Sciences, 1*, 99-125.

Thibault, P. J.(2011). First-order languaging dynamics and second-order language: The distributed language view. *Ecological Psychology, 23*(3), 210-245.

Thomas, D., & Brown, J. S.(2009). Why virtual worlds can matter. *International Journal of Learning and Media, 1*, 37-49.

Thorne, S. L.(2008a). Transcultural communication in open internet environments and massively multiplayer online games. In S. Magnan(Ed.), *Mediating discourse online(*pp. 305-327). Amsterdam, Netherlands: John Benjamins.

Thorne, S. L.(2008b). Mediating technologies and second language learning. In J. Coiro, M. Knobel, C. Lankshear, & D. Leu(Eds.), *Handbook of research on new literacies(*pp. 417-449). Mahwah, NJ: Erlbaum.

Thorne, S. L.(2010). The "intercultural turn" and language learning in the crucible of new media. In F. Helm & S. Guth(Eds.), *Telecollaboration 2.0 for language and intercultural learning(*pp. 139-164). Bern, Switzerland: Peter Lang.

Thorne, S. L.(2012). Gaming writing: Supervernaculars, stylization, and semiotic remediation. In G. Kessler, A. Oskoz, & I. Elola(Eds.), *Technology across writing contexts and tasks(*pp. 297-316). San Marcos, TX: CALICO.

Thorne, S. L.(2013). Language learning, ecological validity, and innovation under conditions of superdiversity. *Bellaterra Journal of Teaching & Learning Language & Literature, 6*(2), 1-27.

Thorne, S. L.(2016). Cultures-of-use and morphologies of communicative action. *Language Learning & Technology, 20*(2), 185-191.

Thorne, S. L., & Black, R.(2007). Language and literacy development in computer-mediated contexts and communities. *Annual Review of Applied Linguistics, 27*, 133-160.

Thorne, S. L., Black, R., & Sykes, J.(2009). Second language use, socialization, and learning in internet interest communities and online games. *Modern Language Journal, 93*, 802-821.

Thorne, S. L., & Fischer, I.(2012). Online gaming as sociable media. *ALSIC: Apprentissage des Langues et Systèmes d'Information et de Communication 15*(1). Retrieved from http://alsic. revues.org/2450. doi:10.4000/alsic.2450

Thorne, S. L., Fischer, I., & Lu, X.(2012). The semiotic ecology and linguistic complexity of an online game world. *ReCALL, 24*(3), 279-301.

Thorne, S. L., & Hellermann, J.(2017). Mobile augmented reality: Hyper contextualization and situated language usage events. In *Proceedings of the XVIII International CALL Conference: CALL in Context(*pp. 721-730). Berkeley, CA: University of California, Berkeley. ISBN 9789057285509

Thorne, S. L., Hellermann, J., Jones, A., & Lester, D.(2015). Interactional practices and artifact orientation in mobile augmented reality game play. *PsychNology Journal, 13*(2-3), 259-286.

Tomasello, M.(2003). *Constructing language: A usage-based theory of language acquisition.* Cambridge, MA: Harvard University Press.

van Lier, L.(2004). *The ecology and semiotics of language learning: A sociocultural perspective.* Boston, MA: Kluwer.

Vazquez-Calvo, B.(2018). The online ecology of literacy and language practices of a gamer. *Educational Technology & Society, 21*(3), 199-212.

Vygotsky, L. S.(1978). *Mind in society: The development of higher psychological processes.* Cambridge, England: Cambridge University Press.

Warner, C., & Richardson, D.(2017). Beyond participation: Symbolic struggles with(in) digital social media in the L2 classroom. In S. Dubreil & S. Thorne(Eds.), *Engaging the world: Social pedagogies and language learning*(pp. 199-226). Boston, MA: Cengage.

Wouters, P., van Nimwegen, C., van Oostendorp, H., & van der Spek, E. D.(2013). A meta-analysis of the cognitive and motivational effects of serious games. *Journal of Educational Psychology, 105*(2), 249-265.

Young, M., Slota, S., Cutter, A., Jalette, G., Mullin, G., Lai, B., ⋯ Yukhymenko, M.(2012). Our princess is in another castle: A review of trends in serious gaming for education. *Review of Educational Research, 82*(1), 61-89.

Zheng, D., Liu, Y., Lu, A., Lambert, A., Tomei, D., & Holden, D.(2018). An ecological community becoming: Language learning as first-order experiencing with place and mobile technologies. *Linguistics and Education, 44*, 45-57.

Zheng, D., & Newgarden, K. (2017). Dialogicality, ecology, and learning in online game worlds. In S. L. Thorne & S. May(Eds.), *The encyclopedia of language and education: Vol. 9. Language, education and technology*(pp. 345-359). Berlin, Germany: Springer.

Zheng, D., Newgarden, K., & Young, M. F.(2012). Multimodal analysis of language learning in World of Warcraft play: Languaging as values-realizing. *ReCALL, 24*(3), 339-360.

Zheng, D., Young, M., Wagner, M., & Brewer, R.(2009). Negotiation for action: English language learning in game-based virtual worlds. *Modern Language Journal, 93*(4), 489-511.

Zimmerman, E.(2007). Gaming literacy-game design as a model for literacy in the 21st century. In T. Binder, J. Löwgren, & L. Malmborg(Eds.),*(Re)searching the digital bauhaus.* Berlin: Springer. 179-190.

18

인지 능력 향상을 위한 게임

Pedro Cardoso—Leite, Augustin Joessel, and Daphne Bavelier(이수영 역)

1 액션 비디오 게임은 인지에 광범위한 영향을 미친다.

인간이 쉽게 배우고 적응한다는 것은 오랫동안 인정되어 왔다. 그러나 교육·훈련 분야에서 꾸준히 논란이 되는 문제는 학습의 영역 특수성이 높다는 것이다. 학습의 영역 특수성을 보여주는 연구의 예는 교육 심리학, 사회 심리학, 발달 심리학, 임상 심리학 등의 거의 모든 심리학의 하위 영역에서 찾을 수 있다. 예를 들어, 시각적 지각 (visual perception) 영역에서는 두 개의 수평 막대가 실제로 정렬되어 있는지 추정해야 하는 배열 시력(Vernier acuity) 과제를 수행함으로써 배열 시력이 실제로 향상되는 성과를 얻을 수 있다. 그러나 수평 막대 정렬이 아닌 수직 막대 정렬을 판단하는 것과 같이 약간 다른 버전의 동일한 작업을 수행하도록 요청하면, 그 결과는 훈련을 받지 않은 초보자의 결과와 다르지 않다(Fahle, 2005). 마찬가지로, 인간의 기억 영역에서, 숙련된 바둑 기사들은 잠깐 보여주는 바둑판의 배치를 정확하게 기억할 수 있다. 그러나 숙련된 바둑 기사들에게 바둑판과 동일한 바둑알과 바둑판을 사용하는 오목의 배치를 보여주는 경우, 그들은 높은 기억력을 보이지 못한다(Kareev & Eisenstadt, 1975). 이러한 학습의 영역 특수성은 어려운 문제이다. 교육에서 환자 재활에 이르기까지 모든 실용적인 영역에서 학습과 훈련을 통해 배운 것이 일상생활에 실제적 영향을 미치기 위해서는 학습과 훈련에서 다룬 것과 동일한 과제를 넘어서는 일반화가 필수적이다(Schmidt &

Bjork, 1992). 이 장의 핵심 질문은 학습 성과를 더욱 폭넓게 향상시키는 학습과 훈련 방식을 찾아내는 것이다.

지난 15년간의 연구는 액션 비디오 게임(Action Video Games; AVG)을 하는 것이 지각(perception)에서 하향적 주의 집중(top-down attention)이나 공간 인식(spatial cognition)에 이르기까지 다양한 인지의 하위 영역에 유익한 영향을 미친다는 증거를 보여주고 있다(Bediou et al., 2018). 추론 또는 문제 해결 능력을 조사한 연구가 너무 적기 때문에 AVG가 일반적으로 학업 성취와 관련된 보다 고차원의 인지 능력에 영향을 미치는지의 여부에 대해서는 아직 확실하지 않다. 이 장에서 소개되는 AVG는 대부분 1인칭과 3인칭 슈팅 게임인데, 이는 주의력 조절(attentional control)에 긍정적인 영향을 미치는 것으로 처음 보고된 게임이다(Green & Bavelier, 2003). 그 이후로 비디오 게임의 생태계는 놀랍게 발전하였고, 실시간 전략 게임(예: *Starcraft*, Glass, Maddox, & Love, 2013 참조; 또한 Dale & Green, 2017a; Kim et al., 2015 참조), 운전 게임(예: *Need for Speed*, Wu & Spence, 2013 참조), 액션 롤플레잉 게임(예: *Sky-rim, Final Fantasy, or Mass Effect*)과 같이 유사한 게임 메커니즘(즉, 슈터 메커니즘)을 가진 다른 비디오 게임 장르들 또한 더 나은 방식으로 인지에 영향을 미칠 수 있음에도 불구하고, 현재로서 그러한 연구는 아직 존재하지 않는다(Dale & Green, 2017b 참조).

많은 연구들은 비디오 게임 경험이 거의 또는 전혀 없는 개인과 자칭 습관적인 AVG 플레이어를 비교한다. 이러한 횡단적 연구는 AVG를 플레이한 개인의 인지와 관련된 사회적 정보를 제공한다. AVG 플레이어란 일반적으로 1인칭 또는 3인칭 슈팅 게임을 지난 6개월 이상의 기간에 걸쳐 일주일에 최소 3시간 이상 플레이한 사람으로 정의한다. 이렇게 정의된 AVG 플레이어는 비(非) 비디오 게임(Non-Video Game, NVG) 플레이어에 비해 명암 대비 감도(contrast sensitivity)가 높고, 밀집(crowding) 현상에서의 시력이 높고, 차폐(masking)로 인한 시력 방해는 더 낮게 나타나 전반적으로 시력이 더 좋은 것으로 보고되었다(Achtman, Green, & Bavelier, 2008; Green & Bavelier, 2007; Li, Polat, Makous, & Bavelier, 2009; Schubert et al., 2015). 동일한 문헌에서 비(非) 비디오 게임(NVG) 플레이어는 게임 장르와 관계없이 일주일에 3시간 미만의 일상적인 비디오 게임을 거의 하지 않는 개인이다. NVG 플레이어와 비교하여, AVG 플레이어는 시각적 검색 효율성(visual search efficiency), 부정확한 신호로부터의 복구(recovery from inaccurate cueing) 또는 까다로운 작업 중 방해 요소에 대한 보다 효율적인 필터링 등을 통해 측정되는 주의력 조절(attentional control) 능력이 향상되었음을 보고하였다(Hubert-Wallander, Green, & Bavelier, 2011; Wu & Spence, 2013). 또한 심적 회전(mental rotation), 시공간 작업 기억 과제(visuospatial working-memory tasks) 및 과제 전환 패러다임(task-switching paradigms)에서도 이점이 나타났다(Spence & Feng, 2010; Strobach, Frensch, & Schubert, 2012).

인지에 미치는 AVG의 영향에 관한 Bediou et al.(2018)의 최근 메타 분석 연구에서는 습관적인 AVG 플레이어의 인지 프로파일을 7개 인지 영역으로 범주화하여 NVG 플레이어의 인지 프로파일과 비교하였다. 약 3,800명의 연구 참여자가 포함된 분석에서 7개 모든 인지 영역에 걸쳐 표준 편차의 절반 이상(Hedges의 g=0.55) 크기의 긍정적인 영향이 나타났다. 이러한 영역 중에서 주의력 조절(attentional control), 공간 인지(spatial cognition), 지각(perception) 및 다중 작업(multitasking) 능력의 향상이 가장 신뢰도가 높은 것으로 나타났다. 억제(inhibition) 및 언어 인지(verbal cognition) 영역에서는 다소 약하지만 여전히 유의미한 향상이 나타났으며, 이는 AVG 플레이가 인지에 미치는 비교적 광범위한 영향을 보여주는 결과이다. 연구의 사례수가 제한적이기 때문에 AVG 플레이와 문제 해결(problem solving) 능력 사이의 관계에 대해서는 확고한 결론을 내릴 수 없으므로 향후 더 많은 연구가 요구된다.

2 모든 비디오 게임이 인지에 동등하게 광범위한 영향을 미치지는 않는다.

횡단적 연구는 AVG 플레이가 어떤 인지 영역에 영향을 미칠 수 있는지를 조사하는 데 유용한 수단을 제공한다. 그러나 모집단 선택 편향(population selection bias)이나 혼입(confounds) 효과를 배제하고 AVG 플레이가 인지에 미치는 인과관계를 평가하기 위해서는 중재 연구(intervention studies)가 필요하다. 중재 연구들에서는 연구 참여자들을 액션 비디오 게임으로 훈련될 실험군 또는 비액션 비디오 게임으로 훈련될 대조군에 무작위로 배정하고 훈련 전후의 성과를 평가하였다([그림 18.1]). 두 종류의 비디오 게임 모두 상업적으로 구매가능하고 성공적인 엔터테인먼트 비디오 게임이지만 매우 다른 게임 메커니즘을 사용한다. 실험군의 비디오 게임은 슈팅 게임인 반면, 대조군의 비디오 게임에는 *Tetris*와 같은 퍼즐 게임, *The Sims*와 같은 소셜 시뮬레이션 게임, *Restaurant Empire*와 같은 턴제 전략(turn-based strategy) 게임 또는 *Balance* 같은 시각-운동 협응(visuo-motor coordination) 게임이 포함되어 있다. 이러한 유형의 무작위 대조 실험(randomized controlled trial, RCT)을 사용하여 행동 훈련 그룹(실험군)을 통제군과 비교했을 때, 행동 훈련 그룹(실험군)이 사전 검사에 비해 사후 검사 향상 정도가 더 큰 것으로 보고되었다(Green & Bavelier, 2012). 게임 훈련과 검사 시간 사이의 상호작용은 인지 능력에 대한 AVG 플레이의 인과관계를 확립하는 데 핵심적이다.

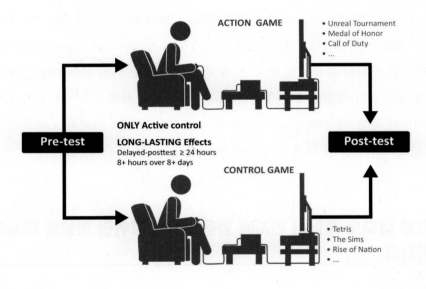

그림 18.1
액션 비디오 게임과 비액션 비디오 게임이 인지에 미치는 영향의 비교를 위한 중재 연구 설계

특히 Bediou et al.(2018)의 두 번째 메타 분석 연구에서는 앞에서 설명한 것과 동일한 무작위 대조 실험의 대조군 설계를 따른 여러 중재 연구에 포함된 참가자 609명

을 통합하여 액션 비디오 게임이 인지에 미치는 인과적 영향을 조사하였다. 이 경우도 훈련 시간이 짧고 대조군 또한 비디오 게임을 한다는 설계의 제약에도 불구하고, AVG 플레이가 인지에 미치는 영향은 유의미하게 나타났다(Hedes's g=0.34로 다소 낮음). 횡단적 메타 분석의 결과와 일치하게, 액션 비디오 게임 훈련은 주의력 조절(attentional control)과 공간 인지(spatial cognition)에 가장 큰 영향을 미치는 것으로 나타났고, 지각(perception)에 대한 영향도 있는 것으로 나타났다. 억제(inhibition) 및 문제 해결(problem solving) 영역에 대한 AVG의 영향은 사례수가 작기 때문에 검증될 수 없었고, 다중 작업(multitasking)과 언어 인지(verbal cognition)에 대한 효과는 긍정적 방향을 보여주기는 하지만 상대적으로 사례수가 작아서 신뢰성이 떨어졌다. AVG 플레이가 인지의 모든 측면에 동일한 영향을 미치는 것은 아니지만, 일반적으로 학습의 영역 특수성이 높은 것을 고려한다면 그 영향은 다소 넓은 영역에 영향이 있다고 볼 수 있다.

이러한 모든 중재(intervention) 연구들의 부가적이고 중요한 특징은 한편으로는 액션 장르와 다른 한편으로는 퍼즐 게임, 소셜 시뮬레이션 게임, 턴제 전략 게임과 같이 속도감이 느리고 주의력을 덜 요구하는 비디오 게임 장르에 이르기까지 상업적으로 구입 가능한 게임들을 비교한다는 것이다. 액션 비디오 게임을 하는 것이 다른 게임 장르를 하는 것보다 인지력을 더 많이 향상시킨다는 사실은 광범위한 인지력 향상을 지원하는 게임이 가지는 특징적 기능에 대한 중요한 시사점을 제공한다. 그러나 이 주제로 넘어가기 전에, 이러한 액션 비디오 게임을 하는 것이 인지에 미치는 광범위한 영향을 매개하는 것으로 보이는 인지 과정들을 검토하도록 한다.

3 주의력 조절(attention control) 향상이 광범위한 인지력 향상의 기초가 될 수 있다.

주의력 조절은 과제의 요구 사항이 변경됨에 따라 처리에 필요한 자원(processing resources)을 유연하게 할당할 수 있으며, 동시에 당면한 과제에 계속 집중하고 소음이나 주의를 산만하게 하는 요인을 무시할 수 있는 능력이다. 주의력 조절이 다양한 영역에서 수행을 촉진한다는 견해는 많은 집행 기능 모델(Diamond, 2013; Miyake & Shah,

1999)의 핵심이다. 집행 기능 모델에는 주의력, 억제 프로세스(inhibitory processes) 및 인지적 유연성이 대부분의 인지 과제의 수행을 가능하게 하는 핵심 요소로 간주된다. 따라서, 많은 선행연구들이 교육 과학(education science)에서 청각 지각 학습(auditory perceptual learning)에 이르기까지 수행 향상에 있어 집행 기능의 역할을 보고하고 있다. 인지 평가 시스템의 계획 척도를 사용하여 측정한 집행 기능(Naglieri & Das, 1997)은 대규모 아동 대상 연구에서 학업 성취도와 긍정적으로 연관이 있는 것으로 나타났다(N=2036; Best, Miller, & Naglieri, 2011). 마찬가지로, 비록 매우 다른 영역이지만, 작업 기억을 측정하는 N-back 검사로 측정된 집행 기능은 청각 식별 과제(auditory discrimination task)를 학습하는 능력과 연계되어 있다. 특히, Zhang 등은 상관관계 접근 방식을 넘어 작업 기억 훈련이 미래의 청각 학습을 촉진한다는 것을 보여주었다(Zhang et al., 2016).

AVG의 경우, 주의력 조절이 비교적 광범위한 인지 변화를 유발하는 작용 메커니즘으로서 가장 많은 지지를 받았다(Green & Bavelier, 2012). 따라서, 많은 연구에서 AVG 플레이 후에 처리 자원을 공간, 시간 또는 개체에 어떻게 할당해야 하는지와 관련된 주의력 조절 기능이 향상되었다고 보고하였다. 주의력 조절 향상은 가장 쉽게 유도할 수 있는 것 중 하나이며, 불과 10~12시간의 AVG 플레이 후에 변화가 나타난다. 반면 시력의 변화는 일반적으로 30시간 이상의 훈련 후에 관찰되었다(Green & Bavelier, 2007; Hutchinson & Stocks, 2013; Li et al., 2009; Schubert et al., 2015). 정상 상태 시각 유발 전이(steady-state visual evoked potentials, SSVEP)와 같은 뇌 영상 기술을 사용한 연구에 따르면 AVG 플레이어들은 관련성이 없고 잠재적으로 주의를 산만하게 만들 수 있는 정보를 보다 효율적으로 억제하는 것으로 나타났다(Krishnan, Kang, Sperling, & Srinivasan, 2013; Mishra, Zinni, Bavelier, & Hillyard, 2011). 주의력 조절이 높은 AVG 플레이어들은 게임 환경에서 과제 관련 정보를 보다 효율적으로 추출할 수 있으며, 최소한 주변을 감지하는 데 있어 보다 정확한 정보를 바탕으로 의사 결정을 내릴 수 있으므로 수행 능력이 향상된다(Green, Pouget, & Bavelier, 2010).

주의력 조절이 수행 능력 향상에 핵심이라는 견해는 새로운 것이 아니다. Ahissar 와 Hochstein(1997)은 주의 집중이 과제 요구 사항 전반에 걸쳐 추상화하고 더 높은 수준의 표상을 개발하는 데 있어 핵심적 기능이고, 이로 인해 학습의 전형적인 특징인 영역 특수성을 상쇄한다고 제안하였다. 관련 없는 정보를 무시하고, 과제 관련 정보를 강조함으로써 주의력 조절은 행동을 안내하는 정보에 대한 필터 역할도 한다. 따라서, 주의(attention) 집중에 대한 전두 두정 연결망(frontal-parietal network)은 피드백 연결을 통해 피질에 작용하여, 반응 강화(response enhancements)와 산만 억제(distractor suppression)의 조합을 통해 프로세스를 촉진하게 된다(Lewis, Baldassarre, Committeri, Romani, & Corbetta, 2009; Roelfsema, van Ooyen, & Watanabe, 2010). 더 많은 증거들이 액션 비디오 게임 플레이어들의 전두 두정 주의 집중 시스템(frontal-parietal attentional system)의 변화를 보여주고 있다. 예를 들어, Bavelier, Achtman, Mani와 Föcker(2012)는 과제 난이도와 주의력 요구가 증가함에 따라 전두 두정 연결망(frontal-parietal network)이 활성화되었다고 보고하였다. 흥미롭게도 이 연결망은 비(非) AVG 플레이어보다 AVG 플레이어 사이에서 덜 활성화되었다. 이는 AVG 플레이어들이 더 주의 집중 할당을 자동화할 수 있다는 것을 시사하는 결과로, 액션 게임이 주의력 자원을 강화한다는 것을 뒷받침하는 경험적 증거와 일치한다(Green & Bavelier, 2012 참조). Krishnan et al.(2013년)은 하향적 주의 집중 과제(top-down attentional task)에서 AVG 플레이어를 롤플레잉 비디오 게임 플레이어(RPG)와 비교했을 때, AVG 플레이어의 산만 요소 억제 능력이 더 강하다고 보고하였다. AVG 플레이어 사이에서, 배경 자극(unattended stimuli)에 대한 SSVEP 반응이 주의를 기울인 자극(attended stimuli)에 대한 행동 수행 능력과 상관관계가 있는 것으로 관찰되었으며, 이는 더 높은 산만 억제 능력이 과제 관련 신호의 보다 효율적인 처리를 지원함을 시사한다. 행동 수행 능력과 가장 높은 상관 관계는 오른쪽 두정 및 측두 피질 위에 배치된 전극에서 관찰되었는데, 이는 주의를 기울이지 않는 위치(unattended locations)의 관련 정보를 모니터링하는 것에 관여하는 곳이다(Krishnan et al., 2013).

전반적으로 이러한 결과는 액션 비디오 게임의 영향이 적어도 부분적으로는 하향적 주의력 조절 시스템의 향상으로 설명될 수 있음을 일관되게 나타낸다. 액션 비디오 게임의 어떤 기능들이 이러한 효과의 원인이 될 수 있는가 하는 것이 다음 섹션의 주제이다.

4 광범위한 인지적 영향을 촉진할 수 있는 게임의 기능들

비디오 게임은 현재 가장 발전된 가상 환경이며, 대부분 엔터테인먼트용으로 설계되었지만, 검토한 문헌들에 따르면 이러한 게임의 특정 범주 중 일부는 인지 능력 향상에 효과적임이 확인되었다. 따라서 인지 훈련에 대한 이해를 높이기 위한 한 가지 전략은 효과적인 게임과 효과적이지 않은 게임을 대조하여, 게임의 어떤 기능이 AVG 플레이어들에게서 관찰되는 수행 능력의 성과를 설명할 수 있는 액션 게임만의 특징적 기능인지 역설계(reverse engineer) 방식을 시도하는 것이다. 이러한 시도를 통해 Green, Li와 Bavelier(2010)은 액션 비디오 게임이 다음 특성을 공유한다고 설명하였다; (1) 빠른 속도감(fast pace)(일시적 이벤트, 빠르게 움직이는 물체), (2) 정확한 액션을 취하기 위한 높은 지각, 인지 및 운동 부하, (3) 시간 및 공간의 불확실성, (4) 주변 처리(peripheral processing)에 대한 강한 강조.

이 목록은 연구자들이 아동들의 인지 능력을 훈련시키고 싶었지만, 성인을 대상으로만 테스트가 이루어졌기 때문에 아동들의 연령에 적절하지 않은 액션 게임을 사용할 수 없을 때 유용하게 활용되었다. Franceschini et al.(2013)은 이 목록을 사용하여 *Rayman Raving Rabbids* 게임에서 아동들에게 적합한 미니게임을 "액션" 또는 "비액션"으로 분류하고, 이 미니게임들을 실험군과 대조군의 훈련 연구에 각각 사용하였다([표 18.1]과 [표 18.2] 참조. 대표 게임 두 가지는 표와 [그림 18.2]에 자세히 설명되어 있음.). 연구 결과 동일한 *Rayman Raving Rabbids* 비디오 게임의 비액션 미니게임을 12시간 하는 것에 비해 액션 미니게임을 하는 것이 난독증 아이들의 주의력과 독해력을 향상시키는 것으로 나타났다. 이러한 결과는 인지 훈련에 관심이 있는 과학자들에게 비디오 게임과 그 메커니즘을 연구하는 것이 유용함을 보여준다.

표 18.1

액션 게임으로 분류되어 중재 연구에 사용된 *Rayman Raving Rabbids* 미니게임 목록(Franceschini et al., 2013)

미니게임 이름	게임 메커니즘
Bunny Hunt	화면 곳곳에서 갑자기 나타나 플레이어를 공격하는 토끼에게 플레이어가 압축기(plunger)를 쏘는 FPS(1인칭 슈팅 게임, First-Person Shooter) 같은 게임
Shake Your Booty	*Guitar Hero*와 유사한 게임; 플레이어가 화면의 이벤트에 맞춰 키를 누르는 빠르게 진행되는 리듬 게임
Bunnies Are Addicted to Carrot Juice	갑자기 물 밖으로 튀어나와 플레이어를 공격하는 토끼에게 당근 주스를 쏘는 FPS 같은 게임
Bunnies Can't Shear Sheep	플레이어는 양의 움직임을 따라 빠르고 간단한 일련의 액션을 통해 양털을 깎는 게임(토끼의 방해를 피해야 함.)
Bunnies Rarely Leave Their Burrows	두더지 잡기 게임; 정원에 파여 있는 여러 구멍에서 번갈아 나오는 토끼를 삽으로 쳐야 하는 게임
Bunnies Are Bad at Peek-a-Boo	전형적인 "빨간불, 초록불" 게임[1]으로 적이 보고 있지 않을 때는 빠르게 이동하고 적군이 보이면 정지하면서 이동하는 게임
Bunnies Are A-mazing	정상에서 내려다 보이는 미로를 가능한 빠르게 그리고 벽에 부딪히지 않도록 정확하게 통과해야 하는 게임
Bunnies Have a Great Ear for Music	시각 및 청각 검색 게임: 노래하는 토끼 합창단 중에서 올바르게 노래하지 않는 토끼를 찾아내는 게임
Bunnies Don't Use Toothpaste	두더지 잡기 게임; 토끼 입안의 4개의 충치 구멍에서 무작위로 나오는 충치 벌레를 잡는 게임
Bunnies Like to Stuff Themselves	화면에 제시되는 모양의 윤곽을 따라 빠르게 그리는 게임
Bunnies Are Slow to React	속도와 정확성을 동시에 요구하는 3차원 밸런싱 퍼즐 게임; 계속 움직이는 3차원 미로판 위의 구슬을 움직여 미로를 통과하는 게임
Bunnies Don't Like Being Shot At	플레이어는 회전하면서 움직이는 판 위에 고정된 표적물 토끼를 향해 압축기를 발사하여 맞히는 게임으로 실제로 표적물을 명중하기 위해 궤적을 예측해야 하는 게임
Bunnies Never Close Doors	두더지 잡기 게임; 4개의 문 뒤에 있는 각각의 토끼가 밖으로 나오려고 문을 열 때 나오지 못하도록 빠르게 문을 닫아야 하는 게임

---

1 역자 주 : '무궁화 꽃이 피었습니다' 게임과 유사

Bunnies Can't Jump	화면상에 나타나는 많은 방해 요소들을 무시하면서 변화되는 속도에 맞춰 긴 줄넘기를 하는 게임

참고 : 모든 사람이 이상의 각 분류에 동의하는 것은 아니지만 여기에 제시된 게임들은 게임이 인지에 미치는 영향을 연구하는 흥미로운 접근 방식을 제공한다.

표 18.2

비액션 게임으로 분류되어 중재 연구에 사용된 *Rayman Raving Rabbids* 미니게임 목록(Franceschini et al., 2013)

미니게임 이름	게임 메커니즘
Bunnies Don't Give Gifts	주어진 시간 내에 플레이어가 선물 포장된 폭탄이 터지기 전에 토끼에게 전달하는 게임으로 빠르고 반복적인 동작으로 속도만 조절할 수 있는 게임
Bunnies Like Surprises	플레이어가 소리를 사용하여 눈이 가려진 토끼가 이동할 방향을 지시하는 진행이 느린 게임
Bunnies Can't Fly	빠르고 반복적인 동작으로 속도만 조절하는 레이스 게임; 갱도 열차를 빨리 움직였다가 갑자기 정지하여 열차에 타고 있던 토끼를 멀리 날리는 게임
Bunnies Have Natural Rhythm	3가지 색의 토끼가 3마리씩 총 9마리가 춤추고 있는 바닷가에서 같은 색의 라디오를 클릭하면 해당 색깔의 토끼만 동작을 멈추며 이때 토끼를 공격할 수 있음. 주어진 시간 내 모든 토끼를 처리해야 하는 게임
Bunnies Don't Milk Cows	플레이어는 가능한 한 빠르게 동일하고 간단한 동작을 반복하여 20초 내에 소젖 3통을 짜야 하는 게임
Bunnies Can't Play Soccer	플레이어는 반복적인 동작으로 공을 향해 빠르게 달린 후 키를 눌러 공을 찬 다음 골키퍼를 피하기 위해 궤적을 조정하여 골을 넣으면 점수를 얻는 게임
Bunnies Are Heartless with Pigs	플레이어는 소리로 안내되는 피드백을 따라 미로를 천천히 걸어 통과하는 게임; 잘못된 방향으로 이동할 경우 경고음이 제시됨.
Bunnies Can't Slide	플레이어는 독특한 모양의 고정되어 있는 타겟을 조준하여 맞히는 게임; 얼음판 위의 4개의 판이 미끄러질 각도를 조정하여 키를 누르면 판이 미끄러지면서 서로 부딪힌 후에 정지했을 때 얼음판 중심에서 부터의 거리가 짧으면 이기는 게임
Bunnies Are Not Ostriches	플레이어가 작은 UFO를 조심스럽게 조종하여 땅에 묻힌 토끼를 끌어 내야 하는 진행이 느린 게임
Bunnies Don't Understand Bowling	플레이어는 볼링처럼 술통을 굴려서 던지고 그 궤적을 조절하여 고정된 토끼들을 맞히는 게임
Bunnies Have a Poor Grasp of Anatomy	콜라주 조각으로 구성된 토끼가 빠르게 회전한 후 화면의 조명이 꺼짐. 플레이어는 여러 조각으로 나누어져 있는 콜라주 조각을 조명이 꺼지기 전 토끼가 마지막으로 멈춘 방향과 모양을 기억하여 콜라주 조각을 맞춰 토끼를 재구성해야 하는 게임

Bunnies Don't Know What to Do with Cows	해머 던지기처럼 사슬에 연결된 소를 빙빙 돌린 후 공중으로 던져 멀리 보내는 게임으로 플레이어는 돌리는 속도를 높이기 위해 반복적인 동작을 수행하고 키를 누르면 소가 날아감.

참고 : 모든 사람이 이상의 각 분류에 동의하는 것은 아니지만 여기에 제시된 게임들은 게임이 인지에 미치는 영향을 연구하는 흥미로운 접근 방식을 제공한다.

두 번째 접근법은 게임 기능 자체보다는 훈련할 가치가 있는 인지 프로세스에 초점을 맞춘다(Anguera et al., 2013; Goldin et al., 2014; Homer, Plass, Raffaele, Ober, & Ali, 2018; Parong et al., 2017 등 참고). Anguera와 동료들은 노인들을 대상으로 다중 작업(multi-tasking)을 훈련하기 위한 비디오 게임을 설계하고, 단일 작업 훈련에 비해 다중 작업 훈련 이후에 다중 작업 능력의 향상 뿐만 아니라 기타 다른 인지적 작업 능력도 향상이 더 크다는 것을 관찰하였다(Anguera et al., 2013). 보다 최근의 예를 들면, Homer et al.(2018)은 훈련 연구에서 사용되는 과제전환(task switching)에 초점을 둔 아동 친화적인 미니게임을 개발하였다. 게임을 통해 과제전환을 훈련하면 표준적 과제전환 패러다임(standard task-switching paradigms)으로 측정되는 과제전환 능력이 향상될 것이라는 가설이 검증되었다. 인지 훈련 중재(intervention)를 설계하기 위해 인지 프로세스에 초점을 맞추는 전략은 이미 성공적인 것으로 입증되었으며, 때로는 해당 중재 프로그램의 특정 사항을 훨씬 뛰어넘는 이점을 보이기도 하였다(즉, Anguera et al., 2013; Au et al., 2015; Goldin et al., 2014와 같이 비교적 원거리 전이(far transfer)에 대한 연구들).

이러한 접근법에는 분명히 장점이 있다. 즉, 인지 과정에 관한 이론과 그들이 어떻게 상호작용하는가에 대한 이론을 기반으로 이루어지며, 따라서 보다 일반적인 인지 강화를 촉진하기 위해 관여하는 기본적인 인지 과정에 대한 이해를 도와준다. 그러나 개인에게 일련의 인지 과제를 훈련시키는 것이 훈련생들의 인지 향상을 안정적으로 유도할 수 있을지는 여전히 논란이 많다. 이러한 접근 방식은 집행 기능 훈련의 맥락에서 가장 많이 연구되어 왔으며, 특히 아동들을 위한 작업 기억 미니과제 모음인 *CogMed* 소프트웨어가 가장 많이 연구되었다. 그리고 이러한 접근방식은 부주의한 행동(inattentional behavior)에 관한 의미있는 결과(Holmes et al., 2010; Spencer-Smith & Klingberg, 2015)와 인지 능력 또는 학업 성취도와 관련한 실망스러운 영향(Gathercole,

Dunning, & Holmes, 2012; Morrison & Chein, 2011; Roberts et al., 2016; Shipstead, Hicks, & Engle, 2012)을 모두 보여준다. 과제전환의 하위 영역으로 특정 과제전환 과제에 대해 개인을 훈련시키면 해당 과제와 함께 과제 실행의 전반적인 속도가 향상됨을 보여주는 연구들이 꾸준히 진행되어 왔다. 그러나 대부분의 연구에서는 필요에 따라 하나의 과제에서 다른 과제로 전환하는 비용을 줄이는 능력인 과제전환 비용 자체를 줄이는 데는 실패하였다고 보고하였다(Baniqued et al., 2015; Minear & Shah, 2008). 따라서 좁게 정의된 과제나 미니게임의 맥락에서 특정 인지 구인을 훈련하는 것은 보다 일반적으로 인지 및 학습에 기초가 되는 것으로 보이는 인지 프로세스의 검토를 통해 기대할 수 있는 만큼의 인지 향상을 가져오지 않았다(Owen et al., 2010).

마지막으로, 세 번째 접근 방식은 액션 비디오 게임을 학습의 인지 신경과학 또는 컴퓨터 학습 모델에서 얻은 학습 원리와 연관시키려는 시도이다(Bavelier, Green, Pouget, & Schrater, 2012). 여기서의 목표는 단순히 액션 비디오 게임과 비액션 비디오 게임의 차이점을 설명하는 것이 아니라 이러한 차이점을 학습 이론과 연관시키고 이러한 차이가 왜 중요한지를 묻는 것이다. 이것이 이 장에서 추구하는 접근법으로, 인지력 향상에 중요하다고 생각하는 게임 기능의 목록을 제시하고자 한다. 이러한 기능적 특징들은 상업적으로 성공한 모든 게임에 다양한 비율로 존재하지만(즉, 성공적인 게임이 항상 이러한 특징들을 많이 포함한 것은 아니지만), 액션 비디오 게임은 이러한 기능들의 특정한 조합으로 특징지어지며, 이러한 기능들의 조합이 액션 비디오 게임이 비액션 비디오 게임에 비해 인지 향상에 대한 더 큰 영향을 미치는 이유를 설명할 수 있다. 컴퓨터 학습 원리에 비추어 액션 비디오 게임의 특정 기능들이 중요한 이유를 개략적으로 설명하고, 액션 비디오 게임의 다음과 같은 특징 때문에 액션 비디오 게임을 한 후 관찰되는 인지적 향상이 이러한 게임의 특정 기능에 의해 유발된다고 가정한다.

(a) 범용적 인지 능력, 특히 주의력 자원을 강화하고, 유연한 인지 조절을 촉진하며, 처리 속도의 증가를 지원하는 특정 프로세스를 목표로 하기 때문이다.

(b) 플레이어가 게임에서 패턴을 추출하고 다양한 상황에 적용할 수 있는 생성 모델(generative model)을 형성하도록 만들 수 있을 만큼 풍부하고 복잡한 구조 속

에 많은 규칙들을 포함함으로써 모델 기반 학습(model-based learning)을 유도하기 때문이다.

(c) 플레이어의 참여를 유지하고, 학습을 유도하며, (인지의) 자동화(automization) 또는 게임을 통해 훈련이 되고 있는 해당 기능의 매우 영역 특수적인 기능 숙달을 제한하는 적절한 가변성(variability)을 제공하기 때문이다.

연구 문제를 설명하기 위해, 다음 절에서 6가지 주요 설계 원리를 제안하고, 6가지 설계 원리가 인지력 향상을 촉진하기 위한 위 3가지 핵심 원칙을 어떻게 지지하는지 논의한다.

근접발달영역 내에 있는 것—난이도 조절을 위한 적절한 스캐폴딩

게임은 도전적이지만 해낼 수 있을 정도까지만 재미있다. 그러므로 성공적인 게임은 처음에는 어떤 플레이어도 낙담시키지 않을 만큼 쉬워야 하고, 그 다음에는 플레이어들의 참여와 관심을 유지시키도록 계속해서 도전적이어야 한다. 비디오 게임에서 제공되는 스캐폴딩은 1인칭 시점의 비디오 게임인 *Portal*을 통해 가장 잘 설명될 수 있다. *Portal*은 플레이어가 물리학 및 순간이동(teleport)과 관련된 퍼즐을 풀어야 하는 게임으로, 플레이어가 공간을 가로질러 순간이동을 하기 위해 포탈건(portal gun)을 사용하여 입구와 출구 지점을 연다. 흥미롭게도 게임의 많은 부분은 개별 실험실로 분리된 일련의 퍼즐로 구성되어 있다. 이러한 퍼즐은 점점 더 복잡해지고 이전 실험실에서 습득한 지식을 기반으로 한다. 예를 들어, 플레이 초기에 플레이어는 포털건이 없지만 포털의 존재를 알게 된다(실험실 #00). 그런 다음 플레이어는 포털이 포털건에 의해 생성된다는 것을 알게 되고, 플레이어가 하나의 포털만 제어할 수 있는 포털건을 획득하면(입구 혹은 출구 중 하나; 실험실 #02), 나머지 포털은 게임에 의해 자동 결정된다. 플레이어가 순간이동을 위한 입구와 출구를 모두 제어할 수 있는 것은 훨씬 나중에 가능해진다(실험실 #11; https://theportalwiki.com/wiki/Portal_Test_Chamber_11 참고). 초기 퍼즐은 매우 단순하고, 이어지는 후속 퍼즐은 약간 더 어렵지만 플레이어들이 해결할 수 있을 것처럼 보이기 때문에 이러한 스캐폴딩 전략은 플레이어들이 계속 게임에 참여하도록 만든다. 중요한 것은, 이러한 스캐폴딩 덕분에 궁극적으로 플레이어들이 만약 먼저 간단한 문제에 대해 훈련을 받지 않았다면 풀지 못했을, 매우 복잡한 문제를 해결할 수 있도록 만든다는 것이다.

심리학에서 스캐폴딩의 개념은 비고츠키(Vygotsky, 1978)가 제시한 근접발달영역(zone of proximal development)의 개념과 밀접한 관련이 있다. 근접발달영역은 적절한 외부 지원이 제공될 때 학생이 도달할 수 있는 능력의 범위를 나타낸다. 너무 쉽지도, 너무 어렵지도 않은 적절하고 개인화된 학습 경험을 제공하는 것은 학습을 최적화하는 데 핵심적인 요소로 간주된다. 학습을 위해 난이도를 개인화해야 하는 필요성은 상당한 실험적 증거에 의해 뒷받침되고 있지만(Takeuchi, Taki, & Kawashima, 2010), 교육 환경에서 여전히 주요한 도전 과제로 남아 있다.

개인별로 난이도를 조절하는 것은 학습을 위한 주요 요소로서, 일부 연구에서는 실험군에게만 난이도를 위한 비계를 제공하고 그 외 변인은 통제한 실험군과 대조군에 동일한 게임과 과제를 사용한다(Klingberg et al., 2005; Pedullà et al., 2016). 일반적으로 난이도가 낮고 도전적이지 않은 수준으로 고정되어 있는 게임보다, 난이도에 따라 스캐폴딩이 제공되는 게임이 인지적 이점을 더 많이 제공한다. 스캐폴딩과 난이도 조절은 필요 조건이지만 광범위한 인지적 이점을 얻기 위한 충분 조건은 아니다. 예를 들어 *Tetris* 게임의 난이도는 플레이어의 수행 능력에 따라 달라진다. 그러나 *Tetris*는 액션 비디오 게임을 기반으로 한 많은 실험 연구에서 통제군에게 제공되는 게임으로 사용되었다(Boot, Kramer, Simons, Fabiani, & Gratton, 2008; Feng, Spence, & Pratt, 2007; Green & Bavelier, 2003, 2006a, 2006b, 2007; Strobach et al., 2012).

그렇다면 중요한 것은 스캐폴딩이 어떤 차원 또는 어떤 과정에 적용되는가이다. 이 점은 아마도 두 가지 하위 과제로 구성된 *NeuroRacer*의 두 가지 난이도가 적용된 모드 중 하나를 노인들을 대상으로 훈련시킨 Anguera 등(2013년)의 연구에 의해 가장 잘 설명된다. 한 그룹은 멀티태스킹 모드에서 게임을 했고 두 개의 하위 작업을 모두 잘 수행해야 했으며, 다른 그룹은 두 개의 하위 작업을 각각 개별적으로 수행하였다. 두 그룹 모두 각 과제의 속도가 연구 참여자들을 약 80%의 정확도로 유지한다는 점에서 참여자들은 똑같이 어려운 상황에 놓였지만, 멀티태스킹 그룹에서만 인지적 성과가 관찰되었다. 마찬가지로 Glass와 동료 연구자들은(2013)은 연구 참여자들에게 동일한 상용 실시간 전략 게임(*StarCraft*)의 두 가지 버전을 훈련시킨 후 해당 게임이 인지 유연성에 미치는 영향을 측정하였다. 약 50%의 승률을 유지하도록 난이도를 조정했기 때문에 두 버전의 난이도는 동일하였다. 하지만 한 버전(Full 버전)에서는 플레이어가 2개의 아군 기지를 통제하고 2개의 적군 기지를 처리해야 했지만, 다른 버전(Half 버전)에서는 플레이어가 더 작은 게임 공간 내에서 아군과 적군 기지를 각각 1개씩만 통제하도록 하였다. 이 때, 보다 풍부하고 복잡한 구조를 제공하고 더 높은 수준의 멀티태스킹을 요구하는 풀버전에서만 인지적 유연성의 향상이 관찰되었다. 이러한 결과는 학습자에게 도전 과제를 점점 더 어렵게 만들어 가는 것이 광범위한 인지 강화의 핵심이 아니라, 인지적 자원 및 인지적 유연성, 처리 속도 등 도전 과제의 부하(challeng load)를 강화하는 것이 핵심이라는 것을 보여준다.

보상 체계와 적절한 피드백

많은 연구자들은 비디오 게임에서 게임의 흐름을 지원하는 것 뿐 아니라 학습을 위해서도 즉각적인 피드백이 중요함을 강조한다(Gentile & Gentile, 2008; Csikszentmihalyi & Csikszentmihalyi, 1992). 그러나 비디오 게임은 일반적으로 잘 이해되지 않는 복잡한 보상과 피드백 구조를 가지고 있다. 짧은 시간 내에 완전하고 즉각적인 피드백이 제공된다. 예를 들어, 적을 향해 총을 쏠 때 총알이 적에게 맞았거나 빗나가면 플레이어에게 명확한 신호가 전달된다. 또 다른 경우에서는, 길게 이어지는 플레이어의 액션의 순서에 따라 게임 공간 내에서 가능한 수많은 경로 중 하나의 경로가 구성되며, 그 경로의 마지막에 도달하면 보상을 받게 되지만, 그 중간 과정에 만약 다른 액션을 취하였다면 더 나은 결과가 나올지 명시적으로 알려주지 않는다(즉, 일련의 액션들에 대한 피드백은 게임의 가장 마지막에만 주어진다). *Call of Duty*와 같은 게임에는 공격 여부, 공격 대상, 공격 시 사용할 무기 등 플레이어가 선택해야 하는 많은 사항들이 있다. 플레이어가 성공하든 실패하든, 더 나은 결과를 얻기 위해 어떤 다른 조치를 취해야 했는지 알려주지 않는다. 체스에서와 마찬가지로 플레이어는 게임 공간을 탐색하고 스스로 방법을 찾아야 한다. 보다 최근에 나온 새로운 세대의 비디오 게임들은 다양한 피드백과 보상 신호를 통합하고 있다. 예를 들어, 어떤 게임들은 플레이어들에게 그들의 패배나 승리를 이끈 경기의 순서를 다시 재생하여 보여준다. 팀 기반의 멀티플레이어 1인칭 슈터 게임인 *Overwatch*와 같은 게임에서는 플레이어가 서로에게 투표할 수 있으며, 패배한 팀에 속해 있음에도 불구하고 "MVP(최우수 선수)"로 뽑힐 수 있다.

학습 분야에서는 오랫동안 학습에서 피드백이 수행하는 중요한 역할을 강조해 왔다. 지도 학습(supervised learning)에서 학습을 통한 피드백(instructional feedback)이 제공되는 것(즉, 올바른 정답이 제공되는 경우)에서부터 비지도 학습(unsupervised learning)에서 피드백이 전혀 주어지지 않는 경우와 강화 학습(reinforcement learning)에서 평가적 피드백이 제공되는 것(즉, 응답의 질을 평가하는 보상 신호(reward signal)가 제공되지만 최상의 응답이 무엇인지는 제공되지 않는 경우)에 이르기까지 이용가능한 피드백의 유형은 기계학습에서의 학습의 주요 하위 범주를 특징짓는다. 이 점을 설명하기 위해, 얼굴 이미지를 남성 또는 여성으로 분류하는 과제를 생각해보자. 지도 학습에서는 해당 값(남성인지 여성인지)의 분포에 대한 정보를 무시하고 입력 값과 출력 값 사이의 맵핑 또는 판별 모델을 학습하는 것으로 충분할 수 있다. 예를 들어, 학습된 모델은 얼굴의 둥근 정도가 특정 값을 초과할 경우, 주름의 정도를 나타내는 값과는 관계없이, 해당 이미지가 여성의 얼굴이라고 결정해야 한다고 명시할 수 있다. 후속 과제가 동일한 이미지 세트에 대해 젊은 사람인지 노인인지를 판별하는 것이라면 학습자(학습모델)는 얼굴에 있는 주름 자국부터 시작하여 처음부터 다시 새로운 판별 모델을 배워야 한다. 반면 초기에 어떠한 피드백도 받지 않은(또는 부분적 피드백만 제공받은) 학습자(학습모델)는 얼굴 이미지가 존재하는 공간의 기본 구조를 학습하여, 성별 및 연령 판별과 관련된 지식을 습득할 수 있다. 그런 다음, 나중에 연령에 따라 이미지를 구분하는 것을 학습하도록 요청하면, 이 학습자(학습모델)는 성별 분류를 하며 얻은 지식을 사용하여 연령별로 분류하는 학습 속도를 높일 수 있다.

플레이어의 액션에 대한 피드백이 '맞다' 혹은 '틀리다'로 구분되는 이진 신호(binary signal)일 필요는 없다. 성과를 평가하기 위해 더 다양한 신호를 포함할 수 있다.

예를 들어, 학생이 A, B, C 중 어떤 직업이 자신에게 가장 적합한지 알고 싶다면, 어떤 선택이 정답인지 말할 방법이 없다. A, B, C의 직업을 직접 경험해 보고 각각에 대한 보상(예: 근무조건, 급여)을 받음으로써, 어느 것이 자신에게 가장 적합한 직업인지 결정할 수 있을 것이다. 그러나 A, B, C 보다 더 좋을 수도 있는 D에서 Z까지의 다양한 선택이 여전히 존재할 수 있다. 이러한 유형의 상황은 일련의 행동의 마지막에 '정답(correct answer)' 대신 '보상(reward)'이 주어지는 강화 학습 이론의 기초가 된다. 최적의 솔루션이 플레이어에게 전달되지 않기 때문에 이러한 맥락에서 학습하려면 시행착오를 통해 가능성의 공간을 탐색해야 한다. 그러나 이러한 프로세스는 시간이 많이 소요되며, 예를 들어 최적의 게임 수행 순서를 파악하기 위해 수천 번의 게임 단계를 반복해야 한다. 이 프로세스를 단축하기 위해, 플레이어들은 그들의 선행 지식과 자신의 세계에 대해 이미 구축해 둔 풍부하고 복잡한 내적 표상(internal representation)들을 사용하여 기초적인 수준에서 게임 구조의 템플릿을 만들 수 있다. 이러한 풍부하고 복잡한 내적 표상은 지식을 일반화시킬 수 있도록 도와주며, 플레이어들이 새로운 게임 맥락 내에서 효율적으로 예측하고 다음 액션을 계획할 수 있도록 한다.

게임은 복잡한 보상 구조를 사용하며 동시에 여러 피드백 메커니즘을 사용하기 때문에 동시에 여러 가지 형태의 학습을 유도할 수 있다. 이 장에서 다루는 학습 형태는 모델 기반(model-based) 학습과 무모델(model-free) 학습이다(Daw, Gershman, Seymour, Dayan, & Dolan, 2011; Lee, Shimojo, & O'Doherty, 2014). 무모델 학습은 학습할 변수와 해당 변수가 유발하는 액션 사이에 직접적인 연결을 형성함으로써 학습 공간을 빠르게 구축할 수 있도록 한다. 이 과정은 즉각적이고 완전하며 지도를 받은 피드백(supervised feedback)에 의해 촉진되는 것으로 보인다. 그러나 이러한 학습의 약점은 새로운 상황에 적용할 수 있는 일반화 정도가 크지 않다는 것이다. 예를 들어 게임에서 컨트롤러 버튼과 게임 내 특정 동작 간의 연관성을 학습하는 것이 무모델 학습의 예가 될 수 있다. 반면에 학습자가 학습 공간을 이해하기 위해 풍부하고 복잡한 내부 모델(internal model)을 구축하는 모델 기반 학습은 보다 정교한 일반화를 가능하게 하지만, 분명히 학습하기가 더 어렵다. 따라서 피드백이 부분적이거나 지연되거나 아예 없는 경우에만 모델 기반 학습쪽으로 학습이 치우치는 것으로 알려져 있다(Daw, Niv, & Dayan, 2005).

보다 일반적으로 모든 학습 이론은 피드백이 학습 과정에서 필수적인 부분이라는 것을 인정한다. 하지만, 피드백의 성격과 타이밍에 관해서는 비디오 게임 중재(intervention)의 목표를 고려하는 것이 중요하다. 중재(intervention)의 목표가 설정된 영역의 학습 속도를 높이는 것인지, 새로운 상황에서도 일반화될 수 있는 학습을 보장하는 것인지 등의 목표에 따라 서로 다른 형태의 피드백이 필요하다.

적절한 피드백의 중요성은 인정되었지만, 아직 인지 강화 문헌 내에서 이에 대한 연구가 체계적으로 수행되지는 않았다. 학습에 대한 컴퓨터기반 접근과 신경과학적 접근은 시냅스 가소성(synaptic plasticity)과 학습의 초석으로서 '보상'을 주목한다(Choi & Watanabe, 2012; Dayan & Balleine, 2002; Schultz, Dayan, & Montague, 1997). 처음부터 세부적인 단계별로 피드백이 주어질 때 학습 속도가 더 빠르다는 연구 등과 같이 최상의 피드백 메커니즘을 파악하기 위한 연구가 활발하게 진행되고 있다(Serge, Priest, Durlach, & Johnson, 2013). 그러나 학습 속도를 중시하는지, 일반화를 중시하는지에 따라 피드백의 성격을 매우 다르게 바꿔야 한다. 학습 속도를 높이면서 즉각적이고 상세한 피드백을 제공하면 일반화가 제한될 수 있기 때문이다(Goodman, Wood, & Chen, 2011; Schmidt & Bjork, 1992). 이러한 결과는 새로운 기술이나 지식의 습득 속도와 일반화 사이의 지속적인 긴장감을 강조한 앞서 검토한 학습 이론과 같은 맥락에서 이해될 수 있다(Bavelier, Bediou, and Green, 2018). 적절한 피드백은 명시된 학습 목표에 따라 달라진다. 또한 피드백은 긍정적 또는 부정적 유인가(valence)에 따라 행동의 다양한 측면을 수정하는 것으로 보이며, 부정적인 피드백이 온라인 상의 행동 수정을 더 많이 촉진한다. 실제로 두뇌 훈련용 장비를 사용한 연구에서 Burgers, Eden, van Engelenburg와 Buningh(2015)은 부정적인 피드백이 플레이어로 하여금 행동을 즉각적으로 교정하도록 만들었지만, 긍정적인 피드백이 장기적으로 참여를 유지하는 데 핵심적이었다는 것을 확인하였다. 마찬가지로 인지 과제의 게임화는 수행에 즉각적인 영향은 미치지 않을 수 있지만 해당 과제에 대한 즐거움을 높일 수 있다(Hawkins, Rae, Nesbitt, & Brown, 2013). 그러나, 게임화, 특히 너무 과하게 제공되는 피드백은 인지적으로 과부하를 주거나 플레이어의 주의를 산만하게 만들어 수행을 방해하여 결과적으로 인지 향상이 덜 일어나게 할 수 있다(Katz, Jaeggi, Buschkuehl, Stegman, & Shah, 2014). 분명히 피드백은 학습의 핵심 동인이지만, 인지 향상을 촉진하기 위해서는 중재(intervention) 목표와 일치하는 방식으로 잘 설계되고 전달되어야 한다.

처리 속도의 강조: 속도감(pacing)

액션 비디오 게임(AVG)의 가장 두드러진 특징 중 하나는 시간의 압박 속에서 빠른 결정을 내려야 한다는 사실이다. 이는 분명히 게임이 전개되는 속도와 밀접한 관련이 있다. 실생활 시뮬레이션 게임인 *The Sims*에서는 게임 전개 속도가 다소 느린 편인데 이는 실제 일상 생활에서 인간의 행동(걷기, 말하기 등) 속도와 거의 일치한다. 반면 액션 게임에서, 플레이어가 "초자연적인" 능력을 가지고 있고, 매우 빠른 속도로 이동하거나, 한 위치에서 다른 위치로 순간이동을 하거나, 자신의 산탄총을 사용하여 공중으로 몇 층을 날아오르는 것은 드문 일이 아니다. 그러나 절대적 속도는 속도감(pacing)의 특징을 제대로 설명하지 못한다. 예를 들어, 어떤 게임에서는 플레이어들에게 어떤 행동이나 생각을 요구하지 않는, 서로 관련없는 많은 사건들이 화면에서 일어난다. 마찬가지로 어떤 게임들은 사람들이 가능한 한 빠르게 동일한 버튼을 반복해서 눌러야 하고 화면에 많은 일시적인 사건들이 표시된다는 점에서 "빠르다"라고 볼 수 있다([표 18.1] 참조). 예를 들어, *Bunnies Don't Milk Cows*([그림 18.2]의 오른쪽 참고)에서 플레이어들은 시간의 압박 속에서 빠르게 움직여야 하지만 게임에서 성공하기 위해 실제로 화면을 볼 필요는 없다. 이러한 게임은 의사 결정 과정에서 의미 있는 실시간 인지 처리(예: 감각 정보의 계획 또는 신속한 처리)를 필요로 하지 않는다. 즉, 이런 경우는 속도감이 빠른 게임이 아니다. 반면 *Bunnies Are Addicted to Carrot Juice*([그림 18.2] 왼쪽 참고)에서는 플레이어를 향해 다가오는 토끼가 화면에서 사라질 때까지 토끼를 향해 당근 주스를 겨냥해서 쏘아야 한다. 만약 플레이어가 당근 주스로 토끼를 맞히기 전에 토끼가 플레이어에게 도착하면 게임에서 진다. 게임이 진행됨에 따라 토끼의 수가 증가하여 플레이어는 적절한 순서에 따라 한 토끼에서 다음 토끼로 당근 주스를 빠르게 이동시키면서 발사해야 한다. 이 게임은 속도를 강조하지만 계획도 필요로 하기 때문에 속도감이 빠른 게임으로 간주된다. 이 핵심 포인트를 추가로 설명하기 위해, [그림

18.2]는 비디오 게임 중재(intervention) 연구에서 비액션 게임과 액션 게임으로 사용된 이 두 가지 미니게임을 대조하여 보여준다(Franceschini et al., 2013).

그림 18.2

Franceschini 등(2013)의 중재 연구에서 실험군과 대조군의 게임으로 사용된 *Rayman Raving Rabbids* 미니게임의 예시. 왼쪽 게임은 액션 게임 중 하나인 *Bunnies Are Addicted to Carrot Juice*이고, 오른쪽 게임은 대조군에서 사용한 게임 중 하나인 *Bunnies Don't Milk Cows* 임.

속도감에 대한 강조는 청소년들을 위해 설계된 액션 게임에서 훨씬 더 두드러진다. *Unreal Tournament*나 *Quake III Arena*(1인칭 아레나 슈팅 게임)와 같은 액션 게임에서 플레이어는 주위에 적과 자원이 있는지를 모니터링하면서 3D 환경에서 끊임없이 그리고 빠르게 움직여야 한다. 그들은 다른 플레이어의 사격(슈팅) 범위에 뛰어드는 것을 피해야 하고, 대신에 기습적으로 그들을 잡으려고 노력해야 한다. 그렇게 하는 동안 그들이 다른 플레이어의 기습을 당할 수 있으므로 공격에서 도망으로 계획을 바꾸어야 할 수도 있다. 플레이어들은 또한 다른 사람들의 행동을 예측하려고 노력하는 동시에 자신들의 행동은 예측하기 어렵게 만들어야 한다. 상대방이 같은 경로를 따라 경기장을 통과하면 플레이어는 주변에서 기다렸다가 뒤에서 총을 쏠 수 있다. 따라서 이 장에서는 속도감을 플레이어의 처리 속도(즉, 시간 단위당 판단하여 실행해야 하는 정보에 기반한 결정의 수)를 제어하는 게임의 특징으로 정의한다.

빠른 속도감은 광범위한 인지력의 향상을 이끄는 액션 비디오 게임의 특징적 기능이라고 볼 수 있다. 이와 동일한 특징은 일부 훈련 연구에서 실시간 전략 게임이 인지적 향상으로 이어지는 반면, 게임 속도가 낮은 턴제 전략 게임(복잡성이 동일하거나 더 많을 수도 있는)은 인지적 향상으로 이어지지 않는다고 보고한 이유일 수 있다(Dale & Green, 2017a; Dobrowolski, Hanusz, Sobczyk, Skorko, & Wiatrow, 2015; Glass et al., 2013). 턴제 전략 게임보다 액션 비디오 게임이나 실시간 전략 게임에서 성공하려면 처리 속도의 향상이 필요하며, 이는 감각 정보를 지속적으로 처리하고 현재 목표를 고려하여 예측하는 관련된 내부의 표상 모델을 개발함으로써 달성될 수 있는 것으로 추측된다.

흥미롭게도 많은 선행연구들은 지능에서 집행 기능이나 추론에 이르는 고차원적 인지에서 처리 속도의 중심적 역할을 보고하고 있다(Ball, Edwards, & Ross, 2007; Edwards et al., 2002). 처리 속도의 감소는 정상적인 노화 과정에서와 마찬가지로 대부분의 임상 조건에서 손상된 행동의 첫 번째 측면 중 하나이다(Pichora-Fuller, 2003; Salthouse, 2000). 외부로부터 정보를 신속하게 추출하고 신속하게 처리할 수 있는 능력을 유지하는 것이 인지 능력 강화의 핵심이 될 수 있다. 이러한 관점에 따라 액션 비디오 게임을 하는 것은 일정한 정확도 수준에서 반응 속도가 약 10% 증가하는 것과 관련이 있다(Dye, Green, & Bavelier, 2009).

속도와 달리 속도감은 절대적인 용어로 정의되지 않고, 개인의 실제 능력과 각자 느끼는 시간 압박에 따라 상대적인 것으로 이해되어야 한다. 효과적이기 위해서 속도감은 각 플레이어의 기술 수준에 맞춰져야 한다. 부적절하게 빠른 속도감은 실제로 역효과를 낳을 수 있다. 예를 들어 상용화된 AVG의 속도감은 특정 대상층에 맞게 조정되어 있기 때문에 게임에 익숙하지 않은 노인들에게는 속도감이 지나치게 높다. 그 결과, 이러한 상업적 게임들은 노인들의 인지 능력에 부정적인 영향을 미치는 경향이 있다(Bediou et al., 2018; Boot et al., 2013). 그러나 이러한 결과가 (게임플레이와 관련된) 행동 특징들이 노인의 뇌 가소성에 효과적이지 않다는 것을 의미하지는 않는다. 오히려 이것은 학습자의 근접발달영역, 즉 실행 가능하지만 다소 도전적인 범위에서 게임의 속도감을 유지하는 것이 중요함을 강조한다. 이러한 관점에서 비디오 게임을 이용한 학습은 다른 모든 맥락에서 학습하는 것과 유사하며 동일한 일반법칙을 따른다(Stafford & Dewar, 2014). 이는 속도감뿐만 아니라 여기에서 검토한 다른 모든 차원에도 적용되는 사항이다.

마지막으로, 복잡한 프로세싱과 속도 제약의 조합은 속도 제약 또는 복잡성이 없을 경우에는 반드시 필요로 하지 않는 특정 형태의 학습을 촉진할 수 있다는 점에 주목한다. 운동 제어 이론(motor control theory)의 예로 이 점을 설명할 수 있다. 로봇이 물체에 도달하도록 프로그래밍하는 방법은 여러 가지가 있지만, 로봇이 변화하는 환경(예: 도달 이동 중에 물체가 옮겨지는 경우)에 빠르게 적응하려면 로봇의 프로그래밍(또는 내부 모델)에서 이러한 제약을 처리해야 한다. 방금 일어난 일을 처리하고 다음에 무엇을 해야 할지 결정하기 위해 이동이 끝나기를 기다리는 것은 정적인 세계에서는 실행 가능한 전략이지만 빠르게 변화하는 세계에서는 그렇지 않다. 운동 제어 이론의 핵심은 자신을 둘러싼 환경과 자신의 행위에 대해 끊임없이 예측하는 행위주체에 의해 실시간 제어가 가능하다는 것이다. 그런 다음 감각 정보를 이러한 예측 신호와 직접 비교하여, 일치하지 않을 경우 오류 신호가 생성되어 즉시 수정 조치를 촉발시킬 수 있다. 이러한 아이디어는 예를 들어 전방향 모델(forward model)의 개념으로 요약될 수 있다(Desmurget & Grafton, 2000; Jordan & Rumelhart, 1992; Wolpert & Miall, 1996). 이러한 모델은 시간 압박이 높은 상황에서 구조화되었지만 완전히 결정되지는 않은 환경(즉, 반응을 완전히 자동화할 수 없는 환경)을 처리하기 위해 필요하다. 반면에 속도감은 느리지만 풍부하고 복잡한 환경 역시 풍부하고 복잡한 내부 모델의 이점을 누릴 수 있지만, 이는 속도보다는 정확성을 높이도록 설계되며, 지속적인 예측 메커니즘이 필요하지는 않다.

턴제 전략 게임과 같이 속도가 느리지만 풍부하고 복잡한 환경이 반드시 비효과적이라고 말하는 것은 아니다. 오히려, 효율적인 의사 결정보다는 처리의 깊이에 중점을 두는 것과 같이 AVG를 플레이한 후 관찰된 것과는 다른 행동적 이익으로 이어질 수 있다. 예를 들어 *Portal 2*는 풍부하고 복잡한 구조를 가진 속도감이 느린 퍼즐 게임이다. 따라서 *Portal 2*를 플레이 하는 것은 문제 해결과 같은 고차원적 인지 기능의 향상과 연결되어 있다(Shute, Ventura, & Ke, 2015; but see Adams, Pilegard, & Mayer, 2016).

정보 부하(Information Load)와 가변성(Variability)

게임에 따라 플레이어가 주어진 시간에 처리해야 하는 정보의 양이 다르다. [그림 18.3]은 주어진 시간에 처리해야 하는 정보의 양 차원에서 현저하게 다른 두 가지 게임인 *Tetris*와 *Team Fortress 2*를 설명한다.

*Tetris*에서는 게임의 전체 상태가 가시적으로 보여지고, 정적이며, 대부분 결정되어진 것이다. 모든 관련 정보가 화면에 표시되며, 게임 요소에는 자체적인 삶이 없으며, 게임의 유일한 무작위적인 측면은 다음에 나올 모양(shapes)의 종류이다. 플레이어는 한 번에 하나의 모양을 제어하며, 플레이어가 수행할 수 있는 동작의 수가 제한적이다(대부분 모양의 회전과 배치). 따라서 전반적으로 작업을 성공적으로 수행하기 위해 플레이어가 관리해야 하는 정보의 양이 다소 제한적이다.

반면 *Team Fortress 2*에서는 플레이어는 엄청난 양의 정보를 관리해야 한다. 첫째, 플레이어들은 다른 팀을 상대로 공동의 목표를 향해 노력하는 팀의 일원이기 때문에 (혼자 플레이하기 보다는) 플레이어들의 행동을 효과적으로 조정하는 것이 가장 기본이 된다. 둘째, 각 플레이어는 9개의 고유한 아바타 중에서 선택할 수 있으며, 각각의 아바타는 고유한 게임플레이가 있고 3가지 범주('공격', '방어', 및 '지원')로 구성되며, 매우 다른 기술과 플레이 스타일을 필요로 한다. 중요한 것은, 팀이 성공하기 위해서는 플레이어가 자신의 아바타를 스스로 선택하여 소속 팀이 다른 팀과 경쟁할 수 있는 적절한 기술 균형을 유지해야 한다는 것이다. 또한, 전투가 일어날 수 있는 다양한 지도들이 있고, 지도의 공간 배치를 잘 이해하는 것은 효율적으로 움직이고 전략적으로 행동하는 데 있어 매우 중요하다. 더욱이, 플레이어들은 상태 공간(상대가 정확히 어디에 있는가? 그들이 누구인가? 상대의 에너지와 기술 수준은 어느 정도인가?)에 대한 부분적인 정보에만 접근할 수 있으며, 사건은 그들의 행동이나 지각(perception)과 무관하게 전개될 수 있다. 마지막으로, 게임의 대부분은 확률적이다. 어떤 사건들은 일어날 가능성이 매우 높으며(예를 들어, 건물 꼭대기에 있는 적은 자살 폭탄 테러범보다 저격수일 가능성이 더 높음), 다른 사건들은 시간에 따라 사실상 무제한적인 방식으로 다양하게 변할 수 있다(예: 플레이어가 일정 수준의 수행성과를 달성했을 때 사용할 수 있는 원샷 '무기'). 따라서, AVG는 게임의 기존 규칙성을 활용하는 것과 새로운 게임 모드를 탐색하는데 개방적인 것 사이에서 끊임없이 균형을 유지해야 한다.

*Tetris*와 *Team Fortress 2* 모두 적절한 속도감을 제공하지만, *Tetris*는 *Team Fortress 2*에 비해 다소 제한된 공간에서 속도감을 제공한다. 다시 말해 *Tetris*는 *Team Fortress 2* 보다 경험의 가변성이 훨씬 적다. 정해진 개수의 상황(states)으로 제한된 세

계에서의 *Tetris* 게임이 진행된다는 사실은 자동화(automatization)를 가능하게 한다. 즉, 특정 게임 구성에 따라 수행할 행동을 지정하는 룩업 테이블(look-up table)을 만드는 것이다. 계산적으로, 주어진 보드 구성에서 7가지 가능한 모양("조이드(zoids)" 또는 "테트로미노(tetrominos)"라고 함) 중 하나의 모양이 나타났을 때 *Tetris* 플레이어는 어떤 액션을 취해야 할지를 처음부터 새로 계산하는 것보다 메모리 기반의 룩업 테이블에서 자동으로 최상의 액션 순서를 찾는 것이 가장 효율적이다. 실제로 이러한 자동화는 매우 부담스러운 것으로 알려져 있는 정신적 연산의 필요성을 줄여준다. 대부분의 *Tetris* 플레이어들은 전문성을 개발함에 따라, 과제를 해결하기 위한 정신적 조작보다는 모양의 물리적 조작(인식론적 행동(epistemic actions)이라고도 함)에 관여하는 것으로 알려져 있다 (Clark, 2008; Kirsh & Maglio, 1994).

*Tetris*와 *Team Fortress 2*의 주요 차이점은 게임 실행의 모든 측면을 얼마나 자동화할 수 있는지에 관한 것이다. 플레이어가 게임을 진행함에 따라 *Tetris*에서는 적절한 가변성이 부족하기 때문에 대부분의 작업 프로세스를 자동화할 수 있으며, 결국 직접적인 관련이 없는 다른 인지 기능으로의 전이는 제한될 것이다. 구체적인 예를 들어 설명하면, *Tetris* 초보자들은 수십 시간의 *Tetris* 게임을 한 후에 심적 회전(mental rotation) 기술 등의 공간 인식 능력이 향상된 결과를 보일 것이다. 그러나 *Tetris* 토너먼트에 참가하는 *Tetris* 전문가들은 10,000시간 이상의 게임 후에 *Tetris*와 유사한 보드 구성의 맥락에서 *Tetris*와 유사한 모양으로 테스트할 경우를 제외하고는, 일반적인 심적 회전 기술보다 더 나은 결과를 보이지 않을 것이다(Sims & Mayer, 2002). 반면, *Team Fortress 2*는 가변성이 더 크기 때문에 전체 작업을 자동화하는 것이 제한되고, 대신 주의력 자원, 인지적 유연성 및 억제의 수준이 높게 유지될 수 있다. 따라서 *Tetris*와 *Team Fortress 2*의 주요 차이점은 게임을 플레이하는 동안 자동화가 어느 정도까지 주의력 부하와 인지 부하를 요구하는 상황을 줄일 수 있느냐이다.

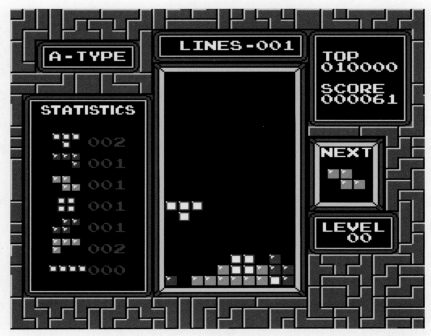

그림 18.3

위쪽 그림은 *Tetris* 게임의 스크린샷으로 플레이어가 수평 라인을 완성하기 위하여 모양들을 쌓는 동시에
중앙 화면이 꽉 채워지지 않도록 해야 하는 게임을 보여준다. 아래쪽 그림은 *Team Fortress2* 게임의
스크린샷으로 플레이어가 특정 목표를 위해 팀으로 경쟁하는 멀티플레이어, 1인칭 슈팅 게임이다.
이 게임에서는 플레이어가 사용 가능한 액션이 매우 다양하게 제공되며,
게임이 진행됨에 따라 가능한 액션이 추가적으로 변한다.

자동화는 학습의 기본이다. 자동화된 행동 시퀀스(순서)의 개발은 과제를 단순화시키고, 수행 성과를 개선하며, 대신 다른 인지 프로세스를 위해 인지적 자원이 활용될 수 있도록 만들 수 있기 때문이다(Schneider, Dumais, & Shiffrin, 1982). 좋은 게임은 사람들이 오랜 시간 동안 게임에 몰두하도록 하기 때문에, 프로세스의 자동화가 촉진될 것이다. 그러나, 일반적인 인지 훈련에서 필요한 것처럼, 주의력과 인지 제어에 대한 부하를 유지하는 것이 게임의 목표라면, 게임은 특히 완전한 인지적 자동화를 막기 위해 충분한 가변성을 제공할 필요가 있다.

조절 프로세스 특히 주의력이 광범위한 인지 강화의 핵심이라는 견해는 전혀 새로운 것이 아니다(Ahissar & Hochstein, 2004; Green & Bave- lier, 2012; Roelfsema et al., 2010; Schneider et al., 1982). 가장 광범위한 인지력 향상으로 이어지는 비디오 게임은 주의력의 필요성을 이용한다. 예를 들어 *Bunnies Can't Jump*([표 18.1]에 요약)에서 플레이어는 계속 바뀌는 속도에 맞춰 긴줄넘기를 해야 하고, 그 동안 화면 곳곳에 토끼가 나났다가 사라지면서 플레이어의 주의를 분산시킨다. 주요 과제(즉, 긴 줄넘기)에 집중하고 주의가 산만해지지 않는 것(즉, 토끼의 등장을 무시하는 것)이 이 게임에서 성공하는 열쇠이다. 따라서 정보 부하가 높기 때문에, 액션 비디오 게임은 인지처리 능력(예를 들어 환경으로부터 더 많은 정보를 추출할 수 있는 능력)과 함께 주의 집중할 대상에 대한 강화나 더 효율적인 산만 요소 억제를 통해 주의력 강화를 촉진시킬 수 있다.

모델 기반 학습 장려

앞서 살펴본 바와 같이 효율적인 인지 조절은 효율적인 주의력 조절 프로세스뿐만 아니라 이러한 프로세스를 안내하는 지식(즉, 무엇이 작업과 관련이 있는지, 그렇지 않은지에 관한 지식)과 인지를 안내하기 위해 해당 지식을 즉석에서 사용할 수 있는 능력을 필요로 한다. 복잡한 환경을 처리하려면 관리 가능한 수의 매개 변수를 사용하여 해당 환경의 관련 부분을 설명할 수 있는 풍부하고 복잡한 내적 모델을 구축해야 한다(Braun, Mehring, & Wolpert, 2010; Kemp & Tenenbaum, 2008). 비디오 게임은 사용할 수 있는 위계적으로 구조화된 범주의 무기들, 상황별 음향 환경(예: 임박한 위험을 나타내는 배경 음악),

일관성 있는 시각적 자산(예: 게임에서 어떤 문을 열 수 있는지 어떤 문을 열 수 없는지 강조하기 위해 사용되는 표시) 또는 환경 내 적들의 일반적인 위치와 같은 통계적 속성을 포함한 많은 구조를 포함한다. 이러한 구조를 이해하면 게임에서 좋은 성과를 내기 쉽고, 게임의 어떤 측면이 관련이 있고 어떤 측면이 그렇지 않은지를 강조할 수 있다(Botvinick, Niv, & Barto, 2009).

그러나 구조적 특성을 이해하는 것만으로는 성과에 긍정적인 영향을 미치는데 충분하지 않을 수 있다. 유입되는 정보를 구조적 특성에 대한 이해를 통해 해석해야 하며, 이 과정에서 자원이 많이 소모될 수 있다. 이 아이디어는 앞서 설명한 인간의 강화 학습에 관한 문헌(Daw et al., 2011)과 특히 2단계 강화 학습 과제에서 제시되는 무모델 학습과 모델 기반 학습의 구분으로 가장 잘 설명될 수 있다. 이 과제에서 연구 참여자들은 두 개의 연속된 선택(따라서, 두 단계의 선택)을 한다. 첫 번째 단계에서 참가자들은 (화면 배경색이 다르게 표시된) 상태 A 또는 상태 B로 이동할지를 결정하고, 대부분의 경우 그들이 선택한 상태로 가게 된다. 선택하지 않은 상태로 이동할 확률은 실험 중에 변경되지 않으며 참여자들에게 알려진 것으로 가정한다. 참가자가 현재 상태 A 또는 상태 B로 이동되어 있는 두 번째 단계에서는 각각 두 가지 옵션(상태 A에 있다면 A1 vs. A2; 상태 B에 있다면 B1 vs. B2) 중 하나를 선택할 수 있다. 이러한 각 옵션은 시간에 따라 변동되는 확률로 보상을 제공하므로 참가자로 하여금 이 4가지 옵션(A1, A2, B1, B2) 중 어떤 것이 가장 높은 보상률을 제공하고 그에 따라 어떤 선택을 하는 것이 유리할지에 대한 생각을 지속적으로 업데이트하도록 만든다.

이 패러다임의 독창성은 무모델 학습과 모델 기반의 학습의 두 가지 형태를 구분할 수 있다는 데 있다. 먼저, B2가 현재 가장 높은 보상률을 보이고 있는 상태라고 가정해 보자. 두 단계의 일련의 행동을 통해 B2에 도달할 수 있다. 즉, A → B2 또는 B → B2 이다. 이때 A → B2는 첫 단계에서 A를 선택했는데 B로 이동할 확률은 매우 낮기 때문에 최종적으로 거의 일어나지 않을 것이며, B → B2가 일어날 가능성이 훨씬 더 높다. 무모델 학습에서는 조작적 조건화와 같이 보상으로 이어지는 행동 순서가 강화되어 미래에도 동일한 행동 순서가 일어날 가능성이 더 높아진다. 예를 들어 B2에 대해 큰 보상을 경험한 무모델 학습자는 그 순서가 무엇이었든(즉, A → B2 또는 B → B2)

해당 보상으로 이어진 동일한 행동의 순서를 반복하는 경향이 있다. 개념적으로 무모델 학습은 일반적으로 습관 형성 및 자동화와 관련이 있다. 반면 모델 기반 학습자는 이전에 습득한 지식(또는 모델)을 사용하여 학습하고, 다음에 무엇을 할지 결정을 내린다. 만약 모델 기반 학습자가 게임을 처음 시도했을 때 B2에 대해 큰 보상을 경험하였다면, 두 번째 시도할 때 첫 단계에서 A보다 B를 선택할 가능성이 더 높다. 왜냐하면 모델 기반 학습자는, 비록 게임의 첫 시도에서 A를 선택했지만 의도치 않게 B2로 이동하게 된 경우에도 두 번째 시도에서 동일한 순서를 반복하기 보다는, 우선 B 상태로 이동하는 것이 B2로 이동할 기회를 높여준다는 것을 알기 때문이다. 개념적으로 모델 기반 학습은 전형적으로 목표지향 행위과 관련이 있다.

실험 결과에 따르면 이 두 가지 형태의 학습에 의존하는 정도는 참가자에 따라 다양하며, 모델 기반 학습에 의존하는 정도는 인지 조절 능력(Otto, Skatova, Madlon-Kay, & Daw, 2015) 및 작업 기억의 양과 정적 상관이 있으며 연령이 낮을수록 모델 기반 학습 의존도가 높았다(Smittenaar, Fitzgerald, Romei, Wright, & Dolan, 2013). 또한 작업 기억 부하를 증가시키거나(Otto, Gershman, Markman, & Daw, 2013), 스트레스를 제공하거나(Otto, Raio, Chiang, Phelps, & Daw, 2013), TMS(경두개 자기 자극법, Transcranial Magnetic Stimulation)를 사용하여 전전두엽 피질 활동을 교란시킴으로써(Smittenaar et al., 2013), 모델 기반 학습을 방해할 수 있었다.

따라서, AVG(액션 기반 비디오 게임)는 주의력 프로세스를 자극하는 것 외에도, 플레이어가 내재된 복잡성을 더 잘 관리하기 위해 게임에서 패턴이나 구조를 찾도록 하여, 결과적으로 해당 지식을 활용하는 데 필요한 인지 제어 능력을 개발시킬 수 있다.

조절 프로세스를 향상시키는 게임의 기능

AVG 문헌과 더불어 보다 일반적으로 학습과 인지 강화에 관한 문헌에서 얻을 수 있는 교훈 중 하나는 주의력 조절인지 인지 조절인지에 관계없이 조절 프로세스가 광범위한 인지 강화를 촉진하는 데 중요한 역할을 한다는 것이다. 수년간의 선행 연구에서는 조절 프로세스를 강화하는 것으로 보이는 두 가지 주요한 게임의 기능으로 (1)

주의가 산만하거나 방해를 받는 상황에서 주의 집중 단계로의 원만한 회복을 요구하는 지속적인 멀티태스킹에 대한 요구와 (2) 게임플레이가 전개됨에 따라 분산 주의와 집중 주의로 알려진 두 가지의 주요 주의력 모드 사이에서의 적절한 전환에 대한 요구를 지적해 왔다. 이 각각에 대한 증거를 간략히 살펴본다.

대부분의 게임은 플레이어가 동시에 여러 가지 목표를 관리하고, 현재 진행 중인 작업을 계속 수행할지 아니면 다른 작업으로 전환할지 끊임없이 결정을 내려야 한다. 하지만, AVG는 이러한 목표와 하위 목표 관리에 큰 비중을 두고 있다. 일부 게임에는 여러 개의 하위 목표들 사이를 전환할 때 주요 목표가 무엇이었는지 놓칠 수 있기 때문에 플레이어들에게 주요 목표가 무엇이었는지 재확인시켜주는 명시적인 알림이 있다. 예를 들어 *Unreal Tournament*와 같은 게임에서 플레이어는 우주 공간에서 빠르고 예측할 수 없이 움직여야 하는 동시에 경기장 밖으로 떨어지지 않아야 한다. 이동하는 동안, 플레이어들은 필요한 자원(건강, 무기 등)을 찾고, 상대편 적을 추적하고, 적들에게 총을 쏘고, 총에 맞지 않도록 피해야 한다. 이것은 하나의 목표(즉, 메인 화면을 비우는 것)와 한 가지 유형의 과제(즉, 보드 위에 모양을 배치하는 것)만 있는 *Tetris*와 같은 게임과는 매우 다르다. 턴제 전략 게임 역시 여러 목표를 관리해야 하지만 관련 목표를 평가하는 속도감은 근본적으로 다르다.

근접발달영역에 관한 섹션에서 이미 언급된 Anguera 등(2013)의 실험 연구는 인지 향상을 위한 멀티태스킹의 중요성을 분명히 보여준다. 연구자들은 *NeuroRacer*라고 불리는 맞춤형 비디오 게임을 개발하여, 노인들로 하여금 자동차를 트랙에서 벗어나지 않도록 계속 운전하도록 하면서 동시에, 수행해야 하는 행동에 대한 반응으로 나타나는 시각적 기호를 확인하기 위해 주변 환경을 지속적으로 모니터링하도록 하였다. 멀티태스킹 버전의 게임을 한 노인들은 다양한 영역에서 인지적 향상을 경험한 반면, 멀티태스킹 없는 동일한 게임(즉, 트랙에서 벗어나지 않도록 운전하는 과제와 시각적 기호를 확인하기 위해 주변 환경을 모니터링 하는 과제를 각각 따로 제시한 경우)을 한 노인들은 그렇지 못하였다. 이러한 결과는 모든 참가자가 동일한 난이도로 훈련을 받았음에도 불구하고 관찰되었다. 이는 순수한 실행 속도보다는 조절 프로세스의 난이도 부하에 대한 스캐폴딩을 설정하는 것의 중요성을 강조한다. 앞에서 검토한 내용에 따르면, 순수한 실행 속도는 조절 프로세스보다 자동화하기가 훨씬 쉬우며, 이는 한 가지 과제에서만 실행 속도를 훈련할 때의 제한적인 인지적 향상을 설명한다.

광범위한 인지 능력 향상과 관련된 또 다른 인지적 구인은 게임플레이에서 필요에 따라 공간과 시간에 걸쳐 주의력을 유연하게 배치하는 능력이다. 분산 주의(divided attention)라고 불리는 전체 장면에 걸쳐 주의력을 배치하는 능력은 모든 AVG의 핵심이다. 하지만, 결정적으로 이러한 게임은 플레이어가 특정 대상(예: 공격을 받을 적)에 집중하는 것과 동시에 계획의 변경이 필요할 수 있는 사건의 시작과 관련된 주변을 감시하는 것(예: 적이 갑자기 나타나 플레이어를 공격함) 사이에서 끊임없이 주의 전환(switch)을 요구한다. 두 가지 형태의 주의 간의 이러한 전환은 [그림 18.2]에 제시된 *Bunnies Are Addicted to Carrot Juice* 미니게임에 잘 나타나 있다. 비디오 게임이 전개될 때 분산 주의력과 집중 주의를 적절하게 배분해야 하는 필요성은 작업 요구에 따라 공간과 시간에 걸친 주의력을 유연하게 할당하는 *주의력 조절*을 훈련할 수 있는 매우 강력한 도구를 제공한다. 이러한 게임의 기능은 광범위한 인지 능력 향상의 핵심이며, 시야각 검사(useful field of view task, UFOV) 또는 다중 객체 추적 검사(multiple-object tracking task, MOT)와 같은 주의력 검사에서의 수행 능력을 향상시키는 것으로 추정된다.

시야각 검사에서 중심 자극과 주변 자극이 모두 화면에 깜박이며 참가자는 중심 자극을 식별하고 동시에 주변 자극을 찾을 수 있어야 한다(Yung, Cardoso-Leite, Dale, Bavelier, & Green, 2015). 자극이 제시되는 시간은 눈의 움직임이 일어나지 않도록 짧게 유지되며, 이러한 검사의 목적은 빠르게 제시되는 자극을 처리하기 위해 공간상에서 효율적으로 주의력을 분배하는 참가자의 능력을 측정하기 위한 것이다. 흥미롭게도, UFOV 검사의 적절한 훈련은 해당 작업 수행 능력을 향상시킬 뿐만 아니라, 적어도 고령층 집단에서는 보다 원만한 노화와 연계되어, 훈련 종료 후 오랫동안 놀라울 정도로 넓은 범위로의 전이를 보여 준다(Ball, Beard, Roenker, Miller, & Griggs, 1988; Ball, Edwards, & Ross, 2007). 오늘날 우리는 관련이 있거나 유사한 경험에 대한 노출이 훨씬 더 크기 때문에 UFOV의 메커니즘이 인지적 향상을 유지할 수 있을 만큼 풍부하고 다양할 것 같지는 않다. 그러나 넓은 장면에서 주의를 효율적으로 분배하는 동시에 미세한 세부 사항에도 주의를 집중하도록 요구하는 것은 여전히 활용해야 할 기본적인 메커니즘이 될 수 있다.

주의력 조절의 변화를 가장 잘 포착하는 과제는 다중 객체 추적 검사이다(Pylyshyn & Storm, 1988). 이 검사에서는 다양한 수의 동일한 자극이 화면에 표시된다. 그리고 나서 모든 물체가 화면상에서 무작위로 움직이기 시작하기 전에 물체 중 일부가 추적 대상(target)으로 강조되어 표시된다. 검사 참가자가 해야 하는 과제는 어떤 물체가 처음에 표시되었던 것이고, 그에 따라 표적이 되는지, 어떤 것이 표적이 아닌지를 계속 추적하는 것이다. 이를 위해 화면 전체에 걸쳐 각 추적 대상이 되는 물체 각각에 주의력을 분산하고, 추적 대상 물체가 공간에서 움직임에 따라 주의력을 역동적으로 재할당해야 한다. 많은 연구가 액션 비디오 게임으로 개인들을 훈련시킨 경우와 마찬가지로 액션 비디오 게임플레이어들의 향상된 다중 객체 추적 검사(MOT) 수행 성과를 보고하였다.

흥미롭게도 다중 객체 추적 검사(MOT)는 평가를 위해 만들어졌지만, 연구자들은 이를 인지 훈련 중재(intervention)로 사용하기 시작했고(Legault, Allard, & Faubert, 2013; Legault & Faubert, 2012; Nyquist, Lappin, Zhang, & Tadin, 2016), 유망한 결과를 보고하였다. 예를 들어, Nyquist et al.(2016)은 시력이 낮은 환자를 훈련시키기 위해 수정된 MOT 검사를 사용했으며 주변 시력(peripheral vision)의 개선이 지속됨을 관찰하였다. 액션 비디오 게임을 이용한 훈련도 동일한 효과를 보였다. 다른 연구자들은 MOT를 사용하여 청년들의 주의력을 훈련시킨 후 그들의 축구 경기 능력의 일부 측면이 향상된 것을 확인하였다(Romeas, Guldner, & Faubert, 2016). MOT 훈련의 효과는 액션 비디오 게임 훈련만큼 광범위하게 연구되지는 않았다. 그러나, UFOV와 마찬가지로 MOT도 액션 비디오 게임을 특징짓는 풍부하고 복잡한 구조가 없기 때문에, 특히 자신의 능력 수준의 최고조에 있는 청년들에게 광범위한 인지력 향상을 유발하는 데 덜 효과적일 것이라고 추정된다.

액션 비디오 게임의 핵심은 이러한 멀티태스킹과 주의력을 요하는 사건들이 펼쳐지는 풍부하고 복잡한 세계이다. 도움이 되거나(예: 헬스팩(health pack) 발견), 위험한(적과의 대면) 사건들이 시간적으로 예측할 수 없이 발생하지만, 화면상의 아무 곳에서나 무작위로 나타나는 것은 아니다. 적은 창과 문 밖에서 나타날 수 있지만 일반적으로 공중에 매달려 있거나 벽을 통과하지는 않는다. AVG에서 효율적인 수행 성과는 주의력을 효율적으로 할당할 뿐만 아니라 주의를 가장 잘 집중시켜야 할 최적의 위치를 결정하기 위해 관련 배경 지식을 사용하는 것도 포함한다. 예를 들어, [그림 18.2]에 제시된 *Bunnies Are Addicted to Carrot Juice*이 그 경우에 해당한다: 토끼는 어디에서나 물 밖으로 나오지만 하늘에서 떨어지지는 않는다. 또한, MOT에서와 같이 액션 게임플레이어와 기타 게임 요소가 게임 중에 이동함에 따라 주의를 기울여야 하는 관련 위치가 지속적으로 변경되므로, 자신과 다른 사람의 행동에 맞춰 지속적으로 주의력을 재할당해야 한다. 마지막으로, 플레이어의 주변부에서 관심 이벤트가 감지되면, 플레이어는 해당 이벤트에 초점을 맞춰야 한다; 적인지 아닌지를 결정하고, 적이라면 적의 유형을 결정한다(서로 다른 적들은 특정 무기를 사용할 수 있기 때문에). 그리고 나서 공격 여부를 결정하고, 공격을 한다면 공격이 효과가 있었는지 그리고 계획 변경이 필요한지 여부를 결정하기 위해 모니터링을 해야 한다. 따라서 액션 게임에서 주의력은 배경 지식 및 목표와 밀접하게 연계되므로 실험실에서 실시하는 주의력 검사에 비해 훨씬 더 정교하고 풍부하고 복잡한 표상에 대한 의사결정 프로세스를 필요로 한다. AVG에서는 주의력 조절 프로세스가 풍부하고 복잡한 세계의 맥락에서 구현되고 조정되어야 하기 때문에 AVG가 주의력 조절 프로세스에만 초점을 맞춘 훈련 중재(intervention)(예: MOT 사용)보다 더 효과적이다.

5 결론

지금까지 효과적인 인지 훈련과 관련이 있다고 여겨지는 액션 비디오 게임의 몇 가지 기능에 대해 논의하였다. 가장 중요한 메시지는 효과적인 훈련 중재(intervention)를 만드는 것은 단순히 속도와 같은 특정 다이얼을 끝까지 돌리는 것이 아니라는 점이다. 오히려 매개 변수들의 적합한 조합을 찾는 것이다. 속도는 필요조건이지만 충분조건은 아니다. 예를 들어 단순히 속도만 빠른 것이 아니라 조절 프로세스가 많이 요구되는 작업과 속도가 함께 결합되어야 한다. 액션 비디오 게임이 왜 효과적인지 이해하는 것은 마법의 재료 하나를 찾는 것보다 비밀의 레시피를 공개하는 것에 더 가깝다. 현재 효과적인 인지 훈련 중재(intervention)를 위한 레시피는 정확하지 않다. 그럼에도 불구하고 이 장에서 검토한 액션 비디오 게임에 대한 연구로부터 세 가지 기본 원칙이 도출될 수 있다.

첫째, 효과적인 인지 훈련 프로그램은 조절 프로세스를 목표로 해야 한다. 조절 프로세스 중 유망한 후보에는 주의력 자원 증가, 보다 더 유연한 인지 조절, 더 빠른 처리 속도가 있다. 둘째, 효과적인 인지 훈련 환경은 모델 기반 학습을 통해 관련된 내부 모델(internal model)을 만드는 것이 유리할 만큼 풍부하고 복잡한 구조를 가져야 한다. 그런 다음 이러한 내부 모델은 새로운 작업과 환경에 적용될 수 있으며 새로운 상황에서의 학습 일반화를 지원할 수 있다. 마지막으로, 효과적인 인지 중재(intervention)는 모델 기반 학습을 장려하는 방식으로 가변성을 다루어야 한다. 그러한 의미에서 가변성은 단순히 난이도 적응 메커니즘을 의미하지 않는다. 학습을 촉진하기 위해 난이도 적응 메커니즘도 필요하지만, 전체적인 과제 자동화를 제한하고 대신 풍부하고 다양한 내부 모델의 구축을 장려하기 위한 다른 형태의 가변성(예: 불확실성, 보상 구조, 다중 목표, 스캐폴딩, 외형 등의 가변성)이 필요하다.

표 18.3

인지를 촉진한다고 여겨지는 게임의 기능 요약표

잘 설계된 중재의 공통 사항	근접 발달 영역 - 난이도에 대한 스캐폴딩	*스캐폴딩*은 플레이어가 게임을 진행함에 따라 난이도를 점진적으로 높여가는 것을 의미한다. 이러한 스캐폴딩은 플레이어가 항상 도전을 받고 동기를 부여받도록 한다. 적절한 스캐폴딩은 잘 설계된 중재의 초석이 된다. 중요한 것은 인지를 향상시키기 위하여, 스캐폴딩은 주의 및 인지 조절 프로세스에 부하를 가하도록 설계된 경우에 가장 효율적이다.
	보상과 피드백	*보상과 피드백*은 모든 학습 이론의 핵심이다. 보상 계획과 가치는 행동주의 초기부터 과제 참여와 학습을 이끄는 요인으로 연구되었다. 많은 비디오 게임은 AVG와 유사한 보상 구조를 가지고 있다. 따라서 피드백 구조는 학습에 있어 핵심 요소이지만 피드백만으로는 인지 향상을 유발하기에 충분하지 않다.
	정보 부하와 가변성	*정보 부하*는 게임을 플레이하기 위해 고려해야 하는 플레이어가 사용할 수 있는 정보와 액션의 양을 나타낸다. *가변성*은 플레이어가 처하는 상황과 액션들의 가능한 변형의 양을 나타낸다. 가변성은 인지 과정의 자동화를 제한하여 일반화를 촉진한다. AVG에는 높은 정보 부하와 높은 가변성이라는 두 가지 기능이 분명히 존재하지만 이러한 기능은 AVG에만 국한된 것은 아니므로 인지 향상 훈련의 특징적 증상이 아닐 수 있다.
AVG에 특화된 기능 조합	속도감	*속도감*은 의사 결정을 위해 정보를 처리하도록 플레이어에게 가해지는 시간적 압박을 나타낸다. 속도감 자체가 인지 향상을 보장하지는 않지만 다음 두 기능과 결합될 때 인지 향상을 촉진한다. 실제로 최소한 AVG만큼 복잡한 내부 모델을 필요로 하는 느린 속도감의 게임은 AVG 플레이와 동일한 유형의 인지 향상을 나타내지 않는다.
	모델 기반 학습 촉진	*모델 기반 학습*은 플레이어가 게임에서 패턴을 추출하고 이전에 플레이어가 접하지 못한 새로운 상황을 포함하여 다양한 상황에 적용할 수 있는 모델을 형성하는 능력을 나타낸다.
	조절 프로세스에 부하를 주는 게임 기능들	AVG 플레이는 게임 상황이 변화함에 따라 집중된 주의와 분산된 주의 상태 사이를 신속하게 전환하는 능력뿐만 아니라 과제 전환 능력에 끊임없이 도전한다. 학습 경험을 통해 이러한 조절 프로세스에 계속 도전하는 것은 광범위한 인지 향상을 유도하는 데 있어 중요한 것으로 보인다.

참고: 위에 나열된 6가지 기능 중 3가지(난이도 스캐폴딩, 정보 부하/가변성, 보상/피드백)는 모든 비디오 게임 장르에 공통적으로 나타나며 잘 설계된 학습 경험의 기본이 될 가능성이 높다. 또한 나머지 세 가지 기능(속도감, 모델 기반 학습, 조절 프로세스 부하)은 AVG 장르에 더 특징적으로 나타난다. 일부 비디오 게임은 하나 또는 두 개의 "AVG-특화된" 기능을 제공할 수 있지만 AVG의 고유한 점은 이 세 가지 기능을 동시에 최적화한다는 것이다.

참고문헌

Achtman, R. L., Green, C. S., & Bavelier, D.(2008). Video games as a tool to train visual skills. *Restorative Neurology and Neuroscience, 26*(4-5), 435-446.

Adams, D. M., Pilegard, C., & Mayer, R. E.(2016). Evaluating the cognitive consequences of playing portal for a short duration. *Journal of Educational Computing Research, 54*(2), 173-195.

Ahissar, M., & Hochstein, S.(1997). Task difficulty and the specificity of perceptual learning. *Nature, 387*(6631), 401-406. https://doi.org/10.1038/387401a0

Ahissar, M., & Hochstein, S.(2004). The reverse hierarchy theory of visual perceptual learning. *Trends in Cognitive Sciences, 8*(10), 457-464. https://doi.org/10.1016/j.tics.2004.08.011

Anguera, J. A., Boccanfuso, J., Rintoul, J. L., Al-Hashimi, O., Faraji, F., Janowich, J., … Gazzaley, A.(2013). Video game training enhances cognitive control in older adults. *Nature, 501*(7465), 97-101. https://doi.org/10.1038/nature12486

Au, J., Sheehan, E., Tsai, N., Duncan, G. J., Buschkuehl, M., & Jaeggi, S. M.(2015). Improving fluid intelligence with training on working memory: A meta-analysis. *Psychonomic Bulletin & Review, 22*(2), 366-377. https://doi.org/10.3758/s13423-014-0699-x

Ball, K., Edwards, J. D., & Ross, L. A.(2007). The impact of speed of processing training on cognitive and everyday functions [Special issue]. *Journal of Gerontology: Series B, Psychological Sciences and Social Sciences, 62*(1), 19-31.

Ball, K. K., Beard, B. L., Roenker, D. L., Miller, R. L., & Griggs, D. S.(1988). Age and visual search: Expanding the useful field of view. *Journal of the Optical Society of America A: Optics and Image Science, 5*(12), 2210-2219. https://doi.org/10.1364/JOSAA.5.002210

Baniqued, P. L., Allen, C. M., Kranz, M. B., Johnson, K., Sipolins, A., Dickens, C., … Kramer, A. F.(2015). Working memory, reasoning, and task switching training: Transfer effects, limitations, and great expectations? *PloS One, 10*(11), e0142169. https://doi.org/10.1371/journal.pone.0142169

Bavelier, D., Achtman, R. L., Mani, M., & Föcker, J.(2012). Neural bases of selective attention in action video game players. *Vision Research, 61*, 132-143. https://doi.org/10.1016/j.visres.2011.08.007

Bavelier, D., Bediou, B., & Green, C. S.(2018). Expertise and generalization: Lessons from action video games. *Current Opinion in Behavioral Sciences, 20*, 169-173. https://doi.org/10.1016/j.cobeha.2018.01.012

Bavelier, D., Green, C. S., Pouget, A., & Schrater, P.(2012). Brain plasticity through the life span: Learning to learn and action video games. *Annual Review of Neuroscience, 35*(1), 391-416. https:// doi.org/10.1146/annurev−neuro−060909−152832

Bediou, B., Adams, D. M., Mayer, R., Tipton, E., Green, C. S., & Bavelier, D.(2018). Meta-analysis of action video game impact on perceptual, attentional, and cognitive skills. *Psychological Bulletin, 144*(1), 77-110.

Best, J. R., Miller, P. H., & Naglieri, J. A.(2011). Relations between executive function and academic achievement from ages 5 to 17 in a large, representative national sample. *Learning and Individual Differences, 21*(4), 327-336. https://doi.org/10.1016/j.lindif.2011.01.007

Boot, W. R., Champion, M., Blakely, D. P., Wright, T., Souders, D. J., & Charness, N.(2013). Video games as a means to reduce age-related cognitive decline: Attitudes, compliance, and effectiveness. *Frontiers in Psychology, 4*(February), 31. https://doi.org/10.3389/fpsyg.2013.00031

Boot, W. R., Kramer, A. F., Simons, D. J., Fabiani, M., & Gratton, G.(2008). The effects of video game playing on attention, memory, and executive control. *Acta Psychologica, 129*(3), 387-398. https://doi.org/10.1016/j.actpsy.2008.09.005

Botvinick, M. M., Niv, Y., & Barto, A. C.(2009). Hierarchically organized behavior and its neural foundations: A reinforcement learning perspective. *Cognition, 113*(3), 262-280. https://doi.org/10.1016/j.cognition.2008.08.011

Braun, D. A., Mehring, C., & Wolpert, D. M.(2010). Structure learning in action. *Behavioural Brain Research, 206*(2), 157-165. https://doi.org/10.1016/j.bbr.2009.08.031

Burgers, C., Eden, A., van Engelenburg, M. D., & Buningh, S.(2015). How feedback boosts motivation and play in a brain-training game. *Computers in Human Behavior, 48*, 94-103. https://doi.org/10.1016/j.chb.2015.01.038

Choi, H., & Watanabe, T.(2012). Perceptual learning solely induced by feedback. *Vision Research, 61*, 77-82. https://doi.org/10.1016/j.visres.2012.01.006

Clark, A.(2008). *Supersizing the mind: Embodiment, action, and cognitive extension.* New York, NY: Oxford University Press.

Csikszentmihalyi, M., & Csikszentmihalyi, I.(1992). *Optimal experience: Psychological studies of flow in consciousness.* New York: Cambridge University Press.

Dale, G., & Green, C. S.(2017a). Associations between avid action and real-time strategy game play and cognitive performance: A pilot study. *Journal of Cognitive Enhancement, 1*(3), 295-317. https://doi.org/10.1007/s41465−017−0021−8

Dale, G., & Green, C. S.(2017b). The changing face of video games and video gamers: Future directions in the scientific study of video game play and cognitive performance. *Journal of*

Cognitive Enhancement, 1(3), 280-294. https://doi.org/10.1007/s41465−017−0015−6

Daw, N. D., Niv, Y., & Dayan, P.(2005). Uncertainty-based competition between prefrontal and dorsolateral striatal systems for behavioral control. *Nature Neuroscience, 8*(12), 1704-1711. https:// doi.org/10.1038/nn1560

Daw, N. D. D., Gershman, S. J. J., Seymour, B., Dayan, P., & Dolan, R. J. J.(2011). Model-based influences on humans' choices and striatal prediction errors. *Neuron, 69*(6), 1204-1215. https:// doi.org/10.1016/j.neuron.2011.02.027

Dayan, P., & Balleine, B. W.(2002). Reward, motivation, and reinforcement learning. *Neuron, 36*(2), 285-298.

Desmurget, M., & Grafton, S.(2000). Forward modeling allows feedback control for fast reaching movements. *Trends in Cognitive Sciences, 4*(11), 423-431.

Diamond, A.(2013). Executive functions. *Annual Review of Psychology, 64*, 135-168. https://doi.org/10.1146/annurev−psych−113011−143750

Dobrowolski, P., Hanusz, K., Sobczyk, B., Skorko, M., & Wiatrow, A.(2015). Cognitive enhancement in video game players: The role of video game genre. *Computers in Human Behavior, 44*, 59-63. https://doi.org/10.1016/j.chb.2014.11.051

Dye, M. W. G., Green, C. S., & Bavelier, D.(2009). Increasing speed of processing with action video games. *Current Directions in Psychological Science, 18*(6), 321-326. https://doi.org/10.1111/j.1467−8721.2009.01660.x

Edwards, J. D., Wadley, V. G., Myers, R. S., Roenker, D. L., Cissell, G. M., & Ball, K. K.(2002). Transfer of a speed of processing intervention to near and far cognitive functions. *Gerontology, 48*(5), 329-340.

Fahle, M.(2005). Perceptual learning: Specificity versus generalization. *Current Opinion in Neurobiology, 15*(2), 154-160. https://doi.org/10.1016/j.conb.2005.03.010

Feng, J., Spence, I., & Pratt, J.(2007). Playing an action video game reduces gender differences in spatial cognition. *Psychological Science, 18*(10), 850-855. https://doi.org/10.1111/j.1467−9280.2007.01990.x

Franceschini, S., Gori, S., Ruffino, M., Viola, S., Molteni, M., & Facoetti, A.(2013). Action video games make dyslexic children read better. *Current Biology, 23*, 462-466. https://doi.org/10.1016/j.cub.2013.01.044

Gathercole, S. E., Dunning, D. L., & Holmes, J.(2012). Cogmed training: Let's be realistic about intervention research. *Journal of Applied Research in Memory and Cognition, 1*(3), 201-203. https:// doi.org/10.1016/j.jarmac.2012.07.007

Gentile, D. A., & Gentile, J. R.(2008). Violent video games as exemplary teachers: A conceptual analysis. *Journal of Youth and Adolescence, 37*(2), 127-141. https://doi.org/10.1007/s10964−

007−9206−2

Glass, B. D., Maddox, W. T., & Love, B. C.(2013). Real-time strategy game training: Emergence of a cognitive flexibility trait. *PLoS One, 8*(8), e70350. https://doi.org/10.1371/journal.pone.0070350

Goldin, A. P., Hermida, M. J., Shalom, D. E., Elias Costa, M., Lopez-Rosenfeld, M., Segretin, M. S.,··· Sigman, M.(2014). Far transfer to language and math of a short software-based gaming intervention. *Proceedings of the National Academy of Sciences, 111*(17), 6443-6448. https://doi.org/10.1073/pnas.1320217111

Goodman, J. S., Wood, R. E., & Chen, Z.(2011). Feedback specificity, information processing, and transfer of training. *Organizational Behavior and Human Decision Processes, 115*(2), 253-267. https://doi.org/10.1016/j.obhdp.2011.01.001

Green, C. S., & Bavelier, D.(2003). Action video game modifies visual selective attention. *Nature, 423*(6939), 534-537. https://doi.org/10.1038/nature01647

Green, C. S., & Bavelier, D.(2006a). Effect of action video games on the spatial distribution of visuospatial attention. *Journal of Experimental Psychology: Human Perception and Performance, 32*(6), 1465-1478. https://doi.org/10.1037/0096−1523.32.6.1465

Green, C. S., & Bavelier, D.(2006b). Enumeration versus multiple object tracking: The case of action video game players. *Cognition, 101*(1), 217-245. https://doi.org/10.1016/j.cognition.2005.10.004

Green, C. S., & Bavelier, D.(2007). Action-video-game experience alters the spatial resolution of vision. *Psychological Science, 18*(1), 88-94. https://doi.org/10.1111/j.1467−9280.2007.01853.x

Green, C. S., & Bavelier, D.(2012). Learning, attentional control, and action video games. *Current Biology, 22*(6), 197-206. https://doi.org/10.1016/j.cub.2012.02.012

Green, C. S., Li, R., & Bavelier, D.(2010). Perceptual learning during action video game playing. *Topics in Cognitive Science, 2*(2), 202-216. https://doi.org/10.1111/j.1756−8765.2009.01054.

Green, C. S., Pouget, A., & Bavelier, D.(2010). Improved probabilistic inference as a general learning mechanism with action video games. *Current Biology, 20*(17), 1573-1579. https://doi.org/10.1016/j.cub.2010.07.040

Hawkins, G. E., Rae, B., Nesbitt, K. V., & Brown, S. D.(2013). Gamelike features might not improve data. *Behavior Research Methods, 45*(2), 301-318. https://doi.org/10.3758/s13428−012−0264−3

Holmes, J., Gathercole, S. E., Place, M., Dunning, D. L., Hilton, K. A., & Elliott, J. G.(2010). Working memory deficits can be overcome: Impacts of training and medication on working memory in children with ADHD. *Applied Cognitive Psychology, 24*(6), 827-836. https://doi.org/10.1002/acp.1589

Homer, B. D., Plass, J. L., Raffaele, C., Ober, T. M., & Ali, A.(2018). Improving high school students' executive functions through digital game play. *Computers & Education, 117*, 50-58. https:// doi.org/10.1016/j.compedu.2017.09.011

Hubert-Wallander, B., Green, C. S., & Bavelier, D.(2011). Stretching the limits of visual attention: The case of action video games. *Wiley Interdisciplinary Reviews: Cognitive Science, 2*(2), 222-230. https://doi.org/10.1002/wcs.116

Hutchinson, C. V., & Stocks, R.(2013). Selectively enhanced motion perception in core video gamers. *Perception, 42*(6), 675-677. https://doi.org/10.1068/p7411

Jordan, M. I., & Rumelhart, D. E.(1992). Forward models: Supervised learning with a distal teacher. *Cognitive Science, 16*(3), 307-354.

Kareev, Y., & Eisenstadt, M.(1975). Aspects of human problem solving: The use of internal representations *Explorations in Cognition*, 308-346.

Katz, B., Jaeggi, S., Buschkuehl, M., Stegman, A., & Shah, P.(2014). Differential effect of motivational features on training improvements in school-based cognitive training. *Frontiers in Human Neuroscience, 8*. https://doi.org/10.3389/fnhum.2014.00242

Kemp, C., & Tenenbaum, J. B.(2008). The discovery of structural form. *Proceedings of the National Academy of Sciences of the United States of America, 105*(31), 10687-10692. https:// doi.org/10.1073/pnas.0802631105

Kim, Y.-H., Kang, D.-W., Kim, D., Kim, H.-J., Sasaki, Y., & Watanabe, T.(2015). Real-time strategy video game experience and visual perceptual learning. *Journal of Neuroscience, 35*(29), 10485-10492. https://doi.org/10.1523/JNEUROSCI.3340−14.2015

Kirsh, D., & Maglio, P.(1994). On distinguishing epistemic from pragmatic action. *Cognitive Science, 18*(4), 513-549.

Klingberg, T., Fernell, E., Olesen, P. J., Johnson, M., Gustafsson, P., Dahlström, K., ⋯ Westerberg, H.(2005). Computerized training of working memory in children with ADHD-a randomized, controlled trial. *Journal of the American Academy of Child & Adolescent Psychiatry, 44*(2), 177-186.

Krishnan, L., Kang, A., Sperling, G., & Srinivasan, R.(2013). Neural strategies for selective attention distinguish fast-action video game players. *Brain Topography, 26*(1), 83-97. https://doi. org/10.1007/s10548−012−0232−3

Lee, S. W., Shimojo, S., & O'Doherty, J. P.(2014). Neural computations underlying arbitration between model-based and model-free learning. *Neuron, 81*(3), 687-699. https://doi. org/10.1016/j.neuron.2013.11.028

Legault, I., Allard, R., & Faubert, J.(2013). Healthy older observers show equivalent perceptual-cognitive training benefits to young adults for multiple object tracking. *Frontiers in*

Psychology, 4, 323. https://doi.org/10.3389/fpsyg.2013.00323

Legault, I., & Faubert, J.(2012). Perceptual-cognitive training improves biological motion perception. *NeuroReport, 23*(8), 469-473. https://doi.org/10.1097/WNR.0b013e328353e48a

Lewis, C. M., Baldassarre, A., Committeri, G., Romani, G. L., & Corbetta, M.(2009). Learning sculpts the spontaneous activity of the resting human brain. *Proceedings of the National Academy of Sciences, 106*(41), 17558-17563.

Li, R., Polat, U., Makous, W., & Bavelier, D.(2009). Enhancing the contrast sensitivity function through action video game training. *Nature Neuroscience, 12*(5), 549-551. https://doi.org/10.1038/nn.2296

Minear, M., & Shah, P.(2008). Training and transfer effects in task switching. *Memory & Cognition, 36*(8), 1470-1483. https://doi.org/36/8/1470 [pii]10.3758/MC.336.8.1470

Mishra, J., Zinni, M., Bavelier, D., & Hillyard, S. A.(2011). Neural basis of superior performance of action videogame players in an attention-demanding task. *Journal of Neuroscience, 31*(3), 992-998. https://doi.org/10.1523/JNEUROSCI.4834 – 10.2011

Miyake, A., & Shah, P.(1999). *Models of working memory: Mechanisms of active maintenance and executive control.* Cambridge, England: Cambridge University Press.

Morrison, A. B., & Chein, J. M.(2011). Does working memory training work? The promise and challenges of enhancing cognition by training working memory. *Psychonomic Bulletin & Review, 18*(1), 46-60. https://doi.org/10.3758/s13423 – 010 – 0034 – 0

Naglieri, J. A., & Das, J. P.(1997). Cognitive Assessment System.

Nyquist, J. B., Lappin, J. S., Zhang, R., & Tadin, D.(2016). Perceptual training yields rapid improvements in visually impaired youth. *Scientific Reports, 6*(1), 37431. https://doi.org/10.1038/srep37431

Otto, A. R., Gershman, S. J., Markman, A. B., & Daw, N. D.(2013). The curse of planning: Dissecting multiple reinforcement-learning systems by taxing the central executive. *Psychological Science, 24*(5), 751-761. https://doi.org/10.1177/0956797612463080

Otto, A. R., Raio, C. M., Chiang, A., Phelps, E. A., & Daw, N. D.(2013). Working-memory capacity protects model-based learning from stress. *Proceedings of the National Academy of Sciences of the United States of America, 110*(52), 20941-20946. https://doi.org/10.1073/pnas.1312011110

Otto, A. R., Skatova, A., Madlon-Kay, S., & Daw, N. D.(2015). Cognitive control predicts use of model-based reinforcement learning. *Journal of Cognitive Neuroscience, 27*(2), 319-333. https://doi.org/10.1162/jocn_a_00709

Owen, A. M., Hampshire, A., Grahn, J. A., Stenton, R., Dajani, S., Burns, A. S., ⋯ Ballard, C. G.(2010). Putting brain training to the test. *Nature, 465*(7299), 775-778. https://doi.

org/10.1038/nature09042

Parong, J., Mayer, R. E., Fiorella, L., MacNamara, A., Homer, B. D., & Plass, J. L.(2017). Learning executive function skills by playing focused video games. *Contemporary Educational Psychology, 51*, 141-151. https://doi.org/0.1016/j.cedpsych.2017.07.002

Pedullà, L., Brichetto, G., Tacchino, A., Vassallo, C., Zaratin, P., Battaglia, M. A., ⋯ Bove, M.(2016). Adaptive vs. non-adaptive cognitive training by means of a personalized app: A randomized trial in people with multiple sclerosis. *Journal of NeuroEngineering and Rehabilitation, 13*(1), 88. https://doi.org/10.1186/s12984−016−0193−y

Pichora-Fuller, M. K.(2003). Processing speed and timing in aging adults: Psychoacoustics, speech perception, and comprehension. *International Journal of Audiology, 42*(supplement 1), 59-67. https://doi.org/10.3109/14992020309074625

Pylyshyn, Z. W., & Storm, R. W.(1988). Tracking multiple independent targets: Evidence for a parallel tracking mechanism. *Spatial Vision, 3*(3), 179-197. https://doi.org/10.1163/156856888X00122

Roberts, G., Quach, J., Spencer-Smith, M., Anderson, P. J., Gathercole, S., Gold, L., ⋯ Wake, M.(2016). Academic outcomes 2 years after working memory training for children with low working memory. *JAMA Pediatrics, 170*(5), e154568. https://doi.org/10.1001/jamapediatrics.2015.4568

Roelfsema, P. R., van Ooyen, A., & Watanabe, T.(2010). Perceptual learning rules based on reinforcers and attention. *Trends in Cognitive Sciences, 14*(2), 64-71. https://doi.org/10.1016/j.tics.2009.11.005

Romeas, T., Guldner, A., & Faubert, J.(2016). 3D-multiple object tracking training task improves passing decision-making accuracy in soccer players. *Psychology of Sport and Exercise, 22*, 1-9. https://doi.org/10.1016/j.psychsport.2015.06.002

Salthouse, T. A.(2000). Aging and measures of processing speed. *Biological Psychology, 54*(1-3), 35-54.

Schmidt, R. A., & Bjork, R. A.(1992). New conceptualizations of practice: Common principles in three paradigms suggest new concepts for training. *Psychological Science, 3*(4), 207-217. https:// doi.org/10.1111/j.1467−9280.1992.tb00029.x

Schneider, W., Dumais, S. T., & Shiffrin, R. M.(1982). *Automatic/control processing and attention.* Report No. HARL-ONR-8104. Champaign: University of Illinois-Champaign Human Attention Research Lab.

Schubert, T., Finke, K., Redel, P., Kluckow, S., Müller, H., & Strobach, T.(2015). Video game experience and its influence on visual attention parameters: An investigation using the framework of the Theory of Visual Attention(TVA). *Acta Psychologica, 157*, 200-214. https://

doi.org/10.1016/j.actpsy.2015.03.005

Schultz, W., Dayan, P., & Montague, P. R.(1997). A neural substrate of prediction and reward. *Science, 275*(5306), 1593-1599.

Serge, S. R., Priest, H. A., Durlach, P. J., & Johnson, C. I.(2013). The effects of static and adaptive performance feedback in game-based training. *Computers in Human Behavior, 29*(3), 1150-1158. https://doi.org/10.1016/j.chb.2012.10.007

Shipstead, Z., Hicks, K. L., & Engle, R. W.(2012). Cogmed working memory training: Does the evidence support the claims? *Journal of Applied Research in Memory and Cognition, 1*(3), 185-193. https://doi.org/10.1016/j.jarmac.2012.06.003

Shute, V. J., Ventura, M., & Ke, F.(2015). The power of play: The effects of Portal 2 and Lumosity on cognitive and noncognitive skills. *Computers & Education, 80*, 58-67. https://doi.org/10.1016/j.compedu.2014.08.013

Sims, V. K., & Mayer, R. E.(2002). Domain specificity of spatial expertise: The case of video game players. *Applied Cognitive Psychology, 16*(1), 97-115.

Smittenaar, P., FitzGerald, T. H. B., Romei, V., Wright, N. D., & Dolan, R. J.(2013). Disruption of dorsolateral prefrontal cortex decreases model-based in favor of model-free control in humans. *Neuron, 80*(4), 914-919. https://doi.org/10.1016/j.neuron.2013.08.009

Spence, I., & Feng, J.(2010). Video games and spatial cognition. *Review of General Psychology, 14*(2), 92-104. https://doi.org/10.1037/a0019491

Spencer-Smith, M., & Klingberg, T.(2015). Benefits of a working memory training program for inattention in daily life: A systematic review and meta-analysis. *PloS One, 10*(3), e0119522. https://doi.org/10.1371/journal.pone.0119522

Stafford, T., & Dewar, M.(2014). Tracing the trajectory of skill learning with a very large sample of online game players. *Psychological Science, 25*(2), 511-518. https://doi.org/10.1177/0956797613511466

Strobach, T., Frensch, P. A., & Schubert, T.(2012). Video game practice optimizes executive control skills in dual-task and task switching situations. *Acta Psychologica, 140*(1), 13-24. https://doi.org/10.1016/j.actpsy.2012.02.001

Takeuchi, H., Taki, Y., & Kawashima, R.(2010). Effects of working memory training on cognitive functions and neural systems. *Reviews in the Neurosciences, 21*(6), 427-449.

Vygotsky, L. S.(1978). *Mind in society: The development of higher psychological processes.* Cambridge, MA: Harvard University Press.

Wolpert, D. M., & Miall, R. C.(1996). Forward models for physiological motor control. *Neural Networks, 9*(8), 1265-1279.

Wu, S., & Spence, I.(2013). Playing shooter and driving videogames improves top-down guidance in visual search. *Attention, Perception, & Psychophysics, 75*(4), 673-686. https://doi.org/10.3758/s13414－013－0440 2

Yung, A., Cardoso-Leite, P., Dale, G., Bavelier, D., & Green, C. S.(2015). Methods to test visual attention online. *Journal of Visualized Experiments,* (96). https://doi.org/10.3791/52470

Zhang, Y.-X., Moore, D. R., Guiraud, J., Molloy, K., Yan, T.-T., & Amitay, S.(2016). Auditory discrimination learning: Role of working memory. *PloS One, 11*(1), e0147320. https://doi.org/10.1371/journal.pone.0147320

19

일터학습(WORKFORCE LEARNING: 직무역량 학습) 성과를 위한 게임

Ruth Clark and Frank Nguyen(이재준 역)

1   일터학습과 성과를 위한 게임은 무엇인가?

일터학습의 목적은 전통적인 교육현장의 목적과는 다소 다르다. 학습이 주된 목표인 것은 맞지만 실질적인 목적은 지원하는 조직이 원하는 최종 목적에 도달하도록 직원들의 직무 수행을 돕는 것이다. 예를 들어, 매장 관리자를 위한 중재(intervention)는 영업을 위한 강점과 약점으로 이어지는 요인을 파악하는 재무 분석, 직원에게 피드백을 제공하는 기술, 재고 수준의 최적화, 새로운 직원의 고용 및 훈련 등을 위한 역량에 초점을 맞출 것이다. 중재에는 사전 훈련을 위한 가상의 오리엔테이션, 진행 중인 매장 내 프로젝트, 강의실 교육, 손익게임, 지역관리자와의 회의, 리더 보드에 기재된 분기별 매장 데이터 비교, 토론게시판의 훈련프로젝트 포스팅 등이 포함될 수 있다. 조직의 목표를 달성하기 위한 중재에는 교실(가상 및 대면), 자율학습을 위한 e-러닝 튜토리얼, 온라인 수행 보조 도구, 목표 설정, 코칭, 피드백, 리더 보드, 게임 등과 같은 전통적인 훈련이 종종 포함된다. 대부분의 교육영역과 달리, 직무 성과를 위한 중재는 직원이 교육에 참여하는 동안의 생산 손실 비용을 최소화하기 위해 가능한 한 효율적으로 목표 지식과 기술 수준에 도달하도록 돕는 것을 목표로 한다. 이러한 수행성과 지원을 위한 중재의 효율성과 효과성, 학습자의 만족도는 특정한 방법이 조직의 최종 성과지표(bottom-line metrics) 달성에 "얼마나 좋은지"를 정의하는 데 있어서의 핵심적인 지표들이다.

　여기서는 일터학습에서 사용되는 세 가지 예시를 통해 게임에 대해 논의하고자 한다. [그림 19.1]은 문제해결력 향상을 목적으로 고안된 롤플레잉 게임이다. 이 게임은 견습생 수준의 자동차 기술자를 위해 설계되었으며 학습자에게 자동차 고장과 관련된 도전과제들을 부여하여 가상의 상점에서 테스트를 선택하고 해석하도록 한다. 과제가 끝나면 플레이어는 수행한 테스트의 개요를 볼 수 있으며, 각 테스트를 완료하는 데 걸린 시간을 확인할 수 있고, 선택한 항목에 대해 전문가의 선택과 비교해볼 수 있다. [그림 19.2]는 상업용 게임인 *Concentration*을 모델로 한 게임이다. 이 게임의 목적은 제품에 어울리는 특징들을 찾아 연결시키는 것이다. 이 게임은 영업직을 위해 설계된 것으로 고객의 질문과 요청에 응할 때 새로운 제품의 특징을 자동으로 떠올릴 수 있도록 하는 것을 목표로 한다. [그림 19.3]은 주요 소매 회사의 영업사원이 하는 *Zombie* 게임이다. 이 게임에서는 고객의 질문이나 요청에 응대하거나 잘못 배치된 제품같은 문제상황을 해결하기 위해 짧은 시간이 플레이어에게 주어진다. 고객의 질문이나 문제가 효과적으로 해결되지 않는다면, 고객은 좀비가 된다. 모든 고객의 요청과 문제는 실제 고객의 피드백으로부터 도출된 것이다. 이 게임에는 플레이어가 상점 뒤쪽에 보이는 에스컬레이터에서부터 접근할 수 있는 여러 단계가 있다.

그림 19.1
Automotive Troubleshooting(자동차 수리) 게임

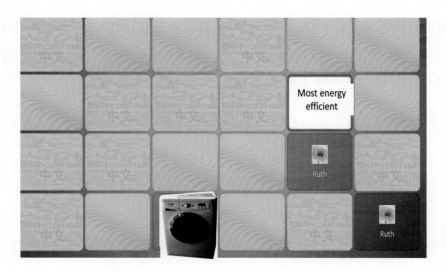

그림 19.2
*Concentration*을 모델로 한 제품 속성 게임

그림 19.3
고객 서비스 기술을 위한 *Zombie* 게임

　이러한 예에서 볼 수 있듯이, 일터학습을 위한 게임은 학습을 위한 전형적인 학교 교육용 게임(typical academic games for learning)과는 상당히 다른 특징과 목적을 가진다. 학습용 게임의 영향력에 대한 많은 흥미로운 주장이 제기되었다. 예를 들어, Prensky 는 "아이들은 학교에서 배우는 것보다 비디오 게임을 통해 그들의 미래를 위해 더 긍정적이고 유용한 것들을 배운다"라고 주장한다(Prensky, 2006, p. 4). 게임에 대한 여러 주장을 하기에 앞서 게임의 주요 특징들을 정의하는 것이 필요하다. 게임에 대한 찬반 양론은 종종 매우 다른 특징을 가진 교수법에 초점을 두고 있다. 다시 말해서, 서로 전혀 다른 것을 비교하는 것이다.

게임의 주요 특징

다양한 유형의 "게임"이라 불리는 다양한 유형의 방법을 포괄하려면 가장 일반적인 특징을 규정할 필요가 있다. 게임의 주요 특징은 다음과 같다.

1. 상호작용성: 게임은 신체적인 차원과 심리적인 차원에서 높은 수준의 참여를 촉진한다. 예를 들어, *Automotive Troubleshooting* 게임에서 학습자들은 가상 상점에서 다양한 테스트 장비들을 클릭하고(신체적인 참여), 결과 데이터를 해석한다(심리적인 참여).

2. 합의된 규칙 및 제약: 플레이어는 합법적이고 불법적인 움직임과 게임 내 결정에 따른 결과에 대한 공통의 이해를 공유할 것이다. 예를 들어, *Concentration* 게임에서는 두 장의 카드가 일치하지 않으면, 그 카드들은 재사용을 위해 뒤집어놓는다.

3. 도전과제를 통해 설정된 분명한 목표를 지향: 게임참여는 너무 힘들지도 너무 쉽지도 않은 적절한 수준의 도전과제에 초점을 맞춘다. *Zombie* 게임에서는 플레이어가 더 힘든 시나리오가 있는 단계로 에스컬레이터를 타고 올라갈수록 도전과제의 난이도가 올라간다.

4. 지속적인 피드백: 게임에서 피드백은 소리를 듣거나 점수를 얻거나 게임 세계의 변화를 확인하는 것처럼 단순할 수 있다. 피드백은 예를 들어 화면 속의 에이전트가 제공하는 조언의 형태와 같이 보다 광범위할 수도 있다. 이 장에서는 게임을 통한 학습을 향상시킬 수 있는 다양한 형태의 피드백에 대해 논의할 것이다.

5. 학습목표와 수행목적의 연계: 게임에서의 행동, 결과 및 피드백은 학습목표 또는 원하는 수행성과와 일치해야 한다. 예를 들어, *Automotive Troubleshooting* 게임은 관련 테스트를 선택하고 결과 데이터를 해석하여 고장을 효율적으로 파악하는 데 중점을 준다.

게임 vs 게이미피케이션(gamification)

관련 용어들에 대한 각각의 정의는 일관성이 부족하지만, 이 글의 목적을 고려하면 게임이란 앞서 제시된 기준들을 충족하는 게이미피케이션의 한 형태이다. 게임의 목적은 조직의 목적에 부합하는 학습 또는 행동의 변화이다. Kapp(2012)은 게이미피케이션을 "학습 콘텐츠에 게임 요소, 게임적인 사고 및 게임 기법을 반영하는 아이디어를 포괄하는" 접근방식으로 설명한다(Kapp, 2012, p. 18). 다른 형태의 게이미피케이션은 조직의 목표와 연계된 행동에 근거하여 점수나 다른 보상을 제공하는 것을 포함한다. [그림 19.4]는 게이미피케이션의 한 예시로, 이 예시에서 영업사원은 여러 성과 목표에서 파생된 전문지식 점수, 학습 또는 영업성과로 획득한 다양한 배지나 메달, 팀내 순위를 볼 수 있다. 이 장에서는 대형 소매 업체에서 이러한 형태의 게이미피케이션을 적용한 응용 프로그램 몇 가지를 검토한다.

그림 19.4
영업 사원을 활용한 게이미피케이션의 예

게임의 분류체계

앞서 제시된 특징들은 *Concentration*과 같은 캐주얼 게임에서부터 *Automotive Troubleshooting* 게임처럼 더 복잡한 롤플레잉 게임까지 다양한 유형의 게임과 관련이 있다. 대부분의 훈련 담당자는 Bloom의 분류 체계에 익숙하고 이를 사용하여 목표와 내용을 분류한다(Anderson et al., 2001). 학습과 수행성과를 추구하는 게임을 규정하고 기획하기 위해서는 게임 장르의 분류체계가 필요하며, 엔터테인먼트 소프트웨어 협회(Entertainment Software Association)의 상업용 엔터테인먼트 비디오 게임 분류체계가 하나의 예다. [표 19.1]은 2016년 사용률과 함께 주요 게임 장르를 요약한 것이다. 이러한 장르 중 어떤 것이 일터학습 게임에 적용될 수 있을까?

전략 게임은 한 명 또는 여러 명의 플레이어가 문제를 해결하거나 목표에 도달하기 위해 일련의 결정을 내려야 하는 모든 게임에 적용될 수 있다. 예를 들어 *Automotive Troubleshooting* 게임은 고장을 정확하게 파악하는 테스트를 더 적은 빈도로 사용하면 점수를 부여한다.

롤플레잉 게임은 플레이어가 영업사원과 같은 직무 역할을 맡아 고객에 대한 응대가 판매나 문제해결로 이어질 가능성을 최대한 높여야 하는 도전과제에 적용될 수 있다. *Zombie* 게임이 한 예이다.

캐주얼 게임은 상업용과 일터학습 모든 부문에서 매우 인기가 높다. *Jeopardy!*, *Concentration* 또는 *Pop Bubble*과 같은 친숙한 게임 형식은 사실 및 개념에 관한 정보를 학습하는 수단으로 사용된다.

슈팅 게임은 표적에 대한 빠르고 정확한 신체적인 반응을 요구하는 모든 게임에 활용될 수 있다. 대부분의 일터학습 상황은 이러한 슈팅 게임의 목적과 거의 관계가 없지만, 제한된 시간에 대상을 스캔하고 식별해야 하는 품질관리검사자나 운송안전담당자에게 요구되는 직무 역할에는 적용될 수 있다. 슈팅 게임의 또 다른 응용으로는 군인 및 경찰관의 무기 훈련에 적용한 것이 있다.

어드벤처 게임은 다른 행성과 같은 신화적인 세계 속 상상의 역할을 포함한다. 여기서 논의하고 있는 주제와 관련해서 보면 직업 맥락과 무관한 상상의 주제를 사용하는 것은 노동 환경에서의 학습을 위해서는 최선의 접근방식이 아닐 수 있다. 하지만, 좀비와 같은 상상의 요소를 일터 환경에 추가하면 게임을 하는 동기를 유발하는 요소가 더해질 수도 있다.

표 19.1
엔터테인먼트 게임 분류체계

유형	설명	게임 예시	비율
전략	의사결정역량이 게임의 성과를 결정한다. 플레이어가 전반적인 의사결정을 한다.	*Chess War games Civilization*	36.4%
롤플레잉	플레이어들이 도전 과제에 참여하는 캐릭터 역할을 맡는다.	*MMORPGS(Massively Multi platyer Online Role Play Game) Farmville*	18.7%
캐주얼	퍼즐, 카드, 퀴즈 쇼 등과 같이 규칙이 단순하고, 게임 시간이 짧다.	*Jeopardy Board games*	25.8%
슈팅	총이나 화살 같은 무기 사용을 강조한다.	*Call of Duty Fortnite*	6.3%
어드벤처	플레이어가 모험의 이야기 안에서 상상의 역할(fantasy role)을 맡는다.	*Myst The Walking Dead*	5.9%

출처 : 엔터테인먼트 소프트웨어 협회(2016)

일터학습에서의 롤플레잉 게임

Zombie 게임과 같은 종류의 게임에서 학습자는 자신의 직무과 관련된 역할을 수행한다. *Zombie* 게임에서의 영업사원이 이에 해당한다. 플레이어는 여러 현실적인 업무 관련 문제나 도전과제에 직면하여 제한된 시간 내에 우선순위를 정하고 해결해야 한다. 피드백에는 게임세계에서의 변화가 포함된다(예: 고객이 만족할 수도 있고, 또는 문제가 해결되지 않으면 고객이 좀비가 된다). 게임에서 안내는 실제 수행된 사례, 피드백 또는 코치의 힌트 등의 형태로 제공될 수 있다. 시나리오 기반 이러닝 또는 문제중심학습(PBL)이라고 알려진 롤플레잉 게임은 압축적인 기간 동안 여러 현실적인 업무 시나리오에 직원을 노출시킴으로써 전문성 습득을 강화할 수 있다. *Automotive Troubleshooting* 게임 [그림 19.1]에서는 훈련 시간이 실제 상점에서의 직장 내 교육(OJT)이나 실습에 비해 단축된다. 가상세계에서는 시간을 압축할 수 있고 그 결과로부터 배울 교훈을 빠르게 얻을 수 있기 때문이다. 이 장에서 더욱 자세히 검토할 연구들은 롤플레잉 게임이 동기를 유발하고 비판적 사고 능력을 향상시킬 수 있다는 사실을 제시한다.

일터학습을 위한 게임의 목적

학습용 게임은 수행성과 지원을 위해 조합된 중재들의 일부로서 하나 또는 하나 이상의 목적 달성에 기여한다. 게임의 전형적인 목적은 [표 19.2]에 요약되어 있다. 게임은 일종의 사전 작업으로서 전통적인 교실이나 이러닝 코스를 준비하기 위한 기본 개념과 지침을 소개하는 데 사용된다. 어떤 경우에는 게임이 학습의 주요 수단이 되기도 한다. 예를 들어, 신입직원 오리엔테이션에 활용되는 게임은 가상의 기업공간에서 플레이어에게 인적 자원, 안전 매뉴얼, 기업의 다른 장소 등 중요한 정보를 파악하는 임무를 부여한다. 더 많은 경우, 게임은 훈련과 전통적인 학습 장면들을 강화하는 데 사용되며, 때로는 반복연습을 통한 기술 숙련(skill automaticity)을 위해 사용된다. 예를 들어, [그림 19.2]의 *Concentration* 게임은 정확도와 응답 시간을 기준으로 점수가 매겨지며, 게임을 반복함으로써 반응의 유창성을 형성하도록 한다. 많은 직업에서 종종 계속교육 또는 재인증이라는 정기적인 훈련을 필요로 한다. 여러 유형 중 특히 롤플레잉 게임이 이러한 목적으로 사용된다.

표 19.2
일터학습에서의 게임의 목적

목적	설명
사전 훈련(Pre-Training)	게임은 학습자에게 전통적인 튜토리얼에서 제시되는 개념이나 원리를 소개하는 데 사용된다.
초기 학습(Initial learning)	게임은 새로운 지식과 기술을 배우는데 주요 수단으로 사용된다.
연습(Lesson Practice)	게임은 학습자에게 이전에 형식적 훈련(formal training)에서 배운 지식과 기술을 적용할 기회를 제공한다.
반복연습(Drill and Practice)	반복적인 게임은 학습자에게 지식과 기술을 숙련할 기회를 제공한다.
직업세계으로의 전이(Transfer to the Job)	게임은 이전에 배운 기술을 강화하는 수단으로서 형식적 훈련(formal training) 이후에 수행되도록 계획된다.
인증(Certification)	인증 및 재인증 기준을 충족시켜야 하는 전문가들은 게임을 통해 지식과 기술을 검토하고 개선할 수 있다.

일터학습과 수행성과 지원을 위한 게임에 대해 우리는 아는 것은 무엇인가?

콘퍼런스나, 책, 소셜미디어 등에서 보이는 열광적인 분위기에도 불구하고 실제로 성인 학습 및 업무 수행성과를 지원하는 게임의 효과나 설계에 대해서는 알려진 바가 거의 없다. [표 19.3]에 요약된 바와 같이 최근 3개의 메타분석연구에서 다룬 대다수의 연구는 K-16 교육에서 사용되는 게임에 초점을 맞추고 있다. Sitzmann(2011)은 65개의 연구에 대한 메타분석을 실시했고, 그 중 7개만이 일터의 학습자와 관련이 있었다. 다른 58개의 연구는 학부 및 대학원생이 대상이었고, 평균 연령은 25세였다. Wouters, van Nimwegen, van Oostendorp와 van der Spek(2013; Wouters & van Oostendorp, 2013에서 보완)은 39개의 연구를 대상으로 메타분석을 실시했고, 그 중 성인 학습자와 관련이 있는 연구는 2개뿐이었다. Clark, Tanner-Smith와 Killingsworth(2016)의 분석은 연구설계상 K-16 학생들을 위한 게임에 초점을 맞추었다. 결론적으로 관리, 규정 준수 또는 영업을 위한 훈련 등과 같이 일터학습이나 인적자원 영역에 대한 게임의 효과를 다룬 학술 자료가 출판된 사례는 거의 없다.

표 19.3
메타분석 자료 : 게임 대 전통적인 교수

구분	메타분석		
	Sitzmann(2011)	Wouters et al.(2013)	Clark et al.(2016)
메타분석 연구 수	65	49	69
성인에 대한 연구의 수	7	2	0
연구대상의 연령	평균 23세	6~25세	평균 12세
주제 영역	보고되지 않음	생물학, 수학, 공학, 언어	과학, 수학, 문해(literacy), 심리학
효과 크기	서술적 지식 0.28 절차적 지식 0.37	0.29	0.33

여기서는 독자와 학습영역의 제한성을 전제로 메타분석의 결과를 보여주고자 한다. 세 개의 메타분석 모두 게임의 효과 크기는 약 0.3으로 나타났다. 다시 말해서, 전

통적인 수업에 비해 게임은 사후테스트에서 사전테스트보다 3/10 표준편차만큼 더 좋은 결과를 보였다. 0.3이라는 효과크기는 작은 것으로 간주된다. 그럼에도 불구하고 대략 170여개의 연구를 통합한 세 개의 서로 다른 메타분석연구를 통해 도출한 효과크기 0.3은 게임이 지식과 기술을 가르칠 수 있다는 것과 동시에 파워포인트 프레젠테이션이나 이러닝 튜토리얼, 읽기와 같은 전통적인 수업보다 더 나은 방법은 아닐 수 있다는 점을 시사한다.

모든 게임이 똑같이 효과적일까? 전자기원리를 게임을 통해 배우는 것과 슬라이드 프레젠테이션을 통해 배우는 것을 비교한 실험을 가정해보자. [그림 19.5]는 *Cache 17* 이라는 게임의 스크린샷이다(Adams, Mayer, MacNamara, Koenig, & Wainess, 2012).

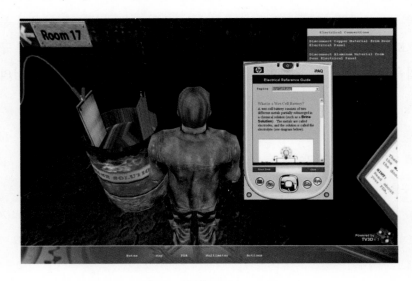

그림 19.5
*Cache 17*의 스크린샷

게임의 내러티브 속에서 플레이어는 벙커에서 분실된 제2차 세계 대전 미술품을 찾는 도전과제을 받는다. 미술품을 찾기 위해 플레이어는 습식전지 배터리를 만들어서 문을 열거나 벙커를 통과해야 한다. 게임에서 제시된 교육적 설명은 슬라이드 프레젠테이션으로도 동일하게 제시되었다. 학습자는 게임을 통한 학습조건과 슬라이드 프레젠테이션을 통한 학습조건에 무작위로 배정되었다. 연구팀은 게임보다 슬라이드 프레젠테이션에서 더 짧은 시간에 더 나은 학습을 한다고 보고했다. 이 연구에서는 전통적인 슬라이드쇼가 상호작용 게임보다 더 효과적이고 효율적이었다. 모든 게임이 학습도구로서 효과적인 것은 아니다. 게임의 효과가 적게 나타난 결과는 어떻게 설명할 수있을까? 메타분석들에서 보고된 게임의 효과성을 높이는 특징이나 조건을 정의하는데도움이 될 수 있는 몇 가지 조절요인을 고려하여, 이 섹션에서는 세 개의 메타 분석 중두 개 이상에서 보고된 4가지 요소를 검토한다. 이 요소들은 [표 19.4]에 요약되어 있다.

표 19.4
메타분석에서 보고된 게임효과성에 대한 조절요인

효과크기			
조절요인(Moderators)	Sitzmann(2011)	Wouters et al.(2013)	Clark et al.(2016)
다회 게임 수행 (Multiple game plays)	있음 .68 없음 0.31	있음 0.54 없음 0.10	있음 0.44 없음 0.08
다른 교수법에 대한 보완(Game as supplement to other instruction)	있음 0.51 없음 −0.12	있음 0.42 없음 0.20	있음 0.36 없음 0.32
시각적 사실성(Visual realism) 　–도식화(Schematic) 　–만화 스타일(Cartoon) 　–사실적 이미지(Realistic)	미분석	0.46 0.20 0.14	0.48 0.32 −0.01
내러티브	미분석	있음 0.25 없음 0.45	강함(Thick) 0.36 없음 0.44

1. *여러 번의 게임 세션(session)이 필요하다.* 세 개의 메타분석 모두에서 게임이효과적이기 위해서는 여러 번의 게임 세션이 필수적이라는 것이 발견되었다. 게임을 한 번만 할 경우 전통적인 교수에 비해 학습의 성과가 가장 낮았다. "단 한 번의 훈련 세션만 포함된 경우 기능성 게임은 기존의 교수방법보다 효과적이지 않다"(Wouters et al., 2013, pp. 256-258). 따라서 게임은 일터의 학습자들이 여러 번의게임을 하도록 충분히 매력적이고 관련성이 있어야 한다.

2. *도식화되거나 만화로 표현된 인터페이스가 사실적인 인터페이스보다 낫다.* 두
개의 연구에서는 게임 인터페이스 측면에서 다양한 수준의 그래픽 충실도가 미치는 영
향을 평가했다. Wouters 외(2013)와 Clark 외(2016)에 따르면 도식적인 표현이나 만화 표
현과 같은 단순하게 표현된 시각 자료가 사진이나 고화질 컴퓨터 시각 자료처럼 매우
사실적인 시각 자료보다 게임 학습에 더 효과적이다. Mayer 역시 이에 동의한다. "직접
적인 결론은 학습성과 증진이 목적이라면 '현실감을 더하는 것'이 목적 달성을 위한 게
임의 특징은 아니라는 것이다"(Mayer, 2019, p. 538). 이러한 결과는 시각 자료가 더 단순
하면 학습자에게 학습과 관련이 없는 인지부하가 적어지기 때문에 일반적으로는 더 효
과적이라는 일관성 효과(coherence effect)를 반영하는 것일 수 있다(Mayer, 2017).

3. *내러티브가 게임의 학습 효과를 감소시킬 수 있다.* 메타분석 연구에서 내러티
브가 거의 또는 전혀 없는 것이 게임이 진행되는 동안 이야기가 복잡하게 진화하
는 것보다 더 효과적이라는 것이 확인되었다. Clark 외(2016)는 다음과 같이 결론을
내렸다. "연구결과는 이야기가 없거나 이야기의 깊이가 얕은 게임 둘 다 중간 정도
의 이야기 깊이를 가진 게임에 비해 유의하게 더 큰 효과를 가진다 점을 보여주었
다"(Clark et al., 2016, p. 25). 그러나 성인학습자의 경우 직업 관련 시나리오가 포함
된 게임(시나리오 기반 학습이라고도 함)이 직업 맥락이 부족한 게임보다는 더 효과적
일 수 있다. 앞서 언급한 바와 같이, 메타연구의 분석 대상이 된 연구들 중에는 직
업 관련 게임을 하는 성인학습자를 연구대상으로 포함해 비교한 경우가 거의 없었
다. 하지만 이 장에서 자세히 검토한 문제중심학습에 대한 증거는 직업 관련 시나
리오가 효과적일 수 있다는 사실을 시사한다.

4. *다른 방법들이 추가된 게임이 더 효과적인 학습성과를 만들어낸다.* 세 개의 메
타분석 연구 모두 다른 유형의 교수활동이 추가된 게임과 단독으로 실행된 교수활
동으로서의 게임 효과를 살펴보았다. 3개의 보고서 중 2개(Sitzmann, 2011; Wouters
et al., 2013)는 다른 교수적인 활동들이 추가된 게임의 이점을 보고한다. 예를 들어,
튜토리얼이 끝난 후 연습기회로 게임이 사용될 수 있다. 그러나 Clark 외(2016)는
다른 교수활동에 대한 보완으로서 사용된 게임과 독립적인 학습활동으로서 사용된
게임 간의 차이를 발견하지 못했다.

[그림 19.5]의 *Cache 17* 게임을 살펴보면, 게임 학습과 슬라이드쇼 학습을 비교한 이 실험에서 학습자들은 게임을 단 한 번만 했다. 이 게임은 시각적인 요소들의 충실도가 상대적으로 높았고, 미술품 발견이라는 임무와 관련된 내러티브를 기반으로 했다. 또한 어떤 추가적인 교수활동 없이 독립적으로 진행되었다. 이러한 모든 요소들이 슬라이드쇼와 비교하여 게임의 잠재적인 효과성을 감소시켰을 수 있다. 실제로 Pilegard와 Mayer(2016)는 이 게임에 워크시트 형태의 보충적인 교수활동을 추가함으로써 더 나은 결과를 확인했다. 우리는 이 장에서 자세히 검토할 가치 추가 연구를 토대로 게임을 더 효과적으로 만드는 방법에 대해 논의할 것이다.

게임은 전통적인 교수활동보다 동기를 이끌어내는 데 효과적인가?

여러 번의 게임 참여가 효과적인 학습에 필수적이라는 점을 고려하면, 일터 학습자가 게임에 여러 번 참여하도록 충분한 동기를 유발하는 게임을 찾는 것이 중요하다. 불행하게도 게임의 동기 효과에 대한 데이터가 충분하지 않고, Sitzmann(2011)에 따르면 게임의 동기 효과에 대한 결론을 내리기에는 관련 연구도 충분하지 않다. Wouters, van Nimwegen, van Oostendorp와 van der Spek(2013)은 대체로 게임이 비교 집단에서 사용된 교육방법보다 더 큰 동기를 유발하지는 않는다고 보고했다. 그들은 또한 문제해결에 있어서는 게임이 전통적인 교수(평균 효과 크기 0.88)보다 더 큰 동기를 유발한다고 보고했다. 대부분의 연구에서 설문조사를 활용하여 동기를 파악했다. 예를 들어 Landers와 Armstrong(2017)은 학부생에게 기능성 게임이 포함된 교육 시나리오와 전통적인 방식인 파워포인트를 사용하는 시나리오 중에서 하나를 선택하도록 요청했다. 참가자들은 게임에 대한 기대가 평균적으로 더 컸지만, 비디오 게임 경험이 있고 게임 기반 학습(GBL)에 대한 긍정적인 태도를 가진 참가자들이 게임을 가장 많이 선택했다. 연구자들은 "일반적으로 게임 경험이 적고 게임에 대해 소극적인 개인이 다른 사람들보다 게임화된 교육의 혜택을 덜 받을 수 있다"고 결론지었다(Landers and Armstrong, 2017, p. 506). Clark 외(2016)는 동기에 대한 측정방법을 보고하지는 않았다. 대형 소매업체에서 제작한 다양한 게임 중 *Zombie* 게임이 가장 인기가 있었고, 게임 참여 동기는 게임플레이 전체 횟수에 동일한 직원의 반복 플레이 횟수를 더하여 측정했다. 실제 고객 데이터를 기반으로 좀비라는 상상적인 요소를 더한 시나리오가 반복적인 게임 수행의 동기요인으로 작용했을 것이다. 안타깝게도 대부분의 연구에서 동기에 대한 데이터는 부족했다. 학습자의 인식 외에도 직원이 자발적으로 게임을 반복하는 빈도를 측정하는 것이 필요하다.

경쟁, 협력, 동기부여

여기서 요약된 메타분석 연구들은 게임에 대한 집단 참여와 개인 참여뿐만 아니라 경쟁의 효과성과 관련하여 학습성과의 측면에서 일관되지 않은 결과를 보고한다. Wouters 외(2013)는 혼자 게임을 하거나 집단(보통 짝을 이루어 참여)으로 게임을 하는 학습자가 슬라이드 프레젠테이션이나 튜토리얼과 같은 전통적인 교수활동에 참여한 학습자보다 학습성과가 더 우수하다는 것을 확인했다. 개인 게임과 집단 게임 둘 다 전통적인 교수활동에 비해 학습효과가 더 높았지만 전통적인 수업과 비교할 때 집단 게임이 개인 게임보다 효과크기 0.66만큼 더 효과적이었다. 그에 반해, Clark 외(2016)의 연구에서는 비경쟁 방식으로 혼자 게임을 한 개인들의 학습성과가 가장 우수했다. 경쟁 조건을 포함시켜 비교한 결과에서는 개인 간 경쟁을 한 플레이어들과 비교하여 팀 경쟁에서 가장 좋은 결과가 확인되었다. Plass 외(2013)는 수학 게임을 하는 중학생들 간의 경쟁과 협력이 더 큰 흥미와 즐거움을 유발한다고 보고했다. 게임 안에서의 협력은 게임을 다시 하려는 의사와 더 강하게 연결되었다. 협력과 경쟁 둘 다 게임에 대한 동기를 높이는 것으로 보인다. 하지만 이러한 특징을 구분 짓는 경계조건(boundary conditions)에 관한 더 많은 연구가 필요하다. 예를 들어, 영업사원과 같은 특정한 직업의 직원들이 [그림 19.4]의 전문성 점수나 순위 등과 같은 경쟁적인 게이미피케이션에서 자연스럽게 더 경쟁적이 되며, 행동으로 이어지는 동기를 경험할 것이다.

2 문제중심학습(Problem-based Learning: PBL)

수의사 및 동물보건사를 위해 설계된 [그림 19.6]의 예시에서 학습자들은 수술 절차 전반에 걸쳐 호흡 및 심박수를 포함한 신체적 증상을 기반으로 동물 마취에 대한 일련의 의사결정을 한다. 시나리오기반 학습이라고도 불리는 문제중심학습(PBL)의 예이다. 이러한 학습환경은 전통적인 방식의 게임으로 간주되지는 않지만 이 장의 앞부분에서 나열한 게임을 특징짓는 주요 특징들이 다수 포함되어 있다. 예를 들어, 대부분의 PBL 수업은 상호작용적이고 목표지향적이며, 업무와 관련된 도전과제나 문제를 해결하는 데 중점을 두고 있고, 피드백을 제공한다(Clark, 2013). 피드백에는 마취가 잘못 시행된 경우 동물이 죽는 것처럼 시나리오 환경이 변화하는 것뿐만 아니라 전통적인 방식의 교육적 피드백이 포함될 수 있다. 마취에 대한 결정에 따라 분기되는 시나리오의 사례처럼 학습자의 진도에 따라 피드백이 제공되거나 [그림 19.1]의 자동차 시나리오처럼 시나리오의 마지막에 피드백이 제공될 수도 있다. 여기서는 PBL을 학습자가 일터의 과제에 직면하여 역할을 수행하는 일종의 롤플레잉 게임으로 분류한다. *Zombie* 게임([그림 19.3])에는 영업사원이 제한된 시간 동안 해결해야 하는 여러 미니 시나리오가 포함되어 있다. 점수는 대응의 정확성뿐만 아니라 제공된 다양한 도전과제에 부여된 우선순위를 기준으로 부여된다. 예를 들어, 고객의 문제를 해결하면 떨어진 옷을 교체하는 것보다 더 높은 점수를 얻을 수 있다.

PBL은 1970년대에 의학 교육에 처음 도입되었다. 학습자는 해부학 및 생리학 등의 과학 수업 대신 임상 데이터가 포함된 환자 시나리오를 받고, 시나리오의 맥락 안에서 지식과 임상의 문제해결역량을 학습한다. 전통적으로 PBL은 시나리오 제시와 함께 시작하여 문제에 대한 정의 및 필요한 자원을 파악하는 그룹 토론이 이어지며, 그 과정에서 학생들 간의 협력적인 노력이 수반된다. 그 다음 개별적으로 문제에 대해 조사를 실시하고, 해당 시나리오에 대한 공유와 해결을 위한 그룹 토론으로 마무리한다. PBL은 일터학습을 위한 게임과 달리 보건교육에서 30년 이상 사용되어 왔으며 그 효과와 동기 유발 가능성에 대한 상당한 연구가 있기 때문에 여기에서 다루고 있는 논의와 관련이 있다.

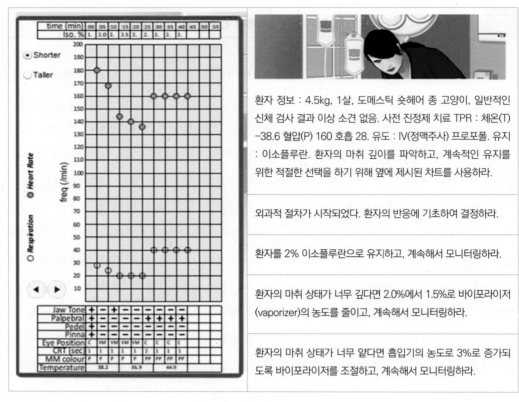

그림 19.6
문제기반 학습을 사용한 수의사 훈련 예시

PBL이 전통적인 교수보다 더 효과적으로 동기를 이끌어내는가?

Loyens, Kirschner와 Paas(2012)는 전통적인 교육과정에 비해 PBL 프로그램에 참여한 학생들의 졸업률과 유지율이 더 높은 것으로 보고했다. 논리적으로 보면 의대생들은 환자의 상황과 무관하게 의학적 개념과 원리를 학습하는 것보다 현실적인 시나리오의 맥락에서 학습하는 것이 더 적절하다는 사실을 알게 될 것이다. PBL에 관한 연구 결과의 한 가지 유의할 할 점은 많은 경우 연구의 타당성의 측면에서 현실적인 타협이 있다는 것이다. 일부 연구는 무선할당을 하지 않았다. 학습자가 보통 PBL이나 전통적인 교육과정을 자유롭게 선택할 수 있다보니, 무선할당이 되지 않는 것이다. Eslami,

Bassir와 Sadr-Eshkevari(2014)는 자신들의 연구 중 30%가 일부 또는 모든 측정에 있어 통제집단이 부족하다는 사실을 보고했다. 앞서 언급했듯이 *Zombie* 게임은 조직에서 제공하는 여러 게임 중 가장 인기가 있는 게임으로, 실제 고객에 대한 조사데이터에 바탕을 둔 미니 시나리오를 부분적으로 반영하고 있었다.

PBL은 학습에 효과적인가?

Schmidt, Muijtjens, Van der Vleuten과 Norman(2012)은 네덜란드 의과대학의 데이터를 기반으로 PBL 교육과정을 지지하는 중간 수준의 효과 크기를 확인했다. 지식에 대한 평균 효과 크기는 0.31이었고, 진단 추론에 대한 효과 크기는 0.51이었다. Loyens, Remy와 Rikers(2017)는 최근 PBL 연구들을 검토하여 PBL이 일반적으로 정적인 효과를 보였다는 사실과 함께 간호, 화학, 뉴턴 역학 분야의 PBL에 관한 여러 연구를 요약했다. 이들은 "PBL의 효과를 조사한 많은 최근 논문들을 고려할 때, PBL은 여전히 교육에 있어 인기 있는 교수법이라고 결론지을 수 있다. 전반적으로 효과는 정적인 것으로 보인다"(Loyens et al., 2017, p. 420)라고 결론을 내린다. Loyens 외(2017)는 연구에서 PBL(또는 이 장의 경우 게임)과 같은 특정한 방법이 효과가 있는지 여부뿐만 아니라 상황(예: 해당 교수법이 어떤 결과와 어떤 학습자에게 가장 적합한지)에도 초점을 맞춰야 한다고 권고했다. 다시 말해 게임과 PBL을 구분 짓는 경계조건들을 규명하는 연구가 필요한 것이다.

3 가치 추가 연구(Value-Added Research)

게임이 전통적인 교육과 같거나 약간 더 나은 학습결과를 가져올 수 있다는 결론을 내리기에 충분한 데이터가 있다. 중요한 후속 질문은 학습과 동기를 극대화하기 위해 어떻게 게임을 설계할 수 있는가이다. 예를 들어, [그림 19.7]의 기본적인 *Circuit*(회로) 게임을 생각해보면, 이 아케이드 게임에서 플레이어는 다양한 저항 및 전원으로 전기 회로의 흐름에 대해 배운다. 게임의 기본 버전은 플레이어가 전기 흐름이 가장 큰 회로를 선택하는 것이다. 학습 향상을 위해 이 기본 게임에 무엇을 추가할 수 있을까? 전통적인 e-러닝 튜토리얼에서 학습을 향상시키기 위한 방법을 찾는 것이 출발점이 될 수 있다. 설명적인 피드백은 학습자에게 응답이 맞는지를 알려줄 뿐만 아니라 간단한 설명을 제공하는 하나의 기법이다. 게임에서 설명적인 피드백의 효과성을 알아내기 위해 [그림 19.8]처럼 설명적인 피드백이 추가된 게임과 [그림 19.7]에 표시된 기본 게임에서의 학습을 비교할 것이다. Mayer(2014)는 가치가 추가된 다양한 버전의 게임을 비교한 연구를 참조하였다.

가치 추가 실험에서는 두 가지 버전 이상의 게임을 만들어서 학습 효과를 비교한다. 기본 게임에 해당하는 버전에는 게임의 필수 요소만 포함된다. 개선된 버전에는 피드백 또는 자기설명(self-explanation) 질문과 같은 교육 기법이 추가된다. 참가자는 두 가지 버전의 게임에 무선할당되어 테스트가 진행된다. Mayer(2019)에 따르면 최소 5개의 연구가 추가된 방법의 효과성을 증명하는 근거로서 0.4 또는 그 이상의 효과크기를 보여준다.

게임에 대한 가치 추가 방법들을 개관한 여러 연구가 있다(Wouter & van Oostendorp, 2013; Mayer, 2014; Mayer, 2019). [표 19.5]는 가치 추가 연구(Mayer, 2019)를 통해 수집한 증거를 요약한 것이다. 여기서는 제시된 기준을 충족하는 가치 추가 방법들에 대한 간략한 요약을 제공할 것이다.

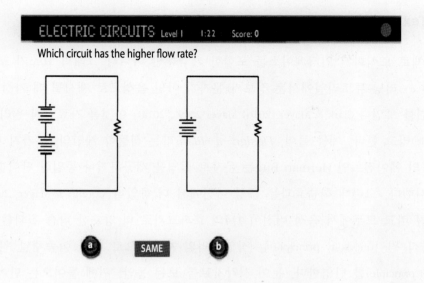

그림 19.7
Circuit 게임의 기본 버전

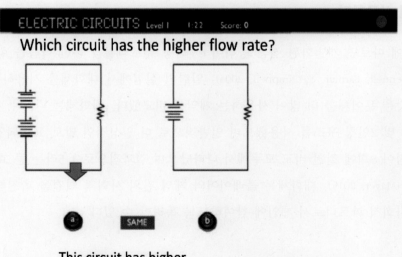

그림 19.8
설명적인 피드백이 추가된 *Circuit* 게임

문자(Text)보다는 음성(Audio)으로 정보를 표현하라

대체로 도식화된 인터페이스를 포함한 게임뿐만 아니라 그래픽 요소가 포함된 전통적인 e-러닝 튜토리얼에서는 정보가 문자가 아닌 음성으로 제시될 때 가장 좋은 학습 성취를 보인다(Clark & Mayer, 2016; Mayer 2009 , 2014). 이것을 자료양식 원리(modality principle)라고 한다. 예를 들어, *Design-a-Plant*라는 식물학 게임의 두 가지 버전에서 화면상의 에이전트인 Herman Bug는 문자로 설명을 제공하거나 동일한 단어를 음성으로 제시했다. 그런데 학습효과는 음성 버전에서 더 좋았다(Moreno & Mayer, 2002). 9회에 걸친 비교 모두에서 음성 버전이 1.4의 효과크기로 더 양호한 학습 결과를 보였다. 자료양식 원리(modality principle)는 작업기억의 제한성으로 인한 이중채널 원리(dual-channel principle)를 반영한다. 눈이 시각자료를 보는 동안, 귀에 들어오는 단어는 청각 중추의 작업기억에 접근하여 제한된 작업기억의 수용능력을 최대화한다.

대화체를 사용하라

연구에 따르면 개별화된 접근 방식이 e-러닝 튜토리얼을 통한 학습을 향상시킨다(Mayer, Fennell, Farmer, & Campbell, 2004). 일련의 실험에서 대화체를 사용하는 게임과 격식을 갖춘 문어체를 더 많이 사용하는 게임을 비교했다. 대화체는 나, 너, 우리와 같은 1인칭 및 2인칭 구조를 사용했으며 일반적으로 더 일상적인 말로 표현되었다. 대화체의 이점이 8회에 걸친 비교 모두에서 나타났으며 결과적으로 1.5라는 큰 효과크기로 나타났다(Mayer, 2019). 대화체는 플레이어와 게임 간의 사회적 연결을 촉진하여, 플레이어가 사회적 파트너로서 게임에 참여하도록 독려할 수 있다.

게임에 대한 오리엔테이션을 제공하라

사전수업 또는 사전 오리엔테이션은 전통적인 훈련프로그램의 일반적인 방법이다. 종종 사전훈련이라고 하는 이러한 오리엔테이션에는 수업에서 다룰 기본적인 개념과 원리를 소개하거나 수업에서 활용할 현장 프로젝트를 시작하기 위해 학습목표의 개요,

물류정보, 사전과제 등이 포함될 수 있다. 비슷한 원리가 게임에도 적용된다. 게임 시작 전 학생들은 개념의 명칭과 설명 그리고 게임 메커니즘과 규칙에 대한 설명이나 시범 등의 학습내용을 안내받을 것이다. Mayer(2019)는 7개의 실험 모두에서 게임 전 정보 제공이 더 나은 학습결과로 이어졌다고 보고했다.

설명적인 피드백과 조언을 제공하라

이제까지의 증거에 따르면 학습자에게 응답의 정확성을 알려주거나 설명을 포함하는 피백을 제공할 때 더 좋은 학습결과를 얻을 수 있다(Moreno, 2004). 조언이나 설명적인 피드백을 제공한 게임 15개 중 12개에서 유사한 효과가 확인되었다. 예를 들어, [그림 19.8]은 Circuit 게임의 정교한 피드백을 사용한 모델을 보여준다. 기본 게임에서 피드백은 음성 신호와 점수로만 구성되었고, 가치 추가 버전에서는 피드백에 구두 설명이 추가되었다.

플레이어에게 자신의 반응에 대한 설명을 선택하도록 유도하라

전통적인 수업상황에서의 예시 활용에 관한 연구에서는 학습자로 하여금 예시에 대해 설명하는 하나 이상의 단계를 제공하거나 선택하도록 하면 예시를 활용한 학습이 향상되는 것으로 나타났다(Renkl, 2017). 학습자들에게 설명을 제공하거나 설명을 선택하도록 하면, 학습자들은 간과하거나 대충 읽을 수 있는 예시를 주의 깊게 검토하게 된다. 16건의 실험 중 13건에서 학습자에게 게임플레이에 대한 설명을 선택하도록 요구한 경우 평균 효과크기 0.5로 더 나은 학습결과가 나타났다. [그림 19.9]에서 Circuit 게임의 자기설명 선택 기능이 추가된 모델을 볼 수 있다. Johnson과 Mayer(2010)는 자기설명 선택 기능이 없는 게임보다 해당 기능이 포함된 게임에서 학습효과가 더 좋다는 것을 확인했다. 연구에 따르면 자기설명은 나이가 더 많은, 즉 응답에 대한 이유를 파악할 수 있는 학생들에게서 더 효과적으로 작동한다. 또한 플레이어에게 설명을 입력하도록 하는 것보다 플레이어에게 선택하도록 하는 것이 더 효과적이다. 설명을 구성하여 입력하는 것이 게임흐름에 큰 방해가 될 수 있기 때문이다.

표 19.5
컴퓨터 게임을 위한 가치 추가 방법

구분	추천 방법	효과 확인 횟수/ 연구 실시 횟수	효과크기
자료양식(Modality)	문자보다는 짧은 음성으로 단어를 표현하라	9/9	1.4
개별화	1인칭과 2인칭을 포함한 대화체를 사용하라	8/8	1.5
사전훈련	콘텐츠/게임 메카닉스에 대한 사전 정보를 제공하라	7/7	0.8
코칭/피드백	게임 안에서 조언과 피드백을 제공하라	12/15	0.7
자기설명 (Self-explanation)	플레이어에게 게임 내에서의 자신의 반응에 대한 이유를 선택하도록 하라	13/16	0.5

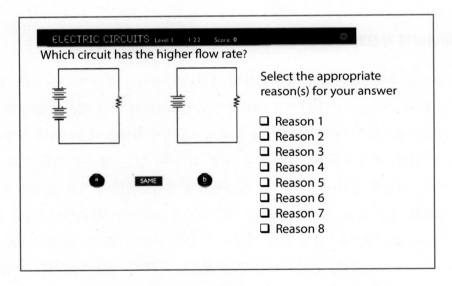

그림 19.9
자기설명 선택 기능이 추가된 *Circuit* 게임

4 일터학습에서의 게임기반 학습 설계를 위한 시사점

성인학습자 및 인적자원 영역에 대한 게임 및 게임 특징의 효과와 관련된 더 많은 연구가 누적될 때까지 우리는 이 장에서 지금까지 검토한 연구를 기반으로 다음과 같은 권고 사항을 제안한다.

1. 반복적인 게임을 허용하는 학습 맥락을 계획하라. 일관된 연구결과 중 하나는 한 번만 하는 게임은 한 번에 완료된 표준 튜토리얼보다 더 효율적이지 않다는 것이다. 여러 번의 게임 수행이 직원에게 시간의 측면에서 비용 대비 효율적인지의 문제는 고려해야 할 요소이다. 목표가 숙련(automaticity), 즉 빠르고 정확한 입력이나 응답수준에 도달하는 것이라면 직원은 기존의 반복연습보다 게임 환경에서 여러 번의 연습 세션을 즐길 것이다. 대안적으로 일터에서 휴식 시간을 활용할 수 있다면, 참여를 유도하고 학습을 촉진하는 짧은 게임이 비용 대비 효율적인 학습 선택지가 될 수 있다.

2. 그래픽 인터페이스를 단순하게 하라. 고급 실사 그래픽 사용보다 단순한 게임 인터페이스 구성이 더 저렴할 것이다. 이러한 설계 권고사항이 학습 대상에게 적용된다면 게임은 더 쉽고 비용-효과적으로 구성될 것이다. 증거를 추가로 확인하기 전까지는 도식적인 인터페이스나 만화 형식의 인터페이스를 고수하라.

3. 직무와 관련된 시나리오 이외의 내러티브를 피하라. 롤플레잉 게임을 디자인할 경우 직무 시나리오를 기반으로 내러티브를 만들어라. 이상적으로 당신은 직원들로 하여금 조직의 목표를 고취시키기 위해 활용된 의사결정이 포함된 실제 직업세계의 시니리오를 모을 수 있다. 고객 데이터나 전문가 이야기 또는 영향력 있는 직원의 행동과 의사결정이 반영된 다른 종류의 출처에 기초한 시나리오를 만들어라.

4. 더 큰 학습 또는 성과를 위한 이니셔티브의 일부로 게임을 통합하라. 대부분의 게임에 대한 연구를 검토한 결과는 게임이 다른 훈련 활동에 대한 보완책일 때 더 나은 학습성과를 보고했다. 예를 들어, 게임은 튜토리얼 직후 연습기회나 튜토리얼 후 주

기적인 강화로서 제공될 수 있다. 또는 게임이 튜토리얼에 포함되어 있는 개념을 소개하는 사전 교육의 역할을 할 수 있다. 핵심은 유일한 학습자원으로 게임에만 의존하지 않는 것이다.

5. *게임 설계에 가치 추가 방법을 반영하라.* 여러 실험에서 확인된 증거에 따르면 (1) 1인칭과 2인칭을 사용하는 대화체의 음성으로 정보가 제시될 때, (2) 게임을 시작하기 전 학습자가 게임 내용이나 메커니즘에 대한 이해가 있을 때, (3) 학습자가 응답 후 설명적인 피드백이나 조언을 받을 때, (4) 학습자가 자신의 반응을 정당화하는 설명을 선택하도록 할 때, 게임이 더욱 효과적이다.

개인 게임과 집단 게임 상황에 따라, 그리고 개인 경쟁과 팀 경쟁 상황에 따라 학습과 동기가 어떤 영향을 받는지를 확인하는 추가적인 연구가 필요하다. 예를 들어 이미 경쟁이 도입된 영업직의 조직 환경에서는 게임의 경쟁적인 요소가 동기 요인으로 작용할 수 있다.

5 게이미피케이션과 조직의 개선

대부분의 기업 인사부서와 교육부서는 사업 목표를 위한 영향력을 발휘하기 위해서는 두 개 이상의 교육활동이 필요하다는 것을 인식하고 있다. e-러닝 수업 이수, 참고 자료 활용, 기업의 방침 읽기 등과 같은 형식적인 방법과 무형식적 방법이 모두 필요하다. Fortune 500대 기업에 선정된 한 소매업체 조직은 고객 피드백, 동료평가 외에도 형식 및 무형식 학습활동에 근거한 전문성 점수를 만듦으로써 직원들의 학습 및 성과 지표 활용을 게임화했다. 출판되지는 않은 준실험 연구에서 제시한 전문성 점수와 영업(판매량) 데이터 사이의 강한 상관관계가 [그림 19.10]에 요약되어 있다. 전문성과 상관관계가 있는 점수를 배치함으로써 기업의 요구를 개인의 전문성과 연결하는 조직의 의사결정을 도울 수 있다. 예를 들어, 특정 제품 라인에 대한 고객 문의는 해당 제품에 대한 전문 지식을 가진 개인에게 전달될 수 있다. 또는 점수 차이에 대한 분석으로 특별 채용이나 훈련에 대한 요구를 확인할 수 있을 것이다. 요약하면, 게이미피케이션은 비즈니스 의사결정을 위한 수행성과 데이터를 제공하고, 최종 기업성과로 이어지는 훈련 및 개발 선택지의 영향을 정량화할 수 있다. 앞으로는 다양한 직무영역과 직원들에게 가장 잘 맞는 다양한 게이미피케이션 계획을 알아내기 위한 연구가 필요하다.

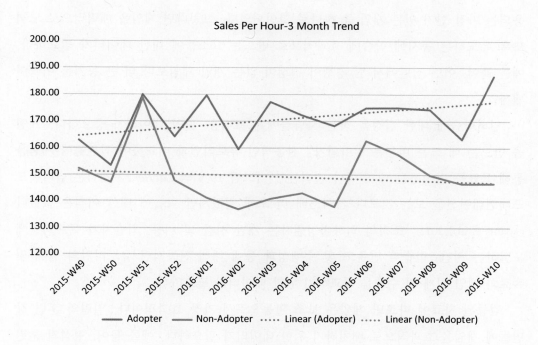

그림 19.10
시간당 판매량-3개월 동향

6 연구의 한계

고객 서비스, 규정, 영업 또는 조직에 특화된 기술지식 및 역량 등과 같은 일터 학습자나 전형적인 직업훈련 영역을 다룬 실험은 매우 희소하다. 이 장에서 요약한 결과 중 어떤 것을 조직학습에 적용할지를 결정하는 것이 중요하다.

또한 어떤 연령대에서도 게임의 동기 효과에 대한 증거는 거의 없다. 학습효과를 위해 여러 번의 게임 세션이 권장된다는 점을 감안하면 게임을 하도록 하는 동기는 중요하다. 학생 순위(평가)에 대한 데이터뿐만 아니라 학습자가 자발적으로 게임을 한 번 할지 또는 다시 게임을 할지를 선택하는 정도에 관한 데이터를 확보하는 것도 유용할 것이다. 예를 들어, 게임 사용을 추적한 결과, *Zombie* 게임([그림 19.3])이 조직에서 활용되는 가장 인기 있는 게임 중 하나로 확인되었다. 그렇다면 게임을 매력적으로 느끼도록 유도하는 동시에 학습에 효과적으로 만드는 요소들에 대한 데이터가 필요하다. 예를 들어, 어떤 집단에서 팀 경쟁이 경쟁이 없는 개인 게임보다 더 큰 동기를 이끌어 낼까?

일터학습에 대한 결정을 하는 사람들에게는 비용-편익 데이터가 중요하다. 게임을 만드는 데 드는 비용은 얼마인가? 전통적인 튜토리얼과 비교하여 직원들이 게임을 통해 목표를 달성하는 데 얼마나 걸리는가? [그림 19.5]의 *Cache 17* 게임은 슬라이드 프레젠테이션을 보는 것보다 거의 3배 더 오래 걸렸지만 학습에 대한 이점은 없었다 (Adams et al., 2012). 조직의 의사결정권자는 개발 시간 및 비용, 학습자가 목표기준에 도달하는 시간, 학습자 만족도 및 수행성과 등에 대해 전통적인 튜토리얼의 설계 및 수료와 게임 설계 및 수행을 비교하기 위한 데이터가 필요하다.

검증된 자료에 따르면 게임은 보조 활동으로서 가장 효과적이다. 일련의 훈련 장면들에 게임을 효과적으로 배치하기 위한 데이터가 필요하다. 예를 들어, 형식적 훈련 후 정기적인 참여를 통해 장기 전이를 지원하는 데 게임이 가장 유용한가? 다양한 영역과 성과의 측면에서 학습 및 수행성과 향상을 지원하는 생산적인 역할을 할 수 있는 게임의 위치를 보여주는 프레임워크가 필요하다.

연구에 활용된 게임은 아케이드 게임부터 직무 형식의 롤플레잉 게임에 이르기까지 다양하다. 의도한 성과와 게임 유형을 연결하는 분류체계가 필요하다. 영업사원 교육이나 규정 교육 등 여러 영역의 특징을 구체화한 설계 모델은 *Jeopardy!*와 같은 퀴즈 유형이나 보드 게임처럼 문제에 답하는 기능을 넘어선 게임이 가능하도록 지원할 것이다. 각각의 게임 유형을 적절히 배치하는 것과 함께 테크놀로지의 상호작용 능력을 완전히 적용하여 게임을 더욱 매력적이고 효과적으로 만들어야 한다.

일반적으로 게임에 대한 연구는 아직 초기 단계에 있으며, 특히 일터학습 및 수행 성과를 목적으로 한 게임에 대한 타당한 학술적인 증거는 사실상 거의 없다. 대학생들을 위한 학습용 게임의 전반적인 효과성에 기초하여, 우리는 학습 향상을 위한 방법의 일부로서 게임의 확고한 잠재력을 믿는다. 그리고 이 장에서 제시한 여러 권고 사항들이 일터학습에 어떻게 적용되는지에 대한 연구를 기대한다.

참고문헌

Adams, D. M., Mayer, R. E., MacNamara, A., Koenig, A., and Wainess, R.(2012). Narrative games for learning: Testing the discovery and narrative hypotheses. *Journal of Educational Psychology, 104*(1), 235-249.

Anderson, L. W., Krathwohl, D. R., Airasian, P. W., Cruikshank, K. A., Mayer, R. E., Pintrich, P. R.,⋯ Wittrock, M. C.(2001). *A taxonomy for learning, teaching and assessing: A revision of Bloom's taxonomy*. New York, NY: Longman.

Clark, D. B., Tanner-Smith, E. E., & Killingsworth, S. S.(2016). Digital games, design, and learning: A systematic review and meta-analysis. *Review of Educational Research, 86*(1), 79-122.

Clark, R. C.(2013). *Scenario-based e-learning*. San Francisco, CA: Pfeiffer.

Clark, R. C., & Mayer, R. E.(2016). *E-learning and the science of instruction*(4th ed.). Hoboken, NJ: Wiley.

Eslami, E., Bassir, S. H., & Sadr-Eshkevari, P.(2014). Current state of the effectiveness of problem-based learning in prosthodontics: A systematic review. *Journal of Dental Education, 78*, 723-734.

Johnson, C. I., & Mayer, R. E.(2010). Adding the self-explanation principle to multimedia learning in a computer-based game-like environment. *Computers in Human Behavior, 26*, 1246-1252.

Kapp, K. M.(2012). *The gamification of learning and instruction*. San Francisco, CA: Wiley.

Landers, R. N., & Armstrong, M. B.(2017). Enhancing instructional outcomes with gamification: An empirical test of the technology-enhanced training effectiveness model. *Computers in Human Behavior, 71*, 409-507.

Loyens, S. M. M., Kirschner, P. A., & Paas, F.(2012). Problem-based learning. In K. R. Harris, S. Graham, & T. Urdan(Eds.), *APA educational psychology handbook: Vol. 3. Applications to learning and teaching*(pp. 403-425). Washington, DC: American Psychological Association.

Loyens, S. M. M., & Rikers, R. M. J. P.(2017). Instruction based on inquiry. In R. E. Mayer & P. A. Alexander(Eds.), *Handbook of research on learning and instruction*(2nd ed., pp. 405-431). New York, NY: Routledge.

Mayer, R. E.(2009). *Multimedia learning*(2nd ed., pp. 200-220). New York, NY: Cambridge University Press.

Mayer, R. E.(2014). *Computer games for learning: An evidence-based approach*. Cambridge, MA: MIT Press.

Mayer, R. E.(2017). Instruction based on visualizations. In R. E. Mayer & P. A. Alexander(Eds.), *Handbook of research on learning and instruction*(2nd ed., pp. 483-501). New York, NY: Routledge. Mayer, R. E.(2019). Computer games in education. *Annual Review of Psychology, 70*, 531-549.

Mayer, R. E., Fennell, S., Farmer, I., & Campbell, J.(2004). A personalization effect in multimedia learning: Students learning better when words are in conversational style rather than formal style. *Journal of Educational Psychology, 96*, 389-395.

Mayer, R. E., & Johnson, C. I.(2010). Adding instructional features that promote learning in a game-like environment. *Journal of Educational Computing Research, 42*, 241-265.

Moreno, R.(2004). Decreasing cognitive load for novice students: Effects of explanatory versus corrective feedback in discovery-based multimedia. *Instructional Science, 32*, 99-113.

Moreno, R., & Mayer, R. E.(2002). Learning science in virtual reality multimedia environments: Role of methods and media. *Journal of Educational Psychology, 94*, 598-610.

Pilegard, C., & Mayer, R. E.(2016). Improving academic learning from computer-based narrative games. *Contemporary Educational Psychology, 44-45*, 12-20.

Plass, J. L., O'Keefe, P. A., Homer, B. C., Case, J., Hayward, E. O., Stein, M., and Perlin, K.(2013). The impact of individual, competitive, and collaborative mathematics game play on learning, performance, and motivation. *Journal of Educational Psychology, 105*, 1050-1066.

Prensky, M.(2006). *Don't bother me mom-I'm learning! How computer and video games are preparing your kids for 21st century success and how you can help!* St. Paul, MN: Paragon House.

Renkl, A.(2017). Instruction based on examples. In R. E. Mayer & P. A. Alexander(Eds.), *Handbook of research on learning and instruction*(2nd ed., pp. 325-348). New York, NY: Routledge.

Schmidt, H. G., Muijtjens, A. M. M., Van der Vleuten, C. P. M., & Norman, G. R.(2012). Differential student attrition and differential exposure mask effects of problem-based learning in curriculum comparison studies. *Academic Medicine, 87*, 463-475.

Sitzmann, T.(2011). A meta-analytic examination of the instructional effectiveness of computer-based simulation games. *Personnel Psychology, 64*(2), 489-528.

Wouters, P., van Nimwegen, C., van Oostendorp, H., & van der Spek, E. D.(2013). A meta-analysis of the cognitive and motivational effects of serious games. *Journal of Educational Psychology, 105*(2), 249-265.

Wouters, P., & van Oostendorp, H.(2013). A meta-analytic review of the role of instructional support in game-based learning. *Computers & Education, 60*, 412-425.

20

평가를 위한 게임

Valerie J. Shute and Chen Su(김진호 역)

1 서론

미국 교육부는 최근 교육 테크놀로지의 청사진을 만들었다(USDOE, 2016). 테크놀로지는 교수와 학습을 지원할 뿐만 아니라 인지적(즉, 지식과 기술) 및 비인지적(예: 정서적) 결과의 측정에 대한 평가를 혁신하는 데에도 도움이 되어야 한다. 이 장의 전제는 교육적이고 상업적으로 잘 설계된 게임이 다양한 분야에서 학생들의 흥미와 참여를 촉진할 뿐만 아니라 여러 중요한 역량에 대한 적극적인 학습과 평가를 지원하는 유망한 수단을 제시한다는 것이다.

지난 20여 년 동안, 시공간 능력 및 주의력(Green & Bavelier, 2007, 2012; Shute, Ventura, & Ke, 2015), 인지 전환 기술(Parong et al., 2017), 지속성(Ventura, Shute, & Zhao, 2013), 창의성(Jackson et al., 2012; Kim & Shute, 2015a), 시민 참여(Ferguson & Garza, 2011), 학업 콘텐츠 및 기술(Coller & Scott, 2009; DeRouin −Jessen, 2008; Dugdale, 1982; Hab− good & Ainsworth, 2011; 리뷰는 Clark, Tanner−Smith, & Killingsworth, 2016; Tobias & Fletcher, 2011; Wilson et al., 2009; Young et al., 2012를 참고) 등 다양한 역량 개발을 지원하기 위해 다수의 게임이 등장했다. 더욱이, 게임플레이는 모든 성별, 인종 및 사회경제적 계열에서 인기가 있다(Entertainment Software Association, 2016). 다양한 학습 이론에 따라 개발된 핵심 게임 특성(예: 실제적 문제해결, 적응적 도전, 계속적 피드백)은 학생들을 정서적,

행동적, 인지적, 사회문화적으로 참여시킬 수 있다(Plass, Homer, & Kinzer, 2015). 예를 들어, 구성주의(Piaget, 1973)와 상황 학습(Lave & Wenger, 1991)을 활용하여 긍정적 경험의 흐름을 함양하는 환경을 조성할 수 있으며(Csikszentmihalyi, 1990), 노력 주도적이고 도전 중심적인 역량 개발을 촉진하는 사고 방식을 배양할 수 있다(예: Yeager & Dweck, 2012).

따라서, 우리는 잘 설계된 디지털 게임이 교육 목표를 달성하기 위해 학습 과정과 결과를 지원하고, 학습자가 목표한 지식이나 기술을 습득한 정도를 측정하는 수단이 되는 평가의 한 유형으로서 게임기반 평가(game-based assessment; GBA)를 주목한다. 그렇다면 게임기반 평가란 무엇인가? 일부 연구자들은 게임플레이의 기능으로서 학습의 증거를 찾기 위해 게임기반 평가를 외부 평가(게임플레이 전후)로 운용한다(All, Castellar, & Van Looy, 2016; Clark et al., 2016). 다른 이들은 학습에 정보를 제공하기 위해 게임 안에서 직접 포착한 정보로서 게임기반 평가를 운용한다(예: de Klerk, Veldkamp, & Eggen, 2015; Shute, Wang, Greiff, Zhao, & Moore, 2016). Mislevy 외 연구진(2014)은 게임기반 평가의 세 가지 형태를 분류했다: (1) 게임 외부에 있는 학생 산출물(예: 프레젠테이션 및 보고서)과 산출물의 질을 판단하는 평정자, (2) 간단한 수학 문제에서 복잡한 과제까지 게임에 사전 프로그래밍된 평가 문항, 그리고 (3) 평가를 위한 증거를 식별하고 점수를 매기는 기준으로 사용되는 게임플레이 전반에 걸쳐 생성된 데이터 스트림(data stream) 내지 데이터 흐름(예: 스텔스 평가)이다. 스텔스 평가(stealth assessment)는 게임 환경에 직접 연결하여 만들어진 증거기반 평가를 말한다(Shute, 2011). 게임플레이 중에 학생들은 복잡한 작업을 수행하는 동안 우리가 평가하고자 하는 바로 그 역량을 이용하면서 풍부한 활동 시퀀스(sequence)를 생성한다. 따라서 그 역량을 평가하는 데 필요한 증거는 플레이어와 게임 자체의 상호작용(즉, 로그 파일에 저장된 플레이 과정)에 의해 제공된다. 스텔스 평가는 증거 중심 설계(Mislevy, Steinberg, & Almond, 2003)를 활용하여 게임에 매끄럽게 내장된 관련 개념 및 계산 모형을 만들어, 학생들이 눈치채지 않고도 지식이나 기술을 평가할 수 있다(Shute & Ventura, 2013). 스텔스 평가라는 용어와 그 테크놀로지는 어떤 유형의 속임수를 전달하기 위한 것이 아니라 게임플레이 데이터의 보이지 않는 포착을 반영한 것이며, 학습자를 돕기 위해(이상적으로는 학습자 스스로를 도울 수 있도록) 정보의 연이은 형성적 사용을 반영한 것이다.

형식 학습(예: 학교 교실) 및 비형식 학습(예: 방과 후 프로그램)의 두 가지 설정 하에, 이 장에서 중점적으로 다루는 게임은 학습이나 기술 습득을 지원하는 대화형 디지털 게임이다(Shute, 2011). Facer(2003)에 따르면, 좋은 게임들은 몰입도가 높다. 그것들은 연령에 적합한 도전과 내재적으로 동기를 부여하는 목표를 사용하여 활동 내에서 완전한 몰입을 촉진한다. 이러한 게임 내에서의 평가는 데이터 수집 및 분석을 필요로 할 뿐만 아니라 학습 목표를 달성하기 위해 의미 있는 데이터 해석과 그 해석에 근거하여 취한 조치를 포함할 수도 있다(Shute & Ventura, 2013).

이러한 유형의 게임기반 평가는 게임플레이 수행을 기반으로 하기 때문에, 학생들이 게임과 상호작용하는 것이 상호 관련된 데이터 포인트로 기록되며, 각각의 데이터 포인트는 학습에 대한 구체적인 증거를 제공한다(DiCerbo, Shute, & Kim, 2017; Levy, 2014; Shute, Ventura, Bauer, & Zapata-Rivera, 2009). 또한, 게임기반 평가는 표준화 검사를 특징으로 하는 이산적 데이터가 아닌 연속적인 데이터 스트림에 기반한 계속적인 평가를 제공한다. 결과적으로, 게임기반 평가를 통해 교육자들은 시간에 따른 학생들의 학습 진행을 모니터링 할 수 있다(Shute, Leighton, Jang, & Chu, 2016). 게다가, 평가가 게임 안에 깊이 내장되어 있기 때문에, 학생들은 그들이 평가받고 있다는 것을 알아차리지 못한다(Delacruz, Chung, & Baker, 2010; Shute, 2011). 따라서, 게임기반 평가는 짧고 총괄적인 지필 시험으로는 쉽게 측정할 수 없는 것을 평가하는 데 사용할 수 있으며, 시험을 관리하고 채점하는 데 통상 사용되는 시간을 절약할 수 있어 학습을 향상시키는 데 더 많은 시간을 할애할 수 있다(Shute, Leighton, et al., 2016). 마지막으로, 게임기반 평가는 단지 학습을 측정하는 것뿐만 아니라 학습을 지원하기 위해 형성적으로 사용될 수 있다(Delacruz et al., 2010; Shute, Leighton, et al., 2016).

다음 절에서는 게임기반 평가에 대한 문헌을 검토한 다음 *Plants vs. Zombies 2*(Electronic Arts, 2013) 게임을 활용하여 게임기반 평가의 예시를 제공할 것이다.

이 장에서 정의한 대로 게임기반 평가(GBA)는 형성적 기능을 가지고 있다(즉, 학습을 평가하고 지원하는 데 사용된다). 이러한 평가의 증가는 테크놀로지, 학습 과학 및 측정 방법론의 발전 덕분이다(Leighton & Chu, 2016; Shute, Leighton, et al., 2016; Timmis, Broadfoot, Sutherland, & Oldfield, 2016). 또한, 게임은 흥미를 유발하기 위한 것이므로 일반적인 평가와는 대조적으로 학생들이 경험하거나 탐구할 수 있는 풍부하고 재미있는 환경을 제공한다(Clarke- Midura & Dede, 2010; Gee, 2005).

어떻게 하면 게임플레이를 통해 학생들의 발달하는 지식, 기술, 그리고 기타 특성을 정확하게 평가할 수 있을까? 게임과 학생들의 상호작용을 평가하려면 원칙에 입각한 평가 설계 프레임워크를 사용해야 한다. 선택할 수 있는 몇 가지 주요 프레임워크가 있다(Shut, Leighton, et al., 2016 참조). 평가의 기반구조(예: 역량, 증거, 과제, 조립 모형)를 확립하는 것 외에도, 설계자와 연구자는 신뢰도, 타당도, 공정성과 관련된 평가의 심리측정학적 질을 보장할 필요가 있다(DiCerbo et al., 2017; Mislevy et al., 2014).

게임기반 평가에 적용 가능하고 적합한 가장 일반적으로 사용되는 평가 설계 프레임워크는 증거 중심 설계(evidence-centered design; ECD)이다(Mislevy et al., 2003). 간단히 말해서, 증거 중심 설계는 의도된 주장을 뒷받침하는 타당한 증거를 도출할 수 있는 평가를 설계하는 방법을 구성한다. 이는 설계자가 목표 역량, 역량을 드러낼 수 있는 관측치, 그리고 학생들이 상호작용하는 과제를 명시하도록 안내한다. 증거 중심 설계는 특히 게임기반 평가 설계에 적합하다. 먼저, 게임플레이를 통해 생성된 데이터는 대개 다변량이다(de Klerk et al., 2015; Levy, 2013). 역량 모형(즉, 관측불가 변수 또는 잠재 변수)에 다변량 역량들을 설정함으로써, 연구자들은 연관된 행동 증거(즉, 관찰가능 변수)를 결정하고 그러한 행동에 할당된 값과 함께 그러한 행동을 이끌어내는 과제 특성을 명시할 수 있다(Mislevy et al., 2003). 게임플레이에서 관련 데이터를 추출하려면 행동과 역량 사이에 명확한 연결을 제공하는 적절한 학생-과제 상호작용 유형을 파악하고, 수집할 관측치의 단위를 결정하고, 그리고 증거를 축적하고 해석하기 위한 적절한 통계 모형을 선택하는 것이 중요하다(Levy, 2013).

올바른 통계 모형을 선택하는 것은 증거 중심 설계 사용의 두 번째 이점과 관련이 있다. 즉, 학생의 역량 수준에 대한 유효한 추론을 도출하는 것이다. 증거 중심 설계 프레임워크에서 가장 자주 사용되는 통계 모형은 베이지안 네트워크(Bayesian network; BN)이다(de Klerk et al., 2015; Mislevy et al., 2014). 여기서 베이지안 네트워크는 방향성 비순환 그래프(directed acyclic graph; DAG)를 통해 일련의 랜덤 변수와 조건부 의존성 (conditional dependencies)을 나타내는 확률 그래픽 모형이다. 베이지안 네트워크는 목표 역량 변수와 관련 지표 사이의 통계적 관계를 그래픽으로 표현하여 학생 역량에 대한 조건부 확률을 생성한다. 또한, 베이지안 네트워크는 학생들의 역량에 대한 믿음을 역동적으로 업데이트 하므로(Mislevy et al., 2014), 증거 중심 설계가 시간에 따른 실시간 데이터를 생성하여 학습 진행 프로파일을 가능하게 한다(Shute, 2011; Shute, Leighton, et al., 2016).

증거 중심 설계 프레임워크를 사용한 인지 능력에 대한 게임기반 평가의 몇 가지 예로는 과학적 탐구 능력(Baker, Clarke-Midura, & Ocumpaugh, 2016; Clarke- Midura & Dede, 2010), 시스템 사고 능력(Shute, Masduki , & Donmez , 2010), 창의성(Kim & Shute, 2015a), 문제 해결 능력(Shute, Wang, et al., 2016)의 측정을 들 수 있다. 게다가, 증거 중심 설계를 사용한 게임기반 평가는 수학(Delacruz et al., 2010), 도시 계획(Rupp, Gushta, Mislevy, & Shaffer, 2010), 물리학(Shute, Ventura, & Kim, 2013), 생물학(Conrad, Clarke-Midura, & Klopfer, 2014; Wang, 2008)과 같은 다양한 영역의 콘텐츠 지식을 평가하는 데 매우 적합하다. Conrad, Clarke-Midura, Klopfer(2014)가 온라인 게임에서 증거 중심 설계의 수정된 버전(실험 중심 설계 또는 XCD)을 개발했다는 점에 주목할 필요가 있으며, 여기서 특히 학생들이 개방형 또는 폐쇄형 맥락에서 질문에 답하고 답안을 입력하기 위해 과학적 실험을 수행하였다.

마찬가지로, Leighto와 Chu(2016)는 증거 중심 설계를 인지 진단 평가(cognitive diagnostic assessment; CDA) 시스템과 통합하여 서로의 단점을 보완하는 새로운 설계 프레임워크를 구상했다(Embreton, 1998). 인지 진단 평가는 학생들의 인지 강도와 개선 영역에 대한 정보를 제공하기 위해, 인지 이론과 모형을 기반으로 학생들의 특정 지식 구조와 처리 기술을 측정하도록 설계된 문항을 통해 학생들의 인지 능력을 측정하는 데 초점을 맞춘 프레임워크이다(Lighton & Chu, 2016). 저자들은 두 가지 설계 프레임워크의 유사점, 차이점, 도전적 과제에 대해 논의했다. 그들은 학습 과학자와 교과 전문가의 손에 의해 새로운 통합 프레임워크가 가장 적절한 정보를 증거로서 파악하고 광범위하게 적용가능한 사회정서적 인지 평가 모형(socioemotional-cognitive assessment model)을 수립하는 데 도움이 될 수 있다고 역설하였다.

기존 평가 설계 프레임워크 외에도, 특정 게임 유형이나 분야를 대상으로 하는 몇 가지 자체 제작 프레임워크가 있다. 예를 들어, Nelson, Erlandson, Denham(2011)의 프레임워크는 대규모 멀티플레이어 온라인(massively multiplayer online) 가상 게임 장르를 위해 설계되었다. 그들은 데이터 추출을 위한 세 가지 주요 소스를 (1) 게임 내 플레이어의 위치와 이동 패턴, (2) 다양한 객체와의 상호작용, (3) 커뮤니케이션 활동의 유형, 내용 및 목적으로 파악했다. 그들은 구하려는 행동 데이터의 종류에 대한 예로서 다양한 가상 게임을 활용하여 각각의 데이터 소스를 사용하는 방법과 데이터를 해석하는 방법을 설명했다. 또한, 그들은 게임과 플레이어의 상호작용이 보통 세 가지 소스 중 적어도 두 가지를 수반한다고 강조했다. 따라서, 서로 다른 소스의 데이터를 동시에 지속적으로 추적하고 분석하면 게임플레이 중 시기적절한 피드백은 물론 사후 분석도 가능하게 할 수 있다.

3-D 게임기반 평가에 대한 또 다른 프레임워크는 군대에서 사용되어 왔다. Koenig, Lee, Iseli, Wainess(2010)는 온톨로지 생성(ontology creation)과 베이지안 네트워크를 포함하는 프레임워크를 사용했다. 온톨로지 생성은 분야(domain)의 요소와 요소내 및 요소간 관계들 측면에서 분야를 정의하는 것을 포함한다. 베이지안 네트워크는 그 관계들을 모델링하는 데 사용된다. Koenig과 동료들은 10개의 시나리오로 구성된 소방 게임 내에서 그들의 프레임워크를 시험했다. 연구자들은 각 시나리오에 대한 게임 내 추정치를 인간 평점과 비교한 후, 베이지안 네트워크에서 도출한 추정치가 몇몇 시나리오에서 전문가 평점과 달랐지만 평균적으로 일치도는 약 58%로 적정했다고 보고했다. 그들은 그러한 차이는 베이지안 네트워크의 질(quality) 내지 탄탄함(robustness) 때문이거나 시간에 따른 인간 평점의 비일관성 때문이라고 보았다. 다음 절에서는 게임기반 평가의 일반적인 특성(예: 타당도, 학습 지원, 영향 요인들)을 살펴본다.

게임기반 평가의 타당도

모든 평가의 설계 및 개발과 마찬가지로, 게임기반 평가를 타당화하는 것이 필요하다. 이를 달성하기 위해 일부 연구자들은 게임 내 측정치와 외부 측정치 간의 상관관계를 살펴보았고, 다른 연구자들은 기존 총괄 검사를 게임기반 평가로 변환했다.

게임 내 측정치와 외부 측정치 사이의 상관관계 물리학에 대한 이해를 측정하고 지원하기 위해 *Physics Playground*를 사용한 연구에서, Shute와 동료들(2013)은 물리학 학습과 관련된 게임 내 측정치(예: 금/은 트로피 획득 수, 과제 소요 시간)와 질적 물리학 검사에 대한 외부 학습 결과 점수 사이에 유의한 상관이 있음을 보고하였는데, 이는 수렴타당도가 있음을 나타낸다. 마찬가지로, Delacruz와 동료들(2010)은 수학을 가르치고 평가하는 퍼즐 게임의 타당도를 조사했다. 그들은 수학 사전검사 점수가 게임 점수를 예측하고, 게임 점수는 수학 사후검사 점수를 차례로(사전검사 점수 통제후) 예측함을 보여주었다. 게임기반 평가를 활용한 수학 능력 개발을 조사한 또 다른 연구에서, Roberts, Chung, Parks(2016)는 어린이를 위한 수학 게임들이 담긴 웹사이트를 설계했다. 이 웹사이트는 학습분석(Learning analytics)을 사용하여 아이들이 게임을 하는 동안 반응의 정확성과 같은 지표를 추적한다. 학습분석은 학습 및 관련 맥락을 이해하고 개선하기 위해 학습자가 생성한 데이터를 수집, 측정, 분석 및 보고하는 것을 목적으로 한다(SoLAR, 1st International Conference on Learning Analytics and Knowledge, 2011, cited in Siemes, 2013). 게임 내 분석 정보는 표준화된 수학검사의 점수와 유의한 상관관계가 있었다. 마지막으로, 중학교 학생들에게 생물 진화를 가르치기 위해 게임을 사용한 연구에서는 게임 내 특정 행동(즉, 관련 정보 보기 횟수와 기간, 사용한 아바타 수, 플레이한 라운드 수)은 게임 점수와 관련이 있다고 보고했다(Cheng, Lin, & She, 2015). 더욱이, 게임 점수와 사후검사 점수는 유의한 상관이 있었다.

교과 내용 외에도, 연구자들은 학생 능력 및 특성과 관련하여 게임기반 평가의 타당도를 검증했다. 예를 들어, 지속성은 *Physics Playground*에서 측정되었는데, 미해결 문제에 소요된 평균 시간과 미해결 문제 해결 위한 재방문 횟수와 같은 지표들을 토대로 측정했다(Ventura & Shute, 2013). 게임 내 측정치는 지속성의 외부 측정치(즉, 수행기반 측정; Ventura et al., 2013 참조)뿐만 아니라 물리학 사후검사 점수와도 연달아 유의한 상관을 보였다. 같은 맥락에서 DiCerbo(2014)는 게임 퀘스트(quests)에 대한 총 소요시간과 완료한 퀘스트 수라는 두 가지 게임 내 지표와 관련하여 지속성을 모델링했다. 확인적 요인 분석은 좋은 모형 적합도를 보였고, 지표들은 .87의 신뢰도로 분산의 상당 부분을 설명했다. 또 다른 연구에서, Shute, Wang, Greiff, Zhao, Moore(2016)는 *Plants vs. Zombies 2* 게임에서 문제 해결 능력에 대한 스텔스 평가를 포함시켰다. 문제 해결 능력의 게임 내 측정치는 MicroDYN(Wüstenberg, Greiff, & Funke, 2012)과 Raven's Progressive Matrices(Raven, 1941)라는 다른 두 외부 측정치들과 유의한 상관이 있었다.

결론적으로, 외부 측정치로 게임기반 평가를 타당화하려면 두 가지 전제 조건이 필요하다.(1) 목표한 지식이나 기술에 대한 게임 내 지표를 신중하게 선택하고,(2) 동일 구인에 대한 잘 만들어진(즉, 신뢰롭고 타당한) 외부 측정치를 사용해야 한다.

게임기반 평가를 총괄적 수행기반 평가에 매핑 게임기반 평가의 타당도를 확립하기 위한 대안적 접근법은 게임기반 평가를 총괄적 수행기반 평가에 매핑(mapping)하는 것이다. 이러한 유형의 최근 두 가지 연구가 모두 직업 교육 맥락에서 수행되었다. 첫 번째 연구에서, 원래의 수행기반 검사는 평가자로 하여금 다른 역할(예: 의뢰인)을 맡고 학생들과 상호작용한 다음 그들의 정보기술 커뮤니케이션 관리자 자격을 판단하도록 하였다(Hummel, Brinke, Nadolski, & Baartman, 2016). 게임기반 평가의 내용타당도를 확보하기 위해, 연구자들은 다음 네 단계를 적용했다. 먼저, (1) 게임플레이에 의해 도출될 수 있는 관련 수행 지표를 파악하고,(2) 게임 과제를 설계하고,(3) 게임기반 평가 사용자를 위한 지침을 개발하고, 끝으로 (4) 게임 과제가 원래 평가의 대상이었던 수행 지표들에 잘 매핑되는지를 감정한다. 연구자들이 게임기반 평가를 시행하고 평가 전문가들을 인터뷰한 결과, 게임기반 평가가 32개 수행 지표 중 20개를 충분히 평가하고 추가로 5개의 지표를 부분적으로 평가할 수 있었으며, 나머지 지표는 대면으로 평가될 수 있다고 보고했다. 게임기반 평가의 주요 장점은 인간 평가에 자주 나타나는 비일관성과 편향을 방지한다는 것이다. 게다가, 평가 실행과 결과의 문서화 작업 시간을 절약한다.

두 번째 연구는 실생활(real-life) 수행기반 검사 시나리오에 매핑되어진 대화형 가상 평가를 개발했다(de Klerk, Eggen, and Veldkamp, 2016). 실생활 검사는 폐쇄된 공간 내에서 작업환경과 절차를 점검한 뒤 응급상황에 적절히 대응하는 학생들의 능력을 측정했다. 이전 사례와 마찬가지로, 연구자들은 먼저 가상 환경에서 수행 지표를 정의했다. 그런 다음 전문가들은 관련 지식 및 기술에 대한 난이도와 증거 비중 측면에서 각각의 지표를 평가했다. 그들은 전문가 평점을 기반으로 지표에 값을 할당한 다음 점수를 베이지안 네트워크로 변환하는 두 가지 채점 모형을 구성했다. 마지막으로, 두 채점 모형에서 생성된 점수를 실생활 수행기반 검사의 점수와 비교했다. 그 결과, 한 모형이 다른 모형보다 학생들의 자격을 더 정확하게 추정했다.

이러한 매핑 방법은 비교적 드물다. 그 신뢰도와 타당도에 대한 증거를 제공하기 위해서는 추가 연구가 필요하다. 고려해야 할 한 가지 질문은 게임기반 평가가 원래의 수행기반 평가에 일관되고 정확하게 매핑될 수 있는지 여부이다. 또 다른 질문은 이러한 매핑된 게임기반 평가가 결국 인정을 받고 원래의 평가를 대체하여 고부담(high-stake) 총괄적 목적으로 쓰일 수 있을지 여부이다. 이후 설명하겠지만, 현재 게임기반 평가는 일반적으로 학습 과정과 결과를 지원하는 형성적 기능을 제공한다.

학습 지원을 위한 게임기반 평가

잘 설계된 게임기반 평가는 명시적인 교수 지원 없이도 어느 정도의 학습을 지원할 수 있다(Shute et al., 2013 참조). 앞서 언급했듯이, 중학교 학생들은 약 3시간 동안(3일에 걸쳐) *Physics Playground*를 플레이했으며 또한 질적 물리학에 대한 사전검사와 사후검사를 완료했다. 학생들의 게임 내 수행은 해결책 시도 횟수, 레벨당 시간, 획득한 트로피 수준과 같은 다양한 지표를 통해 평가되었다. 결과는 사전검사와 사후검사로 측정한 물리학 이해에서 작지만 유의미한 학습 향상을 보였고, 게임 내 측정치는 검사 점수와 유의한 상관 관계를 보였다. 게다가, 남학생과 여학생 모두 게임플레이의 결과로 물리학 지식을 상당히 향상시켰다. 사전 지식은 남학생이 여학생보다 약간 높았지만, 그들의 사후검사 점수는 비슷했다. 연구자들은 이 게임기반 평가가 남학생과 여학생 모두에게 사용하기에 공정하며, 심화 학습을 촉진하기 위해 향후에는 피드백 (예: 설명과 시각화)을 게임에 통합할 수 있다고 결론지었다.

또한 게임기반 평가를 활용하여 학습을 지원하는 다양한 형태의 피드백을 제공할 수 있다. 설명하자면, 한 게임기반 평가는 증거 중심 설계를 사용하여 지질학 및 우주 과학과 관련된 지식을 측정하도록 설계되었다(Reese, Tabachnick, & Kosko, 2015 참조). 그 게임기반 평가는 매 10초마다 학습 목표를 향한 학습자의 진행 상황을 집계했다. 데이터는 데이터베이스에 저장되었으며 적시에 피드백을 줄 수 있는 기초가 되었다. 피드백(예: 화면상의 스캐폴딩 메시지와 플레이어 대시보드)은 목표 달성을 촉진하기 위해 게임에 직접 통합되었다. 예를 들어, 점수 집계 현황은 항상 표시되었고, 스캐폴딩(scaffolding, 비계)은 텍스트, 그림, 애니메이션과 같은 다양한 형태를 띠었다. 스캐폴딩은 학습자들이 실수를 반복할 때 제시되었다. 이 데이터를 기반으로 연구자들은 일반화 가능성을 위해 두 표본에서 네 가지 주제(즉, 질량, 열, 복사, 밀도)를 학습하는 속도를 계산했다. 결과는 두 표본이 질량, 열, 복사를 학습하는 데는 유사한 속도로 진행되었지만, 밀도를 학습하는 데는 상대적으로 차이가 있었음을 보여주었다. 일반적으로 두 표본의 학습률은 0보다 훨씬 커 게임기반 평가가 학습을 촉진할 수 있다는 증거를 제공했다.

Arnab외 연구진(2015)은 대학생들의 응급처치 기술에 대한 지식을 평가하고 지원하기 위해 게임에서 학습분석을 활용했다. 게임 내 측정을 위해 학생들은 몇 가지 그림 선택지에서 답(즉, 다른 시나리오에 대한 반응)을 선택해야 했다. 학생들이 어떤 선택을 했든, 옳든 틀렸든 간에, 선택한 행동의 연관된 결과는 피드백으로 즉시 표시된다. 또한, 학생들의 지식 향상을 평가하기 위해 사전검사와 사후검사를 실시했다. 결과는 게임 내 점수가 사후검사 점수를 예측했으며 상당한 학습 향상이 있었음을 보여주었다. 연구자들은 게임 내 측정치를 사용하여 학생들의 수행을 예측하고 게임 내 추정치를 기반으로 개별화된 지원을 제공하는 향후 연구를 제안했다.

다른 연구자들은 피드백이 포함된 게임기반 평가가 피드백이 없는 게임기반 평가에 비해 학습을 향상시키기 위한 더 나은 설계인지 검증하기 위해 동일한 게임의 두 가지 버전(예: 피드백 존재 vs. 피드백 부재)을 비교했다. 이러한 비교 연구에서, Huang,

Huang, Wu(2014)는 2학년 학생들이 다양한 상품 구매와 관련된 수학 문제를 푸는 두 가지 버전의 수학 게임을 고안했다. 한 버전은 실수 발생시 적시에 피드백(예: 힌트 또는 명시적 피드백)을 제공했지만 다른 버전은 그렇지 않았다. 그 결과, 진단 피드백이 있는 게임을 한 학생들이 피드백을 받지 않은 학생들보다 사후검사 점수가 유의하게 높은 것으로 나타났다. 저자들은 이 진단 피드백은 학생들이 저지른 실수의 유형에 따라 교수 지원을 제공함으로써 학생들이 자신들의 실수로부터 배우는 데 도움을 주었다고 결론지었다.

Tsai, Tsai, Lin(2015)은 유사한 연구로서 중학교 학생들의 에너지 지식 습득을 지원함에 있어 확인 피드백만 있는 버전과 비교하여 즉각적인 상세 피드백이 있는 게임기반 평가의 효과성을 조사했다. 에너지 지식에 대한 게임기반 평가는 학생들이 질문에 답해야 하는 tic-tac-toe 게임의 형태를 취했다. 이 게임기반 평가는 정답이면 체크 표시를 하고 오답이면 십자 표시를 했다. 상세 피드백 조건에서는, 학생들이 참고할 수 있도록 확인 피드백(즉, 체크 표시와 십자 표시)과 함께 질문 응답에 대한 즉각적인 설명이 화면에 제공되었다. 연구자들은 상세 피드백이 있는 게임만이 사전검사에서 사후검사로 지식 습득을 유의하게 향상시켰음을 밝혔고, 이는 시기적절하고 설명적인 피드백이 있는 게임기반 평가가 학습을 촉진한다는 다른 연구 결과를 뒷받침한다.

Wang(2008)은 세 가지 유형의 형성 평가가 학습에 미치는 영향을 조사하기 위해 2주간의 생물학 수업에서 5학년 학생들을 대상으로 한 연구를 수행했다. 학습을 지원하기 위해 다양한 유형의 형성 평가를 사용하는 세 가지 조건 중 하나에 6개의 학급이 무작위로 할당되었다. 또한, Wang은 생물학 지식에 대한 사전검사와 사후검사를 실시했으며 총괄 평가와 형성 평가에 다른 검사 문항을 사용했다.

첫 번째 유형의 형성 평가는 각 수업이 끝날 때마다 시행되는 지필(종이-연필) 검사로, 정답을 학생들에게 피드백으로 제공했다. 두 번째 평가 유형은 웹 기반 검사로, 학생들은 각각의 오답에 대하여 즉각적으로 정답 관련 피드백을 받았다. 세 번째 유형은 게임기반 평가(즉, 온라인 선다형 퀴즈 게임)로, 학생들은 특정 버튼을 눌러 힌트를 받을 수 있었다(예: "응시자의 80%가 A를 정답으로 선택했다" 같이 다른 이들의 선택을 볼 수 있는 것). 그러나 힌트 기능의 사용은 그것의 남용을 방지하기 위해 제한되었다. 사전검사 점수를 공변량으로 사용하여, 세 가지 유형의 형성 평가가 사후검사 점수에 유의하게 영향을 미친다는 결과가 나타났다. 사후 분석에 따르면 게임기반 평가 조건에서 사후검사 점수가 다른 두 조건보다 유의하게 높았다. Wang은 학생들이 게임 같은 퀴즈에 의해 동기 부여가 되고 자원(예: 학습 자료나 교사에게 설명을 요청하는 것)을 적극적으로 참고하는 경향이 있다고 주장했다.

학습에 영향을 미치는 요인을 모델링하는 게임기반 평가

학습을 지원하는 능력 외에도, 게임기반 평가는 성공적인 학습에 기여하는 특정 요인과 패턴을 파악하는 데 사용될 수 있다. 예를 들어, 몇몇 연구자들은 최근 과학 학습과 관련된 행동 패턴을 조사했다(Baker et al., 2016). 학생들이 해결할 수 있는 다양한 과학 관련 시나리오를 제공하는 가상 환경을 통해 중학교 학생들의 과학적 탐구 행동을 분석했다. 학생들의 최종 답변과 과학적 시험을 수행하는 데 사용한 절차에 초점을 맞추어, 연구자들은 확인적 요인 분석을 사용하여 시나리오 전반에 걸쳐 일반화할 수 있는 성공적인 학습을 위한 29가지 행동 패턴을 파악하였다. 요컨대, 학생들의 최종 정답은 정보 페이지에 쓰인 시간과 방문 빈도에 의해 예측되었다. 성공적인 인과 관계 파악과 관련된 지표에는 실험 수행에 필요한 물품(예: 물 또는 혈액 샘플)을 확보하는 것, 가상 과학 실험실을 자주 방문하는 것, 관련 검사(예: 혈액 또는 DNA 검사)를 하는 것이 포함되었다.

Shute외 연구진(2015)이 수행한 연구에서는 인지적 및 비인지적 변수들과 학습과의 관계를 조사하여 모델링하였다. 연구자들은 *Physics Playground*를 플레이하는 중학생들의 데이터를 수집하고, 학생들의 지속성, 사전 물리학 지식, 게임 내 수행(예: 레벨에서의 시간, 성공한 및 실패한 해결책, 받은 트로피), 정서 상태, 그리고 물리학 사후검사 점수에 대한 데이터를 추가로 수집했다. 그들은 구조방정식 모형을 사용하여 학습 결과와 다른 변수들 간의 관계를 해석하기 위해 다양한 모형을 구성했다. 최종 모형은 사전검사 점수가 참여, 게임 내 수행, 사후검사 점수와 유의하게 관련되어 있음을 보여주었다. 또한, 참여와 좌절은 사전검사와 게임 내 수행 사이의 두 가지 매개변수였으며, 이는 학생들의 현재 성취 수준을 약간 초과하는 적응형 과제를 만드는 것이 중요함을 시사한다. 게다가, 게임 내 수행은 사후검사 점수에 유의한 영향을 미쳤다. 학습과 관계된 다양한 변수들 간의 관계에 대한 결과는 교수 지원에 대한 함의를 제공한다.

게임기반 평가의 질에 영향을 미치는 요인

본 문헌 고찰의 시작 부분에서 언급한 바와 같이, 게임기반 평가의 질은 기본 프레임워크(예: 증거 중심 설계)와 심리측정학적 속성(예: 신뢰도와 타당도)에 달려있다. 현재까지 게임기반 평가의 질에 영향을 미치는 요인을 조사하기 위한 몇 가지 시도가 있었다. 예를 들어, 과제 변수를 변경하는 것은 게임기반 평가 과제들의 심리측정학적 질에 영향을 미칠 수 있다(Almond, Kim, Velasquez, & Shute, 2014). 과제들은 관련 작업 산출물은 물론 그 프레젠테이션을 제어하는 특정 속성을 지닌다. 이러한 속성은 학습자가 과제에 반응하는 방법과 그 반응들의 증거 비중에 영향을 줄 수 있다. 예를 들어, 덧셈과 뺄셈에 대한 수학 시험을 생각해보자. 시험 형식(예: 선다형 또는 단어 문제)은 학생의 반응(예: 선택지 또는 전체 문제 풀이 과정의 정확성)에서 얻을 수 있는 정보의 양에 영향을 미친다. 게다가, 그 형식은 수학 단어 문제 해결에서 잠재적인 교란 요인으로 작용하는 읽기 능력과 같이 예기치 않은 교란 요인을 가지고 있을 수 있다. 동일한 난이도의 서로 다른 두 가지 과제를 설계하는 방법과 응시자의 약 50%가 과제를 정확하게 완료할 수 있도록 하는 방법 등과 같이, 평가 과제를 설계하고 이를 구현하기 전에 고려해야 할 다른 많은 변수들이 있다. 과제 변수들은 연구자나 설계자가 작업 변형들, 난이도, 변별도를 결정하는 데 도움이 된다. 결국, 학습자와 게임기반 평가 과제들 간의 상호작용은 목표한 역량을 측정할 수 있는 타당한 증거를 산출할 수 있다.

Kim과 Shute(2015b)는 게임 설계 특성(즉, 선형성 vs. 비선형성)이 *Physics Playground*에 내장된 스텔스 평가의 심리측정학적 속성에 어떻게 영향을 미치는지 조사했다. 선형성은 게임 레벨을 잠금 해제하는 것을 의미하는 반면, 비선형 게임은 학습자에게 플레이하기로 선택한 레벨에 대한 제어를 제공한다. 이 연구에서는, 선형 및 비선형 조건 하에 대학생들은 가능한 한 많은 점수를 획득하도록 지시받았다(또한, 은색 트로피 점수의 두 배에 해당하는, 우아하거나 효율적인 해결책에 대한 금색 트로피를 획득하여 더 높은 점수를 얻을 수 있다는 안내도 받았다). 타당도를 밝히기 위해, 연구자들은 두 가지 조건에서 물리학 이해에 대한 게임 내 지표의 증거 비중을 검증했다. 은색 트로피의 증거 비중은 선형 조건과 비선형 조건 간에 유의하게 차이가 났다. 사후검사 점수는 선형 조건에서 은색 트로피와 유의한 상관을 보였지만 비선형 조건에서는 금색 트로피와 유의한 상관을 보였다. 이러한 타당도의 전환은 선형성이 학습자에게 다양한 물리학 문제에 대한 가장 효율적인 해결책(즉, 금색 트로피 획득)을 탐색하도록 동기를 부여하지 않고 대신 은색 트로피를 획득하여 가능한 한 많은 레벨을 열어보도록 하기 때문일 수 있다. 결과적으로, 최적의 해결책을 목표로 한 비선형 조건의 학생들만이 물리학 학습을 유의하게 향상시켰다. 신뢰도를 검증하기 위해, 연구자들은 확인적 요인 분석을 사용하여 두 조건 모두에 가장 잘 적합하는 모형을 구성했다. 계산된 신뢰도 계수는 선형 및 비선형 조건에 대해 각각 .96과 .92이며, 두 계수는 서로 비슷하다. 따라서 게임기반 평가의 신뢰도는 게임이 선형인지 비선형인지 여부에 영향을 받지 않았다.

마지막으로, Mislevy와 동료들(2014)은 최근 백서에서 증거 중심 설계로 설계된 게임기반 평가의 심리측정학적 질에 영향을 미치는 요인을 설명한다. 연구자들은 고품질의 게임기반 평가가 학생, 교사, 설계자에게 학습에 대한 귀중한 정보를 제공할 뿐만 아니라 다양한 목적(즉, 형성적, 총괄적, 대규모 고부담까지도)에도 기여할 수 있다고 역설했다. 그들은 게임기반 평가의 신뢰도와 타당도를 확인하는 방법을 보여주는 사례로 Glass Lab과 파트너들이 만든 *SimCityEDU*라는 게임을 사용했다. 심리측정학 분야는 관찰할 수 없는 역량을 평가하기 위해 주어진 작업 산출물(즉, 이 경우 로그 파일 데이터)에서 식별 및 추출할 수 있는 관찰 가능한 증거를 중시한다. 게임기반 평가와 관련된 가장 영향력 있는 심리측정학적 요인에는 관련 증거를 식별하고 게임/학습 데이터를 추적하고 처리하기 위한 측정 모형을 선택하는 것이 포함된다. 연구자와 설계자는 특정 게임 상황에서 파생된 증거를 해석하고, 최적의 학습 경험을 제공하기 위한 적응형 게임을 설계하고, 협력적 활동과 관련된 데이터를 분석하는 방법을 추가로 고려해야 한다. Mislevy와 동료들(2014)은 이를 위한 새로운 프레임워크인 증거 중심 게임 설계(evidence-centered game design; ECgD)를 도입했는데, 이는 목표한 실제 역량을 정의하고, 게임 세계 역량과 실제 역량을 맞춰 조정하며, 형성적 피드백 시스템을 게임에 눈에 띄지 않게 통합하며, 심화 학습을 지원하기 위해 평가가 내장된 흥미로운 게임을 만들기 위한 반복적인 설계 과정에 참여하는 것을 수반한다. 다음 절에서는 학생들의 문제 해결 능력을 측정하기 위해 특정 유형의 게임기반 평가, 곧 *Plants vs. Zombies 2* 에서 스텔스 평가의 적용(Shute, Wang, et al., 2016)을 사례를 들어 설명한다.

3 게임기반 평가의 사례

*Plants vs. Zombies 2*는 플레이어가 좀비의 침입으로부터 전략적으로 집을 지켜야 하는 널리 인기있는 2-D 게임이다. 플레이어는 좀비를 직접 공격하거나 속도를 늦추기 위해 전장의 다양한 식물(즉, 집 앞의 체스판 같은 잔디밭)을 조작한다. 식물을 선택하고 배치할 때, 플레이어는 에너지 점수를 얻기 위해 떨어지는 태양을 수집할 필요가 있다. *Plants vs. Zombies 2*는 문제 해결 능력을 측정하는 스텔스 평가를 내장하기에 적절한 매개체이다. 다시 말하지만, 스텔스 평가는 학습을 측정하고 지원하기 위해 학습 또는 게임 환경의 구조에 직접적이고 보이지 않게 결합된 증거기반 평가로 정의된다 (Shute & Ventura, 2013). 스텔스 평가를 뒷받침하는 모형들은 증거 중심 설계를 사용하여 생성된다. 증거 중심 설계와 스텔스 평가의 결합은 역량 모형, 증거 모형, 과제 모형의 세 가지 주요 모형을 통해 학생들의 역량 수준에 대한 증거가 되는 논거를 구축할 수 있게 한다.

역량 모형은 평가할 역량(즉, 관찰할 수 없는 변수)에 대한 주장을 포함한다. 증거 모형은 역량 모형의 주장을 뒷받침하기 위해 수집 및 분석하거나 점수를 매길 수 있는 행동 증거(즉, 관찰 가능한 변수)를 명시한다. 증거 모형은 또한 통계적으로 주장과 증거를 정렬하기 위한 채점 시스템을 설정하여 관측치를 정량화한다. 예를 들어, 한 관측치는 "부족"(0 - 0.25), "보통"(0.26 - 0.50), "좋음"(0.51 - 0.75), "매우 좋음"(0.76 - 1) 같은 다양한 수준의 역량을 나타내는 비율로서 표현될 수 있다. 스텔스 평가는 일반적으로 지표와 역량 변수 사이의 통계적 관계를 설정하기 위해 베이지안 네트워크(BN)를 사용한다. 과제 모형은 목표한 증거를 도출할 수 있는 과제 설계를 위한 템플릿을 제공한다. 기존 게임을 기존 수준으로 사용할 경우 그 과제 모형 세부 사양은 필요하지 않다.

*Plants vs. Zombies 2*에서 스텔스 평가를 설계하기 위해, Shute와 동료들(2016)은 먼저 광범위한 문헌 검토를 기반으로 문제 해결 능력의 역량 모형을 구성했다. 문제 해결 능력의 지배적인 역량은 다음 네 가지 국면을 포함한다. 즉, (1) 문제의 주어진 사항과 제약 조건을 분석하는 것, (2) 해결책 경로를 계획하는 것, (3) 도구와 자원을 효과적이고 효율적으로 사용하는 것, (4) 진행 상황을 모니터링하고 평가하는 것이다. 다음으로, 연구자들은 각 역량 변수(즉, 관찰할 수 없는 것)와 결부된 게임 내 지표(즉, 관찰 가능한 것)를 파악한 다음 학생들의 수행 성과를 반영하기 위해 지표에 값을 할당했다. 예를 들어, "도구와 자원을 효과적이고 효율적으로 사용"하는 문제 해결 국면을 고려해 보자. 이 게임의 식물들 중 하나는 아이스버그 양상추이며, 그 기능은 좀비를 일시적으로 얼리는 방어이다. 이 게임의 또 다른 식물은 금어초다. 그 기능은 불을 뿜고 좀비를 불태우는 공격이다. 플레이어가 금어초의 화력 범위 안에 아이스버그 양상추를 심으면, 그 동결 효과는 불에 의해 취소된다. 따라서 효과적인 도구 사용과 관련된 한 가지 지표는 학생이 금어초 주변에 양상추를 심었는지(즉, 3×3 공간 내에; [그림 20.1] 참조) 여부이다. 이 지표는 금어초 주변에 심은 양상추를 양상추의 총 수로 나눈 비율을 계산하여 값을 매겼다. 이 경우 비율이 높을수록 관련 역량 수준이 낮아진다. 등분된 네 가지 비율 구간으로 매우 좋음(0~0.25), 좋음(0.26~0.5), 보통(0.51~0.75), 부족(0.76~1)이 있다.

그림 20.1

*Plants vs. Zombies 2*에서 아이스버그 양상추를 비효과적으로 사용

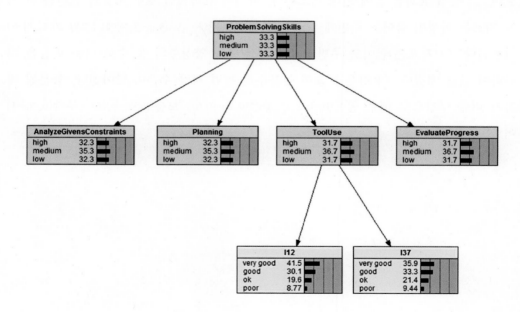

그림 20.2

베이지안 네트워크 사전 확률의 예(Wang, Shute, & Moore, 2015에서 수정됨).

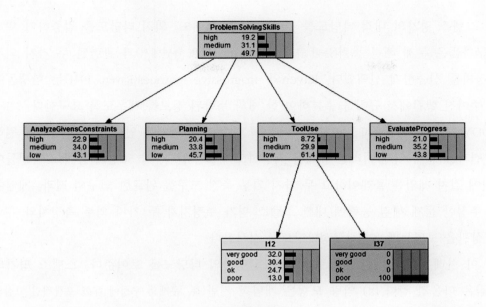

그림 20.3
증거를 받은 후 업데이트된 베이지안 네트워크(Wang, Shute, & Moore, 2015에서 수정됨).

국면마다 모든 지표에 걸쳐 채점 시스템을 구축한 후, 연구자들은 각 게임 수준에 대해 지표와 관련 역량 변수 사이의 통계적 관계를 나타내는 베이지안 네트워크를 구성했다. 난이도, 변별도, 관련 지표, 역량 변수 등에서 각 수준이 다르기 때문에, 개별 베이지안 네트워크들은 각 수준에 대해 구성되었다. 각 학생에 대한 문제 해결 능력의 사전 확률은 높음(33.3%), 중간(33.3%), 낮음(33.3%)으로 그 가능성이 동일하다([그림 20.2]). 그런 다음, 게임플레이 중에 학생들이 데이터를 생성함에 따라 이러한 확률은 빠르고 반복적으로 변한다. 계속 진행 중인 데이터(지표로부터)가 베이지안 네트워크에 입력되고, 그것은 데이터를 처리하고 역량 추정치를 업데이트한다. 베이지안 네트워크는 학생의 실시간 수행에 따라 역동적으로 추정치를 조정하기 때문에, 추정치는 게임 플레이 데이터의 유입과 함께 학생의 실제 역량 수준에 가까워질 것이다.

[그림 20.3]은 업데이트된 베이지안 네트워크를 나타내며, 여기서 플레이어는 형편없는 양상추 사용을 보여준다(노드 I37 참조). 업데이트 된 결과는 이 플레이어의 문제 해결 능력이 낮을 확률이 약 50% 라는 것을 의미한다.

스텔스 평가의 내적 타당도를 확인하는 것 외에도, 외적 타당도를 검증하기 위해 연구자들은 문제 해결 능력(특히 규칙 파악과 규칙 적용 측면에서)과 관련된 두 가지 외부 측정치를 신중하게 선택했다. Raven의 progressive matrices(Raven, 1941)는 학생들에게 주어진 행렬에서 규칙을 추론하여 한 개의 누락된 정보를 채우도록 요구한다. MicroDYN(Wüstenberg et al., 2012)은 학생들이 변수 간의 관계를 인식하고 그 다음에 원하는 결과를 얻기 위해 이러한 규칙을 적용하도록 요구한다. 약 50명의 중학교 학생들이 3일에 걸쳐 게임을 플레이하고 두 가지 외부 측정 도구를 완료한 연구의 결과, 게임에서 추정한 문제 해결 능력에 대한 스텔스 평가 추정치가 두 가지 외부 측정치와 유의한 상관을 보였는데, 이는 구성타당도를 시사한다.

이 사례는 게임기반 평가로서 스텔스 평가의 타당도를 보여준다. 스텔스 평가의 장점은 다음과 같다. (a) 역량 모형은 개념적 기반(즉, 문제의 구성에 대한 포괄적인 고찰의 결과)에 기초한다. (b) 증거 모형은 증거/지표와 평가 대상 사이의 통계적 관계뿐만 아니라 게임 내 수행을 채점하기 위한 구체적인 루브릭을 설정한다. (c) 평가가 게임에 매끄럽고 직접적으로 내장되어 학습과 평가가 병합된다. (d) 다양한 시간과 입자 크기(grain sizes)로 적시에 피드백을 제공함으로써 학습을 지원할 수 있다. (e) 다차원적 역량을 동시에 평가할 수 있다. 다음에서는, 게임기반 평가의 이론적 및 실제적 함의와 한계에 대해 논의한다.

4 이론적 함의

이 장에서는 동시에 학습을 측정하고 지원할 수 있는 게임기반 평가의 잠재적 가능성을 강조한다. 학습 과정에 지장을 주지 않고 학생들의 학습을 지속적으로 모니터링할 수 있다(DiCerbo et al., 2017; Shute, Leighton, et al., 2016). 콘텐츠 지식 외에도, 게임기반 평가는 일반적으로 전통적인 측정으로 평가하기 어려운 복잡한 능력(예: 문제 해결 및 창의성)을 평가하는 데 적합하다(Clarke Midura & Dede, 2010; Timmis et al., 2016). 게임기반 평가는 게임과 평가를 위한 통합 설계로 구성하여 평가 메커니즘을 게임 안에 직접적으로 구축할 수 있도록 한다. 따라서 연구자나 설계자는 학습 목표와 평가 과제 사이의 정렬을 확보하여 게임기반 평가로부터 학생의 지식, 능력, 특성에 대한 정확한 추정치를 포착할 수 있다(Ke & Shute, 2015; Plass et al., 2015).

역량 상태 및 학습에 대한 정확한 추정치를 얻는 또 다른 방법은 적절한 통계 방법을 사용하여 게임기반 평가 데이터를 처리하는 것이다. 현재 베이지안 네트워크는 광범위한 모형들(단순한 모형부터 복잡한 모형까지)을 제공할 수 있고, 실시간 추정치를 정확하게 생성할 수 있으며, 통계적 관계를 그래픽으로 편리하게 나타낼 수 있기 때문에 인기가 있다(Kim, Almond, & Shute, 2016; Levy, 2016; Mislevy et al., 2014). 연구자는 로그 파일 또는 데이터베이스에서 방대한 양의 게임기반 평가 데이터를 추출할 수 있다. 그러나 로그 파일의 한 가지 단점은 가독성이다. 특히 연구와 관련이 있거나 관련이 없는 많은 데이터를 기록할 때 더욱 그렇다. 이 문제에 대한 한 가지 해결책은 특정 증거만 기록하도록 로그 파일을 수정하는 것이다(Shute & Wang, 2016 참조). 대안적인 접근 방식은 데이터 저장과 추출을 편리하게 처리할 수 있도록 서로 다른 게임에 적용할 수 있는 일반 로그 파일 구조를 개발하는 것이다(Hao, Smith, Mislevy, von Davier, & Bauer, 2016 참조).

5 실제적 함의

또한, 정확하고 역동적인 게임기반 평가는 학습자를 위한 적절한 스캐폴딩(scaf-folding)을 가능하게 하여(즉, 적시에 구체적인 학습 지원), 게임에서 적응적 기능을 제공한다(Plass et al., 2015; Virk, Clark, & Sengupta, 2015). 예를 들어, 학습자의 수행에서 도출한 현재 역량 추정치를 바탕으로, 게임은 학습자에게 적당한 수준으로 과제 난이도를 조정할 수 있다(Kanar & Bell, 2013; Sampayo-Vargas, Cope, He, Byrne, 2013). 게다가, 학습을 향상시키기 위해(Cheng et al., 2015; Gobert, Sao Pedro, Raziuddin, & Baker, 2013; Shute, Leighton, et al., 2016), 특히 힘겨워하는 학습자를 지원하기 위해(Baker et al., 2016), 타당한 추론에 기반하여 적시에 개별화된 피드백을 제공할 수 있다. 학습자에게 다양한 형태의 피드백을 제시할 때 명심해야 할 한 가지는 다양한 표현과 정보 처리 요건에 의해 부과되는 인지 부하이다(Adams & Clark, 2014; Lee, Plass, & Homer, 2006; Virk et al., 2015). 또한, 게임플레이 경험에 대한 혼동을 줄이기 위해 구성과 무관한 변수(예: 이전 게임 경험)는 통제되어야 한다(Dicerbo et al., 2017).

게다가, 게임기반 평가 데이터의 접근성을 고려하는 것도 중요하다. 연구자들은 학생들이 그들의 학습 진행 상황을 모니터링하고 교사가 언제 어떻게 필요에 따라 개입해야 하는지 파악할 수 있도록 돕기 위해, 학습자와 교사가 진단 데이터에 접근할 수 있어야 한다고 주장해 왔다(Clarke-Midura & Dede, 2010; Shute, 2011; Timmis et al., 2016). 다음 질문에 대한 답변과 같은 윤리적 문제 또한 고려해야 한다(Pardo & Siemens, 2014; Shute, Leighton, et al., 2016; Timmis et al., 2016). 학생 데이터를 어떻게 보호할 수 있는가? 데이터의 소유자는 누구이며 얼마 동안 소유하는가? 최대한 유익하게 하려면 어떻게 데이터를 활용해야 하는가? 마지막으로, 연구자들은 교수, 학습 및 평가를 통합하기 위해서 게임기반 평가 설계 중에 게임 설계자, 연구자, 심리측정학자, 교과 전문가, 기타 이해 관계자들 간의 긴밀한 협력을 권장한다(Leighton & Chu, 2016; Mislevy et al., 2014; Plass et al., 2015).

6 제한점 및 향후 연구

향후 연구에서 다루어져야 할 게임기반 평가의 몇 가지 제한점이 있다. 첫 번째 문제는 정확히 게임기반 평가가 무엇인지에 관한 것이다. 그것을 명확하게 정의하고 다양한 유형과 특징들을 설명하기 위해서는 이론적 논문이 필요하다. 예를 들어, 게임기반 평가와 시뮬레이션 기반 평가 사이의 경계가 명확하지 않다. 게임기반 평가는 단지 더 높은 수준의 상호작용성을 지닌 시뮬레이션 기반 평가의 하위 범주인가(de Klerk et al., 2016), 아니면 이 둘은 중복되는가(Levy, 2013)?

두 번째 문제는 게임기반 평가 데이터를 수집하고 처리하는 데 사용할 최적의 통계 도구와 분석에 관한 것이다. 특히 데이터가 협업과 관련된 경우, 거대하고 복잡한 게임플레이 데이터를 처리하기가 어렵다(Hao et al., 2016; Leighton & Chu, 2016; Nelson et al., 2011). 따라서 탐색적 기법(예: 교육데이터마이닝)과 보다 개념적인 접근법(예: 증거 중심 설계)을 효과적으로 결합하는 방법을 파악하는 것은 게임기반 평가 연구에 도움이 될 것이다. 또 다른 문제는 재사용 가능성과 비용 효과성에 관한 것이다(Moreno-Ger, Burgos, Martínez-Ortiz, Sierra, & Fernández-Manjón, 2008). 잘 설계된 게임기반 평가를 구축하려면 시간이 많이 걸리고 대개 영역 특수적이다. 따라서 하나의 게임기반 평가를 다른 게임이나 학과목에 적용할 수 있는지는 아직 연구가 부족한 분야로 남아있다(Baker et al., 2016; Wang et al., 2015). 마지막 문제는 공정성과 관련 있다. 게임기반 평가가 특정 대상(예: 남성 vs. 여성, 게이머 vs. 비게이머)을 편애하지 않고 모든 학생에게 동등하게 혜택을 주는 것이 중요하다(Dicerbo et al., 2017; Kim & Shute, 2015b; Timmis et al., 2016). 그러나 게임기반 평가의 공정성에 대한 연구는 드물다.

잘 설계된 게임들이 제공하는 주요 행동유도성(affordances) 중 하나는 게임이 매우 흥미를 유발한다는 것이다. 마찬가지로, 잘 설계된 게임기반 평가는 게임플레이 중에 학생들의 역량에 대해 타당하고 신뢰로운 추론을 제공할 수 있을 뿐만 아니라 몰입도가 높다. 향후 비전은 흥미를 유발하고 개인의 요구에 적응 가능하며 학습을 지원할 수 있는 고품질의 역동적인 게임기반 평가를 설계하는 것이다(Shute, Ke, & Wang, 2017; Shute, Leighton et al., 2016).

참고문헌

Adams, D. M., & Clark, D. B.(2014). Integrating self-explanation functionality into a complex game environment: Keeping gaming in motion. *Computers & Education, 73*, 149-159.

All, A., Castellar, E. P. N., & Van Looy, J.(2016). Assessing the effectiveness of digital game-based learning: Best practices. *Computers & Education, 92-93*, 90-103.

Almond, R. G., Kim, Y. J., Velasquez, G., & Shute, V. J.(2014). How task features impact evidence from assessments embedded in simulations and games. *Measurement, 12*(1), 1-33.

Arnab, S., Imiruaye, O., Liarokapis, F., Tombs, G., Lameras, P., Serrano-Laguna, A., & Moreno-Ger, P.(2015, April). *Toward performance prediction using in-game measures*. Paper presented at the annual meeting of the American Educational Research Association. Retrieved from the AERA Online Paper Repository.

Baker, R. S., Clarke-Midura, J., & Ocumpaugh, J.(2016). Towards general models of effective science inquiry in virtual performance assessments. *Journal of Computer Assisted Learning, 32*, 267-280.

Cheng, M-T., Lin, Y-W., & She, H-C.(2015). Learning through playing virtual age: Exploring the interactions among student concept learning, gaming performance, in-game behaviors, and the use of in-game characters. *Computers & Education, 86*(1), 18-29.

Clark, D. B., Tanner-Smith, E. E., & Killingsworth, S. S.(2016). Digital games, design, and learning: A systematic review and meta-analysis. *Review of Educational Research, 86*(1), 79-122.

Clarke-Midura, J., & Dede, C.(2010). Assessment, technology, and change. *Journal of Research on Technology in Education, 42*(3), 309-328.

Coller, B. D., & Scott, M. J.(2009). Effectiveness of using a video game to teach a course in mechanical engineering. *Computers & Education, 53*, 900-912.

Conrad, S., Clarke-Midura, J., & Klopfer, E.(2014). A framework for structuring learning assessment in a massively multiplayer online educational game: Experiment centered design. *International Journal of Game-Based Learning, 4*(1), 37-59.

Csikszentmihalyi, M.(1990). *Flow: The psychology of optimal experience*. New York, NY: Harper and Row.

de Klerk, S., Veldkamp, B. P., & Eggen, T. J. H. M.(2015). Psychometric analysis of the performance data of simulation-based assessment: A systematic review and a Bayesian network example. *Computers & Education, 85*, 23-34.

de Klerk, S., Veldkamp, B. P., & Eggen, T. J. H. M.(2016). A methodology for applying students' interactive task performance scores from a multimedia-based performance assessment in Bayes-ian network. *Computers in Human Behavior, 60*, 264-279.

Delacruz, G. C., Chung, G. K. W. K., & Baker, E. L.(2010). *Validity evidence for games as assessment environments*(CRESST Report No. 773). Los Angeles, CA: National Center for Research on Evaluation, Standards, and Student Testing(CRESST).

DeRouin-Jessen, R.(2008). *Game on: The impact of game features in computer-based training*(Unpublished doctoral dissertation). University of Central Florida, Orlando.

DiCerbo, K.(2014). Game-based assessment of persistence. *Educational Technology & Society, 17*(1), 17-28.

DiCerbo, K., Shute, V. J., & Kim, Y. J.(2017). The future of assessment in technology rich environments: Psychometric considerations. In J. M. Spector, B. Lockee, & M. Childress(Eds.), *Learning, design, and technology: An international compendium of theory, research, practice, and policy*(pp. 1-21). New York, NY: Springer.

Dugdale, S.(1982). Green globs: A microcomputer application for graphing of equations. *The Mathematics Teacher, 75*, 208-214.

Electronic Arts.(2013). Retrieved from https://www.ea.com/games/plants−vs−zombies/plants−vs−zombies−2

Embretson, S. E.(1998). A cognitive design system approach to generating valid tests: Application to abstract reasoning. *Psychological Methods, 3*, 300-396.

Entertainment Software Association.(2016). *Sales, demographic and usage data: Essential facts about the computer and video game industry*. Retrieved from http://www.theesa.com/wp−content/uploads/2016/04/Essential−Facts−2016.pdf

Facer, K.(2003). *Screenplay: Children and computing in the home*. London, England: RoutledgeFalmer.

Ferguson, C. J., & Garza, A.(2011). Call of(civic) duty: Action games and civic behavior in a large sample of youth. *Computers in Human Behavior, 27*, 770-775.

Gee, J. P.(2005). Learning by design: Good video games as learning machines. *E-learning and Digital Media, 2*(1), 5-16.

Gobert, J. D., Sao Pedro, M., Raziuddin, J., & Baker, R. S.(2013). From log files to assessment metrics: Measuring students' science inquiry skills using educational data mining. *Journal of the Learning Sciences, 22*, 521-563.

Green, C. S., & Bavelier, D.(2007). Action-video-game experience alters the spatial resolution of vision. *Psychological Science, 18*(1), 88-94.

Green, C. S., & Bavelier, D.(2012). Learning, attentional control, and action video games. *Current Biology, 22*(6), 197-206.

Habgood, M. J., & Ainsworth, S. E.(2011). Motivating children to learn effectively: Exploring the value of intrinsic integration in educational games. *Journal of the Learning Sciences, 20*(2), 169-206. doi:10.1080/10508406.2010.508029

Hao, J., Smith, L., Mislevy, R., von Davier, A., & Bauer, M.(2016). *Taming log files from game/simulation-based assessments: Data models and data analysis tools*(Research Report No. ETS RR-16-10). Princeton, NJ: Educational Testing Service. Retrieved from http://onlinelibrary.wiley.com/doi/10.1002/ets2.12096/epdf

Huang, Y-M., Huang, S-H., & Wu, T-T.(2014). Embedding diagnostic mechanisms in a digital game for learning mathematics. *Educational Technology Research and Development, 62*, 187-207.

Hummel, H. G. K., Brinke, D. J., Nadolski, R. J., & Baartman, L. K. J.(2017). Content validity of game-based assessment: Case study of a serious game for ICT managers in training. *Technology, Pedagogy and Education, 26*(2) 225-240.

Jackson, L. A., Witt, E. A., Games, A. I., Fitzgerald, H. E., von Eye, A., & Zhao, Y.(2012). Information technology use and creativity: Findings from the children and technology project. *ComputersiBne Human havior, 28*, 370-376.

Kanar, A. M., & Bell, B. S.(2013). Guiding learners through technology-based instruction: The effects of adaptive guidance design and individual differences on learning over time. *Journal of Educational Psychology, 105*, 1067-1081.

Ke, F. & Shute, V. J.(2015). Design of game-based stealth assessment and learning support. In C. Loh, Y. Sheng, & D. Ifenthaler(Eds.), *Serious games analytics*(pp. 301-318). New York, NY: Springer.

Kim, Y. J., Almond, R. G., & Shute, V. J.(2016). Applying evidence-centered design for the development of game-based assessment in Physics Playground. *International Journal of Testing, 16*, 142-163.

Kim, Y. J., & Shute, V. J.(2015a). Opportunities and challenges in assessing and supporting creativity in video games. In G. Green & J. Kaufman(Eds.), *Research frontiers in creativity*(pp. 100-121). San Diego, CA: Academic Press.

Kim, Y. J., & Shute, V. J.(2015b). The interplay of game elements with psychometric qualities, learning, and enjoyment in game-based assessment. *Computers & Education, 87*, 340-356.

Koenig, A. D., Lee, J. J., Iseli, M., & Wainess, R.(2010). *A conceptual framework for assessing performance in games and simulations*(CRESST Report No. 771). Los Angeles, CA: National Center for Research on Evaluation, Standards, and Student Testing(CRESST).

Lave, J., & Wenger, E.(1991). *Situated learning: Legitimate peripheral participation*. New York, NY: Cambridge University Press.

Lee, H., Plass, J. L., & Homer, B. D.(2006). Optimizing cognitive load for learning from computer-based science simulations. *Journal of Educational Psychology, 98*, 902-913.

Leighton, J. P., & Chu, M-W.(2016). First among equals: Hybridization of cognitive diagnostic assessment and evidence-centered game design. *International Journal of Testing, 16*, 164-180.

Levy, R.(2013). Psychometric and evidentiary advances, opportunities, and challenges for simulation-based assessment. *Educational Assessment, 18*, 182-207.

Levy, R.(2014). *Dynamic Bayesian network modeling of game based diagnostic assessment*(CRESST Report No. 837). Los Angeles, CA: National Center for Research on Evaluation, Standards, and Student Testing(CRESST).

Levy, R.(2016). Advances in Bayesian modeling in educational research. *Educational Psychologist, 51*(3-4), 368-380. doi:10.1080/00461520.2016.1207540

Mislevy, R. J., Orange, A., Bauer, M. I., von Davier, A., Hao, J., Corrigan, S., ⋯ John, M.(2014). *Psychometric considerations in game-based assessment* [White paper]. Retrieved from https://www.ets.org/research/policy_research_reports/publications/white_paper/2014/jrrx

Mislevy, R. J., Steinberg, L. S., & Almond, R. G.(2003). On the structure of educational assessments. *Measurement: Interdisciplinary Research and Perspectives, 1*(1), 3-62.

Moreno-Ger, P., Burgos, D., Martínez-Ortiz, I., Sierra, J. L., & Fernández-Manjón, B.(2008). Educational game design for online education. *Computers in Human Behavior, 24*, 2530-2540. doi:10.1016/j.chb.2008.03.012

Nelson, B. C., Erlandson, B., & Denham, A.(2011). Global channels of evidence for learning and assessment in complex game environments. *British Journal of Educational Technology, 42*(1), 88-100.

Pardo, A., & Siemens, G.(2014). Ethical and privacy principles for learning analytics. *British Journal of Educational Technology, 45*(3), 438-450.

Parong, J., Mayer, R. E., Fiorella, L., MacNamara, A., Homer, B. D., & Plass, J. L.(2017). Learning executive function skills by playing focused video games. *Contemporary Educational Psychology, 51*, 141-151. doi:10.1016/j.cedpsych.2017.07.002

Piaget, J.(1973). *To understand is to invent: The future of education*. New York, NY: Grossman.

Plass, J. L., Homer, B. D., & Kinzer, C. K.(2015). Foundations of game-based learning. *Educational Psychologist, 50*(4), 258-283.

Raven, J. C.(1941). Standardization of progressive matrices, 1938. *British Journal of Medical Psychology, 19*(1), 137-150.

Reese, D. D., Tabachnick, B. G., & Kosko, R. E.(2015). Video game learning dynamics: Actionable measures of multidimensional learning trajectories. *British Journal of Educational Technology, 46*(1), 98-122.

Roberts, J. D., Chung, G. K. W. K., & Parks, C. B.(2016). Supporting children's progress through the PBS KIDS learning analytics platform. *Journal of Children and Media, 10*, 257-266.

Rupp, A. A., Gushta, M., Mislevy, R. J., & Shaffer, D. W.(2010). Evidence-centered design of epistemic games: Measurement principles for complex learning environments. *Journal of Technology, Learning, and Assessment, 8*(4), 1-47.

Sampayo-Vargas, S., Cope, C. J., He, Z., & Byrne, G. J.(2013). The effectiveness of adaptive difficulty adjustments on students' motivation and learning in an educational computer game. *Computers & Education, 69*, 452-462.

Shute, V. J.(2011). Stealth assessment in computer-based games to support learning. In S. Tobias & J. D. Fletcher(Eds.), *Computer games and instruction*(pp. 503-524).. Charlotte, NC: Information Age Publishers

Shute, V. J., D'Mello, S. K., Baker, R., Cho, K., Bosch, N., Ocumpaugh, J., ⋯ Almeda, V.(2015). Modeling how incoming knowledge, persistence, affective states, and in-game progress influence student learning from an educational game. *Computers & Education, 86*, 224-235.

Shute, V. J., Ke, F., & Wang, L.(2017). Assessment and adaptation in games. In P. Wouters & H. van Oostendorp(Eds.), *Instructional techniques to facilitate learning and motivation of serious games*(pp. 59-78). New York, NY: Springer.

Shute, V. J., Leighton, J. P., Jang, E. E., & Chu, M-W.(2016). Advances in the science of assessment. *Educational Assessment, 21*(1), 1-27.

Shute, V. J., Masduki, I., & Donmez, O.(2010). Conceptual framework for modeling, assessing and supporting competencies within game environments. *Technology, Instruction, Cognition, and Learning, 8*, 137-161.

Shute, V. J., & Ventura, M.(2013). *Measuring and supporting learning in games: Stealth assessment*. Cambridge, MA: MIT Press.

Shute, V. J., Ventura, M., Bauer, M. I., & Zapata-Rivera, D.(2009). Melding the power of serious games and embedded assessment to monitor and foster learning: Flow and grow. In U. Ritterfeld, M. Cody, & P. Vorderer(Eds.), *Serious games: Mechanisms and effects*(pp. 295-321). Mahwah, NJ: Routledge, Taylor & Francis.

Shute, V. J., Ventura, M., & Ke, F.(2015). The power of play: The effects of Portal 2 and Lumosity on cognitive and noncognitive skills. *Computers & Education, 80*, 58-67.

Shute, V. J., Ventura, M., & Kim, Y. J.(2013). Assessment and learning of qualitative physics in Newton's Playground. *Journal of Educational Research, 106*(6), 423-430.

Shute, V. J., & Wang, L.(2016). Assessing and supporting hard-to-measure constructs. In A. A. Rupp & J. P. Leighton(Eds.), *The handbook of cognition and assessment: Frameworks, methodologies, and application*(pp. 535-562). Hoboken, NJ: Wiley.

Shute, V. J., Wang, L., Greiff, S., Zhao, W., & Moore, G.(2016). Measuring problem solving skills via stealth assessment in an engaging video game. *Computers in Human Behavior, 63*, 106-117.

Siemes, G.(2013). Learning analytics: The emergence of a discipline. *American Behavioral Scientist, 57*, 1380-1400.

Timmis, S., Broadfoot, P., Sutherland, R., & Oldfield, A.(2016). Rethinking assessment in a digital age: Opportunities, challenges and risks. *British Educational Research Journal, 42*, 454-476.

Tobias, S., & Fletcher, J. D.(Eds.).(2011). *Computer games and instruction*. Charlotte, NC: Information Age Publishers.

Tsai, F-H., Tsai, C-C., & Lin, K-Y.(2015). The evaluation of different gaming modes and feedback types on game-based formative assessment in an online learning environment. *Computers & Education, 81*, 259-269.

U.S. Department of Education(USDOE).(2016). Future ready learning: Reimagining the role of technology in education. Retrieved from http://tech.ed.gov/files/2015/12/NETP16.pdf

Ventura, M., & Shute, V.(2013). The validity of a game-based assessment of persistence. *Computers in Human Behavior, 29*, 2568-2572.

Ventura, M., Shute, V., & Zhao, W.(2013). The relationship between video game use and a performance-based measure of persistence. *Computers & Education, 60*, 52-58.

Virk, S., Clark, D., & Sengupta, P.(2015). Digital games as multirepresentational environments for science learning: Implications for theory, research, and design. *Educational Psychologist, 50*, 284-312. doi:10.1080/00461520.2015.1128331

Wang, L., Shute, V., & Moore, G.(2015). Lessons learned and best practices of stealth assessments. *International Journal of Gaming and Computer Mediated Simulations, 74*(4), 66-87.

Wang, T.-H.(2008). Web-based quiz-game-like formative assessment: Development and evaluation. *Computers & Education, 51*, 1247-1263.

Wilson, K. A., Bedwell, W., Lazzara, E. H., Salas, E., Burke, C. S., Estock, ⋯ Conkey, C.(2009). Relationships between game attributes and learning outcomes: Review and research proposals. *Simulation & Gaming, 40*, 217-266.

Wüstenberg, S., Greiff, S., & Funke, J.(2012). Complex problem solving-more than reasoning? *Intelligence, 40*, 1-14.

Yeager, D. S., & Dweck, C. S.(2012). Mindsets that promote resilience: When students believe that personal characteristics can be developed. *Educational Psychologist, 47*, 302-314.

Young, M. F., Slota, S., Cutter, A. B., Jalette, G., Mullin, G., Lai, B., ⋯ Yukhymenko, M.(2012). Our princess is in another castle: A review of trends in serious gaming for education. *Review of Educational Research, 82*(1), 61–89.

21

게임에 대한 학습분석

V. Elizabeth Owen and Ryan S. Baker(김진호 역)

1 서론: 학습분석과 교육용 게임 애플리케이션(응용프로그램)

학습분석(learning analytics; LA)과 교육데이터마이닝(educational data mining; EDM)은 학습 설계 및 학습 결과를 향상시키는 데 사용할 수 있는 빅데이터의 탐색과 마이닝을 위한 여러가지 교육특수적 방법들을 일컫는다(US Department of Education, 2012). 최근 문헌에서 학습분석과 교육데이터마이닝은 교육적 맥락에서 대량의 데이터를 해석하기 위한 일련의 주요 방법으로 함께 논의되고 있다(Baker & Siemens, 2014). 이들 두 방법 커뮤니티가 묻는 연구 문제에는 다소 차이가 있지만, 본 장의 목적상 두 방법은 통용될 수 있다(그러므로, 이 장의 후속 절에서는 논의의 간결성을 위해 이러한 방법들을 망라하여 학습분석 또는 LA라고 칭할 것이다.)

교육데이터마이닝과 학습분석은 일반적인 데이터 마이닝 및 분석, 계량심리 및 교육측정 등 다양한 연구 커뮤니티에서 원래 개발된 방법에서 나왔고(Baker & Siemens, 2014), 또한 이러한 연구 커뮤니티에 고유한 방법들을 점점 더 많이 만들어 가고 있다. 이러한 커뮤니티에서 사용되는 방법은 크게 예측(prediction), 구조 발견(structure discovery), 관계 마이닝(relationship mining), 모형을 활용한 발견(discovery with models), 시각화(visualization)의 다섯 가지 주요 방법 범주로 나눌 수 있다. 예측 모델링은 다양한 잠재적 알고리즘을 통해 입력 데이터(즉, 예측하는 변수)가 주어졌을 때 관심있는 결과 또는 측정치(즉, 예측되는 변수)를 추론한다. 대조적으로, 구조 발견은 군집화(clustering), 요인 분석, 네트워크 분석과 같은 방법을 사용하여 "찾아야 할 것에 대한 사전 아이디어 없이 데이터에서 구조를 찾으려는 시도"이다(Baker & Siemens, 2014, p. 258). 관계 마이닝은 상관 관계 마이닝(correlation mining), 연관 규칙(association rules), 순차 패턴 마이닝(sequential pattern mining)과 같은 접근법을 활용하여 대규모 데이터에서 변수들 간의 관계를 발견하는 데 사용된다. 모형을 활용한 발견은 계층화 방법(layering methods)을 포함하며, 종종 통찰(insights)을 최적화하기 위해 다른 데이터 마이닝 분석 결과를 다시 활용한다. 마지막으로 시각화는 패턴을 설명하기 위해 시각적으로 데이터를 표현하도록 설계한 것(예: 컬러 히트 맵(heat map)과 학습 곡선의 시간에 따른 궤적 그래픽)이다. 다음 절에서 더 자세히 살펴볼 이 다섯 가지 방법 범주는 게임기반 학습에 대한 중요한 이해를 제공하고 설계 과정 전반에 걸쳐 최적의 데이터 중심 통찰(data-driven insights)을 위해 특정 개발 단계에 매핑(mapping)된다.

기능성 게임(serious game)의 맥락에서, 최근 경험적 연구의 실질적인 기반은 이러한 많은 학습분석 방법, 특히 시각화, 구조 발견, 관계 마이닝 및 예측을 활용했다. 학습 설계자들이 반복 설계에 정보를 제공하는 이벤트 스트림(event-stream)[1] 데이터에 점점 더 주의를 기울이면서(예: Kerr, 2015), 이러한 방법은 학습과 참여에 대한 데이터 중심 설계(data-driven design)를 지원하기 위해 다양한 게임 개발 단계에 매핑될 수 있다. 게임 설계가 막 시작된 초기 개발, 즉 알파 단계에서 기본 데이터 수집을 구현하고 시각화를 사용하는 것은 향상된 핵심 메커니즘, 사용자 인터페이스(UI), 사용자 경험(UX), 학습 설계를 위한 기본 플레이어 상호작용을 파악하는 데 도움이 될 수 있다. 구조 발견과 관계 마이닝은 메커니즘이 베타 단계에서 견고해짐에 따라 보다 심층적인 플레이어 패턴을 파악할 수 있다. 예를 들어, 분석 결과는 게임에서 소모(attrition) 지점 또는 병목(bottlenecks) 지점을 구분하여 게임 레벨 전반에 걸쳐 플레이어 조정 또는 전략의 더 큰 패턴을 식별하는 데 도움이 될 수 있다. 마지막으로, 예측을 활용한 후기 베타 및 최종 릴리스(release) 분석은 마지막 다듬기를 지원하기 위해 목표 행동의 주요

---

1 역자주) 이벤트 스트림은 장치 인터페이스나 센서 등과 같은 이벤트 소스에서 실시간 이벤트/사건 흐름을 지속적이고 순차적으로 데이터로 저장하고 전송하며, 나아가 분석, 처리하는 기술을 일컫는다.

예측 변수(예: 게임 성공, 전략 또는 참여)를 식별할 수 있을 뿐만 아니라 학습 공간에서 플레이어 적응적 개별화 경로가 가능하도록 도울 수 있다.

이후 이러한 학습분석 방법을 더 심도 있게 논의하면서, 데이터 중심 설계에 대한 함의와 함께 최근 게임기반 학습분석 연구의 고찰을 위한 토대를 마련하고자 한다. 다음 절에서는 학습분석/교육데이터마이닝의 전반적인 방법들과 학습 게임 개발 단계와의 연계 가능성에 대해 논의하고, 최근 게임기반 학습 연구에서 이러한 분석 방법들의 적용을 검토할 것이다.

2 학습분석 / 교육데이터마이닝 개요

Baker와 Siemens(2014)는 Baker와 Yacef(2009)의 이전 검토를 기반으로 학습분석을 5개의 주요 방법 범주로 나누었다.

이 다섯 가지 방법 범주 중 첫 번째는 예측(prediction)이다. 예측 모델링에서 연구자의 목표는 다른 변수(예측하는 변수)들의 몇몇 조합으로부터 단일 변수(예측되는 변수)에 대해 추론할 수 있는 모형을 만드는 것이다. 예측되는 변수는 작은 데이터 표본으로 쉽게 수집할 수 있지만 더 큰 규모로는 수집할 수 없는 변수일 수 있다. 아니면, (예를 들어, 조기 개입을 유도하기 위해) 지나가기 전에 예측하는 것이 바람직한 미래의 결과일 수도 있다. 어느 쪽이든, 모형은 이 데이터 표본을 기반으로 생성되고, 새로운 데이터에서 올바르게 작동할 것이라는 확신을 갖도록 검증되며, 그런 다음 새로운 데이터에 적용된다. 예측의 다음 세 가지 유형은 학습분석/교육데이터마이닝에서 일반적이다. 즉, 분류(classification)에서는 이분형 변수 또는 다범주형 변수가 예측되고, 회귀(regression)에서는 숫자가 예측되며, 잠재 지식 추정(latent knowledge estimation)에서는 학생 지식이(보통 이분형인 정답 여부 데이터에 기초하여 0과 1 사이의 확률로) 평가된다.

Baker와 Siemens(2014)의 두 번째 방법 범주는 구조 발견(structure discovery)으로, 특정 변수 없이 데이터에서 구조를 발견하고자 하는 알고리즘을 중점적으로 사용한다. 게임기반 학습을 위한 학습분석/교육데이터마이닝 내에서 군집 분석(cluster analysis),

네트워크 분석(network analysis), 영역 구조 발견(domain structure discovery) 유형들이 특히 주목할 만하다. 군집 분석에서, 연구자는 자동화된 프로세스를 사용하여 데이터 세트를 군집(cluster)이라는 데이터 포인트 집단으로 나누면서 어떤 데이터 포인트가 자연스럽게 군집화되는지를 발견하고자 한다. 군집 분석은 데이터 세트 중 관심 범주가 사전에 알려지지 않은 경우에 특히 중요하다. 영역 구조 발견에서는 내용의 구조가 자동으로 발견된다. 예를 들어, 일련의 문항, 문제, 또는 과제에서 어떤 문제가 같은 내용(아마도 기술, 개념, 또는 전략)의 일부를 포함하는지 파악할 수 있으며, 그리하여 한 문제에 대해 잘 수행하는 것은 다른 문제에 대해서도 잘 수행하는 것을 나타낸다. 문제 A와 B는 Alpha 기술을 공유하지만 문제 B는 또한 Beta 기술을 문제 C와 공유하는 상황이라면, 이러한 프레임워크에서 내용의 부분적 중복을 찾을 수 있다. 또한, 문제 A에서의 성공적인 수행이 문제 B에서 성공적인 수행을 나타내지만 그 반대는 그렇지 않은 경우, 전제조건 관계들을 찾을 수 있다. 네트워크 분석에서는 데이터 포인트 간의 더 복잡한 관계 네트워크를 조사한다. 예를 들어, 플레이어가 특정 퍼즐을 통과할 수 있는 경로는 그래프로 변환된 다음 네트워크 분석을 통해 플레이어가 다음에 취할 수 있는 최상의 움직임을 예측할 수 있다. 네 번째 유형의 구조 발견은, 학습분석/교육데이터마이닝의 다른 영역에서는 흔하지만 게임기반 학습에서는 덜 흔한, 요인 분석이다. 이는 어떤 변수들을 더 적은 수의 잠재 요인으로 결합할 수 있는지 결정하기 위해 변수들 간의 관계를 분석한다. (요인 분석은 때때로 영역 구조 발견을 위한 시험 데이터를 분석하는 데 사용되지만 학생들이 자신의 기술을 배우고 시연하는 더 복잡한 게임기반 상황에서는 자주 사용되지 않는다.)

Baker와 Siemens(2014)의 세 번째 방법 범주는 관계 마이닝(relationship mining)이다. 그 검토에서 "교육데이터마이닝 연구의 가장 흔한 방법 범주"(Baker and Siemens, 2014, p. 260)로 언급된 관계 마이닝은 게임기반 학습에 대한 학습분석/교육데이터마이닝 연구에서도 일반적으로 통용된다. 관계 마이닝에는 네 가지 개략적인 유형이 있으며, 각 유형은 교육용 게임의 맥락에서 수행되었다. 첫 번째, 연관 규칙 마이닝에서 소프트웨어는 if-then 관계를 자동으로 찾는데, 여기서 특정 변수/값 짝(또는 짝 집합)이 보이면 또 다른 특정 변수/값 짝이 보통 함께 나타난다. 두 번째 유형인 순차 패턴 마이닝에서는,

규칙의 then 부분이 규칙의 if 부분 뒤에 일어나야 한다는 추가 기준과 함께 연관 규칙이 찾아진다. 상관 관계 마이닝에서는, 가짜 결과를 찾을 확률을 줄이기 위한 사후 통계적 통제를 사용하면서 많은 변수들 사이의 상관 관계를 확인한다. 마지막으로, 인과 데이터 마이닝(그 확정성이 여전히 논쟁 중에 있는 방법)에서는 공분산 패턴을 사용하여 일련의 사건 중 하나의 사건이 통계적으로 나중에 발생한 두 번째 사건의 "원인(cause)"일 가능성이 있는지 여부를 결정한다.

Baker와 Siemens(2014)의 네 번째 방법 범주는 모형을 활용한 발견(discovery with models)이다. 모형을 활용한 발견에서는, 예를 들어, 예측 모델링 또는 군집화 (clustering)를 활용한 학습분석/교육데이터마이닝을 통해 변수 또는 변수 집합을 만든 다음 이차 분석에 사용한다. 예를 들어, 게임이나 시뮬레이션에 대한 학생 이탈 (disengagement) 모형을 구축한 다음, 어떻게 그 변수가 게임에서 최종적인 학생 성공과 연관되는지를 연구하는 것은 모형을 활용한 발견의 한 예가 될 것이다.

Baker and Siemens(2014)의 다섯 번째 방법 범주는 시각화(visualization)이며, 그 논문에서 "인간 판단을 위한 데이터 증류(distillation)"라고 언급되었다(Baker and Siemens, 2014, p. 260). 데이터 시각화는 시각적으로 쉽게 처리되는 방식으로 패턴을 설명할 수 있으며, 기껏해야 단순하고 이해하기 쉬운 프레젠테이션으로 고차원 데이터를 표현할 수 있다(Tufte, 2001). 학습분석의 맥락에서, 이들은 기술 통계 차트, 간단한 학습 곡선, 히트 맵, 방사형 시각화의 형태를 가질 수 있다. 이들은 게임에 대한 학습분석/교육데이터마이닝에서 사용되었고, 종종 여기에서 논의된 다른 범주의 방법들과 함께 사용되었다. 다음 절에 몇 가지 예가 제시되어 있으며, 학습 통찰력과 데이터 중심 설계를 위한 기능성 게임에 대한 이러한 방법들의 구체적인 적용을 논의한다. 우리는 시각화, 구조 발견, 관계 마이닝, 예측을 포함하여 최근 연구에서 일반적으로 사용되는 방법들의 범주를 강조한다.

특히 시각화, 구조 발견, 관계 마이닝, 예측과 같은 학습분석 방법들은 놀이학습 패턴에 대한 심층적인 통찰을 지원할 수 있을 뿐만 아니라 게임 개발의 다양한 단계에서 적용될 때 최적의 학습과 참여를 위한 반복 설계를 향상시킬 수 있다. 이러한 탐구들은 기존의 게임 개선 주기와 동기화된 설계 및 게임 제작 단계에 매핑(mapping)되어 참여 학습을 위한 데이터 중심의 반복적인 설계를 촉진할 수 있다. 개발 초기 단계(즉, 알파 단계)에서 데이터 프레임워크 정의와 시각화 분석은 형성적 설계를 지원하는 데 유용할 수 있다. 구조 발견과 관계 마이닝은 메커니즘이 베타 단계에서 견고해짐에 따라 보다 심층적인 플레이어 패턴을 파악할 수 있다. 예측 모델링은 학습 경로의 지원에서 게임 내 적응성을 위한 학습 및 행동 탐지에 대한 예측을 제공함으로써 최종 게임 제작을 지원할 수 있다. Agile 게임 개발의 모범 사례(https://www. scrumalliance.org)에서처럼, 이러한 정렬(alignment)은 유연하며, 필요에 따라 설계를 지원하기 위해 분석 방법 적용을 여러 개발 단계로 확장 가능하다는 것은 주목할 만하다. 그렇게 함으로써, 이러한 이벤트 스트림 분석은 반복적인 개선에 정보를 주는 데 있어 계속 진행 중인 질적 연구(예: 관찰, 소리 내어 생각하기(think-alouds), 인터뷰)를 보완할 수 있다. 다음 하위 섹션에서는, 기능성 게임에서 이러한 유형의 학습분석 방법을 사용하여 학생의 플레이 패턴을 조사하는 최근 연구를 검토하고, 게임기반 학습에 제공된 통찰과 데이터 중심 설계에 대한 잠재적인 함의를 논한다.

초기 개발: 학습 데이터 수집과 시각화

핵심 메커니즘과 기본 설계가 아직 초기 단계에 있을 수 있는 게임 개발의 초기 단계에서, 기본적인 사용자 상호작용의 데이터 프레임워크 설계와 시각화는 게임 설계자로 하여금 플레이어가 처음 게임에 어떻게 접근하고 있는지를 이해하고, 학습, 게임, 평가 메커니즘에 대한 형성적 사고를 지원하는 데 도움이 될 수 있다. 이것은 효과적인 반복 설계에 정보를 주면서, 초기 놀이학습 경험에 대한 균형 잡힌 이해를 지원하기 위한 질적 사용자 검사(예: 관찰, 소리 내어 생각하기, 인터뷰)와 함께 특히 유용할 수 있다. 이 절에서는 초기 게임 설계에서 탄탄한 학습 데이터 기반의 이점과 기능성 게임에서 학습분석 시각화의 적용을 논의한다.

학습 게임 데이터 프레임워크 기능성 게임에서 이벤트 스트림 데이터 수집은 중요한 작업이며 실행 가능한 통찰을 제공하는 분석의 기초가 된다. 철저한 변수 가공(feature engineering)을 포함하든 아니면 보다 상향식 과정을 포함하든, 데이터에서 의미를 만드는 모든 과정은 원본 데이터의 무결성, 품질 및 범위에 따라 달라진다. 학습 게임 데이터를 구조화하려는 최근의 노력은 포괄적이고, 명확하게 조직되고, 설계에 맞춰진(design-aligned) 데이터 수집의 필요성을 설명한다(Chung, 2015; Danielak, 2014; Hao et al., 2016; Serrano-Laguna et al., 2017 참조). 내장된(embedded) 평가와 교육데이터마이닝을 지원하도록 특별히 설계된 이벤트 스트림 데이터 프레임워크인 ADAGE(Assessment Data Aggregator for Game Environments; 게임 환경에 대한 평가 데이터 집계기)는 기능성 게임에 적합한 한 가지 접근법을 제공한다(Halverson & Owen, 2014). ADAGE는 주요 학습 메커니즘과 정렬된 핵심적인 수행 데이터를 제공하면서, 상황별 데이터로 풍부해진 포괄적인 게임 이벤트와 플레이어 상호작용을 수집한다. 이러한 종류의 포괄적인 데이터는 게임기반 학습 연구에서 다양한 분석 방법의 사용을 가능하게 한다. 명확하고 설계에 맞춰진 데이터 아웃풋은 게임의 학습 메커니즘 설계에 대한 명확한 참조(reference)를 제공한다. 이러한 방식으로 데이터가 해석 가능한 경우, 분석 결과는 피드백을 설계로 이끄는 데 보다 쉽게 옮겨질 수 있다. 일관성 있게 레이블이 붙여진 일련의 이벤트 스트림 상호작용은 분석과 변수 가공을 위한 데이터 집계를 지원한다. 이는 학습분석에 대한 많은 접근 방식(예: Guyon & Elisseeff, 2003; Sao Pedro, Baker, & Gobert, 2012)에서 탄탄한(robust) 모델링의 핵심 요소이다. 이는 단일 게임의 분석에 적용되며, 또한 학생 학습을 공동으로 지원하기 위해 상호작용하는 다양한 게임들의 시스템에 걸쳐 척도화 가능한 분석(scalable analysis)과 적응성(adaptivity)에도 중요하다.

마지막으로, 견실한 데이터 수집 프레임워크를 초기에 구현하는 것은 데이터 생성 게임 메커니즘을 대상 학습 목표에 명확하게 맞추는 데 있어 좋은 학습 설계 실행을 지원할 수 있다. 잘 설계된 게임은 설계자가 측정하고자 하는 역량의 유형과 학습 측면에서 직접 해석할 수 있는 게임 이벤트를 갖는다(예: Shute & Kim, 2014). 초기 설계 단계에서 이러한 정렬(alignment)을 고려하면 좋은 학습 설계와 분석을 위한 보다 탄탄한 이벤트 스트림 데이터를 지원할 수 있다.

데이터 시각화 초기 설계에서 이러한 포괄적이고 설계에 맞춰진 데이터 구조를 통해 알파 게임 개발 단계에서 데이터 중심 설계를 분석할 수 있다. 특히 시각화와 기술 통계는 향상된 사용자 인터페이스(UI)/사용자 경험(UX) 및 학습 설계를 위해 게임과의 기본적인 플레이어 상호작용(예: 버그 식별, 병목 현상, 핵심 메커니즘 상호작용)을 밝히는 데 있어 초기 게임 개발을 지원할 수 있다. 시각화 방법은 게임 개발의 후속 단계에도 지속적으로 지원할 수 있다.

성장하는 분야로서, 기능성 게임에 대한 학습분석은 게임 공간(즉, UI 및 게임 맵) 내의 움직임 포착, 게임의 여러 단계에서 핵심 학습 메커니즘과의 상호작용, 그리고 생체 인식 및 메타 인지적 학생 행동의 포착을 돕는 것까지도 포함하여 게임 분석을 위한 데이터 시각화의 기초를 마련했다. 이를 위해 Wallner와 Kriglstein(2015)은, 특히 스타 플롯, 네트워크 다이어그램/그래프 분석, 히트 맵, 색상 덮어쓰기를 활용하여, 병렬 배치(예: 두 플레이어 집단을 나란히 비교), 중첩(각 집단의 시각화 쌓기), 명시적 부호화(데이터 세트 간의 차이를 시각적으로 인코딩)를 기반으로 기능성 게임 데이터의 비교 분석을 위한 시각화 유형의 분류 체계를 자세히 설명한다.

실제로, 이러한 시각화는 관련 연구에서 게임 공간 내의 플레이어 움직임에 대한 분석을 지원했다. 예를 들어, Kim과 동료들(2008)은 플레이어 설문 조사 팝업과 히트 맵을 결합한 게임 분석 방법을 개발하여, 좌절과 높은 실패의 게임 영역을 파악할 수 있었다. 이 도구는 플레이어 사망률이 비정상적으로 높은 실시간 전략 게임 안의 영역들을 수정하는 데 사용되었다. 저자들은 그 수정이 플레이어 수행과 플레이어 참여를 모두 증가시켰음을 발견했다. 비슷하게, Wisconsin-Madison대학의 학습 게임 개발 및 연구 그룹(http://www.gameslearningsociety.org/)인 Games+Learning+ Society(GLS)의 연구에서는 기능성 게임의 초기 설계를 개선하기 위해 시각화를 사용하였는데, 중요한 플레이어 자원의 최적 배치를 위한 높은 트래픽 영역을 직관적으로 파악하고 또 맵

설계를 반복하기 위해 주요 게임 레벨에서 사용량의 히트 맵을 만들었다(예: Ramirez, 2016). 게임 레벨들에 걸친 플레이어 네비게이션의 데이터 시각화는 초기 게임 개발에도 활용될 수 있는데, 특히 네트워크 다이어그램 또는 "상태 공간 다이어그램(state space diagrams)"은 게임 상태 네트워크를 통한 경로를 보여준다. 레벨 선택 메뉴와의 상호작용에 대한 연구에서, 네트워크 다이어그램 시각화는 트래픽이 적은 게임 맵을 분리하고 이후에 더 높은 사용량을 지원하기 위해 초기 개발 단계에서 UI 설계의 개선 사항에 대한 정보를 제공했다(예: Beall et al., 2013). 마찬가지로 네트워크 다이어그램은, 같은 레벨에서 플레이어 간의 진행 상황을 비교하기 위해 게임 도구 사용의 히트 맵과 함께 노드−엣지(node-edge) 시각화를 활용하여, 분수(fractions) 게임(Butler & Banerjee, 2014)에서의 플레이를 이해하기 위한 시각화 도구 묶음의 일부로 사용되었다. 물리학 퍼즐 게임 *Quantum Spectre*(https://terctalks.wordpress.com/tag/quantum-spectre-game/)에서는 플레이어 중도 이탈(dropout)을 더 잘 이해하고 설계를 개선하기 위해 상태 공간 다이어그램과 함께 플레이어 상호작용(게임 오류 유형과 레벨 내 이동 수 포함)에 대한 기술 통계를 사용했다(Hicks et al., 2016).

SimCityEDU(https://www.glasslabgames.org/games/SC)도 시뮬레이션 공간을 통한 전형적인 학생 경로를 보여주기 위해 상태 공간 다이어그램을 사용하여 연구되었다 (Institute of Play, 2013). 비선형 학습 게임의 진행 상황에 대한 추가적인 시각화는 이 아이디어를 기반으로 하여 다양한 가능한 플레이 상태를 시각화한다. Aghababyan, Symanzic, Martin(2013)은 기본적인 노드−엣지를 넘어서 타임라인, 각 게임 레벨별 시각적으로 고정된 표시에 따른 진행 상황, 학생의 승리 상태를 통합하는 나무(tree) 시각화를 사용자에 맞게 생성한다. 한 번에 한 게임 레벨마다 사용자 상호작용에 초점을 맞추는 이러한 시각화는 개발의 초기 단계와 후속 단계에서, 플레이어가 어디서 어떻게 어려움을 겪고 있는지, 그들이 성공적인 수행에 도달하는 데 어떻게 스캐폴딩 (scaffolding, 비계)을 마련할 수 있는지에 대해 반복적인 설계에 정보를 제공하는 유용성을 갖는다.

관련 분석들에서는, 다른 시각화 방법이 한 게임 내의 여러 단계에 걸쳐 학생의 진행 상황(종종 수행 성과와 관련된)을 보여주기 위해 활용되었다. 예를 들어, Cooper와 동료들(2010)은 방사형 햇살 스타일(radial sunburst style) 시각화를 사용하여 플레이어가 정확한 단백질 구조 모형을 생성할 수 있도록 설계된 과학 게임 *Foldit*(https://fold.it)의 여러 레벨에서 다양한 플레이어 전략을 보여주었다. 방사형 시각화의 차원에는 경과 시간, 총괄적 퍼즐 수행, 다양한 플레이 중 도구 사용이 포함되었으며, 이는 성공을 위한 여러 플레이 경로를 지원하는 것을 목표로 하는 반복 설계에 유용한 정보이다. GLS 연구자들은 중학교 생물학 게임에 대한 며칠간의 플레이 워크숍에서 게임기반 학습을 위한 다중 모드(multimodal) 데이터 스트림을 연구하기 위해 유사한 기술 통계(담화 분석과 짝 맞춘)를 사용했다(Anderson et al., 2016). 결과를 보면 학생들이 처음에는 게임 내 연감(almanac)에서 더 많은 키워드를 찾아보다가 플레이 종료까지 이러한 행동을 점점 줄였으며, 이는 용어 해설에서 이러한 단어를 보는 것에서 시간이 지남에 따라 사회적 담화에서 이러한 생물학 용어를 차용하는 것으로 전환했음을 시사했다. 학습 게임 레벨 전반에 걸친 진행 상황을 요약한 다른 시각화는 미래의 성공을 장려하기 위한 학생 대면(student-facing) 커뮤니케이션으로 사용되었다. 분수 게임(http://centerforgamescience.org/blog/portfolio/refraction/) 플레이어의 성장 마인드를 지원하기 위한 개입의 일환으로, 보상 점수와 짝 맞춘(O'Rourke, Peach, Dweck, & Popovic, 2016) 학생들을 위한 진행 상황 요약 화면(플레이의 주요 지점에서 제공된)은 학생 유지와 지속성을 향상시켰다. 게임 레벨 전반에 걸친 다른 플레이어 대면(player-facing) 진행 상황 시각화에는 *Civilization*(최근 연구에서 교실 상황에서 학습에 사용되는 게임)과 같은 상업용 게임 작업이 포함된다(예: Squire, 2011). 예를 들어, *Civilization V*(http://www.civilization5.com/)는 네트워크 다이어그램(연구된 테크놀로지에 대한)과 필수 게임 자원(예: 금, 과학 점수, 문화 강도) 단순 총계의 형태로 지속적인 플레이어 진행 상황 시각화를 가지고 있다. 사용자가 대면하는 시각화를 포함하여 게임 레벨 전반에 걸친 시각화는 게임 진행 설계에 정보를 주고 바람직한 플레이어 행동을 지원할 수 있는 강력한 잠재력을 가지고 있다.

일부 게임 데이터 시각화는 게임 전반에 걸쳐 데이터 시각화를 제공하는 것을 목표로 더 급속히 퍼지고 있다. 서로 다른 모집단이 사용한 두 게임에 걸쳐 모집단 간의 차이를 분석하면서, 상태 공간 시각화와 기술 통계를 사용하여 병렬 배치 집단에 대한 게임-레벨 상호작용을 설명했다(O'Rourke, Butler, Liu, Ballweber, & Popovic, 2013). 이는 결국 젊은 사용자가 나이든 플레이어에 비해 덜 집중하는(그리하여 성공을 제한하는) 방식으로 게임과 상호작용하고 있음을 보여주었다. 또한, 플레이 행적을 시각적으로 분석하기 위해 제작된 *Playtracer*를 포함하여 일반화 가능한 게임 시각화 도구들도 개발되었는데, 그것은 개별 상태 공간이 있는 모든 게임에 적용 가능한 일반화된 히트 맵을 만들었다(Andersen, Liu, Apter, Boucher-Genesse, & Popović, 2010). 비록 모든 장르에 적용할 수 없고 가능한 활동이 많은 매우 복잡한 게임에 맞게 조정하기 어렵지만, 접근 가능한 플레이 비교를 위해 게임 전반에서 비슷한 시각화로 진행 상황을 보여줄 수 있다. 이는 잠재적으로 플레이어 프로파일 개발을 지원하고 일반적인 상호작용 상태에 대한 통찰을 가능케 한다. 플레이의 명확한 비교를 제공하고자 하는 유사한 목표를 가지고, Scarlatos와 Scarlatos(2010)는 플레이 진행 상황을 문양(glyph)으로 시각화하는 크로스 게임(cross-game) 도구를 만들었는데, 그 모양은(게임 전반에 걸쳐 표준화되어) 바람직한 진행 또는 실패를 결정하기 위해 해석될 수 있다. 이러한 일반화 가능 도구는 난이도 또는 엄격성의 측면에서 실제로 비교할 수 없을지라도 본질적으로 게임 전반에 걸쳐 승리 상태를 동일시하기 때문에 한계가 있다. 또한 다른 장르나 플랫폼들에 적용되지 않을 수도 있다. 그러나, 특히 함께 작동하도록 설계된 여러 게임을 포함하는 대규모 시스템에서 게임 전반의 학생 플레이 스타일을 평가하는 경우, 이러한 분석은 반복설계와 플레이어 프로파일 형성에 정보를 제공하는 데 가치를 가질 수 있다. 또한, 개발 초기 단계에서 그것은 반복 설계의 개선을 돕기 위해 게임플레이 중 어디에서 소모(attrition) 지점이 발생하는지 파악하도록 지원할 수도 있다.

기본적인 게임 상호작용을 기반으로 하여, 시각화 및 기술 통계는 생체 인식 추세와 같이 클릭별(click-by-click) 로그 파일과 직교(orthogonal)하는 플레이어 패턴을 밝히는 데도 사용될 수 있다. 시선 추적(eye tracking)은 상업용 게임이 점점 더 발전하고 있는 기술력(capability)으로, 특히 플랫폼 장치 인터페이스에 카메라가 내장된 게임(예: PC 게임 *Rise of the Tomb Raider*; https://www.gamespot.com/rise-of-the-tomb-raider)에서 그러하다. 이 잠재적으로 강력한 데이터 소스를 활용하여, Kiili, Ketamo, Kickmeier-Rust(2014)는 통계 분석과 히트 맵을 사용하여 기능성 게임 시선 추적 데이터를 평가했는데, 그 결과 성과가 낮은 사람들은 높은 사람들에 비해 관련성이 적은 영역에 너무 많은 주의를 기울인 것으로 나타났다. 신경 과학과 게임기반 학습 행동의 교차 영역에 적용할 수 있는(예: Beall et al., 2013), 다른 형태의 생체 인식은 학습에 대한 통찰을 위해 뇌 활동의 시각화를 고려했다. 그러한 연구 중 하나(Baker, Martin, Aghababyan, Armaghanyan, & Gillam, 2015)는 분수(fractions) 게임을 하는 동안 뇌 활동의 대뇌 피질 측정을 수행했으며, 히트 맵 결과는 동일한 영역의 전통적인 수학적 활동에서와 유사한 뇌 활동을 보여주었다. 사용자 검사 및 이벤트 스트림 데이터 분석과 함께 사용되는 이러한 생체 인식 시각화는 인지적 참여(cognitive engagement)의 초기 검사와 사용자의 주의(attention)를 최적화하기 위한 반복 설계 선택을 지원할 수 있다.

플레이어의 행동과 감정(affect)에 대한 추론은 플레이와 함께 이루어질 수 있으며, 이는 시각화와 기술 통계를 통해 탐색을 시작할 수 있다. 예를 들어, 이벤트 스트림 데이터를 텍스트 리플레이(text replay) 형식의 플레이 스냅샷으로 추출함으로써(Baker, Corbett, & Wagner, 2006), 플레이어 행동에 대한 인간 평가를 지원하도록 설계된다(예: Owen, 2014). 기술 통계는 또한 게임에서 전략적인 행동의 부호화된 사례를 나타내는 데 유용했으며(Berland & Lee, 2011; Steinkuehler & Duncan, 2008 참조), 이는 초기 설계 및 그 이후의 고려에 도움이 되는 유리하고 불리한 학생 패턴을 설명했다. 이러한 유형의 기술적 시각화는 이후 단계에서 더 복잡한 분석을 위해 플레이 데이터와 관련한 행동 모형을 구축하기 위한 기반을 마련할 수도 있다.

베타 개발: 구조 발견과 관계 마이닝

게임 개발의 더 진전된 단계(예: 베타 설계 단계)에서, 구조 발견과 관계 마이닝의 학습분석 방법 범주는 참여, 성공, 전략과 관련된 상호작용 패턴뿐만 아니라 시퀀스(sequence)와 소모 지점을 파악할 수 있는 기능을 통해 플레이어의 결정을 보다 심층적으로 이해하는 데 사용될 수 있다. 이러한 분석은 (선험적으로 정의된 "이상적인" 경로에 의존하지 않고) 유기적인 플레이 패턴을 기반으로 성공적인 학생 궤적을 지원하기 위해 게임 설계를 개선할 수 있는 기회를 제공하며, 설계의 마지막 단계에 이르기까지 통찰을 계속 제공할 수 있다.

최근 연구는 게임 성공과 관련된 전략 및 상호작용을 밝히기 위해 대규모의 이벤트 스트림 게임 데이터와 함께 군집 분석과 같은 구조 발견 방법을 활용했다. Kerr와 Chung(2012)은 학생들이 사용하는 전략의 종류를 포착하기 위해 초등 수학 게임 *Save Patch*에서 군집화 기법을 탐구했다. 퍼지(fuzzy) 군집화가 가장 유용했던 이 작업을 기반으로, 게임 설계는 부정확한 수학 전략을 사용하여 레벨을 통과할 수 있는 능력을 최소화하도록 수정되었다. 새로운 버전의 게임에 대한 경험적 검증 결과, 수정 사항이 게임의 레벨을 통과하는 데 사용되는 분수 문제 해결에서 보다 정확한 전략을 가져왔으며, 업데이트된 버전에 대한 더 긍정적인 학생 반응을 이끌었다(Kerr, 2015). 동일한 분수 영역에 있어 다른 게임의 분석에서는 위계적(hierarchical) 군집화가 플레이어 전략을 그룹화하는 데 사용되었다. 이 분석은 게임 내 분할(즉, 전체를 동일한 크기의 부분으로 분할) 메커니즘에 대한 탐구가 학생들의 분수 이해를 유의하게 향상시켰고 분할 전략이 게임플레이 초반에서 후반까지 향상되었음 보여주었다(Martin et al., 2015). 다른 게임기반 분석 연구는 플레이 프로파일에 대한 새로운 학생 그룹을 도출하기 위해 잠재 계층 분석(latent class analysis; LCA)과 같은 방법을 적용했다. 학습 게임 *Physics Playground*에 대한 최근 연구에서, LCA 결과는 성취자, 탐색자, 이탈한(disengaged) 플레이어를 포함한 학생 플레이 스타일을 나타내는 새로운 플레이어 궤적을 도출했다(Slater, Bowers, Kai, & Shute, 2017). 플레이의 심리학에 대한 다른 연구에서도 온라인 게임의 플레이 프로파일 특성 내에서 구조적 관계를 파악했는데, 요인 분석을 사용하여 10가지 플레이 동기를 성취, 사회적, 몰입적 구성 요소로 그룹화하였다(Yee, 2006). GlassLab 게임(https://www.glasslabgames.org/games/AA-1)인 *Mars Generation One*(중학교 플레이어에서 논증 능력을 키우도록 설계된) 내의 게임 데이터를 사용한 구조 발견과 관련하여, 참여와 자기 효능감(self-efficacy)에 대한 설문조사 기반 게임 측정치를 분석하기 위해 요인 분석이 사용되었고, 이후 자기 보고 학습을 예측하면서 이벤트 스트림 데이터와 연계되었다(Owen et al., 2015).

게임 분석을 위한 관계 마이닝은 플레이 변수 간의 연관성을 발견하는 데 사용되었다. 최근 연구는 플레이어 프로파일 특성과 게임 내 데이터 사이의 연관 패턴을 탐구하여, 플레이어 유형과 심리적 특성이 플레이 행동에 대한 핵심 통찰을 제공한다는 증거를 발견했다(예: Canosa, Badler, El-Nasr, Tignor, 2015; Yee, Ducheaut, Nelson, & Likarish, 2011). 또한 게임 데이터와 게임 외부 행동 사이의 연관성을 탐구한 Andres와 동료들(2014)의 연구는 감정(특히 혼란스러운 상태)이 높은 게임 내 성취와 물리학 문제 해결의 효율성에 부적으로 관련되어 있음을 발견했다.

또한, 특히 비선형 게임에서 플레이 데이터가 순차적인 플레이어 결정에 대한 풍부하고 다양한 궤적을 제공할 수 있기 때문에, 순차 마이닝(sequence mining)은 특히 인기있는 방법이 되었다. 예를 들어, n-grams(즉, 기능성 게임의 맥락에서 일련의 순차적인 플레이 행동)의 탐색은 플레이어의 게임 내 행동 이력에 맞춘 적응적 레벨 진행을 지원했다(예: Butler, Andersen, Smith, Gulwani, & Popović, 2015). 초등학교 학생을 위한 기능성 수학 게임에서, 기능성 게임 내 전략적 플레이 궤적 이해의 확장으로(Martin et al., 2015), n-gram 분석은 가장 빈번한 순차적 플레이 패턴을 파악하는 데 활용되었다(Aghababyan, Martin, Janisiewicz, & Close, 2016). N-gram 분석은 또한 플레이에 대한 통찰을 높이기 위해 다른 방법과 결합되었다. Owen(2014)은 게임 내 활동의 bigram 및 trigram 수와 상관 관계 마이닝을 결합하여, 특정 생산적 실패 궤적이 중학교 생물학 게임에서의 학습 향상(learning gains)과 유의하게 연관되어 있음을 보여주었다. N-gram 분석은 또한 롤플레잉 게임(role-playing game; RPG) 연구에서 로지스틱 회귀와 함께 사용되어 높은 전문지식을 가진 플레이어와 낮은 전문지식을 가진 플레이어를 구별하는 플레이의 궤적을 보여주었다(Chen et al., 2015). 확률적 모델링으로 넘어가서 살펴보면, 마르코프 모형(Markov models)은 게임플레이에서 플레이어가 한 상태에서 다른 상태로 전환할 확률을 보여주는 데 사용되었다(예: 한 게임 레벨에서 다음 레벨로 이동하거나 성공과 실패 상태 사이에서 왔다갔다 할 가능성). 예를 들어, 중학교 과학 게임의 맥락에서 학생들이 그만둘 가능성이 가장 높은 플레이 단계를 결정하기 위해 1차(first-order) 마르코프 모형이 사용되었다 Owen, Shapiro, & Halverson, 2013). 은닉 마르코프 모델링(hidden Markov modeling; HMM)은 컴퓨터 게임(예: Clark, Martinez-Garza, Biswas, Luecht, & Sengupta, 2012)과 디지털 대화형 테이블탑 게임(예: Tissenbaum, Berland, & Kumar, 2016)을 포함한 여러 게임 플랫폼에서 플레이 중 학생 이해의 잠재 상태를 탐색하는 데 사용되었다. Tissenbaum, Berland, Kumar(2016)은 HMM을 사용하여 비생산적이거나 생산적인 플레이어 순회 형성 시퀀스를 탐색하였는데, 게임기반 박물관 전시의 맥락 속에서 비생산적인 상태에서 시작하여 성공으로 전환한 학생들의 생산적인 학습 궤적을 파악했다. 전반적으로, 구조 발견 및 관계 마이닝은 긍정적인 게임 수행 및 학습 결과와 연결된 플레이 궤적에 대한 이해를 도울 수 있다. 이것들은 단독으로도 학생의 행동을 이해하는 데 중요한 통찰이지만, 또한 게임의 핵심 지점에서 적응적 레벨링(leveling) 또는 향상된 스캐폴딩(scaffolding)과 함께 그러한 궤적을 지원하기 위해 반복 설계에 정보를 줄 수도 있다.

후기 베타 및 최종 릴리스: 예측적 학습분석

후기 베타 및 최종 릴리스를 포함한 게임 개발의 마지막 단계에서, 학습분석은 학습의 가장 특징적인 게임 내 동작과 수행을 예측하기 위해 사용될 수 있다. 예측 모델링은 특히 시각화, 구조 발견, 관계 마이닝을 포함한 이전 단계 분석에서부터 계속 진행 중인 통찰과 결합하여, 게임 데이터 이벤트 스트림으로부터 행동의 주요 예측 변수를 발굴하고 플레이 중 학생 성장에 대한 많은 것을 밝힐 수 있다. 이러한 조사는 학습과 행동에 대한 현장성 강화(field-enriching) 추론을 지원할 수 있을 뿐만 아니라 학생경로의 실시간 탐지를 통해 적응적이고 개별화된 게임 진행을 알리는 데이터 중심 설계를 촉진할 수 있다.

정규 통계 모형(예: 선형 회귀와 HLM; Marascuilo & Serlin, 1988 참조)에서 분류 및 회귀를 위한 데이터 마이닝 알고리즘에 이르기까지 다양한 예측 방법이 기능성 게임 데이터를 분석하는 데 사용되었다(Baker, 2010). 실시간 전략(real-time strategy; RTS) 게임에서 전략 사용을 조사하기 위해 다양한 예측 모형을 활용하여, Weber와 Mateas(2009)는 선형 회귀, 로지스틱 회귀, J48 분류, M5' 회귀를 포함한 다양한 알고리즘을 평가했다. 그들은 전반적으로 M5'가 주요 게임 자원의 시간 제한 플레이어 구성을 예측하는 데 있어 가장 작은 상대적 오차가 있음을 발견했다. 예측은 또한 게임 내 협동과 경쟁을 평가하기 위해 HLM의 형태로 활용되기도 했는데, 최근 연구에 따르면 개인 플레이에 비해 경쟁은 게임 내 수학 학습을 증가시켰고 협동과 경쟁 모두 상황적 흥미와 즐거움을 더 많이 이끌어냈다(Plass et al., 2013). 또 다른 수학 게임에서 연구자들은 로지스틱 회귀와 함께 예측 모델링을 사용하여 다양한 유형의 분수 오류가 학습 결과를 예측한다는 것을 보여주었는데(Kerr & Chung, 2013), 이는 게임 내 스캐폴딩 설계가 모든 오류를 동일하게 취급해서는 안 된다는 것을 의미한다. 추가적인 예측 모델링에서는 *Quantum Spectre* 게임을 조사하기 위해 생존 분석(survival analysis)이 사용되었으며, 특히 가속 실패 시간 모형(accelerated failure time model)을 통해 플레이어 중도 이탈에 영향을 미치는 플레이 조건들을 정확히 찾아냈다(Hicks et al., 2016). 예측은 또한 학습 게임인 *Crystal Island*(Rowe & Lester, 2015)에서 내러티브(narrative)를 통해 최적의 플레이어 스캐폴딩을 예측하는 강화 학습(reinforcement learning)을 사용하는 것처럼 적응적 게임플레이를 지원하는 데 사용되었다. 마찬가지로, 적응적 학습 설계는 게임 같은 e-러닝(e-learning) 환경에서 의사결정나무(decision tree)를 사용하여 탐구하였는데, 시스템을 통해 맞춤형 학습 경로를 처방하는 예측을 사용하였다(예: Lin, Yeh, Hung, Chang, 2013).

학습 게임에 학습분석/교육데이터마이닝을 적용한 최근 연구는 행동에 대한 이벤트 스트림 탐지기(event-stream detectors)를 구축하기 위해 예측적 데이터 마이닝을 활용하였는데, 이는 지능형 튜터링 시스템의 맥락에서 처음 적용된 방법이었다(예: Baker, Corbett, & Koedinger, 2004). 디지털 학습 게임에서 로그 파일 데이터의 가용성이 증가함에 따라 이벤트 스트림 탐지기는 플레이어 행동을 더 깊이 이해하고 예측하기 위해 활용되었다. 예를 들어, 물리학 게임의 맥락에서, 비디오 로그를 기반으로 정서 상태 및 과제 외 행동 탐지기가 구축되었으며, 플레이 전반에 걸쳐 행동과 감정을 예측하기 위해 이벤트 스트림 데이터가 사용되었다(Kai et al., 2015). 결과는 각 상태를 나타내는 독특한 이벤트 스트림 행동을 보여주었다(예: 지루함의 예측 변수에는 플레이 중 '사라짐' 또는 화면 밖으로 이동한 항목 수와 행동 사이 경과 시간의 총계가 포함된다). 비디오 기반 탐지기는 상호작용 기반 탐지기보다 더 정확했지만 여러 상황에서 사용할 수 없었다(예를 들어, 얼굴의 가림 때문에 두 가지 유형의 데이터를 모두 사용하는 통합 탐지기가 두 유형 중 하나만 사용하는 것보다 더 효과적이었다; Bosch et al., 2015 참조). 또한, 게임에 대한 플레이어의 접근 방식에 초점을 맞추어, 다른 연구자들은 목표 및 전략과 관련된 행동에 대한 게임기반 탐지기를 만들었다. DiCerbo 와 Kidwai(2013)는 플레이어가 게임의 퀘스트

(quests)를 완수하는 데 진지한지 여부를 기록하는 탐지기를 만들었는데, 이는 게임 목표를 달성하는 데 있어 플레이어의 설계 지원을 가능하게 함을 시사한다. 생산적 실패(productive failure)와 경계 검사(boundary testing)는 또한 중학교 생물학 게임을 위해 제작한 사려 깊은 탐구에 대한 탐지기와 함께 최근 연구에서 모델링되었다(Owen, Anton, & Baker, 2016). 그 결과는 실패가 궁극적인 게임 성공에 이르는 궤적의 건강한 부분이었던 새로운 플레이어 경로에 대한 통찰을 제공했다. 물리학 게임인 *Impulse* 안에서 레벨 완수를 위한 새로운 전략을 포착하기 위해 설계된 탐지기에서 볼 수 있듯이(Asbell-Clarke, Rowe, & Sylvan, 2013), 많은 경로가 학습으로 이어질 수 있다는 함의는 관련 연구를 이끌었다.

게임기반 탐지기는 또한 게임 내 플레이어 선택을 기초로 학습 수행을 예측하는 데 사용되었다. 대표적인 예가 게임기반 가상 환경에서 과학 탐구 능력을 측정하는 것인데, 여기서는 분류기(classifiers)를 사용하여 플레이 중 학생들의 과학, 기술, 공학 및 수학(STEM) 콘텐츠에 대한 학습을 탐지했다(Baker & Clarke-Midura, 2013). 물리학 게임에서의 성취도는 또한 물리학 게임에서 최근 예측 분석의 주제였으며, 최고 레벨(금)과 중간 레벨(은)에서 게임 내 레벨 완수를 예측하기위해 만들어진 탐지기를 함께 사용했다. 이 연구 결과는 금을 획득한 사람들이 은을 획득한 상대들보다 시간과 자원에 더 효율적인 경향이 있음을 나타냈다(Malkiewich, Baker, Shute, Kai, & Paquette, 2016). 관련 연구에서, Rowe 와 동료들(2017)은 물리학 게임에서의 학습 수행에 대한 이벤트 스트림 예측에서 타당화된 게임 내 측정치를 결과 변수로 사용하여 암묵적 과학 학습에 대한 타당한 컴퓨터 기반 평가를 만드는 데 탐지기를 활용했다. 대체적으로 이 탐지기 기반 접근 방식은 단순히 사전 검사나 사후 검사를 보고 게임을 블랙 박스로 취급하던 것을 넘어서는 학습 통찰의 문을 열었다. 이를 통해 학습 결과와 목표 행동을 지원하는 새로운 이벤트 스트림 상호작용을 이해할 수 있으며, 아울러 플레이 중 학생의 성장을 시시각각 지원할 수 있는 설계 개선의 기회를 창출할 수 있다. 또한, 특히 복잡한 기술과 문제 해결의 맥락에서 학습에 대한 과정 중심 평가(process-based assessment)를 위한 강력한 잠재력을 생성한다.

전반적으로 말하자면, 반복적인 기능성 게임 설계를 지원하면서, 학습분석은 다양한 개발 단계에서 학습 및 플레이어 패턴에 대한 통찰을 얻기 위해 다중 모드(multi-modal) 데이터 스트림을 활용할 수 있다. 예측 방법뿐만 아니라 학습 데이터 프레임워크의 사용과 시각화, 구조 발견, 관계 마이닝을 포함하여, 여기에서 설계의 진행 단계(즉, 알파, 베타, 최종 릴리스)에 적용 가능성과 함께 검토한 분석 기법들은 경험적 게임기반 학습 연구의 최근 동향을 반영한다.

4 논의 및 결론

학습분석과 교육데이터마이닝은 디지털 교육용 게임에 의해 가능해진 풍부한 데이터 스트림을 활용하여 교육용 게임 연구의 발전을 촉진하는 데 사용할 수 있는 일련의 방법으로서, 개별화되고 흥미로운 게임기반 학습 경험을 위한 데이터 중심 설계를 미세 조정할 수 있도록 돕는다. 게임기반 학습분석의 향후 과제에 대한 도전과 기회는 테크놀로지의 발전과 게임 제공 시스템(예: 3-D, 증강 현실, 가상 현실)의 고도화와 함께 지속적으로 확장되고 있으며, 이는 흥미진진한 놀이학습 경험으로 이어질 것이다.

함의 및 시사점

복잡하고 데이터가 풍부한 기능성 게임 매체에 학습분석을 적용하는 것은 흥미 중심 학습(interest-driven learning)을 활용할 수 있는 큰 잠재력을 지닌 도전적인 시도이다 (Squire, 2006; Steinkuehler, 2004). 이 분야의 경험적 연구가 증가함에 따라, 이 복잡하고 흥미로운 학습 매체의 맥락에서 이론을 발전시킬 기회가 있다. 이 장에서 살펴본 바와 같이, 이벤트 스트림 플레이어 패턴을 모델링하는 많은 경험적 연구는 시각화, 구조 발견, 관계 마이닝, 예측의 주요 학습분석 방법을 활용했다. 이 성장하는 연구 기반은, 베이지안 지식 추적(Bayesian knowledge tracing; Corbett & Anderson, 1995)과 같은 확률적 모델링과 딥러닝(deep learning; Botelho, Baker, & Heffernan, 2017)과 같은 고급 예측 알고리즘을 포함하여, 다양한 맥락에서 최근에 탐색된 보다 광범위한 교육데이터마이닝 알고리즘의 게임기반 적용에 대한 좋은 기회를 제공한다. 또한, 학습 과학 분야의 연구를 구축하기 위한 실험 설계와 게임 경험은 체화된 인지(Abrahamson, 2009; Gee, 2008)와 같이 영역에 대한 지식 확장에서부터 도제 모형(예: National Research Council, 2000; Steinkuehler & Oh, 2012), 학습 인식론(예: Hofer & Pintrich, 1997; Martinez-Garza & Clark, 2017)에 이르기까지 상당한 잠재력을 가지고 있다.

　게임은 또한 가상 학습 환경에서 평가 및 측정에 대한 접근 방법을 확장할 수 있는 기회를 제공한다(Mislevy et al., 2014). 좋은 게임, 즉 일련의 질서 정연한 문제를 통해 시기 적절한 정보를 제공하면서 내재적으로 동기를 부여하는 학습 환경(Gee, 2003)은 본질적으로 플레이어가 경계 검사(boundary testing)를 통해 게임의 기저 규칙 시스템을 발견할 수 있는 기회를 제공한다(예: Owen et al., 2016). 이러한 종류의 탐색은 게임 매체에서 암묵적인 규준으로, 동등하게 참여하는 플레이어가 시스템과 다르게 상호작용할 수 있는데 종종 설계자 자신도 예상하지 못한 방식일 수 있다(Juul, 2013; Salen & Zimmerman, 2004; Squire, 2011). 따라서, 게임 맥락과 학습자 경로에 대한 최대의 정보를 포착하려는 의도에 잘 맞는 분석 방법은 새로운 플레이어 패턴을 파악하는 데 가장 적합할 수 있다. 이러한 종류의 교육데이터마이닝 고유 방법들을 더 전통적인 평가와 함께 사용하여 복잡한 게임 같은 환경에서 엄격한 역량 측정에 대한 접근 방법을 확장할 수 있다(예: Baker & Clarke-Midura, 2013; Rowe et al., 2017).

　마지막으로, 플레이의 유기적인 패턴을 연구하기 위한 시도들은 또한 기능성 게임에서 학습분석의 핵심적인 적용을 가능하게 하는데, 즉 개별화 학습을 위한 데이터 중심 설계이다. 이 장에서 자세히 설명했듯이, 새로운 플레이 패턴에 근거한 반복 설계는 여러 단계를 걸쳐 게임 개발을 지원할 수 있다. 탄탄한 데이터 프레임워크, 시각화, 기술 통계는 핵심 메커니즘, 레벨 설계, 기초 사용자 경험이 형성되는 동안 기본적인 플레이어 상호작용을 포착하는 초기(예: 알파 단계)에 도움이 될 수 있다. 이후 베타 개발에서 구조 발견과 관계 마이닝은 플레이 시퀀스 및 소모 지점뿐만 아니라 참여, 성공, 전략과 관련된 상호작용 패턴을 파악하여 여러 플레이 레벨에 걸친 플레이어 경험을 간소화하는 데 활용될 수 있다. 이러한 방법들은 서로를 기반으로 구축될 수 있으며, 후기 베타 및 최종 릴리스 단계에서 예측 모델링의 최종 적용을 지원하고, 그리고 고도로 진화된 게임 설계에서 사용자 적응형 플레이에 정보를 제공한다. 예를 들어, 개별화된 게임 경험은 예측을 활용하여 플레이어에게 다른 핵심 콘텐츠를 제공하거나 (예: Liu et al., 2013; Rowe & Lester, 2015), 행동 탐지를 기반으로 시기 적절한 스캐폴딩을 위한 게임 오버레이(overlays)에 정보를 줄 수 있다(DiCerbo & Kidwai, 2013 참조). 플레이의 유기적인 예측 패턴을 탐색하는 것은 플레이어에게 개별화된 학습 경험을 가능하게 하며, 이는 시시각각의 참여와 시스템 효율성에 중요한 영향을 미친다. 본질적으로 기능성 게임은 참여를 지속시키면서 가르칠 수 있는 잠재력이 있기 때문에, 학습분석 방법의 게임기반 적용은 학습뿐만 아니라 참여 행동을 탐지하고 이 두 가지 차원에서 개별화를 제공할 수 있다. 이러한 적응형 디지털 설계의 분석 촉진적(analytics-fueled) 발전은 형식 및 비형식 학습 환경에서 개별화와 학습 향상(learning gains)을 지원하기 위해 광범위한 학생들에게 대규모로 서비스를 제공하는 데 큰 영향을 미친다.

결론 및 향후 연구

앞서 언급했듯이, 게임기반 학습분석의 향후 연구는 이론과 학습자 경험 및 결과를 모두 향상시킬 수 있는 기회를 늘릴 것이다. 디지털 데이터 스트림은 이전에는 교육 연구에서 불가능했던 규모로, 단지 최종 응답이 아닌 학생의 학습 과정을 포착하는 데이터를 통해 학습 패턴을 조사할 수 있게 해준다. 테크놀로지의 발전은 3-D, 증강현실, 가상현실과 같은 혁신적인 게임 장르의 출현을 통해 더 많은 양의 데이터를 가능하게 함으로써 이러한 잠재력을 키운다. 이러한 종류의 테크놀로지가 전 세계의 플레이어들에게 도달함에 따라 그 잠재력을 활용하고 대상 연구의 규모와 범위를 늘려야 하는 도전적 과제가 대두되고 있다. 이 같은 향후 연구는 학습분석 및 최적화된 설계와 관련된 일련의 도전 과제 중 하나이다. 도전 과제를 말하자면, 새로운 게임 장르를 사용하여 학습을 위한 매력적이고 세련된 게임을 만들기 위해 게임기반 참여를 활용하고, 이러한 게임을 원하는 인구 표본에 지속적으로 배포하고, 더 많은 학생들에게 전달하기 위해 테크놀로지를 활용하고, 데이터 중심 설계를 의미 있게 구현할 수 있을 만큼 개발 작업을 충분히 오래 유지해야 한다. 상업 및 학습 게임의 영역이 다음과 같은 다양한 유형으로 수렴되므로 이러한 도전 과제에 대한 성공적인 탐색이 가능할 수 있다. 그 유형으로는 (1) *ABCmouse*(https://www.abcmouse.com)와 *ST Math*(http://www.stmath.com) 같이 널리 사용되는 구독-모형 학습 게임, (2) *SimCityEDU*, *Words with Friends EDU*(https://wordswithfriendsedu.com), *Plants vs. Zombies EDU*(https://www.glasslabgames.org/games/PVZ) 같이 학습을 위한 상업용 오락 게임의 기능 변경 (modding), 그리고 (3) *Minecraft*(https://minecraft.net/en-us), *Civilization*, *Assassin's Creed*(https://assassinscreed.ubisoft.com) 같이 기존 상업용 게임을 활용한 강력한 탄젠셜 학습(tangential learning)[2](예: Berger & Staley, 2014)이 있다. 이러한 예에서 고도로 세련된 게임은 지속적으로 생성되고 대상 청중에게 배포되며, 참여 학습을 촉진하는 대량 데이터(data-rich) 환경에 대한 연구 가능성을 지니고 있다. 그러나 이러한 유형들 중 하나에(특히 세 번째 범주에) 진입하기 위한 장벽은 상당하며, 양질의 학습 게임에 대한 지속 가능한 창작, 연구, 계속적인 개선은 여전히 도전 과제로 남아 있다.

특히, 명확하게 구조화된 포괄적인 학습 데이터는 효과적인 분석을 위한 핵심이다 (예: Halverson & Owen, 2014). 이 장에서 논의한 바와 같이, 해석 가능하고 설계에 맞춰진 데이터는 분석 특성 선택, 분석 결과 이해, 그리고 이후 설계에 정보를 제공하기 위한 피드백 사용에 매우 중요하다. 개발 초기에 이러한 프레임워크를 구축하는 것은 또한 학습 설계의 우수한 실행을 지원할 수 있다. 그러나 이러한 구현에는 계획, 테크놀로지 자원, 실행 가능한 이벤트 스트림 데이터 프레임워크가 필요하다. 따라서 설계 초기 단계부터 이 프레임워크를 구축하거나 게임 완성 후 보강하는 적지 않은 작업을 수행하는 것은 만만치 않을 수 있다. 학습 게임 데이터 아키텍처에 대한 최근 노력은 옵션을 확장하고 복잡한 구현 계획을 줄이려고 시도했지만(예: Chung, 2015; Danielak, 2014; Serrano-Laguna et al., 2017), 여전히 현장 전반에 걸쳐 표준화 및 접근성에 대한 기회가 남아 있다.

---

2 역자주) '탄젠셜 학습'은 학생이 즐기고 있는 상황이나 맥락에서 제시된 주제에 대해 스스로 학습하는 과정을 일컫는다. '접선 학습'으로 번역할 수도 있으나 아직 국내에서 이 개념의 의미를 잘 표현한 용어가 없으므로 외래어 표기를 혼용하여 번역하였다.

마지막으로, 향후 연구는 학습 게임 제작에서 상업용 게임 개발의 우수 사례를 채택하는 데 있다. 다시 말해, 데이터 중심 설계의 이점을 활용하려면 그것에 참여해야 한다. 업계에서 흔히 볼 수 있는 반복적인 사용자 중심 설계(iterative, user-centric design) 접근법에 상대적으로 적은 자원을 투자하더라도 학습자 경험의 질을 높일 수 있다(예: 소규모의 질적 플레이 테스트와 가능한 경우 더 큰 규모의 이벤트 스트림 분석 모두에서 일찍 그리고 자주 실패). 기능성 게임의 영역에서 이것은 실질적으로 더 나은 제품을 만들 수 있다. 즉, 학생들이 학교나 실험 환경 밖에서 자발적으로 플레이를 할 수 있고, 잠재적으로 전례 없는 규모로 흥미 중심 학습(interest-driven learning)을 강화할 수 있다. 수요의 증가를 통해 이러한 연구는 또한 기능성 게임 개발 모형의 실행 가능성과 지속 가능성을 높일 수 있다.

전반적으로, 학습 게임의 복잡한 매체에 적용되는 학습분석은 반복적인 데이터 중심 설계를 통해 분야의 이론 발전, 적응적 게임기반 학습, 참여 학습 경험의 효과적인 제작을 지원할 수 있다. 이 장에서 살펴본 바와 같이, 최근 연구는 학습분석에 대한 경험적 게임기반 연구의 증대를 확립했다. 이러한 방법에는 시각화, 구조 발견, 관계 마이닝은 물론 예측 모델링이 포함되며, 각각 게임 개발의 알파, 베타 및 최종 릴리스 단계를 지원할 수 있다. 탄탄한 데이터 수집 프레임워크와 함께 설계 과정 전반에 걸쳐 학습분석을 활용하는 것은 학생들이 규모의 학습에 최적화한 개별화되고 참여적인 플레이 경험을 하도록 지원하는 데 핵심적이다.

감사의 말

저자들은 Laura Malkiewich와 Ani Aghababyan, 그리고 Wisconsin - Madison대학의 Games+Learning+Society 팀(Rich Halverson, Constance Steinkuehler, Kurt Squire, Matthew Berland, Ben Shapiro를 포함하여)에게 감사의 말씀을 전한다.

참고문헌

Abrahamson, D.(2009). Embodied design: Constructing means for constructing meaning. *Educational Studies in Mathematics, 70*(1), 27-47. https://doi.org/10.1007/s10649-008-9137-1

Aghababyan, A., Martin, T., Janisiewicz, P., & Close, K.(2016). Microgenetic learning analytics methods: Hands-on sequence analysis workshop report. *Journal of Learning Analytics, 3*(3), 96-114. http://dx.doi.org/10.18608/jla.2016.33.6

Aghababyan, A., Symanzik, J., & Martin, T.(2013). Visualization of "states" in online educational games. In *Proceedings of the 59th World Statistics Congress*(pp. 3382-3387). The Hague, Netherlands: International Statistical Institute.

Andersen, E., Liu, Y., Apter, E., Boucher-Genesse, F., & Popović, Z.(2010). Gameplay analysis through state projection. In I. Horswill & Y. Pisan(Eds.), *Proceedings of the Fifth International Conference on the Foundations of Digital Games*(pp. 1-8). New York, NY: ACM Press.

Anderson, C. G., Binzak, J. V., Dalsen, J., Saucerman, J., Jordan-Douglass, B., Kumar, V., ⋯ Steinkuehler, C. A.(2016). Situating deep multimodal data on game-based STEM learning. In C.-K. Looi, J. Polman, U. Cress, & P. Reimann(Eds.), *Proceedings of the 12th International Conference of the Learning Sciences(*Vol. 2, pp. 974-977). Singapore: International Society of the Learning Sciences.

Andres, J. M. L., Rodrigo, M. M. T., Sugay, J. O., Baker, R. S., Paquette, L., Shute, V. J., ⋯ Small, M.(2014). An exploratory analysis of confusion among students using Newton's Playground. In C.-C. Liu, H. Ogata, S. C. Kong, & A. Kashihara(Eds.), *Proceedings of the 22nd International Conference on Computers in Education*(pp. 65-70). Nara, Japan: Asia-Pacific Society for Computers in Education.

Asbell-Clarke, J., Rowe, E., & Sylvan, E.(2013). Assessment design for emergent game-based learning. In W. E. MacKay, S. Brewster, & S. Bodker(Eds.), *CHI'13 Extended Abstracts on Human Factors in Computing Systems*(pp. 679-684). New York, NY: ACM Press.

Baker, J. M., Martin, T., Aghababyan, A., Armaghanyan, A., & Gillam, R.(2015). Cortical activations during a computer-based fraction learning game: Preliminary results from a pilot study. *Technology, Knowledge and Learning, 20*(3), 339-355. https://doi.org/10.1007/s10758-015-9251-y

Baker, R. S.(2010). Data mining for education. In P. Peterson, E. L. Baker, & B. McGaw(Eds.), *International encyclopedia of education*(3rd ed., pp. 112-118). Oxford, England: Elsevier.

Baker, R. S., & Clarke-Midura, J.(2013). Predicting successful inquiry learning in a virtual performance assessment for science. In S. Carberry, S. Weibelzahl, A. Micarelli, & G. Semeraro(Eds.), *Proceedings of the 21st International Conference on User Modeling, Adaptation, and Personalization*(pp. 203-214). New York, NY: Springer.

Baker, R. S., Corbett, A. T., & Koedinger, K. R.(2004). Detecting student misuse of intelligent tutoring systems. In J. C. Lester, R. M. Vicari, & F. Paraguaçu(Eds.), *Intelligent Tutoring Systems*(pp. 531-540). New York, NY: Springer.

Baker, R. S., Corbett, A. T., & Wagner, A. Z.(2006). Human classification of low-fidelity replays of student actions. In M. Ikeda, K. Ashlay, & T.-W. Chan(Eds.), *Intelligent Tutoring Systems*(pp. 29-36). New York, NY: Springer.

Baker, R. S., & Siemens, G.(2014). Educational data mining and learning analytics. In K. Sawyer(Ed.), *Cambridge handbook of the learning sciences*(2nd ed., pp. 253-274). New York, NY: Cam-bridge University Press.

Baker, R. S., & Yacef, K.(2009). The state of educational data mining in 2009: A review and future visions. *Journal of Educational Data Mining, 1*(1), 3-17. Retrieved from http://jedm. educationaldat amining.org/index.php/JEDM/issue/view/5

Beall, M., Farajian, R., Owen, V. E., Slater, S., Smith, A., Solis, E., ··· Davidson, R.(2013, June). *Games for mindfulness and pro-social behavior: The Tenacity Project collaboration.* Presented at the 9th Annual Games+Learning+Society Conference, Madison, WI.

Berger, W., & Staley, P.(2014). Assassin's Creed III: The complete unofficial guide, a teacher's limited edition. *Well Played, 3*(1), 1-10. Retrieved from http://press.etc.cmu.edu/index.php/ product/well−played−vol−3−no−1/

Berland, M., & Lee, V. R.(2011). Collaborative strategic board games as a site for distributed computational thinking. *International Journal of Game-Based Learning, 1*(2), 65-81. https:// doi.org/10.4018/ijgbl.2011040105

Bosch, N., D'Mello, S., Baker, R. S., Ocumpaugh, J., Shute, V., Ventura, M., ··· Zhao, W.(2015). Automatic detection of learning-centered affective states in the wild. In O. Brdiczka, P. Chau, G. Carenini, S. Pan, & P. O. Kristensson(Eds.), *Proceedings of the 20th International Conference on Intelligent User Interfaces*(pp. 379-388). New York, NY: ACM Press.

Botelho, A. F., Baker, R. S., & Heffernan, N. T.(2017). Improving sensor-free affect detection using deep learning. In E. Andre, R. S. Baker, X. Hu, M. M. T. Rodrigo, & B. du Boulay(Eds.), *Artificial Intelligence in Education: 18th International Conference*(pp. 40-51). Cham, Switzerland: Springer.

Butler, E., Andersen, E., Smith, A. M., Gulwani, S., & Popović, Z.(2015). Automatic game progression design through analysis of solution features. In B. Begole, J. Kim, K. Inkpen,

& W. Woo(Eds.), *Proceedings of the 33rd Annual ACM Conference on Human Factors in Computing Systems*(pp. 2407-2416). New York, NY: ACM Press.

Butler, E., & Banerjee, R.(2014). *Visualizing progressions for education and game design* [White paper]. Seattle, WA: University of Washington Center for Game Science. Retrieved from https:// www.ericbutler.net/assets/papers/unpub2014_visualization.pdf

Canossa, A., Badler, J. B., El-Nasr, M. S., Tignor, S., & Colvin, R. C.(2015, June). *In your face(t) impact of personality and context on gameplay behavior.* Presented at the FDG Conference(Foundations of Digital Games), Pacific Grove, CA.

Chen, Z., El-Nasr, M. S., Canossa, A., Badler, J., Tignor, S., & Colvin, R.(2015, September). *Modeling individual differences through frequent pattern mining on role-playing game actions.* Presented at the Eleventh Artificial Intelligence and Interactive Digital Entertainment Conference(AIIDE), Santa Cruz, CA.

Chung, G. K. W. K.(2015). Guidelines for the design, implementation, and analysis of game telemetry. In C. S. Loh, Y. Sheng, & D. Ifenthaler(Eds.), *Serious games analytics: Methodologies for performance measurement, assessment, and improvement*(pp. 59-79). New York, NY: Springer.

Clark, D. B., Martinez-Garza, M. M., Biswas, G., Luecht, R. M., & Sengupta, P.(2012). Driving assessment of students' explanations in game dialog using computer-adaptive testing and hidden Markov modeling. In D. Ifenthaler, D. Eseryel, & X. Ge(Eds.), *Assessment in game-based learning*(pp. 173-199). New York, NY: Springer.

Cooper, S., Khatib, F., Treuille, A., Barbero, J., Lee, J., Beenen, M., ⋯ Popović, Z.(2010). Predicting protein structures with a multiplayer online game. *Nature, 466*(7307), 756-760. https://doi.org/10.1038/nature09304

Corbett, A. T., & Anderson, J. R.(1995). Knowledge tracing: Modeling the acquisition of procedural knowledge. *User Modeling and User-Adapted Interaction, 4*(4), 253-278. Retrieved from https://link.springer.com/journal/11257/5/3/page/1

Danielak, B.(2014). *Analyzing data with ADAGE.* Gitbooks. Retrieved from https://capbri. gitbooks.io/makescape−adage−gitbook/

DiCerbo, K. E., & Kidwai, K.(2013). Detecting player goals from game log files. In S. K. D'Mello, R. A. Calvo, & A. Olney(Eds.), *Proceedings of the 6th International Conference on Educational Data Mining*(pp. 314-316). Worcester, MA: International Educational Data Mining Society.

Gee, J. P.(2003). *What video games have to teach us about learning and literacy.* New York, NY: Palgrave Macmillan.

Gee, J. P.(2008). Video games and embodiment. *Games and Culture, 3*(3-4), 253-263. https://doi. org/10.1177/1555412008317309

Guyon, I., & Elisseeff, A.(2003). An introduction to variable and feature selection. *Journal of Machine Learning Research, 3*, 1157-1182. Retrieved from http://dl.acm.org/citation.cfm?id=944968

Halverson, R., & Owen, V. E.(2014). Game based assessment: An integrated model for capturing evidence of learning in play. *International Journal of Learning Technology* [Special Issue: Game-Based Learning], *9*(2), 111-138. https://doi.org/10.1504/IJLT.2014.064489

Hao, J., Smith, L., Mislevy, R., von Davier, A., & Bauer, M.(2016). *Taming log files from game/simulation-based assessments: Data models and data analysis tools*(Research Report No. ETS RR-16-10). Princeton, NJ: Educational Testing Service.

Hicks, D., Eagle, M., Rowe, E., Asbell-Clarke, J., Edwards, T., & Barnes, T.(2016). Using game analytics to evaluate puzzle design and level progression in a serious game. In D. Gasevic, G. Lynch, S. Dawson, H. Drachsler, & C. P. Rose(Eds.), *Proceedings of the Sixth International Conference on Learning Analytics & Knowledge*(pp. 440-448). New York, NY: ACM.

Hofer, B. K., & Pintrich, P. R.(1997). The development of epistemological theories: Beliefs about knowledge and knowing and their relation to learning. *Review of Educational Research, 67*(1), 88-140. https://doi.org/10.3102/00346543067001088

Institute of Play.(2013). *Digging into data with SimCityEDU*(Vol. 21). Retrieved from https://www.youtube.com/watch?v=Y5_7Y7wKE6A&feature=share

Juul, J.(2013). *The art of failure: An essay on the pain of playing video games*. Cambridge, MA: MIT Press.

Kai, S., Paquette, L., Baker, R. S., Bosch, N., D'Mello, S., Ocumpaugh, J., ⋯ Ventura, M.(2015). A comparison of video-based and interaction-based affect detectors in Physics Playground. In O. C. Santos et al.(Eds.), *Proceedings of the 8th International Conference on Educational Data Mining*(pp. 77-84). Worcester, MA: International Educational Data Mining Society.

Kerr, D.(2015). Using data mining results to improve educational video game design. *Journal of Educational Data Mining, 7*(3), 1-17. Retrieved from https://jedm.educationaldatamining.org/index.php/JEDM/article/view/JEDM048

Kerr, D., & Chung, G.(2012). Identifying key features of student performance in educational video games and simulations through cluster analysis. *Journal of Educational Data Mining, 4*(1), 144-182. Retrieved from https://jedm.educationaldatamining.org/index.php/JEDM/article/view/25

Kerr, D., & Chung, G.(2013). *The effect of in-game errors on learning outcomes*(CRESST Report No. 835). Los Angeles, CA: University of California, National Center for Research on Evaluation, Standards, and Student Testing(CRESST). Retrieved from https://www.cse.ucla.edu/products/reports/R835.pdf

Kiili, K., Ketamo, H., & Kickmeier-Rust, M. D.(2014). Evaluating the usefulness of eye tracking in game-based learning. *International Journal of Serious Games, 1*(2), 51-65. https://doi.org/10.17083/ijsg.v1i2.15

Kim, J. H., Gunn, D. V., Schuh, E., Phillips, B., Pagulayan, R. J., & Wixon, D.(2008). Tracking realtime user experience(TRUE): A comprehensive instrumentation solution for complex systems. In M. Czerwinski, A. Lund, & D. Tan(Eds.), *Proceedings of the SIGCHI Conference on Human Factors in Computing Systems*(pp. 443-452). New York, NY: ACM Press.

Lin, C. F., Yeh, Y. C., Hung, Y. H., & Chang, R. I.(2013). Data mining for providing a personalized learning path in creativity: An application of decision trees. *Computers & Education, 68*, 199-210. https://doi.org/10.1016/j.compedu.2013.05.009

Liu, Y., Mandel, T., Butler, E., Andersen, E., O'Rourke, E., Brunskill, E., & Popovic, Z.(2013). Predicting player moves in an educational game: A hybrid approach. In S. K. D'Mello, R. A. Calvo, & A. Olney(Eds.), *Proceedings of the 6th International Conference on Educational Data Mining*(pp. 106-113). Worcester, MA: International Educational Data Mining Society.

Malkiewich, L., Baker, R. S., Shute, V. J., Kai, S., & Paquette, L.(2016). Classifying behavior to elucidate elegant problem solving in an educational game. In T. Barnes, M. Chi, & M. Feng(Eds.), *Proceedings of the 9th International Conference on Educational Data Mining*(pp. 448-453). Worcester, MA: International Educational Data Mining Society.

Marascuilo, L. A., & Serlin, R. C.(1988). *Statistical methods for the social and behavioral sciences.* New York, NY: W. H. Freeman.

Martin, T., Petrick Smith, C., Forsgren, N., Aghababyan, A., Janisiewicz, P., & Baker, S.(2015). Learning fractions by splitting: Using learning analytics to illuminate the development of math-ematical understanding. *Journal of the Learning Sciences, 24*(4), 593-637. https://doi.org/10.1080/10508406.2015.1078244

Martinez-Garza, M. M., & Clark, D. B.(2017). Investigating epistemic stances in game play with data mining. *International Journal of Gaming and Computer-Mediated Simulations, 9*(3), 1-40. https://doi.org/10.4018/IJGCMS.2017070101

Mislevy, R., Oranje, A., Bauer, M., von Davier, A., Hao, J., Corrigan, S., ⋯ John, M.(2014). *Psycho-metric considerations in game-based assessment.* Redwood City, CA: GlassLab.

National Research Council.(2000). *How people learn: Brain, mind, experience, and school*(expanded edition)(J. D. Bransford, A. Brown, R. Cocking, S. M. Donovan, & J. W. Pellegrino, Eds.). Wash-ington, DC: National Academies Press.

O'Rourke, E., Butler, E., Liu, Y.-E., Ballweber, C., & Popovic, Z.(2013). The effects of age on player behavior in educational games. In *Proceedings of the 8th International Conference on the Foundations of Digital Games*(pp. 158-165). Santa Cruz, CA: Society for the Advancement of the Science of Digital Games.

O'Rourke, E., Peach, E., Dweck, C. S., & Popovic, Z.(2016). Brain points: A deeper look at a growth mindset incentive structure for an educational game. In J. Haywood, V. Aleven, J. Kay, & I. Roll(Eds.), *Proceedings of the 3rd ACM Conference on Learning@Scale*(pp. 41-50). New York, NY: ACM Press.

Owen, V. E.(2014). *Capturing in-game learner trajectories with ADAGE(Assessment Data Aggregator for Game Environments): A cross-method analysis*(Doctoral dissertation). University of Wisconsin-Madison, Madison, WI. Retrieved from https://search.proquest.com/openview/870bb9267879b7 646024ca482c7bf68b/1?pq−origsite=gscholar&cbl=18750&diss=y

Owen, V. E., Anton, G., & Baker, R. S.(2016). Modeling user exploration and boundary testing in digital learning games. In J. Vassileva, J. Blustein, L. Aroyo, & S. D'Mello(Eds.), *Proceedings of the 2016 Conference on User Modeling Adaptation and Personalization*(pp. 301-302). New York, NY: ACM Press.

Owen, V. E., DiCerbo, K. E., Riconscente, M. M., Kline, E., Hoffman, E., Jackson, T. G., & Bertling, M.(2015). Where the rubber meets the(cross)road: Insights into game-based learning & assessment design. In K. E. H. Caldwell, S. Seylor, A. Ochsner, & C. A. Steinkuehler(Eds.), *Games+Learning+Society(GLS) 11.0 Conference Proceedings*(pp. 299-305). Pittsburgh, PA: ETC Press.

Owen, V. E., Shapiro, R. B., & Halverson, R.(2013). Gameplay as assessment: Analyzing event-stream player data and learning using GBA(a game-based assessment model). In *The Computer Supported Collaborative Learning(CSCL) Conference 2013*(Vol. 1, pp. 360-367). Madison, WI: International Society of the Learning Sciences.

Plass, J. L., O'Keefe, P. A., Homer, B. D., Case, J., Hayward, E. O., Stein, M., & Perlin, K.(2013). The impact of individual, competitive, and collaborative mathematics game play on learning, performance, and motivation. *Journal of Educational Psychology, 105*(4), 1050-1066. https://doi.org/10.1037/a0032688

Ramirez, D.(2016). *How player movement data improves educational game assessments*(Doctoral dissertation). University of Wisconsin-Madison, Madison, WI. Retrieved from ProQuest Dissertations and Theses database(14118).

Rowe, E., Asbell-Clarke, J., Baker, R. S., Eagle, M., Hicks, A. G., Barnes, T. M., ··· Edwards, T.(2017). Assessing implicit science learning in digital games. *Computers in Human Behavior, 76*, 617-630. https://doi.org/10.1016/j.chb.2017.03.043

Rowe, J. P., & Lester, J. C.(2015). Improving student problem solving in narrative−centered learning environments: A modular reinforcement learning framework. In C. Conati, N. Heffernan, A. Mitrovic, & M. F. Verdejo(Eds.), *Lecture Notes in Artificial Intelligence: Vol.*

*9112. Artificial intel ligence in education(*pp. 419-428). Cham, Switzerland: Springer.

Salen, K., & Zimmerman, E.(2004). *Rules of play: Game design fundamentals.* Cambridge, MA: MIT Press.

Sao Pedro, M. A., Baker, R. S., & Gobert, J. D.(2012). Improving construct validity yields better models of systematic inquiry, even with less information. In J. Masthoff, B. Mobasher, M. Desmarais, & R. Nkambou(Eds.), *User Modeling, Adaptation, and Personalization: 20th International Confer ence(*pp. 249-260). New York, NY: Springer.

Scarlatos, L. L., & Scarlatos, T.(2010, September). *Visualizations for the assessment of learning in computer games.* Presented at the 7th International Conference & Expo on Emerging Technologies for a Smarter World(CEWIT 2010), Incheon, Korea.

Serrano-Laguna, A., Martinez-Ortiz, I., Haag, J., Regan, D., Johnson, A., & Fernández-Manjóna, B.(2017). Applying standards to systematize learning analytics in serious games. *Computer Standards & Interfaces, 50*, 116-123. https://doi.org/10.1016/j.csi.2016.09.014

Shute, V. J., & Kim, Y. J.(2014). Formative and stealth assessment. In J. M. Spector, M. D. Merrill, J. Elen, & M. J. Bishop(Eds.), *Handbook of research on educational communications and technology* (pp. 311-321). New York, NY: Springer.

Slater, S., Bowers, A. J., Kai, S., & Shute, V. J.(2017, July). *A typology of players in the game Physics Playground.* Presented at the Digital Games Research Association(DiGRA), Melbourne, Australia.

Squire, K.(2006). From content to context: Videogames as designed experience. *Educational Researcher, 35*(8), 19-29. https://doi.org/10.3102/0013189X035008019

Squire, K.(2011). *Video games and learning: Teaching and participatory culture in the digital age.* Technology, Education-Connections(the TEC Series). New York, NY: Teachers College Press.

Steinkuehler, C. A.(2004). Learning in massively multiplayer online games. In Y. Kafai, W. A. Sandoval, & N. Enyedy(Eds.), *Proceedings of the 6th International Conference of Learning Sciences(*pp. 521-528). New York, NY: ACM Press.

Steinkuehler, C. A., & Duncan, S.(2008). Scientific habits of mind in virtual worlds. *Journal of Science Education and Technology, 17*(6), 530-543. https://doi.org/10.1007/s10956−008−9120−8

Steinkuehler, C. A., & Oh, Y.(2012). Apprenticeship in massively multiplayer online games. In C. A. Steinkuehler, K. Squire, & S. Barab(Eds.), *Games, learning, and society: Learning and meaning in the digital age(*pp. 154-184). Cambridge, England: Cambridge University Press.

Tissenbaum, M., Berland, M., & Kumar, V.(2016). Modeling visitor behavior in a game-based engineering museum exhibit with hidden Markov models. In T. Barnes, M. Chi, & M. Feng(Eds.), *Proceedings of the 9th International Conference on Educational Data Mining(*pp.

517–522). Worcester, MA: International Educational Data Mining Society.

Tufte, E. R.(2001). *The visual display of quantitative information*. Cheshire, CT: Graphics Press.

US Department of Education.(2012). *Enhancing teaching and learning through educational data mining and learning analytics: An issue brief*. Washington, DC: SRI International.

Wallner, G., & Kriglstein, S.(2015). Comparative visualization of player behavior for serious game analytics. In C. S. Loh, Y. Sheng, & D. Ifenthaler(Eds.), *Serious games analytics*(pp. 159–179). Cham, Switzerland: Springer.

Weber, B. G., & Mateas, M.(2009). A data mining approach to strategy prediction. In *2009 IEEE Symposium on Computational Intelligence and Games*(pp. 140–147). Piscataway, NJ: IEEE.

Yee, N.(2006). Motivations for play in online games. *CyberPsychology & Behavior, 9*(6), 772–775. https://doi.org/10.1089/cpb.2006.9.772

Yee, N., Ducheneaut, N., Nelson, L., & Likarish, P.(2011). Introverted elves & conscientious gnomes: The expression of personality in World of Warcraft. In D. Tan, G. Fitzpatrick, C. Gutwin, B. Begole, & W. A. Kellogg(Eds.), *Proceedings of the SIGCHI Conference on Human Factors in Computing Systems*(pp. 753–762). New York, NY: ACM Press.

색인

편집자 약력

Jan L. Plass

Jan L. Plass는 뉴욕대학교 교육커뮤니케이션기술 프로그램의 교수이다. 그는 2008년부터 Games for Learning Institute를 공동 지휘하며, 효과적인 학습을 위한 게임 디자인에 대한 연구를 수행하고 있다. 그는 2001년에 설립한 교육고급기술연구 및 평가 협회(CREATE)의 이사이다. 그의 연구는 인지 과학, 학습 과학, 디자인의 교차점에 위치하며, 학습과 인지 기술 발전을 위한 시뮬레이션 및 게임과 같은 상호작용하는 시각적 환경의 효과성을 향상시키는 것을 목표로 한다. 그는 100편 이상의 학술 논문, 챕터 및 학회 발표록을 저술했으며, 학술 대회에서 170회 이상 발표한 경험이 있다. 그는 교육 과학 연구소(IES), 국립과학재단(National Science Foundation), 국립보건원(National Institutes of Health), Microsoft Research, Motorola Foundation, MacArthur Foundation, Bill and Melinda Gates Foundation, EDUCAUSE 및 Google Research에서 30건 이상의 연구 과제를 주관하거나 공동 주관한 주요 연구원이다. 그는 현재 Richard Mayer와 Bruce Homer와 협력하여 IES의 지원을 받아 타겟팅 인지 기술을 훈련시키기 위한 게임을 디자인하고 검증하는 연구를 수행하고 있다. 그는 Journal of Educational Psychology, Educational Psychology Review, Computers in Human Behavior, Journal of Computing in Higher Education 등 자신의 분야에서 가장 높은 순위의 학술지 편집실 심사위원회에서 활동한 경험이 있다.

Richard E. Mayer

Richard E. Mayer는 캘리포니아대학교 샌타바버라의 심리학 및 뇌과학과 명예 교수이다. 그의 연구 관심사는 학습 과학을 교육에 응용하는 것으로, 학습한 내용을 새로운 상황에 적용할 수 있는 방법을 중점으로 연구하고 있다. 그의 연구는 인지, 교수 및 기술의 교차점에 위치하며, 현재 멀티미디어 학습, 컴퓨터 지원 학습 및 학습용 컴퓨터 게임에 대한 프로젝트를 진행하고 있다. 그는 미국 심리학회 교육심리학 분과(Division 15)의 회장 및 미국 교육연구협회 Division C(학습 및 교수)의 부회장을 역임한 바 있다. 그는 교육심리학 분야에서의 커리어 성과는 E. L. Thorndike상, 학습과 교수에 대한 우수한 연구에 대한 Scribner상, 교육 설계 및 기술 분야에서의 우수한 연구에 대한 Jonassen상, 응용 심리학 연구에 눈부신 기여를 한 평생에 걸친 업적에 대한 James McKeen Cattell상, 그리고 미국 심리학회의 교육 및 교육에 대한 심리학의 응용에 대한 공로를 인정하는 Distinguished Contribution of Applications of Psychology to Education and Training상의 수상이다. 그는 Contemporary Educational Psychology에서 세계에서 가장 생산적인 교육심리학자로 평가되었으며, Google Scholar에서 가장 인용된 교육심리학자로 선정되었다. 그는 해군 연구국, 교육과학 연구소, 국립과학재단을 포함하여 40건 이상의 연구 과제의 주요 조사자 또는 공동 주관자로 활동해왔다. 그는 Educational Psychologist의 전직 편집인이자 Instructional Science의 전직 공동 편집인으로 활동하며, 교육심리학을 주로 다루는 12개 학술지의 편집위원회에 참여하고 있다. 그의 저서로는 Learning as a Generative Activity, Computer Games for Learning, Applying the Science of Learning, e-Learning and the Science of Instruction(4판, R. Clark와 공저), Multimedia Learning(2판), Learning and Instruction(2판), Handbook of Research on Learning and Instruction(2판, P. Alexander와 공동 편집)와 The Cambridge Handbook of Multimedia Learning(2판 편집자) 등이 있다.

Bruce D. Homer

Bruce D. Homer는 뉴욕시립대학교 대학원의 교육심리학 및 인간발달 학과의 부교수이며 교육심리학 박사 학위 프로그램의 책임자이다. 그는 Child Interactive Learning and Development (CHILD) 연구실을 이끌고 있으며, 교육고급기술연구 및 평가 협회 (CREATE)의 연구 이사이며, Games for Learning Institute (G4LI)의 주요 조사원이다. 그의 연구는 지식을 전달하고 전파하는 문화적 도구(예: 언어, 문해력 및 정보 기술)가 인지 발달과 학습을 어떻게 변화시키는지를 조사하는 것이다. 그는 20년 이상 학습을 위한 디지털 기술의 활용에 대해 연구를 수행하였다. 그는 국립보건원, 국립과학재단, 교육과학 연구소, MacArthur 재단, Microsoft Research 및 Google을 포함한 다양한 기관으로부터 25건 이상의 연구 장학금을 받았다. 그는 60편 이상의 학술 논문, 챕터 및 학회 발표록을 저술했으며, 세계 각지의 학술 대회와 초청 강연에서 발표하였다. PBS와 American Academy of Pediatricians를 포함한 학교, 기업 및 비영리 기관의 교육 및 연구 컨설턴트로 활동하고 있다.

공역자 약력

이현정 (서울시립대학교)

송혁순 (Georgian Court University / 한동대학교)

조은별 (한국해양대학교)

김명숙 (서울시립대학교)

황지원 (서울시립대학교)

성은모 (안동대학교)

이재준 (서울시립대학교)

권숙진 (국제사이버대학교)

신자란 (경희대학교)

장상현 (한국교육학술정보원)

조용상 (한국열린사이버대학교)

이수영 (서울교육대학교)

김진호 (서울시립대학교)

Handbook of Game−Based Learning
by Jan L. Plass (Editor), Richard E. Mayer (Editor), Bruce D. Homer (Editor)
Copyrigh © 2019 The Massachusetts Institute of Technology
All rights reserved.
This Korean edition was published by PYMATE in 2023 by arrangement with
The MIT Press through KCC(Korea Copyright Center Inc.), Seoul.

게임기반 학습

초판발행	2023년 7월 14일
엮은이	Jan L. Plass, Richard E. Mayer, Bruce D. Homer
옮긴이	이현정 외
펴낸이	노 현
편 집	배근하
기획/마케팅	손준호
표지디자인	BEN STORY
제 작	고철민·조영환
펴낸곳	㈜ 피와이메이트
	서울특별시 금천구 가산디지털2로 53 한라시그마밸리 210호(가산동)
	등록 2014. 2. 12. 제2018-000080호
전 화	02)733-6771
f a x	02)736-4818
e-mail	pys@pybook.co.kr
homepage	www.pybook.co.kr
I S B N	979-11-6519-364-5 93370

* 파본은 구입하신 곳에서 교환해 드립니다. 본서의 무단복제행위를 금합니다.

정 가   42,000원

박영스토리는 박영사와 함께하는 브랜드입니다.